KB051771

THE SQUARE
AND THE TOWER

THE SQUARE AND THE TOWER

Copyright © 2017, Niall Ferguson

All right reserved

광장과 타워

프리메이슨에서 페이스북까지,
네트워크와 권력의 역사

니얼 퍼거슨 지음 | 홍기빈 옮김

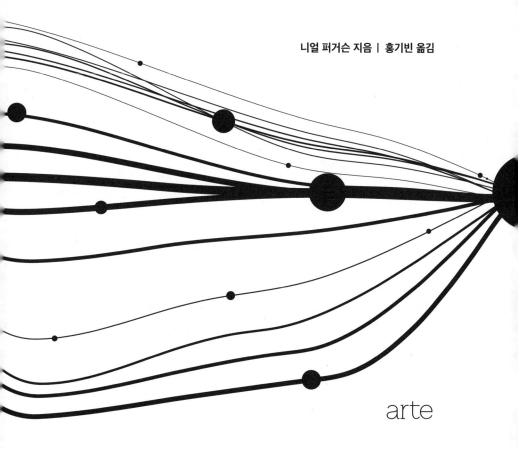

arte

일러두기

· 이 책에서 아라비아 숫자로 표기한 주석은 책의 말미에 미주로 실었으며,
  기호로 표시된 주석은 원문의 저자 주석과 옮긴이의 주석으로, 내용 끝에 (옮긴이)로 구분하였다.

· 본문 중 '그림'은 글 가운데 삽입된 형태의 도판을 말하며,
  '사진'은 책의 중간에 함께 모아 넣은 컬러 도판을 뜻한다.

· 찾아보기는 원서를 기준으로 번역과 교정을 통해 정제된 것을 수록하였다.

'If I broke (my silence), the strength would depart from me;
but while I held my peace, I held my foe in an invisible mesh.'

"내가 만약 (침묵을) 깬다면, 나는 힘을 잃게 될 걸세.
하지만 평정을 지킨다면, 보이지 않는 그물로 적을 묶어놓을 수 있지."

_ 조지 맥도널드George MacDonald,
『윌프리드 컴버미드Wilfrid Cumbermede』62장
「바보 같은 승리A Foolish Triumph」 중에서

네트워크로 엮인 역사가

우리는 모두 네트워크의 세상 속에 살고 있다. 적어도 그러하다는 이야기를 끊임없이 듣고 있다. '네트워크'라는 말은 19세기 말 이전에는 거의 쓰인 적이 없는 단어지만, 오늘날에는 동사로도 명사로도 과도할 정도로 쓰이고 있다. 그 네트워크 속에 들어간 야심찬 젊은이는 아무리 늦은 시간이라도 네트워크 작업을 위해 이 파티 저 파티를 계속 옮겨가야 한다고 믿는다. 잠이 쏟아지기도 하지만, 파티를 하나라도 놓쳤을 때 잃을 것들을 생각하면 끔찍하다. 한편 그 네트워크에서 배제된 불만에 찬 늙은이들에게는 이 말이 전혀 다른 것을 연상시킨다. 권력과 배타적 네트워크를 가진 이들이 이 세상을 다 주무르고 있다는 의심이다. 은행가들, 오래된 기성 권력, 시스템, 유대인들, 프리메이슨, 일루미나티 등등.

이러한 맥락에서 숱한 문헌들이 쏟아져 나왔지만 그 대부분은 전혀 가치 없는 쓰레기들이다. 하지만 그런 네트워크들이 존재했던 건 분명한 사실이다. 그렇지 않았다면 여러 음모 이론이 그토록 끈질기게 살아남았을 리도 없었을 것이다.

음모 이론가들의 문제점은, 그들이 불만에 찬 국외자들이라는 데 있다. 그렇기 때문에 이들은 여러 네트워크가 작동하는 방식을 끊임없이 오해하고 또 잘못 표현한다. 특히 이들은 여러 엘리트 네트워크가 공식적인 권력 구조들을 은밀하게 또 뜻대로 조종한다고 믿는 경향이 있다. 나의 연구로 볼 때 (뿐만 아니라 나의 경험으로 볼 때) 전혀 그렇지 않다. 비공식적인 여러 네트워크와 공식적으로 확립된 제도 및 기관들의 관계는 대단히 모호하며, 심지어 적대적인 경우도 있다. 한편 직업적 역사가들은 아주 최근까지도 이런 여러 네트워크의 역할을 무시하거나 최소한 과소평가하는 경향이 분명히 있었다. 심지어 오늘날에도 대다수의 학계 역사학자들은 문서고를 만들고 보존하는 기관 및 제도들로만 연구를 국한시키는 경향을 보이고 있다. 질서 잡힌 문서의 자취를 남기지 않는 것들은 연구할 가치가 없다는 식이다. 다시 말하지만, 나는 연구로나 경험으로나 이러한 문서고의 전횡을 경계해야 한다는 것을 배우게 됐다. 역사에서 벌어지는 가장 큰 변화들은 비공식적으로 조직된 집단들의 성과물인 경우가 많고, 그 경우 남겨진 문서는 아주 드물 수밖에 없다.

이 책은 역사에 나타나는 밀물과 썰물의 불균등한 교차를 다루려고 한다. 사람들의 삶을 위계적 조직들이 지배했던 장구한 시대들이 있었다. 그리고 기술적 변화에 힘입어 각종 네트워크가 더 유리한 위치를 차지했던, 드물지만 좀 더 역동적이었던 시대들이 있었다. 이 두 시기를 구분해내려는 것이 이 책의 의도다. 간단히 말하자면, 위계라는 것이 지배적인 질서일 때는 어떤 사람의 권력이 그(녀)가 국가, 기업, 혹은 그와 비슷하게 수직적으로 질서가 잡힌 기관의 조직 서열 어디에 서 있느냐에 따라 결정된다. 그런데 네트워크가 유리한 위치를 차지하는 시대에는 어떤 사람의 권력이 그(녀)가 수평적 구조를 가진 하나 이상의 수평적 구조의 사회 집단들 안에서 어떠한 위치를 차지하느냐에 따라 결정된다. 앞으로 보겠지만 물론 이러한 위계와 네트워크라는 이분법은 분명히 과도한 단순화이다. 하지만 그럼에도 불구하고 이는 논의의 출발점으로서는 분명히 유용하다. 나라는 개인의 사례를 잠깐 이야기해보면 이 점이 분명히 드러날 것이다.

내가 이 서문의 첫 번째 초고를 썼던 당시인 2016년 2월의 어느 날 밤, 나는 한 출판기념회에 참석했다. 파티를 연 사람은 뉴욕 시장을 역임한 사람이었다. 그리고 그날의 주인공인 책 저자는 「월스트리트저널」의 칼럼니스트이자 대통령 연설문 작성자로 일했던 이였다. 나를 초대한 사람은 블룸버그 뉴스의 편집장이었는데 그와는 25년도 더 전에 함께 옥스퍼드 대학에 다니며 알게 됐다. 파티에서 나는 열 명의 사람들과 인사를 나누고 짧은 대화를 했다. 그들은 미국외교협회Council on Foreign Relations의 회장, 미국 최대의 산업 기업의 하나인 알코아Alcoa Inc.의 CEO, 「월스트리트저널」의 사설란 편집자, 폭스뉴스의 앵커맨, 뉴욕여성클럽 Colony Club의 한 회원과 그녀의 남편, 내 책 중 하나를 읽었다고 스스로를 소개한 (이는 대학 교수에게 말을 걸기 위한 방법으로는 백발백중이다) 한 젊은 연설문 작가 등이었다.

어떻게 보면 내가 왜 그 파티에 가게 되었는가는 아주 자명했다. 나는 옥스퍼드 대학, 케임브리지 대학, 뉴욕 대학, 하버드 대학, 스탠퍼드 대학 등 유명한 대학들에서 줄줄이 교수직을 맡았으며 그 때문에 자동적으로 다양한 대학 졸업생들의 연결망에 일부로 편입된 것이다. 또한 대학 교수로 또 작가로 일하다 보니 세계경제포럼World Economic Forum이니 빌더버그Bilderberg니 하는 수많은 정치적·경제적 네트워크에 얽히게 되었다. 나는 런던에 있는 세 개 클럽의 회원이며 뉴욕에도 한 개의 클럽에 가입되어 있다. 그리고 현재 나는 세 개의 기업에 이사로 참여하고 있다. 하나는 세계적 규모의 자산운용사, 하나는 영국의 싱크탱크, 나머지 하나는 뉴욕의 박물관이다.

하지만 이렇게 상당히 좋은 네트워크를 거느렸음에도 불구하고 나는 권력을 거의 갖고 있지 않다. 이 파티에서 재미있었던 일은 그전 뉴욕 시장이 자신의 짧은 환영 연설을 통해 다음 미국 대통령 선거전에 독립 후보로 뛰어들 것을 고려하고 있다고 암시했던 (별로 열성적이지는 않았다) 사건이었다. 하지만 나는 영국 시민권자이므로 그 선거에는 투표권조차 없었다. 또 그이든 아니면 다른 후보이든 내가 지지한다고 해서 크게 도움이 될 것 같지도 않았다. 나는 학자일 뿐이며, 미국인들의 압도적 다수는 학자들이란 보통 사람들의 실제 삶과는 완전히 유리된 존재라고 여기기 때문이다. 옥스퍼드 대학의 내 옛날 동료 교수들과 달리 나는 학부생들의 입학과 관련해서도 아무 권한이 없다. 내가 하버드 대학에 있을 때 학생들에게 다양한 성적을 주기는 했지만, 그중 가장 나쁜 성적을 받은 학생이라고 해도 졸업 여부에 대해 나는 사실상 아무런 힘도 발휘할 수 없었다. 박사과정생의 입학에 있어서도 그저 여러 명의 중견 교수들 중 한 사람으로서 한 표를 행사할 뿐, 무슨 권력이 있는 건 아니다. 나는 내가 자문으로 있는 회사에서 일하는 이들에 대해 일정한 권력을 갖고 있지만, 5년 동안 내가 해고한 직원의 총 수는 단 한 명이다. 나는 네 명의 자식이 있지만 그중 세 명에 대해서는 권력은 고사하고 영향력조차도 최소한에 불과하다. 다섯 살짜리 막내조차 벌써 나의 권위에 도전하는 법을 배우고 있는 판이다.

요컨대 나는 그다지 위계적인 인물이 못 된다. 나는 네트워크 형 인간에 더 가까우며, 이것은 내 선택이었다. 학부생이었을 때 나는 이렇다 할 서열이 없는 대학 생활이라는 것을 아주 즐겼으며, 아무렇게나 엉망으로 조직되어 있었던 여러 동아리와 단체들을 특히 좋아했다. 나는 그중 여러 개에 가입했지만 막상 나타난 것은 극소수였고 그것도 내키는 대로였다. 옥스퍼드 대학에서 내가 가장 즐겼던 경험은 재즈 5중주단에서 (우리는 리더가 없었던 것을 오늘날까지도 자랑스러워한다) 더블 베이스를 쳤던 것과 캐닝Canning이라는 이름의 작은 보수파 토론 클럽의 회합에 참여했던 것이다. 나는 이미 20대 초반에 학계에 남기로 결심했다. 돈보다는 자유가 훨씬 좋았기 때문이다. 내 동년배들과 그 아버지들이 전통적인 수직적 경영 조직에 들어가 일을 하는 것을 볼 때마다 나는 몸서리를 치곤 했다. 반면 나를 가르친 옥스퍼드 대학의 교수들을 보면 이들이야말로 중세식 직능단체의 일원이자, 문필의 세계라는 오래된 공화국의 시민이며, 책으로 꽉 찬 각자의 연구실의 군주들이었다. 따라서 나는 이들의 여유롭고도 가늘고 긴 삶의 여정을 그대로 따라가고픈 참을 수 없는 욕구를 느꼈다. 그리고 교수라는 직업이 내 인생의 여인들이 기대하는 만큼 보수가 좋지 못하다는 것을 알게 됐지만, 그때도 나는 더 수입을 올리려고 분투하였을 뿐 굴욕을 감수하고서라도 돈 잘 버는 진짜 일

자리를 잡아야 한다는 유혹에 결코 굴복하지 않았다. 저널리스트로서도 나는 프리랜서가 되는 쪽을 선호하였고, 정 여의치 않을 경우에도 파트타임으로만 일을 했으며, 주로 글 한 편당 얼마를 받는 칼럼니스트 활동을 선호했다. 방송 일을 할 때도 나는 글 쓰는 일이나 진행자로서나 자신을 하나의 독립적 하청업자로 여겼으며, 나중에는 내 소유의 제작 회사까지 창업했다. 이런 모험적인 기업가 정신이 자유를 사랑하는 나의 성격과 어울렸기 때문이며, 내가 이런저런 회사들을 세운 목적은 돈보다는 나의 자유를 유지하기 위해서였다고 말하고 싶다. 내가 가장 즐기는 일은 내가 흥미를 느끼는 주제들에 대해 책을 쓰는 일이다. 최고의 프로젝트들—로스차일드 금융가의 역사, 지그문트 바르부르크Siegmund Warburg의 이력, 헨리 키신저의 인생—이 들어온 경로 또한 내가 거느리고 있는 각종 네트워크를 통해서였다. 그 책들 역시 여러 네트워크에 **대한** 책이라는 것도 나는 아주 최근에 와서야 이해하게 됐다.

내 동년배들 중 일부는 부를 추구했다. 그들 거의 모두는 최소한 일정 기간만큼은 계약 노동자로서 등뼈가 휘도록 일을 했다(은행에서 일하는 게 보통이었다). 권력을 추구한 이들도 정당에 들어가 밑바닥부터 한 계단씩 올라갔는데, 오늘날 돌이켜보면 그들이 옛날에 참아야 했던 온갖 굴욕은 실로 몸서리쳐지는 것들이었다. 물론 학계에서도 신참자들이 여러 모욕을 참아야 하는 건 분명하지만, 이는 골드만삭스의 인턴사원이 되거나 낙선이 뻔히 보이는 야당 후보 선거운동단의 맨 아래 자원봉사자가 되는 것에는 비할 바가 못 된다. 위계 조직에 들어간다는 것은 최소한 처음에는 스스로를 맨 밑바닥에 납작하게 깔아버린다는 것을 뜻한다. 하지만 요즘에는 내 옥스퍼드 대학 동창들 중 몇 명이 장관 혹은 최고 경영자가 되어 큰 권력을 가진 기관의 수장 자리에 앉아 있다. 이들은 몇 십억은 아니어도 몇 백만 달러에 이르는 자금을 어떻게 배분할 것인지를 결정할 권한이 있으며, 뿐만 아니라 어떨 때는 여러 국가의 운명에도 직접적인 영향을 미칠 권력이 있다. 정계로 나간 내 옥스퍼드 동창 하나는 자기의 오랜 노동 시간, 사생활의 결여, 낮은 봉급과 거의 없다시피 한 휴가 및 휴일을 놓고 부인이 불평을 늘어놓았던 이야기를 해주었다. 또 그렇게 해서 공직을 얻어 봐야 민주주의의 본질적 특성상 그러한 일자리는 언제 없어지거나 쫓겨날지 모르는 불안한 것이 아니냐는 게 부인의 불평이었다. 이에 대해 그는 이렇게 대답했다고 한다. "하지만 그런데도 내가 그 모든 것들을 다 참고 있다는 사실이야말로 권력이라는 놈이 정말로 **멋진** 무언가라는 증명이 아니겠나."

 하지만 정말 그럴까? 오늘을 사는 당신이라면, 당신에게 권력을 주는 위계 조직에 있기보다는 당신에게 영향력을 주는 모종의 네트워크에 들어 있는 편이 더 낫지 않은가? 우리 모두는 필연적으로 하나 이상의 위계 구조에 성원으로 들어갈 수밖에 없다. 우리 중 거의 모두는 하나 이상 국가의 국민이다. 우리 중 대부분은 하나 이상의 기업에서 직원으로 일하고 있다(그리고 전 세계의 기업들 중 직간접으로 국가의 통제 아래 있는 기업의 숫자는 놀랄 정도로 많다). 선진국에서 20세 미만의 청소년 대부분은 하나 이상의 교육 기관에 속해 있을 가능성이 크며, 그 기관들이 무어라고 주장하든 그 구조는 근본적으로 위계질서에 입각해 있다. (하버드 대학의 총장이라고 해도 정년 보장을 받은 교수들에 대해서는 그 권력이 아주 제한적이다. 하지만 가장 촉망받는 조교수로부터 가장 밑에 있는 신입생에 이르는 구간에서는 총장 및 그 휘하의 학과장들이 상당한 권력을 가지고 있다.)

비록 지난 4,000년간 가장 낮은 비율로 떨어지기는 했지만 여전히 전 세계 청년들의 상당 부분은 군인으로 복무하고 있으며, 군대야말로 전통적으로 가장 위계적이라고 여겨지는 조직이다. 만약 당신이 누군가에게 '보고'를 해야 한다면, 그것이 설령 이사회와 같은 숙의 조직일 뿐이라고 해도 당신은 모종의 위계 조직에 들어 있는 것이다. 보고해야 할 사람이 늘어난다면 그에 비례하여 당신은 전체 위계 조직의 더 아랫부분에 있다는 것을 뜻한다.

하지만 우리 대부분은 이런저런 위계 조직보다 더 많은 네트워크에 소속되어 있다. 내가 말하는 네트워크란 페이스북이나 트위터 등 지난 10년 남짓 동안 인터넷에서 생겨난 네트워크들만을 뜻하는 것이 아니다. 우리는 친척들로 이루어진 여러 네트워크를 가지고 있으며(오늘날 서방 세계에서의 가족들 중 위계적이라 할 만한 것들은 거의 없다), 친구들, 이웃들, 동호인들의 네트워크도 있다. 우리는 축구팀의 동호인이기도 하다. 우리는 이런저런 클럽과 단체의 회원이기도 하며 또 자선 단체의 후원자이기도 하다. 심지어 교회나 정당과 같이 위계적으로 조직된 기관들에서의 활동에 참여하는 경우라고 해도, 그 활동은 노동이라기보다는 네트워킹에 더 가깝다. 왜냐하면 우리가 자발적으로 자원하여 참여한 것이지 일정한 현금의 보상을 바라고 뛰어든 것은 아니기 때문이다.

위계 조직들의 세계와 네트워크들의 세계는 서로 만나고 또 상호작용 한다. 어떤 대기업이든 그 내부로 들어가보면 공식적인 '조직도'와는 사뭇 다른 네트워크들이 존재한다. 혹시 일부 직원들에게 정실주의라고 비난을 받는 상사가 있다면, 그 말은 곧 모종의 비선 관계가 암약하면서 그것이 회사 5층에 있는 '인사팀'의 공식적인 승진 절차보다 우선한다는 뜻이다. 여러 다른 회사의 직원들이 퇴근 후에 한잔 하러 모였다면 이들은 회사의 수직적 구조에서 빠져나와 사회적 네트워크라는 수평적인 광장으로 옮아온 것이다. 그리고 결정적으로 중요한 사실이 하나 있다. 서로 다른 위계 구조에서 각자 권력을 쥐고 있는 개개인들이 집단을 이루어 회합을 갖는다면, 이들의 네트워킹은 아주 심각한 중요성을 가질 가능성이 있다. 앤서니 트롤럽Anthony Trollope의 『팰리저 소설들The Palliser Novels』*을 보면, 빅토리아 여왕 시대의 영국 정치가들이 하원에서는 서로를 공공연하게 비난하고 공격하지만 그들 모두가 소속된 런던의 여러 클럽들의 네트워크에서는 사적인 비밀을 서로 주고받는 모습이 자세히 묘사돼 있으며, 이를 통해 공식적 권력과 비공식적 영향력의 차이가 무엇인지를 실로 잊을 수 없는 모습으로 포착해내고 있다. 나는 이 책에서 그런 네트워크들이 인류 역사의 거의 모든 시대에 발견된다는 사실 그리고 이것들이 대부분의 역사책이 독자들에게 믿도록 하는 것보다 훨씬 더 중요한 존재였음을 보여주고자 한다.

앞에서 말했듯이, 과거에는 역사가들이 과거에 존재했던 네트워크들을 재구성하는 데 별 능력을 보여주지 못했다. 이렇게 역사가들이 네트워크를 무시하게 된 부분적인 이유는 전통적인 역사적 연구가 국가와 같은 위계적 기관들이 생산한 문서들에만 크게 의존해왔다는 점에 있었다. 물론 네트워크들도 기록을 남기지만 이는 찾아내기가 쉽지 않다. 새파란 대학원생 초년 시절 함부르크의 국가 문서고Hamburg State Archives에

---

*   영국 소설가 트롤럽이 1860년대와 1870년대에 출간한, 팰리저Plantagenet Palliser가 주인공으로 나오는 6권의 소설. 영국 정계와 금융계 안팎의 인물들과 사건들을 세밀하게 묘사하고 있다.(옮긴이)

도착했을 때의 기억 하나가 떠오른다. 내가 도착하자마자 안내되어 들어갔던 곳은 『도서 목록Findbücher』이라는 책—문서고의 모든 도서들의 일람으로서 거의 읽을 수도 없는 옛날식 독일어 글자로 손으로 쓴 두꺼운 가죽 장정본—으로 꽉 찬 방이었다. 이 책들을 거치면 이제 이 한자 동맹* 도시국가의 아주 낡은 관료제의 모든 다른 '대표단들'이 내놓은 무수한 보고서, 의사록, 서한 등으로 연결되도록 되어 있다. 내 연구에 해당하는 시기의 책들을 샅샅이 훑어보았지만 조금이라도 관심을 끄는 자료를 단 한 페이지도 찾을 수가 없어서 패닉 상태에 몰렸던 것이 지금도 생생하게 기억이 난다. 이렇게 몇 주간 참으로 심각하게 비참한 상태에 있다가 순전히 운이 좋아서 영국 영사관에서 열린 한 다과회에서 옛날의 은행가 막스 바르부르크Max Warburg의 아들인 에릭 바르부르크를 만나게 됐다. 그의 제안으로 나는 막스 바르부르크에 대해 관심을 갖게 되었고, 결국 그의 사적인 편지들을 보관하고 있는 떡갈나무로 장식된 작은 방을 찾아 들어가게 됐다. 그때 내가 느낀 안도감이란! 바르부르크가 그의 네트워크 성원들과 주고받은 서신을 살펴보면서 나는 1920년대 초 독일의 하이퍼인플레이션에 대해서 (이게 나의 연구 주제였다) 국가 문서고의 문서 전체를 합친 것보다 그가 나눈 편지들이 더 많은 혜안을 준다는 사실을 불과 몇 시간 만에 깨달은 것이다.

하지만 그 후로도 오랫동안 나 또한 대부분의 역사가들과 마찬가지

---

* 한자 동맹이란 북해와 발트해 연안의 도시들과 그 상업 길드들이 서로 맺은 동맹으로, 12세기 말 뤼벡과 함부르크가 처음 동맹을 맺은 이후 급속히 확장돼 이후 약 300년간 이 지역의 무역을 독점적으로 지배하게 된다.(옮긴이)

로 네트워크에 대해 체계적으로 생각하고 글을 쓰지는 못했다. 물론 다양한 친족 관계, 사업 관계, '선별적 친화성elective affinity'을 통해 바르부르크와 다른 독일-유대인 재개 거물들을 엮어주는 모호한 그림이 대략이나마 내 눈에도 보였다. 하지만 이러한 네트워크에 대해 엄밀한 방식으로 사유를 전개할 수 있다는 생각은 떠오르지 않았다. 나는 그저 게으르게도 그의 사교적 '서클들'이라는 아주 불완전한 개념으로 생각하는 것으로 만족하고 있었다. 게다가 참으로 유감이지만, 그로부터 몇 년 후 로스차일드 가문의 여러 은행들―겸임이사로 긴밀히 연결된―의 역사서를 저술하게 되었을 때도 이보다 크게 체계적인 사유를 갖추지 못했다. 나는 이 가문의 복잡한 계보에 너무나 많은 주의를 기울였으며(사촌 간 결혼 때문이었지만, 이는 그러한 가문에서는 전혀 특이한 일이 아니었다), 이 가문을 19세기 세계의 가장 부유한 집안으로 만드는 데 똑같이 중요한 역할을 했던 여러 기관들 및 연계 은행들의 보다 폭넓은 네트워크에 대해서는 관심을 너무나 덜 기울였다. 지금 돌이켜볼 때, 나는 루이스 네이미어Lewis Namier나 로널드 사임Ronald Syme과 같이 '집단 전기prosopography'의 방법을 개척했던 20세기 중반 역사가들에게 더 많은 관심을 기울였어야 했다. 이는 이데올로기를 그 자체로서 하나의 역사적 행위자로 보는 오류를 막는 데에도 큰 도움이 되었을 것이다. 하지만 그 역사가들의 작업 또한 형식적인 네트워크 분석에 도달하지는 못하고 있었다. 게다가 그들 뒤에는 여러 계급의 흥기와 쇠퇴야말로 역사의 추진력임을 보여주고자 하는 사회사가들의 (혹은 사회주의 역사가들의) 물결이 나타나 그들의 연구를 대체해버렸다. 나는 역사적 과정에 있어서 카를 마르크스가 말하는 계급들보다는 빌프레도 파레토가 말하는 엘리트들―혁명기 프랑스의 '명사들notables'로부터 시작하여 빌헬름 황제 시대 독일의 '명예시민들 Honoratioren'에 이르는— 이 일반적으로 더 중요하다는 것을 알게 됐지만, 엘리트의 구조들을 분석하는 방법은 배우지 못한 상태였다.

이 책은 그렇게 중요한 문제들을 빼먹고 있었다는 나의 과오를 참회하기 위한 시도다. 이 책은 고대에서 아주 최근에 이르는 동안 여러 네트워크와 위계 조직들이 어떻게 상호작용을 맺어왔는가에 대한 이야기를 풀어놓을 것이다. 이 책은 경제학에서 사회학까지, 또 신경 과학에서 조직 행동에 이르기까지 무수히 많은 학문 분야로부터 이론적인 혜안을 가져와 하나로 묶어내고자 한다. 비록 대부분의 역사가들은 국가와 같은 위계 조직들에만 관심을 고착시켜 왔지만 사회적 네트워크는 그들이 생각했던 것보다 항상 훨씬 더 큰 중요성을 가지고 있었으며, 특히 그 중요성이 절정에 달했던 두 개의 시대가 있었다는 게 이 책의 중심 주장이다. 그 첫 번째의 '네트워크 시대'는 15세기 말 유럽에서 활자 인쇄가 도입된 직후에 나타나 18세기 말까지 지속되었다. 두 번째는 바로 우리의 시대로서 1970년대에 시작됐다. 하지만 우리가 보통 실리콘 밸리와 결부시키는 기술적 혁명은 위계적 제도들의 위기를 만들어낸 원인이라기보다는 오히려 그러한 위기의 결과였다는 게 나의 주장이다. 그 사이인 1790년대 말부터 1960년대 말까지의 기간에는 정반대의 경향이 나타난다. 위계적 제도들이 스스로의 통제력을 다시 확립하고 여러 네트워크를 폐쇄하거나 자기 것으로 만들어버리는 데 성공한 것이다. 위계적으로 조직된 권력이 그 정점에 달한 시점은 바로 20세기 중반으로, 전체주의 체제와 총력전의 시대가 바로 그때였다.

내가 이런 안목에 도달하게 된 것은 아마도 헨리 키신저의 전기를 쓰게 된 덕이었을 것이다. 그는 근대 이래로 네트워크를 다루는 데 있어서 최고로 능수능란했던 이 중 하나였다. 이 프로젝트가 중간쯤 도달했을 때 (1권을 끝내고 2권의 연구 조사를 반쯤 마쳤을 때) 아주 흥미로운 가설 하나가 떠올랐다. 키신저의 성공과 명성과 악명이 그 자신의 강력한 지성과 의지력에 기인했던 것임은 물론이지만, 그와 똑같은 정도로 닉슨 정권과 포드 정권의 동료들 게다가 언론인들, 신문 소유주들, 외국 대사들, 각국 정상들 심지어 할리우드 영화 제작자들까지 아우르는 정부 바깥의 인물들에 기인한 게 아니었을까? 이 책의 많은 부분은 다른 학자들의 연구를 종합하는 것을 내용으로 삼고 있지만(과도한 단순화가 없었기를 빌 뿐이다), 키신저의 네트워크라는 주제에 관해서만큼은 이런 질문과 관련해 내가 최초로 내놓는 독창적인 기여가 있을 것이라고 생각한다.

이 책 자체가 하나의 네트워크의 생산물이기도 하다. 무엇보다도 이 책이 쓰인 장소인 후버 연구소의 소장 및 동료 연구자들에게 감사를 표하며, 이 연구소의 후원자들 및 감독자들에도 감사를 표한다. 오늘날의 대학 사회는 온갖 종류의 다양성을 다 치켜세우지만 오로지 지적 다양성이라는 것만큼은 가장 무시하고 있다고 보인다. 이러한 시대에 후버 연구소는 자유로운 탐구와 독립적인 사유를 지켜내는 유일의 장소까지는 아니어도 극히 드문 요새들 중 하나다. 또한 나는 하버드 대학의 예전 동료 학자들에게 감사를 표하고 싶다. 이들은 내가 케네디 스쿨의 벨퍼 연구소Belfer Center at Kennedy School와 유럽 연구소Center for European Studies를 방문할 때마다 나의 생각에 도움을 주었다. 또한 존스홉킨스 대학의 국제 대학원SAIS: Paul H. Nitze School of Advanced International Studies의 키신저 연구소Kissinger Center 그리고 베이징 칭화 대학교의 슈바르츠만 칼리지Schwarzman

College의 새 동료들에게도 감사를 표하고자 한다.

사라 월링턴Sarah Wallington, 앨리스 한Alice Han, 라비 자크Ravi Jacques는 연구 조교로서 대단히 값진 도움을 주었다. 매니 링컨-크루즈Manny Rincon-Cruz와 커니 코레아Keoni Correa의 도움으로 네트워크 그림들과 그에 대한 논평의 질을 크게 개선할 수 있었다. 이 책과 관련하여 내가 내놓았던 논문과 발표에 대해 여러 사람들이 아주 중요한 혜안이 담긴 논평을 주었는데 그중 일부만을 언급하자면 그레이엄 앨리슨Graham Allison, 피에르 파올로 바르비에리Pierpaolo Barbieri, 조 바릴라리Joe Barilari, 타일러 굿스피드 Tyler Goodspeed, 미키 코프먼Micki Kaufman, 폴 슈멜징Paul Schmelzing, 에밀 심슨 Emile Simpson 등이 있다. 이 책의 초기 단계 초고를 읽고 많은 친구들, 동료들, 전문가들이 조언을 해주었다. 내게 논평을 써서 보내준 이들은 루스 아너트Ruth Ahnert, 테레시타 알바레즈-비엘란트Teresita Alvarez-Bjelland, 마크 앤드리슨Marc Andreeseen, 야니어 바-얌Yaneer Bar-Yam, 조 바릴라리, 앨러스테어 뷰캔Alastair Buchan, 멜러니 콘로이Melanie Conroy, 댄 에델스테인Dan Edelstein, 클로이 에드먼드슨Chloe Edmondson, 알랭 푸르니에Alain Fournier, 오랑 호프먼 Auren Hoffman, 이매뉴얼 로먼Emmanuel Roman, 수전 서덜랜드Suzzane Sutherland, 일레인 트레한Elaine Treharne, 콜더 월턴Calder Walton, 캐럴라인 윈터러Caroline Winterer 등이다. 이 책의 결론 부분에 대해 대단히 값진 논평을 해준 이들은 윌리엄 번스William Burns, 앙리 드 캐스트리스Henri de Castries, 마티아스 되프너Mathias Döpfner, 존 엘컨John Elkann, 에번 그린버그Evan Greenberg, 존 미클리트웨이트John Micklethwait, 로버트 루빈Robert Rubin 등이다. 또한 자신들의 혜안을 공유하고 미출간 저작들을 인용하도록 허용해준 사람들로는 글렌 캐럴Glenn Carroll, 피터 돌턴Peter Dolton, 파울라 핀들렌Paula Findlen, 프랜시스 후쿠야마Francis Fukuyama, 제이슨 헤플러Jason Heppler, 매튜 잭슨Matthew Jackson, 프란치스카 켈러Franziska Keller 등이 있다. 또 일루미나티의 역사에 대해 도움을 준 이들로는 로렌자 카스텔라Lorenza Castella, 라인하르트 마르크너Reinhard Markner, 올라프 시몬스Olaf Simons, 조 베게스Joe Wäges 등에게 빚을 진 바 있다.

여느 때와 마찬가지로, 앤드루 윌리Andrew Wylie와 그의 동료들 특히 제임스 풀렌James Pullen은 나와 나의 저작을 아주 능숙하게 대변해줬다. 그리고 다시 한 번 나는 사이먼 와인더Simon Winder와 스콧 모이어스Scott Moyers를 편집자로 만나는 특권을 누리게 되었으니, 이들은 영어권 세계에서 혜안과 안목이 가장 뛰어나다고 자부한다. 또 교열을 본 마크 핸즐리Mark Handsley와 나의 믿음직한 버지니아 출신의 교정자이자 친구인 짐 딕슨Jim Dickson 그리고 사진과 그림을 조사해준 프레드 코트라이트Fred Courtright를 잊을 수 없다.

마지막으로 나의 아이들인 펠릭스Felix, 프레야Freya, 라클란Lachlan, 토머스Thomas에게 감사한다. 이 책을 쓰느라고 내가 계속 그들은 뒷전이었을 때도 불평 한마디 하지 않았으며, 언제나 나의 자랑과 기쁨과 영감의 원천이 되어주었다. 나의 아내 아얀Ayaan은 내가 '네트워크'와 '위계'라는 말들을 지나치게 반복해서 쓰는 것도 꾹 참고 용서해주었다. 그녀는 잘 모르겠지만, 나는 두 가지 모두에 대해서 그녀로부터 아주 많은 것을 배웠다. 사랑과 감사를 보낸다. 나는 이 책을 너무나 그리운 아버지 캠벨 퍼거슨Campbell Ferguson에게 바친다. 이 책이 출간될 때쯤에는 아내가 그의 여섯 번째 손주를 가졌기를 빌고 또 빈다.

차례

서론:
네트워크들,
위계 조직들

신비에 싸인 조직, 일루미나티

거의 250년 전에 이 세계를 바꾸고자 했던 비밀 네트워크가 존재했다. 이 조직은 '일루미나티 결사단Illuminatenorden'*이라고 알려지게 되는 조직으로, 미 대륙에 있는 영국의 13개 식민지가 독립을 선언하기 두 달 전에 독일에서 창립됐다. 그 목적은 실로 고상한 것이었다. 그 창립자는 본래 이 조직을 '완벽을 지향하는 이들의 연맹Bund der Perfektibilisten'이라고

---

* 1776년 잉골슈타트 대학의 법학 교수였던 아담 바이스하우프트Adam Weishaupt는 당시 프랑스와 스코틀랜드뿐만 아니라 미대륙까지 휩쓸고 있었던 계몽주의 이상을 교권주의자들과 가톨릭 등에 맞서서 굳건히 펼치기 위해 새로운 비밀 결사를 조직한다. 이 계몽enlightenment, Aufklärung이라는 말은 "내면의 빛을 밝혀 깨달음을 얻고 어둠과 미신을 몰아낸다"라는 의미이며, 이에 단체의 이름은 라틴어로 "밝힘을 얻은 이들"이라는 의미의 '일루미나티'라고 부르게 된다.(옮긴이)

불렀다. 이 조직의 회원 중 하나는 그 창립자가 다음과 같이 말했다고 회고하고 있다. 이 조직이 의도했던 바는

가장 세련되고 확실한 방법을 통해 어리석음과 악의에 맞서 미덕과 지혜가 승리하도록 하는 것을 목표로 하는 결사체를 만드는 것이다. 이 결사체는 학문의 모든 분야에서 가장 중요한 발견을 이룰 것이며, 그 성원들에게 고상하고도 위대해지도록 가르칠 것이며, 이 지상에서 완전히 완벽한 존재가 되는 것을 확실한 상으로 얻도록 보장할 것이며, 그들을 박해와 악운과 억압으로부터 보호할 것이며, 모든 형태의 전제정에 맞서 그 전횡을 막아낼 것이다.[1]

일루미나티의 궁극적인 목적은 이렇다. '태양과 같은 이성의 광명을 통해 사람들의 이해력을 밝힐 것이며, 이는 곧 미신과 편견의 모든 먹구름을 쫓아낼 것이다.' '나의 목적은 이성이 우위를 점하도록 만드는 것'이라고 그 창립자는 선언하고 있다.[2] 이 조직의 활동 방법의 한 측면은 교육이었다. 일루미나티의 『일반 법령General Statutes』(1781)에 따르면, '우리 연맹의 유일한 의도는 교육으로서, 이는 일방적인 선언이 아닌 미덕에 대한 상찬과 보상의 방법으로 이루어진다.'[3] 하지만 일루미나티는 엄격한 비밀 형제회로 작동할 것이라고 한다. 회원들은 비밀 암호명을 사용했고, 이는 고대 그리스나 로마의 인물들에서 따온 경우가 많았는데 창립자 자신의 암호명은 '스파르타쿠스 형제'였다. 회원들은 초보 수련자

Novice, 미네르발Minerval*, 깨달음을 얻은 미네르발Illuminated Minerval 세 등급으로 나누어졌지만, 아래 서열의 회원들은 일루미나티 결사단의 목적과 방법에 대해 아주 모호하게만 짐작하고 있을 뿐이었다. 정교한 입단 의식이 고안됐다. 그중에는 비밀의 서약이 있었고 이를 어길 시에는 가장 끔찍한 죽음의 처벌을 받게 될 것이라는 내용도 있었다. 입단한 이들은 모두 서로 고립된 세포로 조직되며, 각 세포는 한 명의 상급자에게 보고하게 되어 있지만 그 상급자의 진짜 정체는 그들도 알지 못하게 되어 있었다.

최초에 일루미나티 결사단은 아주 작은 집단에 불과했다. 창립 회원들 몇 명이 전부였으며, 그 대부분은 학생들이었다.[4] 창립 2년째가 되었을 때에도 결사단의 총 회원 수는 겨우 25명이었다. 1779년 12월이 되어서도 그 숫자는 60명이었다. 그런데 그다음 불과 몇 년 만에 회원 수가 무려 1,300명 이상으로 급증한다.[5] 초기에는 일루미나티 결사단이 지역적으로 잉골슈타트Ingolstadt, 아이히슈테트Eichstätt, 프라이징Freising에 국한되어 있었고 뮌헨에 몇 명이 있었을 뿐이었다.[6] 그런데 1780년대 초가 되자 일루미나티 네트워크는 독일 대부분으로 확장된다. 게다가 여기에 참여한 독일의 군주들 및 왕족들**의 명단도 화려했는데 브룬즈

---

* 이는 지혜의 여신인 아테네Pallas Athene의 로마 이름인 미네르바를 암시하는 말이다. 일루미나티 결사단의 휘장insignia은 미네르바 여신의 친숙한 상징인 올빼미가 펼쳐져 있는 책 위에 앉아 있는 그림이다.

** 원어는 'prince'이다. 이 말은 보통 '왕의 가까운 혈족'을 뜻하는 말로도 쓰이지만 마키아벨리의 『군주론』의 경우에서처럼 지배자 일반을 지칭하는 말로 쓰이기도 한다. 특히 무수히 많은 소국으로 나뉘어져 있었던 통일 이전의 독일 지역에서는 그 소국의 지배자를 뜻할 경우가 많았고, 이 면에서 대공Grand Duke과 비슷한 뜻으로도 쓰였고 그렇게 다스려지는 나라들을 대공국principality이라고 하기도 했다.(옮긴이)

윅-뤼네부르크-볼펜뷔텔Brunswick-Lüneburg-Wolfenbüttel의 군주 페르디난트 Ferdinand, 헤세-카셀Hesse-Cassel의 군주 카를Charles, 삭세-코부르크-알텐부르크Saxe-Coburg-Altenburg의 공작 에른스트 2세Ernest II, 삭세-바이마르-아이제나흐Saxe-Weimar-Eisenach의 대공 카를 아우구스트Charles August 등이 포함되어 있었다.[7] 그리고 프란츠 프리드리히 폰 디트푸르트Franz Friedrich von Ditfurth와 같은 귀족들도 수십 명이 있었고, 당시 떠오르는 샛별과도 같았던 라인란트의 성직자 카를 테오도르 폰 달베르크Carl Theodor von Dalberg 등도 있었다.[8] 결사단의 회원들은 모두 가장 높은 자리에 오른 여러 일루미나티의 조언자로서 복무했다.[9] 지식인들 또한 일루미나티에 가담했다. 주목할 만한 인물로는 전 방위적 천재였던 요한 볼프강 괴테, 철학자인 요한 고트프리트 헤르더, 프리드리히 하인리히 야코비, 번역가 요한 요아힘 크리스토프 보데Johann Joachim Christophe Bode, 스위스의 교육가인 요한 하인리히 페스탈로치 등이 있었다.[10] 극작가 프리드리히 실러는 비록 입단하지는 않았지만 그의 작품『돈 카를로스』(1787)에 나오는 혁명적 공화주의자 포사Posa는 일루미나티의 지도자들을 모델로 삼은 인물이었다.[11] 일루미나티의 이념이 얼마나 큰 영향을 가지고 있었는지는 볼프강 아마데우스 모차르트의 오페라 〈마적〉(1791)에서도 이따금씩 드러난다.[12]

그런데 1784년 6월 바바리아 정부가 일루미나티 결사단을 실질적으로 금지시키는 세 개의 법령 중 첫 번째를 발표하여 그들을 '반역적이며 종교에 적대적인 자들'이라고 낙인찍는다.[13] 모종의 조사위원회가 설립돼 학계와 관계에서 그 결사단원들을 숙청하는 작업이 시작된다. 일부는 바바리아를 떠나 도망가기도 했다. 창립자 자신도 고타Gotha로 도망쳐서 몸을 숨겼다. 그리하여 일루미나티 결사단은 1787년 말이 되면 의도와 목적 모두에 있어서 기능을 멈추게 된다. 그럼에도 불구하고 이들의 악명은 그보다 훨씬 오래갔다. 프로이센의 왕 프리드리히 빌헬름 2세는 일루미나티가 여전히 독일 전역에서 체제 전복을 꾀하는 위험 세력으로 암약하고 있다는 경고를 받기도 한다. 1797년 저명한 스코틀랜드의 물리학자 존 로비슨John Robison은 『유럽의 모든 종교와 정부에 맞선 음모가 프리메이슨, 일루미나티, 독서 모임들의 비밀 회합에서 수행되고 있다는 증거들Proofs of a Conspiracy against All the Religions and Governments of Europe, carried on in the Secret Meetings of the Free Masons, Illuminati, and Reading Societies』이라는 제목의 책을 출간한다. 여기에서 그는 '지난 50년간 철학의 횃불로 세상을 계몽하며 민간과 종교의 미신의 먹구름을 몰아낸다는 거짓된 구실 아래에' 한 '결사체'가 '열성적 체계적으로 노력을 경주'해 왔으며, 그 목적은 **'유럽의 모든 종교 조직들을 뿌리 뽑고 모든 기성의 정부를 전복시키는 것'**이라고 했다. 로비슨에 따르면 이 결사체 투쟁의 절정이 다름 아닌 프랑스 혁명이었다고 한다. 한편 프랑스 예수회 출신의 오귀스탱 드 바뤼엘Augustin de Barruel 또한 똑같이 1797년에 출간된 그의 『자코뱅주의의 역사를 드러내는 비망록』에서 똑같은 혐의를 내놓는다. '프랑스 혁명 기간에 자행되었던 모든 일들은 그 가장 끔찍한 짓들에 이르기까지 다 예견되고, 결의되고, 결합되고, 사전에 계획된 것이었… 즉, 철저하게 계획된 악행이 낳은 자식들이었던 것이다.' 바뤼엘의 주장에 따르면, 자코뱅 자체가 일루미나티의 상속자들이라고 한다. 이러한 주장들—에드먼드 버크의 찬양을 받기도 했다[14]—은 금세 미국으로도 퍼져갔으며, 다른 누구보다도 이를 열정적으로 받아들였던 이가 예일 대학의 총장이었던 티머시 드와이트Timothy Dwight였다.[15] 19세기와 20세기 대부분 기간에 이 일루미나티 결사단은 그 본래의 의도와는 무관하게 모든 음모 이론의 모태가 되는 역할을 맡게 된다. 음모 이론은 리처드 호프스태터Richard Hofstadter가 미국 정치에 나타나는 '피해망상 경향paranoid style'이라는 잊지 못할 명칭으로 부른 바 있는 흐름으로서, 이를 신봉하는 이들은 한결같이 자신들이 '가장 악마적 성격의 행동들을 자행하도록 고안된 방대하고도 은밀하면서도 초자연일 만큼 효과적인 국제 음모 네트워크'에 맞서서 빼앗긴 이들의 수호자라고 주장한다는 것이다.[16] 이러한 국제적 음모의 근원으로 일루미나티를 보는 문헌은 무수히 많지만, 딱 두 개의 예만 든다면 존 버치 협회John Birch Society의 문헌과 기독교 보수주의자 팻 로버트슨Pat Robertson의 저서 『새로운 세계 질서』(1991)를 들 수 있다.[17]

일루미나티의 신화는 오늘날까지도 끈질기게 내려오고 있다. 물론 일루미나티를 영감의 원천으로 삼은 글들 중 일부는 스스로가 허구임을 분명히 밝히고 있다. 중요한 예를 들자면 1970년대에 나온 로버트 쉬어와 로버트 윌슨의 『일루미나티』 3부작, 움베르토 에코의 소설 『푸코의 진자』(1988), 영화 〈라라 크로프트: 툼 레이더〉(2001), 댄 브라운의 스릴러 『천사와 악마』(2000) 등이다.[18] 하지만 참으로 설명하기 힘든 것은, 일루미나티가 오늘날에도 실제로 존재할 뿐만 아니라 그 창립자들이 의도했던 만큼 큰 권력을 가지고 있다는 믿음이 광범위하게 유포되어 있다는 점이다. 물론 인터넷을 뒤져보면 자신들이 일루미나티의 대표라고 주장하는 웹사이트들을 무수히 만날 수 있지만, 그 꼬락서니들은 하나같이 허접하기 그지없다.[19] 그럼에도 불구하고 미국 대통령들 중에도 일루미나티의 회원들이 몇 명 있었으며, 그중에는 존 애덤스와 토머스 제퍼슨 뿐만 아니라[20] 심지어 버락 오바마도 들어간다고 한다.[21] 이러한 내용을 담은 글들은 아예 하나의 거대한 장르를 형성하고 있다. 그중에서도 상당히 대표적인 긴 글―내용은 별것 없다―을 보자면, 일루미나티는 '노예제 사회를 만들어내려는 야욕을 가진 슈퍼리치 파워 엘리트 집단'이라고 묘사되고 있다.

일루미나티는 모든 국제 은행들, 석유 기업들, 산업과 무역의 가장 강력한 기업들을 소유하고 있을 뿐만 아니라 정치와 교육에도 침투하여 현존하는 대부분 국가의 정부를 소유하고 있거나 최소한 통제하고 있다. 이들은 심지어 할리우드와 음악 산업까지 소유하고 있다… 일루미나티는 마약 밀거래 산업까지도 운영하고 있다… 미국 대통령 선거 때마다 나오는 후보들은 비밀리에 유지되고 있는 일루미나티의 13개 혈통의 가문들에 의해 세심하게 선발된다… 그 주된 목적은 단일의 세계 정부를 만들어서 그들이 꼭대기를 차지하고 온 세계를 지배하는 노예제와 독재의 세상으로 만드는 것이다… 이들은 외계인 침입 같은 것을 조작하여 '외부로부터의 위협'이라는 것을 만들어내고자 하며, 그를 통해 전 세계의 모든 나라들이 기꺼이 하나로 통일하려 들도록 한다.

이러한 음모 이론의 고전적인 버전에는 일루미나티가 로스차일드 가문, 원탁 회의Round Table, 빌더버그 그룹Bilderberg Group, 삼각위원회Trilateral Commission 등과 연결된다. 또 헤지펀드 매니저이자 정치 자금 기부자이며 자선 사업가이기도 한 조지 소로스도 빠지는 법이 없다.[22]

그림1
일루미나티의 세계 지배를 위한 음모

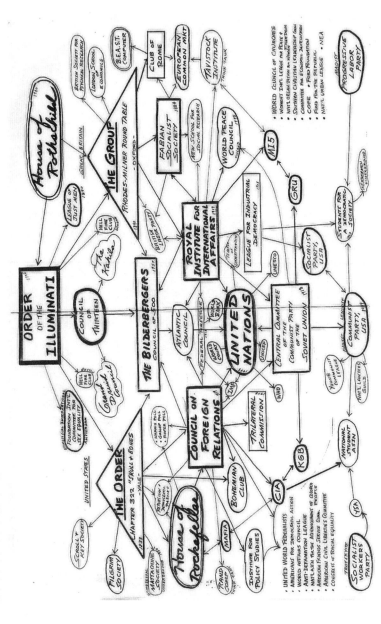

(도식화)

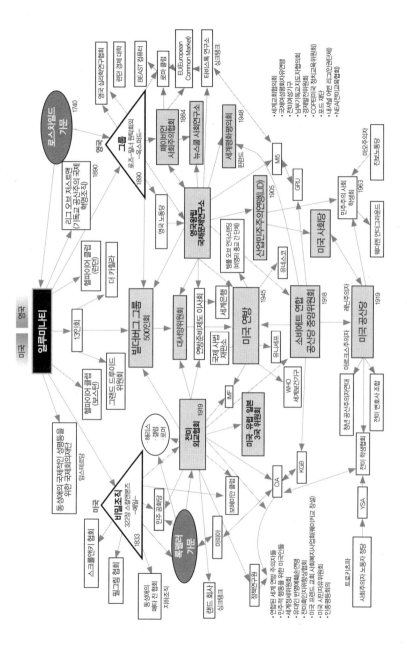

미국　영국

일루미나티

로스차일드 가문　1740

리그 오브 저스트맨 (기독교 공산주의 국제 휴명조직)　1890

영국 그룹　로즈-밀너 협력회의 ―옥스퍼드　1890

영국 실패연구협회
런던 경제 대학
BEAST 컴퓨터
로마 클럽
EU(European Common Market)
타비스톡 연구소
싱크탱크

페이비언 사회주의협회　1884
뉴스클 사회연구소
세계평화평의회　1948

영국왕립 국제문제연구소

헬파이어 클럽 (런던)
더 카발라

13인회

빌더버그 그룹　500인회

헬파이어 클럽 (보스턴)
그랜드 도류이드 위원회

동성애의 국제적인 성행동 등을 위한 국제회의 재단
워스터랜드

비밀조직　322장 스컬엔본즈 ―예일―　1833

해리스
걸엄
로저

미국
대서양연맹
연방준비제도 이사회
국제 사법 재판소
세계정부

미국 연방　1945

신아메리카주의연맹(IID)
탈무드 외 연스템딩 (부정직 종교 강 단체)
유네스코

MI5　핀란드
GRU

미국 사회당

민주주의 사회 학생회
웨스턴 언더그라운드　1963
미오주의자

미국왕립 국제문제연구소

소비에트 연합 공산당 중앙위원회　1918
유네프로

마르크스주의자
레닌주의자

미국 공산당　1919

미국 유럽 일본 3국 위원회

전미 외교협회　1919

IMF

WHO 세계보건기구
KGB

CIA

보헤미안 클럽

미국 공화당
미피아
정보연락망
랜드 회사
싱크탱크

청년 공산주의자연대
전미 학생연합
YSA

전미 변호사 조합

전미 공산주의자연맹

토로츠파　사회주의자 노동자 정당

스크롤앤키 협회
필그림 협회
동성애의 메타 진 협회
지하조직

룩펠러 가문

• 연합된 세계 연방 주의자들
• 민주적 행동을 위한 미국인들
• 세계정치위원회
• 우대니 반핵세손연맹
• 전미출이자위원상연맹
• 미국 프렌드 교회 사회복지사업회(퀘이커교 창설)
• 미국 시민자유위원회
• 인종평등회의

이러한 이론들을 믿거나 최소한 진지하게 받아들이는 이들의 숫자는 놀랄 정도로 많다.[23] 2011년 미국에서 행해진 한 조사에서 1,000명의 미국인들 중 절반이 살짝 넘는 숫자(51퍼센트)가 '오늘날 세계에서 벌어지는 일들 중 많은 것들은 극소수의 개개인들로 이루어진 소규모 비밀 조직에 의해 결정된다'는 명제에 동의하고 있다.[24] 표본을 더 크게 잡아 1,935명의 미국인들을 대상으로 이루어진 조사에서는 무려 4분의 1이 '현재의 금융 위기는 월스트리트의 은행가들로 이루어진 소규모 집단이 연방준비위원회의 힘을 확장하고 세계 경제의 통제권을 심화시키기 위해 비밀리에 작전을 짜고 벌인 일'이라는 주장에 동의하고 있다.[25] 그리고 거의 다섯 명 중 한 명(19퍼센트)이 '억만장자 조지 소로스는 미국 정부를 불안정하게 만들고, 매체를 장악하고, 전 세계를 자신의 통제 아래에 두려는 비밀 음모의 배후'라는 주장에도 동의하고 있다.[26] 실제로 알렉스 존스와 같은 대중적으로 널리 알려진 음모 이론가들은 소로스를 항상 일루미나티와 연결시키고 있다.[27] 이는 실로 황당한 망상이지만, 이러한 망상에 휩쓸리는 것은 주변부의 소수만이 아니다. 각종 음모이론이 판을 치는 현상에 대해 최근에 나온 한 학술적 연구의 저자는 다음과 같은 결론을 내고 있다.

미국 인구의 절반은 최소한 하나 이상의 음모(이론)에 동의한다…
정치를 음모론적 시각에서 바라보는 것은 일부 극단적인 정치적 입장의 일탈적 표출이거나 지독하게 잘못된 정보 때문에 생겨나는 일이 결코 아니라, 모든 이념적 스펙트럼에서 발견되는 광범위한 현상이다… 미국에 존재하는 많은 지배적 신념 체계들—하나님과 사탄에 대한 기독교의 서사이든… 혹은 신자유주의에 대한 좌파의 서사이든— 역시 특정한 의도를 가진 눈에 보이지 않는 세력들이 오늘날의 사건들을 만들어 가고 있다는 생각에 깊게 의지하고 있다.[28]

이러한 현상은 미국에만 특이하게 나타나는 것도 아니다. 이라크 전쟁이 시작되던 당시 독일인들의 상당한 비율은 9.11 공격의 책임이 '고도로 연결되어 있지만 또한 탈중심화되고 탈영토화된 기득권 세력들의 여러 네트워크에(꼭 어떤 개인이나 집단의 의도로 생겨난 것은 아닐지라도)'에 있다고 믿게 되었다.[29] 영국과 오스트리아에서도 많은 유권자들이 이런저런 음모 이론을 (심지어 연구조사를 행하는 이들이 적당히 만들어 낸 이론들까지도) 믿고 있는 것으로 보인다.[30] 러시아 쪽에는 특히 미국이 지휘하는 음모에 끌리는 저자들이 많지만,[31] 9.11 사건 이후 '음모주의'가 창궐했던 것으로는 이슬람 세계를 따를 곳이 없다.[32] 이러한 믿음들은 비극적인 결과를 가져오기도 한다. 미국의 음모 이론가인 밀턴 윌리엄 쿠퍼Milton William Cooper는 조세 회피와 불법 무기 소지 혐의로 체포될 위기에 몰리자 마구 저항하다가 총을 맞고 숨지기도 했다. 그는 연방 정부가 일루미나티에 의해 통제당하고 있는 것으로 믿었으며, 이를 국가 권력에 대해 자신이 저항하는 정당성의 근거로 삼았다.[33] 하지만 테러리즘과 그 범행 동기에 대한 전 세계적 통계 자료들로 볼 때, 미국의 9.11테러 음모론을 지지하는 '트루서들Truthers'보다 훨씬 더 폭력에 호소할 가능성이 높은 쪽은 자기들 종교를 음해하려는 미국-시온주의의 음모가 있다고 믿는 이슬람 교도들 쪽이다.

일루미나티의 역사는 각종 사회적 네트워크, 특히 비밀을 유지하려고 하는 네트워크에 대해 저술할 때 생겨나는 핵심적인 문제를 잘 보여준다. 이러한 주제는 이렇게 '시끄러운 소리꾼들cranks'을 불러들이게 되어 있기 때문에 직업적 역사가가 진지하게 다루기 어려워진다. 어쩌다 그렇게 하려는 역사가가 나타난다고 해도, 네트워크라는 것이 쉽게 접근할 수 있는 문서고를 유지하는 법이 거의 없다는 문제와 씨름해야만 한다. 바바리아의 문서고 연구자들은 일루미나티를 탄압하는 과정에서 발견된 여러 기록들을 보존하였고 그중에는 일루미나티 회원들로부터 압수한 진짜 문서들도 있다. 하지만 연구자들이 본격적으로 달라붙어 남아 있는 일루미나티의 여러 규약들과 통신문 등의 기록을 체계적으로 그리고 아주 공을 들여서 편집하게 된 것은 극히 최근의 일이다. 이 작업이 진행되면서 그 공간적 범위가 여러 다양한 장소들로까지 확장되었고 결국 프리메이슨의 여러 지부 문서고들로까지 이어지게 됐다.[34] 이런 종류의 진입 장벽들을 생각해본다면, 자신은 오로지 '비밀 결사체들에 대해 믿어져온 바에 대해 쓸 수 있을 뿐 비밀 결사체들 자체에 대해서는 쓸 수가 없다'고 했던 한 저명한 옥스퍼드 역사가의 말을 이해할 수 있을 것이다.[35] 하지만 일루미나티는 역사 속에서 네트워크가 차지하는 중요성을 가장 잘 보여주는 사례다. 이는 그 자체로만 보면 중요한 운동이 아니었다. 일루미나티는 프랑스 혁명은 고사하고 심지어 바바리아 내에서도 큰일을 벌이지 못했다. 하지만 이들이 갖는 중요성은, 그들의 명성이 사방으로 퍼져나가던 때가 바로 계몽주의 운동―이 자체도 엄청난 영향력을 가진 지식인들의 네트워크가 이룬 성과물이었다―이 급작스럽게 일으킨 정치적 혼란이 대서양 양쪽에서 그 혁명의 정점에 도달했던 시점이라는 데 있다.

이 책은 네트워크의 역할을 과소평가하는 경향을 가진 주류의 역사 서술과 그 역할을 습관적으로 과장하는 음모 이론가들 사이에서 길을 찾고자 한다. 우리는 최소한 지리상의 발견과 종교 개혁의 시대 이래로 역사상의 주요한 변화들이, 본질적으로 기성의 위계 조직들이 각종 네트워크에 의해 파괴적인 도전에 처하는 과정이라고 이해할 수 있다고 주장한다. 또한 우리는 오늘날 네트워크가 위계적 질서를 파괴하는 것이 본질적으로 좋은 일이라고 보는 일부 논평가들의 확신에 찬 전제에 도전하고자 한다. 또한 우리는 19세기와 20세기의 경험에 비추어 네트워크가 전달하는 혁명적 에너지들을 보존할 수 있는 방법들을 찾아보고자 한다.

2장

우리의 네트워크 시대

오늘날 네트워크는 모든 곳에 있는 듯하다. 2017년 처음 일주일 동안 「뉴욕타임스」는 '네트워크'라는 단어가 실린 기사를 136개나 내보냈다. 그 기사들 중 3분의 1은 텔레비전 네트워크에 대한 것이었고, 12개는 컴퓨터 네트워크에 대한 것이었고, 10개는 다양한 종류의 정치적 네트워크에 대한 것이었지만, 교통 네트워크, 금융 네트워크, 테러리스트 네트워크, 의료 보험 네트워크에 대한 기사들도 있었고, 사회적 네트워크, 교육 네트워크, 범죄 네트워크, 전화 네트워크, 라디오 네트워크, 전력망 네트워크, 정보기관 네트워크 등에 대한 기사들도 물론 있었다. 이 모든 기사들을 읽다 보면 참으로 진부한 표현이지만 '만물이 연결된' 세상을 보게 된다. 어떤 네트워크는 전투적 운동가들을 하나로 엮어주며, 또 어떤 것들은 의료인들을, 어떤 것들은 자동화 현금 지급기들을 엮어준다. 암 네트워크, 성전聖戰, Jihād 네트워크, 범고래 네트워크 등도 있다. 어떤 네트워크는 국제적 규모로서 너무나 자주 '방대한'[1]이라는 형용사가 붙는 것들이 있으며, 또 지역적 차원의 네트워크도 있다. 어떤 네트워크는 하늘 위로 지나가며 어떤 것들은 지하로 지나간다. 부패의 네트워크, 터널의 네트워크, 간첩 활동 네트워크도 있고, 심지어 테니스 시합을 주선해주는 네트워크도 있다. 네트워크 공격자들은 네트워크 수호자들과 싸운다. 그리고 이 모든 것들은 땅으로 연결되는 네트워크, 케이블 네트워크, 위성 네트워크를 통해 숨 가쁘게 보도된다.

디킨스의 소설 『황량한 집』에서는 어디에나 짙은 안개가 깔려 있다. 디킨스의 표현을 빌리자면, 오늘날에는 강의 상류로 또 하류로 떠돌아다니는 것은 네트워크다. 「하버드비즈니스리뷰」의 한 글을 보니 '네트워킹을 하지 않고 취할 수 있는 선택지는 단 하나뿐이다. 실패하는 것뿐'이라는 말까지 나온다.[2] '여성들이 지도력에서 뒤처지는 핵심적 이유는 이들을 잠재적 지도자로 지지하고 키워줄 광범위한 네트워크를 가질 수 있는 가능성이 남성에 비해 낮기 때문이다.'[3] 같은 잡지의 또 다른 기사를 보니 '뮤추얼 펀드 포트폴리오 매니저들은 자기들의 출신 대학 등으로 네트워크가 연결된 회사들에다가 더 크게 집중 투자'를 행할 뿐만 아니라 그러한 투자가 평균보다 더 나은 결과를 낳는다*는 것을 보여주고

---

*   어느 회사의 최고 경영자가 포트폴리오 매니저와 같은 대학을 다니고 또 일정한 시간 순서로 같은 학위를 받은 경우에는 수익률이 21퍼센트로서, 그러한 연관이 없을 경우의 13퍼센트에 비해 월등히 높은 것으로 나타났다.

있다.[4] 하지만 이러한 점으로부터 '올드 보이' 네트워크라는 것이 선한 세력이니 '올드 걸'들도 마땅히 따라할 가치가 있다고 모두가 생각하지는 않을 것이다. 금융계에는 일정한 '전문가 네트워크들'이 있어서 내부자 거래라든가 이자율 조작의 채널로 쓰인다는 것이 폭로된 바 있다.[5] 또한 2008년의 지구적 금융 위기를 만들어낸 주범으로 지목된 네트워크들도 있으며, 특히 전 세계 은행들 사이의 네트워크는 갈수록 복잡해져서 마침내 미국의 서브프라임 모기지에서 발생한 손실을 전 지구로 전달하고 또 증폭시키는 시스템이 되고 말았다.[6] 산드라 나비디가 『슈퍼허브』에서 묘사한 세계를 어떤 이들은 참으로 멋지다고 생각할 것이다. 그녀의 표현에 따르면, '선택된 소수가'—그녀는 딱 스무 명의 사람들을 거명했다— '가장 강력하고도 접근이 어려운 자산을 쥐고 있으니, 그것은 바로 전 지구에 펼쳐져 있는 아주 독특한 개인 관계의 네트워크다'. 이런 관계는 더욱 적은 수의 기관들에서 형성되고 유지된다. 매사추세츠 공과 대학MIT, 골드만삭스, 세계경제포럼, 세 개의 자선 단체들(그중 하나는 클린턴 글로벌 이니셔티브Clinton Global Initiative이다), 뉴욕에 있는 레스토랑 포시즌스Four Seasons 등이라고 한다.[7] 하지만 2016년 미국 대통령 선거에서 승리를 거둔 도널드 트럼프의 핵심 메시지 중 하나는 바로 이런 것들이야말로 '지구적 특수 이익 집단'으로서, 그 배후에는 힐러리 클린턴으로 대표되는 '실패하고 부패한 정치적 기성 권력'이 도사리고 있다는 것이었다.[8] 그는 힐러리 클린턴을 패배시켰다.

2016년 미국 대통령 선거를 설명하기 위해서는 그 승자인 트럼프가 선택한 폭스뉴스에서 페이스북과 트위터에 이르는 여러 네트워크를 논의하지 않을 수 없다.* 이 선거는 여러 가지 역설로 가득 차 있지만 그중 하나는 네트워크를 통해 추동된 트럼프의 선거 운동에서 그 화력의 그 토록 많은 부분을 집중시켰던 클린턴 후보의 엘리트 네트워크에 트럼프 자신도 한때 소속되어 있었다는 점이다. 트럼프의 세 번째 결혼식에 클린턴 부부가 모두 참석하였다는 점이 이를 증명한다. 선거가 있기 불과 몇 년 전 '트럼프 네트워크'라는 이름의 기관이 파산 절차를 밟게 된다. 이는 2009년에 세워진 것으로, 비타민 보충제 등 트럼프가 인증한 제품들을 판매하는 조직이었다. 만약 트럼프가 선거에서 패배했더라면 그는 트럼프 TV와 같은 텔레비전 네트워크를 출범시켰을 것이다. 그가 패배하지 않은 이유들 중 하나는 러시아의 정보기관 네트워크가 클린턴 후보의 평판에 해를 가하기 위해 온 힘을 기울였고, 그 과정에서 위키리크스 웹사이트와 러시아 텔레비전RT 네트워크를 주요한 도구로 사용하였기 때문이었다. 미국 정보기관에서 나온 부분적으로 기밀 해제된 보고서의 표현을 따르면, '러시아 대통령 블라디미르 푸틴은 2016년 선거에 영향을 끼치는 작전을 명령'했으며, 그 의도는 '국무부 장관 클린턴의 명예를 훼손하고 그녀의 선출 가능성과 대통령 취임 가능성에 손상을 입히는 것'이라고 하며, 이는 곧 크렘린 측이 트럼프를 '명백하게 선호'하고 있음을 반영한다는 것이었다. 이 보고서에 따르면 2015년 7월 '러시아 정보기관은 민주당 전국 위원회DNC: Democratic National Committee 네트워크에 접근하는 데 성공했고, 그러한 접근성을 최소한 2016년 6월까지 유

---

*   이 글을 쓰는 시점에 도널드 트럼프의 트위터 팔로어 수는 3,380만 명에 달하고 있다. 그가 팔로잉하는 개인이나 기관의 숫자는 불과 45개다.(옮긴이)

지'하여 거기에서 얻어낸 이메일들을 위키리크스를 통하여 체계적으로 공표했다는 것이다. 또 동시에 '러시아 국가가 운영하는 프로파간다 장치—이는 러시아 국내의 미디어 장치들뿐만 아니라 RT나 스푸트니크와 같이 전 세계 청중을 목적으로 삼는 배출구들로 구성된다—는 크렘린이 러시아 및 전 세계 청중에게 메시지를 보내는 플랫폼으로 기능함으로써 미국 선거 운동에 영향을 주는 데 일조했다.'9

하지만 트럼프가 승리하게 된 또 다른 이유는 이른바 IS로 알려진 이슬람 테러리스트 네트워크 때문이었다. 이들은 선거가 벌어지기 12개월 전에 다발적인 공격을 감행했으며 그중 둘은 미국 내(산 베르나르디노와 올랜도)에서 벌어졌다. 이러한 공격들로 인해 '이 나라의 이슬람 급진파의 지지 네트워크들을… 하나씩 하나씩' '폭로'하고 '발가벗겨 버리고' '제거'할 뿐만 아니라 '이란의 지구적인 테러 네트워크를 완전히 해체하겠다'는 트럼프의 맹세가 더 큰 호소력을 갖게 된 것이다.10

요컨대 우리는 '네트워크 시대'에 살고 있다.11 조슈아 라모는 이를 '네트워크 권력의 시대'라고 불렀다.12 아드리안 라프랑스는 '엉킴의 시대the Age of Entanglement'라는 말을 더 좋아한다.13 파라크 카나는 심지어 '지구적 네트워크 혁명'의 지형을 파악하기 위한 새로운 학문으로서 '연결표상학Connectography'을 제안하기까지 한다.14 마누엘 카스텔에 따르면, '이 네트워크 사회는 인류의 경험에 있어서 질적인 변화를 나타내는 것'이라고 한다.15 네트워크들은 공론장을 변화시키고 이 때문에 민주주의 자체도 변화를 겪게 되었다는 것이다.16 하지만 이러한 변화는 좋은 것일까, 나쁜 것일까? 구글의 자레드 코헨과 에릭 슈미트는 '현재의 네트워크 기술은… 진정으로 시민들에게 이로운 것'이라고 말하고 있다. '즉각적으로 반응하는 네트워크를 통해 이렇게 많은 사람들이 연결된 것은 유사 이래 처음'이며, 이에 모든 곳에서 정치는 진정으로 '게임 자체의 변화'를 겪게 된다는 것이다.[17] 하지만 이와 반대되는 관점도 있다. 구글과 같은 글로벌 기업들이 여러 네트워크를 이용하여 체계적으로 '구조적 지배력'을 얻고 있으며, 이로 인해 일국의 주권이 침식당하고 그러한 주권 덕분에 가능했던 집단적 정치도 함께 잠식당하고 있다는 것이다.[18]

여러 네트워크가 국제 정치 시스템에 어떤 효과를 가져올지에 대해서도 같은 질문을 던질 수 있다. 과연 좋은 것일까, 나쁜 것일까? 앤-마리 슬러터에 따르면, 국가 간 외교라는 전통적인 '체스 게임'과, 새롭게 나타난 '여러 네트워크의⋯ 망'을 결합하여 후자의 이점을 (이를테면 투명성, 적응 능력, 확장가능성 등) 이용할 수 있도록 함으로써 전 세계 정치의 지형을 새롭게 만드는 것이 합리적이라고 한다.[19] 미래의 국가 지도자들은 '각국 정부와 어깨를 나란히 하며' '연결의 전략'을 통해 '권력과 지도력을 휘두르는 웹 행위자들일 것'이라고 한다.[20] 파라그 카나는 아주 즐거운 표정으로 모종의 '공급 사슬의 세계'가 나타날 것을 기대한다. 이러한 세계에서는 글로벌 기업들, 거대 도시들, '공항을 중심으로 설계된 도시들aerotropolises', '지역 공영체regional commonwealth' 등이 경제적 이익을 얻기 위해 결코 끝나지 않는, 하지만 본질적으로 평화적인 '줄다리기 전쟁'을 벌여 '대규모 다중 행위자 게임massive multiplayer game'과 비슷한 양상을 낳게 된다는 것이다.[21] 하지만 조슈아 라모뿐만 아니라 그의 멘토인 헨리 키신저 또한 이러한 경향들로 인해 지구적 안정성이 높아질 것이라는 가능성에 대해 회의적인 듯하다. 키신저의 말에 의하면,

사회 부문, 금융 부문, 산업 부문, 군사 부문에서 네트워크로 엮여 있는 소통망이 깊이 침투하면서 여러 가지 취약점들이 혁명적으로… 증가하였다. 이는 대부분의 규칙과 규제를 (그리고 사실상 많은 규제 당국의 기술적 이해력까지) 앞질러버렸고, 그 결과 어떤 면에서는 자연 상태를 만들어놓았다. 그것을 피하기 위해 정치 질서라는 것을 만들어낼 동력이 생긴 것이라고 홉스가 말했던 바로 그러한 자연 상태 말이다… 비대칭성 그리고 세계 질서가 선천적으로 안고 있는 무질서가 외교에서나 군사 전략에 있어서나 사이버 강대국들 사이의 관계로도 침투하게 되어 있다… 일정한 국제적인 행동 규약을 명확하게 해놓지 않는다면, 이 시스템의 내적인 역학으로부터 어떤 위기가 생겨날 것이다.[22]

만약 일부의 주장대로 '제1차 사이버 세계 대전'이 이미 시작되었다고 한다면, 이는 네트워크들 사이의 전쟁이라는 것이다.[23]

이 모든 이야기들 중에서도 가장 충격적인 전망을 던지고 있는 것은, 단일의 지구적 네트워크가 출현하여 결국 호모 사피엔스를 불필요한 것으로 만들고 그다음에는 절멸시켜 버릴 것이라는 주장이다. 유발 하라리는 그의 저서 『호모 데우스』에서 글자로 된 언어, 화폐, 문화, 이데올로기들—모두 탄소에 기반하여 작동하는 인류의 신경 네트워크들이다—에 기초한 대규모의 '대중 협력 네트워크들'은 사라지고, 대신 알고리즘에 기반한 실리콘 기초의 컴퓨터 네트워크의 새로운 시대가 나타날 것이라고 주장한다. 이러한 네트워크에서 우리가 알고리즘 앞에 갖는 중요성은 지금 우리에게 동물들이 갖는 정도의 중요성밖에 없다는 것을 금방 알아채게 된 것이라고 한다. 개인에게 있어서 네트워크로부터의 단절은 곧 죽음을 의미하게 될 것이라고 한다. 네트워크가 24시간 내내 우리의 건강을 유지해주게 될 것이기 때문이다. 하지만 이러한 연결은 궁극적으로 인류라는 종의 절멸을 의미하게 될 것이라고 한다. '우리가 신주단지로 모시는 기준이, 우리로 하여금 옛날에 멸종하여 잊힌 매머드와 양쯔강 돌고래에 합류할 운명으로 몰아갈 것이다.'[24] 인류의 과거에 대한 하라리의 우울한 평가에 기초해 보자면, 이것이야말로 인류가 마땅히 받아야 할 몫이라고 보이기도 한다.[25]

이 책은 미래보다는 과거에 대한 것이다. 좀 더 정확히 말하자면, 이는 미래에 대해 알고자 하지만, 상상의 날개를 편다거나 최근의 경향들을 임의적으로 미래로 투사하는 식이 아니라 주로 과거를 연구하는 방법을 취하는 것이다. 지금처럼 급속한 기술적 혁신이 벌어지는 시대에는 역사를 공부하는 게 별 소용이 없을 것이라고 보는 이들도 있으며, 특히 실리콘 밸리에 있는 이들이 그런 경향을 보일 때가 많다.[26] 실제로 앞에서 내가 소개했던 논쟁들의 대부분은 사회적 네트워크라는 것이 새로운 현상이며 이것이 오늘날처럼 모든 곳에 편재하게 된 것은 미증유의 사태라는 것을 전제로 삼고 있다. 이는 틀린 이야기다. 우리가 끊임없이 네트워크 이야기를 하게 된 오늘날에조차도 우리 대부분은 네트워크가 어떻게 작동하는지에 대해 극히 제한된 지식만 가지고 있을 뿐이며, 그 기원이 무엇인지에 대해서는 거의 전혀 아는 바가 없다. 우리는 네트워크라는 것이 자연 세계에 얼마나 광범위하게 퍼져 있는지, 인류가 하나의 종으로서 진화해 오는 데 있어서 그것이 얼마나 핵심적인 역할을 수행했는지, 그리고 인류의 과거에 있어서도 오늘날과 마찬가지로 그것이 얼마나 본질적인 일부였는지 등을 대개 간과하고 있다. 그 결과 우리는 과거 네트워크가 차지했던 중요성을 과소평가하는 경향이 있으며, 이 주제에 있어서만큼은 역사가 아무것도 가르쳐주는 게 없다는 잘못된 생각을 품는 경향이 있다.

물론 오늘날의 세계에서 우리가 목도하고 있는 것과 같은 대규모의 네트워크는 완전히 새로운 것이다. 또한 정보의 흐름이 (그리고 똑같은 이유에서 질병의 흐름이) 이렇게 속도가 빠른 적도 없었다. 하지만 규모와 속도가 전부는 아니다. 과거에 존재했던 더 작고 느렸던 네트워크들을 연구하지 않는다면 우리 시대의 방대하고 속도 빠른 네트워크도 전혀 이해할 수 없을 것이다. 특히 이 네트워크 시대가 기쁨과 해방을 가져올 것인지 아니면 끔찍한 무정부 상태를 가져올 것인지에 대해 전혀 단서를 얻을 수 없을 것이다. 뿐만 아니라 그러한 과거의 작고 느린 네트워크들은 정말로 강력할 때도 있었다.

3장

네트워크들, 도처에 있는 네트워크들

물리학자 제프리 웨스트의 말을 빌리면 자연계는 인체의 순환계 시스템으로부터 개미들의 서식지에 이르기까지 '최적화되어 있으며 빈 공간을 꽉 채우면서 계속 가지를 뻗어나가는 네트워크들'로 구성되어 있으며, 그 정도는 당혹스러울 정도라고 한다. 이 네트워크들은 모두 진화하여 무려 스물일곱 자리 숫자가 넘는 미시적인 장소들과 거시적인 저수지들 사이에 에너지와 물질을 분배하고 있다는 것이다. 동물의 순환계, 호흡계, 신장계, 신경계 시스템들은 모두 자연적 네트워크들이다. 그리고 식물의 맥관계 그리고 세포 내의 미세소관 및 미토콘드리아 네트워크 시스템 또한 마찬가지다.[1] 우리가 완전한 지도를 작성한 것은 선충류인 예쁜 꼬마 선충Caenorhabditis elegans의 두뇌뿐이지만, 좀 더 복잡한 두뇌들 또한 동일한 처리 방법으로 조만간 지도가 마련될 것이라고 한다.[2] 벌레들의 두뇌에서 먹이 사슬까지(식량망food webs까지), 현대 생물학은 지구상의 생명체들은 모든 수준에서 무수한 네트워크를 맺고 있다는 사실을 발견했다.[3] 유전자의 염기서열 해독을 통해 '유전자 조절 네트워크'라는 것이 밝혀졌으며, 여기에서 '노드들은 유전자이며 연결선들은 반응들의 연쇄이다'.[4] 강어귀의 삼각주 또한 하나의 네트워크이며, 학교 지리 교과서에는 그 지도를 보여주고 있다. 종양들 또한 네트워크를 형성한다.

네트워크 분석이 없으면 풀 수 없는 문제들도 있다. 1999년 샌프란시스코만灣 지역을 괴롭혔던 엄청난 규모의 조류 증식 사태를 설명하고자 했던 과학자들은 수중 생물의 네트워크 지도를 그려본 다음에야 비로소 진정한 원인을 찾아낼 수 있었다.[5] 인간의 기억이 머무른 장소가 두뇌의 해마라는 것을 확인하는 작업에서도 마찬가지로 신경 네트워크들을 지도로 그려내는 일이 필요했다. 어떤 전염병이 확산되는 속도는 그 병의 발병력만큼이나 거기에 노출된 지역의 인구가 어떠한 네트워크 구조를 맺고 있는지와 관련이 있으며, 이는 20년 전 조지아 주의 록데일 카운티Rockdale County의 10대들 사이에 퍼졌던 풍토병의 사례가 분명히 보여주고 있다.[6] 병이 퍼지는 최초의 단계에서는 그 확산 속도가 느리지만, 고도로 집중된 소수의 허브가 존재할 경우 그 속도는 곧 비약적으로 늘어나게 되어 있다는 것이다.[7] 다른 말로 하자면, 만약 '기초적 재생 계수basic reproduction number'(즉, 대표적 감염자에 의해 얼마나 많은 다른 사람들이 새로이 감염되는가)가 1보다 높다면 병은 퍼지게 되어 있고, 1보다 낮다면 없어지게 되어 있다. 하지만 그 기초적 재생 계수는 그 병의 본래의 감염성과 똑같은 정도로, 그 병에 감염되는 사람들의 네트워크 구조에 의해

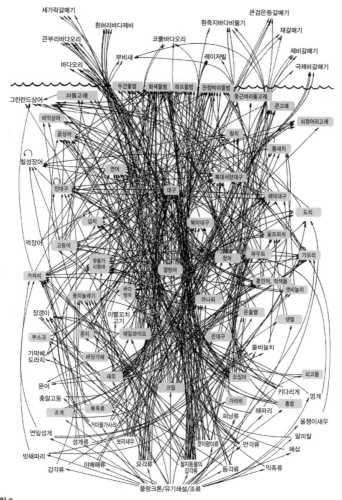

그림 2
대서양 북동쪽, 캐나다 노바스코샤의 남서쪽 스코티안 대륙붕의 먹이사슬. 화살표의 방향은 먹이에서 포식자를 향한다.

서도 결정된다.[8] 네트워크 구조는 또한 어떤 질병이 진단되는 속도와 정확성에도 중요한 조건이 될 수 있다고 한다.[9]

선사 시대에 호모 사피엔스는 협동할 줄 아는 원숭이로서 진화해 왔으며, 네트워크할 줄 안다는(집단적으로 소통하고 행동할 줄 안다는) 독특한 능력에서 다른 동물들과 구별됐다. 진화 생물학자 조지프 헨리히의 말에 따르면, 우리는 그저 두뇌가 크고 털이 적은 침팬지에 불과한 것이 아니라고 한다. 인류가 하나의 종으로서 성공하게 된 비밀은 '우리의 여러 공동체들이 저마다 **집단적 두뇌**를 만들 수 있다는 사실'에 있다는 것이다.[10] 우리는 침팬지들과 달리 지식을 가르치고 공유함으로써 사회적인 차원으로 학습을 행한다. 진화인류학자 로빈 던바에 따르면, 우리의 두뇌가 신피질이 더욱 발달하면서 더 커지는 방향으로 진화하게 된 덕분에 우리가 비교적 큰 단위인 약 150명 규모의 사회적 집단으로 기능할 수 있게 되었다고 한다(이에 비해 침팬지 집단 하나의 규모는 50마리 정도).[11] 사실상 우리 인류는 호모 딕티우스Homo dictyous(네트워크 인간)로 불려야 마땅하다. 왜냐면 사회학자 니컬러스 크리스타키스와 제임스 파울러의 말을 인용하자면 '우리의 두뇌는 가지가지의 사회적 네트워크를 이루는 것을 목적으로 삼아 만들어져 있는 것으로 보이기' 때문이다.[12] 민속지 학자ethnographer 에드윈 허친스는 '분산 인지distributed cognition'라는 말을 만든 바 있다. 우리의 초기 조상들은 '먹이를 찾을 때 협력해야만 하는 존재들obligate collaborative foragers'로서, 식량, 주거지, 난방을 구할 때 서로에게 상호 의존할 수밖에 없는 존재가 되었다는 것이다.[13] 입말의 발전은 물론 그와 결부된 두뇌의 구조와 역량의 발전 또한 바로 이와 동일한 과정의 일부로서, 원숭이들이 이성에게 잘 보이기 위해 보여주는 털을 다듬는 등의 행동으로부터 진화되어 나온 것이라고 한다.[14] 예술, 춤, 의례 등에 대해서도 동일하게 말할 수 있다고 한다.[15] 역사가인 윌리엄 맥닐과 J. R. 맥닐의 말

을 빌리면, 최초의 '월드와이드웹'은 사실 약 1만 2,000년 전에 나타났다고
한다. 인간은 그 어떤 동물도 감히 따라올 수 없는 신경 네트워크를 갖춘
존재로서, 태생적으로 네트워크를 **맺도록** 생겨난 존재인 것이다.

그렇다면 각종 사회적 네트워크란 인간이 마땅히 형성하게 되어 있
는 자연적인 구조들인 셈이다. 지식 그 자체부터 시작해 우리가 의사소
통에 사용하는 다양한 표상 형태들도 그렇고, 우리 중 한 사람도 벗어날
수 없는 가계도라는 것도 당연히 그렇다. 우리 대부분이 우리의 가문과
족보를 세세히 알고 있지 못하다고 해도 이 사실은 변함이 없다. 네트워
크에는 우리 인류를 이 지구의 전체 표면으로 확산시켰던 정착, 이주, 인
종 간 혼혈의 패턴들이 모두 포함되며, 뿐만 아니라 우리가 거의 아무 계
획도 지도자도 없이 주기적으로 만들어내는 오만가지의 개인 숭배와 집
단 광란도 여기에 포함된다. 앞으로 보겠지만 각종 사회적 네트워크란
배타적인 비밀 결사체로부터 오픈소스 운동에 이르기까지 그 형태와
크기가 지극히 다양하다. 어떤 것들은 자생적이고 자발적으로 조직되는
성격을 띠지만, 좀 더 체계적이고 구조를 갖춘 것들도 있다. 그 이후로 시
간이 지나면서 글말의 발명에서 시작해 인터넷의 발명까지 여러 새로운
기술들이 나타났지만, 이는 까마득한 옛날부터 인류가 태생적으로 지니
고 있었던 네트워크의 강한 열망의 실현을 촉진해준 것뿐이었다.

하지만 한 가지 수수께끼가 있다. 기록된 역사 시대의 대부분의 기간
에 각종 위계 조직들이 규모에 있어서나 범위에 있어서나 여러 네트워크
를 지배했다는 것이다. 대부분의 사람들은 위계적 구조물들 안에 포섭되
어 들어가며, 거기에서 권력은 추장, 영주, 왕, 황제 등 최상위에 앉아 있
는 자의 손아귀에 집중되어 있다. 이와는 대조적으로 평균적인 개인의

55

네트워크는 그 규모에 있어서 장애물에 막혀 있었다. 전형적인 '농민'—이 단어는 기록된 역사 시대의 대부분의 기간 동안 대부분의 사람들을 대략적으로 묘사해주는 단어라고 볼 수 있다—은 가족이라고 불리는 아주 작은 무리에 붙들려 있었다. 그 가족을 포함하는 더 큰 단위로 촌락이 있었지만, 그래봐야 가족보다 별로 크지도 않은 무리였으며 또 바깥세상과의 연결 고리가 거의 없는 집단이었다. 인류의 대부분은 불과 100년 전까지만 해도 이러한 방식으로 삶을 영위해온 것이다. 심지어 오늘날에도 인도의 촌락 주민들은 기껏해야 '이질적인 사회 집단들로 이루어진 군집social quilt'으로 연결되어 있는 게 고작이다. 그 '군집이란 작은 패거리들의 연합체로서, 각각의 패거리는 그 구성원들 전원의 협력을 유지할 수 있는 정도의 크기를 넘지 못한다. 이런 패거리들이 그냥 하나로 묶여 있는 것에 불과하다.'16 이러한 고립된 공동체들 안에서 핵심적인 역할을 수행하는 것은 공동체 성원들 사이에서 소문꾼으로 널리 알려진 '확산-중심의diffusion-central' 개개인들이다.17*

전통적인 소규모의 네트워크들이라는 게 워낙 억압적인 것이다 보니, 일부 개인들은 차라리 완전한 고립 상태로 숨어드는 쪽을 더 선호하였다. 스코틀랜드 시인 로버트 번스의 노래 '아무도Naebody'는 자급자족 상태를 사회에 도전하는 의도적인 고립 행위로서 찬양하고 있다.

---

* 본서에서 인용되고 있는 바너지 등의 논문은 인도의 촌락 공동체들의 네트워크에 대한 연구로서, 이들은 '확산-중심성diffusion-centrality'의 개념을 내세우고 있다. 즉, 여러 네트워크의 중심을 쥐고 있는 개개인들에게 정보를 심어놓으면 그렇지 않은 이들에게 심어놓았을 경우보다 훨씬 더 널리 그 정보가 전파된다는 것을 경험적으로 검증하는 내용이며, 이들이 바로 이러한 '확산-중심성'을 보여주는 소문꾼들이라는 것이다.(옮긴이)

나는 나만의 아내가 있다네

그러니 누구와도 엮일 일이 없다네

아무도 내 아내와 바람나지 못하도록 만들겠지만

나도 다른 이의 아내와 바람날 생각이 없다네

나는 가난하지만 쓸 돈은 있다네

그러니 누구에게도 기댈 일이 없다네

다른 이에게 꾸어줄 돈도 없지만

다른 이에게 돈을 꾸지도 않을 것일세

나는 아무도 지배하지 않는다네

나는 누구의 노예도 되지 않을 것일세

잘 갈아놓은 장검이 있으니

누구도 나를 건드리지 못하리

나는 항상 즐겁고 자유로우리

나는 누구를 위해서도 슬퍼할 일이 없으리

누구도 나를 돌보지 않을 것이며

나 또한 누구도 돌보지 않으리

⟨론 레인저Lone Ranger⟩에서 ⟨황야의 스트렌저High Plains Drifter⟩**에 이르기

** 　전자는 1981년작이며 후자는 클린트 이스트우드 감독작으로 이 제목으로 국내에 개봉됐다.(옮긴이)

까지 이러한 고립적인 개인들은 서부 영화에 항상 나오는 주인공의 모습이기도 했다. 코엔 형제의 영화인 〈블러드 심플Blood Simple〉(1984)에서 화자가 살고 있는 세상은 야수적인 개인주의가 도처에서 판을 치는 곳이다. "그래 맘대로 투덜거려 봐. 옆집 이웃에게 네 문제를 이야기하고 도와달라고 해봐. 그러면 그 이웃이 꽁지 빠지게 도망가는 뒤꽁무니나 보게 될 거야. 요즘 러시아에서는 사람들을 몽땅 엮어놓아서 한 사람이 문제에 빠지면 다들 거기에 휘말리게 만들어놓았다더라 뭐라더라… 뭐다 하는 소리지 그런 일이 실제로 벌어질 수가 있겠나. 됐고, 어쨌든 여기는 텍사스야. 여기서는… 모두 다 스스로 알아서 해야 해."18

하지만 개인주의의 창궐은 다분히 예외적인 경우다. 존 던의 묵상집 『불의의 일들을 맞은 이들을 위한 기도집Devotions upon Emergent Occasions』을 보자.

그 누구도 완전히 홀로 떨어진 섬이 아니다. 모든 사람은 대륙의 한 조각이며, 육지의 일부다. 흙덩어리 하나라도 바다에 쓸려간다면 유럽은 그 크기만큼 줄어들 것이며, 그것이 하나의 곶이라면 역시 그만큼 줄어들 것이며, 만약 그대의 친구가 소유하는 장원이나 그대 자신의 장원이라고 해도 마찬가지일 것이다. 어떤 사람이든 죽음을 맞는다면 나 또한 줄어드는 것이다. 왜냐하면 나는 인류 전체라는 덩어리의 한 부분이니까. 그러니 **조종弔鐘 소리가 들린다고 해서 누가 죽었는지 알아보러 사람을 보내지 마라. 죽은 것은 바로 그대이니까.** *

---

* 　존 던은 셰익스피어와 대략 동시대인으로서 영국 성공회 사제였다. 이 구절은 많은 문인들에게 영감

실로 인간은 사회적 동물이며, 사람을 싫어하는 자가 있다면 그가 다른 이들을 꺼리는 만큼 다른 이들도 그를 꺼리게 되어 있다. 그런데 이토록 타고난 네트워크 인간인 우리가 어떻게 하다가 그토록 오랜 기간 수직적 구조와 경직된 제도를 가진 위계제의 노예가 되어 살아왔는지 실로 수수께끼가 아닐 수 없다.

　위계제hierarchy라는 말은 고대 그리스어 ίεραρχίαhierarchia에서 나왔으며, 그 문자적 의미는 '고위 성직자의 지배'라는 뜻이었다. 처음에는 천상에 있는 천사들의 서열을 묘사하는 데 쓰였지만, 보다 일반적으로는 종교적 혹은 세속적 통치의 계층화된 질서를 일컫는 말로 쓰였다.** 반면 16세기까지도 '네트워크'라는 말은 실을 서로 잡아 묶어 짜놓은 그물이라는 것 이상의 의미는 없었다. 셰익스피어는 이따금씩 '그물net'과 '망web'이라는 말을 풍유적 의미로 사용한다. 이아고가 오델로를 해치기 위해 꾸민 음모는 '모든 이들을 휘말아 넣게 될 그물'이라는 식이다. 하지만 '네트워크'라는 말은 그의 희곡에 전혀 나오지 않는다.[19] 17세기와 18세기의 과학자들은 자연에 여러 가지 네트워크―거미줄에서 시작해 동맥과 정맥으로 이어지는 인체의 순환계까지―가 존재한다는 것을 알아냈지만, 19세기가 되어서야 지리학자들과 엔지니어들이 수로와 철도를 묘사하기 위해서, 또 작가들이 사람들 사이의 관계를 묘사하기 위해서 보다 풍유적인 의미로 이 말을 사용하기 시작한다. 시인 콜리지는 1817년 '소유의 네트워크net-work of property'를 이야기했으며, 역사가 프리먼은 1876년

　을 주었고, 헤밍웨이의 유명한 소설 제목이 되기도 한다.(옮긴이)

** 　옥스퍼드 영어 사전에 따르면 후자의 뜻으로 처음 쓰인 것은 1610년이라고 한다.(옮긴이)

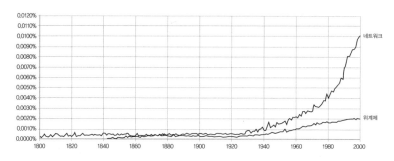

그림 3

1800~2000년 사이에 영어로 출간된 문헌 중에서 '네트워크'와 '위계제'라는 단어가 나타나는 빈도를 구글 n-gram으로 찾아본 결과.

'봉건적 토지 보유의 네트워크'를 이야기했다.[20] 게다가 1880년대경까지도 영어로 출간된 책들에서는 '위계제'라는 단어가 '네트워크'라는 말보다 더 많이 나온다(그림 3).

지금 돌이켜보면 트롤럽이 1869년에 발표한 소설 『피니어스 핀』에서 묘사해놓은 여러 정치적 사회적 관계들은 실로 네트워크 분석 기법을 시도해봄직한 것이지만,[21] 막상 그 소설에는 '네트워크'라는 말이 한 번도 나오지 않는다. 이 '네트워크'라는 말은 20세기 후반이 돼서야 비로소 확산되기 시작한다. 처음에는 교통 및 전력 네트워크에 쓰였으며, 그 다음에는 전화 및 텔레비전 네트워크, 마침내 컴퓨터와 온라인 사회적 네트워크로 쓰이게 된다. 그리고 이 말이 '네트워크를 맺는다'는 의미의 동사로, 즉 이력과 스펙을 관리하기 위한 목적에서 사람들과 어울린다는 뜻을 함축하게 된 것은 1980년 이후의 일이다.

4장

왜 위계제를?

베니스에 여행을 간다면 한나절만큼은 사랑스럽고 나른한 토르첼로Torcello 섬을 위해 비워두자. 이곳에 있는 산타 마리아 아순타 성당Cattedrale di Santa Maria Assunta 안에는 이 위계제라는 말의 뜻이 무엇인지를 완벽하게 보여주는 그림이 있다(사진 1을 보라). 이는 최후의 심판을 다룬 11세기의 모자이크로서 이 우주를 다섯 개의 층으로 나타내고 있으며 그 꼭대기에는 예수가 앉아 있고 맨 밑바닥에는 지옥불이 타고 있다.

이는 대부분의 사람들이 위계제에 대해 생각하는 바와 대략 일치한다. 수직적인 구조를 가진 조직으로서, 권력을 집중하고 있는 중앙으로부터 명령과 통제와 의사소통이 위에서 아래로 내려가는 특징을 갖는 조직이라는 것이다. 역사적으로 보자면 이러한 위계제는 가족에 기초한 씨족과 부족으로부터 시작하며, 여기에서부터 (혹은 여기에 맞서서) 좀 더 복잡하고 계층화된 제도들이 진화해 나왔고 이에 따라 노동에서도 공식적인 분업과 서열이 생겨나게 된다.[1] 근대 이전 시기에 확산되었던 다종다기한 위계제의 형태를 보자면, 상업에 의지하여 엄격한 계정으로 조절되는 도시의 정치체들 및 농업에 기초한 큰 규모의 (주로 군주정) 국가들, 보통 교회라고 알려져 있는 중앙집권화된 숭배 행위체, 군대와 관료제, 숙련된 기술자들에 대한 접근을 제한하는 길드, 근대 초기 이후로 일정한 시장 거래들을 내부화함으로써 규모의 경제를 이용하고자 나타났던 주식회사 대기업들, 대학과 같은 학문 직능단체들, 제국이라 불리던 초거대화된 국가들 등이 있다.

위계적 질서를 더 선호하게 되는 결정적인 동기는 이것이 권력을 더욱 효율적으로 행사할 수 있게 만들어준다는 점에 있다. 전체가 무엇을 해야 하는지에 대해 논쟁을 벌이다 보면 시간도 한없이 잡아먹지만, 언젠가는 아주 파멸적인 갈등으로 금세 치닫게 될 위험이 있는데 '빅맨the big man(개인적 능력이 뛰어나 집단에서 큰 비중을 차지하는 사람)'의 손에 통제권을 집중시켜놓으면 이러한 일들을 아예 제거하거나 최소한 크게 줄일 수 있다.[2] 철학자 브누아 뒤브로이에 따르면, 사법과 형벌의 권력(위반자를 처벌할 권력)을 일개 개인이나 엘리트에게 위임하는 것이야말로 농업이 지배하는 사회에서는 최적의 해법이 된다고 한다. 이러한 사회에서는 사람들 대부분이 입을 닥치고 그저 묵묵히 밭이나 갈아야 작동할 수 있기 때문이라는 것이다.[3] 피터 터친은 전쟁의 역할을 강조하는 쪽을 선호한다. 군사 기술에서 나타난 변화로 인해 위계적으로 조직된 국가와 군대가 확산되었다는 것이다.[4]

더욱이 절대주의는 사회적 응집의 원천이 될 수 있었다. 1890년경 러시아 차르 정부의 경찰이었던 니키포리치Nikiforych는 젊은 막심 고리키에게 이렇게 설명한 적이 있다.

"마치 거미가 토해놓는 줄과도 같은 보이지 않는 실이 존재한다네. 그리고 이는 차르이신 알렉산더 3세 황제 폐하의 심장에서 바로 뻗어 나오는 실이지. 그리고 실이 하나 더 있네. 이는 총독 각하를 통과하여 모든 서열의 공직자들을 통과하여 나에게도 또 가장 아래에 있는 사병에게까지 이르는 실일세. 모든 것은 이 실을 통해… 그 보이지 않는 권력과… 연결되고 하나로 묶이게 되는 거야."[5]

고리키는 죽기 전에 스탈린이 나타나 이러한 사회적 통제의 보이지 않는 실을 차르 그 누구도 감히 상상조차 할 수 없었던 강철의 철선으로 바꾸어놓는 것을 목도하게 된다.

하지만 1인 전제정의 결함은 너무나 분명하다. 그 아무리 재능이 뛰어난 개인이 황제의 자리에 올라간다고 해도 제국을 통치하는 데서 생겨나는 모든 도전과 다 씨름할 수 있는 역량을 가질 수는 없는 일이며, 절대 권력에 따라오게 되어 있는 부패의 유혹에 저항할 수 있는 개인도 거의 없다. 위계적 국가에 대해서는 정치적으로도 경제적으로도 여러 비판이 나온 바 있다. 18세기 이래로 서방 세계는 비록 몇 번의 후퇴를 겪기는 했지만 그래도 고대와 르네상스의 정치 이론가들에 비하면 민주주의를 더욱 긍정적으로 바라보았으며, 최소한 독립된 법정과 모종의 대의 기관의 형태로 정부의 권력을 제한하는 것에 더욱 긍정적인 관점을 취하였다. 정치적 자유라는 것이 본질적으로 호소력을 갖고 있을 뿐만 아니라, 좀 더 포용적인 정치체들이 더욱 지속적인 경제 발전과 연결된다는 점도 지적되었다.[6] 그러한 정치체들은 또한 인구 증가와 기술 진보 같은 복잡한 사태에 더욱 잘 대응할 수가 있다. 또한 누구의 목이 잘려나간다 해도 쉽게 무너지는 법이 없다. 1인 지배 체제의 경우 그 지배자 한 사람을 암살하게 되면 전체 위계제 시스템이 무너질 수 있는 법이다. 동시에 애덤 스미스 이래로 경제학자들은 자유 시장이라는 자생적 질서가 자원의 배분에 있어서 사적인 독점가나 너무 큰 힘을 가진 정부보다 우월하다고 주장해왔다.

물론 현실에서는 역사상 존재했던 1인 지배자들의 대부분이 상당한 양의 권력을 시장에 넘겨주었다. 비록 시장의 작동에 이따금씩 간섭하고 규제하고 세금도 뜯어갔지만 말이다. 토스카나의 시에나Siena와 같은 중세 혹은 근대 초기의 원형을 간직한 도시에서 시장 거래 및 다른 형태의 공적 교환이 벌어지는 광장의 바로 옆에 세속적 권력을 표상하는 높은 탑이 서 있어서 그 광장 위에 그림자를 드리우게 되어 있는 것이 바로 그런 이유에서이다(사진 6을 보라). 따라서 하이에크처럼 국가와 시장이라는 단순한 이분법에 입각해 생각하는 것은 실수다. 정부가 시장의 작동을 포괄하는 법적인 틀을 규정하기 때문만이 아니다. 지금은 고인이 된 막스 보이소Max Boisot가 주장한 바 있듯이, 시장과 관료제 자체가 씨족 혹은 영주의 영지처럼 정보를 공유하는 네트워크의 이념형이기 때문이기도 하다.[7]

하지만 비공식적 네트워크는 다르다. 조직 사회학자인 월터 파월Walter Powell에 따르면 그러한 네트워크에 있어서 '거래는 낱낱의 교환을 통해서 벌어지는 것도 아니며 행정적 명령에 따라 벌어지는 것도 아니다. 이는 호혜적, 선호적, 상호간 지지적인 행동들로 연결된 개개인들의 네트워크를 통하여 벌어진다… [이는] 시장과 같은 명시적인 기준을 함축하는 것도 아니며, 위계제의 익숙한 가부장적 온정주의 따위를 함축하고 있지도 않다.[8] 기업 지배 구조를 연구하는 이들은 일부 나라들에서 나타나는 겸임이사제의 역할을 오래전부터 잘 알고 있었다.

일본의 기업 집단, 즉 '케이레츠'는 그러한 수많은 비즈니스 네트워크의 한 예일 뿐이다. 이러한 제도는 '동일한 업종의 인물들은 심지어 즐기거나 기분 전환을 위해서라도 함께 모이는 법이 거의 없지만 일단 모였다 하면 그들의 대화는 반드시 공중의 이익을 해지는 공모이거나 최소한 담합을 통해 가격을 오리고자 하는 음모로 결론을 보게 되어 있다'라는, 유명한 애덤 스미스의 구절을 떠올리게 한다.* 또한 정치학자들 중 일부는 모종의 중간 지대를 점유하고 있는 네트워크들을 불편한 심기로 표현하고 있다.[9] 어떤 네트워크에 참여하는 이들은 꼭 은행에서 발행하여 널리 유통되는 지폐 말고도 다른 방법으로 거래를 몰래 주고받고 있다는 것이다.[10] 결국 네트워크들이란 그 구조가 아주 느슨하게 짜였을 뿐 결국 모종의 동업자 집단들의 기업체가 아닐까?[11]

네트워크를 연구한 이론가들은 오래도록 이러한 질문들에 대한 답을 찾기 위해 애써왔다. 하지만 그들의 작업은 무시될 때가 많았고, 최소한 얼마 전까지는 역사가들 또한 그러했다.

---

* *The Wealth of Nations*, Book I, chapter 10. '케이레츠keiretsu'는 우두머리 없는 기업집단을 뜻한다(이는 한자로 '계열系列'일 뿐이다—옮긴이). 이는 여러 조직들이 보통 서로의 지분을 돌아가면서 소유하는 방식으로 서로 엮여 있는 기업 구조를 지칭한다. 그렇게 연결된 기업들은 예를 들어 공급 사슬 등을 통해 서로 동업 관계를 맺고 있는 기업들일 때가 많다.

5장

일곱 개의 다리에서 여섯 도수까지

네트워크 연구에 대한 공식적인 연구는 18세기 중반까지 거슬러 올라간다. 당시는 철학자 임마누엘 칸트의 고향인 동프로이센의 쾨니히스베르크가 전성기를 달리고 있을 때였다. 이 도시의 경관에서 중요한 것 중 하나는 프레겔Pregel강의 일곱 개의 다리였다. 이 다리들은 강 양쪽의 둑과 강 중간의 두 개의 섬을 연결하며 또 두 섬도 연결해주고 있었다 (그림 4를 보라). 이 도시 주민들에게 익숙한 수수께끼가 있었으니 이 일곱 개의 다리를 한 번도 겹치지 않고 한 번에 다 건너는 방법이 있는가였다.* 이 문제는 스위스 태생의 수학자 레온하르트 오일러Leonhard Euler의

---

* 안됐지만 칸트가 매일 산책했던 길은 이 일곱 개의 다리를 포함하지 않았다. (칸트는 쾨니히스베르크에

관심을 끌었으며, 그는 1735년 그렇게 걷는 일이 어째서 불가능한지를 공식적으로 증명하기 위해 네트워크 이론을 창안했다. 단순화된 그림을 보자면(그림 5), '노드node'가 네 개 있어서 강 양쪽의 둑과 크고 작은 두 섬을 나타내며, 일곱 개의 '연결선edge'이 있어서 그 네 군데를 연결하는 다리들을 나타낸다. 오일러는 여기에서 각각의 연결선을 한 번만 지나가도록 되어 있는 경로가 존재할지의 여부는 노드들의 도수degree(각각의 노드에 접촉하는 연결선의 숫자)에 달려 있다는 것을 형식적으로 증명해냈다. 이 그림은 연결선이 홀수이거나 하나도 없는 두 개의 노드를 가지고 있어야만 한다. 하지만 쾨니히스베르크의 다리들 그림은 그러한 노드가 네 개나 있기 때문에(하나는 다섯 개의 연결선을 가지고 있으며 나머지 것들은 세 개씩 가지고 있다), 이는 오일러 경로Eulerian Path를 가질 수가 없게 되어 있는 것이다. 다리(두 섬을 잇는 다리) 하나를 제거해야만 그러한 경로가 가능해진다. 그렇게 되면 도수가 홀수인 노드가 단 두 개가 될 테니까. 오일러 이후로 노드(꼭짓점)와 연결선(변)은 그래프 이론―본래 오일러는 이를 '위상기하학geometry of position'**이라고 불렀다―의 기본 단위들이 되었다.

19세기의 과학자들은 이러한 틀을 지도 그리기에서 전기회로도를 거쳐 같은 분자식의 이성질체에 대한 연구까지 모든 것에 적용했다.[1] 그리고 **사회적** 네트워크 또한 있을 수 있다는 생각도 당대의 위대한 정치 사

서 태어나 죽을 때까지 이 도시를 벗어나지 않았다―옮긴이) 그의 산책 시간은 너무나 정확해 사람들이 거기에 시계를 맞출 정도였다고 한다. 시인 하인리히 하이네에 따르면, 칸트는 어느 가로수길을 여덟 번이나 왕복하는 쪽을 좋아했다고 한다. 그래서 이 길은 이후 '철학자의 길'로 알려지게 된다.

** topology를 말한다.(옮긴이)

상가들 중 일부에게 분명히 떠올랐다. 특히 주목할 만한 인물은 존 스튜어트 밀, 오귀스트 콩트, 알렉시스 드 토크빌 등이었고, 특히 토크빌은 초기의 미국 사회에서 사람들이 다종다기한 결사체를 만드는 풍습이 왕성하다는 것이 미국 민주주의의 작동에 있어서 결정적인 중요성을 지닌다는 점을 파악하고 있었다. 하지만 이러한 혜안을 정식화하려고 시도했던 이는 없었다. 그래서 사회적 네트워크 연구의 시작으로 잡는 시점은 1900년으로, 교사이자 아마추어 사회과학자인 요하네스 델리치Johannes Delitsch가 자신이 1880~81년에 맡았던 학급의 53명 남학생들의 친우 관계를 그린 행렬을 발표했던 것이 이때였다.[2] 델리치는 학생들의 사회적 친화 관계와 성적 순위 사이에 긴밀한 관계가 있음을 발견하였다(당시에는 학생들의 자리 배정이 성적 순위에 기초하여 이루어졌다). 이와 상당히 비슷한 작업이 30년 후 뉴욕에서 이루어졌다. 오스트리아에서 태어났지만 프로이트에 반대했던 정신과 의사 제이컵 모레노Jacob Moreno가 뉴욕 주의 허드슨에 있는 한 소년원 학교에서 '비행' 소녀들 사이의 관계를 연구하기 위해 이러한 사회도sociogram를 처음으로 사용했던 것이다. 그의 연구는 1933년 '누가 살아남을 것인가Who Shall Survive?'라는 제목으로 출간되어 1932년 소년원을 탈출한 소녀들의 숫자가 급증한 것을 그 학교 안에 존재하는 인종적 차원과 성적인 차원을 모두 담고 있었던 '밀치기와 당기기'의 사회적 네트워크 속에서 그 탈출한 소녀들이 어떤 위치에 있었는지로 설명하였다(사진 2를 보라). 여기에서 모레노는 '인류를 지배하는 사회적 힘들'을 발견하였다고 주장한다. 그에 따르면, 자신의 책이야말로 '각종 인간 사회를 연구하고 사회적 행동을 연구하는 새로운 성경'이라는 것이다.[3]

그로부터 30년 후, 언어학자이자 서지학자인 유진 가필드Eugene Garfield
가 문서 인용의 '출판물 역사 통계 도해 기법historiograph'을 만들어냄으로
써 과학 분야의 역사를 시각화하는 데 비슷한 그래프 기법을 고안하였
다. 인용 지수 그리고 '영향력 지수impact factor' 등은 그 이후로 과학에서
의 학문적 성취를 측정하는 표준적 방법이 되었다. 이는 또한 과학의 혁
신 과정의 지형을 보여주는 방법이기도 하다. 예를 들어, 인용의 네트워
크에 함축되어 있는 '보이지 않는 대학'은 대부분의 과학자들을 피고용
인으로 두는 현실의 대학들과는 매우 다른 것으로 보인다.[4] 하지만 이러
한 측량법은 단순히 과학자들이 비슷한 견해를 가진 다른 과학자들의
연구를 인용하는 경향이 있음을 보여주기도 한다. 옛날 속담처럼 똑같
은 색깔의 깃털을 가진 새들은 함께 모이게 되어 있다. 그리고 논문 인용
에 관련해서 적용되는 이러한 법칙은 좀 더 일반적으로도 적용 가능하
다. 두 개의 노드가 세 번째 노드와 연결되어 있다면 이 세 개의 노드는
상호 간에 연결되어 있을 가능성이 크다. 왜냐하면 (경제학자 라우치에 따
르면) '나를 알고 있는 두 사람은 임의로 선별된 두 사람보다는 서로 알
고 있을 가능성이 더 높기' 때문이다.[5] 세 사람이 모두 서로에게 긍정적
인 감정으로 연결되어 있는 삼각관계는 '균형되어 있다balanced'고 불리
며, '내 친구의 친구는 나의 친구'라는 생각을 예증하는 것이기도 하다.
하지만 두 사람 모두가 제3자를 알고 있지만 그 두 사람은 서로 모르는
경우는 '금지된 삼각관계forbidden triad'라고 불릴 때도 있다. (이의 변형태로
서, 그중 두 사람은 좋은 관계에 있지만 한 사람은 적대적 관계에 있다면, 이는
'내 친구의 적은 또한 나의 친구'라는 불편한 경우를 나타낸다.)[6]

'동종친화성homophily', 즉 우리와 비슷한 사람들 주변을 맴돌게 되는 경

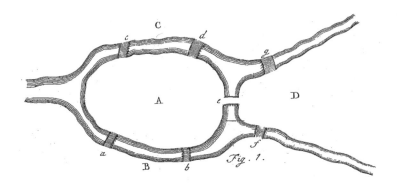

그림 4
오일러의 저서 『위치와 관련된 문제들에 대한 해법Solutio problematis ad gemometriam situs pertinentis』
(1741)에 나오는 그림 1. 오일러가 제시한 정리를 글자 그대로 검증하는 것은 이제 불가능하다.
2차 대전을 거치면서 이 다리들 중 두 개가 부서졌으며 또 이 도시가 공산주의 체제하의 칼리닌그
라드Kaliningrad로 바뀌면서 다른 다리 두 개가 더 부서졌기 때문이다.

향은 (또한 동류성assortativity으로도 알려져 있다) 따라서 사회적 네트워크의
첫 번째 법칙으로 간주할 수 있을 것이다. 에버렛 로저스Everett Rogers와 딜
립 보우믹Dilip Bhowmik은 동종친화성이 한 개인의 입지 범위를 좁혀버림으
로써 불리할 수도 있다는 것을 최초로 시사한 사회학자들이다. 이들에
따르면 '최적의 이종친화성optimal heterophily'이라는 것이 있다고 한다.

동종친화성이란 스스로가 스스로에게 행하는 분리 및 차별이 아닐
까? 1970년대에 웨인 자카리는 한 대학의 가라데 동아리 회원들 사이
에 친구 관계의 네트워크를 그림으로 작성했다. 이는 동아리 내부에 두
개의 뚜렷이 구별되는 결집체들이 존재한다는 것을 분명하게 보여주었
다. 동종친화성은 모두가 같은 지위를 공유하고 있다는 데 기초할 수도
있고 (인종, 민족적 배경, 성, 연령과 같은 생득적인 특징들일 수도 있고 종교, 교
육, 직업, 행동 패턴 등과 같은 획득된 특징들일 수도 있다) 같은 가치들을 (이

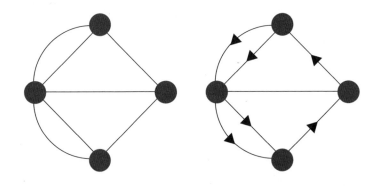

그림 5
오일러의 쾨니히스베르크 다리 문제를 단순화시킨 그림. 가운데의 연결선 하나만 제거하면 (그림 4에서 두 섬을 연결하는 다리) 문제가 해결된다.

것들이 획득된 특징들과 부결할 수 있는 것이라면) 공유하는 데 기초할 수도 있다.[7] 사진 3은 인종과 민족적 배경에 따라 미국의 학생들이 스스로를 분리 및 차별하는 경향이 있음을 보여주는 익숙한 그림이지만, 최근의 연구에 따르면 이러한 경향은 인종 집단들 사이에서 크게 다양하게 나타난다고 한다.[8]

이러한 그래프들을 통해 어떤 개개인들이 중요한 위치에 있다는 것을 알 수 있을까? 학자들과 수학자들이 그러한 중요성을 공식적으로 '중심성centrality'이라는 말로 정의한 것은 20세기에 와서야 벌어진 일이었다. 형식적 네트워크 분석에 있어서 중요성을 측정하는 세 가지 가장 중요한 척도는 연결 중심성degree centrality, 매개 중심성betweenness centrality, 근접 중심성closeness centrality이다. 연결 중심성이란 어떤 특정한 노드로부터 뻗어나오는 연결선들의 숫자로서, 한 개인이 다른 이들과 맺고 있는 관계의 단순한 숫자를 나타내는 것이므로 사교성sociability이라고 부를 수 있는 성격을 포착한다. 매개 중심성이란 사회학자 린턴 프리먼Linton Freeman이

1970년대 말에 정식화한 것으로서, 정보가 흘러갈 때 어떤 특정한 노드를 통과하는 정도를 측정한다. 통근길의 운전자들은 저마다 목적지로 가는 최단 거리로 가려 하며, 그러다 보면 결국 몇 개의 사거리로 몰리게 돼 교통 정체가 벌어지게 된다. 이와 유사한 논리로, 네트워크 안에 있는 사람들이 자신으로부터 멀리 떨어진 다른 개인들이나 집단들과의 연결을 위해 핵심이 되는 개인들에게 의존할 때가 많다. 매개 중심성이 높은 개인들은 꼭 연결의 숫자가 가장 많은 사람인 것이 아니라 대신 중요한 연결을 맺고 있는 사람들이다. (다른 말로 하자면, 중요한 것은 얼마나 많은 이들을 알고 있느냐가 아니라 얼마나 중요한 사람을 알고 있느냐라는 것이다.) 마지막으로 근접 중심성은 어떤 노드가 다른 모든 노드들에 도달하려면 '몇 다리steps를 거쳐야 하는가'의 평균을 측정하며, 정보가 광범위하게 분포되어 있다고 했을 때 이에 대해 가장 접근성이 좋은 이를 발견하는 데 쓰일 때가 많다.[9] 사회적 네트워크 안에 있는 개인들로서 이 세 가지 중심성 중 어떤 것이 높은 개인들은 각자 방식은 다르지만 결국 '허브들'로 기능하게 된다.

20세기 중반이 되면, 어떤 네트워크의 총계 수준의 성질들을 어떻게 이해할 것인가에 있어서도 중요한 진보가 이루어지게 된다. 이 문제는 한 개별 노드의 관점에서 보면 전혀 보이지 않을 때가 많다. 그런데 MIT의 덩컨 루스R. Duncan Luce와 앨버트 페리Albert Perry는 결집계수clustering coefficient를 사용해 한 군집 내의 노드들이 서로 얼마나 연결되어 있는지를 측량하는 방법을 제안하였다. 파벌과 같은 패거리 내에서라면 네트워크 내의 모든 노드들이 다른 모두와 연결되어 있는 극단적인 경우가 될 것이다. (기술적으로 정의하자면, 결집계수란 서로 완전히 연결된 사회적 삼각형, 즉 세 사람이 다른 두 사람과 모두 연결되어 있는 3인조의 비율을 뜻한다.) 어떤 네트워크의 '밀도_density' 또한 상호연결성을 측량하는 비슷한 척도이다.

이러한 척도들의 중요성은 1967년 사회심리학자 스탠리 밀그램의 유명한 실험에서 잘 드러나게 된다. 그는 캔자스의 위치토_Wichita에 사는 주민들과 네브래스카의 오마하_Omaha에 사는 주민들을 각각 무작위로 선발하여 편지를 보냈다. 그 편지를 받는 이들은 그 편지를 최종 목적지로 삼은 개인들―어떤 하버드 대학 신학과 학생의 부인 그리고 보스턴에 사는 한 주식 중개인―에게 전해달라는 부탁을 받았다. 만약 그 개인들을 개인적으로 알고 있다면 직접 전달하면 되고 그렇지 않을 경우에는 자신들이 서로 이름을 부르며 친숙하게 지내는 이들 중에서 그 최종 목적지인 개인들을 알 법한 사람들에게 전달하면 된다는 것이었다. 그리고 편지를 그렇게 다른 사람에게 전달한 뒤에는 밀그램 자신에게 '추적표' 엽서를 보내 자신들이 어떻게 했는지를 알려주면 된다고 했다. 밀그램에 따르면, 네브래스카에서 출발한 160통의 편지 중 44통이 최종 목적지에 도달했다고 한다.[10] (좀 더 최근에 나온 연구에 따르면 그 숫자가 21통뿐이었다고 한다.)[11] 편지가 전달된 사슬의 모습을 보면서 밀그램은 편지가 목적지에 도착할 때까지 필요한 중간 매개자들의 숫자를 계산할 수 있었으며, 이는 평균 다섯 명이었다.[12] 사실 이러한 발견은 이미 그전에 헝가리의 작가 프리제시 카린시_Fringyes Karinthy의 글 『사슬_Láncszemek』(1929)에서 예견한 바 있었다. 그 소설의 한 인물은 자기 옆의 사람들에게 그들이 지명하는 지구상의 어떤 개인이든 자기가 다섯 다리만 걸치면 (그중 그가 개인적으로 아는 사람은 단 한 사람뿐) 다 연결할 수 있다고 장담하는 장면이 나온다. 또한 이는 정치학자 풀_Ithiel de Sola Pool, 수학자 코첸_Manfred Kochen과 같은 다른 연구자들이 별도로 수행한 실험들에서도 입증됐다.

두 개의 노드를 다섯 개의 중간 매개자로 연결하는 네트워크에는 여섯 개의 연결선이 있게 되어 있다. 비록 '6단계 분리six degrees of separation'라는 말은 1990년 전 존 구아르John Guare의 동명 희곡이 나왔을 때에 비로소 생겨났지만, 이미 그전부터 긴 역사가 있었던 셈이다. '좁은 세상small world'이라는 개념이나 (이는 1964년에 발명된 디즈니랜드의 놀이 기구 이름으로 유명해졌다) 또는 좀 더 기술적 개념인 근접성closeness이라는 말과 마찬가지로 이 '여섯 도수의 거리'라는 말 또한 20세기 중반 사람들이 자신들이 상호연결성의 세상 안에 살고 있다는 사실을 점차 의식하게 되었음을 반영하고 있다. 그 이후로는 이 주제의 무수한 변형태들이 나오게 됐다. 영화배우 말런 브랜도, 모니카 르윈스키, 케빈 베이컨 등 유명한 개인들의 여섯 단계 지인들 찾아내기 게임이 되며(이는 보드게임이 되었다), 『아웃라이어』의 저자 맬컴 글래드웰Malcolm Gladwell의 한 친구의 어머니인 루이스 웨이스버그Lois Weisberg의 6단계 지인들, 그리고 학계 쪽 사람으로서 앞에서 우리가 보았던 바 있는 네트워크 이론의 선구자인 수학자 폴 에르되스Paul Erodös의 6단계 지인을 찾는 등의 놀이가 나오게 되었다.[13] 최근의 연구에 의하면 그 숫자는 이제 6보다는 5에 가깝다고 하지만, 이는 1970년대 이후의 기술 변화가 아마도 흔히 생각하는 것만큼 큰 변화를 가져오지 못했음을 암시하고 있다.[14] 하지만 「포천」 선정 1,000개 기업의 기사들에게 있어서는 그 숫자가 4, 6으로 나타나고 있다.[15] 2012년 당시 페이스북 사용자들에게서 나타나는 숫자는 3.74였으며,[16] 2016년에는 불과 3.57로 더 줄어들었다.[17]

6장

약한 유대, 전염성 강한 아이디어

이러한 종류의 발견이 흥미로운 이유는, 우리가 우리 친구들과의 네트워크를 비교적 작은 규모의 결집체 혹은 비슷한 생각을 가진 비슷한 이들의 작은 패거리 정도로 생각하는 경향이 있기 때문이다. 그와 동떨어진 다른 집단들의 성원들은 전혀 친화성의 성격이 다르다는 것이다. 우리 모두 모니카 르윈스키가 여섯 다리만 건너면 다 아는 사람이라는 사실은, 스탠퍼드 대학 사회학자인 마크 그라노베터가 역설적으로 '약한 유대의 강함'이라고 불렀던 것으로 설명할 수 있다.[1] 만약 모든 유대가 우리가 가까운 친구들과 맺는 것과 같이 강력하고도 동종친화적인 것이라면, 이 세상은 필연적으로 조각조각 파편화되어 있을 것이다. 하지만 약한 유대—즉, 우리가 그렇게 꼭 닮지 않은 그저 '얼굴 아는 이들'과의 관계—야말로 '좁은 세상'의 현상을 만들어내는 열쇠라는 것이다. 그라노베터가 애초에 초점을 맞췄던 것은 직장을 찾는 이들에게 더 도움이 되는 것이 가까운 친구들이 아니라, 안면이 있는 정도의 지인들이라는 점이었지만, 나중에 가면 약한 유대의 숫자가 적은 사회에서는 '새로운 아이디어가 전파되는 속도가 떨어지며, 과학적 노력에는 장애가 생기고, 인종, 민족, 지리, 여타의 성격으로 갈라져 있는 하부집단들은 서로 간의 공존방식modus vivendi을 찾아내는 데 어려움을 겪게 된다'는 혜안에 이르게 된다.[2] 다른 말로 하자면, 약한 유대야말로 여러 이질적인 결집체들이 완전히 절연되는 것을 막아주는 교량으로서 전체 공동체의 사활을 좌우한다는 것이다.[3]

그라노베터의 주장은 사회학적인 관찰에서 나온 것으로서, 인터뷰나 그와 비슷한 데이터들에 근거한 것이며, 현장 연구에 기초하여 담은 것이었다. 그러한 현장 연구로 밝혀진 것들 중에는, 가난한 이들은 약한 연대보다 강한 연대를 더욱 중요시한다는 것도 있었는데 이는 곧 프롤레타리아 세계의 긴밀하게 짜인 네트워크가 오히려 빈곤을 영구화하는 경향이 있음을 암시한다.[4] 동종친화적 결집체들을 특징으로 하는 세상이 **어째서** 좁은 세상이 되는지는 1998년이 되어서야 수학자 덩컨 와츠Duncan Watts와 스티븐 스트로게츠Steven Strogatz가 증명해낸다. 와츠와 스트로게츠는 여러 네트워크를 다음 두 가지의 비교적 독자적인 성질들을 기준으로 분류한다. 첫째는 어떤 네트워크 내부의 모든 노드가 갖는 근접 중심성의 평균이며, 둘째는 그 네트워크의 전반적인 결집계수이다. 두 사람은 우선 모든 각각의 노드가 그 가장 가까운 이웃 및 두 번째로 가까운 이웃에만 연결되어 있는 순환적 격자형으로부터 시작하여, 이 경우 적은 숫자의 연결선만 무작위로 추가해도 전반적인 결집계수는 크게 올리지 않으면서도 모든 노드들의 근접성을 크게 올릴 수 있다는 것을 보여주었다.[5] 와츠가 처음 연구를 시작했던 주제는 귀뚜라미들이 동시에 울어대는 현상이었지만, 보다 나중에 그는 스트로게츠와 함께 인간 집단에 있어서 분명한 의미를 갖는 사실들을 발견한다. 와츠에 따르면, "넓은 세상의 그래프와 좁은 세상의 그래프의 차이는 불과 몇 개의 무작위적으로 요구되는 연결선들의 문제일 수 있다. 이러한 변화는 개별 꼭짓점의 수준에서는 사실상 알아차릴 수가 없다… 좁은 세상을 그래프로 그려보면 고도로 결집화된 모습을 보여주고 있으므로, 어떤 전염병이 나타났을 때 사실 아주 가까이 다가왔을 때에도 마치 그것이 '멀리' 있는 것 같은 직관을 낳을 수가 있다."[6]

경제학자들에게도 네트워크 과학의 진보가 중요한 의미를 가진다. 표준적인 경제학은 완벽한 정보를 가진 효용 극대화 행위자인 개인들이 모여든 거의 무차별적인 시장들을 상정한다. 여기서 나오는 질문은(거래 비용의 중요성을 설명한 영국 경제학자 로널드 코즈Ronald Coase가 해결한 바 있다*), 어째서 기업이라는 게 존재하는가이다. (우리 중 영화 〈워터프런트〉에 나오는 말런 브랜도처럼 하루 단위로 고용되어 임금을 받는 부두 노동자로 살

---

* 코즈는 자신의 논문 「사회적 비용의 문제」에서(Coase 1960, 15), '시장 거래를 수행하기 위해서는 거래를 하고자 하는 게 누구인지를 발견해내고, 이를 사람들에게 알리고, 거래가 성사되도록 협상을 수행하고, 계약서를 작성하고, 계약 조건들이 준수되도록 보장하는 데 필요한 감독 업무를 떠맡는 등등의 일들이 필요하다'. 예를 들어 표준화된 장기적 고용 계약과 같은 경우에는 그러한 거래 비용들을 낮추거나 제거하기 위해서 기업들과 국가들과 같은 기관들이 존재하고 있다. 그리고 그러한 단위들이 더 커질수록 그러한 임무들도 더 효율적으로 수행할 수 있게 되며, 이에 '규모의 경제'가 나타나게 된다는 것이다.

아가는 이는 일부에 불과하며, 많은 숫자는 기업에 정규적으로 고용되어 일하고 있다. 후자의 방법이 비용을 더 줄일 수 있기 때문이다.) 하지만 시장도 네트워크이며, 대부분의 사람들은 어느 정도씩 상호 연결된 결집체 속에 살고 있다고 볼 수 있다. 이렇게 본다면 경제라는 세상은 대단히 다르게 보이게 되며, 그중 큰 이유는 정보의 흐름이 네트워크들의 구조에 따라 결정되기 때문이다.[7] 교환이란 단지 가격이 수요와 공급의 문제일 뿐인 일회성의 거래가 아닐 때가 많다. 신용이란 신뢰의 함수이며, 신뢰란 비슷한 사람들의 결집체 (예를 들어 이민자 공동체) 내에서 더 높게 되어 있다. 그라노베터가 연구했던 사례는 고용 시장이었지만, 이러한 사실들의 함의는 다른 시장에도 적용되는 것들이다.[8] 판매자들의 폐쇄적인 네트워크는 공공의 이익과 반하는 공모 관계를 꾀할 수 있으며 혁신을 가로막을 수 있다. 네트워크들이 좀 더 개방적이라면 그 약한 유대의 힘 덕분에 새로운 아이디어가 여러 다른 결집체에 도달할 수 있으므로 혁신이 장려될 것이다.[9] 이러한 점들을 관찰하다 보면, 우선 각종 네트워크가 구성되어 있는 모습을 정확히 파악하는 작업이 필요하다는 것이 부각되기 마련이다.[10]

실제로 보자면 여러 네트워크가 어떻게 형성되는지는 분명해 보인다. 아브네르 그레이프가 그려내는 11세기 지중해[11]의 마그리비Maghribi 교역자들로부터 로널드 버트가 연구한 현대의 기업가들 및 경영자들에 이르기까지, 학자들은 사회적 자본[12]을 만들어내고 혁신을 장려하는 (혹은 가로막는) 비즈니스 네트워크들의 역할에 관해 풍부한 문헌을 내놓은 바 있다. 버트의 용어를 쓰자면, 개인들 및 기업들 사이의 경쟁은 여러 네트워크에 의해 그 구조가 결정되는바, 여기에서 '구조의 구멍들structural holes'—결집체들 사이 약한 유대가 결여되어 있는 간극—은 '기업가들이 정보에 대해 접근, 타이밍, 위탁, 통제 등을 행할 수 있는 기회들'이라고 한다.[13] '이 구멍들에 다리를 놓을' 능력이 있는 사람들, 즉 중개인들은 자신들의 위치에 힘입어 창조적인 아이디어들을 갖고 있을 가능성이 더 높고 (혹은 집단적 사고의 우를 범할 가능성이 낮고) 이 때문에 '그들의 통합적 작업에 대해 보상받게' 된다는 (혹은 그래야 한다는) 것이다. 혁신을 지향하는 기관들에서 이러한 중개인들은 항상 높이 평가된다. 하지만 혁신가-중개인과 '폐쇄' 쪽으로 (즉 고립성과 동질성 쪽으로) 기울어져 있는 네트워크 사이에 벌어지는 대부분의 경쟁에서 후자가 승리할 때가 많다고 한다.[14] 이러한 혜안은 미국의 전자 제품 회사의 직원들 사이에서도 적용되지만, 그와 똑같은 정도로 학계의 철학자들 사이에도 적용된다.[15]

오늘날에는 '조직 행동론organizational behavior'이라는 것이 하나의 어엿한 하부 분야가 되었을 뿐만 아니라 대부분의 경영대학원에서 근간의 위치를 점하고 있다. 이 분야에서 최근에 발견된 것들을 보자면, 경영자들은 경영자 이외의 사람들에 비해 네트워킹을 행하는 이들일 가능성이 더 많다고 하며,[16] '조직 문화에 있어서 덜 위계적인 네트워크가 일체감과 동질성을 낳는 데 더 낫다'고 하며,[17] 중개인들이 만약 '자신들의 조직적 집단에 문화적으로 동화되어' 들어간다면 구조의 구멍들을 메우고 다리를 놓는 데 성공할 가능성이 높으며 '구조적으로 묻어들어' 있는 이들은 '문화적으로 색다를' 때에 더욱 좋은 성과를 낳는다고 한다. 요컨대 '동화된 중개인들'과 '통합된 비순응자들'이 그 동료들보다 더 좋은 성과를 낳는다는 것이다.[18] 여기에서도 네트워크 이론은 리키 거베이스Ricky Gervais의 영국 TV 시트콤 〈사무실The Office〉에 풍자의 대상으로 등장하는 전형적인 대기업 일터의 모습을 넘어서는 쓸모 있는 혜안을 보여주고 있다. 사실상 사무실 안에서 만들어지는 그 어떤 네트워크도 아주 클 수는 없는 일이다. 하지만 메트캘프의 법칙에 따르면 중요한 것은 네트워크의 크기다. 이더넷etherment 발명자의 이름을 딴 이 법칙의 본래 모습은, 원거리 통신망의 가치는 거기에 연결된 호환가능한 통신 장치들의 숫자의 제곱에 비례한다는 것이었다. 이는 사실 여러 다른 네트워크들에도 보편적으로 적용되는 이야기이다. 간단하게 말하면, 어떤 네트워크 내에 있는 노드의 숫자가 많아질수록 그 네트워크가 그 노드들 전체에 갖는 가치도 높아진다는 것이다. 앞으로 보겠으나, 이는 곧 아주 큰 접근 개방형 네트워크들에는 환상적인 수익이 돌아오며 반대로 비밀 혹은 배타적인 네트워크에 돌아오는 수익은 그 크기가 제한적이라는 것을 의미한다. 하지만 아무리 큰 네트워크라고 해도 그 안에는 중개인으로 혹은 허브로 기능하는 노드들이 있기 마련이다.

'바이럴을 탄다'*는 말은 모든 광고회사와 마케터들이 추구해 마지 않는 성배와 같은 것으로 이제는 너무 들어서 지겨운 문구가 되어버렸다.[19] 하지만 네트워크 과학은 어째서 어떤 아이디어들은 대단히 빠른 속도로 확산되는 것인가를 이해하는 최상의 방법을 제공한다. 아이디어들 그리고 감정 상태나 비만 등과 같은 여러 상태 또한 사회적 네트워크를 통해서 전파될 수 있으며, 이 점에서 바이러스 감염과 다르지 않

---

* 사전적인 의미는 '입소문을 타다'라는 뜻으로, 원어는 to go viral이다. 바이럴viral이란 바이러스처럼 퍼지는 것을 뜻하는 형용사로서 원래는 질병에 쓰이는 말이었지만, 최근에는 '강남 스타일'처럼 SNS 상에서 모두의 입에 오르내리는 현상을 뜻하는 말이 되었다. 그냥 '입소문을 타다'라고 옮기면 이러한 어감이 살지 않아서 위와 같이 옮겼다.(옮긴이)

다. 하지만 아이디어들은 (혹은 진화 생물학자들의 신조어로서 '밈meme'**은) 바이러스보다는 감염성이 떨어지는 게 일반적이다. 진짜 바이러스나 컴퓨터 바이러스나 목적은 가능한 한 최대로 널리 스스로를 퍼뜨리는 것이므로 자신들이 감염시킬 수 있는 모든 인접한 노드를 표적으로 삼는다. 따라서 이들은 한 네트워크를 만났을 때 '브로드캐스트 서치broadcast search'를 수행하는 것이 전형적인 모습이다. 반면 우리 인간은 우리의 네트워크의 성원들 중 어떤 아이디어를 공유하고 싶은 이들이나 또 믿을 수 있는 아이디어의 원천으로 받아들이고자 하는 이들을 본능적으로 선별하게 되어 있다.[20] 이에 대해 나온 초기의 연구 성과로는 이른바 '2단계 유통 커뮤니케이션 모델two-step flow of communication model'이라는 것이 있다. 이는 아이디어가 매체로부터 오피니언 '리더들'을 경유하여 더 많은 대중에게로 확산된다는, 사회학자 폴 라자르스펠드와 엘리후 카츠가 1950년대에 내놓은 주장과 결부되어 있다.[21] 20세기의 다른 연구자들은 뉴스, 소문, 혁신 등이 이동하는 속도를 측정하는 방법을 찾고자 했다. 보다 최근의 연구는 사람의 감정 상태까지도 네트워크를 통해 전파될 수 있다는 것을 보여주었다.[22] 비록 여러 가지 네트워크 효과에서 내생적인 것과 외생적인 것을 부분하는 것은 결코 쉬운 일이 아니지만,[23]

** 생물학자 리처드 도킨스가 『이기적 유전자』에서 만든 개념. 생물의 유전에 있어서 정보의 전달 단위가 '유전자gene'라면, 문명과 문명 사이에도 정보의 전달 단위가 있을 것이라고 보아 이를 '모방'의 의미를 담은 그리스어 '미메메'에서 '유전자gent'와 비슷한 1음절어를 만들어낸 것이다. 음악, 건축, 패션 등은 모두 단순히 거기에 담겨 있는 표면적인 정보뿐만 아니라 그 배경을 이루는 세계관, 감정적 태도, 정서 등을 모두 전달하게 된다는 것이다. 예컨대 1930년대 경성에서 이상 김해경이라는 시인에게 미쓰코시 백화점의 커피점은 근대성과 서양 문화를 상상하게 만드는 '밈'이었을 것이며, 당시의 마루젠 서점도 외국어를 해독할 수 있는 조선 지식인들에게 마찬가지의 역할을 했을 것이다.(옮긴이)

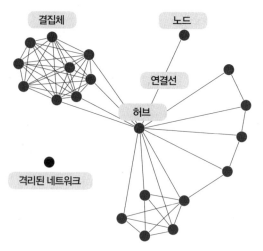

그림 6
네트워크 이론의 기초. 이 그림의 모든 점은 '노드node'이며, 모든 선은 '연결선edge'이다. '허브hub'
라는 이름이 붙은 점들은 연결 중심성과 매개 중심성 모두에서 가장 높은 위치에 있는 점들이다.
'결집체cluster'라고 이름 붙은 노드들은 이 그림의 다른 부분에 비해서 국지적 결집 계수 혹은 밀도
가 더 높은 것들이다.

이런 종류의 오염을 입증하는 증거는 분명하다. '열심히 공부하는 룸메
이트를 둔 학생들은 더욱 열심히 공부하게 된다. 식사 자리에서 많이 먹
는 사람 옆에 앉으면 더 많이 먹게 된다.'[24] 하지만 크리스타키스와 파울
러에 따르면, 아이디어는 우리의 친구의 친구의 친구를 넘어서서 (즉, 딱
세 개의 촌수를 넘어서서) 한참 더 멀리 전파시키는 것은 불가능하다고 한
다. 왜냐면 어떤 아이디어나 행태의 전파와 수용은 (밀그램의 실험에서처
럼) 단순히 편지를 전달하는 일이나 일자리 정보를 주고받는 정도의 소
통보다는 더욱 강력한 연결을 요구하기 때문이다. 단지 어떤 사람과 안
면이 있다는 것만으로 그 사람에게 공부를 더하도록 혹은 과식을 하도
록 영향을 줄 수는 없는 일이다. 모방이야말로 가장 진실한 형태의 아첨
이다. 설령 모방하는 사람이 의식하지 못하는 경우라고 해도 그러하다.

질병 확산의 경우와 마찬가지로, 어떤 아이디어가 확산되는 속도와 정도를 결정하는 데 있어서 아이디어 자체와 마찬가지로 네트워크 구조가 중요하다는 점이 핵심이다.[25] 바이럴을 타게 되는 과정에서 핵심적 역할을 하는 것은 단지 허브나 중개인 역할을 하는 노드뿐만이 아니라 '문지기gate-keeper' 즉 어떤 정보를 자기와 연관된 네트워크 부분에 전달할지 말지를 결정하는 사람들도 있다.[26] 이들의 결정에는 그 정보를 퍼뜨렸을 때 자기에게 어떤 결과가 돌아올지에 대해 그들이 생각하는 바에 따라 일정하게 좌우된다. 그리고 어떤 아이디어를 받아들이려면 그것이 전파되는 원천의 숫자가 하나 둘 이상이어야 한다. 문화적 전염이라는 현상은 단순한 질병의 감염과는 달라서 우선 그 초기 수용자들의 숫자가 임계량에 달해야 할 뿐만 아니라 높은 연결 중심성degree centrality을 (즉, 영향력이 큰 친구들을 비교적 많은 숫자로) 가지고 있어야만 한다.[27] 덩컨 와츠의 표현을 빌리면, 전염 비슷한 단계적 순서가 벌어질 가능성을 평가하는 데 핵심이 되는 것은 '자극 자체가 **아니라** 그 자극을 받은 네트워크의 구조에 대해 초점을 두는 것'이다.[28] 이러한 혜안이 있다면, 바이럴을 타는 아이디어들도 있지만 그보다 훨씬 더 많은 무수한 아이디어들이 그 시작에 있어서 노드, 결집체, 네트워크를 잘못 선택하는 바람에 전혀 알려지지 못하고 스러지고 마는 이유를 설명할 수가 있게 된다.

7장

네트워크의 다양성

만약 모든 사회 네트워크들이 똑같은 구조를 가지고 있다면 우리가 사는 세상은 아주 달라질 것이다. 예를 들어 노드들이 완전히 무작위로 서로 연결되어 있는 세상이라면 노드 하나당 연결된 연결선의 숫자가 종 모양의 정규 분포 곡선을 그리고, '좁은 세상'의 성질을 보여줄 것이지만, 이는 우리가 살아가는 실제 세상과는 다른 세상일 것이다.* 그 이유는 현실 세계의 수많은 네트워크들은 파레토식의 분포를 따를 것

---

* 무작위적 네트워크Random Networks가 처음으로 연구된 것은 다작으로 유명할 뿐만 아니라 많이 인용되는 수학자 파울 에르되스Paul Erdős와 그의 수많은 공저자들 중 하나인 알프레드 레니Alfréd Rényi의 공동 연구였다. 하나의 판 위에 n개의 노드를 놓고 그것들을 무작위로 짝을 지어 m개의 연결선을 사용한다. 노드는 한 번 이상 선택될 수도 있고 전혀 선택되지 않을 수도 있다.

이기 때문이다. 즉, 무작위 네트워크에서의 경우와 비교해볼 때, 아주 많은 숫자의 연결선을 거느린 노드들도 또 연결선의 숫자가 아주 적은 노드들도 훨씬 많을 것이기 때문이다. 사회학자 로버트 머튼Robert K. Merton이 마태복음의 한 구절을 따 '마태 효과the Matthew effect'라고 불렀던 것과 닮아 있다. '가진 자들은 모두 더 많이 받아 차고 넘치게 될 것이지만 없는 자들은 그나마 있는 것까지 빼앗기게 되리라.'** 과학의 경우에는 성공이 성공을 부르게 되며, 이미 여러 상을 받은 이들에게 더 많은 상이 주어지게 된다. 이와 비슷한 것은 이른바 '슈퍼스타의 경제학'에서도 볼 수 있다.¹ 이와 같은 방식으로, 수많은 대형 네트워크들이 팽창함에 따라 그 안의 노드들이 새로 얻게 되는 연결선의 숫자는 그들이 이미 가지고 있었던 연결선의 숫자에 (그들의 도수 혹은 '적합도fitness'에) 비례할 것이다. 요컨대 '선호적 연결preferential attachment'이 존재하는 것이다. 이러한 혜안을 우리에게 가져다준 것은 물리학자 바라바시Albert-László Barabási와 앨버트Réka Albert였다. 이들은 현실 세계에 존재하는 대부분의 네트워크가 멱함수 법칙 분포power law distribution를 따른다는, 즉 '척도의 대푯값을 말할 수 없는scale-free' 네트워크일 가능성이 높다는 것을 최초로 시사한 이들이었다.*** 실제로 네트워크가 진화함에 따라서 소수의 노드들이 다른

** 마태복음 25장 28절.(옮긴이)

*** 멱함수 법칙을 따르는 분포들은 '꼬리가 두껍다fat-tailed'고 한다. 만약 연결선들이 무작위적으로 그어진다면 아주 높은 도수와 아주 낮은 도수가 나타날 가능성이 상대적으로 더 높아지기 때문이다. 엄밀하게 말하자면, 이 '척도의 대푯값을 말할 수 없다'는 말은 곧 '어떤 네트워크를 0보다 큰 임의의 숫자 k로 곱하여 그 안의 모든 노드의 도수를 바꾸었을 때, 도수가 kd인 노드들이 도수가 kd'인 노드들에 비하여 나타나는 빈도수가 d인 노드들이 도수가 d'인 노드들에 비하여 나타나는 빈도와 동일하다'는 사실을 지칭한다. 척도 대푯값을 말할 수없는 네트워크에서는 전형적인 노드라는 게 존재하지 않지만, 노드들 사이의 차이의 '척도'는 어디에서나 동일하게 나타난다. 다른 말로 하자면, 척도 대푯값을 말할

노드들보다 훨씬 더 많은 연결선을 가진 허브가 된다는 것이다.[2] 이러한 네트워크의 예들은 「포춘」 1,000대 기업의 이사들로부터 시작해 물리학 저널들의 인용 횟수와 여러 웹페이지로 들어오고 나가는 연결선들까지 대단히 풍부하다.[3] 바라바시의 말을 들어보자.

> 이러한 네트워크들을 하나로 묶어주는 허브들의 위계가 존재한다. 아주 많은 연결선을 가진 노드가 있고 그 뒤를 바짝 따라서 연결선의 숫자가 덜한 몇 개의 허브들이 있고, 그 뒤에는 더욱 적은 노드들 수십 개가 따라붙는다. 이 거미줄의 한 중간에 들어앉아 모든 노드와 모든 연결선을 통제하고 감시하는 중심 노드는 없다. 하나의 노드를 제거할 경우 거미줄 전체가 붕괴하는 그런 일은 없다. 대표적 척도값이 없는 네트워크란 곧 거미가 없는 거미줄인 것이다.[4]

아주 극단적인 경우(승자독식 모델)에는, 가장 적합도가 높은 노드가 연결선의 전부 혹은 거의 전부를 갖게 된다. '아주 많은 연결선을 가진 노드가 있고 그 뒤를 바짝 따라서 연결선의 숫자가 덜한 몇 개의 허브들이 있고, 그 뒤에는 더욱 작은 노드들이 수십 개가 따라붙는' '적합도가 높은 것이 더욱 부자가 되는' 패턴이 나타날 때가 더 많다.[5] 여타의 중간적 네트워크 구조들 또한 발견할 수 있다. 예를 들어 미국 사춘기 청소년들의 친구 네트워크는 무작위적인 것도 아니며 대표 척도값을 말할

수 없는 세상은 프랙털 기하학의 성격을 갖는다. 마을은 커다란 가족일 뿐이며, 도시는 커다란 마을일 뿐이며, 왕국은 커다란 도시일 뿐이다.

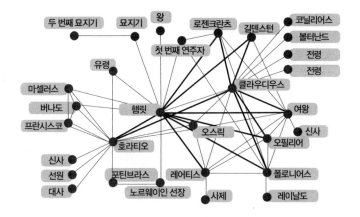

그림 7
단순하지만 비극적인 네트워크인 셰익스피어의 〈햄릿〉. 〈햄릿〉은 연결 중심성에 있어서는 선두에 있다(16개로서, 클라우디우스는 13개다). 하지만 이 작품의 '죽음 영역'은 햄릿과 클라우디우스 모두와 연결된 인물들을 포괄하고 있다.

수 없는 것도 아니다.[6]

에르되스와 레니가 오래전에 보여준 바 있듯이, 무작위 네트워크에서는 네트워크 내의 모든 노드마다 그 연결선의 숫자가 다른 노드와 거의 비슷하게 나타난다. 이 경우의 가장 좋은 현실 세계에서의 예는 미국의 전국 고속도로 네트워크이다. 여기에서 모든 주요 도시들을 서로 이어주는 고속도로의 숫자는 도시마다 대략 동일하게 나타난다. 대표 척도값을 말할 수 없는 네트워크의 한 예는 미국의 항공 노선 네트워크로서, 많은 숫자의 작은 공항들이 중간 크기의 공항들로 연결되며, 후자는 다시 수많은 연결선을 가진 거대한 소수의 허브들로 연결된다. 다른 네트워크들은 꼭 대표 척도값을 말할 수 없는 것은 아니라고 해도 고도로 집중화되어 있기도 하다. 셰익스피어의 〈햄릿〉의 전개를 이해하는 한 방법은 등장인물들의 관계 네트워크를 묘사하는 것으로서, 여기에서 햄릿

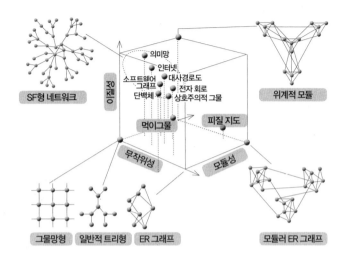

그림 8
네트워크의 다양성(SF: 대푯값을 말할 수 없는 네트워크; ER: 에르되스-레니 네트워크, 즉 무작위 네트워크).

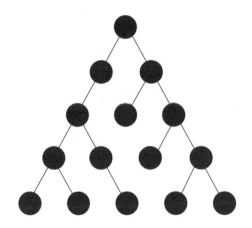

그림 9
위계제: 특수한 형태의 네트워크. 이 예에서 볼 때 정상에 있는 노드는 연결 중심성과 매개 중심성 모두 최고값을 가지고 있다. 다른 노드들이 대다수의 다른 노드들과 소통을 하려면 그 최고의 지배적 허브를 통하는 수밖에 없다.

과 그의 의붓아버지 클라우디우스는 다른 이들에 비해 월등하게 높은 연결 집중성을 (즉, 연결선의 숫자. 그림 7을 보라) 보여주고 있다.

이제 어떤 네트워크가 무작위 네트워크와 차이를 보일 수 있는 모든 방식을 생각해보라(그림 8). 결정격자crystal lattice나 그물눈mesh과 같이 고도로 결정론적이면서도 비 무작위적인 것들에서는 모든 노드가 동일한 숫자의 연결선을 가지고 있다(아래 왼쪽). 모듈 모습의 네트워크는 여러 다른 결집체들로 나눌 수 있지만 그것들 사이에 다리를 놓아주는 소수의 연결선을 통해 하나로 엮여 있다(아래 오른쪽). 이질적인 네트워크에서는 온라인 공동체의 특징으로 나타나는 대로 대표 척도값을 말할 수 없는 네트워크들처럼 중심성의 관점에서 보면 노드마다 크게 다르다(위 왼쪽). 어떤 네트워크들은 위계적인 동시에 모듈 모습을 띠고 있기도 하다. 신진대사를 조절하는 복잡한 유전 시스템들이 그 예로, 일정한 하부 시스템들을 다른 것들이 통제하도록 되어 있다(위 오른쪽).[7]

이제 우리는 위계제라는 것이 결코 네트워크의 대립물이 아니라 그저 특별한 종류의 네트워크라는 사실을 분명히 알 수 있다. 그림 9에서 보여주고 있듯이, 이상화된 위계적 네트워크에서의 연결선들은 거꾸로 일어선 나무와 같은 (혹은 나무의 뿌리와 같은) 일정한 패턴을 따른다. 어떤 위계적 네트워크를 구축하려면 꼭대기의 노드에서 출발하여 일정한 숫자의 종속적 노드들을 더해 나가면 된다. 각각의 종속적 노드에다가 또 동일한 숫자의 종속적 노드들을 다시 덧붙인다. 등등등.

여기서 핵심은 항상 노드들을 아래쪽으로 더해 나갈 것이며 결코 수평적으로 연결시키지 않는다는 것이다. 이러한 방식으로 구축된 네트워크는 특별한 성질들을 갖게 된다. 첫째, 원이 전혀 없다. 즉, 어떤 노드로부터 나간 경로가 그 노드 자신에게로 돌아오는 법이 없다. 어떤 두 개의 노드를 연결하는 데는 오로지 하나의 경로만이 있을 뿐이며, 이는 명령과 의사소통의 사슬을 분명히 보여준다. 좀 더 중요한 것으로, 꼭대기에 있는 노드는 매개 중심성과 근접 중심성이 가장 높다. 즉, 이 시스템은 그 노드가 정보에 접근할 능력과 통제할 능력 모두를 극대화하도록 설계된 것이다. 앞으로 보겠으나 정보의 흐름에 대해서 이렇게 총체적인 통제력을 달성한 위계제는 거의 없고, 스탈린의 소련이 가깝게 근접한 정도였다. 대부분의 조직들은 현실적으로는 부분적으로만 위계적일 뿐이며, 자연 세계의 '협동적 위계제들'과 다르지 않다.[8] 하지만 어떤 순수한 위계제를 어떤 의미에서 '반反 무작위적'이라고 생각하는 것이 도움이 된다. 네트워크와 결부되어 있는 난잡한 연결성―무엇보다도 결집체 형성―이 금지되어 있다는 점에서 말이다.

이러한 네트워크의 다양성을 정태적 범주들로 간주해서는 안 된다. 네트워크는 거의 항상 시간이 지남에 따라 변동해간다. 큰 네트워크들은 '창발성emergent properties', 즉 '상전이phase transition'에서 전혀 예측 불가능한 새로운 구조들, 패턴들, 성질들이 발현되는 경향을 가진 복잡계complex system이다. 무작위 네트워크처럼 보이는 것이 놀라운 속도로 위계제로 진화할 수도 있다. 혁명적인 군중에서 전체주의 국가로 가는 사이의 단계는 놀랄 정도로 그 숫자가 적다는 것이 여러 번 입증된 바 있다. 이와 같은 논리로, 겉보기에는 단단히 경직된 위계적 질서의 구조물들이 놀랄 정도의 속도로 해체되는 것도 가능하다.[9] 네트워크의 연구자들에게는 이런 것들이 전혀 놀라운 일이 아니다. 우리는 이제 아주 적은 숫자의 새로운 연결선만 무작위로 추가해도 노드들 사이의 평균적인 분리

도수가 근본적으로 줄어들 수 있다는 사실을 알고 있다. 그림 9에서는 지배적 위치의 노드 하나가 의사소통을 거의 독점하다시피하고 있지만, 이러한 독점을 파괴하는 데 그렇게 많은 연결선을 추가할 필요도 없다. 역사 전반에 걸쳐 어째서 그토록 많은 왕들과 황제들이 혹시 무슨 음모가 진행되는 게 아닐까 하여 조바심을 냈는지 그 이유를 설명하는 데에도 이것이 도움이 된다. 도당cabal, 음모단camarilla, 세포cell, 파벌clique, 패거리coterie 등의 말들은 모두 왕이 다스리는 궁정의 맥락에서는 아주 사악한 의미를 함축하고 있다. 위계제의 지배자들은, 종속된 자들끼리 친구 관계를 맺다 보면 이것이 궁정 쿠데타의 전주곡이 될 수 있다는 불편한 사실을 오랫동안 잘 알고 있었다.

8장

네트워크들이 만났을 때

마지막으로 역사가에게 있어서 가장 중요한 이론적인 문제가 있다. 여러 다른 네트워크들이 서로서로 어떻게 상호작용을 맺는가이다. 정치학자 존 패지트와 그의 공저자들은 생화학에서 가져온 비유를 들어서, 조직적 혁신과 발명 모두가 여러 네트워크들 사이의 상호작용—'전이transition', '기능재설정refunctionality', '촉매작용catalysis'이라는 세 가지를 기본적 형태로 삼는다—의 결과물이라고 주장한다.[1] 자기회복력이 강한 사회적 네트워크라면 그 스스로의 생산 규칙들과 의사소통의 규약에 변화가 일어나면 거기에 저항하는 경향을 보이게 되어 있다. 그런데 한 사회적 네트워크와 그것의 여러 패턴들이 기존의 맥락에서 전이되어 다른 맥락 안에서 기능재설정을 겪을 때에 비로소 혁신도 가능하며 심지어 발명이

벌어질 수도 있다는 것이다.[2]

　앞으로 보겠지만 패지트는 이러한 혜안을 활용해 메디치 가문 시절의 플로렌스에서 나타났던 경제적 구조와 사회주의 구조의 변화를 설명한다. 은행 동업자들의 네트워크가 도시 정치의 네트워크 안으로 통합되는 일이 그때 벌어졌다는 것이다. 하지만 이러한 혜안은 분명히 당시의 플로렌스뿐만 아니라 보다 보편적으로 적용될 가능성이 있는 것이다. 네트워크는 새로운 아이디어의 전파 메커니즘으로서뿐만 아니라 새로운 아이디어 자체의 원천으로서도 중요하다. 모든 네트워크들이 변화를 장려할 리는 없다. 그 반대로 일부 밀도와 결집도가 높은 네트워크는 변화에 저항하는 경향이 있다. 그래서 새로운 것을 찾는 이들은 여러 다양한 네트워크들이 접촉하는 지점으로 눈을 돌려야 할 것이다.[3] 문제는 그 접촉 지점의 성격이 무엇이냐는 것이다. 여러 네트워크가 만나서 우호적으로 서로 섞일 수도 있지만, 서로를 공격하게 될 수도 있다. 1930년대에 소련의 정보망이 케임브리지 대학 학생들의 엘리트 네트워크를 뚫는 데 성공했을 경우가 여기에 해당한다. 그러한 경쟁이 벌어질 때 그 결과를 결정하는 것은 경쟁하는 네트워크들 중 어느 쪽이 강하고 약한가이다. 이들 중 더 적응력과 회복재생력이 뛰어난 쪽은 어디인가? 교란을 일으킬 만한 감염에 더욱 취약한 것은 어느 쪽인가? 하나 혹은 그 이상의 '슈퍼허브'에 각자 얼만큼 의존하고 있으며 그것이 파괴되거나 포획당했을 때 전체 네트워크의 안정성이 심하게 줄어드는 것은 어느 쪽인가? 바라바시와 그의 동료들은 대표 척도를 말할 수 없는 네트워크들에 대한 여러 유형의 공격을 모의 실험해보았으며, 여기에서 그러한 네트워크들은 상당한 숫자의 노드를 잃거나 심지어 허브 하나를 잃는다고 해도 버터널 수가 있다는 것을 발견했다. 하지만 여러 개의 허브에 대해 집중 공격을 할 경우에는 네트워크 전체를 깨어 버릴 수 있다는 것도 알게 됐다.[4] 더욱 더 극적인 발견으로, 대표 척도를 말할 수 없는 네트워크는 노드를 죽이는 감염성 바이러스에 아주 쉽게 먹잇감이 될 수 있다고 한다.[5]

하지만 네트워크들끼리 평화롭게 연결선을 그어나갈 수도 있을 텐데 어째서 서로 싸우는 일이 벌어지는 것일까? 사회적 네트워크에 대해 행해지는 공격은 대부분의 경우 다른 네트워크가 시작하는 것이 아니라 여러 위계적 단위들의 명령으로 혹은 최소한 상려로 시작된다. 2016년 미국 대통령 선거에서 러시아가 보여주었던 개입이 바로 이 경우이다. 앞에서도 말했듯이 미국 정보기관에 따르면 이러한 공격을 명령한 사람은 푸틴 대통령으로, 그는 세계에서 가장 뻔뻔스러운 전제 군주의 한 사람이다. 하지만 그 공격의 목표물은 민주당 전국 위원회가 아니라 미국의 미디어 복합체 전체였다. 이는 네트워크와 위계 조직의 근본적인 차이점을 잘 보여준다. 네트워크는 위계 조직에 비해 더 창조적인 경향이 있다. 이는 네트워크가 상대적으로 더 탈중앙화된 구조이기 때문이며, 여러 결집체들과 약한 연결선들을 결합시키는 방법도 이유이며, 또 적응과 진화가 가능하기 때문이다. 앞으로 보겠지만 역사적으로도 여러 혁신은 위계 조직보다는 네트워크에서 나타나는 경향을 보여왔다. 네트워크의 문제는, '군대, 관료 기구, 대공장, 수직적으로 조직된 대기업들과 같은 큰 조직 안에서 시간적 공간적으로 자원을 집중할 때 요구되는, 공동의 목표를 향한' 방향 일치가 쉽지 않다는 데 있다.[6] 네트워크는 자생적인 창조성은 뛰어나겠지만 전략적으로 뛰어난 조직은 못 된다. 제2차 세계 대전 당시 연합국 측이 승리하게 된 요인으로 더 우월한 (원자 과학자들이나 암호 해독가들의) 네트워크가 있었다는 것도 있기는 하지만, 그렇다고 해서 네트워크만으로 전쟁 자체를 이길 수는 없는 일이다. 게다가 네트워크는 좋은 아이디어뿐 아니라 나쁜 아이디어를 만들어내고 확산시키는 데에도 뛰어나다. 아이디어들이 사회적으로 감염 혹은 '단계적으로 확산'되는 경우, 네트워크는 군중의 지혜도 쉽고 빠르게 전달하지만 군중의 패닉 또한 똑같이 쉽고 빠르게 전달한다. 그래서 고양이 사진 마니아와 같이 무해한 현상도 쉽고 빠르게 확산시키지만, 마녀 사냥과 화형과 같은 광기도 똑같이 쉽고 빠르게 확산시킨다.

물론 오늘날의 네트워크는 1990년대의 미국 전력망보다 훨씬 더 잘 설계되어 있다. 90년대 당시의 미국 전력망이라는 것은 너무나 깨지기 쉽게 되어 있어서 웨스턴 오리건에서 전력선 하나가 나갈 경우 수백 개의 전력선과 발전기가 더 멈춰버리게 되어 있었다. 하지만 튼튼한 네트워크라고 해도 성장하고 진화하는 가운데 얼마든지 기능부전 상태에 빠질 수 있다는 것을 우리는 잘 알고 있다. 미국 국내선 공항들에서 일상화되어 있는 정체와 연착이 바로 그 경우다. 여러 항공사들이 저마다 허브가 되는 공항들에 취항하려고 경쟁을 벌이면서 결국 그 공항들만 꽉꽉 막히는 결과가 나타난 것이다.[7] 인터넷이 아니더라도 미국의 전력 및 교통 인프라를 표적으로 공격이 벌어질 경우 실로 초토화에 가까운 파괴적 결과가 나올 것임은 분명하다. 에이미 지가트_Amy Zegart가 말한 바 있듯이, 미국은 사이버 전쟁의 전장에서 가장 강력한 행위자이기도 하지만 가장 취약한 행위자이기도 하다. 그녀의 경고에 따르면, '미래의 사이버 전장에서는 우리가 모는 자동차와 우리가 타는 비행기를 망가뜨리는 것이 얼마든지 가능하며, 전역의 모든 도시에서 전기와 수도를 몇

주 이상 끊어버리는 일도 가능하며, 군대를 마비시키고 심지어 우리 스스로를 공격하는 무기로 바꿔버리는 일도 가능하다.'[8] 하지만 미국은 '우리가 이렇게 새로운 사이버 기술이나 사이버 전쟁 등에 취약하다는 기본적인 사실조차 인정하려 들지 않는 듯하다. 장래에 있을 수 있는 공격을 막고 대처하는 데 필수적인 조치들에 대해서는 말할 필요조차 없다.'[9] 2017년 5월에는 워너크라이 '랜섬웨어'가 150개국의 수십만 대의 컴퓨터를 감염시켰고, 그 하드 드라이브를 암호화하여 비트코인으로 돈을 내라고 요구하는 사대가 벌어졌다. 이를 통해 유럽 나라들뿐만 아니라 아이러니하게도 러시아조차 범죄적 공격에 취약하다는 사실이 드러났다.

현실을 보자면, 우리 당대에 벌어지고 있는 각종 네트워크의 성장이 어떤 의미를 함축하고 있는지를 짚어보는 일이 대단히 어렵다는 것이다. 예를 들어 네트워크가 2010~12년의 여러 아랍 지역에서의 혁명 과정에서 태어난 민주주의에 힘을 가져다주고 생명력을 불어넣는 긍정적 효과가 있다고 찬양하는 기사도 넘쳐나지만, 네트워크로 인해 예를 들어 정치적 이슬람주의자들처럼 위험한 세력들이 힘을 얻게 되는 부정적 효과들을 경고하는 기사들도 똑같이 넘쳐나고 있다. '특이점'이 오면 '지구적 두뇌' 혹은 '지구적 초유기체planetary superorganism'가 인터넷으로부터 생겨날 것이라고 예언하는 책들도 많지만,[10] 그로 인해 문명이 붕괴하고 인류가 절멸할 것이라고 예견하는 책들도 똑같이 많다.[11] 앤-마리 슬로터는 '미국과 다른 강대국들이 네트워크 권력에 있어서 너무 집중되지도 않고 또 너무 분포되어 있지도 않은 황금 비율의 균형점을 찾아낼 것'이라고 말하면서 '국가들뿐만 아니라 시민들의 수준에서도 작동하는 더 평평하고 더 신속하고 더 탄력적인 시스템'의 출현을 고대하고 있다.[12] 9.11 사태가 터지기 전에 쓴 글에서 그레이엄 앨리슨은 미국이 지구적 네트워크들로 연결된 세상에서 유리한 위치에 설 수 있는 능력이 내장되어 있다고 비교적 확신에 찬 이야기를 하고 있다.[13] 하지만 조슈아 라모는 비관적이다. '한때 연결은 곧 해방이라는 단순한 생각이 큰 호소력을 가졌지만, 이는 한마디로 그릇된 이야기이다.' '이제 연결된다는 것은 곧 모종의 강력하고도 역동적인 긴장 안에 갇힌다는 것을 뜻한다.' 기존의 옛 지도자들이 이러한 '네트워크의 시대'를 이해할 능력이 없다는 것이 바로 '그들의 정당성이… 추락하고 있는 이유이며, 우리의 거대 전략이 일관성을 갖지 못하는 이유이며, 우리의 시대가 정말로 혁명적이 되어가고 있는 이유이다'. 그가 보기에는 '미국의 이익에 근본적인 위협이 되는 것은 중국도 알 카에다도 이란도 아니다. 이는 네트워크의 진화 그 자체다.'[14]

그런데 한 가지 측면에서만큼은 모두가 공감하는 듯하다. 기존의 확립된 위계 조직들 특히 전통적인 정치 엘리트들은 물론이고 오래도록 확고한 위치를 누려온 대기업들이 장래에도 그 힘을 유지할 것이라고 보는 미래학자는 거의 없다.[15] 이 점에서 오히려 프랜시스 후쿠야마는 예외라 할 것이다. 그는 위계제가 궁극적으로 지배적 위치를 누리게 될 것이라고 주장한다. 네트워크만으로는 경제적 발전이든 정치적 질서든 안정적인 제도적 틀을 제공할 수 없다는 의미에서다. 그래서 그는 이렇게 강조한다. '위계적 조직은… 신뢰가 낮은 사회를 조직할 수 있는 **유일한** 방법이다'.[16] 이와는 대조적으로, 인습에 도전하는 영국의 정치 전략가 도미니크 커밍스는 다음과 같은 미래의 국가는 전통적인 국가보다는 인간의 면역 시스템이나 개미 서식지와 같이 기능할 필요가 있을 것이라는 가설을 내놓는다. 다시 말하자면, 스스로 조직하는 능력과 창발성을 가진 네트워크와 같이 작동해야 하며 계획이나 중앙의 조정이 아니라 확률적인 실험에 근거하여 실패 사례를 버리고 성공 사례를 강화하면서 부분적으로는 중복을 통해서라도 회복재생력을 갖춰야 한다는 것이다.[17] 하지만 이는 오랜 위계 조직들의 회복재생력을 과소평가하는 것일 뿐만 아니라 새로운 네트워크들의 취약성을 간과하는 것일 수 있다. 게다가 새로운 네트워크들이 서로 융합돼 더욱 새로운 권력 구조, 어쩌면 20세기의 전체주의 국가보다 더 큰 역량을 가진 권력 구조를 만들 수도 있다는 점은 완전히 놓치고 있다.

9장

일곱 가지의 지혜

이렇게 보면 가지가지 형태의 네트워크 이론에서 얻을 수 있는 여러 지혜는 역사가에게 아주 근본적인 의미들을 담고 있다고 볼 수 있다. 여기에 그것들을 일곱 개 항목으로 요약해보겠다.

1. 누구도 섬은 아니다. 개인을 네트워크에 들어 있는 여러 노드로 간주한다면 그것들이 다른 노드들과 맺는 관계, 즉 노드들을 잇는 연결선들의 관점에서 이해할 수 있다. 모든 노드들이 평등한 것은 아니다. 네트워크 안에 있는 개인 한 사람은 단지 연결 중심성(그 개인이 맺고 있는 관계의 숫자)뿐만 아니라 매개 중심성(그 개인이 다른 노드들 사이의 다리가 될 가능성)의 관점에서 평가된다. (다른 측정 방식으로는 고유벡터 중심성

eigenvector centrality이 있다. 이는 인기 있는 혹은 명예가 있는 노드들과의 근접성을 측량한다. 하지만 다음의 논의에서 이는 중요하게 다루지 않을 것이다.)[1] 앞으로 보겠으나 어떤 개인이 역사적으로 갖는 중요성을 측량하는 중요한, 하지만 무시당해온 척도가 있으니 이는 그 개인이 어느 만큼이나 네트워크들 사이의 다리 역할을 했는가이다. 어떨 때는 결정적인 역할을 하는 사람들이 지도자들이 아니라 연결자들일 때가 있다. 미국 혁명이 그런 경우다.

2. 깃털 색깔이 같은 새들은 함께 모인다. 사회적 네트워크는 동종친화성 때문에 서로 비슷한 이들끼리 끌어당긴다는 관점으로 부분적으로 이해할 수 있다. 하지만 하고많은 공통점과 취향 중에서 어떤 것들이 사람들을 하나로 결집시키는지는 항상 자명한 것이 아니다. 게다가 우리는 네트워크 사이 연계의 성격에 대해서도 분명히 할 필요가 있다. 노드들 사이의 연결선이 그저 안면이 있는 정도의 관계인가, 아니면 우정을 동반하는 관계인가? 우리가 보고 있는 것은 가족의 가계도인가, 아니면 친구들의 서클인가, 아니면 비밀 결사체인가? 네트워크 내에서 지식 이외의 무언가(예를 들어 돈이나 여타의 자원들)가 교환되고 있는가? 네트워크 그래프로는 인간들 사이의 각종 상호작용이 갖는 풍부한 복잡성을 제대로 표현할 방법이 없지만, 그래도 연결선들의 방향(예를 들어 갑은 을에게 명령하지만 그 반대는 아니다), 연결선들의 형태(예를 들어 갑은 을과 알고 있는 정도지만 병과는 성관계를 맺는 사이다), 연결선들의 비중(갑은 을과 가끔 만나는 정도지만 병과는 매일 만난다) 등을 자연히 구별할 때가 있다.

3. 약한 유대는 강력하다. 또한 어떤 네트워크의 밀도가 얼마나 되는가도 중요하며, 연결선이 몇 개 되지 않는다고 해도 다른 결집체들과 어떻게 연결되어 있는지도 중요하다. 그 네트워크는 더 큰 네트워크의 구성 요소인가? 몰리에르의 희곡에 나오는 인간혐오자처럼 완전히 '망에서 유리되어 있는' 노드들, 즉 '네트워크 고립자들'이 존재하는가? 네트워크 내의 구조적 구멍들을 이용하고자 하는 중개인들은 존재하는가? 문제의 네트워크는 '좁은 세상'의 성질들을 보여주는가? 만약 그렇다면 그 세상은 얼마나 좁은가? (노드들 사이의 분리의 도수가 얼마나 되는가?) 그 네트워크가 모듈들로 이루어진 정도는 얼마나 되는가?

4. 바이럴의 정도는 구조가 결정한다. 많은 역사가들은 아직도 어떤 아이디어나 이데올로기의 확산이 뭔가 모호하게 지칭되는 맥락과 관련하여 그것들이 담고 있는 본질적인 내용의 함수라고 가정하는 경향이 있다. 하지만 우리는 이제 어떤 아이디어가 바이럴을 탈 수 있는 것은 그것이 확산되는 네트워크의 구조적 특징들 때문이라는 점을 인정해야만 한다. 그러한 아이디어들은 위계적이고 하향적이면서 또 수평적인 동료 대 동료의 연결이 금지된 네트워크에서는 확산될 가능성이 적다.

5. 네트워크는 결코 잠들지 않는다. 네트워크는 정태적이 아니며 동태적이다. 무작위 네트워크든 대표 척도값을 말할 수 없는 네트워크든, 모두 상전이phase transitions를 겪기 쉽다. 네트워크는 창발성을 가진 복잡적응계 complex adaptive system로 진화할 수 있다. 아주 적은 변화들—불과 몇 개 연결선의 추가—로도 네트워크의 행태를 근본적으로 바꾸어놓을 수 있다.

6. 네트워크들은 네트워크를 맺는다. 네트워크들끼리 상호작용을 맺게 되면 그 결과로 혁신과 발명이 나타날 수 있다. 네트워크 하나가 화석화된 위계 조직 하나를 교란시킬 경우, 후자는 실로 숨 막히는 속도로 전복당하기도 한다. 하지만 어떤 위계 조직이 어떤 취약한 네트워크를 공격하게 되면 그 네트워크가 붕괴하는 결과가 나타날 수도 있다.

7. 빈익빈 부익부. 이른바 '선호적 연결'이라는 것 때문에 대부분의 사회적 네트워크는 뼛속 깊이 불평등주의적이다.

네트워크 과학의 이러한 핵심적인 지혜들을 이해한다면, 인류의 역사는 상당히 다르게 보인다. 이제 역사는 극작가 앨런 베넷의 익살맞은 문구처럼 그냥 '똑같은 일이 그저 더럽게 반복되는 것'*만은 아니며, 또 똑같은 사건만 더럽게 반복되는 게 아니라 수십억 개의 사건들이 (물론 별별 더러운 사건들도 포함되지만 그것만 있는 것은 아니다) 무수한 방식으로 서로 얽히고설키는 과정이 된다. 게다가 지금 우리가 맞고 있는 상황이 완전히 전례가 없는 것이라는 무력감에 빠질 이유도 없다. 제대로 역사적 맥락에 놓고 본다면, 현재의 시대는 그렇게 낯선 것이 아님을 깨닫게 될 것이다. 우리의 시대는 새로이 나타난 네트워크들이 새로운 기술로

---

* 베넷의 연극 〈역사 공부하는 소년들History Boys〉의 앞부분에 나오는 유명한 대사. 원문은 'History is one fucking thing after another'로 'fucking'이라는 욕설 부분으로 유명한 대사다. 이 부분에 대해 베넷은 한 인터뷰에서 이는 본래 40년대에 저명한 역사가 버터필드Herbert Butterfield가 한 말임을 밝히고 있다. 단지 1940년대 영국과 현대의 미국의 언어 맥락 차이를 감안하여 버터필드가 'bloody'라고 말한 것을 'fucking'으로 고친 것뿐이라는 것이다.

자신들의 영향력을 극대화시키면서 노쇠하여 죽기 직전이 된 위계적 제도들에 도전하는 두 번째 시대. 앞으로 분명해지겠지만 이러한 역사적 경험에 비추어 유추해본다면, 스스로를 개혁하지 못하는 위계 조직들은 네트워크가 추동하는 교란이 지속됨에 따라 무너지게 될 가능성이 높지만, 또한 네트워크만으로는 무정부 상태로의 전락을 피할 수 없다는 게 분명해짐에 따라 위계적 질서 또한 모종의 회복을 겪게 될 잠재적 가능성도 존재한다.

10장

일루미나티, '밝은 이들'을 밝힌다

이러한 네트워크 이론의 지혜들을 염두에 두고서 이제 다시 일루미나
티에 대해 (음모 이론이 아니라) 역사적으로 접근해보자. 이 결사단의 창
립자는 사실 애덤 바이스하우프트라는 이름 없는 남부 독일의 대학 교
수였다. 그는 바바리아 중부에 있는 잉골슈타트 대학의 법학 교수의 유
복자로 1748년에 태어났으니 일루미나티를 창립했을 때는 불과 28세의
젊은이였다. 마침 잉골슈타트 대학은 선거후Elector 막시밀리안 3세 요제
프가 이크슈타트Johann Adam Ickstatt 남작을 총장으로 임명하여 예수회가
장악한 대학을 개혁하라는 명령을 받은 상태였으며, 이 신임 총장의 후
원을 얻은 바이스하우프트는 아버지의 자리를 이어받게 된다. 1773년
그는 교회법 교수가 되며, 1년 후에는 법학과장이 된다.[1]

그렇다면 이 젊은 교수가 불과 3년 후 비밀 결사단 그것도 여러 면에서 혁명적 성격을 띤 단체를 결성하게 된 까닭은 무엇일까? 그 답은 이 크슈타트 총장의 영향 아래에서 바이스하우프트가 프랑스 계몽주의자들 중에서도 급진파에 속하는 철학자들의 저작을 열렬히 탐독하는 이가 되었다는 것이다. 특히 『정신De L'esprit』(1758)의 저자로 가장 잘 알려져 있는 클로드 아드리앵 엘베시우스Claude Adrien Hevétius, 익명으로 발표된 저작 『자연의 체제Le Système de la nature』(1770)의 저자들인 폴-앙리 티리Paul-Henri Thiry와 바롱 돌바흐Baron d'Holbach 등이었다. 바이스하우프트는 어렸을 때 예수회 신부들에게 교육을 받았고 그때부터 예수회에 반감을 품게 됐다. 엘베시우스와 돌바흐의 무신론적인 경향은 그에게 큰 흥분을 안겨주었다. 하지만 보수주의가 지배하는 바바리아에서는 이미 가톨릭 성직자들이 '반反 계몽주의 운동'을 부추기고 있었으므로 그러한 사상은 위험한 것이었다. 바이스하우프트는 본래 예수회 신부들이 독점하고 있었던 교수 자리를 그것도 어린 나이에 꿰차게 되었으니 압력이 심한 상태였다. 그러니 비밀 결사단을 만들고 그 진짜 목적을 심지어 신참자들도 알 수 없게 만들어야 한다는 생각을 할 수밖에 없었던 부분이다. 그는 자신의 아이디어를 에른스트 크리스토프 헤닝거Ernst Christoph Henninger라는 개신교도 학생에게서 얻었다고 말하였다. 헤닝거는 그에게 자신이 유학했던 지역들인 예나, 에르푸르트, 할레, 라이프치히 등의 학생 단체들에 대해 이야기해주었다고 한다.[2] 다른 면에서 보자면 일루미나티의 모델이 된 것은 역설적이게도 예수회였다. 예수회 또한 강한 권력을 가진 네트워크로서 전혀 투명한 조직이 아니었기에 결국 1773년 교황 클레멘트 14세가 해산시키고 만다. 바이스하우프트가 '한 무리로서의 인류A School of Humanity'의 집필을 위해 최초로 작성했던 개요를 보면, 모든 단원들은 매일 자신의 생각과 느낌을 기록하는 일기장을 쓸 것이며 이를 요약해 상급자에게 제시하도록 되어 있었고, 그 대신 도서관, 의료, 보험, 여타의 혜택들을 받도록 되어 있었다.[3] 바이스하우프트의 생각은 여러 요소를 단순히 절충시킨 수준을 훨씬 넘어서고 있었다. 그가 설계한 결사단에는 고대 그리스의 엘레우시우스 밀교뿐만 아니라 조로아스터교의 요소까지도 (고대 페르시아 달력을 사용) 포함되어 있었다. 또 다른 영감의 원천으로는 17세기 스페인에서 나타났던 영성 운동인 '밝은 이들Alumbrandos'도 있었다.

만약 일루미나티가 바이스하우프트가 처음에 설계했던 청사진 그대로의 모습이 되었다면 오래전에 잊혔을 것이며 아예 세상에 전혀 알려지지 않았을 수도 있었다. 그런 이 조직이 그토록 크게 성장하고 오늘날까지도 악명을 떨치게 된 계기는 독일의 프리메이슨 지부로 침투해 들어갔던 것이었다. 프리메이슨의 뿌리는 중세의 석공들의 조직에 있지만 18세기에 이르면 그 자체가 급속하게 성장하는 네트워크가 되었다. 스코틀랜드와 잉글랜드에서 시작된 프리메이슨은 귀족들과 부르주아들이 서로의 신분 차이를 잊고 하나로 엮이는 가운데 신화와 의식을 통해 한껏 격조를 높인 남성들의 사교 모임의 기회를 제공하고 있었다.* 이는 곧 독일 전역으로 급속히 확산되었고, 가톨릭 교회가 교인들에게 프리메이슨에 가입하는 것을 금지하려고 애썼음에도 불구하고 남부 독일의 국가들도 여기에 휩쓸렸다.[4] 이때 바이스하우프트의 학생이었던 프란츠

---

* 프리메이슨에 대한 논의는 20장을 참조할 것.

크사퍼 폰 츠박Franz Xaver von Zwack이 독일의 프리메이슨 지부들로부터 일루미나티 회원들을 모집하자는 제안을 내놓는다. 마침 당시 프리메이슨 운동에 대한 불만이 프리메이슨 단원들 사이에 팽배해 있었으니 그걸 십분 이용하자는 것이었다.

1770년대 말은 독일 프리메이슨 내부에 갈등이 심각했던 때였다. 일부 순수주의자들은 이제 프리메이슨의 비밀주의가 너무나 느슨해져버렸고, 프리메이슨의 '엄격한 규약 준수 서약 의식Rite of Strict Observance'에서 주장하는바 자신들이 템플 기사단**의 후예라는 신화에 대한 경건한 믿음까지 사라지고 있음에 반발하고 있었다.[5] 크니게Knigge 남작인 아돌프 프란츠 프리드리히 루트비히Adolph Franz Friedrich Ludwig도 이렇게 프리메이슨 결사단 전체가 공허한 사교 모임으로 타락하고 있는 현상에 불만을 느낀 이들 중 하나였다. 그는 하노버 공직자의 아들로 태어나 괴팅겐에서 대학을 나왔으며 1772년 프리메이슨에 가입했다.[6] 크니게 남작은 카셀과 프랑크푸르트의 프리메이슨 지부에 열심히 참여하였지만, 그보다 좀 더 배타적이고 좀 더 격조 높은 무엇인가에 대한 갈망을 품고 있었

** 템플 기사단Knights Templar 혹은 성당 기사단은 십자군 전쟁 시기에 결성된 사제들의 전투 부대였다. 처음에는 예루살렘 왕국을 수호하는 것을 목표로 했으나, 금세 유럽 전역에 걸쳐 많은 토지를 기부받고 많은 귀족 자제들을 회원으로 받아들였을 뿐만 아니라 이를 이용하여 유럽 전역에 걸친 강력한 금융 네트워크를 형성하여 무력과 금력 모두에서 대단히 강력한 단위로 성장한다. 이에 위협을 느낀 프랑스 왕 필리프 2세가 교황청의 허락을 받아 폭력적으로 해산시키고 그 재산을 몰수하게 되며, 그 혐의로 이들이 비밀 의식을 행하면서 '바포메트Baphomet'라는 염소 머리의 악마를 숭배하며 남색과 여러 불경한 범죄를 행하였다는 혐의를 씌워 그 지도자들을 화형에 처한다. 하지만 이후 템플 기사단은 가톨릭과 기성 권력에 불만을 품은 모든 이들에게 상상력의 원천이 되며, 숱한 비밀 결사체들이 자신들이 템플 기사단의 살아남은 단원들에 의해서 맥이 이어지는 후예들이라고 주장하였다. 이에 템플 기사단은 거의 모든 음모 이론에서 빠지지 않고 등장하는 신비한 존재가 된다. 프리메이슨 또한 그중 하나다.(옮긴이)

다. 그는 이러한 열망을 1870년 이탈리아 사람인 코스탄조 디 코스탄조 Costanzo di Costanzo 후작에게 털어놓게 된다. 그런데 뜻밖에도 코스탄조 후작은 그러한 엘리트 조직이 이미 존재하고 있으며 자신 또한 (디오메데스 Diomedes라는 가명으로) 그 일원이라는 비밀을 누설하였다. 바이스하우프트가 뮌헨의 지부인 '조심하라Zur Behutsamkeit'에 입단하였던 1777년 이후의 일루미나티에 대해서는 '프리메이슨 안에 있는 비밀 네트워크로서… 일종의 기생 식물과 같았다'는 게 정확한 묘사일 것이다.[7] 또 하나의 비슷한 기생 식물로는 장미십자회Rosicrucianism*가 있었다. 이는 일루미나티보다 더욱 밀교적인 운동으로서 이미 17세기 초에 이에 대한 저작물들이 쏟아져 나온 바 있었지만, 일루미나티와 거의 비슷한 시기에 독일의 수많은 프리메이슨 지부들에서 '황금장미십자회'라는 모습으로 구체적 형태를 띠고 있었다.

크니게 남작의 입단은 두 가지 이유에서 일루미나티의 전환점이 되었다. 첫째, 그는 개인적 차원에서 볼 때 바이스하우프트보다 훨씬 막강한 네트워크를 가진 인물이었다. 둘째, 그는 자신과 비슷한 생각을 가진

---

* 1614~17년 사이 독일 및 유럽 전역에 『1459년에 있었던 크리스티안 로젠크로이츠의 화학적 결혼 Chymische Hochzeit Christiani Rosencreutz anno 1459』을 포함한 세 권의 저작이 독일어로 출간된다. 이들의 주장에 따르면 이미 오래전부터 '인류 전체의 쇄신'을 위한 지적 도덕적 운동이 시작돼 전개되어왔으며, 이것이 유럽 전역으로 이미 퍼져 있는 상태라는 것이다. 이들의 가르침과 교의는 카발라와 헤르메티카 등 여러 밀교 전통을 혼합한 것이었다. 이 또한 이후 수많은 비밀 결사체들이 자신들의 기원과 계보에 넣는 단골손님이 된다. 이러한 밀교 전통은 계속 정통 역사가들로부터 백안시되었으나 20세기 말 예이츠 여사Dame Francis Yates의 작업으로 유럽 지성사에서 차지하는 중요한 위치가 재평가된 바 있다. Francis Yates, *Rosicrucian Enlightenment* 2nd ed.(London: Routledge, 2001). 장미꽃은 십자가에서 예수가 흘린 피의 상징으로 알려져 있으며, 헤겔은 그의 저서 『법철학』 서문에서 "여기가 로두스섬이다. 여기에서 뛰어라"는 이솝 우화의 한 구절을 "여기에 장미가 있다. 여기에서 춤춰라"로 바꾸어 표현한 바 있다.(옮긴이)

프리메이슨의 귀족 회원들이 희구하던 바를 잘 알고 있었다.[8] 크니게 남작—일루미나티 회원이 된 뒤에는 필로Philo라는 이름을 사용했다—은 일루미나티 조직이 전혀 발달하지 못한 맹아 상태에 있다는 것을 보고 충격을 받았다. (또한 바바리아를 방문했을 때 그 지역의 낙후성에도 충격을 받았다.)[9] '결사단은 아직 존재하지도 않습니다. 그저 제 머릿속에만 있을 뿐이죠.' 바이스하우프트는 크니게 남작에게 솔직히 고백했다. '제가 사기를 친 셈이네요. 제발 저를 용서해주십시오.' 크니게 남작은 용서했을 뿐만 아니라 이 기회를 열성적으로 이용했고, 일루미나티를 도구로 활용해 프리메이슨 조직 자체를 근본적으로 재정비하는 비전을 그리게 됐다.[10] 그는 일루미나티의 세 가지 서열 혹은 계급을 더 세분화하고 프리메이슨의 의식을 다량으로 추가하여 바이스하우프트가 생각했던 구조를 근본적으로 수정하고 확장하였다. 예비적 위치의 미네르발 계급은 다시 미네르발과 일루미나투스 미노르Illuminatus Minor로 나뉘었다. 두 번째 프리메이슨 계급 또한 일루미나투스 마조르Illuminatus Major, 즉 '스코틀랜드 신참자Scottish Novice'와 일루미나투스 디리겐스Illuminatus dirigens, 즉 '스코틀랜드 기사'로 나뉘어 있다. 세 번째 비의전수Mysteric 계급은 다시 '하급 비의전수자들Lesser Mysteries'과 (이는 '장로prosbyter' 혹은 '우두머리princeps'의 서열을 갖는다) '상급 비의전수자들Greater Mysteries'로 (이는 다시 마구스magus 혹은 '법신 法身, docetist'**과 왕rex 혹은 '철학자philosophus'의 서열로 나뉜다) 나누어

** 마구스란 고대 페르시아의 신관들을 부르는 페르시아어이다. 헬레니즘 시대에 이들은 고대의 신비적 존재로 신화화되어 신과 동일한 능력을 갖는 존재로 여겨졌다. 예를 들어 예수 그리스도 또한 동시대인들에게는 마구스로 여겨졌으며, 예수에게 맞섰던 시몬 또한 마구스였다. '법신'이란 docetist의 번역어로서, 예수가 실제로 인간의 몸으로 나타난 것이 아니라 하나의 환영으로서 나타난 것이었다는

진다. 이 최상의 위치에 오른 일루미나티 단원들 가운데 결사단의 최고 서열 관직자들이 나온다. 한 나라 차원에서 시작해 그 아래 하부 단위들에 이르는 책임자 신관들이 나오는 것이다. 바이스하우프트가 처음에 짰던 시스템에서 정점의 위치에 있었던 '아레오파기타Areopagies'[11]*를 이러한 서열로 대체해 버린 것이다. 그리고 이렇게 정교한 '서열degrees'** 이 고안되는 가운데 일루미나티 결사단도 급속하게 성장하고 있었기에 그 조직 구조 또한 더욱 정교해졌다. 이에 무수히 많은 지역의 "미네르발 '예배소'들이 그보다 더 큰 지역의 상급 기관에 보고서를 제출"하게 됐다.[12]

여기서 일루미나티의 첫 번째 역설이 나온다. 이는 기존의 위계 조직들에게 저주를 퍼부었지만 그 스스로가 정교한 위계적 조직을 열망하는 네트워크였던 것이다. 바이스하우프트는 1782년에 쓰인 '새로 일루미나티 디리겐티dirigenti(영어 director에 해당)로 승급한 이들에게 행한 연설'에서 자신의 세계관을 피력하고 있다. 인간은 자연 상태에서는 자유롭고 평등하며 행복한 존재였다. 하지만 그 이후 계급 분열, 사적 소유, 개인적 야망, 국가의 형성 등이 나타나면서 이것들이 '우리의 불행과 비참을 낳는 크고도 불경한 원천이자 원인들'이 되었다는 것이다. 인류는 이제 더 이상 '하나의 거대한 가족이자 단일의 제국'이 아니게 되었다.

신학 학설인 가현설docetism과 관련이 있다고 보아, 동양의 도가 및 불가에서 깨달음을 얻고 물질적인 육체를 완전히 환골탈태하여 영생의 몸이 된 상태를 일컫는 '법신'으로 번역하였다.(옮긴이)

* 사도행전에 나오는 기독교로 개종하는 법원 판사 디오니시우스 호 아레오파기테스를 말한다. 중세 유럽에서는 그의 이름을 빌린 위작들이 출간되어 이 우주는 신의 현현이라는 이단적 학설이 퍼지기도 했다. 이후 그는 유럽 신비주의에서 중요한 위치를 가진 인물로 신화화된다.(옮긴이)

** 예를 들어 프리메이슨은 33개의 '서열degrees'로 이루어져 있다.(옮긴이)

'사람들이 서로를 차별하고 갈라내고자 하는 욕망'에 휩싸이게 되었기 때문이라는 것이다. 하지만 여러 비밀 결사체들의 활동으로 계몽주의가 확산되면서 이러한 사회의 계층 서열화를 극복할 수 있게 됐다고 한다. 그리하여 '군주니 국가니 하는 것들은 아무런 폭력을 사용하지 않아도 지상에서 사라지게 될 것이며, 인류는 하나의 가족이 될 것이며, 이 세계는 합리적 존재들이 살아가는 터전이 될 것'이라는 것이었다.[13] 하지만 이러한 생각은 프리메이슨의 귀족 및 군주 회원들을 일루미나티로 가입시키는 데 성공했던 크니게 남작의 작전과는 크게 모순되는 것이었다.[14]

일루미나티의 두 번째 역설은 기독교와의 애매한 관계이다. 크니게 남작 자신은 이신론자Deist였던 것으로 보인다(그는 스피노자를 경모했지만, 또한 자신이 행했던 설교들을 출간하기도 했다). 바이스하우프트 또한 이러한 성향을 공유했겠지만, 자신들이 돌바흐에 대해 공감하고 있음을 명시적으로 표할 수 있는 것은 오직 결사단의 엘리트들—즉, 왕rex의 지위에 오른 이들—로만 제한되어야 한다고 보았다. 바이스하우프트의 저작들 중 일부에서는 예수 그리스도가 '자신의 민족과 모든 인류의 해방자'이며 '이성의 교리'를 가르친 예언자로 그려지고 있다. 예수가 추구했던 최고의 목적은 '아무런 혁명 없이 인간들 사이에 보편적인 자유와 평등을 도입하는 것'이었다는 것이다. '첫째 방에서의 가르침Lesson in the First Chamber'에 나오는 크니게 남작의 주장에 따르면, 일루미나티의 사제들은 폭넓은 평등주의를 담고 있는 하지만 수천 년간 왜곡되어 온 그리스도의 진짜 메시지를 담지하는 자들이라고 한다.[15] 하지만 두 사람 누구도 실제로 그렇게 믿지는 않았다. 이는 모두 '경건한 사기'로서(크니게 남작이 사적으로 인정한 바 있다) 이러한 사실은 최고 서열에 오른 일루미나티 단원에게만 드러내도록 되어 있었다. 일루미나티의 최종 목적은 따라서 계몽주의의 이상에 기초한 '세계의 개혁World Reformation'으로서, 하나의 의사 종교였던 셈이다.[16]

일루미나티는 이 조직 문제와 신앙 문제라는 두 개의 암초에 걸려 좌초됐다. 크니게 남작은 바이스하우프트가 '예수회적 성격'을 갖고 있다고 불평하였다. 괴팅겐의 저명한 두 일루미나티 회원들인 요한 게오르크 하인리히 페더Johann Georg Heinrich Feder와 크리스토프 마이너스Christoph Meiners는 바이스하우프트가 장-자크 루소의 급진적인 정치 이론에 기울어져 있다는 혐의를 씌웠다. 또 다른 일루미나티 회원인 프란츠 카를 폰 에크하르츠하우젠Franz Carl von Eckartshausen은 바이스하우프트가 엘베시우스와 돌바흐의 경모자라는 사실을 알게 되자 스스로 자리에서 물러난다. 1777년 바바리아 선거후選擧侯, prince-elector 막스 요제프Max Joseph가 죽었을 때 그 자리는 팔츠Pfalz 선거후 카를 테오도르Charles Theordore가 물려받았던바, 에크하르츠하우젠은 카를 테오도르의 기록 보관 담당자였으므로 일루미나티를 금지해야 한다고 압력을 넣을 수 있는 위치에 있었다. 1784년에는 바이마르에서 일루미나티의 내부 토론이 장황하게 펼쳐졌고 (그중 일부는 괴테도 참석했다) 결국 크니게 남작은 억지로 물러나게 되었다.[17] 바이스하우프트는 지도권을 슈톨베르크-로슬라Stollberg-Rossla의 백작인 요한 마르틴Johan Martin에게 넘겨주었지만, 1785년 바바리아 정부가 비밀 결사체를 금지하는 법령을 두 번째로 발표하자 요한 마르틴 백작은 바로 한 달 만인 4월 일루미나티 결사단을 해체하였다고 믿고 있다.[18] 물론 1787년 중반까지도 일루미나티의 활동이 계속됐다는 일정한 증거가 있으며, 요한 요아힘 크리스토프 보데Johann Joachim Christoph Bode 는 1788년까지도 일루미나티를 재생시키겠다는 생각을 포기하지 않는다.[19] 하지만 설령 금지 조치가 없었다고 해도 일루미나티는 프랑스 혁명 2년 전인 1787년경에는 청산 상태에 있었다는 것이 거의 확실하다. 바이스하우프트 자신은 삭스-고타-알텐부르크의 공작인 에른스트 2세의 보호를 받으며 처음에는 레겐스부르크Regensburg에서 그다음에는 고타에서 지냈고, 『바바리아 일루미나티의 박해에 대한 완전한 역사』(1785), 『일루미나티 사상의 전체상』(1786), 『일루미나티 변호론』(1786) 등과 같은 따분하고 읽기 힘든 자기 정당화의 저작들을 쏟아놓았다. 비록 일루미나티에서 카를 프리드리히 바르트Karl Friedrich Bahrdt*의 '독일 연맹German Union' 사이에는 일정한 연속성이 있지만, 그렇게 과장할 만한 것은 아니다. 크니게 남작이 자신을 변호하기 위해 내놓은 저작인 『필로의 마지막 계몽Philos endliche Erklärung』(1788)에서 지적하고 있듯이, 일루미나티는 계몽주의 운동에 전력을 바치겠다는 조직이 스스로를 비밀 결사라는 안개에 둘러싸인 존재 형태를 취하고 있었으니 애초부터 모순을 안고 있던 셈이다.

하지만 주류 프리메이슨을 지켜내려는 이들과 프랑스 혁명을 반대하는 이들에게 있어서는 일루미나티 결사단의 악랄함과 규모를 과장하려는 강력한 동기가 있게 마련이었다. 존 로비슨John Robison과 바뤼엘Barruel 신부 모두 1797년 각자 책자를 내놓았고, 두 사람 모두 자신들의 일루

---

*   18세기 말의 괴짜 신학자로서 열렬한 계몽주의 신봉자였고 일루미나티의 회원이었다. '독일 연맹'은 그가 주창한 독일 전역의 지식인 비밀 네트워크였다. (옮긴이)

미나티 공격을 (특히 일루미나티가 프랑스 혁명을 야기했다는 공격을) 믿을 만한 것으로 보이게 하기 위해 심한 공상으로 가득 찬 독일 측 자료들 일부를 활용했다. 하지만 일루미나티와 프랑스 혁명 사이에 정말로 무슨 연계가 있었는지는 심히 의심스러우며, 그나마 진짜 연계에 가장 가까운 것이 있었다면 오노레 가브리엘 리케티Honoré Gabriel Riqueti, 즉 프랑스 혁명의 초기 지도자인 미라보 백작이 1780년대 중반 브런즈윅Brunswick 을 방문했을 때 거기에서 야코프 모비용Jacob Mauvillon을 (그는 요한 요아힘 그리스토프 보데의 권유로 일루미나티 회원이 된 바 있었다) 만난 적이 있다는 사실일 것이다. 하지만 프랑스의 프리메이슨 지부들을 통로로 잉골슈타트로부터 혁명적 사상이 파리로 들어왔다는 생각은 정말로 조금만 조사해봐도 금세 신빙성이 사라진다. 결국 혁명적 사상이 발원한 곳은 파리였다. 진정한 소통의 경로는 프랑스의 수도인 파리의 여러 살롱에서 시작해 바이스하우프트의 멘토였던 이크슈타드와 같이 계몽된 공직자들의 서재를 거쳐서 바바리아로 들어온 것이지 그 거꾸로가 아니다. 앞으로 보겠지만 당시 철학자들과 다른 학자들을 엮어주는 국제적인 네트워크가 유럽 전역 나아가 대서양을 건너 북미까지 뻗어 있었던 것은 분명한 사실이었다. 하지만 이는 어디까지나 출간, 책의 공유, 서신 교환의 네트워크였다. 프리메이슨 지부들과 비밀 결사체들이 일정한 역할을 했던 것도 사실이지만, 거기에 살롱, 출판사, 도서관이 더욱 중요한 역할을 한 것은 분명하다.

따라서 일루미나티는 계몽주의의 역사에 있어서 많은 것을 드러내주는 각주 하나 정도로 보아야 할 뿐, 사악한 수단을 동원하여 두 세기 이상 번창하고 있는 전지전능의 음모 조직 따위로 이해해서는 안 된다. 일루미나티는 자신보다 훨씬 큰 프리메이슨과 프랑스 철학의 네트워크 안에서 작동했던 네트워크였으며, 그것이 그토록 비밀스러운 결사체의 형태를 띠었던 것은 기성의 정치적 종교적 권력에 근본적으로 도전하는 사상을 표현하는 것이 위험한 일이었던 시대를 보여주는 것뿐이다. 당시에는 비밀 결사를 만드는 것이 충분히 납득할 수 있는 일이었다. 하지만 그러한 비밀스러움 때문에 궁극적으로는 당국자들이 일루미나티가 혁명의 위험을 낳고 있다고 과장하는 일도 가능해졌던 것이다. 하지만 사실을 보자면 혁명적 잠재성을 가지고 있었던 쪽은 계몽주의 운동의 더 폭넓은 네트워크였다. 그 이유는 바로 이 운동이 그 사상을 저서와 간행물의 형태로 아주 널리 자유롭게 유통시켰다는 데 있으며, 그 사상은 애덤 바이스하우프트라는 인물이 아예 존재하지 않았다고 해도 유럽과 미 대륙으로 바이러스처럼 퍼져나갔을 것이다.

역사가들이 일루미나티의 역사를 쓰기 어려워했던 이유는 일루미나티가 다른 여러 네트워크와 마찬가지로 잘 정돈된 문서고를 단 하나도 남긴 것이 없다는 데 있었다. 남아 있는 것은 그저 여기저기 흩어진 잡다한 기록물들뿐이었다. 나중에 프리메이슨 지부들의 문서고가 접근 가능하게 되기 전에는 연구자들이 의존할 수 있는 것은 주로 비망록들 그리고 일루미나티의 적들이 몰수하여 간행한 문서들뿐이었다. 프란츠 크사퍼 폰 츠박이 소유하고 있는 그런 자료들 중에는 위조지폐를 만들기 위한 정부 인장의 사본, 자살을 옹호하는 논문, 독가스와 비밀 잉크를 제조하는 방법, 기밀문서를 안전하게 보관할 특별 금고에 대한 묘사, 낙태 시술의 대가로 받은 돈의 영수증, 낙태를 유도하는 차茶 제조법 등이 있었다고 한다. 오늘날에는 이런 것들이 일루미나티의 활동들을 대표하는 것으로 보기 힘들다는 사실이 잘 알려져 있다.[20] 오히려 보데와 그 스스로가 모집했던 튀링겐 출신의 한 일루미나티 단원이 주고받은 서신이 빠짐없이 잘 보관되어 있는데 이쪽이 더욱 가치가 높다. 일루미나티는 계몽주의 운동을 펼쳐나가는 것을 목표로 했던 비밀 결사였지만 그 자체가 위계적인 네트워크의 형태를 띠고 있었으니 본질적으로 모순과 긴장을 안고 있었던바, 그러한 긴장이 이 서신집에 적나라하게 포착되어 있다. 이 위계적 네트워크는 신참자들로 하여금 깊숙한 내면까지 모두 스스로 드러낼 것을 요구하고 있지만 그 대신 내려준 것은 진실을 빙빙 돌리는 말장난뿐이었던 것이다.[21] 선거후 카를 테오도르가 휘두르는 바바리아 국가의 무력 앞에서 일루미나티는 맥없이 무너지고 말았다. 하지만 선거후 자신도 조만간 종말을 맞게 되어 있었다. 그가 비밀 결사체들을 금지하는 법령을 내린 지 꼭 10년 뒤에 프랑스의 혁명 군대가 팔츠―이 또한 카를 테오도르가 지배하는 지역이었다―를 침략하였고 거기에서 다시 바바리아로 진격하였다. 1799년부터 1813년 라이프치히 전투 전야까지 바바리아는 훗날 나폴레옹 제국의 위성국 신세로 전락하였다. 한편 일루미나티의 잔존 세력이 숨어든 지역인 고타에서는 에른스트 공작의 아들이자 상속인인 아우구스투스가 프랑스 폭군 나폴레옹에 대한 아첨꾼으로 명성을 날리고 있었다.

일루미나티는 프랑스 혁명을 야기하지 않았다. 나폴레옹의 발흥도 야기하지 않았다. 물론 두 사건에서 일루미나티가 이익을 본 것은 사실이다(바이스하우프트만 제외하고 모두 사면을 받았고 특히 달베르크Dalberg를 위시한 몇몇은 큰 권력을 갖게 되었다). 그러나 이들이 오늘날까지 세계 정부 수립을 위한 음모를 계속하고 있는 것은 아니다. 이미 1780년대에 작동을 멈추었으며, 20세기에 들어와서 일루미나티를 되살리고자 했던 몇 번의 노력들이 있었지만 대개는 사기극이었다.* 그렇다고 해도 일루미나티의 이야기는 계몽주의 운동에서 프랑스 혁명을 거쳐 나폴레옹 제국까지 이어지는 복잡한 과정 속에 휘말린 유럽 역사의 분명한 일부다. 이과정에서 지식인들의 여러 네트워크가 결정적 역할을 수행했음은 의심의 여지가 없다.

이 책은 현재까지 나와 있는 최상급의 학문적 연구에 기초하여 네트워크를 음모 이론가들의 손아귀에서 빼앗아 와서 그 역사를 되살리고자 한다. 또한 역사적 변화는 바로 그러한 네트워크들에 기초하여 위계적 질서에 도전하는 이야기라는 관점으로 이해할 수 있고, 또 그래야 할 때가 많다는 사실을 보여주고자 한다.

---

* 1901년 3월 레오폴드 엥겔Leopold Engel은 테오도르 로이스Theodor Reuss—훗날 유명한 영국의 오컬티스트 알레이스터 크롤리Aleister Crowley의 동료가 된다—와 함께 일루미나티를 부활시켰다. 2차 대전 중과 그 이후에는 펠릭스 라저루스 핑커스Felix Lazerus Pinkus라는 스위스의 경제학자와 헤르만 요제프 메츠거Hermann Joseph Metzger라는 제빵업자가 이 이름의 조직을 다시 일으켰다. 안네마리 애쉬바흐Annemarie Aeschbach가 살아 있을 동안에는 스위스의 아우서아펜첼Ausserappenzell 주의 슈타인Stein 마을 사람들은 슈타인이 일루미나티의 본부라고 주장하였다.

황제들과 탐험가들

11장

위계제의 짧은 역사

세르지오 레오네의 스파게티 서부극의 명작인 〈석양의 건맨 2 - 석양의 무법자The Good, the Bad and the Ugly〉에는 주인공 클린트 이스트우드와 일라이 월릭이 미국 남북전쟁 중에 남부군이 도둑맞은 황금을 찾아 헤매는 이야기가 나온다. 이들은 그 황금이 남북전쟁을 거치면서 생겨난 거대한 공동묘지의 비석 아래에 묻혀 있다는 것을 알게 된다. 그런데 불행하게도 그 비석의 이름은 알지 못한다. 이스트우드는 월릭의 권총에서 몰래 총알을 빼놓았다. 그다음 그에게로 돌아서서 역사에 길이 남을 명대사를 남긴다. "있잖아, 친구. 세상에는 두 가지 종류의 인간이 있어. 총알을 잔뜩 채운 총을 든 인간 그리고 땅을 파는 인간. 자, 땅 파."

이는 실로 오래된 진리를 오늘날 다시 언명한 것일 뿐이다. 인류 역사의 대부분에 걸쳐서 사람들의 삶은 위계제에 지배당해 왔다. 폭력을 독점하는 데서 오는 여러 특권을 누리는 소수의 사람들이 있었다. 나머지 전부는 땅을 파야 했다.

어째서 역사적으로 위계제가 네트워크보다 먼저 나타났던 것일까? 그 당연한 대답은 이러하다. 인류는 처음으로 영장류에서 갈라진 이래로 항상 노동 분업을 이루고 살았으며, 여기에서 각자가 타고난 체력과 지력의 위계 서열이 당연히 나타났기 때문이라는 것이다. 이러한 이유에서 원시 생활을 영위하는 부족들은 옛날에도 또 오늘날에도 분산된 네트워크보다는 협동적인 위계제에 더 가까운 모습을 하고 있다는 것이다.[1] 심지어 '식량을 구할 때 협력을 의무로 삼는 이들obligate collaborative foragers'조차도 지도자를 필요로 한다.[2] 모두 털 다듬는 일을 그만두고 사냥에 나서야 할 때가 언제인지를 누군가 결정해야 한다. 잡아온 짐승을 칼로 잘라 나누어주는 일도 누군가의 결정을 필요로 하며, 힘없는 어린 것들이나 노약자들에게 한몫을 챙겨주는 것도 누군가가 해야 할 일이다. 그리고 땅을 파는 일은 다른 누군가가 해야만 한다.

초기 인류의 집단이 점점 커지고 그 수렵 및 채집 활동의 형태도 점점 복잡해진다. 그러자 이들은 사람들의 정신과 마음을 바꾸어놓는 물질과 관행들을 처음으로 발전시켰을 뿐만 아니라 자연을 지배하는 초인간적 힘을 가진 신들의 이야기로 만사만물을 설명하는 등 최초의 개념적인 틀들 또한 발전시키게 된다.[3] 이들은 또한 초보적인 전쟁 기술도 배우게 되고 도끼, 활, 화살 등의 기본적인 무기들을 상당한 양으로 생산해낸다.[4] 신석기 시대(대략 기원전 1만 200년경에 시작되었다)의 초기 농업 공동체들은 약탈자들에 맞서서 스스로를 지키는 데(혹은 스스로 노략질을 조직하는 데) 상당한 양의 자원을 써야만 했던 게 분명하다. 사회가 주인과 노예, 전사와 노동자, 신관과 탄원자들 등으로 계층화된 것은 아주 초기부터 시작됐던 것으로 보인다. 동굴 벽화에서 문자를 통한 쓰기가 진화되어 나옴에 따라 인간 두뇌의 바깥에 데이터를 저장하는 최초의 형태가 출현했고, 그와 함께 지식 계급이라는 새로운 계층이 등장했다.

다른 말로 하자면 이렇다. 비록 초기 사회들은 그 정치적 구조는 다양했지만 (어떤 것들은 더욱 전제정에 가까웠고 다른 것들은 집단적 지배에 가까웠다) 사회의 계층 서열화에 있어서는 근본적으로 동일했다. 법을 위반한 자들을 처벌할 권력은 거의 항상 연장자들 중 일부 개인이나 그들의 평의회에 위촉되어 있었다. 전쟁을 성공적으로 이끌 능력은 지배자가 되기 위한 핵심적인 속성이었다. 국가란 '인간 본성에서 필연적으로 우러나올 것으로 충분히 예견할 수 있는 것'이라는 말도 있었다.[5] 무기 경쟁도 마찬가지이며, 군사 기술에서의 혁신—더 단단한 화살촉, 말을 공격 무기로 사용하는 기술 등—은 부와 권력을 거머쥐는 첩경이었다.[6] 그리고 "'빅맨'이 지배하는 새로운 종류의 위계제"의 도래 또한 마찬가지였다. 그 '빅맨'이 반드시 강한 체력의 소유자일 필요는 없다. 그저 그에게 절대 복종하는 무장한 소수의 패거리에게 봉급을 줄 정도의 재력만 있으면 그것으로 충분한 일이었다.[7]

위계제는 경제학에서나 통치에 있어서나 여러 많은 이익을 가져다준다. 고대 세계로부터 근대 초기까지의 기간에 압도적 다수의 정치체가 위계제의 구조를 취하고 있던 데는 훌륭한 이유가 있다. 초기 국가들은 훗날에 나타나는 주식회사 대기업들과 마찬가지로 규모의 경제를 활용하면서 거래 비용을 낮추고자 했으며, 특히 군사적 행동의 영역에서는 이런 필요가 아주 절실해졌다. 또한 야심찬 전체 군주들 중에서 스스로를 신과 동일시함으로써 정당성을 높이고자 했던 이가 그렇게 많았던 데도 이유가 있었다. 위계제의 맨 밑바닥에 있는 농노와 노예들이 그 체제를 참아내게 만들려면 그 체제가 신이 정한 것처럼 보이게 만드는 게 유리했기 때문이다. 하지만 이런 '빅맨'의 지배는 옛날에도 또 심지어 오늘날에도 만성적인 결점들을 가지고 있었다. 특히 '빅맨'과 그 자식들 및 친한 무리들의 욕망을 만족시키기 위해 자원이 잘못 배분되는 일이 항시적으로 벌어진다는 사실이 중요하다. 고대사에서 반복되는 거의 보편적인 문제는, 전쟁 상태에 들어간 나라의 시민들이 엘리트 전사 가문들뿐만 아니라 종교의 교리와 여타 권력을 정당화하는 아이디어들로 사람들을 세뇌시키는 것을 기능으로 삼는 성직자 엘리트들에게 과도한 권력을 넘겨준다는 것이다. 이러한 일이 벌어지게 되면 항상 사회적 네트워크는 위계제의 여러 특권들 아래 확고하게 복속당한다. 글을 읽는 능력은 특권이다. 평범한 남성과 여성들의 운명은 허리가 휘도록 일을 하는 것이다. 이들은 자기들 촌락에 거주했고, 그 모든 촌락들은 바로 옆에 있는 이웃 촌락만 빼고 다른 모든 마을과는 '수평적으로 고립된 상태 laterally insulated'였다(어니스트 겔너Ernest Gellner의 표현). 이러한 고립상태는 가즈오 이시구로의 소설 『파묻힌 거인The Buried Giant』에서 모종의 영구적인 정신적 안개로서 강력한 이미지로 묘사되어 있다.[8] 원거리에 걸친 네트워크를 유지할 수 있었던 것은 오로지 지배 엘리트뿐이었다. 예를 들어 기원전 14세기경 이집트의 파라오들이 가진 네트워크는 가나안 지역의 지배자들로부터 바빌론, 미타니, 하투사 같은 도시들의 지배자들에게까지 널리 뻗쳐 있었다.[9] 하지만 그러한 엘리트 네트워크조차도 위계적 질서에 대해서는 위협의 원천이었다. 음모 집단들에 대한 두려움은 가장 오래된 역사적 기록물에도 나온다. 이를테면 알렉산드로스 대왕에 대한 여러 음모에 대한 것들이 그 예로서, 네트워크 내부의 음험하고 악의에 찬 결집체들이라고 할 수 있다.[10] 당시의 세계는 혁신가들이 장려되는 곳이 아니라 정상에서 이탈하는 자들은 가차 없이 목이 잘리는 세상이었다. 이는 또한 정보가 아래에서 위로 또 옆으로 흐르는 세계가 아니었다. 정보의 흐름 자체가 없었을 뿐만 아니라 어쩌다 있다고 해도 오직 위에서 아래로만 흐르는 세계였다. 그 결과로 나타나는 전형적인 고대사의 줄거리는 바로 메소포타미아 남부의 우르 제3왕조(기원전 2100~2000년경)의 이야기의 반복이었다. 우르 제3왕조는 대규모의 관개 시설을 세울 수 있었지만 스며든 바닷물로 인한 토양 염분화와 흉작에는 대응할 능력이 없었다.[11] (먼 훗날 압바스 칼리프 왕조 또한 비슷한 운명에 처한다. 세습되는 위계제에 공통적인 질병이라 할 왕위 계승 분쟁이 반복되는 바람에 지금의 이라크 남부 지방에 관개 시설 인프라를 유지하는 데 실패했다.)[12]

물론 좀 더 널리 분포된 정치적 구조들, 즉 아테네 민주주의라든가[13] 로마 공화국 같은 '좁은 세상'들의 실험들도 있었지만, 이러한 실험들이 오래가지 못했다는 것이 중요하다. 로널드 사임은 고전이 된 그의 저작 『로마 혁명사』에서 로마 공화국을 사실상 운영했던 것은 모종의 로마 귀족정이었으며, 그 내부에서 분란과 반목이 벌어지는 바람에 이탈리아 전체가 내전에 휘말리게 되었다고 주장한다. 사임은 뉴질랜드 사람이지만 옥스퍼드를 다니면서 시니컬해져 "공화국의 주인으로 여겨지는 것은 로마 인민 전체였지만, 이들은 사실상 모종의 과두제에 의해 인도되고 있었으며, 그 연대기 또한 모종의 과두제의 정신에 따라 쓰였다"고 말하고 있다. "로마사의 원천이 되는 것은 집정관들이 남긴 기록물, 귀족들의 승전 기록, 여러 귀족 가문들에서 내려오는 가계의 기원, 동맹, 분란의 기억 전승 등이다." 아우구스투스가 권좌에 오른 것은 단지 재능이 있었기 때문만이 아니라 그가 '여러 동맹세력들과… 추종자 무리'의 중요성을 이해했기 때문이었다고 한다. 아우구스투스는 명목상으로는 로마 공화국을 복구하는 가운데 자기 손에 점차 권력을 집중시킬 수 있었던바, 이는 그의 추종자들을 모아 단일의 '황제당Caesarian party'을 구축할 수 있었던 덕이었다는 것이다. "어떤 면에서는 그의 원수정元首政, Principate이라는 것은 모종의 신디케이트였다"고 사임은 말한다. '옛날의 틀과 범주들'은 여전히 도사리고 있었으며, 그전의 공화국 시절과 마찬가지로 아우구스투스의 군주정 또한 표면의 허울이었을 뿐 실제로 통치를 행한 것은 과두정이었다는 것이다.[14]

물론 로마 시대에는 비단길도 있었다. 피터 프랑코팬의 표현에 따르면, "이는 모든 방향으로 펼쳐진 단일의 네트워크로서, 이 길을 따라 순례자들과 전사들, 유목민들과 상인들이… 오갔으며, 재화와 농작물들이 사고팔렸으며, 아이디어들이 교환되고 변형되고 다듬어졌다"고 한다.[15] 하지만 이 네트워크는 상업적 교환뿐만 아니라 질병의 확산에도 똑같이 기여했으며, 이 길을 따라 번창했던 도시 허브들은 흉노인(훈족)들이나* 스키티아인들과 같은 유목민들의 공격에 항상 취약하였다.[16] 고전 시대 정치 이론의 핵심적인 교훈은 권력은 위계적 구조를 가져야

---

* 　중국 측 기록에 나오는 흉노와 서로마 제국 말기에 동유럽을 공격했던 아틸라의 훈족이 동일한 집단이라는 것은 물론 추측일 뿐 확인된 사실은 아니다.(옮긴이)

한다는 것 그리고 정치적 단위의 크기가 커질수록 권력은 더 적은 숫자의 사람들에게 집중되는 게 자연적인 일이라는 것이었다. 로마 제국과 중국의 진한 제국은 최소한 6세기까지는 괄목할 정도로 동일한 경로로 진화해갔으니, 그 적지 않은 이유는 양쪽 모두가 부닥쳤던 도전들이 비슷한 성격의 것이었기 때문이었다.[17] 영토 확장이 거기에서 오는 편익이 그 비용을 초과하는 지점을 넘어서게 되면, 제국 시스템의 존재 이유는 이제 그 대규모의 군대와 관료제가 제공하는 평화와 질서가 되며, 그 유지 비용을 조달하기 위해서 조세의 강화와 통화의 가치절하라는 수단이 결합되어 나타난다.

그렇다면 유라시아 동쪽 끝의 제국은 살아남았는데 왜 서쪽 끝의 제국은 그러지 못했을까? 이에 대한 고전적인 대답은 로마가 계속 늘어나는 게르만 부족들의 이민 유입의 (어떤 이들은 침략이라고 부른다) 압력을 견뎌낼 여력이 없었다는 것이다. 여기에 더하여 로마 제국은 중국과는 달리 기독교라는 신흥 종교의 파괴적인 충격과 씨름해야만 했다. 기독교는 유대교의 한 이단 분파로서, 그것이 로마 세계 전체로 퍼지게 된 것은 기원후 31~6년경 어느 시점에 다마스쿠스로 가는 도중에 개종한 다소 사람 사울Saul of Tarsus(사도 바울)의 노력 덕분이었다. 160년대와 251년에 전염병이 크게 돌아 이 기독교인들의 네트워크가 확산될 기회가 생겨났다. 기독교가 이러한 파국들에 대한 설명을 제시할 수 있었다는 점도 있었지만, 기독교가 자선이나 병자들에 대한 간호 등의 행동을 장려하기 때문에 그 신도들이 특이할 정도로 생존율이 높았다는 것도 중요한 원인이었다.[18] 로마 제국은 진정한 위계제였다고 할 수 있다. 주된 네 개의 사회적 신분은 원로원, 기사eques, 십인대decury 대장, 평민pleb 등이었다.

하지만 기독교는 모든 계층에 침투했던 것으로 보인다.[19] 그리고 로마 제국을 휩쓸었던 종교적 열광의 물결은 여러 번 있었다. 시리아 북부에서 숭배되었던 천둥의 신 주피터 돌리케누스Jupiter Dolichenus*는 기원후 2세기 초 이래로 로마 군대의 장교들 사이에 널리 퍼진 덕에 시리아 북부에서 스코틀랜드 남부에 이르는 광활한 지역에서 유행하기도 했다.[20] 5세기가 되면 이렇게 이민 유입, 종교, 전염병이라는 세 가지의 네트워크가 위협을 낳게 되며(이는 누구도 계획하거나 명령한 것이 아니라 그야말로 바이러스처럼 확산된 것이다), 마침내 로마 제국이라는 위계적 지배 구조는 무너지고 만다. 옛 질서는 흔적만 남아 이후로도 오랫동안 유럽인들의 상상 속을 떠돌아다닐 뿐이었다. 7세기 이후에는 사람들의 복종을 요구하는 새로운 유일신 숭배인 이슬람이 나타난다. 이는 처음에는 그저 예언자를 자처하는 이를 따르는 당시의 흔한 신앙 형태의 하나였을 뿐이지만, 아라비아의 사막에서 터져 나와 메카와 메디나를 오가는 가운데 칼을 들이대며 믿음을 강제하는 전투적인 정치 이데올로기로 변모하였다.

이 두 개의 거대한 유일신 운동은 양쪽 다 카리스마적 예언자들이 창시한 것이기는 하지만 그 바이러스와 같은 확산의 모습에 있어서는 네트워크와 같은 성격을 보여준다. 하지만 로마 제국의 통치가 완전히 무너진

---

* 로마는 공화정 이전부터 공식적으로 숭앙되는 신들의 체계를 가지고 있었으며, 주피터는 그 정점에 있는 신이었다. 이후 제국으로 확장되면서 아시아의 여러 신들과 비밀 종교들이 유입되었고 로마인들도 사적으로 그러한 종교에 가입하여 신도가 되기도 하였다. 이때 그렇게 유입된 신들이 본래 로마의 공식적인 신들의 체계와 혼동될 소지의 성격을 가지고 있을 때(예를 들어 본래 로마에서 '천둥의 신'은 주피터이다)는 그러한 신앙을 로마인들이 쉽게 받아들이게 하기 위해서 또 본래의 로마신과 구별하기 위하여 의도적으로 로마신의 이름을 함께 붙였다. 따라서 주피터 돌리케누스는 본래 로마의 주피터와는 별개의 신앙의 대상이다. 이는 셈족의 신 바알과 관련되어 있으며, 돌리케는 북부 시리아의 작은 산 이름이다.(옮긴이)

뒤에 이 두 종교 모두 비잔티움과 바그다드에서 신정 체제에 입각한 위계제를 구축하는 것으로 끝이 난다. 서유럽의 기독교는 1054년의 대분열Great Schism을 겪은 후 비잔틴 제국의 정교회로부터 분리되었으며, 로마 교황청과 서열화된 성직자 시스템을 갖추면서 스스로의 위계적 통제 형태를 취하게 된다. 하지만 정치적으로 보자면 서방의 기독교 세계Christendom는 네트워크의 성격이 여전히 더 강하였다. 로마 제국의 폐허로부터 여러 국가들의 프랙털 기하학이 출현하였다. 그 대부분의 국가들은 작았으며 큰 것들은 소수에 불과하였다. 그 대부분이 세습 왕정이었고, 그중 일부는 사실상 귀족정이었고, 아주 소수는 과두정으로 운영되는 도시 국가였다. 이론상으로는 이러한 국가들 대부분에 대해 신성 로마 제국 황제가 권력을 가지게 되어 있으며 그 권력은 세습적인 것이었다. 하지만 실제로는 서임권 투쟁Investiture Controversy에서 교황 그레고리우스 7세가 황제 하인리히 4세에 대해 승리를 거둔 이후로는 교황청Holy See이 국경을 뛰어넘는 권력을 가지게 되었고, 그야말로 모든 주교들과 사제들의 서임권을 행사하면서 모든 지역을 그 스스로의 교회법의 (이는 6세기의 유스티니아누스 법전을 되살린 것이었다) 관할 아래에 두었다. 토지에 대한 상속권 및 군사적 의무와 재정적 의무가 봉건제라는 이름으로 알려져 있는 시스템으로 구성되면서 세속 권력은 실질적으로 완전히 탈중앙화되어 버린다. 여기에서도 권력은 법으로 규정되었다. 대륙과 스코틀랜드에서는 신민법civil law(이는 로마법의 법전에 파생된 것이다)이, 잉글랜드에서는 보통법common law(이는 판례에 기반한 것이다)이 그 자리를 차지했다.

중국에서는 이와 대조적으로, 전국 시대의 경험을 통해 안정성을 달성할 수 있는 유일의 길은 단일의 일괴암적인 제국을 건설하고 여기에

효孝에 기반한 문화(유교)를 더하는 것이라는 교훈을 얻게 됐다. 그 어떤 종교의 권위도 황제의 권위를 넘어서지는 못하였다.[21] 법은 오로지 황제가 내린 법 하나만이 있을 뿐이었다.[22] 지역과 지방의 권력은 황제의 관료들에 의해 견제당했으며, 이 관료들은 과거 제도에 의해 능력을 본위로 하여 선발되고 서열이 매겨졌다. 그리하여 젊은이들에게 출신이 아닌 재능에 따라 신분 상승을 할 수 있는 기회가 주어졌던 것이다. 하지만 서양의 시스템에서도 또 중국의 시스템에서도 안정적인 국가 형성을 막는 으뜸의 장애물은 가족이나 씨족 혹은 부족의 네트워크들이 끈질기게 존속하고 있다는 것이었다.[23] 이러한 네트워크들은 정부가 창출해내는 각종 지대에 대한 통제권을 놓고 끊임없이 경쟁을 벌였으며, 이로 인해 내란—대부분은 왕조 간 결투였다고 규정하는 게 더 나을 것이다—이 주기적으로 발생했다.

이렇게 어느 정도 절대적 권위가 없이는 질서를 유지하는 것이 불가능해 보인다는 현상에 대해 현자들은 오랜 세월 동안 많은 성찰을 행했다. 그들은 자신들의 생각을 양피지나 종이에다가 펜이나 붓을 이용하여 적어놓았다. 그들은 자신들의 저작을 읽는 것이 극소수의 동료뿐이라는 사실을 분명히 알고 있었고, 자신들의 저작이 영원히 전수되기를 바랄 수 있는 희망은 오로지 필사본이 여럿 만들어져서 당대의 큰 도서관 한 곳 이상에 저장되는 경우뿐임을 잘 알고 있었다. 하지만 알렉산드리아 도서관의 경우 여러 번 공격을 당한 끝에 기원후 391년에 완전히 파괴된 바 있으니, 이는 고대 세계에서의 데이터 저장이 얼마나 취약한 것이었는지를 잘 보여준다. 그리고 고대와 중세에 걸쳐 유럽과 중국 사이에 지적인 교류가 거의 전무했다는 것은 이 세계가 아직 전혀 단일의 네트워크를 이루지 못했음을 뜻하는 것이었다. 오로지 한 예외가 있었으니, 그것은 전염병의 네트워크였다.

12장

최초의 네트워크 시대

유라시아 땅덩어리 전체의 인구는 14세기의 흑사병으로 초토화됐다. 이는 벼룩이 옮기는 페스트 박테리아Yersinia pestis가 일으키는 림프절 선종bubonic plague으로, 앞에서 설명한 유라시아의 무역 네트워크를 따라 전파됐다. 이런 네트워크들이 워낙 성긴 상태였기에(정착지 결집체들 사이에 연결선이 무척 적었다), 이 병은 그 무서운 전염성에도 불구하고 아시아를 횡단하는 데만 4년이 걸렸으니 결국 1년에 1,000킬로미터도 못 되는 속도였던 셈이다.[1] 하지만 유럽으로 가면 아시아와 달리 인구의 대략 절반이 (그리고 남유럽의 경우 인구의 3분의 2가) 사망하였기에 그 충격도 대단히 달랐다. 한 예로 서쪽 끝 지역에서는 노동력 부족이 더욱 심각해 특히 잉글랜드에서는 실질 임금이 상당히 올라가는 결과가 나타났다. 하지만 1500년 이후 유라시아의 동쪽과 서쪽 끝 지역에 주로 나타난 제도적 차이는 후자의 지역에서 각종 네트워크가 위계제의 지배로부터 상대적으로 더 자유로웠다는 점이었다. 서양에는 거대한 단일 제국이 반복되는 일이 없었다. 지배적인 국가 형태는 숫자가 많을 뿐만 아니라 힘도 약한 공국들principality이었고, 로마 제국의 권력이 남긴 유일한 흔적은 교황청 그리고 느슨한 구조의 신성 로마 제국뿐이었다. 반면 비잔틴 제국은 스스로야말로 로마 제국의 진정한 상속자라고 여겼다. 로마의 속주였던 지역의 하나인 잉글랜드의 경우 군주의 권력이 너무나 제한적이어서 12세기부터는 그 수도의 상인들이 아예 자치 단체를 만들어서 스스로의 일들을 자유롭게 관리할 정도였다.* 동양에서는 가장 중요한 네트워크가 가문, 즉 씨족의 유대였다. 좀 더 개인주의적이었던 서유럽에서는 다른 형태의 연합체들이 (형제회brotherhood라고 불리기는 했지만 이는 사실에 기반한 것이 아니라 명목상의 명칭이었다) 더욱 중요성을 갖게 됐다.[2]

하지만 우리는 서양이 동양을 따돌리는 이른바 '대분리great divergence'의 시점을 너무 올려서 잡지 않도록 조심해야 한다. 이는 여전히 15세기 말에서 20세기 말 사이의 경제사에 고유한 충격적인 특징으로 남아 있다.[3] 만약 서양 사람들이 자기들이 살던 해안 지역에 그대로 갇혀 있었다면, 혹은 13세기의 몽고 침략자들이 헝가리 평원을 넘어서 더욱 서쪽으로 진군했다면 서유럽의 역사는 완전히 달라졌을 것이다. 14세기 유럽에서도 가문의 네트워크가 존속하고 있었으니, 이를 잘 보여주는 것이 플로렌스에서의 메디치 가문의 발흥이다. 이들은 플로렌스의 엘리트

---

*   런던의 금융 중심지인 'City of London'을 말한다.(옮긴이)

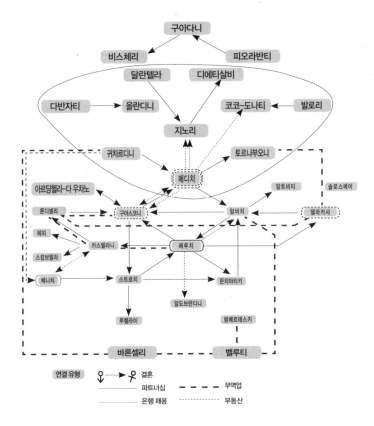

그림 10
메디치 가문의 네트워크: 14세기 플로렌스를 한 가문이 지배하게 된 전략

가문들의 네트워크 내에서 중개인으로서의 독특한 지위를 점하게 됐고, 그 시스템의 다양한 구조적 구멍들을 이용하였다(그림 10).

메디치 가문의 발흥은 부분적으로는 전략적 혼인의 문제이기도 했다(심지어 스토로치Strozzi 가문, 파치Pazzi 가문, 피티Pitti 가문 등과 같은 적대적 집단들의 성원들과도 혼인을 맺었다). 여기에서도 대부분의 근대 이전 사회들과 마찬가지로 가장 중요한 네트워크는 가계도였다.[5] 하지만 치옴피 반란Ciompi Revolt(1378~82) 이후의 기간에 메디치와 같은 은행가들이 플로렌스의 정치 엘리트로 승격되면서 중대한 경제적 혁신이 일어났다. 은행가들의 기술Arte della Cambio이라고 하는 길드의 방법이 옷감 상인들의 기술Arte della Calimala이 지배하고 있었던 국제적인 지평으로 전이되었고, 합자회사가 새로운 종류의 금융 자본주의의 기초로 떠오르게 된 것이다.[6] 또한 1434년 메디치 가문의 통치가 시작되면서 '르네상스 맨Renaissance Man'이라는 인간상이 탄생했다. '르네상스 맨'은 금융, 무역, 정치, 예술, 철학 등을 동시에 적극적으로 다루는 다재다능한 인물로 '사업가이자 정치가이며, 가부장인 동시에 지적인 예술 애호가'이다.[7]

13장

르네상스 시대 협상의 기술

비록 메디치 가문만큼 잘 알려진 인물은 아니지만, 베네데토 코트루글리Benedetto Cotrugli야말로 르네상스 시대에 유럽의 여러 네트워크가 어떠한 방식으로 진화했으며 거기에서 어떻게 하여 서로 연결된 개인들로 이루어진 새로운 범세계적 계급이 생겨났는지를 보여주는 완벽한 예라고 할 수 있다. 코트루글리는 『교역의 기술Art of Trade』이라는 책을 썼으니, 『협상의 기술Art of the Deal』이라는 책을 쓴 도널드 트럼프에 맞먹는 15세기 인물이라고 생각하기 쉽다. 하지만 코트루글리는 트럼프가 아니었다. 그가 남긴 여러 지혜로운 조언들 중에서도 특히 그는 상인들에게 정치에 가담하지 말라고 경고하고 있다. '상인이 법정이나 왕정과 관련을 맺는 것은 좋은 일이 아니며, 무엇보다도 정치나 행정일에 말려드는 것은 더욱 그렇다. 왜냐면 이런 것들은 다 여러 위험이 잠복해 있는 영역들이기 때문이다.'[1] 코트루글리는 누구처럼 입이 천하고 더럽지도 않았고 또 부를 자랑하는 법도 없었다. 그는 고도로 교육받은 인문주의자로서, 고대의 그리스인들과 로마인들이 생각했던 바의 그리고 르네상스 시대의 이탈리아 학자들이 재발견했던 바의 일반 시민의 고전적 미덕들을 한 몸에 체현하고 있는 이상적인 상인이었다.

코트루글리는 젊은 시절 볼로냐 대학을 다녔지만, (본인이 아프게 말하고 있듯이) '숙명과 불행이 합작하여, 내가 철학 연구의 삼매경에 한창 빠져 있었던 바로 그 순간에 나를 공부에서 끄집어내 상인이 되도록 만들었다. 나는 상인이 되기 위해 내가 온몸을 바쳤던 공부의 그 달콤한 즐거움을 버려야만 했다…'[2] 가족 사업을 이어받기 위해 라구사_{Ragusa}로 (오늘날의 두브로브니크_{Dubrovnik}) 돌아온 그는 자신의 새로운 환경이 얼마나 지적으로 저열한 수준에 있는지를 보고서 구역질을 느꼈다. 형식을 갖춘 사업가의 교육이 전혀 없었던 때였는지라 이 직업을 가진 이들에게는 '불충분하고, 형편없이 조직되어 있고, 자의적이고, 앙상한' 시스템 밖에는 없었다고 하며, '그 정도가 너무나 심하여 내 마음속에 자비심이 일어날 지경이었고, 이토록 유용하고도 필수적인 활동이 이렇게 아무 훈련도 받지 못한 상스러운 인간들의 손에 들어가 있다는 것 때문에 몹시 마음이 쓰라렸다. 이들은 법을 완전히 무시하거나 왜곡하면서 질서도 절제도 없이 마구잡이로 일을 수행하고 있었던 것이다.'[3] 여러 면에서 볼 때 『교역의 기술』은 단지 사업가들에게 요구되는 표준적인 교육의 수준뿐만 아니라 사업가라는 집단의 사회적 지위 자체를 격상시키고자 했던 시도였다. 이 저작은 대부분의 학자들에게는 복식부기의 시스템을 묘사한 최초의 저작으로 [루카 파치올리Luca Pacioli의 더 잘 알려진 학술적 논고『계산과 기록De computis et scripturis』(1494)보다 30년이 앞섰다] 주로 알려져 있지만, 이 저작은 다루고 있는 주제의 범위가 가장 괄목할 만한 부분이다. 코트루글리는 단순히 회계에 대한 실무적인 조언만을 하고 있는 것이 아니다. 그는 총체적인 하나의 삶의 방식을 제시하고 있다. 이는 무미건조한 교과서가 아니라, 그의 동료 상인들에게 르네상스적인 사업가가 되기를 열망해야 한다고 강력하게 촉구하는 글이다.

그의 저서는 현대의 독자들에게는 이미 사라진 세상을 엿볼 수 있게 해주는 매력적인 책이다. 라구사에서 태어난 코트루글리와 그의 동생 미첼레는 염료와 카탈로니아 모직물을 수입하였고 그 대금을 결제할 때는 발칸의 은이나 환어음을 사용했다(후자를 더 많이 썼다). 그는 사업가로서의 경력을 쌓는 과정에서 바르셀로나, 플로렌스, 베니스, 그리고 마지막으로 나폴리까지 돌아다녔으며, 특히 나폴리에서는 1451년에서 1469년까지 거주하였다. 실로 지중해의 인생이었던 셈이다. 코트루글리는 또한 바다를 아주 잘 알고 있었기에 이에 대한 책으로『항해De navigatione』를 저술하기도 했고 이를 베니스의 상원에 헌정하고 있다. 그는 또한 아라곤의의 왕인 페르디낭의 라구사 대사로 일하기도 했으며, 나폴리 조폐청의 청장으로도 일했다. 15세기라는 시대는 심지어 성공한 상인들조차도 항상 불안한 처지에 있었다. 1460년 코트루글리는 불법으로 금괴를 수출했다는 혐의로 재판까지 받았지만, 무죄 판결을 받았던 것으로 보인다.『교역의 기술』은 농촌 지역인 소르보세르피코Sorbo Serpico에서 그가 나폴리의 역병을 피하기 위해 머물고 있던 당시에 쓰였다. 이후 그는 1469년 50대 초반의 나이로 세상을 떠났다.

하지만 코트루글리의 인생은 훌륭한 삶이었다. 그는 볼로냐 대학의 도서관을 그리워했을지 모르지만, 자신의 상인으로서의 직업에 상당한 자부심을 갖고 있었다. 실제로 『교역의 기술』을 보면 당시의 종교적 광신도들이 상인들에게 툭하면 질러댔던 혐의들(고리대, 탐욕 등)에 대해서 방어 논리를 제시하는 부분들이 눈에 띈다. 그는 '인간사를 수행함에 있어서 그토록 유용하고 용이하고 또 반드시 필요한 교환이라는 행위를 그토록 많은 신학자들이 저주하는 것에 충격을 받았다'고 천명한다.[4] (이자 수취가 아직도 불법이었던 당시, 그는 이자 수취자를 '부채의 만기일이 왔을 때 채무자가 즉각 변제할 수가 없는 경우 이자를 받지 않으면 만기를 연장하려 하지 않는 사람들'이라고 조심스럽게 규정하였다.[5]) 또한 엄격한 회계를 장려했을 뿐만 아니라 사업의 다각화를 리스크 관리와 감소의 방법이라고 믿었던 선구자이기도 했다. 코트루글리는 플로렌스의 상인이 베니스, 로마, 아비뇽의 상인들과 모두 동업 관계를 맺는 경우를 상상했다. '안전하고 질서 있는 방식으로 그렇게 여러 가지 거래에 손을 댄다면 유리함만 있을 것이다. 왼손이 오른손을 거들게 되기 때문이다.'[6] 또한 이렇게 말한다. '한 번 거래에 너무 많은 액수의 돈을 실어서는 안 된다. 육로든 해로든 마찬가지다. 당신이 아무리 부자라고 해도, 배로 한 번 보낼 때 500두캇 이상을 그리고 큰 갤리선이라면 1,000두캇 이상을 실어 보내어서는 안 된다.'[7]

코트루글리는 당시 막 피어나고 있었던 신용과 부채의 상업 네트워크에서 한 노드의 역할을 하고 있었다. 그래서 그는 '차변과 대변의 한쪽만 기록하는 자들, 즉 자기의 채권만을 살피고 다른 이들에 대한 자신의 채무는 살피지 않는 이들'을 크게 비난한다.[8] 그의 말에 따르면, '상인은 가장 보편적인 인간이 되어야 하며, **다른 누구보다도 여러 다른 유형의 사람들과 사회 계급과 깊게 관계를 맺는** 사람이어야만 한다'는 것이었다(강조는 저자). 결과적으로 '인간이 알 수 있는 모든 것들은 다 상인에게 도움이 되게 되어 있다'고 한다. 여기에는 천지학cosmography, 지리학, 철학, 점성술, 신학, 법 등이 모두 들어간다. 요컨대 『교역의 기술』이라는 책은 다재다능한 이들의 네트워크로 구성된 새로운 사회의 선언문이라고 읽을 수 있다.

14장

탐험가들

이탈리아와 그 주변에서 문화 및 경제의 발전이라는 점에서 달성된 진보를 보면, 유럽은 이미 15세기 말 이전에 다른 세계로부터 분리돼 나가기 시작하였다는 것을 알 수 있다. 하지만 유럽이 세계를 지배하는 시대를 예시했던 결정적인 사건은 이탈리아 르네상스라기보다는 스페인과 포르투갈이 주도했던 탐험의 시대였다. 항해왕 엔히크Henrique의 재위 연간(1415~1460)으로부터 시작해, 포르투갈의 뱃사람들은 유럽을 넘어 저 멀리 모험을 시작했다. 처음에는 서아프리카의 해안을 따라서 남쪽으로 나아갔고, 그다음에는 대서양, 인도양, 마침내 태평양까지 건너가기에 이르렀다. 이렇게 엄청난 야망과 위험을 함께 안고 있는 항해가 반복되면서 마침내 대양을 가로지르는 새로운 무역 루트의 네트워크가 창출됐고, 이를 통해 전 세계 경제는 조각조각 갈라져 단절된 여러 지역적 시장들에서 단일의 세계 시장으로 변모해갔다. 이 탐험가들은 비록 왕실의 후원을 받았지만 자신들끼리도 하나의 사회적 네트워크를 이루어 조선, 항해, 지리학, 전쟁 기술 등에 대한 지식을 공유했다. 역사에서 흔히 벌어지는 일이지만, 여기에 새로운 기술들까지 등장해 이 새로운 네트워크들이 나타나도록 재촉하였으며, 또 동시에 이 네트워크들이 혁신의 속도를 가속화시키기도 한다. 더 좋은 배, 더 좋은 아스트롤라베astrolabe,* 더 좋은 지도, 디 좋은 대포 등이 모두 이 대탐험의 시대에 이루어진 숨 막힐 정도의 성공을 가져온 요인들이었다. 또 유라시아의 여러 질병이 대서양을 넘어가자 미 대륙 원주민들이 대책 없이 여기에 당해 쓰러졌던 것도 중요한 요인이었다. 아시아에서와 달리 신대륙에서의 탐험 시대를 정복 시대라고 부를 수 있게 된 것에는 이 질병들이 중요한 원인이었다.

1434년 질 에아네스Gil Eanes가 보자도르 곶Cape Bojador ―오늘날 서부 사하라의 북쪽 연안에 있는 '튀어나온 곶bulging cape' ―을 넘어가는 데 성공한 이래로, 포르투갈 남쪽 끝의 사그레스Sagres 낭떠러지 아래에서 훈련을 받은 항해가들은 점차 포르투갈 배들의 항해 구역을 넓혀갔으며, 육지가 시야에서 보이지 않는 먼 바다까지 나아가 모험을 감행했다. 1488년 봄에는 바르톨로뮤 디아스Bartolomeu Dias가 멀리 콰이회크Kwaaihoek ―오늘날 남아프리카 공화국의 이스턴케이프Eastern Cape ―에까지 이르렀으며, 포르투갈로 돌아오는 길에 희망봉을 발견한다. 그로부터 10년 후에는 바스

---

* 하늘의 별을 가리킴으로써 배의 지도상 위치를 추정하는 장치.(옮긴이)

x

코 다 가마가 모잠비크까지 나아가며, 그다음에는 현지의 길잡이의 도움을 받아서 인도양을 건너 케랄라의 캘리컷Calicut(코지코드Kozhikode)에 도달한다. 1500년 2월, 페드루 알바르스 카브랄Pedro Álvares Cabral이 그 영향을 받아 출항했지만, 기니아 만의 무풍 상태를 피하려고 남서쪽으로 항해하다가 브라질 해변에 도달하고 말았다. 하지만 그는 브라질의 발견에 만족하지 않았으며 결국 캘리컷까지 나아갔고, 거기에서 다시 (경쟁자인 무슬림 교역자들과 폭력을 주고받으며) 더 남쪽으로 내려가 코친Cochin(코치Kochi)에 도달하게 된다. 1502~11년 사이에 포르투갈인들은 요새화된 교역 거점들의 네트워크를 체계적으로 확립하게 되며, 여기에는 킬와 키시와니Kilwa Kisiwani(탄자니아), 몸바사Mombasa(케냐), 카누르Kanur(케랄라), 고아Goa, 말라카(말레이시아) 등이 모두 들어간다.[1] 이런 곳들은 모두 그 이전 세대의 유럽인들은 전혀 모르던 장소였다.

1517년 8월, 여덟 척의 포르투갈 선박이 중국 광동 지역의 해안에 도착했다. 이 사건은 잘 기억해두어야 마땅하다. 13세기 말 마르코 폴로 이래로 유럽인들과 중국 제국이 처음으로 맞닥뜨린 사건이었기 때문이다.** 포르투갈 함대의 사령관은 페르낭 페레스 데 안드라드Fernão Peres de Andrade였고, 또한 약사인 토메 피레스Tomé Pires도 있었는데 그는 포르투갈 왕이 중국 명나라 왕실로 보낸 특사의 역할을 맡고 있었다. 아마도 이 원정이 대개 잊힌 것은 아무런 결과도 내지 못한 것으로 보였기 때문이었을 것이다. 포르투갈인들은 주강珠江, Pearl River 어귀의 둔문屯門, Tunmen(오

** 이 시대에 처음으로 중국에 도착했던 상인은 1514년 호르헤 알바레즈Jorge Álvares, 1515~16년의 이탈리아인 라파엘 페레스트렐로Rafael Perestrello였다.

143

늘날의 네이링딩 섬(內伶仃島)에서 무역을 행하고 1518년 9월 떠났다. 11개월 후 다시 세 척의 포르투갈 배들이 돌아왔으며 이때의 지휘관은 페르낭의 형제인 시망 데 안드라드Simão de Andrade였다. 1520년 1월 토메 피레스는 명나라 정덕제正德帝를 반드시 알현하겠다는 희망을 품고 북쪽으로 떠나지만, 알현은 몇 번이나 연기됐고 결국 1521년 4월 19일 황제가 승하하면서 그는 포로 신세가 되고 만다. 그 직후 또 다른 포르투갈 함대가 디아고 칼보Diogo Calvo의 지휘 아래 또 툰먼 섬에 도착한다. 중국 관리들은 이들에게 떠날 것을 요청했다. 칼보가 거절하자 전투가 시작됐다. 말라카로부터 지원 병력으로 두 척의 배가 더 도착했지만, 명나라 제독 왕홍汪鋐이 지휘하는 함대의 손에 창피스러운 대패를 당하고, 모든 배가 침몰하고 단 세 척만 남게 된다. 1년 후인 1522년 8월, 포르투갈은 마르팀 쿠티뉴Martim Coutinho가 지휘하는 세 척의 배가 문에 도착하자 다시 한 번 도전한다. 이들은 화의를 맺으라는 왕의 임무를 띠고 왔지만 결국은 또다시 전투가 발발하여 두 척의 포르투갈 배가 침몰한다. 포로가 된 포르투갈인들은 칼을 씌워 투옥되었다가 1523년 9월 처형당한다. 최초에 외교 사절로 파견되었다가 억류된 토메와 다른 이들은, 포르투갈인들이 말라카를 그 본래 주인에게 돌려주어야 한다는 중국 당국자들의 요구를 담은 편지를 본국으로 써서 보내라는 압력을 받는다.

요컨대 이는 유럽인들에게는 어떤 사건도 되지 못했다. 이를 보면 유럽의 해외 팽창이 전혀 부드러운 일사천리의 과정이 아니었음을 알 수 있다. 방금 말한 모든 항해는 지극히 위험한 것들이었지만 이는 쉽게 망각되곤 한다. 바스코 다 가마가 처음 캘리컷으로 항해했을 때는 선원의 절반이 죽었으며, 그의 동생 또한 죽었다. 카브랄Cabral은 1500년 12척의 배를 인솔하여 출발했지만 돌아온 것은 다섯 척뿐이었다. 그렇다면 포르투갈인들이 이렇게 큰 리스크를 감수했던 까닭은 무엇이었을까? 아시아와의 새로운 무역 루트를 확립할 (그리고 독점할) 경우에 얻게 되는 보상이 그럴 만한 가치를 가지고 있었기 때문이었다. 16세기 들어서 후추, 생강, 정향, 육두구 등의 아시아 향료들에 대한 유럽인들의 수요가 늘어났다는 것은 잘 알려져 있다. 아시아 시장과 유럽 시장에서의 가격 차액은 처음에 어마어마했다. 하지만 그보다 덜 알려진 것은, 포르투갈인들이 기존의 아시아 내부 무역 관계에 사실상 힘으로 밀고 들어갔다는 점이다. 수마트라에서 명나라로 흘러 들어가는 물건은 후추뿐 아니라 아편, 오배자(타닌 성분으로 한약에서 지혈제로 사용), 사프란, 산호, 옷감, 주홍, 퀵실버, 블랙우드, 퍼치크향, 유향, 상아 등도 있었다. 그리고 중국에서는 구리, 초석, 납, 명반, 밧줄, 철 제품, 피치pitch, 실크 및 실크 제품(다마스크, 새틴, 양단), 도자기, 사향, 은, 금, 작은 진주알, 금을 입힌 나무 상자와 가구들, 소금에 절인 음식들, 동양화가 그려진 부채 등의 물품이 나왔다.[2] 물론 지구를 절반이나 항해하는 데는 다른 동기들도 있었던 게 분명하다. 당시 아시아의 의학 지식은 어떤 점들에서는 유럽의 지식보다 더 우월하였다. 토메 피레스는 분명히 이를 많이 배우고 싶었을 것이다. 또한 기독교를 전파하려는 종교적 동기도 있었으니, 특히 1530년대에 스페인 병사 이그나시오 드 로욜라Ignacio de Loyola가 창설한 가톨릭 네트워크인 예수회가 아시아로 손을 뻗치면서 이러한 동기는 더욱 중요해졌다. 마지막으로, 중국 황제와 외교 관계를 수립하는 데서 분명히 얻을 만한 이점이 있었다. 그럼에도 불구하고 만약 상업적 이익이라는 지상명령이 없었다면 이런 다른 동기들만으로 사람들을 이렇게 엄청난 거리를 항해해 이렇게 엄청난 고생을 하도록 했을지는 심히 의심스러워 보인다.

포르투갈인들은 아시아인들에게 내놓을 스스로의 생산물들이 많지 않았다(물론 서아프리카의 전초 기지들을 들러서 노예들과 황금을 가져오기는 했다). 하지만 이건 중요한 점이 아니었다. 또한 이들은 자기들 왕을 위해 영토를 획득하고 인구를 얻어내기 위해서 온 정복자들도 아니었다. 포르투갈인들이 가지고 있었던 것은 일련의 기술적인 우위였으며, 이를 통해서 그들은 새롭고도 더 우월한 무역 네트워크를 수립할 수 있던 것이다.[3] 이들은 아랍, 에티오피아, 인도의 텍스트들을 공부하였기에, 세파르디 유대인 천문학자 아브라함 자쿠토Abraão Zacuto의 (1492년 스페인에서 유대인 추방이 있은 후 많은 유대인들이 포르투갈에 정착했다) 저작인 『만세력Almanach Perpetuum』과 『사분의 및 아스트롤라베의 사용 규칙Regimento do Estrolabio & do Quadrante』(1493) 등을 사용해 사분의quadrant와 아스트롤라베의 정확한 사용법을 체계적으로 가르칠 수 있었던 것이다. 아우구스틴 드 후스 라포소Agostinho de Goes Raposo, 프란시스코 고이스Francisco Gois, 주앙 디 아스João Dias 등 포르투갈의 기술자들은 여러 항해 기구들의 제작법을 완성했다. 포르투갈식 범선caravel과 그 후신인 대규모 나우nau(1480년)와 대형 범선galleon(1510년) 또한 당시의 다른 어떤 항해선들보다도 우월했다. 마지막으로 1502년 칸티노 세계 지도가 완성되면서 포르투갈은 지도 도법에 있어서 완전한 혁신을 이룩한다. 이는 전 세계의 지리를 나타낸 최초의 근대적 도법의 지도로서, 오스트레일리아와 남극 대륙을 제외한 나머지 대륙들은 대개 정확하게 묘사하고 있다(사진 7).

이렇게 특출하게 혁신적이고 역동적이었던 네트워크가 중국 남부에 새로운 '노드'를 수립하고자 했을 때 벌어졌던 일들을 보면, 어떤 네트워크가 확실하게 자리 잡고 제도화되어 있는 위계제와 맞닥뜨렸을 때 어떻게 일이 틀어질 수 있는지를 잘 보여준다. 중국의 황제는 높은 곳에 앉아 군림하며 통치하였다. 명나라 영락제는 1419년 태국의 아유타Ayudyha의 지배자에게 보낸 편지에서 이렇게 말한다. '나는 천명을 받아 중국과 오랑캐들夷을 다스리노라. 짐은 만물을 보살피는 천지의 사랑과 염려의 마음을 체현하는 존재이며, 만물을 차별 없이 동등하게 돌보느니라.' 따라서 그에 못 미치는 권력자들이 나아갈 바는 조공을 바쳐 '하늘을 공경하고 사대의 예를 다하는 것'이라는 것이다.[4] 영락제도 사실은 대양으로의 원정을 선호했다. 정화鄭和 제독이 그의 보물 함대를 이끌고 멀리 동아프리카 해안까지 갔던 것도 그의 치세에서 벌어진 일이었다.[5] 하지만 영락제 이후의 황제들은 쇄국 정책에 기초한 제국의 관료제를 더욱 선호하는 쪽으로 눌러앉으며, 결국 해외 무역은 공식적으로 금지당한다. 명나라 조정이 보기에는 포르투갈 침입자들은 포랑치Fo-lang-chi(이는 십자군 당시 유럽인들을 '프랑크인'이라고 불렀던 아랍어 단어로부터 나온 동남아시아어 '페렝기ferengi'에서 온 말이다)에 불과했다. 이는 좋은 말이 아니었다. 중국인들은 외국인들을 '마음이 더러운 족속들'이라고 간주했다. 외국인들이 아이들을 잡아다가 구워 먹는다는 소문도 돌았다.

포르투갈인들은 중국을 뚫으면 대단한 경제적 기회가 열린다고 보았고, 이는 틀린 말이 아니었다. 이미 시암과 말라카로부터 유에캉Yueh-kang(복건성의 장주漳州 근처)을 거쳐 불법 무역이 성행하고 있었다. 제국의 행정을 돌보는 문신들—추다오롱Qiu Dao-long이나 허아오He Ao와 같은 학자 행정관들—은 외국과의 교섭을 최소화하고자 했을지 모르지만, 황궁을 지배하고 있었던 환관들은 외국에서 들여온 물품들에 사족을 못 썼을 뿐만 아니라 무역을 통해 은을 벌어들이는 일에도 걸신이 들려 있었다. 하지만 포르투갈인들은 지나친 배짱을 부렸다. 시망 데 안드라드는 현지인들의 감수성을 아주 거칠게 무시하는 태도를 보였다. 그는 제국 관료의 동의도 얻지 않은 상태에서 둔문 섬에 요새를 지었으며, 중국 법률을 무시하고 포르투갈 선원 한 사람을 교수형에 처했으며, 포르투갈 배이외의 선박을 항구에서 몰아냈으며, 여기에 항의하는 중국 관료를 대경실색하게 만들었다. 그는 중국인 아이들을 하인으로 사들이는 바람에 이 '포랑치'들이 정말로 식인종이라는 의심에 불을 지폈다. 한편 중국 관료들도 토메 피레스를 거만하게 모욕하는 태도로 대접했던 게 사실이다. 피레스와 그의 동반자들은 베이징으로의 오랜 여행을 마친 후 음력으로 매달 1일과 15일에 자금성 벽 앞으로 가서 부복하라는 명령을 받았다. 하지만 정덕제는 방탕한 생활에 깊게 빠져 있어서 그들이 그토록 원하는 알현 따위는 생각할 겨를조차 없었다.

하지만 포르투갈인들이 저지른 가장 큰 실수는 조공 체제를 과소평가한 것이었다. 조공 시스템은 중국 중심의 위계 구조의 핵심으로, 제국으로서의 중국의 영향력을 그 제국의 변경 바깥 멀리까지 확장시켰다. 포르투갈인들은 이제 말라카라는 가장 중요한 상업 허브를 자기들 것으로 여겼다. 하지만 도망친 말라카 왕 마흐무드 샤Mahmud Shah의 아들인 라자Raja of Bintang(Bentan)는 그렇게 보지 않았다. 훗날 중국인들이 포로로 잡았던 포르투갈 선원 중 한 사람인 크리스토방 비에이라Christovão Vieyra의 편지에 따르면, 그는 베이징에 사절을 보내 중국의 당국자들에게 포르투갈인들이 '중국을 자기들 것으로 차지하려' 음모를 꾸미고 있으며

'그들은 강도 떼'라고 경고하였다고 한다. 마흐무드 샤는 믿을 조공을 행함에 있어서 신뢰할 만한 상태였는지라 제국 관료들은 이러한 경고에 공감했다.[6]

하지만 포르투갈인들은 결국 우위를 점해, 1557년에는 마카오를 자기들 네트워크의 일부로 확고하게 세울 수 있었으며 이를 400년 이상 자기들 땅으로 점유할 수 있었다. 어떻게 그럴 수 있었을까? 이는 두 가지 변화 때문이었다. 첫째, 외국 무역을 금지했던 중국의 조치는 현실적으로 가능한 것이 아니라고 판명됐다. 포르투갈에서도 새로운 인물들 (리오넬 데 소우자Leonel de Sousa 그리고 시망 알메이다Simão d'Almeida)이 도착했고, 이들은 그래서 광동 지역에서 행해지는 교역에 분명한 입지를 굳히는 데 성공한다. 광동 수군 부절도사였던 왕포Wang Po와 같은 관료들은 적절한 인센티브가 주어지자 적이 아니라 사업 동업자로 변신할 수 있었다. 둘째, 비록 중국인들이 초기의 해상 전투에서는 승리를 거두었지만 그들도 곧 포르투갈의 배와 대포가 우월하다는 것을 이해하게 된다. 여기에서 결정적인 요인이 등장한다. 명나라 관리들에게 있어서는 포르투갈인들보다 더 큰 골칫거리가 동아시아의 토착 해적들이었다는 점이다. 1568년 6월 트리스탐 배즈 비가Tristam Vaz da Veiga는 중국 해군을 도와 약 100척의 해적선 함대의 공격으로부터 마카오를 지켜낸다.[7] 1601년 이후에는 네덜란드에서 온 새로운 장사꾼들을 쫓아내기 위하여 포르투갈 세력과 중국 세력이 함께 싸우게 된다.

15장

피사로와 잉카 제국

포르투갈의 해상 네트워크는 동쪽으로 뻗어나갔던 데 반해 스페인의 해상 네트워크는 서쪽과 남쪽으로 나아갔다. 1494년 토르데시야스 조약Treaty of Tordesillas 이후 스페인은 브라질을 제외한 남미와 북미 대륙 전체에 권리를 주장하게 된다. 또 다른 차이점이 있다. 포르투갈의 탐험가들은 주로 요새화된 무역 기지들의 네트워크를 수립하는 것으로 만족했던 것에 반해, 스페인의 탐험가들은 금과 은을 찾아서 기꺼이 내륙으로 쳐들어갔다는 점이다. 세 번째 차이점은 포르투갈인들이 마주쳤던 아시아의 제국들은 그들의 침범을 견뎌낼 수 있었지만 스페인인들이 공격했던 미 대륙의 제국들은 놀랄 만한 속도로 무너져버렸다는 점이다. 이는 스페인들의 기술적인 우위 때문이라기보다는, 그들이 들여온 유라시아의 전염병들이 원주민 인구를 초토화하는 결과를 낳았던 것이 훨씬 더 큰 이유였다. 하지만 다른 점에서 보자면, 1532년 11월 프란시스코 피사로와 그의 167명의 동료들이 카하마르카Cajamarca에서 잉카 황제 아타우알파Atahualpa와 마주쳤을 때에 벌어졌던 일은 그보다 10년 전 광저우에서 벌어졌던 것과 비슷했다. 그 본질은 유럽인들의 네트워크가 유럽 바깥의 위계 조직을 공격한 데 있었다.

이 일을 행했던 '정복자들conquistadores'은 잡색의 무리였다. 이들의 남쪽으로의 원정은 그 어떤 대서양 횡단 항해보다도 힘든 것이었으니 이들이 거친 족속들이었음은 분명하다. 페루의 마야족들이 기껏 선택할 수 있는 무기는 나무로 된 곤봉 정도였지만 이들은 말과 화승총과 강철로 된 장검을 가지고 있어 무장에 있어서 우위를 점했다. 포르투갈 탐험가들과 마찬가지로 이들의 으뜸가는 동기도 경제적인 것이었다. 하지만 이들은 무역을 하러 온 것이 아니라 잉카 제국에 넘쳐나는 금과 은을 벗겨먹으러 온 것이었다. 피사로의 원정은 첫 번째에서만 22.5캐럿의 금을 1만 3,420파운드나 가져왔으니 이를 오늘날의 가치로 환산하면 미화로 2억 6,500만 달러다. 여기에다가 은까지 2만 6,000파운드(약 700만 달러)를 가져왔다. 포르투갈인들과 마찬가지로 스페인인들 또한 가톨릭 성직자들을 데리고 갔다(도미니카 승려 여섯 명이었지만 살아남은 이는 한 명뿐이었다). 또 포르투갈인들처럼 스페인인들 또한 저항을 누르기 위해 고문, 집단 강간, 화형, 무차별 학살 등의 폭력을 사용했다. 하지만 이 '정복자들'의 가장 충격적인 특징은 이들이 자기들 내부에서 심한 말다툼을 벌였고, 이것이 유혈 사태로 번지는 때도 많았다는 점이다. 피사로의 형제였던 에르난도Hernando가 디에고 드 알마그로Diego de Almagro에 대해 가졌던 적대감은 그 수많은 싸움 중 하나에 불과했다. 잉카 제국을 무너뜨렸던 것은 스페인 침략자들이 강했기 때문이 아니라 제국 자체가 약점을 안고 있었기 때문이었다. 오늘날까지도 건재한 쿠스코의 파차카마크와 마추픽추의 설계를 보면 잉카의 지배자들이 질적으로나 양적으로나 상당한 문명—그들은 이를 '사방세계Tahuantinsuyo'라고 불렀다—을 거느렸음을 알 수 있다. 한 세기에 걸쳐서 그들은 안데스 산맥 지역에서 1만 4,000제곱마일에 해당하는 영토와 오늘날의 추산에 따르면 500만에서 1,000만에 달하는 인구를 움직일 수 있었다. 이들의 왕국은 산 위에 있었고, 이를 하나로 묶어내는 것은 도로, 계단, 교량의 네트워크였으며, 그중 다수는 오늘날에도 여전히 사용되고 있다.[1] 이들의 농업은 라마의 털과 옥수수에 기반하고 있었으며, 대단히 효율적이었다. 이들 사회는 비교적 부유했지만 금과 은은 화폐가 아니라 장신구에 사용되었고, 회계 및 행정의 목적으로는 '결승結繩, quipucamayoc'(끈과 구슬로 만들어져 있었다)을 쓰는 것을 선호했다.[2] 잉카의 지배 습속은 잔인할 정도의 위계제였다. 태양신 숭배는 인신희생과 잔혹한 처벌을 수반했다. 귀족들은 농업 노예 계급helot*의 잉여 생산물로 살아가고 있었다. 물론 이는 중국만큼 세련된 문명은 아니었다. 글말도 없었고, 문학이나 법전은 더더욱 없었다.[3] 하지만 피사로와 그가 데리고 온 자들만으로 잉카 제국을 제압하는 것은 불가능해 보였다. 일단 수적으로 카하마르카에서만 240대 1의 비율

---

* 이 말은 본래 스파르타의 농노들을 이르는 말이었다. 플라톤이 말하고 있듯이, 스파르타는 정복 국가였으며 거기의 시민들 즉 지배자들은 농민들을 언제 죽여도 좋은 피지배 계급으로 여겼으며 그래서 매년 새로이 선전포고를 했다고 한다. 이 책에서 이 단어는 그냥 땅에 묶여 있는 농노 혹은 노예들을 일컫는 말로 쓰이고 있다.(옮긴이)

이었으니까. 여기에서 잉카 제국이 안고 있었던 두 가지 약점이 치명적으로 작용했다. 첫째는 천연두였다. 이 병을 가지고 온 것은 스페인 군대였지만, 정작 스페인 군대의 진군보다 훨씬 빠른 속도로 남쪽으로 퍼져 나갔으며 인구를 폭발적으로 격감시켰다. 둘째는 분열이었다. 스페인 정복자들이 닥쳐왔을 무렵, 아타우알파 황제는 왕위 상속을 놓고 그의 이복형제 와스카르Huáscar와 전쟁을 벌이고 있었다. 문제는 잉카Inca 와이나 카파크Huayna Cápac 황제의 적손이 누구냐는 것이었다. 그 덕분에 피사로는 현지에서 인력을 새로 채용하는 데 아무 어려움을 겪지 않았다.

하지만 과연 그 이후에 벌어진 일들을 '정복'이라고 부르는 게 올바른 용어일까? 물론 피사로는 아타우알파를 잡아서 모욕을 주고 재산을 모두 빼앗고 결국 잔인하게 죽여버릴 수 있었다. 또한 1536년에 벌어졌던 망코 잉카Manco Inca의 반란도 진압할 수 있었다. 이 일련의 사건들은 펠리페 구아만 포마 드 아얄라Felipe Guaman Poma de Ayala의 『새로운 무력과 좋은 정부Nueva Corónica y Buen Gobierno』(1600~1615)에 생생하게 묘사돼 있다. 하지만 이 저자의 이름 자체가 마야인들과 스페인인들의 이름이 섞여 있다는 것에서 많은 것을 알 수 있다. 북미 대륙에서는 토착 인구가 훨씬 적었고 유럽에서 온 정착자들이 훨씬 많았지만, 남미에서는 두 인종 간의 혼종이 일상적인 일이었다. 한 예만 들어보자. 프란시스코 피사로 자신이 아타우알파 황제가 가장 아끼던 여동생을 자신의 정부로 삼아 버렸고, 황제도 기꺼이 그 여동생을 피사로와 결혼하도록 주었다. 피사로가 죽은 뒤 그녀는 암푸에로Ampuero라는 이름의 스페인 기사와 결혼하여 스페인으로 떠난다. 그때 그녀는 자신이 낳은 딸 프란시스카를 데려가는데, 황제의 칙령*으로 프란시스카는 적손으로 인정된다. 프란시스카 유팡키Francisca Yupanqui**는 그다음 자신의 삼촌인 에르난도 피사로와 1837년 10월 혼인식을 올린다. 피사로는 또 아타우알파의 부인 중 하나를 정부로 삼아 거기에서 아들 프란시스코를 얻었지만, 이 아이는 적손으로 인정받지 못했다. '정복자들' 1세대는 자신들이 정복한 위계 구조의 위에 자신들의 위치를 마련했으며, 이를 정당화하기 위해서 새로운 '다문화 가족망'을 확립하려 하였으며, 방금 말한 피사로의 경우는 이를 전형적으로 보여주는 사례다(그림 11). 정복보다는 '함께 섞임co-mingling'이 더 적절한 용어일 것이다. (스페인 정복의 연대기 저자로서 가장 잘 알려져 있는 가르실라스코 드 라 베가Garcilasco de la Vega 또한 '정복자' 중 한 사람이 잉카 제국의 공주인 팔라 침푸 오클로Palla Chimpu Ocllo와의 사이에서 나온 아들이다.[4]) 신대륙에 들어온 다른 유럽 정착민들 또한 비슷한 전략을 추구하였다. 한 예로 1700년대에 일리노이의 카스카스키아Kaskaskia에 정착했던 프랑스 농부들 및 모피 교역자들을 들 수 있다.[5] 유럽의 '정복자들'은 행정과 토지 관리에 관한 기존 시스템을 접수했을 뿐만 아니라, 토착 사회와의 유전자 융합까지 행했던 것이다.[6]

그렇지만 남미에서 행해졌던 이러한 접근법이 그 후에 남긴 유산은 유전적 혼합의 사실을 있는 그대로 인정하는 문화가 아니라, 사람들을 '피의 순수성limpieza de sangre'에 따라 서열을 매기는 문화였다. 이는 무어인들과 유대인들을 쫓아낸 바 있는 스페인의 유산으로서 신대륙에 들어

---

*   1537년 신성 로마 제국 황제 카를 5세의 칙령이었다.(옮긴이)
**   뒤의 성은 피사로가 아니라 어머니 이네스 유팡키Inés Yupanqui의 성을 따왔다.(옮긴이)

그림 11

'정복자 네트워크: '정복자들'과 이주티 엘리트 및 잉카 기문들의 통혼 관계.

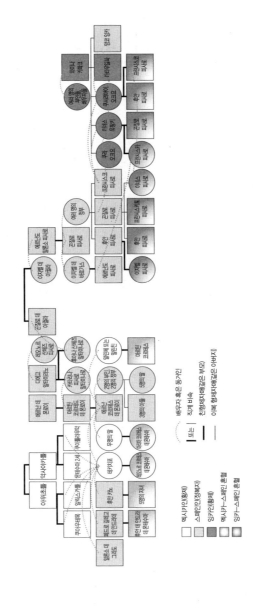

온 개념이었다. 18세기의 스페인 식민지에서 내려오는 '신분casta'의 분류는 우선 상당히 익숙한 개념인 '스페인 남자와 인디안 여자 사이에서 태어난 아이는 메스티조De Español e Yndia nace mestizo'와 '스페인 남자와 흑인 여자 사이에서 태어난 아이는 뮬라토De Español y Negra sale Mulato'로 시작하지만, 그다음엔 금방 이상하게 나가기 시작한다. 예를 들어 스페인 사람과 뮬라토 여자를 섞어 나온 아이는 모리스코Morisco라고 ('무어인의'라는 뜻이다. 이는 스페인에서 '재정복reconquista' 이후에 기독교로 개종한 무슬림들을 부르는 말이었다) 부른다는 것이다. 뮬라토와 인디언을 섞으면 '칼파뮬라토Calpamulato'가 나온다. 여타의 변종들을 보고 싶으면 멕시코 화가 조제 호아킨 마곤José Joaquín Magón이 1770년에 그린 16개 회화 연작을 보라. 거기에는 '늑대Lobo'를 위시하여 캄부흐Cambuja, 삼바히가Sambahiga, 쿠아르테론Cuarteron, 코요테Coyote, 알바라자도Albarazado까지 나온다. 심지어 '공중에 붕 뜬Tente en el Aire'이라는 범주까지 있다.[8] 이런 식의 분류에서 나타나는 형질학적phenotype 범주는 16~20개에 이르며, 19세기 초에 이르면 100개가 넘는 것까지 나타난다. 이러한 '신분casta'의 시스템은 물론 당대에 지배적이었던 유전 이론들을 적용하기 위한 진지한 시도이기는 했지만, 단순한 인류학적 관심사에 그치는 것은 아니었다. 물론 '정화'의 가능성도 존재했다. 예를 들어 어느 메스티조가 순수한 혈통의 스페인 사람과 정식으로 결혼하여 나온 아기는 카스티자Castiza이며, 이 아이가 자라나서 또 스페인 사람과 결혼하여 낳은 아기는 스페인 사람으로 인정된다. 이 시스템은 결코 식민지 법전에 정식으로 오르진 않았지만, 분명 스페인 조상의 피가 섞인 비율에 따른 차별이었다. 스페인이 정복한 미 대륙의 인종 간 결혼에는 대대로 새로운 종류의 위계제가 강제되었던 것이다.

16장

구텐베르크와 루터가 만났을 때

이베리아 반도에서 시작된 탐험가들과 정복자들의 네트워크는 근대 초기의 세계를 변모시킨 두 개의 네트워크 중 하나였다. 그와 동일한 시기에 중부 유럽에서는 새로운 기술 하나가 나타나서 우리가 종교 개혁이라고 알고 있는 거대한 종교적 정치적 혼란을 낳는 데 일조했다. 이 기술은 뿐만 아니라 '과학 혁명', 계몽주의 운동, 그리고 종교 개혁의 본래 의도에 정면으로 반대되는 다른 많은 것들까지도 가능하도록 길을 닦아주었다. 이 기술, 즉 인쇄 기술은 15세기보다 훨씬 이전에 중국에 존재했지만, 중국의 그 어떤 인쇄업자도 요하네스 구텐베르크Johannes Gutenberg와 같은 일을 해내지는 못했다. 구텐베르크는 완전히 새로운 경제 부문 하나를 창조했던 것이다. 구텐베르크의 첫 번째 인쇄소는 1446~50년 사이에 마인츠에 설립되었다. 이 새로운 가동 활자movable type 기술은 마인츠를 중심으로 하는 동심원의 형태로 독일의 숙련공들 사이에서 급속하게 확산됐다. 인쇄물을 수송하는 비용이 높았으므로 중앙화된 생산보다는 지역의 인쇄업자들을 여럿 두는 편이 경제적으로 더 유리했기 때문이었다. 1467년 울리히 한Ulrich Hahn은 로마에서 최초의 인쇄소를 차린다. 6년 후 하인리히 보텔Heinrich Botel과 게오르크 폰 홀츠Georg von Holz는 바르셀로나에서 인쇄소를 연다. 1475년 한스 부르스터Hans Wurster는 모데나Modena에서 인쇄업을 시작한다. 1496년 한스 페그니처Hans Pegnitzer와 마이나르트 웅가트Meinard Ungat는 그라나다에서 인쇄소를 열며, 그로부터 불과 4년 후에는 나스리드Nasrid 왕조의 마지막 왕인 무하마드 12세가 알함브라 궁전을 페르디난드와 이사벨라 왕/왕비에게 넘겨준다. 150년이 되면 스위스, 덴마크, 네덜란드, 독일의 도시들 중 대략 5분의 1이 인쇄소를 받아들이게 된다.[1] 잉글랜드는 여기에서 뒤졌지만 결국에는 따라잡는다. 1495년에는 잉글랜드에서 나온 책은 불과 18종에 불과했다. 하지만 1545년이 되면 15개의 인쇄소가 확립되며, 연간 인쇄되는 책의 종류는 119권에 달하게 된다. 1695년이 되면 약 70개의 인쇄소가 매년 2,092종의 책을 찍어내게 된다.

구텐베르크가 없었다면 루터 또한 얀 후스Jan Hus처럼 가톨릭 교회가 화형에 처했던 여러 이단자들 중 하나로 끝났을 가능성이 높다.[2] 루터의 95개조 반박문은 무엇보다도 면죄부 판매와 같은 부패한 관행에 대한 비판이었으며, 본래 1517년 10월 31일자로 마인츠 대주교에 보낸 서한으로 쓰인 글이었다. 루터가 정말로 그 글의 사본 하나를 스스로 비텐베르크의 '모든 성자의 교회All Saint's Church' 대문에 붙여놓았는지는 분명치 않지만, 이제는 전혀 중요한 일이 아니게 되었다. 자신의 생각을 널리 알리기 위한 방식으로서 그러한 관행은 이미 오래전에 다른 것으로 대체되었기 때문이다. 불과 몇 달 만에 본래의 라틴어 텍스트가 바젤, 라이프치히, 뉘른베르크 등에서 인쇄되고 있었다. 루터는 1521년 보름스 칙령으로 이단이라고 공식적으로 정죄당하지만, 그의 저작들은 독일어를 사용하는 유럽 전역에 퍼져 있었다. 루터는 미술가 루카스 크라나흐 Lucas Cranach 그리고 금세공인 크리스티안 되링Christian Döring과 함께 작업하여 서방 기독교뿐만 아니라 의사소통이라는 것 자체를 혁명적으로 바꾸어놓았다. 16세기에 독일의 인쇄업자들이 찍어낸 루터 저작의 판본은 5,000개에 달하며, 루터가 참여했던 다른 출판 기획들까지 포함하면 (예를 들어 루터 성경) 여기에 다시 3,000개의 판본을 더해야 한다. 4,790개의 루터 저작 판본들 중 거의 80퍼센트가 당시 성직 엘리트들의 국제 언어였던 라틴어가 아닌 독일어로 되어 있었다.[3] 인쇄는 종교 개혁의 성공에 있어서 결정적인 역할을 했다. 1500년 시점으로 볼 때 인쇄기가 하나 이상이었던 도시들은 인쇄기가 전혀 없는 도시들에 비해 개신교를 받아들일 가능성이 훨씬 높았고, 여러 명의 인쇄업자들이 경쟁하고 있는 도시들은 그 가능성이 가장 큰 도시들이었다.[4]

인쇄기의 발명은 '인류 역사를 되돌릴 수 없는 방향으로 끌고 간 전환점'으로 불려왔으며, 이는 온당한 일이다.[5] 종교 개혁을 계기로, 로마 가톨릭 교회의 권위에 반대하는 종교적 반란의 물결이 걷잡을 수 없이 터져나왔다. 이것이 개혁 성향의 성직자들 및 학자들로부터 도시의 엘리트들을 거쳐 심지어 글을 못 읽는 농민들에게까지 퍼져나가자 처음에는 독일 그리고 마침내 북서 유럽 전역이 대혼란에 휘말려 들어간다. 1524

년에는 드디어 대규모의 농민 반란이 터진다. 1531년에는 개신교 군주들의 숫자가 불어난 나머지 마침내 신성 로마 제국 황제인 카를 5세에 맞서는 슈말칼덴 동맹Schmalkaldic League을 구축할 정도가 된다. 결국 패배하기는 했지만 개신교도들은 이제 유럽의 이곳저곳에 산재된 지역에서 종교 개혁을 이어갔고, 1555년의 아우구스부르크 화의를 통해 '군주의 종교는 곧 신민의 종교cuius regio, eius religio'*라는 결정적으로 중요한 원칙이 확립된다(이 어구는 1582년 독일의 법학자 요아힘 슈테파니Joachim Stephani가 만들어냈다). 이 원칙을 통해 군주들은 자기의 신민들이 루터 교인이 될 것인지, 로마 가톨릭 교인이 될 것인지를 결정하게 되었다. 하지만 종교적 갈등은 계속 그 불씨가 스멀거리고 있었으며, 마침내 30년 전쟁으로 터져나와 중부 유럽 전체를 끝없는 살육의 장으로 만들어버린다.

길고 지난한 피비린내 나는 갈등을 거치고 난 뒤 비로소 유럽의 왕들은 이 새로운 개신교 분파들에 대해 다시 통제권을 내세울 수 있었지만, 그러한 통제력은 결코 옛날 교황의 통제력처럼 완전한 것이 되지는 못했다. 검열은 계속됐지만 빠져나갈 구멍이 항상 있었으며, 가장 지독한 이단적 저작들이라고 해도 그것을 출판해줄 업자를 찾아낼 수 있었다. 특히 북서 유럽(잉글랜드, 스코틀랜드, 네덜란드 공화국)에서는 로마 가톨릭의 지배를 다시 수립하는 일이 완전히 불가능하다는 게 판명됐다. 로마 교회는 그 유서 깊은 전가의 보도인 잔인한 고문과 처벌만으로는 부족

---

* 이 라틴어의 가장 좋은 번역은 '군주마다 각자 선택한 종교'이다. 이 화의를 통해 신성 로마 제국 내의 다양한 군주들은 자신들이 다스리는 영토 내에서 루터 교회와 가톨릭 교회 둘 중 하나를 선택할 수 있도록 하였다. 이 협정의 약점은 칼뱅 교회 등과 같은 다른 개신교의 흐름들을 명시적으로 조항에서 배제했다는 데 있었다.

하다는 것을 깨닫고 종교 개혁을 흉내 내 그 여러 기술들과 네트워킹 전략까지 활용하여 맞섰지만, 북서 유럽에서는 그러한 대세를 바꾸지 못했다.

개신교는 어째서 억압에 그토록 강하게 저항할 수 있었을까? 그 대답 하나는 개신교 분파들이 네트워크의 구조를 발전시켰으며, 이것이 놀라운 회복 재생력을 가지고 있었다는 것이다. 메리 1세 치하의 잉글랜드에서 개신교도들은 심한 박해를 받았으며, 이때의 시련과 고난은 존 폭스John Foxe의 『행전과 기념비Acts and Monuments』('순교자들의 서Book of Martyrs'로 알려져 있다)에 기록되어 있다. 하지만 폭스와 편지를 주고받았거나 폭스의 편지 및 관련된 문헌에서 언급된 377명의 신실한 개신교도들은 여러 핵심 '허브들'— 존 브래드포드John Bradford, 존 케어리스John Careless, 니컬러스 리들리Nicholas Ridley, 존 필포트John Pilpot 등의 순교자들 — 을 중심으로 하나의 강력한 네트워크를 구성했던 것으로 볼 수 있다.[6] 매개 중심성betweenness centrality**으로 따져보아 최상위의 20개 노드에 해당하는 개인들 가운데 무려 14명이 처형당하게 되면서 살아남은 이들의 연결성은 감소할 수밖에 없었지만, 네트워크 자체는 파괴되지 않았다. 매개 중심성이 높은 다른 사람들— 어거스틴 버너Augustine Berner와 윌리엄 펀트William Punt와 같이 서한을 전달하는 이들과 금전적 지원을 내놓은 이들이 포함된다— 이 그 자리를 메웠기 때문이었다.[7]

16세기에 벌어진 위계질서의 위기를 가장 상징적으로 보여주는 것은

**   앞에서 설명했지만, 이는 어떤 노드가 자신이 속한 네트워크의 다른 부분들을 연결해주는 역할을 수행하는, 즉 허브로서 기능하는 정도를 측정한 것이다.

16장 구텐베르크와 루터가 만났을 때

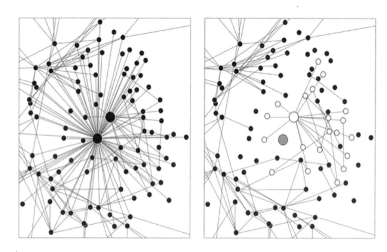

그림 12

1555년 7월 1일 존 브래드포드의 처형 직전(왼쪽)과 직후(오른쪽)의 네트워크. 브래드포드 (왼쪽 그림에서는 검은색으로 오른쪽 그림에서는 회색으로 나타난다)의 죽음은 그의 어머니(오른쪽 그림에서 흰색으로 칠해진 노드들)를 중심으로 한 전체 하부 네트워크로부터의 단절을 가져왔다.

메리 여왕의 실패였다. 그녀는 헨리 8세의 맏딸로서, 아버지가 자신의 어머니와 이혼하기 위한 기회주의적인 동기에서 받아들인 종교 혁명을 없던 것으로 하고 가톨릭으로 회귀하려고 노력했지만 아무 소용이 없었다.

포르투갈 배들이 광동 해안에 도착하고 또 루터가 그의 반박문을 비텐베르크 대학 교회의 문에 못 박아 붙여놓은 지 이제 500년이 흘렀다. 유럽인들의 세계 탐험과 종교 개혁이라는 크나큰 파격이 진행되고 있었던 1517년은 여전히 위계질서가 지배하는 세계였다. 명나라의 정덕제와 잉카의 와이나 카파크Huayna Capac 황제는 온 지구에 퍼져 있었던 전제 군주 엘리트들 중 두 명일 뿐이었다. 오스만제국의 술탄인 셀림 1세(엄숙왕 셀림Selim the Grim)가 당시 이집트를 본거지로 하여 팔레스타인, 시리아, 아라비아 반도까지 뻗어 있었던 마믈루크 술탄 왕국을 정복했던 것도 1517년이었다. 동쪽으로 가보면 사파비 샤 이스마일Safavid Shah Ismail이 오늘날의 이란과 아제르바이잔, 다게스탄, 아르메니아, 호라산, 동부 아나톨리아와 메소포타미아까지 지배하고 있었다. 북쪽으로 가면 카를 1세—합스부르크 왕가와 발로아-부르군디 왕가와 트라스타마라Trastámara 왕가의 상속자—가 스페인에 있는 아라곤 왕국과 카스티야 왕국뿐만 아니라 네덜란드도 지배하고 있었다. 그는 2년 안에 자신의 조부인 막시밀리안 1세의 뒤를 이어 신성 로마 제국 황제인 카를 5세로 등극한다. 로마에서는 로렌초 데 메디치의 둘째아들인 레오 10세가 교황이었다. 프랑스는 프란시스 1세가 다스리고 있었고, 영국의 지배자 헨리 8세도 그에 못지않은 절대 권력을 쥐고 있었다. 그의 변덕에 따라 온 나라가 루터의 종교 개혁을 (물론 전혀 일관성도 없었고 파편적이었지만) 받아들였으니 말이다. 앞에서 보았듯이 위계제란 지배하는 노드의 중심성이 극대화되는 특수한 종류의 네트워크다. 튜더 왕조 시대의 정부 문서는 2만 명 이상이 보낸 편지들을 담고 있으며, 여기에서 추론할 수 있는 사회적 네트워크는 이 점을 잘 보여준다. 헨리 8세의 재위 기간에 가장 연결선의 도수가 높은 인물은 토머스 크롬웰Thomas Cromwell이었다. 그는 왕의 최고 비서, 옥새 상서Lord Privy Seal, 재무상으로서 무려 2,149명과 편지를 주고받았다. 그 뒤를 차지한 것은 왕 본인(1,134명) 그리고 대법관이었던 토머스 울시Thomas Wolsey 추기경이었다(682명). 하지만 매개 중심성으로 따져보면 그 으뜸의 자리는 왕이 차지하고 있었다.[8]

이러한 위계제가 지배하던 세계에는 놀라운 특징이 있었다. 유럽 세계와 비유럽 세계의 연결은 전혀 없거나 아주 희박했음에 불구하고, 이

모든 제국들과 왕국들에서 권력이 행사되는 방식은 대단히 유사했다
는 점이다. (유럽에서는 군주들이 항상 전쟁과 왕조 간 외교에 몰두해 있었지
만 유럽 밖으로 나가면 전제 군주들의 네트워크 같은 것은 존재하지 않았다는
점을 기억하라.) 엄숙왕 셀림은 고관대작의 신하들을 가혹하게 대한 것으
로 유명하며, 너무나 많은 고관대작들을 처형하였기에 터키어의 욕 중
에는 '셀림의 고관대작이나 돼라'는 말이 있을 정도였다. 헨리 8세도 자
신의 장관들과 부인들을 무정하게 대한 것으로 유명하며, 모스크바 대
공국의 군주 바실리우스 3세 또한 큰 권력을 가진 정신廷臣들에게 툭하
면 사형 선고를 내리곤 했다. 그 또한 헨리 8세와 마찬가지로 자신의 첫
째 부인이 왕자를 낳지 못하자 이혼해버렸다. 동아프리카로 가보면 이
디오피아 황제 다윗 2세Dawit II가 아달Adal의 무슬림 토후국과 전쟁을 벌
이고 있었으며, 그 방식은 기독교 지배자들과 무슬림 지배자들이 지중
해 연안을 돌면서 오래도록 미친 듯이 벌였던 갈등과 크게 다르지 않았
다. 오늘날의 역사가들은 1517년 시점의 세계에서 제국, 왕국, 대규모 공
국들을 통틀어서 국가에 근접한 정도의 크기와 응집력을 가진 것들이
30개가 조금 넘는다고 본다. 이 모든 곳에서 (심지어 단 하나의 공화국이었
던 베니스에서조차도) 권력은 단 한 사람의 개인의 손에 집중되어 있었고,
이는 보통 남성이었다(카스티야의 여왕 후아나 1세Joanna of Castile만이 1517년
의 세계에서 유일한 여성 지배자였다). 왕들 중에는 태어나면서 옥좌를 물
려받은 이들도 있었다. 또 선출된 왕들도 있었다(물론 민주적인 선출의 경
우는 하나도 없었다). 또 조선의 중종과 같은 왕들은 폭력을 통하여 옥좌
에 오르기도 했다. 나이 어린 왕들도 있었고(스코틀랜드의 제임스 5세는
1517년에 불과 다섯 살이었다), 늙은 왕들도 있었다(폴란드의 왕이자 리투아

니아 대공이었던 지기스문트 1세는 81세까지 살았다). 명목만 통치자일 뿐 힘이 약한 이들도 있었다. 주목할 만한 예는 일본의 고카시와바라 일왕으로, 진짜 권력은 쇼군인 아시카가 요시키의 손에 있었다. 보다 작은 규모의 영주들의 권력은 장소마다 크게 달랐다. 쇼오신의 치하에 있었던 유구 왕국처럼 평화적인 경우도 있었다. 특히 스코틀랜드와 같은 일부 나라들은 내부 갈등으로 갈가리 찢어져 있었다. 하지만 근대 초기 시절의 군주들 대부분은 일신에 모종의 무제한의 권력을 지니고 있었으며 여기에는 신민들에 대한 생사여탈권도 포함되어 있었으니, 오늘날에는 이러한 권력이 중앙아시아와 동아시아의 극소수 국가에만 존재할 뿐이다. 16세기 초 가장 강력한 힌두교 국가 비자야나가르Vijayanagar의 황제 크리슈나데바라야Krishnadevaraya와 같은 성공한 아시아의 전제 군주는 군사적 용맹과 사법적 정의에 자부심을 품고 예술과 문학을 후원하는 등, 수천 마일의 거리로 갈라져 있는 동시대 르네상스 유럽의 지배자들과 놀랄 만큼 비슷한 방식으로 처신했다.

1500년대 초 이후로 이러한 위계제의 세계는 혁명적 네트워크들로부터 이중의 공격을 받게 된다. 서유럽의 '탐험가들'과 '정복자들'은 우월한 항해 기술을 활용해 새로운 상업적 기회를 찾아 헤맸고, 그 과정에서 갈수록 많은 숫자로 몰려다니며 여러 대륙을 넘나들었다. 그리하여 남미와 북미에서 확고한 위치를 가지고 있었던 모든 지배자들을 깡그리 무너뜨렸고(이들을 어디에나 따라다닌 길벗이었던 병원균들이 큰 몫을 했다), 아시아와 아프리카에서는 요새화된 상업 집결지의 지구적 네트워크를 확립해 이를 통해 여러 정치체들의 주권을 좀 더 서서히 갉아먹어 들어갔다. 또한 동시에 개신교라고 불리는 종교의 바이러스가 강단상뿐만 아니라 인쇄기까지 동원하여 퍼져나갔고, 이를 통해 성 베드로까지 거슬러 올라가는 오랜 계보의 교회 위계제가 교란당하는 일도 벌어졌다. 종교 개혁의 결과들은 처음에는 유럽에서만 나타났지만, 정말로 무서운 것들이었다.[9]

여러 차례의 종교 전쟁이 1524년에서 1648년까지 반복적으로 일어나서 왕국들 사이와 왕국들 내부를 모두 초토화시켜 버렸다. 로마 교황청의 권위에 대한 도전이 성공하면서 북부 유럽에서는 종교의 혁신이 만연했다. 루터파는 곧 칼뱅파와 츠빙글리파의 도전을 받게 되었으니, 이들은 성찬식에서 쓰이는 빵과 포도주가 그리스도의 진정한 피와 살이라는 루터파의 입장을 거부했다. 오래전 기독교 내부에서 벌어졌던 여러 분열과는 달리(4세기에는 아리우스파의 교리를 놓고 분쟁이 있었으며 1054년에는 동방 정교회와 서방 가톨릭의 대분리가 벌어졌고 1378~1417년 사이에는 두 명의 교황이 병립하면서 서로 반목하던 기간이 있었다), 이번 종교 개혁으로 시작된 분열은 갈수록 더 많은 분열을 낳는 경향이 있었다. 그 아메바와 같은 분열 번식이야말로 종교 개혁의 본질적인 특징 중 하나였다. 극단적인 경우는 재세례파Anabaptists였다. 이들은 세례란 스스로의 의식을 가지고 자기 의지로 행해야 하는 의식이 되어야 하며 따라서 어린아이들이 세례를 받는 것은 무의미하다고 주장했다. 1534년 2월 얀 보켈손Jan Bockelson(레이든의 존John of Leiden)과 얀 마티스Jan Matthys는 베스트팔렌의 도시 뮌스터에서 권력을 잡았고, 오늘날의 안목으로 보자면 '기독교 국가'라고 할 만한 것을 세웠다. 이들의 체제는 성경을 문자 그대로 받아들인다는 입장에 서 있다고 여겨졌으며, 급진적인 평등주의와 성상 파괴주의를 내거는 신정 국가였다. 재세례파는 성경 이외의 모든 책들을 불태웠으며, 자신들의 도시를 '새 예루살렘'이라고 선포하여 중혼重婚, polygamy을 합법화하였으며, 예수의 재림을 내다보면서 믿지 않는 자들과의 전쟁을 준비하고 있었다. 17세기 중반의 잉글랜드는 공화국Commonwealth의 시대였으며, 개신교를 믿는 비국교도들은 루터파와 로마 가톨릭의 '중도'를 걷는 영국 성공회의 입장을 거부했고 서로 경쟁하는 무수한 분파들을 형성한다. 특히 제5 왕국파Fifth Monarchists(구약의 다니엘서에 나오는, 네 개의 왕정이 먼저 나타난 뒤에 그리스도의 왕국이 나타날 것이라는 예언에서 따온 이름), 머글턴파(자신이 요한계시록에서 예언한 마지막 예언자라고 주장했던 두 명의 런던 양복업자들 중 하나인 로도위크 머글턴Lodowicke Muggleton의 이름에서 따옴), 퀘이커파('주님의 말씀 앞에 두려워 떠는 이들'이라는 뜻), 고함파Ranters(그들의 예배가 시끄러울 뿐만 아니라 쾌락적이라는 혐의까지 받아서 생겨난 이름)* 등이 특히 주목할 만했다.

그렇다면 종교 개혁은 재앙이었을까? 1648년 베스트팔리아 화의가 (사진 9)** 체결되었던 시점에서 보자면 종교 개혁이라는 사건은 분명히 깜짝 놀랄 만큼 많은 사람들이 폭력으로 무참히 그것도 질릴 정도

---

*   감리교의 전신이라고 한다.(옮긴이)

**   베스트팔리아 화의는 30년 전쟁의 혼란이 끝나고 난 뒤 다시 유럽에 위계적 구조가 강제된 계기로서 인용될 때가 아주 많다. 이는 세 가지 별개의 조약들로 이루어져 있었다. 첫째는 네덜란드 공화국과 스페인 사이의 조약이며, 둘째는 신성 로마 제국과 프랑스 및 그 동맹국들 사이의 조약이며, 셋째는 신성 로마 제국과 스웨덴 및 그 동맹국들과의 조약이었다. 가톨릭 지역인 뮌스터와 부분적으로 루터파가 장악한 오스나브뤼크Osnabrück의 인접한 도시들에서 100명 이상의 대표자들이 협상에 참가하였다. 베스트팔리아 화의는 서로 경쟁하는 국가들이 공존하면서 서로의 국내 문제(즉, 종교 문제)에는 개입하지 않기로 동의한다는 원칙에 근거한 틀을 확립했다고 일반적으로 여겨졌다. 이러한 원칙은 사실 거의 한 세기 전 아우구스부르크 화의에서 이미 확립된 바 있었지만, 베스트팔리아 화의에서 다시 한 번 확인된 것이다.

로 잔인한 방식으로 죽임 당하게 만든 사건이었다. 영국의 여러 섬들에서 결국 이는 정치 혁명을 야기하고 말았다. 어떤 혁신적 해석에 따르자면, 영국의 그 정치 혁명은 베드포드Bedford 백작과 청교도였던(완고한 개신교도였던) 워릭Warick 백작의 책략의 결과였다고 한다. 그들 모두가 종교적 이유뿐만 아니라 정치적 이유에서 찰스 1세의 권력을 제한하고자 했다는 것이다. 이러한 귀족들의 '비밀 결사junto'는 종교적 혁명을 열망했다기보다는 영국 왕을 그저 베니스의 통령doge 정도*의 존재로 만들어 과두제에 복속시키는 것이었다고 한다.[10] '왕정 세력court'과 '농촌의 향신country' 세력이 충돌했던(잉글랜드, 스코틀랜드, 아일랜드 사이에도 충돌이 있었다) 1642년의 갈등이 마침내 내란으로 비화되고 만 이후 잉글랜드는 '공화국'**으로 선포된다. 고전 정치 이론이 예견했던 바 그대로 이 공화국은 오래가지 못한다. 1653년 신형군New Model Army 은 이른바 잔부 의회Rump Parliament를 해체시키고*** 올리버 크롬웰을 '호국경Lord Protector'으로 임명한다. 하지만 이 제도 또한 오래가지 못한다. 크롬웰이 죽은 뒤 불과 2년 뒤

---

* 베니스는 표면적으로는 공화정의 도시 국가였지만 큰 재력과 힘을 가진 가문들의 과두제였고, 그들을 총괄하는 대공 혹은 군주로서의 통령doge이 있었다. 하지만 셰익스피어의 〈베니스의 상인〉에서도 보이듯이, 통령은 법과 관습 그리고 과두제 가문들의 합의에 복속되는 존재였다.(옮긴이)

** 이 말은 15세기 초부터 라틴어의 공화정을 뜻하는 말 res publica를 영어로 commonweal이라는 말로 번역하면서 쓰이기 시작했다.(옮긴이)

*** 신형군은 1642년 이후 영국이 내란 상태로 들어가고 잉글랜드, 스코틀랜드, 아일랜드가 서로 싸우는 상황이 됐을 때 잉글랜드 의회가 징병으로 소집한 군대이다. 특정 지역만 지키는 민병대가 아니라 전국을 전장으로 삼는 직업적 군인들로서, 의회에 참여하지 못하게 하여 정치 및 종교 분파와 독립성을 유지하려고 했다. 하지만 징병으로 들어온 많은 이들이 개신교도였고 결국 잔부 의회를 해산시키고 크롬웰을 옹위하게 된다. 한편 장기 의회Long Parliament는 1648년 찰스 1세의 처형에 반대하는 자들이 쫓겨나가게 되고 '나머지'들을 말 잘 듣는 '잔부 의회'가 성립한다. '잔부rump'란 동물의 뒷다리나 등 쪽의 사람들이 잘 먹지 않고 남기는 부분을 뜻한다.(옮긴이)

인 1660년 5월 새로운 의회는 찰스 1세가 처형당한 이래로 사실상 찰스 2세가 항상 왕이었음을 선언한다. 이 영국의 내란에서 잉글랜드와 웨일스에서 아마도 약 10만 명의 사람들이 목숨을 잃었을 것으로 보인다. 그리고 사망률로 따지면 스코틀랜드가 더 높았을 것이고 아일랜드는 더더욱 높았을 가능성이 크다. 특히 아일랜드의 경우 상대적으로 따져보면 1840년대의 감자 대기근보다 더 심각한 인구 손실을 겪어야 했을 것이며, 최소한 독일이 30년 전쟁에서 겪었던 만큼은 분명히 겪었다고 보아야 한다.

종교 개혁으로 터져 나온 여러 전쟁과 박해는 분명히 원래 루터가 의도했던 바와는 아주 거리가 먼 것이었다. 로마 가톨릭은 한편 반 종교 개혁Counter-Reformation을 일으켜 최소한 남부 유럽만큼은 (그리고 스페인과 포르투갈 제국의 식민지들도) 개신교를 막아낼 수가 있었다. 이들의 관점에서 보자면, 종교 개혁이 가르쳐주는 교훈은 아주 명확한 것이었다. '모든 신자들이 사제'임을 주장하면서 스스로가 바로 그 집단이라고 내세우는 네트워크가 교황과 주교들의 위계제에 도전하게 된 결과 금세 피비린내 나는 무정부 상태가 나타나고 말았다는 것이다. 하지만 영국의 귀족들이 얻은 교훈은 달랐다. 제임스 2세가 가톨릭 교회를 복구하려고 시도하다가 실패하고 말았을 때, 영국의 귀족들은 군주의 권력을 자신들이 후원 네트워크를 통하여 지배하는 상하 양원을 통해서 영구적으로 제한해야 하며, 종교적인 '열정'은 청교도와 '교황주의Popery' 사이의 중도의 길via media을 유지하는 영국 성공회 교회로 가급적 억눌러야 한다는 것이었다. 이러한 두 개의 관점 모두가 상당히 일리가 있는 것들이었다. 하지만 이들은 루터로 인해 터져 나온 혼란이 의도치 않게 가져온 절대적으로 중요한 혜택들을 간과하고 있었다.

편지들과
비밀 지부들

17장

종교 개혁의 경제적 결과들

'칼뱅주의 인터내셔널'을 패배시키려던 가톨릭의 반反 종교 개혁은 결국 패배하고 말았고,[1] 이는 경제적으로 또 문화적으로 대단히 광범위한 결과들을 가져왔다. 종교 개혁 이전에는 경제력이라는 점에서 볼 때 북서 유럽이 중국이나 오스만 제국에 비해 특별한 점이 없었다. 그런데 루터의 혁명이 벌어진 이후 개신교 국가들은 경제적 역동성이 점점 커지는 증후를 보이기 시작했다. 왜 그랬을까? 한 가지 대답은, 루터의 바람은 그저 교회를 정화하는 것이었지만 종교 개혁은 결국 대규모 자원이 종교 활동에서 여러 다양한 세속적 활동으로 다시 배분되는 결과를 낳았기 때문이다. 독일의 개신교 지역에서는 수도원의 3분의 2가 폐쇄됐고, 그 토지 및 여타 자산들은 대부분 세속 군주들이 전유하여 부유한 신민들에게 팔아버렸으니, 영국에서와 똑같은 일이 벌어진 것이었다. 대학생들 중에서도 수도원에 들어갈 생각을 버리는 비율이 계속 늘었으며, 이들은 대신 좀 더 세속적인 여러 직업들에 관심을 돌리게 됐다. 교회 건축 사업이 줄어든 대신 세속의 건축 사업들이 늘어났다. 많은 이들이 관찰한 것처럼 종교 개혁은 '유럽의 세속화에 기여했던 종교 운동'이라는 점에서 완전히 의도치 않은 결과들을 가져온 것이다.[2]

이와 동시에 종교 개혁을 가능하게 했던 인쇄 혁명 또한 의도치 않은 결과들을 낳고 있었다. 1450~1500년 사이에 서적의 가격은 3분의 2만큼 감소하였고 그 후에도 계속 떨어졌다. 1383년의 경우 웨스트민스터 주교를 위한 미사집 한 권을 만들기 위해 필사에 들어가는 돈은 208일치의 임금에 해당하는 액수였다. 그런데 인쇄술의 발달 덕분에 1640년대가 되면 대중적 연감almanac*이 영국에서만 매년 30만 권 이상 팔렸다고 한다. 이 각권은 대략 45~50페이지의 길이였으며 가격은 불과 2펜스에 불과했다고 한다(당시의 미숙련 노동자의 일당이 11과 2분의 1펜스였다). 평균적으로 볼 때 영국에서의 책값은 1400년대 후반에서 1500년대 후반 사이에 90퍼센트만큼 떨어졌다.[3] 그리고 서적의 호황만 생겨난 것이 아니었다. 1500~1600년 사이를 보았을 때, 1400년대 말에 이미 인쇄업자들이 확고히 자리를 잡은 도시들에서는 그 뒤에 인쇄업자들이 생겨난 도시들보다 그 성장 속도가 최소한 20퍼센트가 (아마도 높은 경우에는 80퍼센트까지) 빨랐다고 한다. 1500~1600년 사이의 도시 성장에 있

---

* 중세 이후 특히 근대 초기의 유럽에서는 매년 새해가 될 때마다 새해의 달력과 함께 파종 날짜, 천체의 운행, 기후의 예측 등등의 잡다한 정보를 담은 책들을 많은 이들이 구입했다고 한다.(옮긴이)

어서 인쇄의 확산으로 설명할 수 있는 비중이 18~80퍼센트였다는 것이다.[4] 디트마는 그리하여 '서적 인쇄가 경제적 후생에 가져온 충격은 1540년대에는 소득의 4퍼센트에 해당하며, 1600년대 중반에는 소득의 10퍼센트에까지 달하였다'라는 대담한 주장까지 내놓는다.[5] 이러한 1490년대에서 1630년대까지의 서적 가격의 하락은 1977~2004년 사이의 개인용 컴퓨터 가격의 하락과 그 궤적이 대단히 유사하다. 하지만 훨씬 더 큰 경제적 충격을 가져온 쪽은 옛날의 더 느린 정보 기술 혁명 쪽이었다고 보인다. 이러한 차이가 나타난 이유에 대해 가장 좋은 설명은 다음과 같은 것이다. 근대적 경제가 작동하기 위해서는 그 기초로서 지식이 반드시 깔려 있어야 하는바 그때까지는 얻을 수 없었던 지식을 사방으로 확산시켰던 역할을 수행한 것이 바로 인쇄술이었다는 것이다. 인쇄로 나온 최초의 수학 교과서라고 알려진 것은 『트레비소의 대수Treviso Arithmetic』(1478)였다. 1494년에는 루카 파치올리Luca Pacioli의 『대수, 기하, 비례 대전서Summa de arithmetica, geometria, proportioni et proportionalita』가 베니스에서 출간돼 복식부기의 여러 혜택을 높이 들어올리기도 했다.** 맥주를 담그는 법과 유리를 불어서 제조하는 법과 같은 제조업 기술을 다룬 서적들이 곧 뒤따라 나왔고, 이를 통해 최상의 기술과 관행이 모든 곳으로 급속하게 확산되는 일이 보장됐다.

이게 다가 아니다. 종교 개혁 이전에는 유럽의 문화생활이라는 것이

** 이 책은 복식부기의 원칙을 최초로 확립한 저서로 평가되며, 베버나 좀바르트와 같은 이들이 자본주의 '정신'의 출현에 있어서 결정적인 계기라고 강조하는 사건이 된다. 좀바르트는 자본주의의 기원을 굳이 어느 한 시점의 숫자로 이야기하라고 한다면 바로 이 1494년을 이야기하겠다고까지 말한 바 있다.(옮긴이)

로마라는 중심에 크게 의존하고 있었다. 하지만 루터의 혁명 이후 유럽 문화의 네트워크는 완전히 변하게 된다. 유럽 사상가들의 출생 및 사망 장소를 데이터로 삼아 따져볼 때 우리는 두 개의 서로 중첩되는 네트워크가 출현하고 있음을 추적할 수 있다. 하나는 '승자독식' 체제로서, 파리를 중심으로 하는 엄청난 규모의 집중화이다. 또 하나는 '적자부강fit-gets-richer' 체제로서, 중부 유럽과 북부 이탈리아 전역에 걸쳐 여러 하부 중심지들이 여러 결집체들을 이루어 서로와 경쟁하는 형국이다.[6] 그리하여 1500년 이후에는 '모든 길은 로마로 통하는' 게 아니게 되었다(사진 10을 보라).

18장

생각과 아이디어, 교환과 무역

학살자들도 있었지만, 연구자들도 있었다. 종교 개혁은 엄청난 격변을 불러일으켰고, 스코틀랜드에서는 1745년까지도 그전에 쫓겨났던 가톨릭의 스튜어트 왕조를 지지하는 반란이 터질 정도였다. 하지만 그럼에도 불구하고 17세기와 18세기의 유럽 지성사는 네트워크로 추동되는 일련의 개혁을 특징으로 하며, 그중에서도 가장 중요한 것은 과학 혁명과 계몽주의였다. 두 경우 모두 학자들의 네트워크 내에서 새로운 아이디어들이 공유됐던 것이 자연과학과 철학에 있어서 괄목할 만한 진보를 가져다주었다. 과학자 개인들의 이력에 기초하여 과학 확산의 지리적 패턴을 그려보면 인쇄 기술 확산과 상당히 일치한다. 16세기에는 과학 연구 네트워크의 주된 허브가 파두아였으며, 파두아는 다른 이탈리아 대학 도시들로 이루어진 결집체의 중심에 있었다. 이 결집체는 다른 아홉 곳의 주요 남부 유럽 도시들과 유대를 맺고 있었을 뿐만 아니라, 멀리 옥스퍼드, 케임브리지, 런던과도 유대를 맺고 있었다. 독일에는 비텐베르크와 예나라는 두 개의 노드들이 있었지만 이들은 서로와만 연결되어 있었다. 17세기가 되면 파두아 말고도 런던, 레이덴Leiden, 파리, 예나라는 네 개의 다른 과학 활동의 허브들이 생겨난다. 지리적인 주변부에도 수많은 새 노드들이 생겨났으며 그중 하나가 코펜하겐이었다.[1]

서신 교환의 네트워크들을 조사해보면, 우리는 과학 혁명의 진화 과정에 대해 더 깊은 혜안을 얻을 수 있다. 이스마엘 불리오Ismaël Boulliau는 프랑스의 천문학자 및 수학자였으며 역사, 신학, 고전 연구에도 흥미를 가지고 있었다. 그는 엄청난 양의 서한들을 남겼다. 1632~93년에 4,200통의 편지를 주고받았으며, 그가 쓰고 또 받은 편지들 중 『불리오 전집Collection Boulliau』에 수록되지 않은 것들도 800통이 더 있다. 그의 서신 왕래는 공간적으로도 광범위하여, 프랑스를 넘어서 네덜란드, 이탈리아, 폴란드, 스칸디나비아는 물론 중동에까지 이르고 있다.[2] 영국 왕립 학회의 초대 비서였던 헨리 올든버그Henry Oldenburg도 그 서신 교환 활동에 있어서 이에 견줄 만했다. 1614년과 1977년에 그가 보내고 또 받은 편지는 3,100통에 달한다. 올든버그의 네트워크도 영국뿐만 아니라 프랑스, 네덜란드, 이탈리아, 중동 그리고 다수의 영국 식민지들을 포함하고 있다.[3] 하지만 양적인 면에서 보자면 이는 전혀 새로운 일은 아니었다. 르네상스와 종교 개혁의 지도적 인물들도 그와 비슷한 숫자의 편지들을 생산했던 것으로 보인다. 에라스무스가 남긴 편지가 3,000통 이상이며, 루터와 칼뱅이 각각 4,000통이며, 예수회의 창립자인 이그나티우스 로

욜라는 무려 6,000통 이상을 남겼다. 그리고 일부 상인들과 귀족들은 이보다 훨씬 많은 편지를 남기기도 했다.[4] 새로운 시대에 나타난 진정한 차이점은, 왕립 학회Royal Society와 같은 기관들이 도래하면서 과학적 문제를 다루는 서신 교환이 모종의 집단적 프로젝트를 닮아가기 시작했다는 점이었다.

이러한 네트워크들을 통해 과학 연구가 확산됐던 것을 잘 보여주는 예가 안토니 반 리웬후크Antonie van Leeuwenhoek의 통풍 치료법 연구였다. 바트비아에 있는 네덜란드 식민지(지금은 인도네시아의 일부)에서 처음으로 관찰된 효과적인 치료법이 보고되었던바, 리웬후크는 이를 영국 왕립 학회에 보고했다. 이를 통해 이 새로운 지식은 왕립 학회를 넘어서 더 멀리까지 퍼져나간다. 왕립 학회는 회원은 아니지만 서신을 주고받는 여러 통신원들을 두고 있었고(이는 '약한 유대'의 고전적인 예라 하겠다), 이로 인해 그 통신원들은 런던 내부와 주변에 형성된 지식인 결집체에서 벌어지는 논의에 대해 접근할 수 있었다.[5] 영국 왕립 학회의 허가장Charter은 그 학회장, 위원회, 회원들과 그 후임자들에게 '서로서로는 물론 **개인, 대학, 단체, 국가를 가리지 않고 모든 형태의 외국인들과 이방인들과**도 그 어떤 형태의 학대와 방해와 중단을 받는 일 없이 정보와 지식의 교유를 향유할' 자유를 명시적으로 부여하고 있다(강조는 저자).[6] 거기에 달린 조건은 그러한 정보의 공유가 학회의 관심 및 이익에 기여하는 것이어야 한다는 것뿐이었다. 올든버그를 필두로 하여 그 후임으로 비서가 된 이들 또한 학회의 광범위한 통신원들을 관리하는 데 있어서 결정적인 역할을 수행했다(물론 성공의 정도는 들쭉날쭉했다). 에드먼드 할리Edmond Halley 때에는 학회로 들어오는 서한들이 공개적으로 발표되지 못한 채 그저 쌓여가는 경우가 많았지만(그중 하나가 레벤후크의 서한이었다), 그의 후임자인 물리학자 제임스 쥬린James Jurin은 과학적 탐구의 자세를 가진 학자들의 국제 네트워크에 있어서 하나의 허브 역할을 하였다. 그들 중에는 외과의 및 내과의, 교수들, 성직자들, 약사들도 포함되어 있었으며, 그들 중 4분의 1은 유럽에 거주하고 있었고 5퍼센트 정도는 북미의 여러 식민지에 살고 있었다. 1723년 12월 쥬린은 자신의 글 '날씨에 대한 공동 관찰의 제안문'을 발표한다. 이는 통신원들로 이루어진 단일의 네트워크를 통해 여러 사람의 협력에 기반하여 기상을 관찰할 것을 주장하고 있었다. 그가 전제로 삼았던 바는, '날씨에 대한 올바른 이론은 어느 한 특정 장소에서 날씨가 어떻게 바뀌어가는지를 추적한다고 해서 얻을 수 있는 것이 아니라', '많은 관찰자들의 공동 협력을 반드시 필요로 하는 것'이라는 것이었다.[7] 그 후 몇 달에 걸쳐서 그는 베를린, 레이덴, 나폴리, 보스턴, 뤼네빌Lunéville, 웁살라, 상트페테르부르크 등으로부터 날씨 관측의 보고를 받게 된다.

그런데 이와 대조적으로 파리의 과학 아카데미Adadémie des sceinces는 본래 프랑스 왕의 사적 소유물이었다. 1666년 12월 22일 처음 모였던 장소도 왕의 서재였으며, 비밀 유지를 공식적 정책으로 삼고 있었다. 모든 토론과 숙의는 대외비였으며, 비회원은 모임에 참여하는 것이 금지되었다.[8] 그리하여 그 회원들은 당시 급속하게 성장하면서 곧 과학 혁명을 낳게 되는 범유럽 네트워크로부터 실질적으로 스스로를 떼어내 버렸던 것이다. 이들의 입장은 가톨릭 유럽 지역에서는 대부분 비슷했다. 포르투갈의 경우 더 넓은 과학 연구의 네트워크에 합류할 수 있었던 지식인들은 '외국인이 된 자들estrangeirados'이라고 알려져 있었다.[9] 참으로 적절한 일이지만 바로 범세계적 과학 연구 네트워크의 출현 덕분에 네트워크 이론 자체가 탄생한 것이었다. 쾨니히스베르크의 다리 문제에 대해 오일러가 연구하게 된 것이 바로 이를 잘 보여준다(서론을 보라). 오일러는 스위스 바젤에서 태어나 그곳에서 요한 베르누이Johann Bernoulli 밑에서 공부했으며, 20세 때 프랑스 아카데미가 상을 내걸고 낸 문제풀이 경쟁에서 2등을 차지하여 명성을 얻게 됐다. 그는 쾨니히스베르크 문제를 풀었던 당시 상트페테르부르크에 있는 러시아 제국 과학 아카데미에서 일하고 있었지만 1741년 프로이센의 프리드리히 대제의 초빙으로 베를린으로 가게 됐다(하지만 두 사람은 잘 맞지 않았고 결국 오일러는 나중에 러시아로 되돌아온다).

18세기의 무역 대상물은 단순히 수학 정리들만이 아니었다. 이때가 되면 대서양을 넘는 교역과 이주로 생겨난 네트워크들이 기하급수적으로 성장하고 있었고, 유럽의 상인들과 정착민들은 운송 비용의 급속한 감소와 사실상 공짜로 얻을 수 있는 북미 지역의 토지 그리고 서아프리카의 저렴한 노예 노동력을 한껏 활용했다. 18세기의 대서양 경제는 '모두가 모두와 서로 아는 사이일 뿐만 아니라 모두의 친구가 또 각자의 친구들을 거느리고 있었던 어마어마한 교역 네트워크'라고 묘사된 바 있다.[10] 이는 주요 교역항을 허브로 삼아 여러 다른 네트워크들이 서로 연결된 모습으로 생각하는 것이 더욱 정확할 것이다.[11] 이는 18세기 내내 포르투갈 소유 북대서양의 마데이라Madeira 섬에서 행해졌던 포도주 무역에 있어서 스코틀랜드 무역상들이 어떻게 해서 지배적 역할을 하게 되었는지를 보면 잘 드러난다. 1768년의 시점에서 이 섬에 거주하는 43명의 외국인 무역상들 중 3분의 1은 스코틀랜드인들이었고, 그 섬의 10

18장 생각과 아이디어, 교환과 무역 ―

대 포도주 수출업자 중 다섯 명이 또한 스코틀랜드인들이었다. 물론 포도주 상인들 중 일부는 친척 관계였지만, 그 네트워크 내의 연결선들 대부분은 '통신원들'과 '연락선들' 사이의 네트워크였다. 물론 이렇게 유대가 느슨했기 때문에 생겨나는 문제들도 있었다. 돈을 내고 사업을 진행하는 본인principal은 자신의 대리자들agents로 하여금 자기의 훈령에 따르도록 하는 데 보통 어려움을 겪었다. 정보의 흐름은 엄청난 양이었지만 쓸데없는 가십 등으로 오염돼 있을 때가 많았다. 또 무역상들은 서로서로 끊임없이 흥정을 벌였으므로 거래 비용도 높았다.[12] 하지만 다른 한편으로 보자면 이러한 네트워크는 역동적이었고 시장의 변동에 예민하게 반응하는 것이었다.[13]

이 문제에 대한 해법의 하나는 네트워킹의 여러 혜택을 모종의 위계적 경영의 요소와 결합하는 것이었다. 형식상으로 보자면 런던에 있는 동인도회사East India Company가 인도와 서유럽 사이의 무역에서 상당 부분을 통제하는 것으로 되어 있었다. 하지만 실질을 보면 그 회사 무역상들이 수행했던 4,500회 시상의 항해가 보여주듯이, 배의 선장들이 슬쩍 옆길로 새어 자기들의 계정으로 판매와 매입을 행하는 일이 많았다.[14] 18세기 말이 되면 이러한 무역 네트워크에서 생겨난 교역항의 숫자가 100개 이상이었으며, 마드라스Madras와 같은 열린 대규모 상업소emporia 로부터 중국 광둥성(광저우廣州)에 딸린 시장들까지 다양한 형태였다.[15] 사실 이렇게 서로 떨어져 있는 각 지역의 결집체들을 하나로 엮어주는 약한 연결선을 제공했던 것이 바로 이러한 사적인 교역이었다.[16] 이러한 네트워크는 독립적인 생명을 가지고 있었으며, 런던에 있는 동인도회사의 이사들이 이를 통제한다는 것은 어림도 없는 일이었다. 사실상 이것

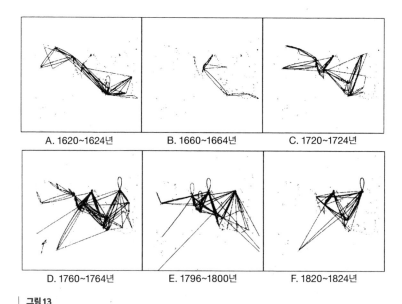

A. 1620~1624년   B. 1660~1664년   C. 1720~1724년

D. 1760~1764년   E. 1796~1800년   F. 1820~1824년

그림 13

1620~1824년 영국 동인도회사의 교역 네트워크. 동인도회사를 기간 시설로 삼아 혜택을 본 여러 무역상들이 있지만, 동인도회사 또한 이 무역상들이 여러 다른 교역항들 사이에 단일의 네트워크를 구축할 수 있었던 데에서 많은 혜택을 보았다.

이야말로 영국 동인도회사의 성공의 열쇠 중 하나였다. 이는 위계 조직이라기보다는 하나의 네트워크에 가까웠던 것이다. 여기에서 그 경쟁자였던 네덜란드 동인도회사는 그 직원들의 사적인 교역을 금지했다는 사실이 의미심장하게 다가온다. 네덜란드 동인도회사가 시간이 지나면서 영국 동인도회사에 의해 밀려나게 된 것을 설명하는 데에 이 점이 도움이 될 수 있다.[17] 영국 동인도회사의 무역자들의 네트워킹 전략이 실패하는 경우도 있었으니, 예를 들어 스리랑카의 왕족이 독점하여 대단히 위계적으로 조직되었던 교역항이었던 바티칼로아Batticaloa와 같은 경우였다.[18] 영국 동인도회사가 아시아와 유럽 사이의 무역에 집중하기 위하여 아시아 내부 무역으로부터 철수했을 때에도 그 회사의 무역자들이 그때까지 구축해둔 밀도 높은 해상 네트워크가 결정적인 중요성을 갖는 다는 것이 밝혀졌다.[19] 영국 동인도회사도 결국에는 좀 더 위계적인 구조를 갖추게 되지만, 이는 어디까지나 무역 대신 인도에서의 세금 징수로 사업 모델을 바꾼 후에 벌어진 일이다. 로버트 클라이브Robert Clive*의 시대에 이르면 영국 동인도회사는 상당한 전쟁 능력까지 겸비한 식민지 정부의 성격을 띠게 된다.

스코틀랜드 저지대Lowland에서 한때 아주 흔하게 볼 수 있었던 야심과 모험심이 넘치는 유형의 가문들에게는 이야말로 기회의 세상이었다.[20] 대니얼 디포가 '산이 많은 야생의 벽지로서 황량하고 우울한 것 이외에는 아무것도 볼 게 없다'고 말했던 덤프리셔Dumfriesshire의 웨스터홀Westerhall에 있는 존스턴Johnstone 가문은 이를 크게 환영하였다. 제임스와 바바라 부부가 낳은 이 집안의 아이들 중에서 성인으로 장성한 11명 중 거의 전부가 자기들 인생의 상당 부분을 스코틀랜드 바깥에서 보냈다. 그중 네 명의 형제인 제임스, 윌리엄, 조지, 존은 결국 하원의원으로 선출되며, 1768년에서 1805년까지 최소한 한 명 이상의 존스턴 가문 사람들이 계속 의원직을 유지하였다. 둘째아들 알렉산더는 그레나다Grenada에 있는 대규모 사탕수수 플랜테이션을 구입하여 이를 '웨스터홀'이라고 개명하였다. 그의 동생인 윌리엄 존스턴 펄트니 경Sir William Johnstone Pultney은 투자가들의 연합체를 이끌어 1792년에는 뉴욕 주 서부에 있는 100만 에이커 이상의 땅인 제네시 지구Genesee Tract를 구입했다. 그는 죽을 무

---

* 동인도회사를 이끌고 18세기 중반 인도 지역의 대부분을 무력으로 점령하여 영국 지배를 확립한 인물이다.(옮긴이)

렵에는 도미니카, 그레나다, 토바고, 플로리다 등에 재산 소유를 축적하였다. 이 집안의 제일 어린 동생들 세 명—존, 패트릭, 기드온—은 모두 동인도회사에 고용되어 인도에서 시간을 보냈다. 존은 페르시아어와 벵갈어를 모두 완전히 익혀 사업도 번창하여 상당한 재산을 모았다. 패트릭은 1756년의 '캘커타의 검은 구멍'**에서 19세의 나이에 목숨을 잃는 불운을 겪었다. 존스턴 형제들은 북미의 영국 식민지에서도 복무했다. 조지는 웨스트 플로리다의 총독이었고, 알렉산더는 캐나다와 북부 뉴욕의 장교였으며, 기드온은 대서양 연안의 해군 장교였다. 집안의 막내아들 역시 바스라, 마우리티우스, 희망봉 등에서 시간을 보냈다. 그의 이력 중에는 갠지스 강에서 퍼온 짠물을 인도 순례자들에게 판매하는 사업을 운영한 적도 있었다(존스턴 집안의 네트워크를 그림으로 나타낸 것은 사진 11을 보라).[21]

지구적인 상인 네트워크의 여러 허브들은 에든버러, 런던, 킹스턴, 뉴욕, 케이프타운, 바스라, 봄베이, 캘커타 등의 교역항 도시들이었다. 하지만 이러한 대도시들을 이은 바닷길을 따라 흘러간 것은 재화와 황금만이 아니었다. 노예들 또한 수백만 명 단위로 대서양을 건너갔다. 그레나다의 존스턴 플랜테이션에서도 수백 명의 노예들이 땀을 흘리고 있었다. 그러다가 스코틀랜드의 법정에서 노예제의 법적 인정 문제를 놓고 존스턴 집안사람 하나가 송사를 일으켰다가 결국 패했는데 이것이 그곳에서 노예제를 폐지하는 계기가 됐다. 또한 스코틀랜드 법정에서 합법적으로 노

** 1756년 벵갈 군대는 영국 동인도회사의 요새를 함락시켜 그 포로들을 모두 좁은 감옥 안에 몰아넣었다. 너무 좁아서 압사하고 질식사한 이들이 부지기수였다고 한다.(옮긴이)

예가 된 것으로 인정된 마지막 사람, 벨린다Belinda의 소유주도 존스턴 집안사람이었다(존). 하지만 아이디어들(노예 해방의 아이디어도 포함하여) 또한 18세기의 상업 네트워크를 통해 흘러 다녔다. 마가렛 존스턴은 열렬한 재커바이트Jacobite*로서, 에든버러 성에 갇혔다가 탈출해 망명지인 프랑스에서 숨을 거뒀다. 윌리엄 존스턴은 '선별된 이들의 모임Select Society'으로 알려져 있는 에든버러 클럽의 회원이었다. 여기에는 애덤 스미스, 데이비드 흄, 애덤 퍼거슨Adam Ferguson 등도 속해 있었는데 이들은 윌리엄의 지적 능력을 높게 평가했다. 윌리엄의 아들 존은 아프리카 노예 무역 폐지를 위한 에든버러 협회Edinburg Society for the Abolition of the African Slave Trade를 후원했다. 그의 삼촌인 제임스와 존 또한 노예제의 반대자들이었지만, 윌리엄은 반대쪽이었다. 조지는 미국 혁명을 지지하는 입장에 친화적이었다가 실패로 끝난 1778년 화친 위원회의 일원으로 미국 식민지들로 파견됐다. 존스턴 집안사람들의 경우 알렉산더 해밀턴**은 물론 그의 강적인 아론 버Aaron Burr도 모두 잘 알고 있었으니, 후자는 에든버러에 있는 베티의 집을 한 번 방문하기도 했다.[22] 존스턴 집안은 아마도 세계화된 가문의 극단적인 경우일 것이다. 하지만 18세기의 프랑스 보르도의 북쪽에 있는 시골 도시 앙굴렘Angoulême에 가보아도 놀랄 정도로 많은 비율의 시민들이 프랑스 밖을 여행했거나 살아본 이들이었다(사진 14).

---

* 명예혁명으로 쫓겨난 스튜어트 왕조의 제임스 2세를 여전히 왕으로 모시는 파당. 스튜어트 왕조는 스코틀랜드의 왕가였으며, '재콥'이란 제임스와 같다. (옮긴이)

** 미국 독립의 주역으로 미 연방공화국 탄생에도 주된 역할을 했다.(옮긴이)

19장

계몽주의의 여러 네트워크

인쇄술의 발전은 종교 개혁을 가능하게 했으며 또한 과학 혁명을 촉발했다. 하지만 계몽주의 운동은 인쇄술에 힘입은 것에 못지않게 그보다 낡은 형태의 글말에도 빚지게 되었으니, 이는 아마도 역설이라고 해야 할 것이다. 물론 계몽주의 철학자들philosophes은 인쇄를 통해 저작을 출간하였고 그들 중 다수는 많은 저작을 쏟아놓은 이들이었다. 하지만 그들이 서로 나누었던 생각의 가장 중요한 것들 중 일부는 사적인 서한을 통해 소통됐다. 사실상 오늘날의 학자들이 계몽주의 네트워크를 재구성할 수 있게 된 것도 그 편지들이 다량(6,000명 이상의 저자들 사이에 오간 수만 통의 편지들)으로 남아 있기 때문이다.

우리는 계몽주의를 글래스고에서 상트페테르부르크에 이르는 전 유

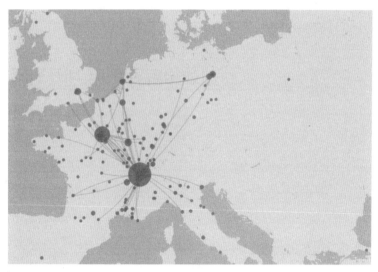

그림 14

볼테르의 교신 네트워크. 이는 계몽주의를 보다 국제적 운동으로 여기는 기존의 관점에서 볼 때는 너무나 프랑스 중심이 아닌가 하는 생각이 들게 할 수 있다.

럽의 철학자들과 문인들literati이 하나로 엮이는 범세계적 현상으로 생각하는 경향이 있다. 하지만 18세기의 지도적 사상가들이 주고받았던 서한을 자세히 들여다보면 나라별로 결집체를 이루고 있는 경향이 분명히 나타난다.[1] 예를 들어 볼테르가 편지를 주고받은 1,400명 이상의 네트워크는 그중 70퍼센트가 프랑스인들이었다.[2] 볼테르 서한의 약 12퍼센트는 그 보낸 곳과 받는 곳이 알려져 있다. 이 중 절반 이상(57퍼센트)은 파리에서 보내왔고 또 파리로 보내졌다. 물론 볼테르는 조너선 스위프트 그리고 알렉산더 포프와도 편지를 주고받았지만, 이는 약간에 불과하다. 그의 주된 영국 통신원은 잘 알려지지 않은 인물들인 비단 상인 에버라드 포크너 경Sir Everard Fawkener 그리고 퍼니Ferney에서 그가 만났던 유명하지 않은 시인 조지 키트George Keate다.

계몽주의 사상가들 중에는 여러 개의 빛을 발하는 '허브들'이 있으며 (다른 허브 둘을 꼽자면 장 자크 루소 그리고 『백과사전』의 편집자인 장 밥티스트 르 롱드 달랑베르Jean-Baptiste le Rond d'Alembert를 들 수 있다), 볼테르도 그중 하나였다. 그를 중심으로 한 네트워크들은 동시대인들이 문필가와 지식인 사회société littéraire ou savante라고 생각했던 보다 넓은 네트워크의 주된 구성물이었다.[3] 이는 지리적으로 볼 때 파리를 중심으로 삼고 있었다. 대략 2,000명에 달하는 그 구성원들 표본의 12퍼센트는 파리에서 죽었으며, 『백과사전』에 기고했던 이들의 23퍼센트도 마찬가지였다.[4] 이는 또한 사회적 지위로 볼 때도 희귀한 네트워크로서, 18명의 남녀 군주 45명의 공작 및 공작부인, 127명의 후작 및 후작부인, 113명의 백작 및 백작부인, 39명의 남작 및 남작부인이 포함돼 있었다.[5] 귀족들은 18세기 프랑스 인구의 약 0.5퍼센트에 불과했지만 이른바 '문필의 공화국'에서는 5분의 1을 차지하고 있었다. 게다가 이 네트워크가 보통 기성 질서에 대한 비판적인 관점과 결부됐다는 점을 생각해볼 때, 이 공화국에 이렇게 많은 고위 왕실 공직자들이 들어가 있었다는 것은 놀라운 일이다.[6] 마지막으로 우리가 보통 과학 혁명과 계몽주의 운동 사이에 여러 중대한 연속성이 있었을 것이라고 생각하는 경향이 있지만, 사실을 따져보면 이 네트워크 안의 다수가 아카데미 프랑세스와 왕립 과학 아카데미와 같은 단체들의 회원이었지만 전문적으로 과학 연구에 종사하는 이는 거의 없었다. 이는 숫자의 공화국이라기보다는 글자의 공화국이었으며, 실험가들의 네트워크라기보다는 논문 저자들의 네트워크였던 것이다.

물론 서한 왕래의 네트워크들은 계몽주의 운동의 이야기에서 일부를 드러낼 뿐이다. 볼테르, 루소, 달랑베르를 알고 있는 이들은 그들과 편지를 주고받는 일뿐만 아니라 실제로 만나보는 일에도 큰 열정을 가지고 있었다. 이는 '살롱들의 공화국'이기도 했으니, 자기들의 집을 사교의 중심지로 만들어서 지식인이 되고자 열망하는 자들은 다 그 집에 초대받고 싶어하는 살롱 여주인들이 중요한 중개인의 역할을 수행하기도 했다.[7] 가난한 문인들과 작가들이 머무는 파리의 가난한 동네에 사는 천한 몸들이 초대를 받는 경우는 거의 없었다. 하지만 이 명사들의 높으신 네트워크와 시궁창 인쇄소들의 천한 네트워크 사이에는 '약한 유대들'이 존재했다. 이런 문필의 지하 세계에 속하는 이들 중 볼테르, 루소, 달랑베르와 편지를 주고받은 이는 18명이었다.[8]

나라마다 계몽주의 운동은 독특한 방식으로 진행됐다. 에든버러에서도 파리와 마찬가지로 왕실과 교회라는 기성 제도들의 간극에서 새로운 자유 사상의 네트워크들이 일어났다. 에든버러는 스코틀랜드의 수도로서, 최고 민사 법원Courts of Session, 대법원High Court of Justiciary, 재무부Exchequer, 작은 정치 위원회minor Commissar, 초급의 해사 법원minor Commissar and Admiralty Courts, 변호사회Faculty of Advocates, 자치 도시 회의소Convention of Royal Burghs, 스코틀랜드 장로교 총회General Assembly of the Church of Scotland, 에든버러 대학 등이 있는 도시였다. 1751년 이후 애덤 스미스가 대학 교수가 됐다(비록 수도인 에든버러가 아니라 글래스고였지만). 1752년 이후에는 데이비드 흄이 변호사회 도서관 관장Keeper of the Advocates Library이 됐다. 프랑스에서와 마찬가지로 스코틀랜드에서도 지식인들이 생활할 수 있는 물질적 지지의 결정적인 원천 하나는 귀족들의 후원이었다. 1764~66년에 스미스는 어린 버클루 공작duke of Buccleuch의 가정교사로 일했다. 에든버러의 위대한 사상가들도 프랑스의 위대한 사상가들도 혁명가라고는 전혀 보기 힘들었다. 그렇다고 해서 반동이라고도 할 수 없었다. 대부분 스튜어트 왕조를 적통으로 여기는 자들을 한심하게 여겼고, 하노버 왕조*의 질서를 받아들였다. (에든버러의 신도시New Town의 도시 계획으로 제안된 설계도 중에는 유니온기Union Flag**의 모습을 본뜬 것도 있었다.⁹) 그럼에도 불구하고 당대의 지적인 활동은 기성 제도들이 아니라 구 도시Old Town의 새로 생긴 비공식 클럽들에서 벌어졌으니, '철학 협회Philosophical Society'(이는 1737년에 창립된 모임으로서, 정식 명칭은 '예술과 과학의 개선 특히 자연에 대한 지식을 증진시키기 위한 에든버러 협회Edinburgh Society for Improving Arts and Sciences and Particularly Natural Knowledge'라는 긴 이름이었다)와 '선별된 이들의 모임Select Society'(1754~62)이었다. 그리고 프랑스의 경건한 종교인들dévots이 계몽주의의 '철학자들'을 개탄하고 박해하려고 했듯이, 스코틀랜드의 장로교파 전통주의자들 또한 그곳의 문인들을 '지옥에서 나온 도깨비들'이라고 여겼다. 16세기 칼뱅의 혁명에서 생겨난 선동가의 후손들이 불과 몇 세대 만에 스코틀랜드의 국교인 장로교('커크Kirk')를 수호하는 무뚝뚝하고 음침한 세력이 되어버린 것이다. 존 홈John Home은 〈더글러스Doublas〉(1757)라는 희곡을 쓴 죄로 스코틀랜드 장로교의 장회의에서 재판을 받고 공직에서 물러나라는 판결을 받는다.***

---

* 명예혁명으로 제임스 2세가 쫓겨나면서 스튜어트 왕조가 끝나고 네덜란드의 윌리엄 오랑예가 영국 왕위를 이어받으면서 하노버 왕조가 성립한다.(옮긴이)

** 오늘날 영국 국기로 쓰이는 깃발로 유니온 잭Union Jack이라고도 한다. 이는 잉글랜드를 나타내는 십자가와 스코틀랜드를 나타내는 X표가 겹쳐 있는 모습이다.(옮긴이)

*** 스코틀랜드 교회의 장로들은 다음의 비 칼뱅주의적 대사들에 분노하였다. '그의 운명은 가혹하도다. 왜냐면 그의 잘못이 아니니까! 이 이상한 세상에는 숙명이라는 것이 있노라. 이는 사람들에게 억울한 판결을 명령할 때가 많은 법. 도대체 이유가 무엇인지는 학자들에게 들어보자.'

개신교 지역의 유럽에서는 어디에서나 그렇듯, 스코틀랜드에서도 인쇄 기술은 판도라의 상자임을 스스로 입증했다.

프랑스의 석학들lumières처럼 스코틀랜드의 문인들literati 또한 사유는 전 세계적이었지만 행동은 일국적이었다. 이는 흄과 스미스를 포함한 10인의 저명한 스코틀랜드인들의 편지로 알아볼 수 있다.* 글래스고와 에든버러에서 보내온 편지의 수는 파리에서 보낸 편지의 수보다 10배는 많다. 하지만 글래스고보다 더 중요한 곳은 런던이었다. 이는 전체 영국**의 네트워크이지 스코틀랜드의 네트워크가 아니었다. 어쨌든 계몽주의 운동은 통신 대학도 아니었고 또 그 지도적 인물들도 펜팔에 그치는 존재가 아니었다. 애덤 스미스는 버클루 공작의 교사로서 파리를 방문했고, 거기서 (다른 석학들 중에서도) 달랑베르, 중농주의자 프랑수아 케네, 벤저민 프랭클린 등을 만난다. 문필의 공화국은 모바일 공화국이었다. 18세기의 위대한 사상가들은 또한 개척자에 가까운 여행객들이기도 했다.

미 대륙에서 태어나고 자라난 이들 중에 열망에 가득찬 지식인들은 멀리 대서양을 넘어 영국과 프랑스로 와서 최소한 얼마간 지내는 것 말고는 다른 길이 없었다. 이러한 미 대륙 식민지에서의 계몽주의 운동을 한 몸에 체현하고 있는 인물이 바로 벤저민 프랭클린이었다. 영국 노스

---

* 다른 이들은 휴 블레어Hugh Blair, 길버트 엘리어트Gilbert Elliot(민토 경Lord Minto), 애덤 퍼거슨Adam Ferguson, 헨리 홈Henry Home(케임스 경Lord Kames), 존 홈John Home, 앨런 램지Alan Ramsay, 토머스 리드Thomas Reid, 윌리엄 로버트슨William Robertson 등이다.

** '영국Britain'은 스코틀랜드와 웨일스를 포함한 영국 섬 전체이며('대영국Great Britain'도 같은 말), '잉글랜드England'는 그 섬에서 중세에 앵글로–색슨과 노르만 정복자들이 다스리던 남동부 지역만을 말한다.(옮긴이)

그림 15
라파엘의 '아테네 학파'를 패러디한 조슈아 레이놀즈 경Sir Joshua Reynolds(1751)의 그림. 계몽주의 네트워크는 서신만큼이나 여행을 통한 방문에 기초를 두고 있었다.

햄프턴셔Northhamptonshire에서 건너간 청교도 이민자의 열다섯 번째 아들로 태어난 프랭클린은 독학가인 동시에 다재다능한 인물이었고, 도서관과 실험실을 똑같이 잘 활용했다. 1727년 그는 자신과 같은 남성들이 만나서 생각을 교류할 수 있는 클럽인 '비밀 결사junto'를 결성한다. 2년 후에는 「펜실베이니아 가제트Pennsylvania Gazette」를 출간하기 시작한다. 1731년에는 미국 최초의 회원제 대출 도서관을 설립한다. 그로부터 12년 후에는 미국 철학 협회American Philosophical Society라는 또 다른 제도를 설립한다. 1749년 프랭클린은 필라델피아 아카데미, 자선 학교 및 대학Academy, Charity School and College of Philadelphia의 초대 학장이 된다. 하지만 인구가 2만 5,000명밖에 되지 않는 필라델피아를 에든버러에 견줄 수 있을

리가 없고, 인구가 스무 배가 넘는 파리는 더더욱 그러했다. 1763년 이전까지 프랭클린은 미국 식민지들 외부에는 아무런 서신 교환자도 없었다. 그해 그가 런던으로 배를 타고 떠난 이후에야 비로소 그의 서신 교환에서 미 대륙 바깥의 사람들이 차지하는 비중이 0에서 4분의 1로 늘어나게 된다. 비록 그는 거의 동시대인인 볼테르와 전혀 서신 왕래가 없었지만, 유럽 방문을 통해 계몽주의 운동 네트워크의 완전한 일원으로서 자리를 굳히게 된다. 그는 1756년 영국 왕립 학회의 회원뿐만 아니라 왕립 예술 협회의 회원으로 선출된다. 런던으로 여러 번 여행했을 뿐 아니라 에든버러, 파리, 그리고 아일랜드와 독일까지 여행했다.[10] 그는 이후 미국 식민지들을 멀고 먼 런던의 주권자인 '입헌 군주king in parliament'에게 복속시키는 위계적인 끈을 끊어버리고 독립을 취하는 것에 대해 열성적으로 몰두했던 반란 기질의 식민지 주민의 하나로 떠오르게 되지만, 이는 모두 그 후의 이야기다. 역설적인 사실은, 북미의 영국 식민지 주민들이 자신들에게 정치적 제약을 가하는 주범으로 분개했던 곳이 런던이지만, 바로 그 런던이 여전히 '미 대륙의 수도'였다는 것이다.[11]

20장

혁명의 여러 네트워크

18세기 말의 여러 혁명에서도 그 이전에 벌어진 종교 혁명과 문화 혁명에서처럼 여러 네트워크의 역할이 결정적이었다. 이 경우에서도 글말 그리고 인쇄 기술이 결정적인 역할을 했다. 급진적인 정치 변화를 요구하는 주장들은 책으로, 팸플릿으로, 신문으로뿐만 아니라 무수히 많은 손 편지를 통해 전파됐고, 왕실 권력에 대한 여러 비판 또한 그런 경로로 제출됐다. '문필가들'의 눈으로 볼 때 펜이 검보다 더욱 강하게 보이는 일이 빈번했고, 작가들—즉, 시인, 극작가, 소설가, 논객—은 시대의 영웅 중 하나로 떠올랐으며, 겁 없는 인쇄업자들이 이들을 떠받쳐주었다. 인쇄업에 세금을 물리고자 했을 때 이것이 반란에 가까운 분노의 대상이 되었던 것도 놀라운 일이 아니다.[1] 서양의 작가들과 인쇄업자들은 그야말로 사회적 네트워크의 그물이라고 할 만한 것에 칭칭 엮여 있었으며, 세습적 군주의 통치로부터 벗어나기 위한 글을 쏟아내고자 하는 의도로 똘똘 뭉친 듯했다. 보스턴에서 보르도에 이르기까지, 혁명이란 대개 이렇게 언어를 다듬고 벼리는 대장장이들의 여러 네트워크가 이루어 낸 성과물이었으며, 그들 중 가장 뛰어난 이들은 또한 웅변가들이기도 하였으므로 이들이 광장에서 뜨겁게 토해낸 말들에 광장에는 군중이 구름떼처럼 모여들었고 그 선동에 힘입어 구체제를 지키는 철옹성들을 노도와 같이 날려들어 부수어버렸던 것이다.

하지만 혁명이 성공하려면 작가들만이 아니라 투사들도 있어야 한다. 나아가 여러 혁명 네트워크 또한 탄압을 받아도 금방 재생할 수 있는 회복력을 갖고 있어야만 한다. 위계적 권력이 한 번 밟고 간다고 해서 그냥 무너지는 식이어서는 안 되는 것이다. 이러한 맥락에서 폴 리비어 Paul Revere는 오래도록 아주 중요한 사례로 여겨진다. 헨리 워즈워스 롱펠로Henry Wadsworth Longfellow의 시는 이제 학생들도 기억하지 못하고 있으며, 토머스 에디슨이 만들었던 미국 최초의 영화가 〈폴 리비어의 야간 질주 Midnight Ride of Paul Revere〉였다는 사실도 모두 잊어버렸지만, 그 이야기만큼 은 지금도 모두에게 익숙한 것으로 남아 있다.[2] 노스 처치North Church에서 리비어에게 보낸 결정적인 신호 '하나면 육로, 둘이면 수로One of by land, and two if by sea'*는 아직도 많은 이들이 잘 알고 있는 문구 중 하나다.

---

* 1774년 영국의 조세에 저항하였던 매사추세츠 주의 수도 보스턴 항구에서 이른바 '차 사건Tea Party' 이 벌어진 이후 영국 본국에서는 식민지에 대한 압제를 강화했다. 그 일환으로 매사추세츠 주 총독 토 머스 게이지는 매사추세츠 주의 의회를 불법화시키고 대신 영국왕의 임명을 받은 인사들로 익찬회를 구성하여 그 자리를 메운다. 17세기 이후 매사추세츠 주가 성립한 뒤 대중의 투표를 통해 선출된 의회

시골길을 바쁘게 달리는 말발굽 소리

달빛에 어슴푸레 윤곽만 보일 뿐, 덩어리 하나가 어둠 속을 뚫고 가네

그리고 두려움 없이 쏜살처럼 날아가는 준마가 지나갈 때마다

그 발굽이 때린 길가의 조약돌에서는 불꽃이 일어난다네

그저 이것뿐! 하지만 이 어둠 속과 빛을 뚫고서

한 나라의 운명이 그날 밤 질주하고 있었다네

그리고 그 말이 날아가며 일으킨 불꽃의

그 열기로 이 땅은 온통 화염에 휩쓸려 대낮처럼 밝아졌다네

말할 것도 없이 롱펠로가 말하는 이 화염의 불꽃이란 우리가 본능적
으로 이해할 수 있는 (혹은 이해한다고 여기는) 소식의 전파 과정을 나타
내는 메타포다.

는 당연한 권리로 여겨졌기에 이들은 보스턴 북서쪽에 떨어진 콩코드—여기는 민병대가 집결하고 무기
를 은닉한 곳이기도 했다—에 독자적인 의회를 재건한다. 이를 진압하기 위해 영국 본토에서 정규군이
보스턴으로 들어온다. 폴 리비어, 윌리엄 도스, 새뮤얼 프레스코트 세 사람은 보스턴에서 영국군의 동
태를 살피다가 도시 성문 봉쇄 직전에 도시를 빠져나가 바로 옆 마을인 찰스타운Charlestown에 숨어
서 신호를 기다린다. 영국 정규군의 예상되는 경로는 남쪽으로 길을 잡아 좀 더 편하지만 좀 더 시간
이 걸리는 우회로와 북쪽으로 길을 잡아 미스틱 리버Mystic River 근처의 늪지대와 바다를 통과하는 보
다 빠른 길이 있었으니, 이를 미리 간파해 콩코드에 알리는 척후병의 임무였다. 이때 보스턴 안에서 영
국군의 향방을 관찰한 첩자가 보스턴의 노스 처치 교회 첨탑에 올라가 살럿타운에서 기다리는 리비
어 등에게 불빛으로 신호를 보내기로 한다. '한 번이면 육로, 두 번이면 해로'라는 것이었다. 폴 리비어
는 북쪽 길을 택하여 렉싱턴과 콩코드로 달려가며, 도스는 남쪽 길을 통해서 달려간다. 다음 날 영국
정규군은 콩코드에서 민병대의 강력한 저항에 부닥치게 된다. 이 전투를 계기로 필라델피아에서 대
륙 의회가 다시 열려 독자적인 군대를 조직하고 독립을 요구하게 되므로, 미국 독립 혁명의 개시를 알
리는 최초의 전투로서 여겨진다. 이를 기념하기 위해 1863년 롱펠로가 발표한 서사시 〈한밤중의 질
주Midnight Ride of Paul Rivere〉는 한때 미국 학교에서 학생들에게 암송하도록 했을 만큼 유명해지기도
했다.(옮긴이)

그리하여 그 밤 내내 폴 리비어는 달리고 달렸다네
그리고 그 밤 내내 깨어나 준비하라는 그의 외침 소리는 들렸다네
미들섹스의 모든 마을과 농장에, 이는
담대한 도전의 외침이었지 공포의 외침이 아니었다네
어둠 속에서 한 사람이 외치는 소리, 문을 두드리는 한 사람
그리고 영원토록 울려퍼질 그 한마디의 말!

하지만 맬컴 글래드웰이 지적한 바 있듯이, 리비어가 사람들에게 정보를 알리는 데 어떻게 그렇게 성공적이었는지는 설명이 필요한 문제였다. 그날 밤 영국 정규군이 보스턴의 북서쪽에 있는 렉싱턴Lexington과 콩코드Concord에 배치될 예정이었다. 렉싱턴에서는 식민지 주민들의 지도자 존 핸콕John Hancock과 새뮤얼 애덤스Samuel Adams를 체포하고 콩코드에서는 식민지 민병대가 쌓아둔 무기를 압수하는 것이 목적이었다. 리비어가 말을 타고 질주한 거리는 13마일뿐이었지만, 그는 가는 길에 있는 모든 도시와 마을에 들러 영국군이 오고 있다는 사실을 알렸다. 그런데 그가 퍼뜨린 소식은 그의 말이 절대로 따라갈 수 없는 솔라운 속도로 그를 앞질러 퍼져 나가서, 새벽 1시에는 링컨Lincoln, 새벽 3시에는 수드베리Sudbery, 마침내 새벽 5시에는 보스턴에서 40마일이나 떨어져 있는 앤도버Andover에까지 도달했다. 게다가 이런 놀라운 일을 가능케 한 매체는 그저 사람들의 입과 귀 뿐이었다. 데이비드 해킷은 리비어의 야간 질주를 다룬 저서에서 리비어가 '여러 사건들의 중심에 서는 데에도… 또 다른 많은 이들의 행동을 동원하는 데에도 신비한 천재성을 가지고 있었다'는 것이다.[3] 글래드웰은 리비어가 (그와 동일한 임무를 띠고 그날 밤 보스

턴의 다른 경로를 질주했던) 윌리엄 도스William Dawes와 달리, '소수의 법칙 Law of the Few'*에 힘입어 '입소문의 전염word of mouth epidemic'을 일으킬 능력이 있는 인물이었다고 한다.[4] 리비어는 '많은 이들과 섞이고 어울리기' 좋아 하며 '타고난 사교적 성격이 주체할 수 없이 우러나오는' 전형적인 '연결 자Connector' 유형의 인물이었다는 것이다.[5] 하지만 그는 또한 엄청난 양의 지식을 축적하는 '전문가Maven'이기도 했다. 그는 '식민지 보스턴에서 가 장 큰 회전 명함집Rolodox의 소유자'였을 뿐만 아니라 '영국인들에 대한 정보 수집에서도 능동적으로 활동하였다'는 것이다.[6]

이런 폴 리비어의 야간 질주 이야기는 아주 매력적이지만 이게 끝이 아니었다. 여기에 빠진 중요한 사실이 있다. 리비어가 1775년 4월 이전에 이미 반란 세력의 믿을 만한 전령으로 사람들의 신뢰를 확실하게 얻은 인물이었다는 점이다. 비록 그는 엄밀하게 말하면 문필 세계의 일원이 아니었고 은을 다루는 숙련 세공업자일 뿐이었지만 이미 보스턴 학살 을 과장하여 묘사함으로써 뉴잉글랜드 지역에서 널리 이름을 알린 상 태였다.[7] '용납 못할 법들Intolerable Acts'과 퀘벡 법Quebec Acts에 대한 보복으 로 세금 납부를 거부하고 영국 제품을 보이콧할 것을 요구하는 저 격앙 된 서포크 결의Suffolk Resolves를 필라델피아의 대륙 의회Continental Congress로 말을 타고 달려가서 전달한 이도 폴 리비어였다.[8]** 12월 13일, 리비어는

---

* 글래드웰이 그의 저서 『티핑포인트Tipping-Point』에서 제시한 이론. 정보와 소식이 효과적으로 빠르게 전달되는 데는 세 가지 유형의 사람들이 필요하다고 한다. 여러 사람들과 관계를 맺는 '연결자', 많은 양의 정보와 지식을 축적하고 있는 '전문가', 그리고 사람들이 쉽게 이해하고 믿을 수 있도록 설득하는 재주가 뛰어난 '세일즈맨'의 유형이 그들이다.(옮긴이)

** 보스턴 차 사건 이후로 영국 정부는 보스턴 항구 폐쇄, 매사추세츠의 의회 불법화, 영국군 주둔 막 사의 강제 할당 등 식민지 주민들이 도저히 '참을 수 없는' 법들을 통과시킨다. 또한 본래 프랑스 식민

뉴햄프셔의 포츠머스Portsmouth까지 말을 타고 달려가서 그 도시의 통신 연락 위원회Committee of Correspondence*에게 그들이 포츠머스 항구에서 떨어진 뉴캐슬 섬New Castle Island에 쌓아둔 무기와 탄약을 영국 정규군이 금세 압수하러 올 것이라고 경고한 바 있었다.[9] 리비어는 이미 4월 8일에도 콩코드에 가서 (이미 일주일 앞서서) '영국 정규군이 바로 다음 날 올 것이며… 유혈 사태가 벌어질 것'을 경고한 적이 있었다.[10] (그가 나중에 회상한 바에 따르면) 드디어 4월 16일 밤, 그는 렉싱턴으로 말을 타고 달려가서 핸콕과 애덤스에게 영국군이 코앞에 닥쳤으며, '당신들 두 사람이' 그 임박한 군대 배치의 목표물인 듯하다는 정보를 주는 일을 수행하였다.[11] 폴 리비어가 아닌 윌리엄 도스가 달려갔던 길 근처에 있었던 케임브리지와 메노토미Menotomy에서는 영국군의 움직임에 대해서 도스 말고도 독자적인 정보원이 있었으니, 보스턴 총독 토머스 게이지Thomas Gage가 극력 노력을 했음에도 불구하고 서머빌Somerville, 케임브리지, 메노토미의 주민들은 군대가 진군해 오는 것을 이미 듣고 있었던 것이다.[12] 리비어와 도스는 경쟁자가 아니라 함께 협력하는 사이였고, 또 다른 이인

<hr />

지였다가 영국 지배로 들어온 퀘벡 지역에 대해서 상당한 자치를 허용하는 퀘벡 관련법들을 통과시키는바, 뉴잉글랜드 등의 영국 쪽 식민지 주민들은 이를 자신들을 견제하고 압박하기 위한 수단이라고 여겨 분노했다. 이에 항의하고 대책을 마련하기 위해 13개 식민지의 대표들이 필라델피아에 모여 1775년 9월 5일 대륙 의회Continental Congress를 결성하고 10월 25일 영국에 대표를 파견하여 통상 단절을 선언한 뒤 해산한다. 하지만 다음 해 4월 매사추세츠의 콩코드에서 군사적 충돌이 벌어지자 5월 10일에 다시 개최되어 조지 워싱턴을 총사령관으로 하여 독자적인 군대의 조직과 통화 발행을 단행하고 영국 본국에 독립 청원을 보내게 된다. 영국의 냉담하고 적대적인 반응에 부닥치자 다음 해 7월 4일 대륙 의회는 독립 선언문을 발표한다.(옮긴이)

* 대륙 의회가 조직된 이후 식민지 여러 주의 각 지역과 긴밀한 소통을 위해 주요 도시마다 통신 연락 위원회를 두었었다.(옮긴이)

의사 새뮤얼 프레스콧Samuel Prescott과 함께 렉싱턴에서 콩코드까지 말을 타고 질주하면서 여러 농장들을 지날 때마다 번갈아가며 문을 두드려 소식을 알렸다.

리비어는 링컨 인근에서 영국군에 잡혔다.[13] 하지만 그날 밤 영국 정규군은 그전에 이미 불법 소식꾼을 세 명이나 잡은 상태였기에 그에 대해서만 관심을 집중하지는 않았다. 게다가 리비어는 운좋게도 목숨을 부지한 채 탈출하였다. 한때 성질 더러운 영국 정규군 장교가 리비어에게 묻는 말에 순순히 답하라고 위협하면서 '리비어의 머리에 권총을 겨누고 머리통을 날려버리겠다고' 하기도 했다. 하지만 반란군들과의 총격전이 본격화되면서 난장판이 되자 영국군도 말만 빼앗고 리비어를 그냥 풀어주기로 하였다.[14] 도보로 극히 조심스럽게 다시 렉싱턴으로 돌아온 리비어는 핸콕과 애덤스가 아직도 어떻게 할지를 결정하지 못하고 있는 것을 보고 대경실색했다. 자신이 그들에게 영국 정규군들이 온다는 정보를 전한 지 세 시간이나 지났기 때문이다.[15] 만약 리비어가 다시 케임브리지로 돌아오지 못했다면 그리고 그가 미국 독립 전쟁에서 살아남지 못했다면 (그는 83세까지 장수를 누렸다) 그의 야간 질주가 그토록 오랫동안 유명해졌을지는 의심스럽다.

폴 리비어가 거느리고 있었던 네트워크 또한 세심히 살펴볼 만한 충분한 가치가 있다.[16] 그는 여러 결집체들을 연결해주는 두 명의 핵심 중개자들―즉, 약한 유대의 끈― 중 한 사람이었다. 이 결집체들은 너무나 연결이 적었으므로 그냥 두었다면 단일한 혁명 운동 진영으로 융합될 수가 없었을 것들이었다. 매사추세츠 식민 지역은 혁명 이전 시대에 이미 갈수록 사회적 계층화가 심해지고 있었다. 보스턴은 갈수록 위계적 사회가 되고 있었고, 귀족적인 '브라만Brahmin' 엘리트*, 숙련공과 농부들의 중간 계급, 가난한 노동자들 및 연한 계약 머슴들indentured servants** 사이의 격차는 커져가고 있었다. 따라서 단순한 숙련공에 불과했던 리비어와 내과 의사였던 조지프 워런Joseph Warren이 가까운 관계였다는 사실은 결정적으로 중요했다. 당시의 '휘그' 운동***에 어느 정도 공감하고 있었던 다섯 개의 보스턴 단체들이 있었다. 그린 드래곤 주점Green Dragon Tavern에서 주로 만나던 프리메이슨 지부인 세인트 앤드루 지회St Andrew's Lodge, 자유의 아들들Sons of Liberty****의 핵심이었던 믿을 수 있는 9인회Loyal Nine, 살류테이션 주점Salutation Tavern에서 모이던 노스 엔드 비밀회North End Caucus, 다섯 앨리Dasset Alley의 롱 룸 클럽Long Room Club, 보스턴 통신 연락 위원회 등이었다. 이 다섯 집단에 속한 이들의 총 인원수는 137명이지만, 그 대부분(86퍼센트)은 이 중 한 단체에만 가입한 이들이었고, 이 다섯 단체에 모두 가입한 이름은 하나도 보이지 않는다. 조지프 워런만이 네 개 단체

---

* 뉴욕 주 북쪽의 대서양 연안에 접한 매사추세츠, 메인, 뉴햄프셔, 코네티컷, 로드아일랜드, 버몬트 등은 이른바 '뉴잉글랜드' 지역으로서, 저 유명한 메이플라워 호를 타고 영국에서 온 최초의 영국계 이민자들이 정착하기 시작한 곳이다. 이곳에서 최초부터 식민지를 개척한 이들은 영국 성공회 교회와 하버드 대학 등의 제도를 중심에 놓고 지역에서 지적으로나 사회경제적으로나 엘리트의 위치를 다지게 된다. 1860년대에 들어와 이 최초의 '터줏대감' 특히 보스턴의 엘리트 집단을 인도의 카스트 제도에 빗대어 '브라만'이라고 부르는 말이 생겨났다고 한다.(옮긴이)

** 채무 변제 불능 등 여러 이유로 일정 기간 종속적인 하인으로 (혹은 노예) 일하기로 하는 노동 형식. 서약서 두 장을 합쳐서 한 귀퉁이에 이빨을 내어(indentured) 양쪽이 나누어 가졌다가 계약 기간이 끝나면 파기하는 형태였다. 이는 그 기간에 혹사와 착취뿐만 아니라 심지어 판매나 임대까지 가능한 노예 노동의 성격이 강하여 대부분의 나라에서 근대에 들어와 금지된다.(옮긴이)

*** 18세기의 북미 영국 식민지에서는 '급진파 휘그Radical Whig' 당파가 존재했다. '공화주의자들 Commonwealthmen'로도 알려진 이들은 혼성 정체의 공화정을 선호하여 미국 혁명에 중요한 사상적 원천이 된다.(옮긴이)

**** 1765년 우표법Stamps Act에 맞서서 영국에 저항했던 비밀 결사 조직.(옮긴이)

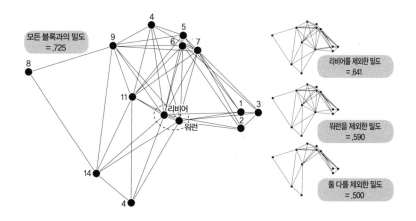

그림 16

1775년경 보스턴의 혁명 네트워크. 폴 리비어와 조지프 워런의 매개 중심성에 주목하라. 둘 중 하나 혹은 둘 모두를 제거할 경우 네트워크의 밀도는 크게 줄어들 것이다. 여러 개인들을 공통의 집단 소속에 따라 하나로 모았다. 두 개 이상의 집단에 소속된 이들은 워런과 리비어뿐이다.

에 이름을 올렸을 뿐이며, 폴 리비어는 세 개 단체에 이름을 올렸다. 새뮤얼 애덤스와 벤저민 처치Benjamin Church 또한 세 단체에 이름이 올라가 있지만, '매개 중심성'의 관점에서 보면 핵심인물은 워런과 리비어였다(그림 16).

이렇게 네트워크 분석을 행해 보면 폴 리비어가 혁명 시대 매사추세츠에 나타났던 기능공들과 전문 직종인들 사이의 계급 분열을 넘나들었던 두 사람 중 하나였음이 드러난다. 하지만 이 분석은 비록 예안을 담고는 있지만, 리비어와 워런이 속해 있었던 단체들 중 어떤 것(들)이 가장 중요한 것(들)이었는지는 보여주지 못한다. 여기에서 개연성 있는 추론 하나가 나온다. 미국 혁명에서 핵심 역할을 했던 네트워크가 프리메이슨이었다는 것이다.

1924년 『미국 혁명에서의 프리메이슨』을 출간한 시드니 모스는 (그 자신도 프리메이슨이었다) '자유를 위한 투쟁'에서 '애국적 지도자들을 모아 믿을 수 있는 비밀 회의를 조직한 것이' 프리메이슨이었다고 주장했다. 모스에 따르면, 1772년 영국의 군함 개스피Gaspee 호를 침몰시킨 것도, 보스턴 차 사건을 조직한 것도, 대륙 의회를 위시하여 혁명을 이끌었던 여러 기관들을 지배했던 것도 다 프리메이슨이었다는 것이다.[17] 그리고 폴 리비어는 모스가 가장 빈번하게 인용하는 이름들 중 하나였다.[18] 비록 1930년대에 들어 프랑스 역사가 베르나르 페Bernard Fay가 동일한 주장을 반복하지만 그 이후 미국 혁명을 연구한 지도적 역사가들은 오랫동안 이러한 논지를 무시했다.[19] 로널드 히턴이 241명의 '미국 건국의 아버지들'의 배경을 조사해보았지만, 그중 프리메이슨은 68명뿐이었다고 한다.[20] 그리고 미국 독립 선언서에 서명했던 56명 중 프리메이슨 지부에 소속된 이들은 불과 여덟 명뿐이었다는 것이다.* 오래도록 주류 역사계의 관점은 '프리메이슨에 소속된 개인들이 미국 혁명에 참여한 것은 사실이지만 이들이 프리메이슨 단원들로서 무언가 중요한 역할을 했었는지는 의심스럽다'는 것이었다.[21] 하지만 이런 결론 자체가 의심스러워 보인다. 다른 모든 것 이전에, 이러한 주장은 모든 건국의 아버지들이 똑같은 중요성을 가지고 있었다는 가정 위에 서 있지만, 네트워크 분석을

---

* 이들은 필라델피아 툰 주점 지부Tun Tavern Lodge의 벤저민 프랭클린, 보스턴의 세인트 앤드루 지부 St Andrew's Lodge의 존 핸코크, 1776년 12월 노스캐롤라이나의 에덴턴Edenton의 익명 7번 지부 Unanimity Lodge No.7를 방문했던 것으로 기록이 남아 있는 조지프 휴스Joseph Hewes, 노스캐롤라이나의 메이슨버러Masonborough의 하노버 지부Hanover Lodge의 윌리엄 후퍼William Hooper, 1759년 6월 매사추세츠의 록스베리Roxbury에 있는 총 지부Grand Lodge에 출석했던 로버트 페인Robert Treat Payne, 1765년 매사추세츠의 프린스턴에 있었던 세인트 존 지부St John's Lodge의 수장charter Master 리처드 스톡턴Richard Stockton, 조지아의 사바나Savannah의 솔로몬 1번 지부Solomon's Lodge No. 1의 조지 월턴George Walton, 뉴 햄프셔의 포츠머스에 있었던 세인트 존스 지부St John's Lodge의 윌리엄 휘플William Whipple 등이었다.

보면 미국 혁명에서 가장 중요한 도시였던 보스턴에서 가장 중요한 혁명가들은 리비어와 워런이었음이 드러난다. 또한 이러한 전통적 역사학계의 관점은 프리메이슨주의가 하나의 혁명 이데올로기로서 수행했던 중요한 역할을 과소평가하고 있다. 혁명을 일으킨 사람들을 움직이게 만드는 역할에 있어서 프리메이슨주의의 중요성이 세속적인 정치 이론들 혹은 여러 종교 교리들 이상이었다는 것은 여러 증거들이 분명히 시사하고 있는 바다.[22]

프리메이슨주의는 '이성의 시대Age of Reason'였던 18세기에 강력한 신화를 제공했고, 국제적으로 통일된 단일의 조직적 구조 그리고 신참자들을 상징적 의미에서의 형제들로 결속시키도록 정교하게 고안된 의식ritual도 제공했다. 18세기의 세상을 변화시킨 다른 많은 것들과 마찬가지로, 이 또한 그 기원은 스코틀랜드였다. 중세 유럽의 석공들도 자신들을 여러 지부로 조직하고 (여타의 중세 기능공들과 마찬가지로) 자신들을 도제, 부유 장색journeyman, 장인 등으로 구별하였던 것은 분명하지만, 이 조직들이 크게 형식을 갖추게 된 것은 14세기 말 이후의 일이었다. 1598년 스코틀랜드의 지부들이 스코틀랜드 왕실 건축 사업 최고 지휘관Principal Master of Work to the Crown**이었던 윌리엄 쇼William Schaw 이후 쇼 법령Schaw Statutes이라고 알려진 새로운 규칙들을 부여받게 된다. 하지만 17세기 중반이 되어서야 프리메이슨은 비로소 숙련 기능공들의 느슨한 길드 네트워크를 넘어서게 되며, 킬위닝Kilwinning과 에든버러의 지부들은 '사변적

** 이들은 전통적인 석공이나 건축 기술자라기보다는 행정관 혹은 단순한 왕의 정신courtier일 때가 많았다. 윌리엄 쇼 또한 석공의 경험은 전혀 없던 이였다고 한다.(옮긴이)

speculative' 혹은 '합격한(실제 석공일을 하지는 않는)' 석공들을 받아들이기 시작한다. 그러다가 에버딘Aberdeen 사람인 제임스 앤더슨James Anderson이 『자유-석공들 단체의 성립 과정The Constitutions of the Free-Masons』(1723)이라는 저서를 통해 새로운 시대에 걸맞은 거창한 규모의 역사를 풀어놓게 된다. 앤더슨의 서사에 따르면,* 이 '우주의 지고의 설계자Supreme Architect of the Universe'께서는 애덤에게 석공의 여러 기술들—기하학 그리고 '기계 기술들'—을 내려주셨으며, 애덤은 이를 자손 대대로 전수시켜 마침내 구약성경의 선지자들에게까지 내려왔다고 한다. 신께서 선택하신 민족, 즉 이스라엘인들은 '약속의 땅을 얻기 전부터 훌륭한 석공들'이었다고 하며, 모세는 그들의 '최고 장인Grand Master'이었다는 것이다. 이 초기의 석공들이 이룬 최고의 성과는 바로 예루살렘에 있었던 솔로몬의 대신전이었으며, 이를 세운 이는 '지상에 존재했던 가장 뛰어난 석공이었던' 히람 아비프Hiram Abif였다고 한다.[23]

성공적이었던 많은 다른 네트워크와 마찬가지로 프리메이슨 또한 모종의 위계적 요소를 가지고 있었다. 모든 석공들은 지역의 지부 소속이었고, 대부분의 지부는 하나 이상의 상급 지부grand lodges 아래에 결속되어 있었으니, 18세기에 그 상급 지부가 있었던 곳은 런던, 에든버러, 요크, 더블린 등이었으며 이후에는 유럽 대륙과 북미 식민지들까지 퍼져 나간다. 각각의 지부에는 장인, 즉 지부장 한 사람, 여러 명의 집사들

---

* 물론 그의 서사에 대한 도전도 없지 않았다. 한 예로 또 다른 스코틀랜드 사람이었던 앤드루 마이클 램지Andrew Michael Ramsay는 프리메이슨의 기원을 십자군 전쟁 당시의 팔레스타인으로 소급하고 있다.

wardens 및 여타 관직자들이 있었다. 새로이 프리메이슨에 가입하게 되는 이는 기존의 지명 절차를 거쳐야 하며 만장일치로 통과되어야만 했고, 이미 '신참 도제entered apprentice'로서 입단식을 거쳐 프리메이슨의 의식들과 비의들에 입문하게 되기 이전에도 앤더슨의 저서 『성립 과정』에 나와 있는 '책임들Charges'에 구속되는 것에 동의해야만 했다. 입단 의식 자체도 정교하였고, 기술공이나 장인의 높은 서열로 오르는 의식은 더욱 정교하였으니, 여기에는 약속된 제스처들, 서약문, 의식용 복장 등이 동원되었다. 하지만 이 '책임들'에서 눈에 띄는 실로 충격적인 특징은 그 엄격함에 있다. 모든 프리메이슨 회원들은 '평판이 좋고 성숙하고 지혜로운 나이에 달한 자유민인 선하고 진실한 남성이어야 하며, 농노나 노예, 예자, 부도덕하고 추문에 휩싸인 남성들은 제외된다'는 것이었다. 회원들은 '어리석은 무신론자도 또 종교가 없는 난봉꾼도' 되어서는 안 된다는 것이다. 비록 사회적 신분이 높은 이들이 가장 명예로운 지위에 오를 때가 많았지만, 프리메이슨 조직 자체는 '바깥세상에서 누리고 있었던 명예는 전혀' 인정하지 않았고 지부 내에서는 모든 회원들이 다 평등한 형제였다.[24] 이는 대단히 중요한 일이었다. 지부 모임이 갖는 호소력의 일부는 바로 이렇게 귀족들과 부르주아들이 차별 없이 섞일 수 있게 한다는 데 있었다. 다른 한편으로, 프리메이슨 조직은 회원들이 정치적 반란에 참여하는 것을 금지하지 않고 있었다. 물론 앤더슨의 저서 『성립 과정』에서는 '프리메이슨 회원은 어디에 거주하든 어디에서 일을 하든 세속 권력에 순종하는 평화로운 신민이며, 나라의 평화와 안녕에 맞서는 음모 따위에는 절대로 끼어들지 않아야 한다'고 되어 있다. 하지만 반란에 참여했다는 것은 명시적으로 지부에서 축출되는 사유는 아니었다.[25]

비록 앤더슨 자신은 장로교 목사였지만 그의 종교적 기준은 아주 느슨하였으므로, 우리는 프리메이슨 조직이 이신론Deism과 조화를 이루었을 것으로 추론할 수 있다. 실제로 북미의 식민지 일부 지회에서는 유대인들도 받아들였다.[26] 제아무리 계몽주의가 종교에 대해 회의적 입장이었다고 해도 모두가 그런 방향으로 이렇게까지 멀리 나갈 수 있었던 것은 아니었다. 그리하여 1751년 '구파Ancients'과 '신파Moderns' 사이의 분열이 벌어진다. '구파'는 프리메이슨 회원들이 자기가 사는 곳과 무관하게 기독교의 계율을 시킬 의무가 있다고 말하는 앤더슨의 『성립 과정』의 1738년 판을 더 선호하였다. 용어상 좀 혼동을 낳을 수 있지만, '신파'는 그보다 일찍 1726년에 나온 판본의 『성립 과정』을 더 선호했다. 여기에서는 모든 프리메이슨 회원들이 자기들이 사는 나라의 종교를 받아들이도록 촉구하고 있기 때문이었다. 매사추세츠에서는 보스턴에서 세인트존스 대지부grand lodge*가 처음으로 설립됐지만, 그로부터 약 26년 후인 1761년이 되면 여기에서도 이러한 분열이 나타난다. 세인트 존스 대지부는 런던의 대지부로부터 인가를 받아 생겨났지만, 에든버러의 대지

---

* 영어의 'lodge'는 원래 건물을 뜻하며, 본래 석공 조합의 정체성을 가진 프리메이슨이 모이는 특정 장소를 뜻하는 것으로 오인되기도 하며, 실제로 여러 지부들은 전용 건물을 가지고 있기도 하다. 하지만 이 말은 기본적으로 '장소를 뜻하는 것이 아니라 '지역 단위'를 뜻하는 즉 단체인 '지부'를 이르는 말이다. 이 지부들은 대지부grand lodge의 인가를 얻어 세워지며, 그 대지부의 감독과 지휘를 받는다. 하지만 이 대지부들을 총괄하는 전체의 세계 프리메이슨 중앙 단위는 존재하지 않는다(혹은 없는 것으로 알려져 있다). 따라서 각각의 주요 거점에 있는 대지부들은 상당한 독자성을 누리도록 되어 있으며, 대지부의 장은 'Grand Master'로 호명된다. 여기에서 주의할 점은, 이러한 프리메이슨의 초기 조직 형태가 영국에서 19세기 초 오언주의 노동운동의 노동조합 건설에 많은 영향을 주었다는 것이다. 특히 오언주의 노동운동에서 중요한 기여를 했던 건축가 조합Builders' Union은 이러한 지부와 대지부의 조직 특성을 그대로 가지고 있었다. 하지만 로버트 오언은 강력한 전국 단위에서의 중앙 조직을 건설하여 모든 노동자들의 조합 지부를 인적 물적 자원의 동원에 있어서 통일시키고자 하였다.(옮긴이)

부로부터 인가를 받은 '구파'의 대지부인 세인트 앤드루 대지부가 새로이 생겨난 것이다. 비록 처음에는 양쪽의 관계가 험악했지만 이러한 분열은 오래 가지는 않았으며 1792년이 되면 두 지부가 합병하게 된다. 하지만 미국 혁명 당시에는 이것이 현실 세계의 사회적·정치적 분열을 그대로 반영했던 것으로 보인다. 왜냐면 세인트 앤드루 지부는 원래 있었던 세인트 존스 지부에서 사회적으로 열등한 자들이라고 배제당했던 남성들이 창립한 것으로서, 특히 조지프 워런이 그 장인, 즉 지부장이 된 이후로는 반란의 온상이 되었기 때문이다(워런은 후에 새로이 생기는 보스턴 '구파'의 새로운 대지부의 장인이 된다).²⁷ 세인트 앤드루 지부는 1764년 그린 드래곤 주점을 사들였고, 이를 보스턴 혁명 운동의 총본부로 만들었다.²⁸ 실제로 이 지부의 1773년 11월과 12월의 일지를 뒤져보면 참석률 저조로 인해 여러 번 회합이 휴회되었음을 볼 수 있는데, 이는 회원들의 많은 숫자가 보스턴 티 파티에 참여하고 있었음을 암시하고 있다.²⁹ 워런은 1775년의 전투 중에 죽음을 맞는다. 그의 시신을 다시 매장하는 의식에서 그의 친구이자 동료 프리메이슨이었던 페레즈 모턴Perez Morton은 그가 공적인 생활에 있어서는 미덕에 빛나는 '누구보다도 따라올 수 없는 애국자'였으며, 사적인 생활에서는 '인류의 전범'이었다고 칭송하고 있지만, 무엇보다도 그를 프리메이슨으로서 기억해야 한다고 말하고 있다. '(최고 장인, 즉 대지부장으로서) 그는 우리에게 빛나는 모범을 보였습니다. 분수에 맞게 살면서 항상 방정한 품행을 유지하도록 말입니다.' 모턴의 말에 따르면, 워런이 가입했던 단체들이 여럿 있었지만 그중에서도 '그가 가장 높은 가치를 부여했던 것은' 바로 프리메이슨이었다고 한다. 그리하여 모턴은 '저 흉악한 악당들의 손으로' 워런이 죽음을 당했던 것을 솔로몬 신전을 세웠던 히람 아비프의 죽음에 명시적으로 비유하고 있다(프리메이슨의 전승에 따르면, 히람 아비프는 장인 석공들의 비밀 암호를 누설하지 않으려 하다가 살해당했다고 한다).[30] 리비어 또한 평범한 프리메이슨 회원이 아니었다. 1788년 그는 매사추세츠 대지부의 부지부장이 된다.[31]

음모 이론가들과 싸구려 통속 소설 작가들은 미국 혁명의 배후에 있었던 비밀 네트워크가 프리메이슨이었다는 생각에 오래도록 매력을 느껴왔다. 짐짓은 역사가들이 이러한 주장에 의구심을 품었던 이유도 이점이 부분적인 이유가 되었을 것이다. 물론 식민지의 프리메이슨 이 완전히 동질적인 조직이었던 것처럼 과장해서는 안 된다는 것이 분명하다. 보스턴 지부에도 관세 담당 위원 벤저민 핼러웰Benjamin Hollowel과 그의 형제 로버트 핼러웰과 같은 왕당파들이 있었다. 이 두 사람 모두 세인트 존스 대지부 소속이었으며, 세인트 앤드루 대지부에서도 최소한 여섯 명의 왕당파가 있었다. 하지만 미국 혁명의 여러 지도자들이 세인트 앤드루 대지부에 집중되어 있었다는 사실은 결코 그냥 지나쳐서는 안 될 일이다. 그 성원들 중에는 워런과 리비어 뿐만 아니라 「매사추세츠 정보원Massachusetts Spy」지와 『뉴잉글랜드 연감New Englangd Almanac』의 간행인인 이사야 토머스Isaiah Thomas와 자유의 아들들Sons of Liberty 조직의 비서였던 윌리엄 팔프리William Palfrey, 믿을 수 있는 9인회의 토머스 크래프트Thomas Crafts 등이 포함되어 있었다.[32] '구파'의 조직인 세인트 앤드루 대지부는 미국 혁명 전쟁 기간 동안 신규 지부를 19개나 형성하였다. 세인트 앤드루 대지부만 봐도 1777년에는 30명의 신규 회원이 생겨났고 1778년에는 25명, 그다음 두 해 동안에는 41명이 들어왔다. 1782년 6월의 한 만찬에서 세인트 앤드루 대지부는 보스턴의 행정 지도 위원들과 프랑스 영사를 패늘 홀Faneuil Hall로 초대하기도 했다.33 13년이 지난 후 매사추세츠의 주의회 의사당 건물의 초석을 놓은 것은 다름 아닌 폴 리비어였으며, 그는 이때 프리메이슨 의식의 복장을 하고 있었다. 리비어는 모여든 사람들에게 '선량한 시민의 분수를 지키며 살아야 한다'고 촉구했다. 그 목적은 '전 세계 인류에게… 우리가 그들과 함께하기를 원하며, 죽어서 뿔뿔이 흩어질 때에는 고요와 평화가 지배하는 저 신전으로 들어갈 수 있기를 바란다는 것을' 알리는 것이라고 한다. 그 바로 며칠 전 어느 목사 한 사람은 리비어와 그가 거느린 부관들에게 프리메이슨 회원들이야말로 '이성의 아들들이요, 지혜의 제자들이요, 인류의 형제들'이라고 말한 바 있다.34 이는 프리메이슨과 미국 공화국 초기의 최소한 일부 성직자들이 좋은 관계에 있었음을 보여주는 예이다. 그 좋은 다른 예 하나는 목사이자 프리메이슨이었던, 살렘Salem에 거주하는 조합교회주의Congregation* 목사였던 윌리엄 벤틀리 목사Reverend William Bentley였다. 1800년 그는 조지 워싱턴의 죽음을 기념하는 예식에 참가하기 위해 보스턴에 왔으며, 조지 워싱턴의 동료 프리메이슨이었던 리비어와 이사야 토머스와 함께 저녁을 같이하였다.35

그런데 불과 30년이 지나자 분위기가 완전히 달라졌다. 뉴잉글랜드에서 벌어졌던 종교의 '대각성Great Awakening'의 결과 중 하나는 격렬한 반프리메이슨 운동의 폭발이었고, 이는 세인트 앤드루 대지부와 그 비슷한 집단들에 신규 가입자가 급감하는 사태로 나타났다.36 여기서 우리

---

* 모든 교회가 독립적인 독자성을 가지고 있다는 원칙.(옮긴이)

는 미국 혁명 당시 프리메이슨이 맡았던 역할에 대한 강력한 부정과 반감이 왜 나타났는지에 대해 또 하나의 이유를 찾을 수 있다. 19세기 미국인들이 기억하고자 했던 것은 단지 그들의 공화국이 설립된 과정의 특징만이 아니었던 것이다. 하지만 정황적 증거로 볼 때 프리메이슨이 중대한 역할을 맡았다는 것은 대단히 강한 설득력을 가지고 있다. 벤저민 프랭클린은 필라델피아에서 자신이 설립한 프리메이슨의 대지부장이 되었을 뿐만 아니라, 앤더슨의 『성립 과정』의 최초의 미국판을 출간하기도 했다. 조지 워싱턴은 이미 20세에 버지니아의 프레더릭스버그Fredericksburg에 있었던 4번 지부에 가입했을 뿐만 아니라 1783년에는 또한 새로이 설립된 알렉산드리아 22번 지부의 지부장이 되기도 했다.

워싱턴은 1789년 4월 30일에 행했던 그의 대통령 취임 연설에서 뉴욕에 있었던 세인트 존스 1번 지부의 성경에 손을 얹고서 공직 선서를 하기도 했다. 이 선서식을 관리했던 로버트 리빙스턴Robert Livingston은 뉴욕 주정부의 최고 법관Chancellor이었으며, 프리메이슨이었을 뿐만 아니라 뉴욕 대지부의 제1대 대지부장이기도 했다. 1794년 화가 조지프 윌리엄스Joseph Williams가 그린 워싱턴의 초상화에 보면, 워싱턴은 그 1년 전 미국 국회의사당의 초석을 놓던 의식에서 대통령으로서 둘렀던 프리메이슨 정식 휘장을 다시 두르고 있다.[37] 미국 혁명의 전설에 있어서 조지 워싱턴의 에이프런은 폴 리비어의 야간 질주만큼이나 유명해야 마땅한 물건이다. 왜냐면 두 사람 모두 프리메이슨의 회원이 아니었다면 그만큼의 영향력을 가질 수 있었을지 의심스럽기 때문이다. 훗날 역사학자들은 미국 국새에 나오는 도상이 프리메이슨에서 기원한 것인지에 대해 의심을 표명해왔다. 이 도상은 1935년 이후 1달러 지폐에 인쇄돼 왔으므로 전 세계적으로 잘 알려져 있다.[38] 이 국새의 뒷면에는 미완성 피라미드가 그려져 있고 그 위에는 만물을 둘러보는 '섭리의 신'의 눈이 그려져 있다. 그런데 이 눈은 19세기 석판화에서 프리메이슨 복식을 갖춘 초대 대통령 워싱턴의 에이프런에서 우리를 바라보는 바로 그 눈과 꼭 닮아 있다(사진 12).

18세기의 과학 혁명, 철학 혁명, 정치 혁명은 서로 뗄 수 없이 엮여 있었다. 그러한 각각의 혁명의 담지자였던 네트워크들이 서로 뗄 수 없이 엮여 있었기 때문이다. 미국 혁명을 만든 이들은 다양한 재능을 가진 이들이었다. 미국 건국의 아버지들은 비록 프리메이슨 지부들을 통해 영국에서 행해지던 사교적 생활을 의식적으로 흉내내기는 했지만 분명히 당대의 과학 혁명과 철학 혁명을 낳았던 유럽의 네트워크들로 보면 주변부에 있는 이들이었다. 하지만 그럼에도 불구하고 이들은 정치적으로 볼 때 당시의 가장 혁신적인 인물들이었다. 그들이 숙고와 숙고를 거듭해 1780년대에 마침내 모습을 나타낸 미국 헌법은 위계제에 반대하는 모종의 정치 질서를 제도화하고자 하는 의도를 담고 있었다. 미국 건국의 아버지들은 고대 세계와 근대 초기 유럽에서 벌어졌던 공화국 실험들이 어떤 운명에 처하게 되었는지를 너무나 잘 알고 있었기에 권력을 나누는 동시에 다른 단위에 위임하는 시스템을 고안했다. 이를 통해 그들의 선출된 대통령의 행정 권력을 크게 제한하는 시스템을 만들어낸 것이다. 『연방주의자 논고The Federalist Papers』의 맨 앞에서 알렉산더 해밀턴Alexander Hamilton은 막 걸음마를 떼기 시작한 미국이라는 나라가 직면한 으뜸가는 위험이 무엇인지를 분명히 하고 있다.

인민의 권리를 열망한다는 자들은 겉보기에는 그럴 듯한 가면을 쓰고 있는 반면, 정부의 군건함과 효율성을 열망하는 이들은 험상궂은 표정을 하고 있는 때가 많다. 하지만 그 겉모습 뒤에 위험한 야망이 도사리고 있는 경우는 후자보다는 전자일 때가 더 많다. 역사를 보면 뚜렷이 알 수 있는바, 폭군의 전제정을 불러들이는 좀 더 확실한 길은 후자보다는 전자에 있었고 또 공화국의 자유를 전복한 자들 중 가장 많은 숫자는 인민들에게 아첨하는 말을 퍼붓는 것으로 경력을 시작한 자들이었다. 즉, 대중 선동가로 시작한 자들이 끝에 가면 참주가 되었던 것이다.[39]

그는 1795년의 글에서 이 주제로 되돌아온다. '여러 나라들의 역사를 참고해보면 금방 알 수 있는 일이다. 모든 시대의 모든 나라에는 야욕으로 마구 날뛰는 자들이 있었으며 이들은 자기들의 출세와 권력 확장에 도움이 되는 일이라면 무슨 짓이든 서슴지 않는 자들이었다. 이런 자들이 득세하게 되면 그 나라는 큰 재앙을 맞게 된다… 공화국의 경우 이런 자들은 인민에게 아첨을 떨면서 그들을 미처 날뛰게 만드는 선동가들인 경우가 많다. 이들은 권력이라는 우상이 놓여 있는 곳이라면 어디든 달려가서 거기에 절을 하며… 인민들에게 온갖 종류의 악덕, 약함, 편견 등을 가지도록 만든다.'[40]

미국의 시스템이 대단히 훌륭하게 작동한다는 사실에 유럽에서 온 방문객들은 크게 놀랐다. 특히 1792년에 공화국을 창설했지만 불과 12년밖에 지속하지 못했던 프랑스인들에게 미국은 흥미로운 관찰 대상이었다. 프랑스의 사회 이론가이자 정치 이론가인 알렉시스 드 토크빌Alexis de Tocqueville은 미국의 새로운 민주주의가 성공하게 된 열쇠로서 연방 시스템의 탈중앙적 성격과 함께 미국인들의 삶에서 결사체가 차지하는 결정적인 중요성을 들고 있다. 참으로 놀라운 사실은, 이러한 시스템을 건설한 이들이 이미 1660년에 공화국의 실험을 포기한 나라인 영국에서 온 종교적 난민들이었다는 점이었다. 토크빌도 말하고 있듯이, '그들의 모국에서는 사회적 서열의 위계제가 폭압적으로 주민들을 계급으로 갈라놓고 있는 반면', 미국에 시민지를 건설한 이들은 '모든 부분에서 동질적인 공동체라고 하는 새로운 장관을 보여주었다'는 것이다.[41] 북미 식민지 사회의 이러한 독특한 평등적 성격으로 인해 시민들이 만든 여러 결사체들의 네트워크가 실로 다른 나라들과는 견줄 수 없을 정도로 높은 밀도로 생겨나게 됐다고 하며, 토크빌의 주장에 따르면 이것이 바로 미국의 실험이 성공하게 된 열쇠라는 것이었다. 그가 그의 저서 『미국의 민주주의』 2권의 5장과 6장에서 서술한 미국의 모습이야말로 역사상 최초의 네트워크 정치체의 모습이라고 말할 수 있을 것이다. 토크빌은 이렇게 선언한다. '전 세계의 그 어떤 나라에서도 결사체 형성이라는 원리가 미국에서처럼 성공적으로 사용된 나라도 없으며, 또 미국에서처럼 온갖 종류의 잡다한 목적에 이 원리가 적용되는 나라도 없다.'

　　자치 도시와 자치주의* 이름을 내걸고 법으로 확립된 영구적 결

---

* 　서양 역사에서 도시city, town와 주county는 그 기원이 자치에 있었다. 후자는 군사력을 위시하여 독자적인 정치체로서 존속할 만한 힘을 가진 백작count이 왕으로부터의 독자적 권력을 인정받는 데서 출발했으며, 전자는 도시를 건설한 상인 및 수공업자의 여러 단체들이 자치의 허가장을 받아냄으로써 출발했다.(옮긴이)

사체들 이외에도, 사적인 개인들 스스로가 뭉쳐서 무수히 많은 숫자의 결사체들을 만들고 또 유지한다. 미국 시민들은 삶의 온갖 어려움과 나쁜 것들과 싸우기 위해서는 스스로의 노력에 의지해야 한다는 것을 갓난아기 때부터 배운다. 그들은 사회적 차원에서 형성되어 있는 권위체에 대해서는 불신과 불안의 눈길로 대하며, 정말로 그것의 도움이 꼭 필요할 때가 아니면 절대로 거기에 도움을 요청하지 않는다… 미국에서는 공공 안전, 상업, 산업, 도덕, 종교 등을 증진하고 장려하기 위해서 각종 결사체들이 확립돼 있다. 개개인들이 힘을 합쳐 하나의 결사체를 만들 정도라면 그러한 인간의 의지로 달성하지 못할 목적이란 존재하지 않는다.[42]

토크빌은 근대 민주주의에 본질적으로 참주정*—비록 다수에 의한 참주정이라고 해도—의 위험이 내재해 있다고 보았으며 미국의 정치적 결사체들은 이를 견제하는 필수불가결의 요소라고 보았다. 하지만 미국 시스템의 가장 큰 힘은 그 비정치적 결사체들에 있다는 것이 그의 주장이었다.

미국인들은 나이, 조건, 생각을 떠나서 항상 뭉친다. 모든 이들이 참

---

* 흔히 '독재'라고 잘못 번역되는 tyranny는 본래 아테네의 참주정을 말하는 것이었다. 참주tyrant란 기존의 법 질서와 전통을 무시하고 완전히 자의적으로 권력을 행사하는 존재였기에 '최초의 개인'이라고 불리기도 한다. 따라서 '다수의 참주정'이란 형용 모순처럼 들릴 수도 있으나, 민주정에서 다수가 숫자의 힘을 빌려 모든 원칙과 전통과 특히 헌법까지 무시하여 마구 전횡을 벌이는 경우를 일컫는 것으로서 민주주의에 대한 보수적 자유주의자들의 가장 중요한 비판의 지점의 하나이기도 하다.(옮긴이)

여하게 되어 있는 상업 결사체들과 산업 결사체들뿐만 아니라 그 밖에도 무수히 많은 다른 종류의 결사체들이 있다. 종교 결사체와 도덕 결사체뿐만 아니라, 중요한 것도 있고, 쓸데없는 것도 있고, 아주 모호한 목표를 가진 것도 있고, 아주 특정한 목표를 가진 것도 있고, 회원 숫자가 아주 많은 것도 있고 아주 적은 것도 있다. 미국인들은 바자회를 여는 데도, 수도원을 세우는 데도, 여관을 만드는 데도, 교회를 짓는 데도, 책을 배분하는 데도, 지구 반대편으로 선교사들을 보내는 데도 결사체라는 방법을 활용한다. 이들은 이러한 방식을 통해 병원, 감옥, 학교도 만들어낸다. 마지막으로, 무언가 위대한 모범을 들어서 발전시켜야 할 감정이 있거나 드러내야 할 진리가 있다면 그들은 결사체를 만든다.[43]

토크빌에게 있어서 미국의 이러한 정치적 사회적 구조는 그의 모국인 프랑스와는 너무나 대조가 되는 것이라 그를 완전히 매혹시켰다. 그의 모국인 프랑스에서도 혁명이 벌어졌고 또 프랑스야말로 계몽주의 운동의 가장 중요한 허브의 하나였건만, 어째서 그 결과는 그토록 실망스럽게도 다른 것이었을까?

THE SQUARE
AND THE TOWER

04

위계제의 복구

21장

적과 흑

스탕달의 소설 『적과 흑』(1830)에서 주인공 쥘리앵 소렐은 성직자로서 출세 경력을 시작한다. 부르봉 왕조가 복구된 프랑스에서 그가 출세할 수 있는 최상의 희망이 거기에 있다는 것을 깨달았기 때문이었다. 목수의 아들로 태어난 소렐은 나폴레옹 보나파르트가 다스리던 세상의 특징이었던 '재능이 있는 자는 누구나 출세할 수 있다'는 능력주의 시스템을 더욱 선호했을 것이다. 소렐의 말로는 좋지 못했으나 연애를 잘못 걸었던 죄였다기보다는 왕정 복구 시대의 경직된 사회적 위계제의 희생자였다. 하지만 스탕달은 소렐의 충동적 천성보다는 부르봉 시대의 속물주의를 탓하고 있다. "진정한 귀족 지위는 단 하나만 남았으니, 즉 공작의 작위다. 후작은 이제 말도 안 되는 것으로 여겨지게 됐다. (하지만)

공작이라는 말을 들으면 사람들은 모두 고개를 돌려버린다." 그의 책에 나오는 많은 서두 문구epigraph 중 하나다. 다른 것들도 보자. "군 복무! 재능! 수훈! 웃기고 있네!" "패거리를 만들어라." "그 도지사는 혼자서 자기의 말을 타고 가며 속으로 생각했다. '내가 장관, 수상, 아니 공작이 되지 말란 법이 있나? … 그러면 나는 혁신가 놈들을 모조리 잡아넣을 텐데.'"1

앙시앵레짐의 여러 위계 서열을 모조리 복구하겠다는 부르봉 왕조의 시도는 지속가능하지 않다는 것이 밝혀졌다. 1830년 또 한 번의 프랑스 혁명이 일어나 샤를 10세 왕정을 무너뜨렸다. 그로부터 18년 후에는 세 번째 혁명이 벌어져 샤를 10세의 뒤를 이었던 오를레앙 왕조의 루이 필립이 똑같은 운명에 처하게 된다. 마지막으로 1870년 독일군이 침략한 뒤 또 다른 혁명이 벌어져 황제 나폴레옹 3세의 정권을 전복시키고, 이후 오늘날까지도 프랑스의 다섯 공화국 헌정 가운데 가장 오래갔던 제3공화정의 길을 닦게 된다. 이 시대의 유럽 역사에서 정말로 흥미로운 점은, 바로 이렇게 왕정 질서를 다시 확립하려는 모든 새로운 시도가 결국 확실하게 쉽게 깨지는 것으로 판명나고 말았다는 점이다. 부르봉 왕조를 되살리는 방법도 통하지 않았다면 다른 무슨 방법이 있었겠는가?

종교 개혁, 과학 혁명, 계몽주의 운동과 같은 네트워크에 기초한 혁명들은 유럽 문명을 근본으로부터 완전히 바꾸어버렸다. 정치 혁명은 미국과 프랑스 뿐만 아니라 남미와 북미 그리고 유럽 전역에서 벌어졌으며, 프리메이슨주의가 예언했으며 실러의 '환희의 송가'에서 황홀경 속에 그려진 저 보편적인 형제애라는 이상에 기초한 새로운 민주주의의 시대를 약속했다. 하지만 그러한 약속은 실현되지 못했다. 어째서 다시 네트워크에서 위계제 쪽으로 칼자루가 넘어갔는지를 이해하려면 우리는 다시 한 번 그 두 가지를 다른 것으로 놓고 대립시키는 잘못된 이분법을 극복할 필요가 있다. 위계 서열이 숨막힐 정도로 심했던 1820년대의 프랑스와 같은 사회조차도 그 설계 도면을 가만히 보면 네트워크의 특징이 뚜렷이 보인다. 앞에서 말했듯이 대부분의 네트워크는 어떤 면에서는 위계적 성격을 가지고 있다. 일부 노드들이 다른 것들보다 더 중심적 위치에 있다는 이유만으로도 그러한 위계적 성격은 나타나게 되어있다. 한편 위계제라는 것 자체가 그저 특별한 종류의 네트워크일 뿐이다. 정보와 자원의 흐름이 지배적 위치의 노드의 중심성을 극대화하기 위해 일정한 연결선으로만 제한된다는 특징이 있을 뿐이다. 그리고 이것이 바로 쥘리앵 소렐이 부르봉 왕정 복고 시대의 프랑스에 대해 좌절했던 바였다. 사회적으로 출세할 수 있는 방법이 너무나 적었기 때문에 그는 몇 명 안 되는 후원자들에게 너무 심하게 의존할 수밖에 없었다. 더욱이 스탕달의 소설에 중심적인 위치를 차지하는 동기leitmotif는 네트워크 이론에서 '불가능의 삼각형impissible triad'이라고 부르는 것이었다. 소렐은 자신을 고용한 귀족의 딸인 마틸드의 마음을 얻기 위해 과부인 페르바크 부인을 더 좋아하는 척한다. 소렐은 두 여성 모두에게 양다리를 걸치면서 구애를 펼쳤지만, 두 여성은 그에 맞서 공모할 수가 없다. 소렐의옛 애인이었던 르날 부인이 마틸드의 아버지에게 소렐에 대한 험담을 늘어놓자 소렐은 르날 부인을 살해하려고 한다. 그가 감옥에 들어간 뒤 마틸드와 르날 부인은 모두 따로따로 그를 찾아온다. 1961년 문학평론가르네 지라르는 '모방 욕망mimetic desire'이라는 말을 만들어낸다. 마틸드가소렐을 욕망하는 것은 오로지 다른 여성 누군가가 그를 욕망한다는 것을 깨달았을 때뿐이었다는 것이다.

네트워크는 위계 서열의 모습을 띨 때에 더욱 단순해진다. 어떨 때에는 최상층에 있는 이들이 '분리하여 통치하라divide and rule'라는 원리를 적용하기 때문일 때도 있고, 또 어떨 때는 위계 서열에서 오직 소수의 허브들만이 정말로 중요하기 때문이기도 하다. 프랑스 혁명과 나폴레옹 전쟁이라는 대격변을 겪고 난 뒤 각국의 국가 지도자들은 유럽의 정치 질서를 재구성하기 위해 빈 회의에 모였고, 여기에서 다른 종류의 단순한 네트워크를 창출한다. 이는 5대 강국으로 구성된 '5국 연합 통치pentarchy'였다. 이는 그 본성상 균형을 달성하는 방식의 숫자가 제한적일 수밖에 없었다. 그 성공 여부는 부분적으로는 바로 그 단순성에 달려 있었다. 앞으로 보겠으나, 이러한 세력 균형은 유럽 국가들 대부분은 중요하지 않다는 것을 당연한 사실로 받아들였다. 균형은 오로지 오스트리아, 영국, 프랑스, 프러시아, 러시아 다섯 개 나라만의 관계에 달려 있었던 것이다(사진 13).

비록 19세기에 들어와 위계질서가 다시 전면에 등장하기는 했지만, 그렇다고 해서 그전 3세기에 걸쳐 생겨난 지적, 상업적, 정치적 네트워크들을 없애버린 것은 아니었다. 이런 것들은 계속해서 살아남았다. 오히려 개신교 지역에서의 종교 생활은 일련의 '각성들awakenings'과 '부흥들revivals' 덕분에 갈수록 더 생기를 띠면서 더 많은 분파를 낳았다. 산업 혁명은 여러 면에서 볼 때 다른 모든 혁명들보다 훨씬 더 큰 변화를 가져온 것으로서, 이 또한 여러 혁신가들의 네트워크의 산물이었다는 점에서 18세기의 다른 혁명들과 쉽게 비슷한 것으로 간주할 수 있다. 이 혁신가들 중 일부는 과학적인 훈련을 받은 이들이었지만 또 어떤 이들은 어설프게 독학으로 공부한 이들이었다. 그리고 비록 프리메이슨 운동은

1800년 이후로 쇠퇴하지만, 형제애의 (이는 남자 형제들끼리의 애정이라는 협소한 의미를 넘어선 것이었다) 이상을 확장하고 제도화한다는 그 목표는 무수한 새로운 운동에 공유되었다. 여기에는 노동조합 운동뿐만 아니라 무수히 많은 민족주의 운동 조직들도 포함되었고, 특히 독일의 학생 형제회들fraternities이 주목할 만했다. 차이가 있었다면 이 모든 네트워크들을 자기 편으로 만들어서 그 창조적 에너지를 활용하고 자기들 의지에 맞게 구부리는 데 있어 왕실, 귀족, 교회의 위계 조직들이 꾸준히 더 나은 실력을 갖추게 되었다는 것뿐이었다.

22장

군중에서 폭군으로

에드먼드 버크Edmund Burke는 프랑스 혁명이 미국 혁명보다 훨씬 더 많은 피를 흘리게 될 것임을 재빨리 직감한 소수의 사람들 중 하나였다. 공포 정치가 시작되던 시점이 되면 두 혁명의 차이점은 누구도 부인할 수 없는 것으로 나타났다. 루이 16세를 내쫓고 그 대신 '인민의 의지'를 주권자의 자리에 앉히려는 시도는 실로 파멸적인 폭력을 불러일으켰으며, 이는 1572년 성 바톨로뮤 축일 학살* 이후 전혀 볼 수 없었던 일이었

---

* 　가톨릭을 신봉하는 프랑스 왕정은 앙리 나바르(후에 부르봉 왕조의 앙리 4세)를 마고 공주와 결혼시킨다. 이때 결혼식을 축하하기 위해 파리에 모여든 위그노파 개신교도들은 갈등을 빚던 끝에 프랑스 왕인 샤를 9세의 명령으로 파리 시민과 군대에 의해 학살당한다. 프랑스 전역에서 적게는 1만, 많게는 7만 명에 이르는 개신교도들이 이때 학살당했다고 한다.(옮긴이)

다(사진 8). 혁명의 폭력 사태가 시작된 것은 1789년 4월 21일이라고 할 수 있다. 이때 생앙투안 지구에서 봉기가 벌어져 300명 정도의 시위대가 스스로를 국민의회라고 주장하는 이들을 지지하는 행동을 벌였지만 이들을 왕실의 군대가 살해했던 것이다. 그로부터 3개월 후에는 더욱 유명한 충돌 사태가 벌어진다. 바스티유 감옥을 지키던 군인들이 발포하여 대략 100명 정도의 사람들이 목숨을 잃게 된 것이다. 이번에는 상황이 역전돼 심지어 바스티유 감옥 수비대 중 일부마저도 혁명적 군중 편에 가담했다. 수비대 대장 드 플레셀de Flesselles의 참수는 사태가 걷잡을 수 없이 격화되는 중요한 계기가 됐고, 장교였던 풀롱 드 두에Foulon de Doué와 그의 사위 베르트리에 드 소비니Bertrier de Sauvigny가 그레브 광장 Place de Grève에서 7월 22일 공개적인 교수형을 당했을 뿐만 아니라 시신이 훼손되는 일이 (군중이 전자의 머리와 후자의 심장을 막대에 꿰어 길거리를 돌아다녔다) 벌어지면서 돌이킬 수 없게 됐다.

파리의 군중이 무기를 들자마자 소요의 물결이 프랑스 농촌 전체를 휩쓸고 지나갔다. 프랑스 전역의 농민들은 귀족들이 신비에 싸인 '여단 brigands'이라는 것을 동원해 자신들의 권력을 다시 내세우려 하는 음모를 꾸미고 있다는 공포에 사로잡혔고, 이에 훗날 '거대한 공포la grande peur'로 알려지게 되는 폭력 사태로 그해 여름을 얼룩지게 만든다. 처음에는 그저 봉건 농노 명부를 불태우고 성채 지하실의 포도주를 약탈하는 정도였지만, 그 규모와 지속성에 있어서 이는 전통적인 농민 반란jacquerie을 능가하는 것이었다. 이 '거대한 공포'가 확산되는 속도는 특히 당시 프랑스의 지방에서는 통신 체계가 비교적 빈곤했다는 사실을 생각해볼 때 더욱더 충격적이고 설명하기 어려워진다. 이는 고도의 정보 기술이 없어도 소문이 얼마든지 바이러스처럼 퍼질 수 있다는 점을 보여주는 예라고 할 것이다.[1] 그래도 이후에 나타날 사태에 비하면 이 '거대한 공포'는 온건한 편이었다. 비록 많은 지주들이 협박과 수모를 당했지만 막상 살해당한 이는 세 명뿐이었다. 삼부회의 귀족 대표 한 사람, (르망Le Mans의 북쪽에 있는 발롱Ballong에서) 식료품을 매점매석한 혐의를 받은 공직자 한 사람, (아비뇽 북쪽의 르푸쟁Le Pouzin에서) 해군 장교 한 사람이 전부였다. 하지만 귀족들의 성을 불태우는 일은 놀랄 정도로 도처에 만연했다. 불과 2주도 되지 않는 기간인 7월 27일에서 8월 9일 사이에 프랑스 남동부의 도팽Dauphiné 주에서만 아홉 개의 성이 완전히 잿더미가 돼버렸고 80개의 성이 손상을 입었다.[2]

1793~94년의 공포 정치 기간 이전에도 여러 학살 사건들이 있었으니, 여기에서는 그저 그중 주요한 몇 가지만 나열하는 것으로 그치겠다. 1789년 10월에는 베르사유 궁전으로 여성들이 행진하여 공격을 감행했으며, 1791년 7월 파리의 마르스 광장에서는 국민 방위대가 군중에게 발포하는 사건이 있었고, 1792년에는 '9월 학살'이 벌어졌고(상퀼로트들이 파리의 감옥들을 습격하여 재소자들 수백 명을 살해했다), 방데에서의 반혁명을 진압하기 위한 전쟁이 벌어졌고(1793~96), 또한 아이티의 생도맹그Saint-Domingue에서 벌어졌던 지극히 참혹했던 노예 반란도 잊어서는 안 된다. 핵심은 이것이다. 영국의 미국 식민지들의 경우와는 달리 (하지만 그 이후의 대부분의 혁명들과 마찬가지로) 반란은 가차 없이 무정부 상태로 치달았고 다시 그로부터 폭정으로 이어졌다는 것이다. 그리스 로마 시대의 정치 이론에서 예견했던 바가 거의 그대로 나타난 것이었다. 미국의 식민지 건설자들은 자기들 스스로의 시민적 결사체의 네트워크

들을 진화시켰으며, 여기에서 미국 혁명과 미합중국이라는 나라가 유기적으로 성장해 나왔지만, 프랑스의 군중은 그 구조가 상당히 달랐다. 공포 정치 시기의 공안위원회 자체가 폭도들canaille의 무질서한 유혈 행위에 질서를 강제하려는 시도였다.[3] 하지만 자코뱅은 물론 그 뒤를 이은 총재 정부에서 만들어낸 그 어떤 제도와 장치들도 나라 전체는 고사하고 수도인 파리조차 안정화시킬 만큼 충분한 것이 못 되었다. 낭트에서는 수천 명의 사람들을 고의적으로 익사시키는 소름끼치는 대량 학살이 벌어졌으며, 이는 우리 시대에 벌어진 여러 아랍 지역에서의 혁명 중에서도 최악의 잔학 행위와 성격이 비슷한 것들이었다. 이런 사건들은 당시의 사회적 정치적 질서가 거의 완전히 붕괴 상태에 있었다는 것을 입증해준다. 그릇된 유토피아를 명분으로 내걸고 사디스트들이 미쳐 날뛰는 상황이었던 것이다.

프랑스에 질서를 회복시킨 사람은 (비록 프랑스 이외의 유럽에는 정반대를 행했지만) 불가사의한 에너지의 소유자였다. 코르시카 출신의 촌놈 나폴레옹 보나파르트가 이탈리아 혁명군의 포병 지휘관이 될 수 있었던 것은 1789년 이후 귀족 체제가 무너졌기 때문에 가능한 일이었다(그런 진급이 이루어진 것은 공포 정치가 절정에 달했던 시기였다). 스탕달의 소설에 나오는 쥘리앵 소렐과 마찬가지로 보나파르트 또한 출세주의자인 동시에 여성편력이 많았던 인물이었다. 하지만 그는 소렐과는 달리 양심의 가책 따위는 없었을 뿐만 아니라 타이밍의 운도 아주 좋았다. 하지만 그가 정말로 신기할 정도의 천재성을 보여주었던 분야는 시간 관리였는데, 잠자는 시간을 빼고 나면 단 1분도 허투루 쓰는 법이 없었다. 대혼란의 시대에는 미시적인 것들을 관리할 줄 아는 이들, 즉 모든 과제를 본능적으로 스스로 돌볼 줄 아는 이들이 출세하게 되는 법이다. 그는 새로 여단장이 된 1796년 불과 9개월 사이에 무려 800통의 명령서를 쓰고 파송했는데, 그중 하나를 보면 급하게 휘갈겨 쓴 글씨로 다음과 같은 이야기가 나온다. "본관은 (대포알) 16개의 장전이 수행되는 방식에 대해 지극히 불만이다." 또 그는 자신의 전투부대장chef de batallion에게 이렇게 불평한다. "본관은 귀관이 명령 이행을 이렇게 지체하고 있는 것에 크게 놀라고 있다. 어째서 항상 똑같은 일을 세 번씩 명령해야 하는 것인가?" 그의 시야는 거대 전략에서 시작해 (그가 이탈리아 침략 계획을 구상한 것이 바로 이 시기이다) 아주 세세한 사항들에까지 (앙티브Antibes에서 무단결근한 상등병 한 사람을 영창에 넣을 것 혹은 연병장에서 북치는 소련의 정확한 위치가 어디가 되어야 하는지 등) 모두 포괄하고 있었다.[4]

나폴레옹은 요즘 말로 하자면 워커홀릭이었던 것이다. 그는 매일같이 하루에 16시간을 일했다. 1807년 4월(이때는 그의 통치 기간 동안 특이하게 조용했던 한 달이었다)에도 그는 여전히 443통의 편지를 작성했다. 이때가 되면 그는 연애편지를 제외한 다른 모든 서한은 구술하여 남에게 쓰게 했다. "생각의 전개가 너무 빨라지게 되면 글자니 글줄이니 하는 것들은 다 머릿속에서 사라져 버린다네!" 한번은 퐁텐블로Fontainebleau에 새로 세운 군사 학교의 규정들을 정하는 가운데 노트도 살펴보지 않고서 내무부 장관에게 무려 517개에 달하는 조항들을 단숨에 구술한 적도 있었다.[5] 일반적인 규칙으로는 저녁 식탁에서도 딱 10분을 보내게 되어 있었고, 예외는 일요일 밤 자신의 가족과 함께 식사할 때뿐이었지만 이때도 30분을 넘지 않았다. 그는 식탁을 떠날 때 '마치 전기 충격이라도 맞은 듯이' 벌떡 뛰어 일어났다고 한다.[6] 그의 밑에서 죽어나던 비서들 중 한 명이 회고한 바에 따르면, 그는 '낮이건 밤이건 가리지 않고 몇 번에 걸쳐 눈을 잠깐씩 붙이는 게 전부였다'고 한다.[7] 그는 여기저기 이동하는 데 있어서도 똑같이 무시무시한 정력을 보여주었다. 1807년 7월 그는 프러시아의 틸지트Tilsit에서 프랑스의 생클루Saint-Cloud까지 마차를 타고 이동했는데, 100시간이 걸리는 이 여정을 급한 성미답게 중간에 한 번도 쉬지 않고 계속했다고 한다. 그리고 새벽에 도착한 그는 그 즉시 각료회의를 소집했다고 한다.[8] 2년 후 그가 스페인의 바야돌리드Valladolid에서 파리로 말로 이동할 때는 '자기 말에 박차를 가하는 동시에 부관의 말까지 채찍질했다'고 한다. 그렇게 해서 600마일 넘게 이동하는 데 불과 6일밖에 걸리지 않았다는 것이다.[9] 그는 걸어다닐 때도 항상 잰걸음으로 움직였기에 다른 이들은 그를 따라잡느라 숨을 헐떡여야 했다. 목욕이나 면도를 할 때도 시간을 낭비하는 법이 없었으니, 그 시간에는 항상 누군가가 따라 다니면서 그에게 방금 나온 신문들을 읽어주었고, 그중에는 변함없이 그를 공격하는 영국 신문들도 있었다.[10] 프랑스 혁명의 무정부 상태를 종식시킨 것은 바로 이렇게 지칠 줄 모르는 정력과 세부 사항에 대한 관심을 겸비한 나폴레옹이라는 인물이었다. 체계를 갖춘 법전이 완성됐고, 통화 시스템 개혁이 이루어졌으며, 국가 부채의 신용도 또한 회복됐다. 하지만 이렇게 장기적인 성과물들 사이로 무수한 깨알 같은 것들이 그의 관심사에 있었다. 영국 침략을 시작할 경우 장교들이 데리고 가야 할 하인들의 숫자, 아일랜드의 반군이 프랑스 쪽과 힘을 합칠 경우 그들이 입어야 할 군복의 모습과 색깔, 제13열의 베르노다 상등병Corporal Bernaudat은 술을 줄일 필요가 있다는 것, 파리 오페라 극장에서 가수 마드무아젤 오브리Mademoiselle Aubry의 팔을 부러뜨린 무대 일

꾼의 정체 등등.[11]

과도한 자신감에 찬 나폴레옹은 프랑스뿐만 아니라 온 유럽을 마치 자기 명령에 따라 일사불란하게 움직이는 거대한 군대처럼 다스리는 작업에 착수했고, 순전히 의지력 하나로 이를 완수했다. 그는 여러 모로 볼 때 18세기 계몽 군주들의 마지막에 해당하는 인물이었으니, 프랑스의 프리드리히 대제였다고 할 수 있다. 하지만 그는 또한 근대적 독재자들의 첫 번째 인물이기도 했다. 기술적으로 보자면 프리드리히 대제의 군대와 나폴레옹의 군대 사이에 큰 차이가 없었다. 하지만 후자가 했던 모든 일은 규모가 더 컸으며* 당대의 위대한 군사 이론가 두 사람인 카를 폰 클라우제비츠와 앙투안-앙리 드 조미니Antoine-Henri de Jomini는 나폴레옹의 성공으로부터 각자 사뭇 다른 결론들을 끌어낸다. 클라우제비츠가 보기에 나폴레옹의 천재성은 군대를 적군의 무게 중심Schwerpunkt에 집중시키는 신속함과 핵심 전투Hauptschlacht에서 적군을 패배시키는 능력에 있었다. 하지만 조미니가 볼 때 나폴레옹 능력의 핵심은 우월한 작전 내선lignes d'opérations의 이점을 십분 활용한 데 있었다. 조미니는 나폴레옹이 전쟁의 보편적 원리들을 적용하였다고 생각하였다.[12] 하지만 클라우제비츠는 나폴레옹의 전쟁 스타일이 역사적으로 독특한 것이라고 보았다. 왜냐하면 이는 프랑스 혁명이 풀어놓은 민중적 민족주의의 힘을 바탕으로 삼는 것이었기 때문이다.[13] 나폴레옹이 남대서양의 외딴 섬인 세

---

* 카를 폰 클라우제비츠Carl von Clausewitz가 1792년 발미Valmy 전투에서 해군 소위로 최초로 직접 참전하였을 때에는 6만 4,000명의 군대가 3만 명의 군대와 하루 동안 전투를 벌였다. 하지만 클라우제비츠가 소장으로서 참전한 라이프치히 전투에서는 36만 5,000명이 19만 5,000명과 사흘에 걸쳐 전투를 벌였다.

인트 헬레나에 추방당한 상태에서 서거한 지 48년 후 레오 톨스토이는
『전쟁과 평화』를 출간해 황제랍시고 허세를 부렸던 나폴레옹을 조롱했
다. 도대체 단 한 사람의 명령으로 수십만 명의 사람들을 프랑스에서 러
시아까지 보내는 일이 어떻게 가능하며, 그로 인해 이루 헤아릴 수 없이
더 많은 숫자의 사람들까지 삶을 결딴내는 일이 어떻게 가능하단 말인
가? 하지만 이게 바로 나폴레옹이 했던 일이었다. 문제는 이것이었다. 나
폴레옹은 스스로를 정당성을 가진 통치자로 만들기 위해 이집트, 로마,
합스부르크의 온갖 휘장과 도상으로 온몸을 칭칭 둘러댔지만, 그가 아
무리 애를 써도 위계적 시스템의 통치에서 궁극적인 기초가 되는 한 가
지는 결코 성취할 수가 없었다. 그것은 바로 정통성legitimacy이었다.

23장

질서, 회복되다

우리의 시대는 오로지 해체를 향한 경향과 압력만이 존재한다는 게 일반적으로 사람들이 생각하는 바다. 우리 시대의 의미는 중세 이후로 잔존해 왔던바, 우리를 통일시키고 결속시키는 여러 제도들에 종지부를 찍는 데 있는 것으로 보인다… 이러한 동일한 원천으로부터 큰 규모의 민주주의 사상과 제도들의 발전을 지향하는 불가항력의 경향도 생겨난다. 이는 필연적으로 우리가 지금 목도하고 있는 대규모의 변화들을 야기하고 있다.

1833년 레오폴트 폰 랑케Leopold von Ranke가 쓴 유럽의 '강대국들'에 대한 에세이는 19세기 역사학에 있어서 큰 영향을 준 저작이다. 그의 동시대인들 다수는 독일의 종교 개혁에서 프랑스 혁명까지 유럽을 휩쓸었던 혁명적 에너지가 가차 없이 미래를 만들어갈 것이라고 여전히 확신하고 있었지만, 랑케는 그 와중에서 새로운 국제 질서가 형성되고 있으며 이 것이 그렇게 해체를 지향하는 보편적 외양을 띤 경향에 제동을 가할 것이라고 보았던 것이다. 이 질서에 기초가 되는 것은 그가 '5국 연합 통치 pentarchy'라고 부른 것으로서, 오스트리아, 영국, 프랑스, 프러시아, 러시아의 5대 강국에 의한 유럽의 지배 질서였다. 이러한 질서는 이미 18세기에 모습을 드러내기 시작했지만 나폴레옹이 유럽 전체를 지배하려고 들면서 박살이 난 바 있었다. 하지만 나폴레옹이 패배를 당한 이상 바로그 5국 연합 통치가 완성될 수 있게 됐다는 것이다.

우리의 19세기는 결코 이런저런 부정적 결과를 내놓는 것만으로는 만족하지 않으며, 가장 적극적 긍정적 결과를 내놓기도 하였다. 우리 세기에는 모종의 해체라는 의미에서가 아니라 건설적이고 통합적인 의미에서의 거대한 해방이 한 가지 완성됐다. 우선 여러 강대국들이 생겨났으며, 또한 모든 국가, 종교, 법률의 원리가 새롭게 쇄신됐고, 모든 국가의 개별성이라는 원리가 다시 살아나게 되었다… 우리 시대의 특징은 바로 이러한 사실에 있다… (여러 국가와 민족에게 있어서) 전체의 통일은 각각의 독립에 의존한다… 그중 하나가 다른 하나에 대해 절대적인 지배력을 갖게 될 경우 그 다른 쪽은 망가지는 결과를 낳고 만다. 이 모든 국가와 민족을 하나로 합쳐버린다면 각 개체의 본질은 파괴될 것이다. 각국이 서로 별개로 분리돼 독립적인 발전을 이룰 때 비로소 거기로부터 진정한 조화가 출현하게 될 것이다.[1]

랑케의 시대 이후로, 빈 회의에 모인 각국의 지도자들이 새로운 안정적인 세력 균형을 창출해냈다는 것은 거의 보편적인 진리로 널리 인정되고 있다. 헨리 키신저의 경우 그의 첫 번째 저서인 『회복된 세계A World Restored』에서 1815~1914년 사이 유럽이 누렸던 상대적인 평화의 기간이 대개 이 5대 강국 질서의 '널리 받아들여진 정통성'에서 기인하는 것이라고 주장했다.² 키신저의 설명에 따르면, 이는 두 명의 특출난 재능을 가진 외교가들의 성취물이었다고 한다. 오스트리아의 외무부 장관이었던 메테르니히 대공과 그의 영국 쪽 상대였던 캐슬레이 경Lord Castlereagh이었다. 메테르니히의 목표는 자유주의 자체가 불법화되어 있는 정통적 질서를 재건하는 것이었으며, 본질적으로 영국이 '균형자balancer' 역할을 맡는 세력 균형 체제를 원했던 캐슬레이의 목표와는 근본적으로 달랐다.³ 이들이 성공을 거두고 나폴레옹은 실패하게 된 결정적인 이유는 후자가 스스로의 한계를 인식하지 못하고 오스트리아 황제의 딸과 결혼한 뒤에 스스로의 지위를 안정화시키지 못했던 것에 있었다.⁴ 메테르니히와 캐슬레이에게 큰 도전이 되었던 것은 나폴레옹이 러시아에서 패배한 이후 차르 알렉산더 1세가 '유럽의 최종 결정권자'가 되겠다는 야심을 품는 바람에 잠재적으로 혁명적인 변화를 가져올 수 있는 요소로 떠올랐던 것이었다. 그 최종 결과는 모종의 비극적 성공이었다. 메테르니히는 반혁명적인 유럽 질서를 만들고자 했으며 또 차르에게도 그것이 자기의 생각이라고 믿도록 만들려고 했다. 하지만 영국으로서는 궁극적으로 그러한 종류의 질서를 지지하겠다는 책임 있는 약속을 할 수가 없었다. 스페인, 나폴리, 그리고 나중에 피드몬트에서 벌어졌던 여러 정치적 위기들은 메테르니히가 볼 때는 이 새로운 질서의 생명을 위협하는 것이었지만, 영국인들이 볼 때는 그것들이 그저 국지적인 혼란에 불과할 뿐으로 공연히 거기에 개입했다가는 바로 그 새로운 질서만 불균형으로 기울 위험이 있는 것들이었다.[5] 트로파우에서 열렸던 다른 국제회의에서 메테르니히는 '민족주의와 자유주의에 맞선 전투'를 (결국 다 실패하고 만다) 오스트리아만이 아니라 유럽 전체의 과제로 제시할 수 있었다.[6] 하지만 캐슬레이는 러시아의 경우 발칸 지역에서의 행태에서 잘 드러나듯 만약 오스만 제국에 반대하는 데 유익하다면 얼마든지 민족주의의 편에 서서 개입 행위를 할 용의가 있다는 것을 너무나 잘 알고 있었다. 1822년 8월 12일 캐슬레이는 휘그와 급진파가 자신에게 던질 독설에 위축된 데다가 자기 어깨 위의 짐을 도저히 더 감당할 수 없다는 절망에 빠져, 종이칼로 자기 경동맥을 끊어 자살하고 말았다. 베로나 회의가 끝난 뒤에 남은 것은 '정통성 원리legitimizing principle'―반혁명적인 동시에 반프랑스를 내용으로 하였다―뿐이었고, 이를 기초로 오스트리아, 프러시아, 러시아 사이의 '신성 동맹'이 성립됐다.[7]

하지만 세력 균형이라는 생각이 캐슬레이와 함께 사멸한 것은 아니었다. 비록 영국의 '유럽 대륙에 대한 관심'이 19세기 내내 일관됐던 건 아니었지만, 최소한 1914년까지는 유럽 대륙에서 나폴레옹 치하의 프랑스처럼 어느 한 강대국이 그 5국 연합 통치 질서의 근본적 정통성에 도전하는 일만큼은 막아낼 정도로는 충분했다. 본질적으로 유럽의 안정은 네 개의 유럽 대륙 강대국 사이의 균형에 기초해 있었으며, 영국은 이따금씩 외교적 혹은 군사적 개입을 행해 이 균형을 보존하였다. 키신저의 말대로 하자면 영국이 바로 균형자였던 것이다. 그 결과 19세기 말까지 유지되었던 하나의 유럽 질서가 수립됐다. 그러다가 오토 폰 비스마르크가 몰락하고 독일과 러시아 사이의 비밀 재보험 조약Secret Reinsurance Treaty이 (비스마르크가 짜놓은 중첩되는 동맹들의 시스템 구조에서 가장 중요한 기둥이었을 것이다.[8] 갱신에 실패하게 되자 이 시스템이 경직되기 시작해 결국 깨지고 완전히 잿더미로 끝나버리게 된 것이다.[9]*

물론 이후에 연구가 더 이루어지면서 이러한 그림은 무수한 방식으로 수정된다. 어떤 이들은 국제 정치 자체가 근본적인 '변모transformation'를 겪었다고 주장하기도 한다. 갈등과 경쟁을 전제로 삼았던 옛날의 규칙들이 사라지고 대신 조화와 균형을 열망하는 새로운 규칙들이 나타났다는 것이다.[10] 또 어떤 이들은 옛날의 앙심에 찬 적대 관계가 지속됐으며, 단지 '협소한 자기 이해'로 인해 대규모 전쟁을 회피할 수 있었던 것뿐이라고 주장하기도 한다. 하지만 빈 회의에서 새로운 위계질서가 수립되었다는 결정적인 사실만큼은 아무도 부인하지 않는다.[11] 이 위계질서는 '강대국'을 정하였으니, 처음에는 워털루 전투에서의 4대 전승국이었으며 1818년 이후에는 여기에 패전국이었던 프랑스가 추가돼 보다 약한 국가들과 다른 서열에 오르게 된다.[12] 그리하여 1815년 11월의 4국 동맹 제6조를 보면 4국이 모두 정기적으로 회합을 갖고 '자신들의 이익을 서로 논의하거나 혹은 여러 나라들이 추구하는 목적과 번영 그리고 유럽의 평화를 위해 가장 건강하다고 생각되는 조치들을 숙고'하

---

* 프러시아, 오스트리아, 러시아의 세 황제는 동맹 관계를 맺고 있었으나 발칸 반도와 흑해에서 러시아와 오스트리아의 이해가 대립하면서 이 신성동맹이 깨지게 된다. 그러자 1887년 비스마르크는 러시아와 비밀 조약을 맺어서 서로가 서로의 전시 상황에서 중립을 지키기로 하는 한편 프러시아가 프랑스와 싸울 때와 러시아가 오스트리아와 싸울 때에는 서로를 돕기로 한다. 그런데 이후 비스마르크가 실각하게 되면서 이 조약은 갱신되지 않았고, 1890년 이후 러시아는 프랑스와 급속히 가까워지게 된다. 이렇게 되자 유럽 정치는 영국-프랑스-러시아로 이어지는 동맹 세력과 독일-오스트리아-이탈리아의 삼국 동맹으로 양분되게 된다. 세력 균형의 작동은 기본적으로 세 개 이상의 세력의 존재를 필요로 하는바, 러시아와 독일이 동맹을 맺고 있을 때와는 달리 이러한 상황에서는 영국을 포함한 유럽 전체가 균형추freewheeler 없이 두 개의 세력으로 찢어져 전면전으로 비화할 가능성이 커지게 되며 이는 결국 1차 대전으로 귀결되었다. (옮긴이)

기로 했다.[13] 여기에서 빠진 나라들 특히 스페인이나 바바리아는 불평과 불만을 터뜨렸을지 모르지만 그 이상 할 수 있는 일은 별로 없었다. 캐슬레이는 이 강대국들이 '전 세계의 문제들을 관리하는 유럽 위원회'가 될 수 있다고 경고했을 수도 있다. 또 메테르니히의 비서였던 프리드리히 겐츠Friedrich Gentz는 이 새로운 '독재정'이 '그보다 아래 서열의 나라들에는 부당함과 권력 남용과 분노의 원천'이 될 수 있다고 불평했을 수도 있고, 또 젊은 존 러셀 경Lord John Russell 또한 이러한 두려움을 가지고 있었을 것이다. 하지만 강대국의 지도자들은 점차 모종의 집단적 헤게모니를 행사하는 것에 익숙해져갔다.[14] 겐츠가 1815년을 돌아보며 말한 바 있듯이, 이러한 국제회의 시스템은 사실상

> 모든 국가들을 주요 강대국들이 지도하는 모종의 연방체로서 통일시켰다… 2급, 3급, 4급의 국가들은 강대국들이 함께 내린 여러 복종에 대해 사전 조건을 다는 일 없이 조용히 복종했다. 이제 유럽은 드디어 스스로가 창출한 아레오파구스**의 가호 아래에서 통일된 하나의 거대한 정치적 가족을 형성한 것으로 보인다.[15]

물론 이들이 모든 문제에 대해 만장일치의 합의를 본 것은 아니었다. 예를 들어 캐슬레이는 메테르니히의 반혁명 전략을 승인하지 않았으니까. 하지만 그래도 그 5대 강국 중 어느 한 나라가 혹시라도 장래에 패권국이 되려고 든다면 이를 막아야 하며 또한 유럽 전체가 전쟁에 휘말리

** 아테네의 최고 재판소를 가리킨다. 원래는 재판소가 있던 언덕의 이름이다.(옮긴이)

는 일은 막아야 한다는 정도의 암묵적인 합의는 존재했다.[16] 물론 자세히 살펴보면 이 시스템은 랑케의 5대 강국 체제의 개념보다는 더 복잡했고 또 계속 진화하는 성격을 가지고 있었음을 알 수 있다. 오스만 제국은 이 강대국 정책에 있어서 단순한 수동적 대상물이 아니었고, 이것이 저 '동방 문제Eastern Question'라는 것을 (이는 본질적으로 오스만 제국의 미래에 대한 것이었다) 그토록 풀기 어렵게 만든 이유였다.[17] 물론 19세기에는 독일 제국과 (이로써 5대 강국의 하나였던 프러시아는 크게 확장됐다) 이탈리아뿐만 아니라 벨기에, 불가리아, 그리스, 루마니아, 세르비아 등의 새로운 국가들이 생겨났고, 이 또한 국가 간 네트워크의 성격에 여러 가지 중대한 변화를 가져온 중요한 원인이기도 했다. 하지만 그와 별개로 분명히 무언가 새로운 것이 확립됐다는 것만큼은 부인할 수 없었으며, 그것이 현실에서 분명히 작동했다는 것 또한 부인할 수 없었다. 유트레히트 협정(1713~15)과 빈 회의 사이의 100년 동안에는 당시 유럽에서 강대국으로 인정된 11개국의 (여기에는 스페인, 스웨덴, 덴마크, 네덜란드, 작센 등이 포함됐다) 일부 혹은 전부가 참전한 전쟁이 33회나 있었다. 그런데 1815~1914년 동안에는 그러한 전쟁이 (스페인과 스웨덴을 여전히 강대국에 포함시킨다고 해도) 17회에 불과했다. 어느 나라든 강대국이 참전하는 전쟁이 벌어질 확률이 대략 3분의 1로 줄어든 것이다.[18] 사실상 18세기의 7년 전쟁은 정말로 지구적 규모에서의 분쟁이었으므로 20세기와 같은 의미에서의 세계 대전이라고 할 만한 일이었지만, 19세기에는 그런 세계 대전은 벌어지지 않았다.

다른 말로 하면, 국제 질서는 이제 명확하게 위계적 시스템이 되었다는 것이다. 하지만 그 지배적 역할을 하는 것은 다섯 개의 허브였다. 이

다섯 노드들 사이에는 여러 다양한 조합의 연결선들이 생겨날 수 있었고, 또한 자기들 내에서 다투는 일도 있을 수 있었다. 하지만 1815~1914년 사이에 이 5대 강국이 모두 전쟁에 참여하는 일은 한 번도 없었다. 비록 이 시스템이 전쟁을 완전히 피할 수 있을 정도로 안정적인 것은 아니었지만, 워털루 전투에서 마른_{Marne} 전투 사이의 100년 동안 유럽 내에서의 분쟁은 그 이전과 그 이후의 것들보다 훨씬 파괴성이 덜했다. 심지어 19세기 최대의 유럽 전쟁이었던 크림 전쟁(1853~56)에서 영국과 프랑스가 러시아를 적국으로 하여 싸우는 일이 있었지만, 그 크기는 나폴레옹 전쟁에 크게 못 미치는 것이었다. 게다가 이 강대국들은 충돌보다는 서로서로 상의할 때가 더 많았다. 1814~1907년 사이에 이 강대국들 사이에 '정기 총회_{congress}'에 해당하는 회의가 일곱 번, '대화_{conference}'에 해당하는 회의가 열아홉 번이나 있었다.[19]* 비록 적은 숫자의 전쟁이 간헐적으로 벌어졌지만 외교 행위가 정상적인 관행이 되었으니, 이는 그 정반대가 하나의 정상적 관행이었던 1815년 이전의 20년 동안과 크게 대조되는 일이었다. 앞으로 보겠으나, 이러한 장치가 어째서 1914년에 작동하지 못했는가를 설명하지 않는다면 제1차 세계 대전의 기원을 설명하는 것은 불가능하다.

---

* 전자는 보통 모든 해당 단위에서 대표성을 가진 이들을 파견하여 정기적으로 개최되어 다양한 의제에 대해 포괄적으로 논의하여 강제성을 갖는 결의로 끝나는 모임을 말한다. 1814년 빈 회의가 그 예다. 후자는 일반적이라기보다는 특별한 사안을 놓고서 서로 정보와 의견을 주고받고 탐색하는 것을 목표로 하는 모임을 말한다. 그래서 '정기 총회'와 '대화'라는 말로 번역해놓았다.(옮긴이)

24장

작센-코부르크-고타 왕가

나폴레옹 이후의 유럽에 질서를 복구한다는 과업은 단지 다섯 나라를 정점으로 하고 나머지 나라들을 그 아래로 삼는 새로운 외교 관계의 위계제만으로는 충분하지 않았다. 이와 똑같이 중요한 과제로, 군주정이라는 제도 자체가 스스로의 정통성을 다시 확립해야만 했다. 비록 간과될 때가 많지만, 이 과정에서 옛날식의 네트워크가 중요한 역할을 수행했다는 사실을 잊어서는 안 된다. 그것은 바로 통혼으로 얽히고설킨 유럽 왕가의 복잡한 계보다. 특히 여기에서 중요한 역할을 했던 가문이 하나 있다. 이 가문은 왕위 계승이라는 원리를 19세기의 그 많은 자유주의자들이 신봉했던 입헌 정부라는 새로운 이상과 화해시키는 데 결정적인 역할을 했다. 코부르크Coburg는 나폴레옹이 신성 로마 제국을 쓸어버리고 라인 동맹Confederation of Rhine을 새로이 만들었을 때 거의 사라질 뻔했던 작은 독일 국가 중 하나였다. 하지만 죽은 남편으로부터 작위를 물려받은 노부인인 아우구스타 공작부인Duchess Augusta은 프랑스와 러시아 사이에서 조심스럽게 줄타기를 해냈고, 그 성과로 드디어 1807년 러시아의 압력으로 코부르크 공국이 회복되었으며 그녀의 장남인 에른스트가 그 군주로 등극했다. 그녀의 자식들은 한 사람만을 제외하고 (멘스도르프Mensdorff 백작과 결혼한 소피Sophie) 모두 유럽 왕실과 혼인을 맺었고, 이를 통해 스스로 왕의 지위를 얻거나 최소한 자식들에게 군주의 자리를 물려주었다. 딸 한 명은 러시아의 차르 알렉산더 1세의 형제와 결혼했고, 다른 딸 한 명은 뷰템베르그Württemberg 공작과 결혼했으며, 세 번째 딸은 영국 왕 조지 4세의 형제인 켄트 공작과 결혼했다. 하지만 작센-코부르크 왕조의 진정한 창시자는 아우구스타 공작부인의 막내아들인 레오폴트Leopold였다. 그는 영국왕 조지 4세의 딸인 샬로테 공주와 결혼했지만, 그녀는 결혼한 지 불과 18개월밖에 되지 않았던 1817년 11월 출산 중에 사망했고 이는 레오폴트에게 큰 타격이었다. 하지만 그는 이후 그리스의 왕좌를 받아들이는 선택지를 만지작거리다가 마침내 1831년에는 '벨기에의 왕' 자리를 받아들인다. 그때부터 그의 상황은 크게 변해 그의 가문의 성원들에게 계속해서 왕위 제안이 들어오게 된다. 그 결과 1843년에는 이런 일까지 있었다. '뉴욕에서 온 아주 부유하고 영향력 있는 미국인 한 사람이 내게 이렇게 말했다. 미국인들은 사유 재산에 대한 제대로 된 보호를 제공할 수 있는 정부Government를 절실히 필요로 한다고. 그리고 많은 미국인들은 이제 무식한 떼거지 군중의 잘못된 통치인 현존 민주주의 체제 대신 군주정을 갈망하고 있다고. 그리고 그러한 왕좌가 생긴다면 자신은 코부르크 가문의 일원을 왕으로 모실 수 있기를 바란다고. 그러자 그는 조카딸에게 물었다(Qu'en dites-vous. 이게 웬 아첨이냐?' 레오폴트는 '대단히 즐거워했다'.[1] 그 조카딸은 바로 영국의 빅토리아 여왕이었다.

1863년 「타임스」는 작센-코부르크 가문의 역사야말로 '군주들의 세계에서는 한 번만 성공을 거두면 줄줄이 일이 풀리게 되어 있다는 것을' 보여준다고 보도한 바 있다.[2] 작센-코부르크 가문에서 아우구스타 공작부인의 손자 세대를 보면 영국의 빅토리아 여왕과 그 남편인 앨버트뿐만 아니라 레오폴트의 아들로서 그 이름과 벨기에 왕위를 이어받고 또한 포르투갈 여왕의 남편까지 된 페르디난트Ferdinand도 있었다.* 나아가 작센-코부르크 가문은 오를레앙 왕가**와 합스부르크 왕가와도 통혼 관계를 맺었다.*** 게다가 빅토리아 여왕과 앨버트가 낳은 아홉 명의 자식들은 한 명을 빼고 모두 왕가와 혼인을 맺는다. 그리하여 빅토리아 여왕의 사위들을 보자면 프로이센의 군주 프리드리히 빌헬름, 슐레스비히-홀슈타인의 군주 크리스티안, 바텐베르크Bettenberg의 군주 하인리히(그의 형제 알렉산더는 불가리아의 군주가 된다) 등이 있으며, 한편 며느리 쪽으로 보자면 덴마크의 여왕 알렉산드라, 러시아 차르 알렉산더 2세의

---

*   그가 아프리카 콩고에서 사지절단과 고문 등으로 1,000만 명 이상을 학살한 것으로 알려진 벨기에의 왕 레오폴 2세이다.(옮긴이)

**   부르봉 왕가에서 갈라져 나온 방계로서, 1830년 프랑스 7월 혁명 당시 오를레앙 가문의 루이 필립이 왕좌에 오르게 된다.(옮긴이)

***   레오폴트 1세는 프랑스 왕 루이 필립의 딸과 결혼하며, 레오폴트 2세는 오스트리아의 대공작부인인 헨리에테Henriette와 결혼하며, 레오폴트 2세의 자매인 샬로테Charlotte는 아주 잠깐 멕시코의 황제가 되었던 불운의 군주 막시밀리안Maximilian 대공과 결혼했다.

딸이자 차르 알렉산더 3세의 자매인 마리Marie 공주 등이 있다. 러시아의 니컬러스 2세가 아직 차르의 자리에 오르기 전인 1893년 영국을 처음 방문하여 런던에 도착했을 때가 이 가문의 성원들이 총 집결하는 때였으며, 그 광경은 마치 국제 정상 회담을 방불케 했다.

우리는 채링 크로스Charing Cross****로 모였다. 여기에서 우리가 만난 이들은 버티Bertie 삼촌(미래의 영국왕 에드워드 7세), 앨릭스 이모(덴마크 여왕 알렉산드라), 조지(장래의 영국왕 조지 5세), 루이제, 빅토리아, 모드(니콜라스 2세의 자매들. 모드는 훗날 노르웨이의 하콘Haakon 7세가 되는 덴마크의 카를 왕자Prince Carl와 결혼한다) 등이었다….

두 시간 후 아가파Agapa(덴마크의 왕 크리스티안 9세), 아마마Amama, (덴마크의) 발데마르Valdemar 삼촌 등도 도착했다. 이렇게 많은 가족들이 한자리에 모이다니 참으로 멋진 일이었다….

4시30분에 나는 클래런스 궁에서 마리 이모를(작센-코부르크 공작인 알프레드의 부인) 만났고, 그녀와 알프레드 삼촌, 그리고 더키Ducky(마리와 알프레드의 딸인 빅토리아 멜리타Victoria Melita)와 함께 차를 마셨다.[3]

그다음 해에는 빅토리아 멜리타가 헤센-다름슈타트Hesse-Darmstadt의 대공작 상속인인 에른스트 루이Ernest Louis와 결혼식을 올렸다(사진 17을 보라). 그때 모인 하객들 중에는 재위 중인 황제와 여성 황제도 한 사람

**** 런던 중심의 번화가.(옮긴이)

씩 있었고, 장래의 황제와 여성 황제도 한 사람씩 있었으며, 여왕도 한 사람, 장래의 왕과 여왕도 한 사람씩, 왕자가 일곱 명, 공주가 열 명, 공작이 두 명, 공작부인이 두 명, 후작이 한 명이었다. 이들은 모두 친척 관계였다.

물론 코부르크 가문에게도 적은 있었다. 바덴베르크의 왕 알렉산더가 불가리아의 군주 자리에서 물러난 여파로[4] 헤르베르트 폰 비스마르크가 코부르크 '부족'을 조롱하는 것도 가능해졌다. 그는 러시아 차르에게 이렇게 말했다. "영국 왕가와 그 아주 가까운 이들에게는 전혀 희석되지 않은 순수한 가족 원리에 대한 모종의 숭배 같은 것이 존재하며, 빅토리아 여왕은 코부르크 부족의 모든 성원들에게 있어서 일종의 절대적 추장과 같은 존재로 간주되고 있습니다. 그중 누가 죽으면 멀리서부터 친척들이 모여들었는데 그때 낭독되는 유언보충서에 모두들 순종하게 되어 있으며 여기에 그 순수한 가족 원리라는 것도 함께 결부됩니다(이 말을 듣고 차르는 큰 웃음을 터뜨렸다)."[5] 하지만 이 부족은 비스마르크 집단의 권력보다 더 명이 길었다. 1894년 빅토리아 여왕은 장래의 러시아 차르 니컬러스 2세가 자신의 또 다른 손녀인 헤센의 앨릭스Alix of Hessen와 약혼한 뒤 자신을 '할머니'라고 부르는 말에 무척 기뻐했다.[6] 그녀의 또 다른 손자인 독일의 빌헬름 2세, 즉 '윌리Willy'가 그의 사촌인 '니키Nicky'와 '조지George'*와 즐겁게 편지를 주고받는 것을 보면[7] 레오폴트 1세가 그렸던 그림이 잠시나마 실현된 것처럼 보였다. 즉, 아테네에서 베를린까지, 부쿠레슈티에서 코펜하겐까지, 다름슈타트에서 런던까지, 마

---

* '니키'는 러시아 차르 니컬러스 2세, '조지'는 영국왕 조지 5세.(옮긴이)

드리드에서 오슬로까지, 스톡홀름에서 소피아 심지어 상트페테르부르크까지, 작센-코부르크 가문이 지배한다는 것이다. 장래의 에드워드 8세가 1894년에 태어났을 때 빅토리아 여왕은 자신의 증손자의 세례명을 앨버트라 하라고 강하게 주장했다. 이는 마치 자신의 가문이 이룬 놀라운 성취의 마지막 도장을 찍는 것처럼 보였다.

이는 코부르크 왕조가 될 것이다. 그전에 플란타지네트 왕조, 오언 튜더가 시작한 튜더 왕조, 스튜어트 왕조, 조지 1세로부터(그 자신도 제임스 1세의 증손자이다) 시작되는 브런즈윅Brunswick 왕조가 있었듯이, 이 아이로부터 코부르크 왕조가 시작될 것이다. 그리하여 브런즈윅 왕조는 물론 그 이전부터 있었던 모든 이들의 혈통을 유지하면서 그것을 이어받게 될 것이다.[8]**

** 작센-코부르크 왕가는 브런즈윅-뤼네부르크 공국을 지배하게 되며, 이 공국은 1695년 신성 로마 제국의 선거후 공국이 된다. 이후 작센-코부르크 왕가는 브런즈윅의 수도인 하노버Hanover의 이름을 따서 특히 영국에서는 하노버 왕가라고 불리게 된다. 한편 영국의 앤 여왕이 후사 없이 사망하자 그 뒤를 이을 적통으로 스튜어트 왕조의 제임스 1세에서 뻗어 나온 증손자인 브런즈윅의 조지가 지목되어 그가 조지 1세로 즉위하면서 영국에 하노버 왕조가 시작된다. 이후 독일 브런즈윅과 영국은 하노버 왕조가 지속되는 동안 하나의 나라로 간주되어 1837년까지 이러한 관계를 유지한다. 또 빅토리아 여왕의 유언대로 그녀의 아들인 에드워드 7세가 즉위한 뒤에는 왕조의 이름을 하노버 왕조가 아닌 작센-코부르크-고타 왕조로 바꾸게 된다. 하지만 20세기 들어 에드워드 7세의 아들인 조지 5세(현 엘리자베스 여왕의 할아버지)가 즉위한 뒤에는 독일식의 이름에 대한 국민 감정을 고려하여 윈저 궁의 이름을 따서 윈저 왕조로 이름을 바꾸게 된다.(옮긴이)

그림 17

작센-코부르크-고타 왕가

1894년 4월 21일 코부르크에 모인 빅토리아 여왕과 그 가족 성원들. 빅토리아 여왕의 40명의 손자 손녀 중 두 사람인 빅토리아 멜리타 공주 Princess Vicotria Melita와 헤세 대공 어니스트 루이Ernest Louis, Grand Duke of Hesse의 결혼식에 모였다. 빅토리아 여왕의 왼쪽에는 그녀의 장녀이자 독일 황제의 미망인 빅토리아가 있다. 오른쪽에서는 그녀의 손자인 카이제르 빌헬름 2세가 앉아 있다. 카이제르의 뒤에 앉아 있는 턱수염과 중산모를 쓴 이는 러시아 황제인 니컬러스 2세다. 그는 빅토리아 여왕의 또 다른 손녀인 헤센의 알렉산드라(알릭스Alix) 공주와 방금 약혼을 선포한 상태였다. 니컬러스 2세 뒤의 왼쪽에는 빅토리아 여왕의 장남인 웨일스 공Prince of Wales―훗날 영국왕 에드워드 7세―이 있다. 뒷줄의 인물들 중에는 빅토리아 여왕의 손녀인 마리 공주Princess Marie도 있으니, 그녀는 1914년 루마니아의 여왕이 되었다.

이 사진에 나오지는 않았지만, 빅토리아 여왕의 손녀 중에서 이후 그리스, 노르웨이, 스페인의 여왕이 나온다. 에드워드 울렌후트Edward Uhlenhuth의 사진.

25장

로스차일드 가문

이미 1840년대에 작센-코부르크 왕가를 로스차일드* 가문과 비교했던 프랑스 논객이 있었는데[1] 이는 그 자신이 생각했던 것 이상으로 정곡을 찌르는 지적이었다. 왜냐하면 똑같이 독일 남부에 뿌리를 둔 이 두 개 왕조는 이미 1816년 작센-코부르크 가문의 레오폴트가 샬로테 공주와 결혼하던 순간부터 서로와 거의 공생 관계에 있었기 때문이다.[2] 작센-코부르크 가문은 운도 좋았지만 솜씨도 좋았기에 나폴레옹 전쟁의 혼란기와 그 이후에 계속해서 정상으로 밀고 올라갈 수 있었다. 로스차

---

* 　로스차일드Rothschild는 영국식의 발음이지만, 본래 이 가문이 프랑크푸르트에서 생겨났으므로 독일어 발음으로 '로트쉴트'로 불릴 때도 많다. 독일어로 '붉은 방패'라는 뜻이다.(옮긴이)

일드 가문은 비록 그 근본은 훨씬 비천했지만 똑같은 일을 해냈다. 프랑크푸르트의 유대인 게토에 갇혀 있었던 마이어 암셸 로트실트Mayer Amschel Rothschild의 다섯 명의 아들들이 1810~36년 사이에 몸을 일으켜 국제 금융의 세계에서 새롭고도 아무도 견줄 수 없는 권력의 지위를 얻게 되었던 것이다. 이들은 무수한 정치적·경제적 위기들을 겪어야만 했고 또 경쟁자들을 물리치기 위해 굉장한 노력을 해야 했지만, 그 다섯명 중 막내가 세상을 떠났던 1868년까지도 그 자리를 굳건히 지켰을 뿐만 아니라 그 후에도 그들의 지배력은 오래도록 유지됐다. 동시대인들이 볼 때 이러한 성취는 너무나 놀랍고 특이한 것이었기에 그들은 로스차일드의 성공을 모종의 신비적인 일로 설명하고자 할 때가 많았다. 1830년대에 나온 한 설명에 따르면, 로스차일드의 엄청난 재산은 그들이 소유한 신비로운 '히브루 부적' 덕분이라고 했다. 런던 사업소를 세운 네이선 로스차일드Nathan Rothschild가 '유럽 화폐 시장의 레비아탄'이 될 수 있었던 것도 바로 그 부적 덕분이라는 것이었다.[3] 심지어 1890년대가 돼도 러시아의 유대인 집단 거주 구역Pale of Jewish Settlement*에서 비슷한 이야기가 돌아다녔다.[4]

로스차일드 가문의 성취는 실로 한 시대의 획을 긋는 것이었다. 19세기 중반경 로스차일드 집안 전체가 축적한 금융 자본은 역사상 전례가 없는 것이었다. 이미 1828년에도 이들의 자본 전체는 엄청난 규모였고, 그 가장 가까운 경쟁자인 베어링 가문의 자본은 이들의 자본에 견

---

*　제정 러시아에서는 유대인들로 하여금 프러시아 및 폴란드와 인접한 서쪽 지역 일부로 유대인들의 거주 구역을 한정하였다. 1791년에 시작된 이 제도는 1917년 혁명과 함께 폐지됐다.(옮긴이)

주면 한 자릿수가 작은 정도로 차이가 났다. 로스차일드 가문의 성공을 협소한 경제적 논리로 설명하려 든다면 그들이 국제적인 국채 시장에 여러 가지 혁신을 도입했다는 사실이라든가 그들이 워낙 빠르게 자본을 축적해 상업 어음 할인업, 원자재 상품, 금은괴 거래, 보험업 등으로 팽창할 수 있었다는 점 등을 강조하게 될 것이다. 하지만 이들이 고안해낸 독특한 사업 구조를 이해하는 것도 아주 중요한 일이다. 그 구조는 가족 간의 동업 관계로 엄격하게 제한되는 동시에 다국적 규모를 갖는 것으로서, 프랑크푸르트, 런던, 빈, 파리, 나폴리 등에 있는 '사업소들 houses'을 연결해 단일의 '일반적 공동 사업체general joint concern'를 이루는 것이었다. 로스차일드 가문은 자신들이 집중시킨 자본이 흩어지는 원심력을 막기 위한 방법의 하나로 족내혼을 선택했다. 1824년 이후로 로스차일드 집안사람들은 같은 집안사람들과 결혼하는 경향을 띠기 시작했다. 1824~77년 사이에 마이어 암셸의 후손들은 21건의 혼인을 올렸고, 그중 무려 15건이 마이어 암셸의 직계 후손들 **사이에서의** 결혼이었다. 물론 19세기에는 사촌 간의 결혼이 결코 특이한 일은 아니었지만(특히 독일계 유대인들의 재벌 가문에서 많이 행해졌다), 그래도 이는 놀라운 일이었다. '이 로스차일드 사람들이 서로와 조화를 이루는 방법은 실로 충격적'이라고 시인 하인리히 하이네는 주목한 바 있다. '참으로 이상한 일로서, 이들은 심지어 결혼 상대자까지도 자기들 내부에서 선택하며, 그 결과 이들 한 명 한 명 사이의 관계를 줄로 이어보면 너무나 복잡하게 꼬이고 꼬인 모습이 될 것이므로 장래의 역사가들은 이를 풀어내기 위해 진땀을 흘려야 할 것이다.'5 로스차일드 가문 사람들은 스스로를 '우리의 왕가'라는 이름으로 불렀으니, 이는 곧 그들이 자기의식적으로 스스

로를 작센-코부르크 왕가와 동등한 존재라고 여겼음을 시사한다.[6]

하지만 이와 똑같이 중요한 요소가 있었는데 바로 로스차일드가 자신들의 네트워크를 구축한 속도였다. 단순히 유럽 전역에 걸쳐 여러 지사를 두고 현지의 금융가들과 연계를 맺는 것만 아니었다. 이들은 정치적으로 '높은 자리에 있는 친구들'의 네트워크 또한 구축했다. 살로몬*은 1815년 10월에 쓴 편지에서 이렇게 말한다. "네이선, 정부 쪽 사람이 친한 관계를 맺어두라고 아버지께서 늘 말씀하시던 걸 기억하겠지.[7] 정부 쪽 거물과 친하기 위해서 갖은 수단을 다 쓸 준비가 되어 있어야 한다는 아버님의 원칙을 기억하겠지.[8]" 또한 마이어 암셸은 아들들에게 그러한 정치가들에게 구애하는 최상의 방법도 똑똑히 가르쳐주었다. "돌아가신 아버님께서는 이렇게 가르치셨지. 만약 어떤 높은 지위에 있는 인물이 한 유대인과 '금융적' 동업 관계를 맺는다면 그도 유대인에 속한다고gehört er dem Juden.[9]" 이 시대에 가장 중요한 로스차일드의 고객들을 보자면 헤센-카셀 선거후의 선임 재무 관료인 카를 부데루스Karl Buderus, 일루미나투스 회원 출신으로서 1806~14년까지 라인 동맹의 제1군주prince-primate**였던 카를 테오도르 폰 달베르크Carl Theodor von Dalberg, 영국의 샬로테 공주의 배우자이자 훗날 벨기에의 왕이 되는 작센-코부르크 왕가의 레오폴트, 1811년 10월 영국의 총사령관이자 훗날 (잠깐 동안) 영국의 재무장관과 무역 위원회 위원장이 되는 찰스 해리스Charles Herries, 캐슬

---

* 　살로몬은 마이어 암셸 로스차일드의 둘째아들이며 네이선은 셋째아들이다.(옮긴이)

** 　나폴레옹은 신성 로마 제국을 해체한 뒤 그 지역 특히 라인강 유역에 있었던 독일 소국들을 모아 라인 동맹Rhinebund을 구성한다. 이는 소국 군주들의 동맹체로서, 그 보호자는 나폴레옹 황제 본인이었다. 제1군주는 마인츠의 대주교 군주였던 달베르크가 군주들의 회의를 주재하는 역할을 맡았다.(옮긴이)

레이의 형제이자 런던데리Londonderry의 3대 후작인 찰스 윌리엄 스튜어트Charles William Stewart, 훗날 프랑스 왕이 되는 오를레앙 공작 루이 필립, 오스트리아의 재상인 메테르니히 대공, 런던 주재 오스트리아 대사인 에스터하지Esterházy 대공 등이 포함되어 있었다.

로스차일드 가문 사람들이 정치 엘리트들에게 접근하는 (또한 사업 경쟁자들을 따돌리는) 결정적인 방식의 하나는 특출할 정도의 정보력과 커뮤니케이션 네트워크를 유지하는 것이었다. 이 시대에는 우편 서비스라는 것이 아주 느리고 불안정했다. 1814년 파리에서 프랑크푸르트로 보낸 편지는 보통 24시간이면 도착했지만, 1817년 런던에서 보낸 편지는 프랑크푸르트까지 일주일이나 걸렸고 파리에서 베를린까지는 9일이 걸렸다.[10] 로스차일드 형제들은 실로 강박적일 정도로 편지를 자주 주고받는 이들이었기에 곧 이 못 믿을 우편 서비스를 포기해버리고 대신 자신들의 사적인 통신 및 배달망을 구축한다. 그중에는 도버Dover에 위치한 지사도 있었으며 이들은 로스차일드 가문의 업무를 위해 선박을 운행하도록 허가를 얻어내기도 했다.[11] 나폴레옹이 워털루에서 패했다는 소식을 런던에서 가장 먼저 접한 이가 네이선 로스차일드였다고 오래도록 사람들은 믿어왔다. 로스차일드의 연락 및 배달망이 워낙 빨랐기 때문에 워털루 전투의 결과를 알리는 다섯 번째의 마지막 호외 공고를 (이는 6월 18일 밤에 브뤼셀에서 발행되었다) 덩케르크와 딜Deal을 거쳐 케임브리지 뉴 코트New Court까지 도착하는 데 대략 24시간이 걸렸으니, 이는 헨리 퍼시Henry Percy 소령이 웰링턴의 공식적 전령문을 각료 회의에 전달했던 시점보다 최소한 36시간이 빨랐던 것이다.[12] 최근에는 이 이야기에 대해 의문을 표한 이들도 나왔지만, 로스차일드가 워털루 전투에 대해

(설령 6월 21일이었다고 해도) 일찍 알고 있었기에 '승전…에 대한 초기 정보를 통하여 많은 돈을 벌었다'*는 사실은 변하지 않는다. 「칼레도니아 속보_Caledonian Mercury_」**의 런던 통신원 한 사람이 바로 같은 날 전쟁 결과를 알리는 보고서를 보내는바, 그 통신원은 자신의 정보원이 '아주 믿을 만하다. 겐트_Ghent_가 로스차일드_Rosschild[sic]_에게 보낸 편지를 본 사람이다. 로스차일드는 대규모 주식 거래상으로서, 그 정보는 항상 최고다.'[13] 1820년대 중반이 되면 로스차일드 가문은 자신들의 사적인 운반 및 정보망을 정기적으로 사용하게 된다. 1825년 12월 한 달만 해도 파리의 로스차일드 사업소는 칼레를 거쳐 런던 사업소로 열여덟 번의 행낭을 보내며, 자르브뤼켄_Saarbrücken_에는 세 번, 브뤼셀로 한 번, 나폴리로 한 번을 보낸다.[14] 1824년 이후에는 전서구傳書鳩도 또한 사용됐지만, 로스차일드 형제들은 사람들이 이따금씩 주장하는 것만큼 전서구에 많이 의존하지는 않았던 것으로 보인다.

이렇게 빠르고 안전한 통신 네트워크가 발전하게 되면서 여러 가지 이득이 생겨났다. 첫째, 이를 통해서 로스차일드 가문은 유럽의 엘리트들에게 최고급의 우편 서비스를 제공할 수 있게 됐다. 샤토브리앙_Chateaubriand_ 자작은 1822년 런던에 체류하는 동안 뒤라_Duras_ 공작부인으로부터 '중요한 긴급 공문'을 받았는데 이는 그녀가 후견하는 '로스차

---

* 네이선은 영국군의 승전 소식을 일찍 접한 후, 채권 시장에서 일부로 영국 국채를 대규모로 매각하기 시작한다. 이에 다른 거래자들이 부화뇌동하여 영국 국채 매도 붐이 벌어져 가격이 대폭락을 하게 되자 비밀 대리인들을 이용하여 대규모로 매입하였고, 이후 승전 소식이 전해져 영국 국채 가격이 급등하게 됐을 때 이를 되팔아 막대한 시세 차익을 올린다.(옮긴이)

** 스코틀랜드에서 유통되던 일간지.(옮긴이)

드 인물'을 통해서였다고 한다.[15] 1823년이 되면 '로스차일드로부터 뉴스를 얻는 것'이 네셀로드Nesselrode 백작부인의 필수적인 일상사가 되었다고 한다.[16] 아마도 1840년 이후 로스차일드의 우편 서비스를 열성적으로 사용한 가장 저명한 인물들은 젊은 빅토리아 여왕과 그녀의 배우자 앨버트 대공이었을 것이다.[17] 둘째, 이들의 운반 및 통신 서비스는 또한 이들이 독보적인 뉴스 서비스를 제공할 수 있는 위치에 있다는 것을 뜻했다. 주요한 정치적 사건들뿐만 아니라 비밀 정보 또한 공식적인 채널보다 훨씬 빠르게 이 도시에서 저 도시로 전달하는 게 가능했다. 1817년, 파리 사업소의 제임스는 파리에서 런던으로 가는 프랑스 외교부의 긴급 공문이 런던의 프랑스 대사관에 닿기도 전에 그 세부 사항을 런던 사업소의 네이선에게 전해주겠다고 제안하기도 한다.[18] 1818년 액스 총회Aix Congress로 가던 영국 외교관은 "네이선이 우리 측 요구 사항의 세부 사항에 이르기까지 정확한 정보를 갖고 있을 뿐만 아니라 그것을 작성했을 이들이 누구인지까지 알고 있었다. 그들 중 일부는 아예 외무부에 이름조차 알려지지 않았는데도 말이다"라고 말하면서 큰 충격을 받았음을 고백하고 있다.[19] 1820년 2월 베리 공작duc de Berry(프랑스왕 샤를 10세의 셋째아들)이 암살당했을 때도 그 소식을 프랑크푸르트와 빈에 처음 알린 것이 로스차일드였다.[20] 마찬가지로 샬로테 공주가 1821년에 죽었을 때도 이 소식을 파리에 퍼뜨린 것이 로스차일드였다.[21] 조지 캐닝George Canning은 영국의 수상으로서 로스차일드가 끊임없이 영국의 외교관 보고서들을 퍼간다는 사실에 불만이 있었지만, 그도 애커먼Ackerman에서 터키가 항복했다는 소식 등 로스차일드 정보망이 제공하는 중요한 사항들을 무시할 수 있는 처지는 못 되었다.[22] 로스차일드는 또한 1830년 7월 프랑스에서 벌어진 혁명의 소식도 런던의 애버딘 경 Lord Aberdeen과 보헤미아에 있었던 메테르니히에게 처음으로 전했던 이들이었다.[23] 오래지 않아 각국의 정치 지도자들과 외교관들 스스로가 로스차일드의 통신 네트워크를 사용하게 되었다. 이것이 외교 서한문을 전달하는 공식적인 전달 시스템보다 훨씬 빨랐던 것도 이유였지만, 이렇게 로스차일드 집안의 형제들끼리 사적으로 주고받는 채널을 통해 각국 정부가 간접적으로 메시지를 주고받을 경우 메시지 교환에 따르는 구속이 전혀 따르지 않는다는 이점도 있었기 때문이었다.

물론 로스차일드 가문은 자기들의 다섯 개의 사업소에만 의존하여 정보를 취합한 것은 아니었다. 그랬다면 그 시스템의 한계는 훨씬 좁았을 것이다. 이들은 유럽을 기초로 시작하였지만 금세 유럽을 훌쩍 넘어서는 광활한 네트워크를 발전시키게 된다. 다섯 명의 아들들 이후 세대에서는 새로운 '사업소'를 세우고자 하는 이들이 아무도 없었고 또 허용되지도 않았다. 따라서 이러한 네트워크 확장은 다른 시장들에서 로스차일드 은행의 이익을 돌보도록 봉급을 받고 고용된 대리인들의 선별된 집단을 구축하는 방법을 취했다. 무엇보다도 중요한 도시는 마드리드, 상트페테르부르크, 브뤼셀이었고, 나중에는 뉴욕, 뉴올리언스, 하바나, 샌프란시스코 등이 있었다. 이러한 지사들을 맺어주는 통신망은 복잡한 새로운 정보망과 사업 네트워크를 구성했다.[24] 뉴욕의 어거스트 벨몬트August Belmont나 마드리드의 대니얼 바이스바일러Daniel Weisweiller 등은 거리도 멀리 떨어져 있는 데다가 현지 사정에 아주 밝은 이들이었기에 상당한 자율성을 누릴 수밖에 없었지만, 그래도 이들은 항상 무엇보다도 로스차일드의 대리인들이라는 정체성을 최우선으로 삼았고 이를 망각

하는 것은 용납되지 않았다. 또한 이러한 공식적인 영향력의 네트워크
가 다가 아니었다. 그와 똑같이 중요한 것으로서 다른 은행들은 물론 주
식 중개상들, 중앙은행들, 금융 신문들과의 느슨하지만 더 큰 네트워크
의 연결선들도 있었다.

동시대인들 또한 새로운 종류의 금융 권력이 출현했다는 것을 금세
파악했다. 1826년 프랑스의 자유주의자 뱅생 푸르니에-베르누이Vincent
Fournier-Verneuil는 이후에도 수많은 이들이 반복하게 되는 주장을 처음으
로 내놓는다. 즉, 프랑스 정부는 '모든 형태의 귀족정 가운데에서도 가
장 무미건조하고 가장 천한 형태인 금융 귀족정'의 부패한 꼭두각시일
뿐이라는 것이다. 그 금융 귀족정의 꼭대기에 앉아 있는 자가 다름 아닌
'R.. 남작'이라는 것이었다.[25] 그로부터 2년 후, 영국 하원의 급진파 의원
인 토머스 덩컴Thomas Duncombe은 이렇게 불평을 늘어놓는다.

> 지금까지 유럽에서 전혀 존재하지 않았던 새롭고도 가공할 만한 권
> 력이 나타났습니다. 그는 무한정의 부를 가진 주인으로서, 자신이 전
> 쟁과 평화의 중재자라고 뻐기며, 각국의 신용은 곧 자신이 고개를 한
> 번 까딱이는 것에 달려 있다고 으름장을 놓습니다. 그의 통신원은 셀
> 수조차 없이 많으며, 그의 운반 및 통신 서비스는 일반 군주들은 물론
> 절대 군주들의 그것조차 능가합니다. 각국의 장관들은 그의 뒷돈을
> 받는 하수인들입니다. 이렇게 유럽 대륙 각국의 내각을 모두 장악한
> 그는 이제 우리의 내각마저 장악하기를 열망하고 있습니다…[26]

1830년대 중반 미국의 한 잡지 또한 비슷한 평가를 내리고 있지만, 그

언사만큼은 덜 모욕적이다. '로스차일드는 현대 은행업이 낳은 불가사의로서… 유럽 대륙 전체를 자기들 손아귀에 넣었다… 이들의 조언이 없이는 그 어떤 나라의 내각도 움직이지 못한다.'[27] 영국의 일기 작가 토머스 레이크스Thomas Raikes도 거의 비슷한 시기에 이런 말을 남겼다. "로스차일드는 유럽을 지배하는 강철 같은 군주가 됐다. 파리, 런던, 빈, 프랑크푸르트, 나폴리에 있는 이들의 여러 사업소를 통해 유럽의 시장 교환 전체에 대해 그 누구도 달성하지 못한 통제력을 손에 넣었을 뿐만 아니라, 이제는 각국의 재정 지출에 대해서도 통제력을 쥐고 있는 것으로 보인다. 이들의 도움이 없으면 어떤 군주도 대출을 얻을 수가 없다."[28] 한 익명의 독일 만화가 또한 본질적으로 동일한 이야기를 (좀 더 생생한 방법으로) 하고 있다. 그는 아주 괴상망측한 캐리커처로 유대인 한 사람을 그려놓고서 (분명히 로스차일드의 여러 형제들을 합쳐놓은 모습이다) 이를 '팔방 펌프Die Generalpumpe'라고 부르고 있다(독일어 '펌프질하다pumpen'는 '돈을 빌려주다'라는 의미도 있으니 이 이중적 의미를 노린 말장난이다). 이 만화가 시사하는바, 로스차일드는 온 세계에 돈을 펌프질하여 뿌려대는 괴물 같은 엔진이라는 것이다.[29]

1820년대에 자주 나온 로스차일드에 대한 공격 하나는, 이들이 반동 세력 및 왕정 복고 세력과 정치적 동맹을 맺고 있다는 것이었다. 한 자료에 따르면, 이들은 '신성동맹의 고위 재무부la haute Trésorie de la Sainte Alliance'라는 것이었다.[30] 실제로 여기저기를 돌아다니던 독일의 대공작 퓌클러-무스카우Pückler-Muskau는 자신의 부인에게 보낸 편지에서 처음으로 네이선을 소개하면서 그를 '신성동맹의 최고의 동맹자'라고 묘사하고 있다.[31] 네이선은 유럽에 정치적 변혁의 불길이 번지는 것을 막는 데 도움

258

을 주는, 저 '속 빈 동맹Hollow Alliance'의 보험 중개상이라고 희화화되고 있다.[32] 1821년에 그는 심지어 유럽의 자유에 대항하는 정부의 설계로 인해, 외국 세력과의 결탁, 특히 오스트리아에 대한 지원 때문에 살해 위협까지 받았다.[33] 이미 1820년 8월에 프랑크푸르트의 독일 연맹German Confederation 의회에 온 브레멘 대표자는 '오스트리아가 지금 나폴리에 대해 무력시위를 하고 있지만 이는 로스차일드의 도움 없이는 불가능할 것이며, 프로이센이 지금까지 헌법 제정 문제를 해결 짓지 않고 질질 끌 수 있는 것도 모두 로스차일드 가문이 그것을 가능케 한 덕분'이라고 주장했다.[34] 자유주의 저술가 루트비히 뵈르네Ludwig Börne가 볼 때, 로스차일드야말로 '온 나라의 최악의 적'이었다. "이들은 자유의 기초를 갉아 먹는 데 있어서 누구보다도 많은 역할을 하고 있다. 그리고 만약 로스차일드와 같은 자들이… 압제자들을 지지하여 자본을 빌려주지 않았다면… 유럽 대부분의 민족들은 지금쯤 완전히 자유를 획득했을 것임은 의문의 여지가 없다."[35]

하지만 이러한 판단들은 메테르니히의 보수적인 왕정 질서 복고의 비전에 대해 로스차일드가 정치적으로 얼마나 충성했는지를 너무 과장하고 있다. 아까 말한 프랑크푸르트 의회의 브레멘 대표자는 이렇게 말하고 있다.

이 은행은 그 엄청난 규모의 금융 거래와 그 은행업 및 신용의 관계들을 통해 사실상 하나의 현실 강대국의 위치를 얻게 되었습니다. 이들은 전체 화폐 시장에 대해 아주 큰 통제력을 획득했고, 그래서 유럽의 모든 군주들 심지어 가장 큰 유럽 강대국들의 운영과 움직임마저

도 이들은 자기들 마음이 끌리는 대로 밀어주기도 하고 또 가로막기

도 하는 위치에 올라선 것입니다.[36]

물론 로스차일드는 가격만 제대로 처준다면 얼마든지 오스트리아
의 채권을 인수할 용의가 있었다. 하지만 이는 좀 더 자유주의적인 국가
들에 대해서도 마찬가지였다. 오스트리아 황제가 암셸 로스차일드가
'짐보다도 부자'라고 말한 적이 있지만, 여기에는 일리가 없는 게 아니었
다.[37] 바이런 경Lord Byron은 그의 작품 「돈 후안Don Juan」의 제12연에서 이
렇게 묻는다. "이 세계의 균형을 쥐고 있는 것은 누구인가? 누가 다스리
는가/왕국의 의회나 자유주의 국가의 의회나 모두 똑같이?" 그리고 이
렇게 대답한다. "(비웃는 투로)유대인 로스차일드, 그리고 그의 동료 기
독교인, 베어링." 이 은행들이야말로 '유럽의 진정한 주인들'이라는 것이
다.[38]

여기서 중요한 점은 바이런이 로스차일드를 왕정 국가들과 자유주의
국가들 모두에 영향력을 행사하는 존재로 보았다는 것이다. 알렉상드
르 바이유Alexandre Weill는 그의 에세이 『로스차일드와 유럽 국가들』(1841)
에서 이 점을 간명하게 주장한다. '예전에는 로스차일드가 로스차일드
가 되기 위해서 여러 국가들을 필요로' 했지만, 이제 로스차일드는 '국
가를 필요로 하지 않는 반면, 국가는 여전히 로스차일드를 필요로 한
다'는 것이다.[39] 그 1년 후 자유주의 역사가 쥘 미슐레Jules Michelet는 자신
의 일지에 이렇게 썼다. "로스차일드 씨는 유럽의 모든 군주들을 한 사
람씩 다 알고 있으며, 파리 증권 거래소의 모든 중개인들courtier을 한 사
람씩 다 알고 있다. 그는 이들 한 사람 한 사람이 로스차일드 은행에 가

지고 있는 계좌 내역을 다 머릿속에 넣고 있다. 주식 중개인들뿐만 아니라 왕들의 계좌까지도 말이다. 그래서 그는 이들과 이야기할 때 굳이 장부를 꺼내볼 필요도 없다. 그는 그들에게 이렇게 말한다. '폐하께서 그런 자를 장관으로 임명하신다면 폐하의 계좌는 마이너스가 될 것입니다.'"40 이는 1815년의 세계에서 예전의 위계적 질서가 그렇게 완전히 '복구'된 것은 아니라는 것을 보여주는 한 측면이다. 작센-코부르크-고타 왕가라는 확대 친족 집단이 왕실 가문의 정통성에 새로운 질서를 부여했다고 할 수 있을지 모르지만, 유럽의 왕정을 떠받치는 것은 어디까지나 신용과 정보의 새로운 네트워크들을 거느린 로스차일드라는 벼락부자 가문이었던 것이다.

26장

산업 네트워크들

네이선 로스차일드는 나중에는 이러한 높은 지위에 오르지만, 처음 영국에서 이력을 쌓기 시작할 때는 그저 유럽 대륙으로 수출할 공장 제조 의류를 사들이는 초라한 수출 상인이었다. 그의 이 초기 시절을 보여주는 현존하는 기록을 보면 제1차 산업 혁명 초기 단계에서의 경제가 어떤 모습이었는지를 생생하게 그려볼 수 있다. 그가 처음으로 영국에 도착한 1799년과 그가 런던에 자기 회사를 공식적으로 설립하는 1811년 사이에 로스차일드는 독일의 고객들에게 보낼 옷감을 찾아서 랭커셔 근처뿐만 아니라 노팅엄, 리즈, 스톡포트, 심지어 글래스고까지 돌아다녔다. 그는 또 옷감을 사들이는 일만 한 게 아니었다. 그가 훗날 하원 의원 토머스 파월 벅스턴Thomas Fowell Buxton에게 말한 바 있듯이, "저는 맨체스터에 오자마자 가지고 있던 돈을 다 써버렸습니다. 물가가 워낙 쌌기 때문에 이것저것 잔뜩 사들인 뒤 되팔아 큰 이윤을 거두었습니다. 나는 곧 돈 되는 사업이 원자재 수입, 날염업, 옷감 제조업 세 가지라는 것을 알게 되었죠. 저는 옷감 제조업자에게 말했습니다. '당신에게 원자재와 날염 재료를 공급해줄 테니 내게 제조된 물품을 공급해주시오.' 그래서 나는 이 돈 되는 세 가지 사업을 몽땅 할 수 있었고, 그래서 다른 누구보다도 싼 가격에 물건을 내놓을 수가 있었습니다."[1] 새로운 방직 기술 및 방적 기술이 잉글랜드 북부와 스코틀랜드 중부에 빠르게 확산되고 있었던 데다가 또 서로 경쟁하는 작은 제조업자들이 무수히 많았으므로, 중개업을 공격적으로 펼칠 기회는 무궁무진했다. 그가 1802년 12월에 설명한 바 있듯이,

> 화요일과 목요일에는 맨체스터 인근 20마일 떨어진 농촌에 사는 직조업자들이 자기들 물건을 가져온다. 사람마다 가져오는 물량은 20개나 30개 사이에서 들쭉날쭉하며, 이를 여기에 있는 상인들에게 두 달, 세 달, 여섯 달짜리 신용으로 판매한다. 하지만 그들 중에는 돈이 급한 이들이 항상 있기 마련이었으며, 이들은 빠르게 현금을 손에 쥘 수만 있다면 이윤을 얼마간 포기할 용의가 있었다. 그래서 현금으로 사게 되면 15퍼센트나 20퍼센트까지 더 싸게 살 수도 있었다.[2]

게다가 로스차일드는 사업이 확장되고 또 아버지의 회사 말고도 다른 회사에도 제품을 수출하게 되면서, 단지 상대적으로 저렴한 가격으로 물건을 팔 수 있었을 뿐만 아니라 고객들에게 괜찮은 조건으로 신용

까지 제공하기 시작했다. 그는 자기 물건을 사는 고객들에게 돈을 꿔주면서, "제 돈이 당신에게 있다면 제 금고에 있는 것이나 똑같이 안심할 수 있습니다"라고 말하곤 했다.[3] 보상이 큰 만큼 리스크도 컸다. 가격과 이자율은 대단히 등락폭이 컸다. 물건을 사간 사람들이 돈을 내지 못할 때도 많았지만, 공급자들이 제때 물건을 가져오지 못할 때도 많았다. 게다가 나폴레옹이 1806년과 1807년 영국에 대한 무역 봉쇄령을 내린 뒤 영국과 프랑스 사이에 경제 전쟁이 터지게 되자, 로스차일드는 밀수라는 방법에 의지해야만 했다.

19세기의 지적 혁명 및 정치적 혁명과 마찬가지로, 산업 혁명 또한 여러 네트워크의 산물이었다. 어떤 지배자도 이를 명령한 적이 없었다. 물론 몇 가지 정부의 행동들이 (특히 인도에서 수입한 옷감에 대한 차별적 법안들) 분명히 산업 혁명을 촉진하기는 했지만 말이다. 그리고 네이선 로스차일드가 소속되어 있었던 신용 네트워크에 더하여 자본 네트워크도 존재했다. 이를 통해 여러 기업가들과 투자가들이 정보와 자원을 서로 합칠 수 있었다. 또 기술 네트워크도 여럿 있었으며, 이는 생산성을 향상시키는 여러 혁신들의 교환을 가능케 했다. 제임스 와트는 글래스고 대학의 조지프 블랙Joseph Black 교수와 버밍엄의 만월회Lunar Society of Birmingham의 성원들을 포함하는 네트워크의 일원이었으니, 그 네트워크가 없었다면 그도 증기 기관의 개선에서 이룬 그의 큰 업적도 없었을 것이다.[4] 대부분의 옷감 제조 기업들은 작고 비교적 자금을 대기도 쉬웠지만, 운하 사업을 벌이는 주식회사나 보험 회사와 같이 자본 집약적인 모험 사업들은 여러 투자가 네트워크에 크게 의존하고 있었다.[5] 국제 무역은 산업 혁명 이전 시대와 마찬가지로 여러 상업 네트워크에 의해 대개 관리되

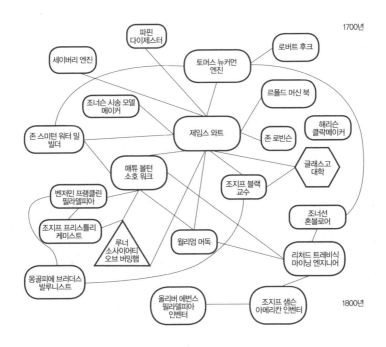

그림 18
'증기 네트워크': 제임스 와트, 매튜 볼턴, 그리고 증기 엔진 기술 네트워크(1700~1800).

고 있었다. 이러한 네트워크들에서는 항상 혈연 관계, 우정 관계, 종교 관계 등이 중요한 역할을 했다. 대서양을 건너 미국으로 넘어간 각종 신규 제조업 기술들에 대해서도 똑같이 이야기할 수 있다.[6] 그림 18에서 볼 수 있듯이, 필라델피아의 발명가로서 더 뛰어난 고압 증기 엔진의 특허를 냈던 올리버 에번스Oliver Evans는 제임스 와트와 아무런 직접적 연결선이 없었다. 실제로 따져보면 이 두 사람은 분리도가 4도수에 이르고 있다.[7] 하지만 혁신의 욕구―'더 많은 이윤을 위한 합리화의 심성'―는 (한 학자에 따르면) 거의 종교적 신앙처럼 확산됐다고 한다.[8] 산업 혁명의 단계마다 네트워크가 결정적 역할을 했다. 새롭게 발명된 생산 과정들을 확산시키는 것뿐만 아니라, 두뇌를 가진 이들과 자본을 한데 모으는 데에서 더 중요한 역할을 수행했다. 증기 기관은 갈수록 더욱 효율적으로 개발됐는데 이는 개인으로 고립된 영웅적 발명가들이 아니라 거대한 한 네트워크의 집단적 노력의 산물이었다. 이와 마찬가지로, 훗날 비행기 기술에 있어서의 획기적인 발전도 라이트 형제에게 빚진 만큼 미국 토목공학 협회, 미국 기계공 협회, 미국 과학 발전 협회의 핵심 성원들에게도 빚진 것이었다. 이 네트워크의 '좁은 세상'에서 가장 중요한 연결자는 『비행기 개발에 있어서의 진보Progress in Flying Machines』(1894)의 저자인 옥타브 샤누트Octave Chanute로서, 그는 가히 최초의 비행기가 만들어지는 데 있어서 미국 혁명의 폴 리비어가 했던 역할을 했다고 할 수 있다.[9]

산업화 시대의 영국사에 있어서 핵심적인 수수께끼는 어째서 경제 혁명이 정치 혁명과 결부되지 않았는가이다. 달리 말하자면, 18세기 말 영국과 스코틀랜드에서 생겨난 네트워크는 근대의 제조업을 만들어낼 만큼 강력한 것이었건만 어째서 왕실과 귀족들과 성직자들이 엮여 만들어낸 영국의 위계질서를 뒤엎을 만큼 강력하지는 못했던 것인가? 1848년에는 전 유럽 대륙에서 한 번이라도 이런저런 불만으로 탄원서에 서명한 적이 있는 사람들은 모두 다 새로운 혁명의 물결에 휩쓸리게 됐다. 그리고 이번에는 이 혁명의 물결이 베를린과 빈까지 덮쳤으며 결국 메테르니히의 몰락으로까지 이어졌다.[10] 하지만 영국에서는 그 비슷한 일조차 벌어지지 않았다. 저명한 휘그당의 웅변가 헨리 피터 브루검Henry Peter Brougham은 '유용한 지식의 확산을 위한 협회Society for the Diffusion of Useful Knowledge'를 설립했을 뿐, 공화주의 사상의 확산을 위한 협회를 만들지는 않았다. 심지어 차티스트 운동가들조차도 참정권의 확장을 주장하는 운동을 조직하는 가운데 집회를 해도 질서를 유지하였고, 혁명적 요소는 거의 아무것도 품고 있지 않았다. 이는 부분적으로는 18세기의 정치가 '하층 신분들'의 마음속에도 애국심을 심어주어 이들이 모두 '브리튼'*이 되어 기존의 사회 질서에 대해 애국적인 지지를 보냈다는 것에서 찾을 수 있다.[11] 하노버 왕조 시대에 벌어진 가장 큰 봉기는 가톨릭에 반대하여 일어났던 고든 봉기Gordon Riots였으니, 이는 디킨스의 『바나비 러지Barnaby Rudge』에 생생하게 상상으로 그려져 있다. 또 다른 대답으로, 영국의 엘리트층이 산업 시대의 빠르게 변화하는 조건들에 대단히 능숙하게 적응해 들어갔다는 것을 들 수 있다. 같은 하노버 왕조의 친척들 중에서도 영국 여왕 부부인 빅토리아와 앨버트는 다른 친척들과는 달리 전체적으로 볼 때 자유주의적인 정치 성향을 가지고 있었다. 게다가 로스차일드 가문으로 대표되는 새로운 금융 엘리트 또한 그 비판자들이 알고 있는 것보다 훨씬 더 정치적으로 탄력적인 태도를 갖고 있었다.

영국이 어째서 혁명을 회피할 수 있었는지를 잘 보여주는 예가 바로 노예무역 및 노예제 폐지 운동의 경우다. 폐지 운동은 의회 바깥에 있었던 종교적 소수파들과 (특히 퀘이커 교도들) 노예무역 폐지 실현을 위한 협회Society for Effecting the Abolition of the Slave Trade ― 이는 후에 노예제의 점진적 폐지 및 완화를 위한 협회Society for the Mitigation and Gradual Abolition of Slavery가 된다 ― 와 같은 새로운 조직들에서 시작됐다. 이 운동은 프랑스에서 막 혁명이 시

---

* 영국의 원주민이 정말로 누구였는지는 역사적으로나 신화적으로나 베일에 싸여 있다. 이는 많은 신비화가 행해지는 주제이기도 하고 'Britons'라는 말은 앵글로 색슨의 침입 이전부터 영국 땅에 살아온 토박이라는 의미를 담고 있다.(옮긴이)

작되던 무렵 영국 하원에도 영향을 미치기 시작했다. 윌리엄 윌버포스 William Wilberforce가 하원에서 그의 영향력 있는 연설인 '노예무역의 공포에 대하여On the Horrors of the Slave Trade'를 행했던 1789년 5월 12일은 파리에서 삼부회가 열린 지 꼭 일주일 뒤였다. 1792년 한 해 동안 이 폐지 탄원에 서명한 사람들은 무려 40만 명이었으니, 이는 전체 성인 남성 인구의 대략 12퍼센트에 달하는 숫자였고 맨체스터의 경우에는 거의 절반이 서명했다.[12] 1816년 프랑스와의 노예 무역 재개가 쟁점이 됐을 때 이에 반대하는 탄원서에 서명한 이들의 숫자는 137만 5,000명이었다.[13] 1833년이 되면 이 운동은 더욱 커진다. 의회에 제출한 탄원서는 거의 150만 명에 달하는 이들의 서명을 담고 있었고, 여기에는 35만 여성들의 서명을 토머스 폭스웰 벅스턴의 딸 프리실라가 바느질로 꿰맨 1마일 길이의 천도 포함돼 있었다.[14] 노예제 폐지 운동은 정말로 네트워크에 기초한 현상이었다. 하지만 미국에서나 프랑스에서와는 달리 이 네트워크는 결코 나라를 뒤집어 혁명을 일으키겠다는 위협은 가한 적이 없었다. 그 당연한 이유 하나는 이 문제가 영국 본토와 부속 도서에서 아주 멀리 떨어져 있는 아프리카 노예들과 서인도 제도의 농장주들의 이익과 관련된 것이기 때문이라는 점이다. 두 번째 이유는 정치 엘리트들이 이 운동에 대해 비교적 신속하게 반응했기 때문이었다. 이들은 1790년대에는 이 운동에 대해 반응하는 속도가 아주 느렸지만 이후에는 이 의회 밖에서의 압력에 대해 빠르게 대처하여 1807년에는 노예무역을 폐지했고 1833년에는 영국 소유 지역에 거주하는 거의 80만 명에 달하는 노예들을 해방시켰다. 마지막 세 번째 이유는 서인도 제도의 농장주들이라는 게 거부권을 행사할 이익 집단으로서는 그 크기가 너무 작았다는 점이었다.

한때 대서양 노예무역의 대표 주자였던 영국이 이렇게 공공연히 적극적으로 그것을 반대하는 입장으로 전환한 속도가 너무 빨라서, 역사가들은 그 이유를 찾아내기 위해 무진 애를 썼으며, 노예제 폐지 당시 이미 카리브 해에서의 영국 설탕 생산이 위기를 맞고 있었는지 또는 그 전성기를 지나 사양길로 접어들었는지의 여부를 놓고 오랫동안 열띤 논쟁이 벌어졌다.[15] 비록 영국에서는 설탕 소비가 크게 늘었지만 설탕 가격은 18세기 내내 계속해서 하락했던 것이 분명하다. 설탕 가격은 프랑스혁명 전쟁과 나폴레옹 전쟁 시대에는 상당히 오르기도 했다. 생도맹그에서의 노예 반란으로 인해 생산에 크게 차질이 빚어졌고, 비록 쿠바 농장과 모리셔스Mauritius와 인도에서의 생산량이 늘기는 했지만 이를 모두만회하지 못했던 것이다. 하지만 가격은 1807년 이전에 다시 떨어졌으며, 전쟁이 끝나면서 더욱 떨어졌다. 이와 비교해볼 때 노예의 평균 가격에서의 하락 추세는 없었다. 하지만 이러한 추세들로 인해서 서인도 제도의 설탕 농장들이 파멸에 처했다는 주장['노예제 폐지는 (서인도 제도 농장의) 곤궁함에서 나온 직접적 결과다.'][16]은 큰 설득력이 없다. 유럽 전체에서의 설탕 수요가 늘어나면서 브라질은 말할 것도 없고 쿠바에서도 노예제가 계속될 기회는 얼마든지 있었으며, 이는 영국의 식민지 농장에서도 마찬가지였을 것이다. 하지만 영국 농장에서는 노예제 폐지로 인해 어쩔 수 없이 인건비가 더 늘어날 수밖에 없었다. 영국 농장주들에게 정말로 문제가 된 것은 영국 경제가 급속하게 다각화되고 있었다는 점이었다. 이 때문에 제조업의 면화 수입과 가공 후 재수출이 급속하게 늘게 됐으며, 설탕 수입보다 더 중요한 자리를 차지하게 된 것이다. 이미 1820년대 말이 되면 영국 수출의 절반 이상을 면화 관련 제품이 차지하게 된다. 영국 섬유 산업의 수도라고 할 맨체스터는 영국 정부에 대한 영향력에 있어서 자메이카를 크게 앞지르게 됐으며, 랭커셔에서 사용되는 원면이 점점 더 미국 남부에서의 수입에 의존하게 되었음에도 그곳의 노예무역과 노예제에 대해서는 아주 쉽게 못 본 체하고 넘어갈 수가 있었다. 1833년 노예제 폐지법 이후 노예 소유주들에게 영국 정부가 보장을 해주는 데 많은 돈이 필요했던바, 그때 정부가 필요로 했던 1,500만 파운드를 융자해주었던 것이 면화 무역상 출신 은행가였던 네이선 로스차일드였던 것은 아주 적절한 일이었다.[17] 실제로 네이선은 노예 해방 법안이 통과된 직후 토머스 폭스웰 벅스턴과 저녁 식사를 함께하기도 했다.[18] 훗날 네이선의 아들들은 영국에서의 유대인 해방 운동에 있어서도 지도적 역할을 수행했으며, 빅토리아 여왕은 네이선의 손자인 너새니얼Nathaniel을 상원의원으로 만들어주기도 했다.

1815년의 영국은 아주 놀랄 정도로 불평등한 사회였다. 토지의 부는 세습 귀족들의 손에 크게 집중돼 있었고, 이는 앙시앵레짐 당시의 프랑스를 포함한 대부분의 유럽 나라들보다 더 심한 상태였다. 조세 체제는 지극히 역진적이어서 대부분의 세수는 소비세에서 나왔으며 대부분의 정부 지출은 육군, 해군, 부유한 공직자들의 봉급, 국채 이자 지급 등에 쓰였다. 하지만 19세기 초 의회 바깥에서 벌어졌던 운동들 중 어떤 것도 (노예제 폐지 운동이든 그 뒤를 따라 나타난 선거 개혁 운동이든) 기성 질서를 심각하게 위협한 적은 한 번도 없었다. 이는 프랑스와는 달리 영국의 위계제는 큰 사회적 압력에 부닥치면 고분고분 타협할 줄을 알았기 때문이었다. 노예제 폐지 운동가들은 1837년 젊은 빅토리아 여왕이 즉위하게 되자 이를 개혁의 장애물이 아니라 오히려 좋은 계기로 보았으며,

여왕은 곧 그들의 운동을 지지하라는 압력에 처하게 된다. 그러자 여왕은 이 과제를 남편인 앨버트 대공에게 넘겨주었다. 앨버트 대공은 결혼식을 올린 지 3개월 만에 노예무역 근절과 아프리카 문명을 위한 협회 Society for the Extinction of the Slave Trade and for the Civilization of Africa의 한 회합에서 첫 번째 연설을 행하게 된다.

저 인간을 짐짝처럼 운반하고 거래하는 저 극악무도한 짓을 (이는 아프리카를 황폐하게 하는 짓인 동시에 문명화된 유럽에 가장 수치스러운 오점입니다) 폐지하기 위해 영국이 선의를 담아 지속적으로 노력을 해왔음에도 불구하고 아직 아무런 만족스러운 결론에 도달하지 못한 것에 대해 저는 지극히 유감스럽다는 말씀을 드립니다. 하지만 저는 기독교의 정신과 우리 본성의 가장 고상한 감정에서 볼 때 심히 역겹다고 할 수밖에 없는 이 상태에 최종적으로 영구적인 종지부를 찍을 때까지 이 위대한 나라 영국이 결코 노력을 늦추는 일이 없을 것이라고 믿어 마지않습니다.[19]

27장

5대 강국 체제에서 패권 체제로

1815년 이후가 되면 1790년대에 터져나왔던 대혼란이 일단 통제 아래로 들어오게 된다. 네트워크가 지배하는 프랑스의 무정부 상태는 나폴레옹 치하에서 새로운 위계질서가 강제되면서 다시 명령에 순종하는 질서로 회복된다. 프랑스 혁명으로 인해 다른 모든 유럽 국가들이 부닥쳤던 도전들도 5대 강국의 (여기에는 왕정이 복구된 프랑스도 포함된다) 집단적인 감독 아래에서 새로운 모종의 '협조 체제concert'가 강제되면서 마침내 극복되기에 이른다.

18세기 전체에 걸쳐서 전 세계의 가장 지배적인 정치 체제는 여전히 군주정이었다. 그리고 유럽 각국 내부로 들어가서 보자면 단순히 왕위세습 원칙의 정통성만 회복된 것이 아니었다. 왕실 엘리트들은 국제적 성격을 가진 집단이 되어 새로이 등장한 금권주의 엘리트와 공생 관계를 맺는 (물론 각국 내부의 보다 존경받는 귀족주의자들은 이 두 세력 모두를 차갑게 경멸하였다) 새로운 사회적 계층화의 모델이 나타나게 되었다. 이러한 의미에서 '복고'란 1815년 이후의 질서를 묘사하는 정확한 말이 아니다. 그리고 앙시앵레짐으로 무조건 돌아가고자 시도했던 이들은 (가장 중요한 예는 프랑스의 부르봉 가문) 오래가지 못했다.

시곗바늘을 뒤로 돌릴 수는 없었다. 또한 계속 앞으로 나아가는 것을 막을 수도 없었다. 산업 혁명으로 인해 소득도 늘고 인구도 늘어났다. 역사상 처음으로 북서유럽의 도시들이 동아시아의 도시들보다 더 큰 규모로 성장했다. 그리고 제조업의 새로운 기술들은 단순히 옷감을 더 효율적으로 생산하는 데만 쓰이지 않았다. 철로 뒤덮인 군함과 더욱더 파괴적인 함포들이 나오면서 전쟁 기술 또한 산업화되기 시작했다.

각국 내부의 경제는 갈수록 대규모 산업 주식회사의 손아귀로 들어가게 됐고, 그런 산업 주식회사의 소유자들과 경영자들은 그 자금을 대는 은행가들과 함께 새로운 사회적 정치적 엘리트를 형성했다. 비록 이들이 구 체제와 긴밀하게 연결돼 있기는 했지만 이러한 사실에는 변함이 없었다. 1900년경의 세계 지도는 유럽 제국들의 영토로 나누어지는 퍼즐 맞추기 판이었다. 11개의 서유럽 제국들은 그 영토(지구 면적의 58퍼센트)로 보나 인구(전체 인구의 57퍼센트)로 보나 경제 생산(전체 생산량의 74퍼센트)으로 보나 본국의 크기에 비해 너무나 큰 몫을 차지하고 있었다.[1] 심지어 미국조차도 해외의 식민지 획득에 뛰어들고 있었다. 이는 결코 폴 리비어가 렉싱턴으로 밤새 말을 몰고 질주하면서 그렸던 미국의 미래가 아니었다.

영국 군대가 결국 승리를 거두고 말았다. 제1차 대전이 터지기 직전의 시점에서 볼 때, 4,560만 명의 인구와 12만 제곱마일이 약간 넘는 일개 왕국에 불과한 영국Great Britain은 거대한 제국이 되어 3억 7,500만 명의 인구와 1,100만 제곱마일의 영토를 지배하게 된 것이다.

이 방대한 제국에서 가장 놀라운 점은 그 수비 병력이 실로 적었다는 점이다. 1898년 시점에서 영국 내에 주둔한 정규 병력은 9만 9,000명, 인도는 7만 5,000명, 대영제국의 나머지 지역을 모두 합친 병력이 4만 1,000명이었다. 해군에 다시 10만 명이 더 필요했으며 현지 인도인들의 육군이 14만 8,000명에 달했다. 이러한 숫자를 전체 대영제국의 인구에 견주어보면 실로 적은 일부에 불과하다는 것을 알게 된다. 또한 행정 인력도 많지 않았다. 1858~1947년 사이에 '계약을 맺은' 인도 행정부'covenanted' Indian Civil Service(ICS)의 총 인력은 1,000명을 넘는 법이 거의 없었다.

반면 영국 통치가 끝날 무렵의 인도의 총 인구는 4억을 넘고 있었다. 이렇게 앙상한 행정 인력의 숫자는 인도에만 국한된 현상이 아니었다. 4,300만 명 정도의 인구를 가진 열 몇 개의 식민지가 분산되어 있는 아프리카의 식민지 행정부의 관리들 숫자를 전부 합쳐도 1,200명이 약간 넘는 정도였던 것이다.[2]

어떻게 이런 일이 가능했을까? 역사상 가장 큰 대제국이 어떻게 동시에 야경국가 ― 독일의 사회주의자 페르디난트 라살레가 1862년에 만들어낸 모욕적인 별명* ― 일 수 있었던 것일까?

---

*   헤겔의 영향을 받은 라살레는 자본주의의 횡포에서 노동자들과 사회 전체의 파괴를 막아내는 적극

적 역할을 국가가 맡아야 한다고 주장하면서, 당시 자유주의자들이 주창하던 자유방임적 국가, 즉 치
안과 국방 안보 이외에 경제와 사회에 대한 개입을 최소화하는 국가라는 개념에 대해 이는 '야경꾼
night-watchmen'에 불과한 것이라고 야유를 퍼부었다.(옮긴이)

원탁의 기사들

28장

대영제국에서의 한 인생

존 버컨John Buchan의 소설 『39계단』에 보면 '블랙스톤Black Stone'이라고 알려진 사악한 조직이 영국 정부로부터 '영국 국내 함대British Home Fleet 의 동원 배치' 계획을 빼내려고 음모를 꾸미는 이야기가 나온다. 줄줄 이 사람이 죽어 나가고 또 대중 소설 역사상 가장 정교한 추격전의 하 나가 펼쳐진 뒤에 마침내 저 지칠 줄 모르는 애국자 주인공인 리처드 하 네이Richard Hannay가 이 음모를 좌절시키는 이야기다. 버컨은 루드야드 키 플링 다음으로 20세기 초 영국 제국주의의 기풍을 가장 잘 포착한 작가 였다.[1] 그의 다른 글에서와 마찬가지로 『39계단』 또한 세계를 여러 인종 들로 이루어진 하나의 위계질서로 정리해내고 있다. 머리가 비상하면서 도 근육이 불끈한 스코틀랜드 남성들이 가장 위에 있으며, 강인한 남아프리카 백인들이 그다음, 군사적 훈련이 부족한 미국인들이 그다음, 성적 우범자들인 독일인들이 중간, 그 바로 아래가 유대인, 나머지 모든 인종들은 그 아래에서 바닥을 이루는 식이다.* 하지만 버컨의 소설에서 거의 항상 그렇듯이 이『39계단』에서도 진정한 주인공은 개인들이 아니라 여러 네트워크다. '블랙스톤'과 같은 비밀 결사체들, 이에 맞서는 임기응변의 첩보활동에 몰두하는 대영제국의 신자들로 이루어진 고상한 집단들—이 소설의 경우 로디지아에서 돌아온 스코틀랜드 남성 한 명과 미국의 프리래서 남성 한 명 그리고 토지를 소유한 전진난만한 정치가 한 명으로 이루어져 있다—이 진정한 주인공인 것이다.

버컨은 스코틀랜드 장로교의 한 목사의 아들로 1875년에 태어났으며 커크콜디Kirkcaldy에서 자라고 이후 영국과 그 제국을 오가며 출세의 이력을 쌓아간 이로서, 그가 걸어간 이력은 제임스 보스웰James Boswell** 시대 이후로 야심찬 스코틀랜드인에게 영국이 제공할 수 있는 최상의 것이었다. 글래스고에 있는 허치슨 문법 학교Hutcheson's Grammar School를 다닌 후 옥스퍼드 대학의 브레이스노즈 학교Brasenose College에서 인문고전학Literae Humaniores(고대 그리스 및 로마 문헌의 학위 과정으로, 일반적으로 '그레이츠Greats'로 알려져 있다)을 전공했으며, 여기서 그는 장학생이었다. 뿐만 아니라 그는 이후 미래에 의회에서의 싸움에서 대활약을 할 수상들을 계속 배출해낸 명망 높은 논쟁 동아리 옥스퍼드 유니온Oxford Union에

---

* 소설 속 인물인 리처드 하네이의 실제 모델이었다는 군인 에드먼드 아이언사이드Edmund Ironside는 "특히 아일랜드인들, 유대인들, 라틴계 인종들, 그리고 '그보다 자잘한 인종들' 달리 말하자면 대부분의 인류를 특히 싫어했다"고 한다.

** 18세기 스코틀랜드의 전기작가로 유명하다.(옮긴이)

서 1등을 하고 결국 그 회장까지 지낸다. 보어 전쟁 중인 1901~30년 사이에 그는 남아프리카의 고등판무관 밀너 경Lord Milner의 정무 비서로 일한다. 1907년 그는 성공적인 혼인을 이룬다. 신부는 웨스트민스터 공작의 사촌인 수전 그로스베너Susan Grosvenor였다. 그는 이미 많은 작품을 쓰는 작가였지만 그로 만족하지 않고 법학 공부를 해 법률가로도 일하게 된다. 그는 토머스 넬슨 출판사Thomas Nelson and Sons의 변호사가 되며, 또 잠시 동안 「스펙테이터The Spectator」지의 편집장까지 맡는다. 그는 건강이 좋지 못했으므로 1차 세계 대전 기간 동안 징발을 면하고 (혹은 입대가 거부됐을 수도 있다) 새로 생긴 정보부Department of Information를 이끌게 됐고, 전쟁이 끝난 뒤에는 스코틀랜드 여러 대학의 영국 통합파를 대표하는 입장으로 8년간 하원의원을 지낸다. 그런데 이 모든 기간 동안 그는 지칠 줄 모르고 글을 썼다. 1년에 평균 범죄 소설 한 권에다가 여러 권에 걸친 1차 대전의 역사까지 써냈다. 그의 이력의 절정은 1935년이었다. 그는 귀족 작위를 받았을 뿐만 아니라(엘스필드의 트위스무어 경Lord Tweedsmuir of Elsfield), 캐나다 총독이 된다.[2]

요약하자면 버컨은 제국의 위계제를 통해 몸을 일으킨 것이다. 학벌로, 사회적으로, 직업적으로, 정치적으로, 그리고 공직으로도 그러했다. 물론 그가 꿈꾸었던 만큼 (인도 총독이나 최소한 내각의 각료) 올라가지는 못했지만 말이다. 하지만 그의 이력은 그가 속했던 네트워크와 분리하면 이해할 수가 없다. 그것은 바로 밀너와 연결된 '유치원Kindergarten' 혹은 '원탁회의Round Table'였다. 이 또한 유명한 이름을 얻게 된 역사적 네트워크의 하나로, 이것이 유명하게 된 것은 조지타운 대학의 영향력 있는 역사가 캐럴 퀴글리Carroll Quigley*의 저작에 힘입은 바가 컸다. 그는 이를 '50년 이상… 영국의 제국 및 외교 정책의 형성에 있어서 가장 중요한 세력들 중 하나의 위치를 차지한… 비밀 결사'였다고 말하고 있다.³ 이 결사체의 목적은 퀴글리에 따르면, '전 세계 무엇보다도 영어 사용 국가들을 하나로 통일하여 영국을 중심으로 하는 연방의 구조로 만드는 것'이었으며, 그가 사용한 법은 '배후에서 작동하는 경제적 정치적 영향력을 발휘하면서… 언론, 교육, 선전 부문에서 암약하는 요원들을 통제하는 것'이라고 한다.⁴ 퀴글리는 이 '원탁회의'가 "그 존재를 아주 성공적으로 은폐할 수 있었으며, 가장 영향력 있는 성원들 다수는 권력의 겉모습이 아니라 권력의 실재를 쥐고 있다는 것에 크게 만족했지만, 심지어 영국사를 가장 면밀히 연구한 이들도 모르는 존재로 남아 있다"고 말하고 있다. 그럼에도 불구하고,

이는 1895년의 제임슨 습격Jameson Raid**의 음모를 꾸몄으며, 1899~1902년의 보어 전쟁을 일으켰고, 로즈 트러스터Rhodes Trust를 설립하고 통제하였을 뿐 아니라, 1906~1910년에는 남아프리카 연합을 만들었으며, 1910년에는 대영제국의 간행물인 「원탁회의The Round

---

* 퀴글리는 1941년에서 1972년까지 조지타운 대학의 외무 대학School of Foreign Service에서 교수로 봉직하였으며(그의 학생 중에는 젊은 빌 클린턴도 있었다), 그의 '문명의 발전' 과목은 대단히 큰 인기가 있었다. 그가 어째서 밀너의 네트워크에 그토록 악착같이 집착했는지는 분명하지 않다. 하지만 그의 보스턴-아일랜드 가계의 배경이 그에게 영국 제국주의에 대한 뼛속 깊은 반감을 불어넣었던 것은 틀림없는 일이다.

** 1895년 리안더 스타 제임슨Leander Starr Jameson은 보어 체제를 전복할 목적으로 트란스발을 공격하지만 결국 실패한다.(옮긴이)

Table」를 창간해 이를 자신들의 기관지로 만들었다. 이는 또한 옥스퍼드의 올소울스All Souls, 발리올Balliol, 뉴 칼리지New Colleges 등의 대학을 지배했으며, 50년 이상 「더 타임스」를 통제했고, 1908~18년의 기간에는 '영연방British Commonwealth of Nations'이라는 명칭을 공적으로 확산시켰으며, 1917~19년 로이드 조지 경이 이끈 내각을 지배했고, 국제연맹League of Nations과 그 위임 통치 체제system of mandates의 형성 및 관리와 깊은 관계를 맺었으며, 1917~45년 동안 영국의 아일랜드, 팔레스타인, 인도 정책에 가장 중요한 영향력을 발휘한 집단 중 하나였고, 1920~40년에는 독일에 대한 유화 정책에 가장 중요한 영향력을 발휘한 집단이었으며, 보어 전쟁 이후 영국의 제국 및 외교 정책British Imperial and Foreign Policy 역사의 사료와 기술을 통제했을 뿐만 아니라 상당 부분 지금도 통제하고 있다.[5]

이는 실로 놀랄 만한 이야기다. 그 진위 여부를 떠나 최소한 마지막 문장은 더 이상 사실이 아니다. 그렇기 때문에 이제는 역사가들이 '원탁회의'에 대해서 공개적으로 열렬하게 글을 쓰고 논쟁하는 것이 가능해진 상태다. 물론 음모 이론가들은 틀림없이 퀴글리의 주장을 계속해서 반복하고 있겠지만.

29장

제국

비록 '원탁회의'가 온 세상을 지배했던 것은 아니었지만, 그래도 극소수의 영국 남성들이 세계의 상당 부분을 지배했던 것은 틀림없는 사실이다. 어떻게 이런 일이 가능했을까?

이 질문에 대한 답은 부분적으로는 영국이 그 제국으로 기존의 현지 권력 구조를 흡수한 방식에서 찾을 수 있다. 예를 들어 탄자니아에서 도널드 캐머런 경Sir Donald Cameron은 '농부에서 촌장으로… 촌장에서 부추장으로, 부추장에서 추장으로, 추장에서 현지 관청으로' 이어지는 연결선들을 강화하기 위해 온 힘을 기울였다. 서아프리카에서 킴벌리 경Lord Kimberley은 "한 무리로서의 '원주민 식자들' 집단과는 아무 관계도 맺지 않는 것이 낫다고 생각했다. 나는 세습 추장들만을 대접했다". 또한 조지 로이드는 새로이 귀족 작위와 결부된 이집트의 고등판무관 자리로 가기 전에 이렇게 주장했다. '모든 동양인들은 상급자를 지나치게 높이 받든다.' 영국의 서아프리카 제국의 설계자였던 프레더릭 루가드Frederick Lugard의 주장에 따르면, 대영제국의 궁극적인 목적은 '변화하는 세계에서 사회적 안정의 요새로서 전통적인 지배 권력을 유지하는 것이다… 정말로 중요한 범주는 바로 신분'이라고 했다.[1] 루가드는 '간접적 지배'의 이론 전체를 만들어낸 바 있다. 이에 따르면 영국의 지배는 모든 지역의 권력을 기존 엘리트들에게 넘겨줌으로써 최소의 비용으로 유지될 수 있다고 했다. 영국은 그저 중앙 권력의 (특히 재정 권력) 핵심 사항들만을 손에 쥐고 있으면 된다는 것이다. 그는 자신의 저서 『영국 치하의 적도 아프리카에서의 이중 명령 체계The Dual Mandate in British Tropical Africa』(1922)에서 간접적 지배라는 것을 이렇게 정의한다. '현지인들의 관습적 제도들을 지역 통치 기관으로서 체계적으로 활용하는 것.'[2] 이러한 현지의 온갖 전통적인 신분 위계제 장치들 위에 영국은 자신의 제국주의적 상위 위계제meta-hierarchy를 추가하였다. 인도에서의 공식적 의전은 '우선성 확인서warrant of precedence'로 엄격하게 다스려졌다. 이 문서는 1881년에 마련된 것으로서, 무려 77개의 서열로 이루어져 있다. 대영제국 전체에 걸쳐 모든 공직자들은 CMG(Call Me God)로서든 KCMG(Kindly Call Me God)로서든 아니면 각지 총독들로 구성된 가장 높은 서열인 GCMG(God Calls Me God)로든, 성 미카엘과 성 조지의 최고 기사단Most Distinguished Order of St Michael and St George의 성원이 되기를 갈망하였다.*

---

*   CMG와 KCMG는 모두 그 기사단 내의 신분 명칭이다.(옮긴이)

커즌 경Lord Curzon은 이렇게 말한 바 있다. '영어를 사용하는 세계 전체에 걸쳐서 작위와 칭호를 얻기 위한 갈망은 끝이 없다.' 그는 훈장에 대한 언급을 빠뜨렸다. 리본과 메달은 작위와 칭호만큼이나 많은 이들이 갈 망하는 대상이었다. 존 버컨은 일반적인 세상에서는 성공할 만큼 했음 에도, 옷에 붙일 '훈장들gongs'이 볼품없다는 것 때문에 항상 몹시 괴로 워했다.

하지만 만약 대영제국이 순전히 위계질서에만 의존했다면(공직자들 의 이따위 속물적 행태는 말할 것도 없다), 그렇게 광활한 영토를 얻을 수 도 없었을 것이며 그렇게 오래 지속될 수도 없었을 것이다. 여러 혁명적 네트워크는 19세기 들어와서도 그냥 없어지지는 않았다. 되레 카를 마 르크스의 교조가 지식인들과 노동자들 사이에 확산되면서 근대에 들어 와서 나타난 최대의 네트워크의 하나가 태어난다. 아나키즘에서 여성주 의와 급진적 민족주의에 이르기까지 다른 혁명적 운동들도 19세기 후 반에 번성한 것은 마찬가지였다. 하지만 당시의 위계적 구조들—제국들 그리고 국민국가들—은 아주 쉽게 이러한 네트워크들을 지배할 수가 있 었다.

심지어 그 네트워크들이 테러리즘에 호소할 때에도 이는 마찬가지였 다. 이는 산업 혁명으로 생겨난 새로운 통신 기술들—철도, 증기선, 전보, 나중에는 전화뿐만 아니라 전국적 우편 서비스와 신문—이 사회주의자들보 다 훨씬 더 큰 네트워크들을 창출할 수 있었기 때문이었다. 사회주의자 들은 여러 산업 국가에 확산됐던 무수히 많은 형태의 노동 조직을 하나 로 묶어냈을 뿐만 아니라[3] 또한 스스로의 중앙집권적 조직을 만들기도 했지만, 여기에 적수가 되지는 못했다.

증기 기관과 전깃줄이 교통과 통신의 발전을 가속화시켰던 것은 자명한 사실이다. 범선을 이용하던 시절에는 대서양을 횡단하는 데 4~6주가 걸렸지만, 증기선이 도입되면서 이는 1830년대에는 2주, 1880년대에는 불과 열흘로 줄었다. 1850~90년대 사이에 영국에서 케이프타운까지 가는 데 걸리는 시간은 42일에서 19일로 줄어들었다. 게다가 증기선은 갈수록 더 커졌으며 더 빨라졌다. 이와 동일한 기간 동안 선박의 총 용적 톤수 또한 대략 두 배로 늘었다. 따라서 런던 등의 대도시에서 출발해 바다를 건너 제국 곳곳으로 도달하는 데 걸리는 시간은 크게 줄었을 뿐 아니라 그 비용 또한 크게 떨어졌다. 밀 1부셸을 뉴욕에서 리버풀로 선박으로 운반하는 비용은 1830~80년대 사이에 절반이 됐고, 1880~1914년에 다시 또 절반으로 줄었다. 이보다 더 큰 기적을 이룬 것은 전보였다. 1866년에는 대서양을 건너서 분당 여덟 단어꼴로 정보를 건너 보내는 것이 가능해졌다.

하지만 통제력의 중앙 집중화 경향은 그만큼 즉각적으로 자명한 것은 아니었다. 영국의 철도망은 1826년 이후에 구축되었던바, 여기에 대한 국가의 개입은 최소한이었다. 하지만 대영제국 전체에 걸친 철도망은 이야기가 달랐다. 물론 이 또한 민간 부문의 기업들이 구축한 것이기는 하지만 정부의 후한 보조금에 의존하였고, 이것이 실질적으로 이 기업들의 배당금 지급을 보증하는 역할을 했다. 최초의 노선은 인도에서 봄베이와 타네Thane를 잇는 21마일의 철로로서 1853년 공식적으로 개통됐다. 그로부터 50년도 채 되지 않아 철도의 총연장은 2만 5,000마일로 늘어났다. 이 철도망은 그 시작부터 경제적 목적뿐만 아니라 전략적 목표도 담고 있었다. 이는 전보에 대해서도 마찬가지였다. 1857년이 되면 인도 내의 전보망이 충분히 발전되며, 그 해에 인도 병사들이 일으킨 반란을 진압하는 데 결정적인 역할을 했다. (반란 병사 중 한 사람은 처형장으로 끌려가는 길에 전보망의 전선을 보고 '내 목을 조르는 저주받은 끈'이라고 말했다고 한다.) 하지만 통신의 중앙집중화에 있어서 결정적인 돌파구가 된 것은 내구성이 강한 해저 전선망의 구축이었다. 여기서 중요한 점은 이것이 가능해진 것은 말라야 섬에서 가져온 구타-페르차gutta-percha라고 불리는 고무 때문이었다. 결국 그 해저 전선망 자체가 제국의 산물이라고 할 수 있는 물건이었다. 최초로 대서양을 건너는 전보망을 구축하는 데 성공하게 되자 완전히 새로운 시대가 열리게 됐다. 아일랜드에서 뉴펀들랜드 사이에 전선이 깔렸다는 것은, 전보의 시대를 지배하게 될 나라가 영국이라는 것을 분명히 보여주고 있었다. 1880년이 되면 전 세계의 해저에 깔린 전선의 총 연장이 9만 7,568마일에 달하게 된다. 그리하여 영국은 인도, 캐나다, 오스트레일리아, 아프리카 등과 연결된다. 이제 단 몇 분 만에 한 단어당 4실링의 비용으로 봄베이에서 런던으로 메시지를 보내는 것이 가능해졌다. 이 새로운 기술의 전도사였던 찰스 브라이트Charles Bright는 전보를 '전기로 작동하는 전 세계의 신경 시스템'이라고 했다. 한 저명한 제국주의 시대의 논객이 말한 바 있듯이, 지구적 통신 체계에서 빅토리아 여왕 시대에 벌어진 혁명은 '거리의 소멸'을 달성했다고 한다. 또한 이는 장거리의 소멸 또한 가능하게 했다. 「데일리텔레그래프Daily Telegraph」는 '시간 자체가 전보로 인해 없어져버렸다'고 선언했다.[4] 이와 함께 제국주의 세계 질서에 도전하던 대담한 반란자들도 사라지게 됐다.

그런데 19세기 후반기에 이렇게 급속히 성장한 지구적인 전선 네트워크로 영국이 엄청난 전략적 우위를 얻게 되었음에도 불구하고 그 소유권은 대개 사적인 개인들에게 있었다. 대서양을 넘어서 전보가 오가는 꿈을 실현시켰던 이는 빅토리아 여왕이 아니라 리스크를 사랑하는 스코틀랜드 사람 존 플렌더John Plender였다. 그는 베일오브레븐Vale of Leven에서 태어나 글래스고와 맨체스터에서 면화 무역으로 처음으로 재산을 형성한 사람이었다. 무역상으로서 항상 바다 건너로부터 오는 소식에 귀를 기울였던 자신의 경험에 힘입어 그는 처음에는 잉글랜드와 아일랜드의 자석 전보 회사Magnetic Telegraph Company에 투자했고 그다음에는 대서양 전보 회사Atlantic Telegraph Company에 투자했다. 하지만 이 후자의 경우에는 그 회사가 1858년에 공들여 깔아놓았던 전선이 날아가는 바람에 투자한 돈을 모두 날리고 말았다. 이는 그 회사의 자격도 없는 '수석 전기 기술자'의 잘못 때문이었다. 그는 전송의 선명도를 개선하기 위하여 전압을 무려 세 배 이상으로 올렸던 것이다. 플렌더는 1865년 다시 그 대서양 전보 회사를 새로운 전보망 구축 및 관리 회사Telegraph Construction and Maintenance로 합병해 재도전한다. 이번에는 절연이 훨씬 뛰어난 전선을 사용했지만 그 때문에 무게도 훨씬 더 나가서 대서양의 중간쯤에서 끊어져 바다에 가라앉는 일이 발생해 두 번째의 재앙을 맞이했다. 하지만 플렌더와 그의 동업자인 영국 철도 엔지니어 대니얼 구치Daniel Gooch는 전혀 굴하지 않고 또다시 영-미 전보 유한회사Agnlo-American Telegraph Company Ltd.를 세워 다시 모험에 뛰어들며, 이 세 번째 시도에서 마침내 성공을 거두게 된다. 구치는 당대 최대의 증기선이었던 그레이트 이스턴Great Eastern 호로부터 전선을 내려서 까는 작업을 직접 지휘했고, 마침내 그 배를 타고 뉴펀들랜드의 허츠콘텐트Heart's Content에 도착했을 때 자신과 자신의 팀원들이 어떤 환대를 받았는지에 대해 다음과 같이 묘사하고 있다.

이렇게 거칠게 흥분한 사람들을 나는 처음 보았다. 모두 다 기뻐서 미친 것처럼 보였으며, 마구 물속으로 뛰어들어 마치 워싱턴까지 들리라는 듯 소리를 질러댔다. 우리의 전선이 육지에 닿자 그 순간 바로 해안에서 신호가 떨어졌고, 이에 항구에 정박 중이던 모든 배에서 축하의 대포 소리가 터져나왔다. 도대체 몇 발이나 발사되었는지 알 수도 없을 정도였지만 그 소리는 정말로 어마어마했으며 연기 때문에 그 배들은 아예 우리 눈에 보이지도 않을 정도였다. 그 소리가 또한 항구의 만을 둘러싼 언덕들에 반사돼 실로 엄청난 굉음이 되었다… (우리의 전선이)… 오늘날 전보 사무실로 쓰이는 목조 건물에 다다랐을 때 또 한 번 거친 흥분 사태가 벌어졌다. 전선을 다루는 늙은 일꾼들은 마치 그 전선 끝을 먹으라면 먹을 기세였고, 그중 한 명은 실제로 전선을 자기 입에 넣고 빨아댔다.[5]

이틀 후 구치는 그의 팀원들 일부가 전보로 들어온 「타임스」의 머리기사를 읽고 있는 것을 보았다. 그 기사는 바로 자신과 그 팀원들의 성공을 축하하고 칭송하는 내용이었다. "그들 중 한 사람이 기사를 다 읽은 뒤 다른 이에게 말했다. '빌, 자玆에 오등五等은 전 인류의 은인임을 선언하노라.'* 그러자 빌이 말했다. '맞아. 오등은 전 인류의 은인이어라.' 빌은 그리고는 등과 목을 뻣뻣하게 곧게 폈다. 그러자 키가 최소한 2인치

---

* 본문은 "I say we be benefactors to our race"이다. 가정법 현재가 쓰이고 있다.(옮긴이)

는 늘어난 것 같았다."6

　1868년 영국 정부는 국내의 전보 네트워크를 국유화했지만, 대서양 전보망에 대해서는 그런 시도를 전혀 하지 않았다. 펜더는 잠시도 쉬지 않았다. 1869년 그는 팔머스, 지브롤터, 몰타 전보 회사Falmouth, Gibralter, and Malta Telegraph Company, 영국-인도 수중 해저 전보 회사British-Indian Submarine Telegraph, 중국 해저 전보 회사China Submarine Telegraphy 등을 불과 몇 년 만에 설립했다. 그를 통해 런던은 불과 몇 년 만에 몰타, 알렉산드리아, 봄베이, 싱가포르, 홍콩 등과 전보망으로 연결되었다. 1872년에는 펜더의 다른 두 회사가 더 생겨서 봄베이를 아들레이드Adelaide를 거쳐 싱가포르와 연결시켰다. 이렇게 막 자라나는 그의 전보망 제국의 핵심 요소들을 합병하여 동방전보회사Eastern Telegraph Company를 설립한 그는 무서운 기세로 팽창을 계속해 1874년에는 브라질의 페르남부쿠Pernambuco를 리스본과 연결했고, 1880년대에는 아프리카에까지 망을 뻗쳐갔다. 그는 모두 합쳐 32개의 전보 회사를 세웠고, 그 대부분은 결국 동방 전보 회사의 자회사가 되었다. 1896년 타계할 즈음 펜더가 통제하는 회사들은 전 세계 전보망의 3분의 1을 소유하고 있었다(사진 15).

　발명가들은 실험을 했다. 사업가들은 투자를 하고 경쟁을 벌였다. 정부는 여기에 전략적 차원의 이익을 취했다. 그리고 국제 전보 연합International Telegraph Union과 같은 국제 기구들—1865년 설립—은 규제를 벌이거나 최소한 조화를 꾀했다.7 하지만 종국에 가면 국제 전보망은 결국 두 개의 거대 민간 회사의 사적 소유 체제로 굳어지게 된다. 미국 회사인 서방 연합Western Union은 영-미 전보 회사를 합병해 대서양의 통신망을 통제하게 되고, 동방 전보 회사는 전 세계의 나머지 전보망을 통제하게 된다. 이 전체 시스템의 허브는 런던이었지만, 영국 정부는 이 네트워크를 직접 소유할 필요는 느끼지 않았다. 이는 영국이 인도에 있는 여러 작은 군주국들을 직접 지배할 필요를 느끼지 않았던 것과 마찬가지였다. 펜더는 자유당 당원이었지만 나중에 1860년대 이후에는 자유통일당Liberal Unionist*의 하원의원이 되었고, 1888년에는 KCMG 그리고 1892년에는 GCMG로서 성 미카엘과 성 조지의 최고 기사단의 회원이 된다. 이에 그는 지위에 걸신이 들린 모습으로 트롤럽의 『우리가 오늘날 살아가는 방식The Way We Live Now』에서 신랄하게 풍자되는 바로 그 영국의 정치 엘리트의 믿음직한 일원으로 통합된다.

전 세계적인 전보망 네트워크를 만들어낸 펜더의 과감한 기업가 정신으로부터 생겨난 일련의 사건들은 19세기 제국주의가 무엇이었는지를 보여주는 전형적인 사건들이었다. 또한 말라야의 고무 농장—여기에서 나오는 구타-페르차는 해저 전선망 네트워크 형성에 필수불가결의 물질이다—의 발전에서도 이와 상당히 비슷한 과정을 발견할 수 있다. 먼 해외를 떠도는 고집불통의 모험가 헨리 위컴Henry Wickham은 무역과 농장 경영에 실패한 뒤 브라질에서 파라고무나무Hevea brasiliensis 종자를 획득해 이를 런던으로 보냈던 것이 일의 시작이었다. 하지만 여기에 자금을 보조한 것은 왕립 지리학 협회Royal Geographical Society의 비서인 클레먼츠 마컴 경Sir Clements Markham이었으며, 실제의 연구 및 개발 작업은 큐Kew에 있는 왕립 식물학 수목원Royal Botanical Gardens(그 원장은 찰스 다윈의 친구인 조지프 후커

---

* 자유당의 한 분파는 글래드스턴의 아일랜드 자치 정책에 반대하여 탈당하고 보수당과 입장을 같이 하였지만 별개의 집단으로 남아 있다가 1912년 완전히 통합한다.(옮긴이)

Joseph Hooker였다)과 그 세일론과 싱가포르 지부에서 이루어졌다. 마침내 동남 아시아 특히 말레이 국가들의 지역에 대규모 농장을 짓게 되었을 때 그 자금은 민간 자본으로 조달됐다. 말레이의 영국 식민당국이 여기에 개입했던 것은 단지 1차 세계 대전 이후 가격이 붕괴했을 때뿐이었다.[8]

대영제국이 그 엄청난 규모와 동시에 내구성을 지닐 수 있었던 핵심적인 이유는 바로 그 중앙 권력 당국이 비교적 개입이 적었다는 데 있었다. 비록 이론상으로는 위계질서를 이상으로 삼고 있었지만 (존 버컨과 마찬가지로 빅토리아 여왕 시대의 인종 이론가들은 인류를 그 유전적인 지능의 수준에 따라서 분류했던 게 사실이다), 그 실제의 행동에 있어서는 현지의 지배자들 그리고 민간의 여러 네트워크에 상당한 권력을 위임했던 것이다. 나폴레옹의 단명했던 유럽 제국과는 달리 대영제국은 온갖 세세한 일까지 다 챙기는 천재 한 사람이 운영하는 게 아니라, 점잖고 예의바른 아마추어들의 클럽으로 운영되는 조직이었다. 이 아마추어들은 별로 힘들여 노력하는 모습도 없이 설렁설렁 상급자의 위치를 유지했지만, 그 아래에서는 전혀 드러나지도 인정받지도 못하는 가운데 현지의 앞잡이들과 토착민 협조자들이 온 힘을 기울여 애를 쓰고 있었다. 대영제국의 팽창에 있어서 금융[9]부터 선교 사업[10]에 이르는 거의 전 측면이 이러한 방식으로 관리됐다. 그 '총본부head office'는 런던에 있었지만, '현장 요원man on the spot'은 '토착민들 편'이 되는 기미만 보이지 않는 한 상당한 자율성을 누렸다. 어떤 경우에는 영국 중앙 정부의 지휘가 거의 전혀 없는 가운데에서 대영제국의 영향력이 확장되는 경우도 있었다. 그 뛰어난 예는 남미—이곳에서는 비공식적인 제국주의 지배가 일반적이었다—에서

조교 제도monitorial system*의 초등 교육이 확산된 경우였다. 이 교육 제도
는 본래 영국과 영국령 인도에서 사용하기 위해 조지프 랭커스터Joseph
Lancaster와 앤드루 벨Andrew Bell이 개발한 것으로서, 19세기에 들어와 런던
에서 이 제도를 알게 된 스페인령 남미의 정치가들과 제임스 톰슨James
Thomson — 영국 및 해외 학교 협회British and Foreign School Society와 영국 및 해외 성경
협회British and Foreign Bible Society의 해외 요원이자 그리고 스페인에서 생겨난 조국의
벗들의 왕립 경제 협회Real Sociedad Económica de Amigos del País** 회원이었다 — 이 힘을
합치면서 남미로 유입된 것이었다.11

하지만 19세기 후반의 경제는 분명히 규모에 대한 수확체증의 추세를
띠고 있었다. 거의 모든 산업 부문에서 집중을 지향하는 경향이 현저하
게 나타났다. 기업의 숫자는 갈수록 줄었고, 극소수의 기업들은 엄청나
게 크기를 불려갔다. 로스차일드의 은행업 조직과 같은 몇 가지 예외는
있었지만, 대부분의 경우 각 산업의 가장 큰 기업들은 더 이상 창업자
가족이 소유하고 경영하는 일이 없어졌다. 클라이드 양안에서도*** 다
른 모든 산업 지역에서와 마찬가지로 대규모 기업의 지배적 형태는 주
식회사가 되었다.12 미국으로 이민 간 스코틀랜드인 앤드루 카네기Andrew

---

* 조지프 랭커스터가 19세기 초에 개발한 교육 시스템으로서 랭커스터 시스템이라고도 불린다. 그는
가르쳐야 할 아동들은 많고 시설과 교사는 턱없이 부족한 상황을 극복하는 방법으로서, 학생들 중
좀 더 뛰어난 이들이 떨어지는 이들을 가르치게 하는 방식을 고안하였다.(옮긴이)

** 18세기 말 스페인의 계몽주의자들은 자국이 문화적으로나 경제적으로나 다른 유럽 나라들에 비해
크게 낙후되었다는 의식을 갖고, 특히 여러 산업 등 경제와 관련된 사회 혁신의 아이디어를 모으고 실
행에 옮기기 위한 국내외 인사들의 결사체를 만들어낸다. 이는 스페인뿐만 아니라 스페인 사용 지역
을 광범위하게 포괄하는 네트워크였다.(옮긴이)

*** 클라이드강River Clyde은 라나크와 글래스고를 지나가는 스코틀랜드 남부의 강으로서, 중공업이 발
달했던 지역이기도 했다.(옮긴이)

Carnegie는 산업의 보나파르트로서, 그의 이름을 딴 강철 회사는 미국의 도금 시대the gilded-age**** 를 대표하는 거대한 괴수의 하나가 되었다. 그는 1889년에 출간된 한 에세이에서 이렇게 설명했다.

경쟁의 법칙 때문에 사회가 치르는 대가는 저렴한 편의 및 사치품들 때문에 치르는 대가만큼이나⋯ 크다. 하지만 이러한 법칙이 가져오는 지점들이 그보다 훨씬 더 큰 것도 사실이다. 왜냐면 우리의 놀라운 물질적 발전이 바로 이 법칙 덕분에 이루어졌으며 이로 인해 삶의 조건이 개선되는 일도 수반되었기 때문이다. 하지만 이 법칙이 우리에게 선의를 품은 것인지 아닌지를 떠나서 우리는 그것에 대해 이야기해야만 한다. 인간의 삶의 조건에서 벌어지는 변화에 대해 이야기해야만 하는 것과 마찬가지로. ⋯ 그 법칙은 현실에 분명히 작동하고 있으며, 우리는 여기에서 도망칠 수가 없고, 이를 대체할 수 있는 것은 아직 발견된 바가 없다. 그리고 이 법칙이 개개인들에게는 실로 가혹할 때가 있지만 인류 전체에게로 보자면 최상의 것이다. 왜냐면 그 덕분에 모든 부문에서 적자생존이 확실하게 이루어지기 때문이다. 따라서 우리는 거대한 불평등 그리고 산업과 상업에서 극소수의 손으로 기업 집중이 벌어지고 또 그 극소수의 사이에 경쟁의 법칙이 작동하는 등의 현상을 우리가 스스로 적응해 나가야 할 환경으로서 받아들이고 환영해야만 한다. 인류에게 혜택을 가져오는 것일 뿐만 아니라 그 장래

**** 마크 트웨인이 만든 용어로서, 남북전쟁이 끝난 후 본격적인 (2차) 산업 혁명이 미국을 휩쓸고 카네기, 록펠러, 모건 등과 같은 대자본의 (날강도 귀족들Robber Barons) 독점 기업체들이 미국 사회를 장악한 19세기 말과 20세기 초의 금권 시대를 일컫는 말이다.(옮긴이)

의 진보를 위해서는 필수불가결한 것으로서 말이다… 인류 전체를 위

해 최상의 이익이 증진되는 상태란… 어김없이 극소수에게 부를 집중

시키도록 되어 있다.[13]

하지만 카네기는 왕조를 창립하는 데는 관심이 없었다. 오히려 그는

부의 상속을 경멸했고 그의 거의 전 재산을 자선 사업에 써버렸다. 그의

카네기 철강 회사Carnegie Steel Company는 그 자체도 1892년에 벌어진 합병

의 결과물이었지만, 그로부터 9년 후에는 다시 유나이티드 스테이츠 스

틸Unites States Steel Corporation이라는 방대한 (하지만 완전한 독점 기업은 아니

었다) 기업에 흡수된다. 자본의 집중은 전보 사업과 철강 산업에만 국한

된 것이 아니었다. 국제 금융 시스템 또한 계속 성장해 '대푯값을 말할

수 없는 네트워크'를 닮아가게 되고, 그 엄청난 양의 금융 자산은 극소

수의 금융 중심지들로 집중된다. 그리고 여기에서 런던이야말로 그 중

에서도 군계일학primus inter pares이었다.[14] 이는 신문 매체에서도 똑같이 적

용되는 사실이었다. 얼핏 보면 온 세계가 무수히 많은 지역의 신문들로

뒤덮여 있는 것 같았다. 하지만 자세히 살펴보면 전국적 차원과 국제적

차원의 소식들은 로이터 통신Reuters, 아바스 통신Havas, 볼프 통신Wolff's

Telegraphisches Bureau이라는 세 개의 통신사로 이루어진 하나의 카르텔*이

---

*　이 셋은 각각 영국, 프랑스, 독일(프로이센)을 대표하는 뉴스 기관들이었다. 19세기 초반과 중반에 생
겨난 이들의 고객은 본래 신문 매체들이라기보다는 금융 투자자들이었고, 이 기관들은 이들을 위해
마침 막 쓰이기 시작한 전보망 등을 총동원하여 각 지역에 통신원을 두고 정보와 소식을 수합하고 번
역하여 제공하는 것이 주된 업무였다. 하지만 19세기 후반에 들어오면 신문 매체가 발달하면서 이
들 또한 금융 관련 정보들뿐만 아니라 폭넓은 뉴스 일반을 제공하기 시작한다. 이 세 회사는 마침내
1870년 하나의 카르텔을 만들고(고리The Ring) 전 세계의 다른 지역을 분담하여 중복되는 인원과 비용

지배하고 있었으며, 대부분의 신문들은 이를 그대로 받아쓰고 있었다.[15]

19세기 후반이 되면 심지어 학계마저도 중앙 집중화의 증후를 보이게 된다. 과학혁명 당시의 느슨한 국제적 네트워크는 이제 독일 대학들이 폭발적으로 성장하면서 근본적인 변화를 맞게 된다.[16] 독일의 교육은 그 위계적 구조에 있어서 프로이센 육군을 모방한 것처럼 보였다. 엘리트 고등학교인 김나지움Gymnasium에서는 학생들의 책상이 그 등수에 따라 배열됐다.[17] 괴팅겐, 하이델베르크, 예나, 마르부르크, 튀빙겐 등의 큰 대학들에서는 교수들이 엄혹한 폭군처럼 대학원생들을 괴롭혔다. 고전 문헌에서 유기화학에 이르는 다양한 분야에서 이들이 출간하는 연구들은 그 질에서나 양에서나 갈수록 성장했고, 이 시스템은 훌륭하게 작동했다. 비록 독일 제국은 해외에 거느린 식민지의 면적에서는 대영제국에 뒤처졌지만, 과학 그리고 산업에 있어서만큼은 훨씬 앞으로 치고 나갔다.

영국의 엘리트는 상대적으로 개방적이었다. 귀족들은 철도에 투자했고, 은행 이사진에 합류했으며, '신흥 부자' 유대인 혹은 미국인의 딸들을 며느리로 맞아 들였다. 하지만 독일 제국에서의 삶은 이와는 대조적인 특징을 보였다. 여기에서는 경제적인 현대성이 산업 시대 이전의 사회 구조—프로이센의 융커Junker 계급이 여전히 우위를 점하고 있었던—에 접목된 듯한 모습을 띠고 있었다. 19세기의 중부 및 동부 유럽 농촌 공동체들에 대한 여러 연구를 보면, 유럽 인구 대다수에게 있어서 1850년대까지도 현대성이란 머나먼 미래의 이야기일 뿐이었고, 특히 동쪽으로

을 최소화하면서 함께 정보와 뉴스의 공급을 독점한다.(옮긴이)

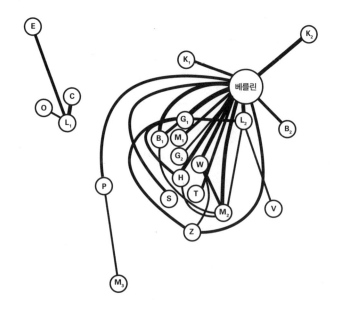

그림 19

19세기의 과학 연구 현황. 독일 대학들이 부상하고 있다. 이 그림은 당대의 지도적 과학자들이 작업했던 장소에 기초한다.

B₁ 본, B₂ 브로츠와프, C 케임브리지, E 에든버러, G₁ 괴팅겐, G₂ 기센, H 하이델베르크, K₁ 킬, K₂ 쾨니히스베르크, L₁ 런던, L₂ 라이프치히, M₁ 마르부르크, M₂ 뮌헨, M₃ 몽펠리에, O 옥스퍼드, P 파리, S 스트라스부르, T 튀빙겐, V 빈, W 뷔르츠부르크, Z 취리히

갈수록 더 옛날의 상태에 갇혀 있었다는 사실을 알 수 있다. 독일 제국의 영토 바깥에 독일인 공동체들이 살고 있었던 세상은 런던에 살고 있는 이들의 입장에서는 오로지 그림 형제의 요정 이야기에서나 나올 수 있는 그런 세상이었다.* 오스트리아의 가일Gail 계곡에서는 16세기 이래

---

* 야코프 그림Jacob Grimm과 빌헬름 그림Wilhelm Grimm 형제는 독일에서 내려오는 구전 동화들을 모아 『집안에서의 아이들 이야기』Kinder- und Hausmärchen를 1812년 출간하며, 이는 19세기의 출판사

로 정혼과 족보를 지배한 것이 '구조적 족내혼structural endogamy'의 패턴이었다.[18] 러시아의 발트해 연안 리보니아Livonia의 핑켄호프Pinkenhof 장원에서는 나무로 지은 농장 건물들에 여러 가족이 함께 살고 있었고, 이들이 공동으로 수장한 사람이 이들의 농사일을 지휘하였다.[19]

하지만 1871년 독일 제국이 창립되면서 대부분의 독일인 거주 지역에는 산업화와 민주화가 도입됐고, 이는 옛날의 질서에 대해 근본적으로 도전하고 있었던 것이 현실이었다. 1899년 출간된 테오도르 폰타네Theodor Fontane의 소설 『슈테힐린Der Stechlin』에 나오는 글로브조브Globsow의 유리 공장은 브란덴부르크의 마르크 공동체에 아직도 남아 있었던 옛날의 농촌 질서가 붕괴할 날이 임박했음을 상징적으로 보여주고 있다. 옛날의 융커인 두프슬라프 폰 슈테힐린Dubslav von Stechlin은 다음과 같이 한탄하고 있다.

그들은… (자기들이 만든 증류기들을) 다른 공장들로 보내며, 그러면 그 공장들에서는 그 초록색 풍선 모양의 증류기로 염산, 황산, 연기나는 질산 등 온갖 무시무시한 물질들을 증류해내기 시작합니다. … 그리고 이 물질들은 리넨, 옷감, 가죽 어디에든 정말 어디에든 한 방울만 떨어져도 그걸 태우고 구멍을 내버리죠. 어떤 물질이든 그게 묻으면 그슬리며 타버립니다. 이는 그야말로 온 세계의 대화재

상 가장 성공적인 사건의 하나가 된다. 형제 두 사람 모두 마르부르크 대학에서 저명한 법학자 카를 폰 사비니Karl von Savigny 아래에서 배출된 민간 전승을 연구하는 진지한 학자들이었다. 이들은 자유주의, 낭만주의, 민족주의를 결합시킨 당시 세대의 전형적인 인물들이었다. 실제로 야코프의 경우 1848년 혁명 당시 국민의회에 선출되기도 하였다.

Generalweltanbrennung를 불러오는 도구라고 할 수밖에요. 그런데 우리 글
로브조브 공장 사람들이 이런 도구를 공급하는 데 한몫 끼어 신나게
일을 하고 있다고 생각하면, 아, 여러분, 저는 정말 괴롭습니다.[20]

　몇 세대에 걸쳐 지역의 권력 구조를 지배해온 토호들의 네트워크인
명사회Honoratioren[21]는 새로이 생겨난 전국적 정당들뿐만 아니라 중앙 정
부, 주 정부, 지방 정부 차원의 여러 관료 조직들로부터 또한 지속적인 공
격을 받게 된다. 위대한 사회학자인 막스 베버는 (이상적인 튜튼족 대학교
수로서 뛰어난 인물이 되고자 몸부림치다가 신경쇠약으로 쓰러지고 말았던 이
다) 이러한 진보를 정치적 과정의 합리화이며 세계의 '탈주술화'라고 이
해하였다. 하지만 그는 또한 새로운 정치 지형에서 대중선동가들이 휘
두를 수 있는 권력 또한 전통적인 네트워크들을 갈수록 더 초라하게 발
가벗기고 있음도 인식하였다.

30장

태평천국

유럽의 제국들이 철, 강철, 고무로 뒤덮인 네트워크를 대륙과 대양으로 뻗쳐 나갈 때, 동맹 세계의 살아남은 제국 왕조들―특히 오스만 제국과 청 제국―은 '자기들의 방식을 지키면서 서양의 제국들을 모방하는 게 얼마만큼이나 가능할까' 하는 딜레마와 씨름하고 있었다. 청 제국의 권력 구조는 서양 제국들과는 크게 달랐다. 지방의 권력은 그 이전의 오랜 세월과 마찬가지로 여전히 친족 네트워크가 지배하고 있었다.[1] 하지만 우리가 11장에서 보았듯이, 제국 관리들은 재능과 능력에 따라 경쟁하는 과거 시험으로 선발되었으며, 그 결과로 관리들은 오로지 황제에 대해서만 충성하는 존재가 되어 있었다.[2]

청 제국은 '관료적 군주제'라고 부르는 것이 정당할 것이다. 즉, '모종의 위계질서 내에서 위신과 권력, 이동성과 안정성으로 평가되는 경력을 쌓은 이들'이 통치하는 나라였던 것이다.[3] 대대로 중국에 들어섰던 모든 왕조들에게 최악의 악몽은, 지방의 여러 성에서 주기적으로 벌어졌던, 네트워크로 추동되는 반란이었다. 실제로 유교적 관리들 사이에는 정체도 애매한 '백련종'의 위협이 다시 나타날 것이라는 상상이 최악의 악몽이었다. 이는 기원후 402년의 유명한 승려 혜원慧遠을 시조로 내세우는 재가불자들의 집단이었다.* 원대, 명대, 청대를 통틀어서 어떤 이단 종파가 나타나든 그들은 백련교도, '사교邪敎', '천주교天主敎'로 동일시되는 경향이 있었다.[4] 1789년의 '대공포'가 혁명기의 프랑스 전역을 휩쓸었듯이, 그보다 꼭 20년 전의 중국에서도 '영혼 도둑질'에 대한 패닉이 온 제국을 휩쓸었던 적이 있었다.** 그래서 마을 사람들은 거지들과 탁발승들뿐만 아니라 관리들 심지어 황제까지도 마술로 사람의 영혼을 훔쳐간다는 혐의를 씌워 의심했다.[5] 건륭제는 이러한 패닉을 철저히 이용하여 제국의 관료적 통치를 더욱 강화하였다. 하지만 '영혼 도둑질' 광기를 통해서 청 제국 시스템이 가진 심각한 약점이 드러났다. 그 관료적 통치의 역량이라는 것이 제국 전역을 다루려 하다가 유럽적 기준에서 보

---

* 실제로 백련종을 창시한 것은 남송 시대의 모자원茅子元으로, 혜원의 백련결사를 모방하여 사람들을 조직하였다고 한다.(옮긴이)

** 이 기간에 악의를 가진 마술사들이 사람들의 혼백을 빼앗아 자기 멋대로 써먹으려 한다는 소문이 돌았고, 그 방법으로 사람들에게 약을 먹여 잠재운 뒤 변발을 잘라간다는 공포가 만연하였다. 당시 중국은 인구의 팽창과 생산력의 발전이 착종되면서 극심한 불평등을 겪고 있었고 이것이 이민족 지배에 대한 불만으로 번지고 있었기에 청나라 건륭제는 이 변발을 잘라가는 행위를 만주족에 대한 반항이라고 해석하여 이를 발본색원하라는 엄명을 내린다. 이에 서양의 마녀 광기Witchcraze를 방불케 하는 사태가 벌어진다. 모두가 모두를 마술사라고 고발하고, 필설로 형용 못할 가혹한 고문과 처형이 따르고, 이에 사람들의 불신과 관료 조직의 강화라는 결과가 나오게 됐다.(옮긴이)

자면 너무나 얇아져버린 데다가 그 통치의 정당성 또한 의문에 처해 있다는 것이었다. 19세기가 되면 청 제국 시스템의 힘이 융성하여 청나라의 영토가 북쪽과 서쪽으로 크게 팽창하여, 명나라와 그 이전 왕조들의 본래 중국사의 영토를 훨씬 더 넘어서게 된다.[6] 하지만 이는 1840년대에 시작된 유럽 특히 영국의 침범을 이겨낼 수 있을 만큼 강하지는 못했다. 그 제국의 힘은 그저 이윽고 벌어진 태평천국의 난으로 시작된 내부 위기를 견뎌내는 정도에 불과했다. 하지만 이 태평천국은 백련교도의 위협이나 '영혼 도둑질' 사건은 비교도 할 수 없는 큰 위기였다.

앞에서 보았듯이 19세기의 유럽은 비교적 평화로웠다. 중국은 그렇지 않았다. 어떤 기준으로 본다고 해도 1850~65년 사이에 청 제국을 휩쓸었던 이 내란은 19세기 최대의 분쟁이었으며, 직간접으로 목숨을 잃은 이들의 숫자는 2,000만~7,000만이었으니 결국 당시 중국 인구의 약 10분의 1이 태평천국의 난으로 죽은 셈이었다. 19세기의 두 번째로 파괴적인 분쟁은 파라과이, 아르헨티나, 브라질, 우루과이 사이에 있었던 삼국 동맹 전쟁War of the Triple Alliance(1864~70)이었고 세 번째 파괴적인 분쟁은 미국 남북전쟁(1861~65)이었지만, 이 둘 다 태평천국의 난에 비하면 그 사상자의 규모는 비교가 되지 않는다. 수백 개의 중국 도시들이 파괴됐고, 민간인들의 대학살과 죄수들의 대규모 처형은 늘 벌어지는 일이었다. 전투가 휩쓸고 간 곳에는 전염병과 (특히 콜레라) 기근이 심하게 덮쳤다. 네트워크의 역사에 있어서 태평천국이 갖는 의미는 세 가지로 볼 수 있다. 첫째, 이 반란은 처음에는 개인 숭배로 시작했고 그 신봉자들도 주변 집단들로 국한돼 있었지만 이윽고 바이러스처럼 급속하게 중원의 상당 부분들로 퍼져나갔다. 둘째, 외부의 (이번에도 주로 영국) 영향력이 이 분쟁을 부채질했으며 그다음에는 반란 세력을 패배시키는 역할을 했다. 셋째, 이 내란의 파괴적인 효과는 실로 중국판 출애굽이라고 할 만한 이민의 물결을 만들었으니, 이는 오늘날 유럽의 가장 가난한 지역으로부터 나오는 이민 물결에 거의 맞먹는 크기였다. 그리고 이는 미국과 다른 곳 내부에서 비록 폭력성은 덜해도 여러 면에서 더욱 중대한 결과를 가져온 민중 반란을 자극하게 된다. 비록 의도한 것은 아니었지만, 더 큰 연관성을 가진 이러한 결과들이 나오게 된 것이었다.

태평천국의 난은 청나라의 수도 남쪽 멀리에 있는 광시성의 도시 진톈金田(오늘날의 구이핑桂平)에서 1851년 1만 명의 반란군 강병들이 금에서 정부군을 공격하며 시작됐다. 처음에는 그 핵심 역할을 했던 것이 소수 민족인 장족으로서 태평천국 군대의 4분의 1을 차지하고 있었다. 반란군은 광시성에서 곧 난징으로 노도와 같이 쳐들어갔으며, 스스로 '천왕'이라 칭하고 난징을 수도로 삼는다. 1853년이 되면 이들은 양쯔강 지역을 전부 통제하게 된다. 이 운동의 지도자들은 주변인들이었다. 홍수전은 '객가客家(즉, '손님 집단'이라는 뜻으로, 중국 남부에 정착하여 주변 토지에서 농사를 짓는 한족의 하부 집단이었다)' 공동체의 일원이었다. 그는 지역의 초급 과거 시험에 네 번이나 낙방했다. 양수청은 광시성 출신의 땔감 장사꾼이었다.

태평천국의 난은 함풍제咸豐帝와 그 뒤를 이은 미망인 자희태후慈禧太后로 대표되는 이민족 왕조에 반대해서 일어난 민중 반란이라는 식으로 서술하는 것도 가능하다. 이들은 만주족의 변발(앞이마의 머리털은 완전히 깎아내며 뒷머리는 묶는다)을 거부했기 때문에 '긴 머리털長毛'이라는 별명을 갖고 있었다. 이들이 난징을 본부로 선택한 것도 이곳이 한때 명나라의 수도였기 때문이었다. 이들은 '공유 재산'과 여성의 평등을 요구했으므로 (전족의 금지도 포함) 어떤 면에서는 혁명적인 목적을 가지고 있었다고 할 수 있다. 하지만 '외부의 영향만 없었더라도 태평천국의 난은 성공할 수 있었을 것이다'라고 할 수는 없다. 그 외부의 영향력은 동시에 청나라의 지배 또한 약화시키고 있었기 때문이다. 첫째, 영국 동인도회사가 중국에 아편을 공격적으로 수출하고 있었다. 둘째, 다른 유럽인들도 마찬가지의 열성을 가지고 무기를 판매했다. 당시 영국의 정책이 얼마나 냉혹하고 무서운 것이었는지, 정당화하기 힘들 정도였다. 엘긴 경Lord Elgin 은 이렇게 인정한 바 있다.

"우리는 저 오래된 나라들이 외부 세계로부터 자신들의 많은 신비를 숨기려고 세워놓은 장벽을 부셔버렸는데, 불청객인 우리로서는 아주 부드러운 방법만을 사용할 수는 없었다. 최소한 중국의 경우 그 장벽을 무너뜨리고 보니 기울어가는 문명의 누더기와 썩은 것들이 잔뜩 드러났다."7

개신교 선교사들은 중국의 전통에 대해 좀 더 존경심을 갖고 있었다. 광둥성의 광저우에 1807년 토착하였던 런던 선교 협회London Missionary Society의 로버트 모리슨Robert Morrison과 1833년에 출간된 최초의 중국어 판 성서의 공역자인 윌리엄 밀른William Milne이 그 예였다. 하지만 선교사들 또한 아편 장수들, 무기장수들 만큼이나 파괴적인 영향력을 발휘했다. 홍수전은 과거 시험에 떨어진 뒤 신경쇠약을 앓다가 이들이 전한 기독교 교리에 자극을 받아 종교적 망상에 빠졌던 것이다. 그는 자신이 예수 그리스도의 동생임을 확신했고, '배상제회拜上帝會'라는 모임을 조직해 자신의 운동을 만들었으며 스스로를 '태평천국'의 지배자라고 주장했다. 그의 협력자였던 양수청은 자신이 신의 목소리라고 주장했다. 또 다른 지도자인 홍인간洪仁玕은 스웨덴 루터파 선교사로서 태평천국의 난에 대한 책을 출간한 여러 명의 선교사들 중 하나인 테오도르 함베르크 Theodore Hamberg로부터 세례를 받았던 이였다. 미국의 침례교 선교사인 이사카 제이콕스 로버츠Issachar Jacox Roberts는 홍수전과 홍인간 모두에게 조언을 하는 자문이었다. 이들에게 동정적이었던 또 다른 선교사는 미국 남부 감리교 감독 선교회American Southern Methodist Episcopal Mission의 찰스 테일러Charles Taylor였다.[8]

요컨대 태평천국의 난은 기독교의 변종 형태였으며, 기독교의 용어들뿐만 아니라 그 관행들 특히 세례와 우상파괴 등까지도 받아들였다. 하지만 선교사들이 전혀 예상치 못했던 것은, 이 동양인 집단이 하필 기독교의 가장 전투적 요소들을 그토록 열심히 흡수하여 마치 17세기 유럽의 30년 전쟁을 중국에서 다시 벌이려고 일부러 의도적으로 행동하는 듯했다는 점이다. 태평천국의 왕실에 걸려 있는 휘장에는 명확한 메시지가 쓰여 있었다. '모든 적들을 죽이고 모든 강산을 하나의 왕국으로 통일하라는 명령을 신께서 내리셨노라.' 이미 1724년 이전에 기독교의 물결이 일어났을 때 옹정제가 기독교도들 특히 17세기에 들어온 예수회 신부들을 다 국외로 추방했던 이유가 무엇인지 이로써 너무나 명확히 이해할 수 있다. 멀리서 보면 태평천국 운동은 1848년 유럽에서 벌어졌던 혁명과 비슷한 것으로 잘못 보기가 쉽다. 하지만 좀 더 가까이서 살펴보면 이는 그 이전에 벌어졌던 종교 전쟁과 훨씬 더 닮아 있다. 홍수전은 여러 면에서 재세례파였던 레이던의 얀Jan of Leiden*의 중국판이라고

---

* 　재세례파의 반란 지도자 중 하나로서 독일 뮌스터를 장악하여 왕정을 실시하였다. 정치적 민주주

할 만한 인물이었지만, 그보다 훨씬 더 큰 성공을 거두었다.

태평천국 운동이 그들이 꿈꾸던 왕국을 실현시키는 데 대단히 가까이 갔다는 사실은 쉽게 잊히는 경향이 있다. 1860년, 태평천국 군대는 항저우와 쑤저우를 장악한다. 하지만 상하이를 장악하는 데 실패해 결국 난징으로 후퇴해야 했는데 이는 외국 군대의 개입에 상당한 원인이 있었다. 1860년 8월 상하이는 청나라 군대와 미국인 프레더릭 타운센드 워드Frederick Townsend Ward가 지휘하는 서양의 장교들이 방어하고 있었으며, 영국 장교 찰스 '차이니즈' 고든Charles 'Chinese' Gordon이 이끄는 '상승군常勝軍'은 연이은 승리를 이끌어낸다. 하지만 태평천국 군대는 1871년 8월이 되어서야 이홍장이 이끄는 청나라 군대에 의해 완전히 소탕된다. 이는 남북전쟁 기간에 미국에서 낭군이 패배하는 과정과 여러 면에서 닮았다. 양쪽 경우 모두 영국의 국가 지도자들은 반란군 쪽에 서서 모종의 개입을 할 것을 진지하게 고려했다. 비록 그것이 반란군을 하나의 교전국으로 인정하는 정도에 불과한 것이라고 해도 말이다. 하지만 두 경우 모두 결국 그들은 기존 권력의 현상 유지를 지지하는 쪽으로 선택했다. 미국의 경우 이러한 결정의 기초는 부분적으로 북부가 경제적 우월성이 뚜렷했다는 데 있었다. 중국의 경우 이는 영국이 이미 제2차 아편전쟁(1856~60)에서 승리를 거두었고 베이징 정부에게 모욕을 준 바 있으므로, 청 제국이라는 허약한 구조물을 지탱하여 비공식적으로 영

의, 재산 공유제, 여성 해방 등의 급진적 조치들을 시행했으나 1535년 패배해 다음해 고문과 처형을 당한다. 지금도 네덜란드와 독일에서는 전설적인 인물로 속담이나 숙어 등에 흔적이 남아 있다고 한다.(옮긴이)

국의 지배력을 감수하는 장치로 활용하는 게 영국의 이익이라는 관점에 기초하고 있었다. 파머스턴 경Lord Palmerstone이 태평천국 진영을 '중국 황제에 대한 반란자들일 뿐만 아니라 모든 인간적 신적인 법률에 맞서는 반란자들'이라고 비난했던 것은 청 왕조에 대한 무슨 큰 존중이 있어서 그런 것이 전혀 아니었고, 기울어가는 위계 조직들이라고 해도 다 쓸모가 있는 법이니 결국 모든 것을 감안하여 따져보면 혁명적 네트워크들보다는 더 선호할 만한 것이라는 인식에 기초한 것이었다.

31장

'중국놈들은 꺼져라'

19세기 말 유럽 제국들이 구축해놓은 교통 및 통신 네트워크들은 대부분 여전히 민간 소유로 남아 있었으므로 비교적 개방되어 있는 상태였다. 1860년대와 1870년대에는 대양을 횡단하는 여객선과 전보 서비스는 오로지 돈만 내면 누구든 이용할 수 있었던 데다가, 기술적 진보가 벌어진 덕분으로 교통과 통신의 가격 또한 꾸준히 떨어졌다. 그 과정에서 외국으로부터 온 소식은 신문을 읽을 줄 아는 이라면 누구나 얻어들을 수 있게 됐고, 또 이들을 통해 글을 읽지 못하는 사람들에게도 그 소식은 계속 퍼져나갔다. 이것이 아주 중요한 사건이 되는 이유가 있다. 전 세계에 걸쳐 빈곤에 찌들어 살고 있는 사람들은 이제 자기 조상들에게는 전혀 없었던 선택지를 갖게 된 것이다. 더 살기 좋은 곳이 있다는 소식을 들을 수 있었다. 그리고 그곳으로 갈 수 있었다.

　물론 대규모 이민의 흐름을 추동하는 힘을 빈곤 하나만으로 설명할 수는 없다. 본래 살던 곳에서 정치적 격변이 벌어지는 것도 필요하고, 또 가지고 있는 자원으로 도달할 수 있는 거리 내에 좀 더 안정적인 삶의 터전이 있다는 것도 필요한 조건이었다. 대략 1840~1940년 사이 유라시아 대륙의 양쪽 끝인 유럽과 중국에는 약 1억 5,000만 명이 살고 있었는데 이들에게는 방금 말한 필요조건 두 가지가 모두 해당됐다. 혁명과 전쟁 그리고 그에 따라오는 각종 참상들이 두 지역을 덮쳤던 데다가 교통 비용은 급격하게 떨어졌다. 그 결과는 출애굽에 맞먹는 이민이었다. 좀 더 정확하게 말하면 세 번의 대탈출이 벌어졌고, 그 세 번 모두 그 정도가 비슷하였다. 우선 잘 알려진 대량 이민(5,500만~5,800만 명)은 유럽에서 남미와 북미 주로 미국으로 가는 물결이었다. 이보다 덜 알려진 것은 중국인들과 인도인들이 동남아시아, 인도양 연안 지역, 오스트랄라시아로 이동했던 물결(1,800만~5,200만 명), 러시아인 등이 만주, 시베리아, 중앙아시아로 이동했던 물결(1,600만~5,100만 명) 등이었다.[1] 역사의 수수께끼 하나는, 어째서 미국으로 가는 중국인들의 이민의 물결이 그 정도 크기에 머물렀을까이다. 물론 태평양은 대서양보다는 더 넓지만, 상하이에서 샌프란시스코로 가는 항로는 불가능할 만큼 돈이 많이 드는 것도 아니었으며, 당시 호황을 이루고 있었던 캘리포니아에는 경제적으로 성공할 기회가 무수히 많았고 큰돈을 벌 가능성도 많았다. 당시 미국 동부 해안에서는 아일랜드 및 이탈리아 이민자 집단이 한몫을 하고 있었고, 갈수록 더 많은 이들을 고향으로부터 이 약속의 땅으로 끌어들이고 있었다. 중국인 이민자 집단이 미국 서부 해안에서 이와 똑같은 역할을 하지 못할 이유가 아무것도 없었던 것이다. 그런데 어째서 실제로 미국으로 들어온 중국인 이민의 흐름은 그 정도 크기에 머물렀던 것일까? 이 수수께끼의 답은 정치이다. 미국으로 들어오는 중국인 이민의 흐름에 대한 포퓰리즘의 반격이 있었기 때문이다. 그렇지 않았다면 분명히 태평양을 넘는 이민의 흐름이 훨씬 더 규모가 컸을 것이며, 오늘날의 중국계 미국인 인구의 크기도 이에 비례하여 훨씬 더 컸을 것이다.

　오늘날 데니스 커니Denis Kearney라는 이름을 기억하는 이는 거의 없을 것이다. 그는 캘리포니아의 노동자당Workingmen's Party 지도자이자 '중국놈들은 꺼져라The Chinese Must Go!'라는 구호를 만든 이였다. 그 자신도 미국으로 온 아일랜드 이민자였지만, 미국으로 들어오는 중국 이민을 중단시키고자 했던 '반 쿨리Anti-Coolie'* 클럽들과 이민자 배척주의 정당들의 운동에 뛰어들었다. 1877년에 나온 중국 이민 조사 합동 특별 위원회Joint Special Committee to Investigate Chinese Immigration의 보고서는 당시의 분위기를 그대로 전하고 있다. '태평양 연안은 조만간 몽고가 되든가 미국이 되든가 둘 중 하나가 될 것임에 틀림없다'는 게 이 위원회의 관점이었다. 중국인들은 전제국가의 온갖 나쁜 습관들, 법정에서의 거짓말 경향, 세금을 피하려고 약한 척하는 태도 등을 미국에 들여오고 있을 뿐만 아니라 이들 자체가 '자치 정부를 스스로 만들어나갈 만한 동기를 품기에는… 두뇌

---

*　19세기 말 중국의 이민자 흐름은 거의 전 세계로 퍼져나갈 정도로 광범위했으며, 이들의 (또 인도인들의) 전 지구적인 저렴한 노동 공급으로 인하여 이들이 들어간 지역은 낮은 평균임금이 역사적 특징이 될 정도였다. 이들은 주로 가정 열악한 임금과 노동조건의 육체노동을 하는 경우가 많았다. '쿨리'는 중국어 '고력품力'에서 나온 말이다. 자장면을 조선에 전파시킨 산둥성 출신 중국인 육체노동자들도 이들에 해당한다.(옮긴이)

용량 자체가 달린다'는 것이었다. 게다가 중국 여성들은 '매춘의 목적으로 매매되며 개만도 못하게 취급당하고' 있건만, 중국인들은 '잔인하여 자신들 내부의 병자들도 전혀 돌보지 않는다'고 한다. 이러한 열등한 존재들에게 시민권을 준다는 것은 '태평양 연안에서 공화국의 여러 제도들을 실질적으로 파괴하는 짓이 될 것'이라고 이 위원회 보고서는 선언하고 있다.[2]

말할 것도 없이 현실은 전혀 달랐다. 샌프란시스코에 있는 중국인들의 '육대공사六大公司'—이 도시에 거주하는 중국인들을 지역별로 대표하는 여섯 개의 회관들—에 따르면, 중국인들의 이민이야말로 캘리포니아에 큰 혜택을 가져다주는 복이라는 강력한 증거가 있었다. 중국인들은 급속도로 개발되고 있었던 미국의 철도와 농장에 필요한 노동력을 제공했을 뿐만 아니라, 정착하는 곳마다 그 마을 지역을 더 살기 좋은 곳으로 만드는 경향이 있다는 것이었다. 게다가 도박이나 성매매에 중국인들이 특히 더 많은 역할을 한다는 증거도 없었고, 오히려 통계상으로 볼 때 샌프란시스코의 빈민 구호소와 빈민 병원hospital에 더 많은 숫자를 차지하는 것은 아일랜드인들임을 보여주고 있었다.[3] 그럼에도 불구하고, '노동자들과 기능공들', 작은 규모의 사업가들, '농민 조직원들Grangers'(세금 부담을 대규모 자본과 부자들에게 넘기는 것을 목적으로 삼고 있었다) 등이 모두 커니의 운동에 모여들었다. 동시대의 한 명민한 관찰자가 말한 바 있듯이, 커니의 주장이 갖는 호소력의 일부는 그가 단지 중국인들만 공격하는 것이 아니라 그들을 고용하여 큰돈을 벌고 있는 거대 증기선과 철도 회사들도 공격하는 데 있었다. 샌프란시스코 정치를 지배했던 부패한 양대 정당은 말할 것도 없는 일이었다.

민주당도 공화당도 이러한 악들을 제거하고 사람들의 운명을 개선하는 데 아무것도 한 일이 없으며 또 앞으로도 무얼 할 것 같아 보이지 않았다. 이 정당들은 그저 자기들의 일자리와 지위만을 좇으며(적어도 그것이 일반 사람들의 생각이었다), 강력한 대기업들은 언제든 이들을 매수할 수가 있었다. 노동자들은 스스로 뭉쳐 일어설 수밖에 없었다. 새로운 방법과 새로운 출발점을 찾아야만 했다… 이 오래된 기성 정당들은 비록 자기들이 개최하는 모든 집회와 모임에서 중국인 이민을 비난하면서 이를 막는 법을 만들겠다고 소리 높여 이야기했지만 그것을 막는 데 실패했다… 요컨대 대중선동가들이 설치고 다닐 만한 모든 조건이 무르익은 것이다. 운명은 캘리포니아에게 선의를 베풀어, 목소리 크고 자신감에 가득 찬 상스러운 타입의 대중 선동가를 보내주었다. 하지만 그에게는 정치적 예지력도 또 건설적인 재능도 없었다.[4]

커니는 예지력과 '건설적 재능'은 없었을지 모르지만, 그와 그의 무리가 확실하게 무언가를 이루어냈다는 것은 누구도 부인할 수 없는 일이다. 1875년 아시아 여성들이 '음란하고 비도덕적 목적으로' 이민 오는 것을 금지하는 페이지법Page Law이 통과된 것을 필두로 미국의 국회의원들은 중국 이민에 반대하는 입법을 위해 쉬지 않고 움직였으며, 마침내 미국으로의 중국인 이민을 완전히 막아버리게 된다. 1882년에 나온 중국인 배제법Chinese Exclusion Act은 중국인들의 이민을 10년간 보류시키고, 미국을 떠나는 노동자들에게 '등록 증서certificates of registration'를 요구하며(이는 실질적으로 재입국 허가를 뜻하는 것이었다), 중국 관리들에게 아시아에서 오는 여행객들을 심사하도록 요구했으며, 미국 역사상 처음으로 불법 이민을 범죄로 만들었고, 그 처벌의 일부로 본국 송환 가능성까지 열어두게 됐다. 1885년의 포란법Foran Act은 '외국인 계약 노동'을 금지했으니, 이는 곧 미국 대기업들이 중국인 '쿨리들'을 고용해 미국으로 오는 여비를 지불하는 관행을 금지한다는 뜻이었다. 1888년에는 '교사들, 학생들, 상인들, 관광객들'을 제외하고는 중국인들이 미국으로 여행하는 것 자체를 금지시키는 법이 통과됐다. 전체적으로 볼 때 1875~1924년 사이에 12개 이상의 법률이 통과돼 중국 이민을 제한하고 마침내 완전히 종식시켜 버렸다.[5]

이러한 사건의 교훈은 아주 명확하다. 교통과 통신의 지구적 네트워크들을 통해 19세기 말의 대규모 이민이 가능해진 것과 마찬가지로,[6] 여기에 저항하는 이민 배척 운동과 포퓰리즘의 정치적 네트워크들도 생겨났다는 것이다. 데니스 커니와 그의 동맹 세력은 거칠고 허풍이 심한 자들이었음에도 불구하고, 미국의 태평양 연안에 따라 국경을 효과적으로 봉쇄해버렸던 것이다. 실제로 당시 신문에 게재된 만화 중에는 샌프란시스코 항구를 따라서 그들이 장벽을 세우는 것으로 묘사한 것도 있다(사진 16). 1850년대와 1860년대에 중국을 떠난 모든 이민자들의 무려 40퍼센트가 아시아 바깥으로까지 나아갔지만, 미국에 도착한 숫자는 비교적 적었던 게 사실이다. (1870~80년 사이에 미국에 들어온 중국인 이민자는 13만 8,941명으로, 이는 전체 이민자 숫자의 4.3퍼센트로서 동일한 기간에 대서양을 넘어 유럽을 떠나온 이민자들의 방대한 숫자에 비하면 아주 작은 몫에 불과하다.)[7] 그냥 놓아두었다면 중국으로부터의 미국 이민자는 분명히 더 늘었겠지만, 이러한 배제 조치들을 통해 그런 딜이 벌어지지 않게 만들었을 뿐만 아니라 한 걸음 나아가 이민자의 숫자를 줄이고 마침내 아예 '0'으로 만들어버린 것이다.

19세기 말이 되면 유럽의 여러 제국들은 대영제국의 뒤를 따라서 세계화라는 것을 하나의 현실로 만들어낸다. 증기선과 전보라는 새로운 기술들로 거리 자체가 '소멸'해버리면서 재화, 사람, 자본, 정보의 국제적인 이동이 미증유의 수준으로 늘었다. 하지만 제국의 시대에 생겨난 네트워크들—특히 아주 짧은 시간 안에 전 세계의 수많은 도시에 '리틀 이탈리아'와 '차이나타운'을 만들어낸 이민의 네트워크들—은 각국 내부의 정치에 누구도 예상치 못한 영향을 미치게 된다. 우리는 자유무역, 자유로운 이민, 국제 자본 등에 대한 반동—이는 미국과 유럽의 정치에 나타나는 충격적인 특징이다—을 통째로 묶어서 '포퓰리즘'이라는 일반적인 명칭으로 부르고 있다. 하지만 나라마다 심지어 지역마다 그 포퓰리즘의 색깔과 분위기는 모두 특색이 있다. 1780년대 미국 서부 해안에서 분노의 대상이 중국인들이었다면 동부 해안 쪽에서 경멸의 대상은 아일랜드인들이었고, 독일과 프랑스의 포퓰리스트들은 똑같이 동유럽에서 서쪽으로 이주해온 유대인들에게 화력을 집중하였다. 1890년대와 1900년대가 되면 러시아 서쪽 끝의 유대인 거주 지구Russian Pale로부터 유대인들의 미국 이민이 폭증하게 되며, 이 때문에 반유대주의 또한 대서양을 건너 미국으로 유입된다. 이해하기 힘든 일이지만, 이민에 반대하는 이들은 새로이 도착한 이민자들을 가난하다고 깔보는 동시에 그들의 이른바 지도자라는 이들이 엄청난 권력을 갖고 있는 것처럼 과장했다. 샌프란시스코의 중국인들은 거의 짐승 수준으로 궁핍한 자들인 동시에 세탁업의 독점자들이라는 명칭을 함께 뒤집어쓰고 있었다. 뉴욕의 유대인들은 해충처럼 바글거리는 자들인 동시에 지구적 금융 시스템을 조종하는 막

그림 20
'영국의 문어발: 무조건 금만 먹어 치운다!' 로스차일에 대한 반대 선동 만화. 1894년.

후의 지배자들로 여겨졌다. 유대인들의 금융 네트워크가 전능하다는 믿음이 갈수록 사람들에게 강해졌으니, 이를 가장 잘 보여주는 그림의 하나가 바로 1894년에 나온 포퓰리즘의 팸플릿 「주화의 금융 학교Coin's Financial School」에 게재된 만화 〈영국의 문어발〉이다. 이 팸플릿의 저자인 윌리엄 하비William Harvey는 포퓰리즘 선동가이자 세 번이나 민주당 후보로 대통령 선거에 출마했던 윌리엄 제닝스 브라이언William Jennings Bryan의 자문이며 금본위제의 비판자이기도 했다. 이 그림이야말로 단순히 반유대주의자들의 여러 망상을 넘어서서 더 큰 화력을 행사하도록 새롭게 상상된 제국주의 네트워크의 모습이다(그림 20).

32장

남아프리카

19세기 말에 나타난 포퓰리즘의 반동이 1차 세계 대전의 기원과 관련이 있다는 생각이 널리 퍼져 있지만, 이는 잘못된 이해다. 이 두 가지는 사실 거의 아무런 관계도 없다. 대서양 양쪽 모두에서 포퓰리즘 운동의 촉매제는 1873년의 금융 위기였다. 또한 선거에서 어느 정도의 힘을 발휘했는가로 보자면 포퓰리즘 운동은 1890년대 중반에 거의 끝이 난 셈이었다. 이때에 이르면 다양한 포퓰리즘 정책들 및 관심사들―보호 무역주의, 이민 제한, 복본위제, 반유대주의―은 기성 정당들(가장 분명히 드러난 경우가 미국의 민주당과 독일의 보수당)이 부분적으로 혹은 완전히 흡수했다. 본래 포퓰리스트들은 제국주의자들이 아니었다. 이들은 오히려 제국이라는 것을 경멸해 마지않았던 세계주의적 엘리트들의 프로젝트였으며, 제국주의, 자유무역, 자유로운 이민, 자유로운 자본 이동, 금본위제가 긴밀히 연결된 것들이라는 점을 제대로 짚고 있었다. 포퓰리즘의 문제는 현실 진단에 있는 것이 아니었다. 세계화되고 네트워크로 연결된 세상에서 실제로 불평등이 증가하고 있었다. 이주 노동자들이 본토 토박이 노동자들의 임금을 잠식하고 있었을 뿐만 아니라 산업 및 금융 자본이 크게 집중되면서 그 이윤이 한 줌도 안 되는 엘리트들에게 흘러 들어가고 있던 게 사실이었다. 문제는 포퓰리즘이 제시하는 해결책들이라는 게 충분치 못했다는 데 있었다. 수입품들에 대해 관세를 물려봐야, 또 중국 이민자들을 배제한다고 해봐야 미국 노동자들의 삶은 거의 나아진 것이 없었다. 한편 금본위제에 대한 비판 또한 새로운 금광이 여러 곳에서 (특히 남아프리카) 발견되면서 농산물 및 여타 제품의 가격을 내리누르던 디플레이션의 압력—이것이 포퓰리즘을 추동했던 중요한 원인이었다—을 크게 완화시켰다. 20세기에 들어오자 미국에서의 주도권은 포퓰리즘에서 진보주의자들progressives에게로 넘어온다. 이들은 조직노동이 카를 마르크스와 그 제자들의 이론이 아주 큰 영향력을 발휘했던 유럽에서는 사회민주주의자들이라고 불렸다. 진보주의자들의 해결책은 더 높은 직접세, 국가 연금, 노동 시장 규제 강화, 민간 기업 독점체들의 약화, 기간 시설의 공공 소유 등을 포함하고 있었으며, 포퓰리즘보다 궁극적으로 훨씬 더 설득력이 있었고 정치적으로도 더 인기가 좋았다.

전 세계 엘리트들의 입장에서 보자면, 정치적 좌파들의 지속적인 득세는 포퓰리즘보다 더욱 당혹스러운 것이었다. 특히 이들이 경악했던 것은 세기말fin de siècle의 상황에서 번성했던 극단적인 유토피아적 분파들이었다. 마르크스주의자들뿐만이 아니었다. 아나키스트들과 민족주의자들이 코르크Cork에서 캘커타까지, 사라예보에서 사이공까지 창궐하면서 제국 자체의 통일성까지 위협했다. 하지만 제국 시대의 대도시 지식인들은 해결책을 가지고 있다고 믿었다. 어떤 이들은 '자유주의적 제국주의'를 이야기했으며, 다른 이들은 '사회적 제국주의'를 이야기했지만, 20세기로 들어서던 당시 제국이 단지 빈곤화된 주변부를 착취하는 것보다는 무언가 더 높고 고상한 목표를 지향해야 한다는 생각이 널리 퍼져 있었다. 그저 제국 중심부의 노동계급의 여러 필요를 해결할 수만 있다면, 다양한 체제 위협들도 사라지게 될 것이라고 믿었던 것이다.

알프레드 밀너Alfred Milner는 제국의 구세주가 될 법한 인물은 아니었다. 그는 튀빙겐 대학에서 영어를 가르치던 영국-독일계 학자의 아들로 태어나 옥스퍼드 발리올 칼리지에서 벤저민 조엣Benjamin Jowett 밑에서 고전인문학을 공부했고 경제사가 아널드 토인비*의 친구가 되었다. 그는 학계로도 앞길이 창창한 청년이었지만 런던으로 가서 법률, 저널리즘, 정치 쪽으로 손을 댔으며 결국 문인 관료로서 자신의 전문성을 찾아나갔다. 처음에는 자유통일당의 조지 고션George Goschen의 비서로 일했으며 다음에는 이집트의 사무차관, 그다음에는 내국세 세무청 이사회 의장을 5년간 역임했다. 허버트 애스퀴스Herbert Asquith는 훗날 밀너라는 인물의 성격을 이렇게 요약했다. '팽창주의자이며, 일정한 지점까지는 보호무역주의자이며, 사회적 산업적 문제에 있어서는 반유대주의 감정의 흔적을 가지고 있다.'[1] 이는 참으로 날카로운 관찰이었다. 하지만 여기

---

* 『역사의 연구』 12권으로 유명한 토인비의 삼촌이다.(옮긴이)

에서 재미난 아이러니가 생겨난다. 밀너는 1897년 이후에는 영국 제국주의 사상 가장 무자비한 자본가의 하나였던 세실 로즈Cecil Rhodes의 요원으로 일하기 시작한다. 세실 로즈는 자신의 사업적 제국의 발전과 아프리카에서의 대영제국의 발전을 동일한 것으로 보아 그 둘 모두를 증진하기 위한 최상의 방법이 무엇이냐를 항상 생각하다가 툭하면 황당한 망상의 경지로까지 빠지곤 했던 인물이었다. 퀴글리에 따르면 로즈는 1891년 언론인 윌리엄 스테드William T. Stead와 왕실의 신하로서 훗날 에셔 자작Viscount Esher이 되는 레지널드 브렛Reginald Brett과 함께 '3인 실세 정부Junta of Three'*를 형성한다. 이 3두 정치 체제는 '간택된 이들의 모임 The Society of Elect'를 운영하게 되어 있으며, 이는 다시 '조력자들의 결사체 Association of Helpers'의 도움을 받게 되어 있었다.[2] 이러한 계획은 로즈의 유언장 초안과 같은 맥락에 있는 것이었다. 그의 유언장 초안은 네이선 로스차일드—로스차일드 가문에서 처음으로 귀족 작위를 얻은 이였다—에게 자신을 기념하여 제국주의판 예수회와 같은 조직을 설립하도록 지시를 내리고 있다.[3]**

밀너는 1897년 남아프리카의 고등판무관으로 임명된다. 이는 트란스

---

*   'junta'라는 말은 본래 1620년대 스페인 왕이 거느리고 있었던 입법 자문회의를 일컫는 스페인어였지만, 영어에서는 17세기 전반기 찰스 1세가 거느린 내각을 묘사하는 '군사적 정치적 실세'를 뜻하는 말로 쓰였으며, '명예혁명' 뒤의 윌리엄 3세 시대에 실권을 휘둘렀던 휘그당의 소수 집단을 일컫는 말로 쓰였다.(옮긴이)

**   로즈는 로스차일드에게 자신의 재산을 대영제국의 이익을 증진시키는 데 전념하는 엘리트 결사체를 설립하는 데 써달라고 말하고 있다. "여기 제시한 문제들을 고려할 때, 만약 가능하다면 예수회와 같은 단체를 만들되 그 충성 대상의 자리에 로마 가톨릭 대신 대영제국을 놓으십시오." 그래서 생겨난 최종적 결과물이 바로 옥스퍼드 로즈 장학금Oxford Rhodes Scholarships이다.

바알의 아프리카너_{Afrikaner} 공화국***에 반기를 들려다가 실패했던 '제임슨 습격 사건_{Jameson Raid}' 이후에 찾아온 위기의 여파로 이루어진 조치였다. 퀴글리의 설명에 따르면, 밀너가 새로 채용한 18명의 남성들로 이루어진 부하들—그의 이른바 '유치원생들'—은 20세기의 가장 강력한 네트워크의 하나의 핵심이 된다고 한다.4

하지만 현실은 그만큼 흥미진진하지 않았다. 밀너의 부하로 처음 합류한 것은 로버트 브랜드_{Robert Brand}, 라이어널 커티스_{Lionel Curtis}, 존 더브_{John Dove}, 패트릭 덩컨_{Patrick Duncan}, 리처드 피덤_{Richard Feetham}, 라이어널 히친스_{Lionel Hichens}, J. 페리_{J. F. (Peter) Perry}, 제프리 로빈슨_{Geoffrey Robinson}(훗날 도슨_{Dawson}) 등이었다. 그 뒤 1905년에는 후에 로티안_{Lothian}의 후작이 되는 필립 커_{Philip Kerr}, 허버트 베이커_{Herbert Baker}, 존 뷰캔_{John Buchan}, 조지 크레이크_{George Craik}, 윌리엄 매리스_{William Marris}, 제임스 메스턴_{James Meston}, 배질 윌리엄스_{Basil Williams}, 나중에 제4대 레콘필드 남작_{Baron Leconfield}이 되는 휴 윈덤_{Hugh Wyndham} 등이 합류했다.5 페리와 로빈슨은 밀너가 식민청_{Colonial Office}에서 함께 일했던 인연으로 채용됐으며, 페리가 다시 브랜드를 채용했다. 덩컨은 내국세 세무청에서 비서였다. 나머지 대부분은 옥스퍼드의 학연을 통해 채용됐다. 실제로 브랜드, 커티스, 더브, 피덤, 히친스, 커, 맬컴, 윌리엄스, 윈덤 등은 모두 밀너의 모교인 옥스퍼드의 뉴 칼리지 출신이었다. 이들은 함께 일하고 함께 사귀고 심지어 1906년 이후에는 허버트 베이커가 설계한 요하네스버그의 파크타운_{Parktown}에 있는 무트하우스_{Moot House}에서 함께 살기까지 했다. 결국 이들은 옥스퍼드 대

*** 네덜란드에서 온 유럽 식민주의자들이 세운 나라로서, 이른바 '남아프리카공화국'이다.(옮긴이)

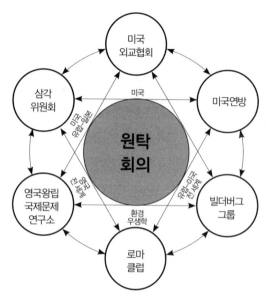

그림 21
신화화된 밀너 네트워크. 밀너의 영향에 대한 과장된 견해는 조지타운의 역사가 캐롤 퀴글리가 크게 고무시켰다. 육각형 별모양으로 그려진 것도 우연이 아니다. 헥사그램의 종교 단체(다윗의 별 또는 솔로몬의 봉인 같은)가 음모 이론에 신비의 중요한 요소를 추가하기 위해서다.

한 모임이었지 그 이상의 무슨 사악하고 비밀스런 성격의 집단이라고는 전혀 볼 수 없었다.[6]

밀너가 '이 나라 전부를 다스리려고… 모종의 유치원을 세웠다'고 비난했던 것은 케이프타운의 의회였을 뿐이다.[7] 비록 이 '유치원'이라는 이름은 그 후에도 계속 쓰였지만, 막상 그 성원들 자신은 좀 더 낭만적인 '원탁round table'이라는 이름을 더 좋아했고, 이는 이들 대부분이 런던으로 돌아온 이후에 만든 저널의 제목이 되기도 했다.

학문적인 성향을 갖고 있는 공무원 집단의 눈으로 볼 때는 밀너의 집단은 자기들 목적을 달성하기 위해 너무 쉽게 무력 사용에 호소하는 이들이었다. 밀너가 남아프리카에 도착한 이후 전쟁을 부추겼다는 주장은 여러 증거로 볼 때 설득력이 있다. 그는 이미 1898년 2월에 '정치적 난관을 헤쳐나가는 길은… 트란스발에서 개혁이 벌어지든가 아니면 전쟁뿐'이라고 결론을 내린 바 있다.[8] 1899년에 쓴 한 편지에서 그는 자신의 목적을 다음과 같이 천명하고 있다. '**궁극적인** 목적은 백인 공동체의 자치이며, 케이프타운과 잠베지Zambezi에서 온 흑인 노동자들을 **잘 대우**하고 또 **정의롭게 다스려서** 그들이 백인 자치 공동체를 지원하도록 만드는 것일세. 깃발은 오로지 영국 국기 하나뿐이어야 하지만, 그 아래에서 모든 인종과 언어는 평등을 누리게 될 것일세.'[9] 잘 살펴보면 밀러가 열망했던 것은 영국 및 그 백인 거주 식민지들로부터 이민을 받아 그 숫자로 아프리카너들을 압도하는 것이었다. (그가 1900년에 쓴 글을 보면, '만약 10년 안에 영국 인종과 네덜란드 인종의 숫자 비율이 3대2가 된다면 안전하고도 번영하는 나라가 될 것이다. 만약 그 비율이 2대3이 된다면 우리는 두고두고 어려움을 겪을 것이다.')[10] 밀너는 흑인들을 잘 대우해주고 잘 다스릴 것을 약속하고 있지만, 이는 사실 곧 복종을 의미하는 것이었다. 1901년 커티스는 자신의 일기에서 이렇게 쓰고 있다. '만약 니그로들이 북미 인디언들과 마찬가지로 우리 생전에 사멸하기 시작한다면 이는 큰 축복일 것이다.' 더브는 흑인들을 '대부분의 백인들이 거의 동물적으로 경멸하고 혐오하는 것'을 '건강한 징후'라고 보고 있다. '이는 백인 남아프리카인들이 혼혈 인종이 되는 것을 용납하지 않겠다는 굳은 결심을 보여주는 것이니까.'[11] 언젠가는 밀너 스스로도 자신의 목적이 남아프리카를 '백인의 나라'로 만드는 것이라고 규정한 적이 있다. '가난한 백인들로 꽉 찬 나라가 아니라 백인 인구가 크게 늘면서 훌륭하고 안락한 삶을 사는

나라'라는 것이었다.[12]

　우리는 이제 밀너가 만들어놓은 체제가 훗날의 저 끔찍한 아파르트 헤이트Apartheid 체제의 초석이 되었음을 알 수 있다. 물론 밀너는 그런 식으로 생각하지 않았다. 그가 볼 때는 흑인 아프리카인들을 복속시킨다는 자신의 목적은 전혀 논란의 여지가 없는 것이었다. 그가 정말로 꿈꾸었던 것은 아프리카너의 권력을 약화시켜서 '남아프리카에 (1904년에 그가 말했던 것으로) 크고 문명화된 진보적 공동체를 만드는 것이다. 케이프타운에서 잠베지Zambezi에 이르는 나라로서, 스스로를 다스리는 독립 국가이지만 영국 국기 아래에 함께 모여 있는 자유로운 나라들의 거대한 공동체의 일원이 된다. 이것이야말로 나의 모든 노력의 목적이다.' 영국인들의 지배 아래에 통일된 남아프리카는 다시 '대영제국의 통일과 단결이라는 더 큰 이상'에 기여한다고 한다. '이는 스스로의 문제들을 다스리는 독립된 나라들이지만 공통의 단일 문명을 발전시키고 공통의 이해를 수호하기 위해서는 하나로 뭉치는 국가들의 집단'이라고 한다.[13] 지독한 전쟁을 거치면서 보어인들Boers을 물리치고 그 여성들과 아이들을 죽음에 이르는 수용소에 몰아넣은 뒤 밀너와 그가 거느린 젊은이들은 그의 비전을 실현시키기 위해 지칠 줄 모르고 일했다. 이들은 식민지 상호간 위원회Intercolonial Council를 만들어 트란스발과 오렌지 리버 식민지를 연결시켰고, 여러 개의 철도 회사를 하나로 합쳤고, 관세 동맹을 만들었고, 모든 식민지마다 단결 도모Closer Union 협회들을 조직하였으며, 「국가The State」와 같은 기관지들을 통하여 남아프리카 연합South African Union이 얼마나 큰 혜택을 가져다줄 것인지를 선전하고 찬양했다. 이후 1910년 남아프리카 연합Union of South Africa의 헌법이 되는 문서의 최초의 초안

을 작성한 것도 이들이었다.[14]

하지만 대영제국의 역사 연구에 있어서 지도적 위치에 있는 한 역사가에 따르면, 밀너가 꿈꾸었던 영국인들이 운영하는 남아프리카란 '제국의 환상'이었다고 한다.[15] 밀너의 독재 스타일로 인해 아프리카너들은 루이 보타Louis Botha와 얀 스무츠Jan Smuts의 지도 아래에 다시 정치 세력으로 일어나게 되었다.[16] 영국인들의 대규모 정착지는 제대로 작동시킬 수가 없었고, 저렴한 아프리카인들의 노동력이 넘쳐나고 있었기 때문에 보어 전쟁 이전부터 이미 '가난한 백인들' 문제가 있었다.[17] 이러한 '대영제국 프로젝트'가 안고 있었던 여러 모순들은 랜드로드의 요청으로 밀너가 금광에다가 5만 명의 중국인 '쿨리들'을 데려왔을 때 적나라하게 드러났다. 이는 남아프리카에서도 또 영국 본국에서도 '중국인 노예제'에 반대하는 폭풍과 같은 시위를 몰고 왔다. 무문제는 1906년 선거에서 자유당이 자유통일당을 완패시키는 데 가장 중요한 무기가 되었으며, 선거의 결과로 밀너도 확실하게 몰락하게 됐다.[18] 그의 후임자였던 셸본 경Lord Selborne은 남아프리카 연합의 지도자를 스무츠로 하는 것만이 유일한 활로라는 점을 받아들였는데, 이는 영국 본국 정부의 자유당 정권의 개입을 최소화하는 방법이라는 점도 중요하게 작용했다. 오늘날 남아프리카 공화국이 이렇게 해서 만들어졌지만, 밀너가 상상했던 캐나다나 오스트레일리아와 같은 모습은 아니었다.

대부분의 역사에서 성공은 과장되어 기록되는 경향이 있다. 왜냐면 승자들이 패자들의 목소리를 싹 지워버리게 되어 있기 때문이다. 그런데 네트워크의 역사에 있어서는 그 반대가 벌어질 때가 많다. 성공적으로 작동하는 네트워크는 공공의 시선에서 벗어나며, 공공의 주의를 끌게 되는 것들은 실패한 네트워크들이다. 그리고 이 실패한 네트워크들은 무언가 성취했기 때문이 아니라 그렇게 뒤집어쓰게 된 악명으로 인해 그 존재가 과장되는 결과를 낳게 된다. 이는 18세기 말 독일의 일루미나티에 적용되는 이야기이다. 또한 밀너의 '유치원'과 '원탁'의 경우도 마찬가지다. 프랑스의 급진당 정치가였던 조제프 카요Joseph Caillaux는 밀너 집단이 '위태로워진 자신들 신분의 권력을 회복시키고 또 영국의 세계 지배를 강화하기 위해' 음모를 꾸미는 자들이라고 비난하였다. 캐나다 수상 윌프리드 로리에Wilfrid Laurier는 캐나다가 "런던에 도사리고 앉은 '원탁'이라는 이름의 비밀 정부에 의해 통치되고 있다"고 불평했다. 심지어 '인민의 수상'이었던 로이드 조지Lloyd George마저도 '대단히 강력한 조직체―아마도 그 독특한 방식으로 이 나라에서 가장 강력한 권력을 보유한 자들―'를 이야기하고 있다.[19] 하지만 이런 이야기들 어떤 것도 '유치원'의 권력의 증거가 되는 것은 아니다. 오히려 그 반대다. 아주 평범한 보통의 제국주의자들조차도 밀너에 대해서 여러 의구심을 품고 있었다. 보수 신문 「내셔널 리뷰National Review」는 '대영제국을 와해시키는 원심력이 될 만한 것들을 모조리 장려하는 비밀 조직'이 있다고 비난하고 있다. 마찬가지로 우익 신문이었던 「모닝 포스트Morning Post」 또한 이들에 대해 '이상주의자들의 밀집 군대 혹은 근위병 부대'라고 부르면서 적대적 태도를 취하고 있다. '이들은 모든 문제에 있어서 대영제국의 이익에 해로운 노선을 취하는 모종의 비뚤어진 정신을 가진 자들 외에는 누구도 믿지 않을 자들'이라는 것이었다. 자유당 정부의 수상이었던 헨리 캠벨배너먼Henry Campbell-Bannerman은 이들은 반쯤은 조롱조로 '밀너 숭배 종교religio Mineriana'라고 불렸는데, 이게 진실에 훨씬 더 가까운 이야기였다. 역사가 퀴글리와 그의 미국 쪽 계승자들은 밀너와 그 집단의 드높은 야심을 곧이곧대로 받아들인 데다가 그 비판자들이 퍼부은 비난을 너무나 심각하게 받아들이는 실수를 범했다. 게다가 그 비판자들의 비난 중 가장 주된 내용이 밀너의 프로젝트가 거의 완전히 실패라는 점에 맞춰졌다는 사실을 완전히 간과하고 말았다.

33장

사도들

옥스퍼드 대학과 케임브리지 대학은 대단히 비슷하다. 여기를 방문하는 이들은 거의 구별하지 못할 정도다. 이들의 경쟁 관계는 아주 오랜 연혁을 가지고 있지만, 외부인들이 보기에는 별것도 아닌 차이점들을 침소봉대하는 순전히 나르시시즘에 기초한 것으로 보일 수 있다. 옥스퍼드에서는 두 번째 학기를 '힐러리$_{Hilary}$'라고 부르며, 케임브리지에서는 '렌트$_{Lent}$'라고 부른다. 옥스퍼드의 학부생들은 '튜토리얼$_{tutorial}$'을 받지만 케임브리지 학부생들은 '감독$_{supervision}$'을 받는다. 옥스퍼드인들이 타고 다니는 배는 바닥이 평평한 평저선$_{punt}$이며 그 앞을 향하고 있는 선실을 '상자$_{box}$'라고 부르지만 케임브리지인들이 타고 다니는 배는 디자인도 다르며 그 선실은 '서랍$_{till}$'이라고 부른다. 이런 사소한 차이점들은 무수히 많다. 하지만 두 대학 사이에는 근본적인 철학적 차이점들도 많다. 그러한 지적인 차이가 두 대학 사이에서 가장 크게 벌어졌던 때는 분명히 1차 세계 대전을 전후한 시기였다. 옥스퍼드에 뿌리를 둔 밀너 네트워크의 성원들은 젊은 시절부터 근육질의 군사적이며 제국주의적인 이성애주의자가 되는 것을 꿈꾸었지만, 케임브리지 대학의 남자들은 거의 정확히 그 반대의 모습이 되기를 열망했다. 이 케임브리지의 '사도들Apostles'을 중심으로 나약하고 평화주의적이며 자유주의적인 동성애자 남성들의 네트워크가 생겨났다.

1820년에 세인트존스 칼리지의 학생들이 '학술 문예 좌담 협회Conversazione Society'를 창설하지만 곧 옥스퍼드와 케임브리지를 통틀어서 제일 크고 돈도 많은 트리니티 칼리지로 둥지를 옮기게 된다. 이 협회의 창설자들 중에는 시인 알프레드 테니슨과 오스카 브라우닝 등이 있었고,[1] '도덕 철학자moral philosopher' 헨리 시지윅Henry Sidgwick과 신학자이면서 기독교 사회주의 운동의 창설자인 프레더릭 모리스Frederick Denison Maurice도 있었다.[2] 어떤 점에서 이 협회는 케임브리지의 '지성적 귀족주의'(이는 훗날 노엘 아난Noel Annan이 붙인 이름이다)에 뿌리를 두고 있었다. 케인스Keynes, 스트레치Strachey, 트레블리안Trevleyan 등의 성을 가진 이들은 자동적으로 그 회원 자격을 얻게 되는 듯했다.[3] 선거 시스템이 아주 정교했고 상당히 우스꽝스러운 의식들을 치른다는 점을 빼고 나면 이는 동시대의 하버드, 프린스턴, 예일 등에도 많이 있었던 전원 남성들로만 구성된 남학생 사교회들과 다를 바가 없었다. 하지만 '학술 문예 좌담 협회'를 뚜렷이 구별해주는 두 가지 특징이 있었다. 이 협회는 당시의 그 어떤 사교 모임들보다도 지적으로 배타적이었다. '사도들'의 선발은 무엇보다도 그 지원자가 철학에 적성이 있는지에 기초하여 이루어졌다. 그리고 이 협회는 자신들은 우월한 존재이므로 기성 질서로부터 거의 모든 면에서 완전히 소외된 자들이라는 생각도 대단히 강했다. '사도'의 한 사람은 1900년대 초반에 이렇게 묻기도 했다. '우리가 느끼는 이 엄청난 도덕적 우월감은 혹시 편집증이 아닐까?'[4] 이 협회만이 '실재'이며, 나머지 세계는 '허깨비'라는 게 이들이 즐겨 말했던 농담이었다. 철학자 맥타가트 J. Ellis McTaggart가 나중에 결혼했을 때 그는 자신이 그저 '허깨비 아내'를 취하는 것이라고 말장난을 치기도 했다. 한마디로 자신들 바깥세상의 모든 것들은 도저히 참아줄 수가 없도록 끔찍한 것들이라는 말이었다.

1820~1914년 사이에 이 '사도들'은 모두 255명 정도가 배출됐다. 선발 기준이 워낙 높았기 때문에 아예 신입 회원 선발이 없던 해도 많았다. 예를 들어 1909~12년 사이에는 단 한 명만이 선발됐다.[5] 잠재적인 신입회원들은 '배아들embryos'이라고 불렸으며, 어색한 것으로 유명한 오후의 다과회를 계속 거치면서 평가를 받았다. 드문 경우이기는 하지만 학부생이라고 해도 자격이 있다고 여겨지면 이 협회의 회원으로 '태어나게' 되며, 당연히 피가 얼어붙도록 무시무시한 의식을 거치면서 비밀 서약을 하게 된다. 그 후에는 학기 중에 매주 토요일마다 회합을 가지며, 여기에서 회원들은 벽난로 앞 양탄자 위에 서서 '아름다움', '행동에 관한 윤리학' 등의 제목으로 쓴 글을 낭독하고, (전통적으로 무관한 것으로 여겨졌던) 질문들을 투표에 부쳤다. 또한 이 자리에 참석해 모든 이들이 의무적으로 먹어야 하는 멸치 없는 빵을 군소리 없이 먹는 '천사들'도 있었다. 이들은 졸업하여 탈퇴한 ('날개를 단') 선배 회원들이었다.

또한 세대가 다르다고 해도 강렬하고도 헬레니즘적인 우정을 나눌 수 있다는 것이 이 '사도들'이 자부심을 가졌던 점의 하나였다.[6] 예를 들어 버트런드 러셀과 앨프리드 화이트헤드처럼 케임브리지의 교수로 남은 '천사들'은 정기적으로 회합에 참여하였다.

19세기만 해도 이 '사도들'의 정치적 입장은 동시대의 옥스퍼드 학생들의 정치적 입장과 크게 다르지 않았다. 1864년만 해도 이들은 '정치적으로는 토리, 종교적으로는 복음주의자들'이라고 불렸다.[7] 실제로 이들 중 다수는 의회의 보수당 의원이 되었다. 이 '사도들'의 대략 14퍼센트는 의회의 의원이나 공직자가 되었고, 4분의 1에서 3분의 1 사이는 법률가가 되었다.[8] 후에 이 모임은 명백히 반제국주의의 입장을 띠지만, 1900년 이전에는 그러한 경향이 그리 명확하게 드러나지 않았다. 그 모임을 주도했던 가장 명민한 회원들은 인도 식민지에서의 높은 공직을 얻기 위해 열렬히 경쟁했다. 이는 지독히 어려운 시험 성적으로 주어지는 자리였기 때문이었다.[9] '사도들'도 아일랜드의 영국 통치에 대해 의견이 갈렸지만 이는 영국 엘리트 전체에서도 의견이 갈렸던 문제였다.[10]

하지만 이 모임은 그 초기 시절부터 급진주의의 평판을 가지고 있었다. 부분적으로 그 이유는 이 모임의 비밀스런 성격에 있었다. 이미 1830년에 리처드 체버닉스 트렌치Richard Chevenix Trench는 '사도들'이 '모든 기성 정부를 전복하려는 목적으로 세워진 비밀 결사체'라는 주장을 논박해야만 했다.[11] 그런데 1900년 이후가 되면 그러한 반란적인 정신이 좀 더 두드러지게 나타나는 계기가 있었다. 새로운 20세기의 소크라테스라고 할 철학자 무어George Edward Moore를 중심으로 삼는 새로운 세대가 나타났기 때문이었다.

그렇다고 해서 무어가 정치적인 인물이었다는 것은 전혀 아니다. 오히려 그는 자신의 제자들에게 정치를 경멸하도록 부추긴 사람이었다.[12] 무어가 정열을 바쳤던 대상은 여러 개인적 미덕이었다. 1903년에 출간된 그의 저서 『윤리의 원리Principa Ethica』의 핵심 어구는 감성, 개인적으로 맺는 인격적 관계, 감정의 해방, 창조적 본능, 자신에 대한 가혹할 정도의 정직성 등이었다.[13] 이러한 생각들은 '사도들'의 다른 회원이었던 포스터Edward Morgan Forster의 여러 소설에서 문학적인 방식으로 또렷하게 제시되고 있으며, 리튼 스트레이치Lytton Strachey, 레너드 울프Leonard Wolf, 존 메이너드 케인스John Maynard Keynes 등 세 명의 명민한 젊은이들을 넋이 빠지도록 매료시켰다. 이 세 사람은 1930년 '사도들' 243호로 입회하였다.[14] 스트레이치는 인도에서 복무했던 육군 장군인 리처드 스트레이치 경Sir Richard Strachey의 열 자녀 중 여덟 번째로 태어났으며, 그 어머니는 두 번째 부인으로서 제인 마리아 그랜트Jane Maria Grant라는 스코틀랜드 여성이었다. 스트레이치는 고음의 카랑카랑한 음성을 가진 왜소한 체격으로서 도저히 장군의 아들이라고는 볼 수가 없을 정도였다. 그보다 눈에 덜 띄는 인물로서 항상 슬픈 모습을 하고 있는 울프는 유대인 변호사인 시드니 울프Sidney Woolf의 자녀 열 명 중 셋째였다. 케인스는 그야말로 케임브리지의 '성골'이라고 할 만한 인물이었다. 그의 아버지는 케임브리지 교수로, 맏아들이 케임브리지 대학에서 주최하는 수학 대회의 상을 모조리 휩쓰는 것이 최고의 열망이었다. 하지만 그의 아들 메이너드가 정말로 사랑했던 대상은 수학이 아니었다. 그 대상은 다른 남자들이었다.

스트레이치와 케인스는 단순한 동성애자가 아니라 전투적인 동성애 지지자들로서, 자신들의 성적 선호가 일반적인 이성애보다 우월한 것이라 믿었을 뿐만 아니라 자신들이 금쪽같이 여기던 사교 집단에 누구든 다른 여성이 나타나면 여성혐오적인 태도를 노골적으로 드러냈다. 사실 이는 오래전의 브라우닝Brwoning에게까지 거슬러 올라가는 전통이었다. 『영국 인명사전Dictionary of National Biography』에 따르면, 그는 '로마에 있을 때에 젊은 영국 남성들에게 행했던 것과 마찬가지로 젊은 이탈리아인들에게도 그들이 욕망하는 모든 구멍에 봉사하였다'는 아찔한 이야기가 나온다. 1903년 이후가 되면 이러한 문화가 더 이상 농담이 아니었다. 스트래치와 케인스는 몸매는 정말로 잘 빠졌지만 머리는 텅텅 빈 아서 홉하우스Arthur Hobhouse를 놓고서 다툼을 벌였으며, 순전히 미학적인 이유에서 그가 '사도들'에 입회할 수 있도록 보장했다. 그들은 자신들이 '고등 비역질Higher Sodomy'에 몰두하고 있음을 떠벌였으며, 이는 기회만 닿으면 하층계급 남자들과 몸을 섞는 것도 마다하지 않는 행위였다. 1909년경 이들은 자신들이 관심의 대상이 되고 있음을 자랑스럽게 과시하였지만, 이 또한 사람들로부터 눈총을 받았다.[15] 루퍼트 브룩Rupert Brooke와 제임스 스트레이치가 주고받은 편지에 따르면 이제 이 '좌담 협회'의 1차적인 관심사는 지적인 교류가 아닌 성적인 교류였다.[16] 하지만 시지윅의 표현에 따르면 그 한 세대 전만 해도 '사도들'은 '한 무리의 긴밀한 친우들로 뭉쳐 절대적인 헌신으로 진리를 추구'하는 것을 신봉하였다고 한다.[17]

하지만 케인스와 스트레이치는 그냥 자신들의 긴밀한 친우들의 엉덩이를 쫓아다녔을 뿐이다. '사도들' 전부가 동성애자는 아니었음이 분명하다. 하지만 그 비율은 계속 늘어나고 있었다. 심지어 (울프처럼) 동성애자가 아닌 이들조차도 동성애자들의 '형제애'라는 상당히 자아도취적 이상을 공유하고 있었다. 그보다 한 세대 위에 속하는 데즈먼드 매카시Desmond MacCarthy는 1900년 12월 이 회합에서 낭독한 한 글에서 '가족, 국가, 명예의 법칙 등등'의 옛 제도들에 대해 매혹된 모습을 보였다. 하지만 이러한 제도들은 보다 젊은 세대의 회원들에게 있어서는 '설득력 있는 권위의 증거를 보여주는 데에 실패'했다고 한다.

이들은 '만사를 더욱 **개인적**'인 문제로 받아들인다는 것이었다.[18] '관계 맺기가 있을 뿐Only Connect'이라는 게 새로운 정언명령이 되었으며, 포스터의 가장 뛰어난 소설 『하워즈 엔드Howards End』(1921)의 핵심어구가 됐다.* 극도의 소수정예로 뽑힌 인물들의 네트워크인 '학술 문예 좌담 협회'가 실로 마약과 같은 중독성을 발휘했으니, 거기 있던 이들이 영국 정부 기구의 관료적 위계제로 들어갔을 때 얼마나 따분하게 여겼을지는 충분히 상상할 수 있다. 케인스는 인도의 행정청Indian Civil Service에 자리를 잡았지만, 금세 여기에 '싫증sick'을 내고 만다. 그는 이렇게 불평한다. '이제 새로움이란 모두 닳아 없어져 버렸네.'

> 나는 10분의 9의 시간은 지루함에 갇혀 있으며, 나머지 10분의 1의 시간도 내 방식대로 쓸 수 없게 될 때마다 아주 걷잡을 수 없는 짜증에 휩싸이고 만다네. 분명 내 의견이 옳다고 확신이 서는 순간에도 30명이 몰려와 나를 아무것도 못하게 만드는 걸 보면 미치지 않고는 못 배기지. 그리고 공직자들에게 전형적으로 나타나는 관심사인 자기 일신의 보위라는 행태까지 겹쳐서 보이게 되면 사람이 미치고 만다네.[19]

---

* 소설의 주인공 마거릿은 성별과 계급 등의 피상적인 차별과 구분을 넘어서서 모든 인간들이 직접 관계를 맺고 그 속에서 편견을 떨쳐내고 함께 풍부한 인간성을 꽃 피울 수 있는 세상을 꿈꾼다. 이는 케임브리지의 블룸즈버리 그룹의 이상이 소설 속에 반영된 것으로 알려져 있다.

하지만 케인스가 그의 인도 행정청 동료들이 '책임지기를 두려워한다'
고 비난했던 것은 위선적인 일이었다. 그는 1938년에 내놓은 자신의 '초
기의 신념들early beliefs'을 회상하면서 한술 더 뜬다.

우리는 일반적 규칙들을 준수해야 한다는 개인적 책무를 철저히
부정했다. 우리는 모든 개별 사안들을 그 성격에 따라 판단할 권리와
그렇게 해서 좋은 결과를 낼 수 있는 지혜를 요구했다. 이는 우리가 아
주 거칠고 공격적으로 품고 있었던 우리 신조의 대단히 중요한 부분
으로, 바깥세상에서 보면 우리의 가장 뛰는 그리고 가장 위험한 성격
이었다. 우리는 관습적인 도덕, 관례, 전통적 통념 등을 모두 거부했다.
즉, 우리는 엄격한 의미에서의 무도덕주의자들immoralists이었던 셈이다.
물론 그러한 우리의 성격이 발각될 위험이 있는 일을 할 때에는 과연
그러한 결과를 감당할 만큼의 가치가 있는 것인지를 숙고해야만 했다.
하지만 우리는 우리에게 순응 혹은 복종을 요구하는 그 어떤 도덕적
책무도 또 내면적인 원칙도 인정하지 않았다.[20]

그로부터 1년 후 포스터는 무어의 철학을 극단까지 밀고 갈 경우 어
떤 파괴적인 결론이 나올 것인지를 포착했다. '내가 만약 내 조국을 배
신하든가 내 친구를 배신하든가 양자택일을 해야 한다면, 나는 내 조국
을 배신하는 쪽을 선택할 배짱이 있기를 빈다… 어떤 개인에 대한 사랑
과 신의는 국가의 명령과 모순될 수 있다. 만약 그럴 경우엔, 국가는 엿
이나 먹으라고 말하는 바이다.'[21]
물론 1914년 1차 세계 대전이 시작되면서 진실의 순간이 다가오게 된

다. 하지만 이미 그전부터 협회의 일부 회원들은 이 모든 것에 피로를 느끼기 시작했다. 루퍼트 브룩은 그리스 신화에 나오는 아도니스와 같은 미소년이었지만 동성애자는 아니었으며 금세 파비안 협회의 여성 회원들과 어울려 다니는 것이 발견된다.[22] 빈에서 태어난 철학자 루트비히 비트겐슈타인 또한 협회의 회원으로 '태어났지만', 단 한 번 모임에 참여하여 그 '사도들'이라는 이들을 한 번 죽 훑어본 뒤에는 바로 탈퇴하고 도망가 버렸다. 비록 스트레이치가 그를 설득하여 탈퇴서는 철회하였지만 회합에는 나오지 않았다.[23] 그리고 전쟁이 터지자 그들을 지배하던 마법의 주문 또한 깨지고 말았다. '사도들' 대다수는 참전하지 않았다. 하지만 브룩은 열성적으로 전쟁에 뛰어들어 1915년 세인트조지 축일에 에게해의 스카이로스Skyros 섬 옆에 정박해 있었던 프랑스의 병원함에서 사망했고, 이는 영국 역사에서 가장 유명한 죽음 중 하나가 된다.[24] 이 문제는 징병제가 도입되면서 전면적으로 떠오르게 된다. 케인스는 재무성에서 일하고 있었으므로 병역 면제를 따로 요구할 필요가 없었으나 그는 양심적 거부를 이유로 내걸고 공식적으로 병역 면제를 요구한다. '나는 내가 범죄라고 생각하는 목적을 위해서 내가 경멸하는 정부를 위해 일하고 있네'. 그는 덩컨 그랜트Duncan Grant에게 쓰라리게 불평을 늘어놓는다.[25] '사도들' 중에서도 양심적 병역거부를 선언한 다른 이들―특히 제임스 스트레이치와 제럴드 쇼브Gerald Shove ―을 돕기 위해 케인스는 그의 영향력과 자원을 사용한다.[26] 하지만 이는 리턴 스트레이치에게는 충분치 않았다. 그는 1946년 2월 어느 날 밤 케인스의 저녁상 접시에다 전쟁을 선동하는 신문 한 부를 끼워넣고 맨 위에는 짧은 문구를 적은 쪽지를 덮어놓았다. '친애하는 메이너드, 어째서 아직 재무성에 남아 있는 거지?'[27]

전쟁이 벌어지면서 '사도들'의 네트워크만 깨진 것이 아니었다. 그 네트워크와 무수히 많은 점에서 중첩되는 또 하나의 빛나는 지적 네트워크가 있었으니, 그것은 블룸즈버리 그룹Bloomsbury Group이었다. 이 둘 모두에 속한 이들은 열 명이었지만 그중 네 명의 이름만 열거하자면 포스터, 케인스, 스트레이치, 울프 등이었다.[28] 블룸즈버리 그룹은 '사도들'과는 달리 여성도 가입시켰는데, 가장 유명한 사람은 스티븐Stephen 집안의 자매 버네사Vanessa와 버지니아Virginia였고, 거기에 결혼한 몇 쌍의 부부들이 중심에 서게 된다. 버네사와 클라이브 벨Clive Bell 부부(주소는 고든스퀘어 Gordon Square 46), 버지니아와 레너드 울프 부부(1915년에 리치먼드Richmond로 이사)가 대표적이었다. 그런데 전쟁이 벌어지면서 블룸즈버리 그룹의 중심 성원들—주로 작가들과 예술가들—이 런던 밖으로 나가 서섹스의 찰스턴Charleston에 있는 커다란 농가로 이주했고, 버네사 벨과 덩컨 그랜트 또한 1916년 여기로 이사 온다. 블룸즈버리 네트워크에 대해 피터 돌턴 Peter Dolton이 새롭게 내놓은 분석에 따라 1905년과 1925년 모두 가장 매개 중심성이 큰 노드임이 밝혀졌다. 나중에 가면 덩컨 그랜드, 메이너드 케인스, 버지니아 울프 등이 스트레이치의 뒤를 이어 각각 두 번째 세 번째 네 번째로 매개 중심성이 큰 노드로 드러났다.[29] 하지만 블룸즈버리 그룹의 놀라운 특징은 그 회원들이 사우스다운스South Downs 거리를 산책하는 것을 얼마나 즐겼는지가 아니었다. '사도들'의 경우와 마찬가지로 여기에서도 그 네트워크의 성격을 규정했던 것은 성적 관계였다. 그랜트는 케인스, 리튼 스트레이치, 에이드리언 스티븐Adrian Stephen, 버네사 벨 등과 성적인 관계를 맺었을 뿐만 아니라 데이비드 가넷David Garnett과도 관계를 가졌다. 버네사 벨은 그랜트와만이 아니라 로저 프라이Roger Fry와도 성관계를 가졌으며 이따금씩은 심지어 자신의 남편인 클라이브와도 성관계를 가졌다. 케인스는 그랜트, 가넷, 스트레이치 등과 함께 잤으며, 결국에는 러시아의 발레리나 리디아 로포코바Lydia Lopokova와도 잤다. 블룸즈버리 그룹의 연애 생활은 실로 끝도 없이 복잡하다. 가넷은 버네사 벨을 짝사랑했다. 오토라인 모렐Ottoline Morrell은 버지니아 울프를 짝사랑했고, 도라 캐링턴Dora Carrington은 리튼 스트레이치를, 리튼 스트레이치는 마크 거틀러Mark Gertler를, 마크 거틀러는 도라 캐링턴을 짝사랑했다. 돌턴이 말한 바 있듯이, '버네사 벨은 클라이브 벨과 결혼하였지만 덩컨 그랜트와 함께 산다. 레너드 울프는 버지니아 울프와 결혼했고 해럴드 니컬슨Harold Nicolson은 빅토리아 색빌웨스트Vita Sackville-West와 결혼하였지만, 빅토리아와 버지니아는 서로 사랑에 빠졌다.'[30]

『하워즈 엔드』에서 뛰어난 지성의 소유자 마거릿은 평범한 남편 헨리에게 블룸즈버리 그룹의 원리들을 설명하려고 애쓰는 장면이 나온다. '관계 맺기가 있을 뿐! 이것이 그녀의 설교의 전부였다. 산문과 정열을 관계 맺으면 양쪽 모두 고상한 것이 될 것이며, 인간의 사랑은 그 가장 높은 단계의 모습을 띠게 될 것이다. 더 이상 파편화된 채로 살지 말 것. 오로지 관계 맺기가 있을 뿐. 그러면 짐승들과 수도승들은 자신들에게 삶을 부여하는 원천인 고립을 빼앗기게 될 테니 모두 사멸하고 말 것이다.' 하지만 소설의 지은이 포스터가 말하듯, '그녀는 실패하고 만다.' 왜냐하면 헨리의 원칙은 '관계 맺기가 있을 뿐'이 아니라 '집중하라Concentrate'라는 것이기 때문이었다. 헨리는 마거릿에게 심드렁하게 말한다. '나는 그런 일에 내 정력을 낭비할 생각이 전혀 없소.'[31] 블룸즈버리 그룹 내의 복잡한 성적 짝짓기 관계를 생각해본다면, 헨리의 말이 가슴에 와 닿을 것이다.

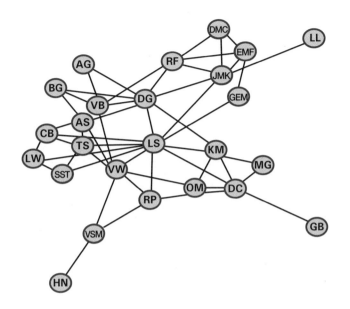

그림 22

1925년경의 블룸즈버리 그룹. 네트워크의 핵인 시빌 벨(CB), 버네사 벨(VB), E. M. 포스터(EMF),
로저 프라이(RF), 데이비드 '버니' 가넷(BG), 덩컨 그랜트(DG), 존 메이너드 케인스(JMK), 데즈먼드
매카시(DMC), 리튼 스트레이치(LS), 레너드 울프(LW), 버지니아 울프(VW).
'별도 그룹'은 토비 스티븐(TS), 색슨 시드니—터너(SST), 에이드리안 스티븐(AS), 제럴드 브레넌
(GB), 도라 캐링턴(DC), 앤절리카 가넷(AG), 오토라인 모렐(OM), 랠프 패트리지(RP), 해럴드 니컬슨
(HN), 빅토리아 색빌웨스트(VSW), 마크 거틀러(MG), 캐서린 맨스필드(KM), 리디아 로포코바(LL),
그리고 G. E. 무어(GEM)

34장

아마겟돈

남아프리카에서 밀너의 '유치원'이 보여준 처절한 실패는 영국의 제국주의적 팽창의 한계를 잘 드러내는 것이었다. '사도들'과 블룸즈버리의 분열상은 옥스퍼드까지는 몰라도 최소한 케임브리지까지는 대영제국이라는 프로젝트에 대한 공감을 완전히 잃어버렸음을 잘 보여주고 있었다. 하지만 1914년 영국 본토의 국민들은—그 제국의 신민들은 물론이고—독일 제국의 점증하는 경제적 권력과 지정학적 야심이 내놓는 도전에 맞서서 전면전으로 달려갔다. 이 전쟁에서 영국이 최종 승자가 될 수 있었던 것은 밀너와 그의 부하들이 그토록 강력하게 촉구했던 영어 사용 국가들의 단결에 크게 빚지고 있었다. 1914~18년 사이 영국의 전쟁 동원에 제국 전체와 특히 인도가 군사적으로 경제적으로 중요한 기여를 했지만, 오스트레일리아, 캐나다, 뉴질랜드 그리고 실제로 남아프리카까지도 모두 그 대열에 합류했다.[1] 블룸즈버리 그룹의 탄식 소리는 전쟁 기간에는 전혀 들리지도 않았다. 상황이 바뀐 것은 전쟁이 끝나고 난 뒤 스트레이치의 『결출한 빅토리아 시대 영국인들Eminent Victorian』과 케인스의 『평화의 경제적 결과들Economic Consequences of the Peace』이라는 실로 파괴적이고 논쟁적인 논문이 출간된 이후였다.

여기서 1차 세계 대전의 책임과 범죄자를 가려내기 위한 역사의 법정으로 또 들어갈 필요는 없을 것이다. 워낙 지금까지 많은 연구와 저서와 논쟁이 벌어졌던 곳이니까.[2] 디킨스의 『황폐한 집Bleak House』에 나오는 법률가들처럼 역사가들은 오늘도 먼지 쌓인 문서들을 계속해서 뒤지고 있다(디킨스식으로 이 사건의 이름을 붙이자면 '독일 대 독일' 사건이라는 이름이 적합할 것이다). 하지만 이 사건에서 최종 판결은 불가능하다. 1세기 내내 '전범 국가'를 찾으려는 노력이 계속됐지만 그건 불가능한 일이기 때문이다. 1914년에 전면적인 유럽 전쟁이 벌어지게 된 것은 1815년 빈에서 확립된 질서가 무너졌다는 단순한 이유 때문이었다. 역사가가 물어야 할 올바른 질문은 어째서 이런 일이 벌어졌느냐지, 누가 잘못했느냐가 아니다.

1900년대 초가 되면 랑케가 이야기했던 5대 강국 집단 지배 체제는 5대 세계 제국으로 진화했고, 각각의 제국은 지금까지 우리가 서술한 국제적인 무역, 이민, 투자, 정보의 네트워크로부터 어느 정도씩 지대를 뜯어내고 있었다. 크림 전쟁 이후 일정 기간 옛날의 세습 군주들의 위계제와 새로이 나타난 세계화의 네트워크들이 공존양식modus vivendi을 찾아낸 것으로 보였다. 거대한 유럽 제국들을 운영하던 정부들은 놀랄 정도로 야경국가에 가까웠고, 자신과 공존하는 시장 경제에 대해 요구하는 바는 실로 최소한에 머물고 있었다. 이 제국 정부들은 일정한 우편, 전보, 기차 서비스를 통제하겠다고 나서기도 했고 또 당연히 육군과 해군을 운영하고 있었지만, 그 밖의 대부분은 민간의 업자들이 운영하도록 내버려두었다. 유럽의 대도시들에서는 왕실과 제국의 위계 서열의 질서가 새로이 나타난 신용, 상업, 언론의 엘리트들과 밀접한 사회적 관계를 맺고 있었다. 귀족 작위를 가진 이들이 유대인 은행가들의 딸들과 결혼하곤 했으니까. 앤드루 카네기에서 노먼 엔젤Norman Angell에 이르는 낙관주의자들은 황제들이 이 모든 질서를 위태롭게 만들 바보짓을 할 사람들은 아니라고 확신했다.[3]

하지만 이런 생각은 자기기만이라는 것이 입증됐다. 헨리 키신저의 고전적인 설명을 따르자면, 5대 강국 체제는 '독일이 통일되고 프랑스가 그 고정적인 적대국이 되면서 시스템 전체가 그 탄력성을 잃었기' 때문에 안정성도 잃게 되었다고 한다.[4] 1871년 이후 이 시스템은 외교의 대가 비스마르크의 능력에 그 균형 유지를 의지하고 있었다. 그 핵심 전략은 비스마르크가 러시아 외무장관 니콜라이Nikolay Girs와 맺었던 비밀 재보장 조약Secret Reinsurance Treaty이었다. 1887년 6월에 맺어진 이 조약에서 독일과 러시아는 각국이 혹시 제3국과 전쟁을 벌이는 경우 중립을 준수하기로 합의한다. 하지만 독일이 프랑스를 공격할 때 혹은 러시아가 오스트리아-헝가리를 공격할 때는 예외가 되기로 하였다. 이로 인해 독일은 러시아가 흑해 해협에 대한 통제권을 손에 넣으려고 해도 중립을 지키겠다고 약속한 셈이지만, 정말로 중요한 점은 러시아로 하여금 프랑스와 공동 방위 조약을 체결하지 못하도록 막은 점이었다. 그리고 비스마르크가 실각하게 되자 이 비밀 재보장 조약은 갱신되지 못했으며, 그러자 바로 벌어진 일이 바로 이 프랑스와 러시아의 군사 동맹이었다. 키신저의 이야기를 들어보자. '참으로 이해하기 힘든 일이지만, 바로 이러한 애매모호함이 유럽 균형의 탄력성을 보존해주었던 열쇠였다. 그리고 이 모호함이 사라지게 되자 일련의 대결과 갈등이 벌어지고 갈수록 규모도 커지게 되었는데 그 절정이 바로 1차 세계 대전이었다.'[5] 비스마르크가 사라지자 이 강대국 체제는 분쟁이 벌어질 때마다 그 '충격을 흡수'한 것이 아니라 되레 '악화'시켰다는 게 키신저의 주장이다. 시간이 지나면서 '정치 지도자들은 스스로의 전술에 대한 통제력을 상실'하였고, '결국에는 군사 계획도 외교도 함께 날아가 버리고 말았다.'[6] 즉, 1890년 이후로는 독일과 오스트리아-헝가리가 한편이 되어 프랑스 및 러시아와 맞서는 갈등이 벌어질 확률이 상당히 높았다는 것이다. 놀라야 할 일은 1914년에 실제로 그런 전쟁이 터졌다는 것이 아니라 그게 더 일찍 터지지 않았다는 점이라는 것이다.

키신저의 접근법은 역사가들 사이에서는 널리 통용되는 것이 아니지만, 정치학자들과 네트워크 이론가들 사이에서는 상당한 지지를 받고 있다. 1890년 이후로 군사 분쟁의 숫자가 크게 증가했다는 사실은 그 시점을 전후로 모종의 변화가 생겨났다는 그의 주장을 분명히 입증하는 것이다.[7] 뿐만 아니라 수학자 티보르 언털Tibor Antal, 물리학자 폴 크라피브스키Paul Krapivsky와 시드니 레드너Sidney Redner 등이 제출한 우아하고 논리정연한 논문은 네트워크 이론을 통하여 1890년 이후의 강대국 시스템이 놀랍게도 '사회적 균형social balance'의 방향으로 진화했음을, 즉 대략 대등한 힘을 가진 두 개의 동맹체가 출현하고 있었음을 보여주고 있

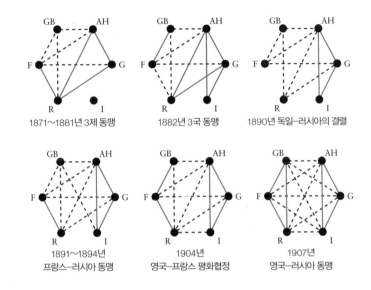

GB AH
F G
R I
1871~1881년 3제 동맹

GB AH
F G
R I
1882년 3국 동맹

GB AH
F G
R I
1890년 독일-러시아의 결렬

GB AH
F G
R I
1891~1894년
프랑스-러시아 동맹

GB AH
F G
R I
1904년
영국-프랑스 평화협정

GB AH
F G
R I
1907년
영국-러시아 동맹

그림 23
1872~1907년 1차 세계대전의 주요 참전국의 관계 변화 과정.
GB = 영국, AH = 오스트리아-헝가리, G = 독일, I = 이탈리아, R = 러시아, F = 프랑스

다. 이 경우에 균형은 '자연적인 결과'이지만, 만약 어느 쪽도 다른 쪽을 막지 못한다면 좋은 결과가 될 수 없다는 것이다(그림 23).[8]

물론 이에 대한 대안적인 해석들도 있다. 5대 강국 시스템이 무너진 것을 설명하는 가설 하나는 강대국들이 발칸 반도의 소국들에 의해 갈등으로 질질 끌려갔다는 것이다.[9] 즉, 시스템의 안정성을 무너뜨렸던 것은 보다 작은 나라들의 복잡한 동맹체들이었다는 것이다.[10] 하지만 강대국들이 스페인이나 포르투갈뿐만 아니라 루마니아 혹은 일본과의 관계 때문에 1914년의 아마겟돈을 벌였다는 것은 한마디로 전혀 현실성이 없다.[11] 보다 힘이 약한 나라들이 중요성을 갖는 것은 오로지 강대국 사이의 갈등의 확률을 올리기 때문일 뿐이다. 오스트리아-헝가리 제국

이 1908년에 보스니아를 합병했고 그로부터 6년 후 세르비아의 사주를 받은 암살자가 오스트리아-헝가리 제국의 황태자를 암살했던 것이 아주 독특한 국면을 만들어냈던 이유는, 그전에 발칸 반도에 있었던 전쟁들과 모로코 위기의 경우와는 달리, 관련된 세 개의 강대국들 모두가 심각한 외교적 타격에 대한 유일한 대안은 전쟁뿐이라고 판단했기 때문이다.[12] 빈과 베를린의 관점은 합리성이 없지 않았다. 러시아는 보스니아 위기를 계기로 오스트리아-헝가리 제국을 해체까지는 아니더라도 영원히 약화시키려는 목적을 가지고 있었다.[13] 합스부르크 왕좌를 이을 적통을 어떤 국가의 사주를 받은 테러리즘으로 의심되는 행동으로 잃게 된 오스트리아인들로서는 분이 풀릴 만큼 세르비아에 징벌을 요구할 '메테르니히적' 권리를 충분히 주장할 수 있었다. 오스트리아가 세르비아에 선전포고를 했던 것은 악명이 높지만 이는 1820년대에 5대 강국이 그보다 아래 서열의 작은 국가들에게 요구했던 바와 크게 다르지 않았다.* 게다가 다른 두 개의 강국인 프랑스와 영국 또한 다른 세 강대국들이 발칸 반도를 놓고서 전쟁을 벌이는 것을 막도록 설득할 만한 충분한 논리를 생각해낼 수 없었다. 프랑스의 경우에는 러시아와 무조건적인 동맹으로 결합된 상태였고, 영국은 러시아와 프랑스를 꼬드기지 않으면서 독일을 막을 수 있는 방법을 찾을 수 없었다.[14] 만약 이러한 시스템 파탄이 벌어진 것을 어느 개인에게 책임을 묻고자 한다면 그는 영국의 외무상인 에드워드 그레이 경Sir Edward Grey이었다. 영국은 이러한 위기

---

* 이는 또한 9.11 테러가 있은 후 미국이 아프간 레짐에게 요구했던 것보다 더 비합리적이거나 근거 없는 것이 아니었다.

가 벌어질 경우 균형자 역할을 할 강대국으로 여겨졌다. 1914년 7월 29일 그레이는 독일 대사에게 이렇게 경고했다. 만약 유럽 대륙에서 전쟁이 벌어질 경우 영국은 개입할 가능성이 높지만, 만약 중재가 받아들여지기만 한다면 '그는 오스트리아에 가능한 한 모든 만족을 보장할 수 있을 것이며, 따라서 세르비아인들은 어떤 경우에도 오스트리아가 원하는 대로 처벌을 받게 될 것이며 러시아 또한 여기에 동의할 것이므로 오스트리아가 수치스런 후퇴를 겪는 일은 이제 더 이상 없을 것'이라는 것이었다.[15] 이틀 후 그는 독일인들에게 만약 그들이 합리적인 제안을 가져오기만 하면 자신은 그것을 지지할 것이며 프랑스와 러시아에게도 만약 그것을 받아들여지지 않을 경우 영국은 '그 결과에 대해 아무 책임도 지지 않을 것'이라고 말할 것이라고 했다.[16] 하지만 이때는 독일인들이 러시아가 총동원령을 내렸다는 소식을 들은 뒤이며 따라서 외교적노력으로 풀 수 있는 시한이 지났다고 판단한 시점이었으므로 너무 늦은 상태였다. 만약 아마도 캐슬레이 경과 같은 더 유능한 외무 장관이었다면 일주일 먼저 그러한 메시지를 보냈을 것이며, 그렇다면 이러한 전면전은 피할 수 있었을 것이다. 하지만 그레이의 경우 개인적으로 프랑스와 러시아 쪽으로 너무나 기울어 있었기 때문에 이러한 역할을 할 수가 없었다는 게 사실이다.

1914년이 되면 유럽 제국들의 명령, 통제, 통신 시스템이 대단히 효과적이어서 만약 황제들이 (혹은 그 장관들이) 보스니아-헤르체고비나의주권과 벨기에의 중립이라는 아무도 이해 못할 문제들을 놓고 전쟁을 결심한다고 해도 4년 넘게 7,000만 명 이상의 남자들을 육군과 해군으로 동원할 수 있었다. 프랑스와 독일의 경우 전쟁 이전 인구의 약 5분의

1이—이는 성인 남성 인구의 80퍼센트에 육박한다—결국 군대에 징발된다. 이렇게 제국의 위계 체제는 여러 네트워크에 대해 완승을 거두었으니, 이를 상징하는 것이 바로 제2인터내셔널 사회주의 정당들이 1차 세계 대전을 막는 데 완전히 실패했던 사건이었다. 유럽 사회주의의 지도자들이 1914년 7월 말 브뤼셀에 모여 회의를 갖지만, 이들이 할 수 있는 일이라고는 자기들의 완전한 무능력을 인정하는 것뿐이었다. 빈의 풍자극 작가였던 카를 크라우스Karl Kraus는 1914년 사건이 터질 수 있었던 것은 옥좌의 왕들과 전화선이 공존했기 때문이라고 말한 바 있는데 이는 참으로 지각 있는 통찰이었다.[17] 유럽의 여러 군주들은 기술로 잔뜩 역량을 불린 상태였으므로 전보 몇 통으로 간단히 자기 나라 젊은 남성 신민들을 최악의 전장으로 보낼 수 있던 것이다. 그리고 이 전쟁이 오래 가지 않을 것이라고 보았던 많은 논평가들—케인스도 그중 하나였다—은 산업화된 학살극을 계속 유지할 수 있는 제국주의 국가들의 능력을 너무나 과소평가했다.

독일 제국은 대영제국에 맞서는 세계적 규모의 전쟁을 벌였지만 여기에서 심히 불리한 처지에 있었다. 이를 상징적으로 보여주는 것은 1914년 8월 5일 새벽 영국의 선박이 엠덴Emden에서 비고Vigo, 테네리페Tenerife, 아조레스Azores, 미국 등으로 뻗어가는 해저 케이블들을 절단해버린 사건이었다. 그때 이후로 독일은 미국 워싱턴의 대사관으로 전보를 보낼 때마다 스웨덴이나 덴마크를 거쳐 대서양을 건너 미국으로 가는 전선을 이용해야 했는데, 이 두 선은 모두 영국 콘월에 있는 포스커노Porthcurno에 있는 동방전보회사Eastern Telegraph Company의 중계소를 거쳐가고 있었고, 여기에서 영국군들은 독일의 전보를 가로채 해군본부 49호실로 보내 해독했다. 앞에서 이미 보았듯이 영국인들은 국제적인 통신 네트워크들을 지배하고 있었다. 전보뿐만 아니라 통화 및 금융 시스템도 마찬가지였으니, 그 부동의 중심지는 다름 아닌 영국이었던 것이다. 또한 (비록 정도는 덜하지만) 상선들의 네트워크에 있어서도 마찬가지였다. 해군력으로 보아도 독일은 영국과의 격차를 줄이는 데 실패했다. 따라서 독일인들이 1차 세계 대전에서 자신들이 승리할 수 있는 방법이라고 기대할 수 있는 것들은 몇 가지 되지 않았다. 육지에서 프랑스, 영국, 러시아 군대를 결정적으로 패배시키든가, 바다에서 잠수함을 통해 상선을 공격해 이 나라들의 수입을 방해하든가, 이 나라들 내부에서 혁명이 벌어지도록 공작을 벌여 그 제국 체제를 교란시키든가. 특히 마지막 방법은 사실상 제국의 위계적 구조를 혼란시키기 위해 반제국주의 네트워크들을 활성화시킨다는 것을 뜻했다. 앞으로 보겠지만, 독일인들은 이 세 가지 방법 모두에서 거의 성공을 거둘 뻔했다. 그리고 이들의 작전들 중에서도 가장 대담한 것 하나는 소설가 존 버컨이 자신의 작품 『39계단The Thirty-Nine Steps』의 속편으로 써낸 『푸른 망토Greenmantle』에서 낭만적인 줄거리로 그려져 있다.

소설 『푸른 망토』의 초입에 보면 영국 정보기관의 수장인 월터 불리반트Sir Walter Bullivant가 이렇게 말한다. "지하드가 준비되고 있소. 동방은 계시를 기다리고 있는 중이요. 그리고 그 계시는 이미 약속된 바 있는 것이라오. 서방으로부터 모종의 별―이 별은 사람일 수도, 예언일 수도, 또는 하찮은 장난감일 수도 있소―이 떠오를 것이라는 게 그 계시오. 독일인들은 이러한 예언을 잘 알고 있으며, 이를 자기들 카드로 사용해 온 세계를 깜짝 놀라게 하려는 판이오."[18] 오늘날 독자들이 볼 때는 독일인들이

흉계를 꾸며 무슬림들로 하여금 대영제국에 맞서는 성전으로 들고 일어나도록 총 지휘를 한다는 이야기는 실로 황당하게 들릴 것이다. 하지만 버컨의 소설 『푸른 망토』에 나오는 이야기들은 모두 실제의 사건들에 기초하고 있다는 사실을 알게 된다면 또한 놀라지 않을 수 없을 것이다.

전염병과
피리 부는 사나이들

35장

푸른 망토

『하멜른의 피리 부는 사나이Pied Piper of Hamelin』는 유명한 이야기다. 어느 도시에서 쥐가 너무 많아 고생하다가 이국적인 복장을 한 쥐 잡는 사람을 고용한다. 그는 마술 피리를 불어서 그 소리로 쥐들을 홀려 모두 꾀어낸다. 쥐들은 그 피리 부는 사나이의 음률에 끌려 인근의 베저 강Weser River에 모두 빠져 죽는다. 하지만 도시 사람들은 그 피리 부는 사나이에게 약속한 돈을 모두 갚기를 거절했고, 이에 그 사나이는 그 도시의 아이들에게 똑같은 마법을 걸어 모두 동굴로 끌고 간다. 세 명의 아이만 돌아왔을 뿐 나머지 아이들은 다시는 돌아오지 않았다. 이 이야기는 13세기까지 거슬러 올라가며 실제로 벌어진 사건에 기초했을 가능성이 높다. 하지만 그렇게 많은 아이들이 사라지게 된 원인이 무엇인지는 분명치 않다. 그중 설득력이 있는 가설 하나는, 이 이야기가 흑사병―이는 쥐를 통해 전파되는 것으로 알려졌다―이 터져 나왔던 사건에 대한 것이라는 주장이다. 하지만 이 이야기의 원래 버전에서는 쥐들에 대한 언급이 없다. 쥐들 이야기는 16세기에 첨가된 것이라고 한다.

20세기는 전염병의 시대였으며, 또한 피리 부는 사나이들의 시대였다. 잘 알려져 있듯 1차 세계 대전의 마지막 기간은 전 세계적으로 전염병이 창궐했던 시기였다. 치사율이 아주 높은 독감 바이러스가 온 세계를 휩쓸었고 수천만 명의 사람들 특히 젊은 사람들이 죽음을 맞았다.* 1917~23년 사이 그 외에도 여러 전염병이 휩쓸고 지나갔다. 러시아 볼셰비키가 개발한 변종 마르크스주의의 흐름이 또한 유라시아 땅덩어리 전체를 휩쓸었다. 새롭고도 극단적인 형태의 민족주의는 거의 모든 유럽에서 나타나 해로운 파시즘 운동을 낳고 말았다. 이러한 이데올로기들은 너무나 전염성이 강했으므로, 안전하게 격리된 케임브리지 대학의 건물들에 머무는 운 좋은 영국인들조차 감염되고 말았다. 경제적인 전염병도 있었다. '하이퍼인플레이션'이라는 이 전염병으로 박살 난 것은 독일만이 아니라 오스트리아, 폴란드, 러시아도 마찬가지였다. 이런 여러 전염병이 나타날 때마다 사람들은 피리 부는 사나이에게 의지했다. 즉, 카리스

---

* 이 독감의 독특한 점은, 20~40대 사람들이 특히 치사율이 높았다는 것이다. 이 병으로 사망한 미국인들의 숫자는 67만 5,000명으로 추산되며, 이는 1차 세계 대전에 나가서 죽은 미국 병사의 숫자보다 10배가 많은 것이었다. 미국이 전쟁에 참전하면서 젊은 남성들을 대량 동원했던 것이 이 병의 급속한 전파에 큰 원인이 되었던 것은 분명하다. 이 병에 걸리면 폐가 손상당해 환자는 결국 자신의 피에 질식사하게 된다. 미국의 최초의 발병 사례는 1918년 초 캔자스에 있었던 육군 막사에서 보고되었다. 6월이 되면 이 병이 인도, 오스트레일리아, 뉴질랜드 등으로 전파된다. 그로부터 두 달 후 두 번째 물결이 매사추세츠의 보스턴과 프랑스의 브레스트, 시에라리온의 프리타운Freetown을 동시에 휩쓸어버린다.

마적 지도력과 과감한 혜택을 내놓은 사람들이 그런 이들이었다. 하지만 중세 도시 하멜른 사람들과 마찬가지로, 그러한 피리 부는 사나이들에게 권력을 넘겨주었던 이들은 자기 자식들의 목숨으로 대가를 치러야 했다.

이 모든 일들이 벌어지기 이전의 세계는 여러 제국들로 이루어진 세계였다. 앞에서 보았듯 1914년 여름 유럽 제국들 사이에서 터진 갈등은 나폴레옹 전쟁 뒤에 출현했던, 5대 강국을 노드로 삼아 다른 모든 나라들보다 상위의 네트워크로 짜놓은 국제 질서가 붕괴한 결과물이었다. 전쟁의 여러 원인을 가장 중요한 극소수의 것들로 추려본다면, 이는 영국의 잘못에 있었다. 합스부르크는 보스니아-헤르체고비나라는 대단치 않아 보이는 영토를 합병했고, 여기에 분노한 세르비아는 테러리스트를 보내 암살을 자행했다. 이를 놓고 유럽 대륙에서는 러시아 및 프랑스와 독일 및 오스트리아-헝가리라고 하는 두 개의 경쟁적 동맹체가 맞서게 됐으니 영국은 응당 둘 사이의 균형자 역할을 해야 했으나 이 역할을 제대로 하지 못했던 것이다. 독일의 프랑스 공격 작전이 벨기에의 중립을 깰 수밖에 없는 것임이 분명했을 때 영국이 개입했지만 이는 벨기에를 영구 중립국으로 만든 1839년의 조약을 유지하기 위해서라기보다는 프랑스 및 러시아에 대해 독일이 승리를 거두는 일을 막기 위해서였다.** 군사적인 관점으로 보자면, 독일은 비록 그 동맹국들이 비교적 약

** 벨기에는 1830년대에 네덜란드로부터 독립했고, 독일과 프랑스 사이의 저지대에서 영국과 바로 뱃길로 이어지는 위치에 있었으므로 영국의 입장에서는 벨기에를 어디도 건드리지 않도록 하는 것이 사활적인 이해가 되며, 이에 벨기에를 영구 중립국으로 만드는 데 적극적인 이해관계를 갖고 있었다. 1차 세계 대전 당시 독일이 생각했던 프랑스 침공 경로는 벨기에를 통과하는 것이었지만, 독일은 이를 영국이 묵인할 것이라고 오판했다. 영국은 이를 묵인하지 않았고, 벨기에의 중립 문제를 놓고 전쟁에 참전해 독일과 싸우게 된다.(옮긴이)

체였음에도 불구하고 유럽 대륙 내에서의 전쟁은 승리를 거둘 수도 있을 역량을 가지고 있었다. 독일은 개전 후 6개월 동안 프랑스에 놀랄 만한 숫자의 사상자를 만들어내는 데 성공했으니, 이 숫자보다 훨씬 적은 사상자 숫자만으로도 독일은 1870년과 1940년에 충분히 프랑스를 무릎 꿇릴 수가 있었다. 하지만 영국은 금융, 제조업, 운송, 인력 등에서 누구도 따라올 수 없는 자원을 가지고 있었고, 이는 서유럽에서의 전선을 유지할 만큼은 충분한 양이었다. 물론 그 과정에서 프랑스는 가차 없는 전력의 소모를 겪어야 했지만. 하지만 그러한 영국의 역량은 어디까지나 전선을 유지할 정도였지 전쟁을 끝낼 수 있을 만큼은 아니었다. 전쟁 자체가 전염성을 가지고 있었다. 교전 중인 제국들이 해외에 두고 있었던 광대한 영토에서도 전쟁이 들불처럼 번지면서 전쟁은 금세 지구화되고 말았다. 또한 여러 다른 국가들도 참전하기 시작하였다. 1914년이 저물기도 전에 몬테네그로, 일본, 오토만 제국 등이 전쟁을 선포했다. 1915년 5월에는 이탈리아가 뒤늦게 연합국 진영Entente side*에 뛰어들기를 선택하며, 불가리아는 동맹국Central Power들인 독일과 오스트리아-헝가리 쪽에 섰다. 포르투갈과 루마니아는 1916년 연합국 진영에서 참전했다. 1917년에는 미국도 참전했으며, 그 외에도 볼리비아, 브라질, 중국, 쿠바, 에콰도르, 그리스, 라이베리아, 파나마, 페루, 시암(오늘날의 태국), 우루과이

---

* 1894년에는 프랑스와 러시아가, 1904년에는 영국과 프랑스가, 1907년에는 영국과 러시아가 각자 군사 협상entente을 맺어 이른바 '3국 협상 체제'를 형성한다. 이 군사 협상은 모두 잠재적 명시적으로 독일을 적대시하여 맺어진 것이었다. 반면 독일, 오스트리아-헝가리, 이탈리아는 서로 군사 동맹을 맺지만 이탈리아는 막상 1차 세계 대전이 벌어지자 처음에는 중립을 취하다가 오히려 영토 문제를 두고 19세기부터 대립해오던 오스트리아-헝가리와 전쟁을 벌이게 된다. 전자의 진영을 통상적으로 '연합국'으로 후자를 '동맹국'으로 번역해 왔다.(옮긴이)

등이 그 해에 참전했다. 이 나라들은 모두 동맹국에 반대해 한편이 되었다.[1] 전쟁의 마지막 해가 되자 코스타리카, 과테말라, 아이티, 온두라스, 니카라과 등도 연합국 쪽에서 참전했다. 유럽에서 중립을 유지한 나라는 스페인, 스위스, 스칸디나비아 나라들뿐이었다(사진 17).

그런데 독일 정부는 전쟁을 승리로 이끌 수 있는 결정적인 무기 하나를 만지작거리기 시작한다. 이는 서부 전선이 군사적 교착 상태로 빠지기 이전부터의 일이었다. 적국의 식민지 내부에서 이데올로기적 '바이러스'를 퍼뜨려서 후방을 교란한다는 것이었다. 독일은 동맹국이었던 오토만 제국의 도움을 얻어서 프랑스 식민지뿐만 아니라 대영제국 전역에서도 무슬림들의 지하드가 일어나도록 도화선에 불을 붙이고자 하였다.[2] 존 버컨의 『푸른 망토』의 줄거리를 현대의 독자들이 보면 버컨의 소설들 중에서 가장 비현실성이 심한 이야기라고 치부하겠지만, 지금 보았듯 실제 사건들에 기초를 둔 것이었다.[3] 이런 비슷한 것이 효과를 발휘할 것이라고 독일인들이 생각했던 것은 틀린 게 아니었다. 하지만 이러한 모종의 혁명을 촉발시키려던 그들의 최초의 시도는 실패하고 말았다. 결정적인 이유는 1914~18년에 유행했던 혁명 사상 중에서 제국의 위계질서를 불안정으로 몰아넣어 뒤집어버릴 만큼 빠르고 멀리 퍼진 것은 일부에 불과했기 때문이다. 영국과 프랑스가 다스리는 지역의 무슬림들에게 지하드를 선동했던 작전은 그 두 나라의 지배를 침식하지 못했으며, 되레 영국이 아랍 민족주의를 후원하는 형태로 반격을 가했던 것은 오토만 제국을 침식하고 말았다. 이는 독일이 러시아 제국을 무너뜨리기 위해 볼셰비즘의 확산을 적극 지지했다가 훗날 볼셰비즘이 서쪽으로 방향을 바꿔 독일 제국 자체를 박살냈던 것과 같은 경우였다. 이때 왜 첫 번째 시도는 실패했고, 두 번째 시도는 성공했으며, 세 번째 시도는 성공했다가 부메랑으로 되돌아오게 되었는지를 이해하려면, 감염의 속도와 정도를 결정하는 데 있어서 바이러스 자체의 성격만큼이나 네트워크 구조들이 중요하다는 것을 기억할 필요가 있다.[4]

낯설고 이상한 아이디어라고 해도 왕실이 이를 승인하고 나서면 성공을 거둘 확률이 높아지게 돼 있다. 독일 황제인 빌헬름 2세는 이슬람을 낭만화시키는 강한 경향을 가진 오리엔탈리즘의 소유자였다. 1898년 유럽에서 가까운 서아시아를 방문했던 그는 아주 깊은 인상을 받아 스스로를 '예루살렘을 순례한 무슬림 빌헬름Hajji Wilhelm'으로 상상하곤 했고, 그의 사촌인 러시아 차르 니컬러스 2세에게 자신이 "무슬림들 앞에서 깊은 수치심을 느꼈으며, 만약 내가 아무 종교도 없는 상태였다면 나는 틀림없이 이슬람으로 개종했을 거야!"라고 털어놓고 있다.[5] 이러한 종류의 이슬람 애호는 당시의 여러 독일 학자들 사이에서도 유행했고, 특히 카를 하인리히 베커Carl Heinrich Becker 같은 이를 예로 들 수 있다.[6] 게다가 오토만 제국을 독일의 영향권 안으로 끌어들여야 할 전략적 이유도 있었다. 오토만 제국은 비록 랑케가 말한 5대 강국의 하나는 아니었지만, 그 '숭고한 문Sublime Porte'*은 실제로는 유럽 강대국 네트워크의 필수적 일부였다. 실제로 오토만 제국의 미래야말로 이른바 '동방 문제'가 되어 19세기 외교의 핵심 문제가 된다. 빌헬름 황제는 1913년 이렇게 선언

---

* 당시의 유럽 외교관들은 오토만 정부를 이 이름으로 부를 때가 많았다. 이는 '높은 문' 혹은 '높으신 이들의 문'을 뜻하는 터키어 "Bâbıâli"의 번역어로서, 외무성을 포함한 터키 정부의 부요 부서들의 건물들로 이르는 이스탄불의 문 이름이다.

한다. '보스포러스 요새 위에 독일 국기가 휘날리든가 아니면 내가 저 세인트헬레나 섬으로의 위대한 망명이라는 (빌헬름 황제의 영웅이었던 나폴레옹을 암시한다) 슬픈 운명을 똑같이 밟든가 하게 될 것이다.'[7] 또한 터키와 관련하여 여러 경제적 기회들도 얽혀 있는 것으로 여겨졌으므로, 독일은 베를린과 바그다드를 잇는 철도 노선을 계획했고, 1914년 여름에는 (일정한 금전적 기술적 난관들이 있었지만) 공사가 한창 진행 중이었다.[8]

하지만 빌헬름에게 무엇보다도 매력적이었던 것은 이슬람을 하나의 동맹군으로 둔다는 생각이었다. 막스 폰 오펜하임Max von Oppenheim ─카이로의 독일 영사관의 공사관─의 부추김을 받은 빌헬름 황제는 대영제국의 무슬림 신민들을 지하드로 소환하여 영국에 반기를 들도록 만든다는 생각에 완전히 매혹되고 말았다.[9] 실제로 황제는 영국이 중립을 깨고 유럽 대륙으로 진출한다는 것을 알게 되었을 때 제일 처음 생각한 것이 바로 이 가능성이었다. 빌헬름 황제는 '독일이 포위'당한 가능성에 노발대발하여 버컨의 『푸른 망토』의 줄거리에 해당하는 것들을 휘갈겨 써 내려간다. '터키와 인도에 있는 우리의 영사관들과 요원들 등등은 전체 이슬람 세계가 이 양심 없는 거짓말쟁이 장사꾼들의 가증스러운 나라에 맞서서 맹렬한 반란을 일으키도록 선동해야 한다. 우리가 피를 흘리며 죽게 된다고 해도 영국은 최소한 인도는 잃게 만들고 말 것이니라.'[10] 이러한 생각을 8월에는 총사령관인 헬무트 폰 몰트케Helmuth von Moltke 장군이 받아들이게 되며, 적 진영의 여러 제국들 영토에 거주하는 무슬림들에게 '이슬람 광신주의를 일깨울' 필요에 대해 각서를 발행한다. 1914년 10월 오펜하임은 136페이지에 달하는 1급 기밀문서 '우리 적들의 이슬람 영토를 혁명화하는 것에 대한 각서'를 내놓으며, 여기에서 이슬람을 '우리의 가장 중요한 무기의 하나'라고 묘사한다. 그는 러시아의 코카서스와 인도 및 이집트 모두에서 종교 반란이 벌어지는 모습을 그려낸다.[11] 베커는 여기에 대해 『독일과 이슬람Deutschland und der Islam』이라는 제목의 논문으로 맞장구를 친다.

지금 돌이켜보면 황당한 아이디어로 보이지만, 당시에는 꽤 현실적인 것으로 여겨졌다. 물론 오토만 제국이 동맹국 진영에 합류하는 것 또한 결코 기정사실은 아니었다.[12] 사실 오토만 제국에 진주하고 있었던 독일 대사인 한스 폰 방겐하임Hans von Wangenheim과 독일 부대 사령관 리만 폰 잔더스Liman von Sanders 장군은 모두 오토만 제국과 동맹을 맺는 것이 과연 무슨 이익이 될 것인지 의문을 품고 있었다. 하지만 '청년투르크당Young Turks'―이들은 1908년 술탄 압둘 하미드 2세가 입헌 정부를 강제로 복구시킨 이래로 제국의 통제권을 쥐고 있었다―은 독일 측과 동맹을 맺어야 할 이유가 충분했다. 청년투르크당의 지도자들인 이스마일 엔베르Ismail Enver와 메흐메드 탈라트Mehmed Taalat는 연합국 진영―영국, 프랑스, 러시아―은 오토만 제국의 이익을 치명적으로 침해할 만한 영토 재분할의 계획을 갖고 있는 반면, 독일과 오스트리아는 정직한 중개자들이므로 1870년대 이래로 오토만 제국이 상실한 영토의 최소한 일부라도 회복하는 것을 용인할 수도 있다는 희망을 품고 있었다.[13] 독일 황제의 부추김 속에서 오토만 제국과의 동맹은 8월 2일에 서둘러 체결된다.[14] 게다가 엔베르와 그의 동료들은 종교적 감정을 오토만 제국의 권력의 원천으로 이용해먹을 수 있다는 데 완전히 설득됐다. 그들은 종교적 동일성이야말로 터키인들과 아랍인들 사이의 결정적인 유대의 끈이라고 보았던 것이다.[15] 이들은 또한 이를 오토만 제국 내의 기독교인들 특히 아르메니아인들에 대한 동족상잔이나 다름없는 전쟁을 정당화해줄 구실이 될 것이라고 믿었다. 방겐하임은 8월 중순 다음과 같이 보고했다. '황제 폐하께서 원하시는 이슬람 세계의 혁명화는 이미 얼마 전에 준비가 완료되었음. 이러한 조치들은 엄한 비밀리에 이루어졌음.'[16] 그의 유일한 걱정은 아르메니아인들에 대해 혹시 학살이라도 벌어질 경우 그 비난을 독일이 뒤집어쓸까 하는 것이었다.[17]

1914년 11월 14일 이스탄불의 파티흐_{Fatih} 모스크에서 오토만 제국의 최고 성직자_{Seykh-ul-Islam}인 위르귀플뤼 하이리 베이_{Urgüplü Hayri Bey}는 술탄 메흐메드 레샤드 5세_{Mehmed Reshad V}에게 종교 의식을 거쳐 '예언자의 칼 Sword of the Prophet'을 제시하였으니, 이는 협상국 진영에 대해 지하드를 공식적으로 선포하는 것이었다.[18] 모스크 밖에 '구름처럼 모여든 군중'에게 파트와_{fatwa}*가 낭독되었으며 이는 일련의 문답 형태를 띠고 있었다.

프랑스, 러시아, 영국, 그 밖에도 이슬람을 절멸시키려는 목적에서 이슬람 왕국_{Caliphate}에 육지에서 또 바다에서 공격을 가하는 국가들에 살고 있는 무슬림들도 그들이 의지하고 있는 각자의 정부에 대해 반대하는 성전에 참여해야 하는가?

그렇다.

현재의 전쟁에서 영국, 프랑스, 러시아, 세르비아, 몬테네그로의 지휘를 받는 무슬림들, 그리고 터키의 동맹국들인 독일과 오스트리아에 대해 전쟁을 치름으로써 그러한 나라들을 돕는 자들, 이들은 이슬람

---

* 이슬람법에 의한 결정 사항.(옮긴이)

왕국과 이슬람교에 피해와 손상을 입힌 죄로 신의 진노에 의해 처벌
받아 마땅한가?

그렇다.[19]

확실히 이는 이상한 종류의 지하드였다. 왜냐하면 오로지 특정한 유
럽 제국들에 살고 있는 이교도들에게만 적용되는 전쟁이며, 독일과 오
스트리아인들은 이교도라고 해도 지하드의 대상이 아니었기 때문이다.
또한 연합국 입장에서 전쟁을 벌이는 무슬림들은 가차 없이 공격할 것
을 명령하는 지하드였다.[20] 벨기에 시민들은 마땅히 공격해야 할 표적이
었지만, 터키에 살고 있는 미국인들은 아니었다.[21] 한편 오토만 당국이
이러한 군사 행동의 명령을 퍼뜨리기 위해 많은 노력을 들였다는 것은
분명하다.[22] 게다가 독일 외무부의 동방 관련 정보국에서도 아주 많은
숫자의 무슬림 협조자들을 채용할 수 있었고, 여기에는 튀니지의 성직
자인 살리 알-샤리프 알-튀니지Salih al-Sharif al-Tunisia와 이집트 학자 아바드
알-아지즈 샤위쉬'Abad al-'Aziz Shawish도 포함돼 있었다.[23]

막스 폰 오펜하임이 볼 때는 전 세계적 차원에서 연합국에 반대하는
지하드가 일어날 전망은 아주 밝았다. 버컨 소설에 나오는 악당의 실제
모델인 오펜하임은 유대인 은행가 사이먼 오펜하임Simon Oppenheim의 손자
였다. 여행 작가 및 아마추어 고고학자로 이름을 날린 뒤*, 그는 이슬람
세계에 대한 자신의 지식을 계속 더 비싼 값으로 팔아먹어 화려한 이중

---

* 고대 아람의 도시국가였던 구자나Guzana 혹은 고산Gozan이 자리 잡은 북부 시리아의 텔 할라프Tell
  Halaf의 놀랄 정도로 풍부한 유적을 발견하고 발굴한 것이 바로 오펜하임이었다.

생활을 구가했다. 베를린에 가면 그는 황제 폐하의 가장 아끼는 지식인이었으며, 카이로에서는 동양의 온갖 이국적 쾌락을 즐기면서 아예 자신의 후궁harem까지 조성해놓고 살고 있었다. 그는 1915년 '이슬람 세계가 어쩌다가 이렇게 낮은 질의 단계로까지 내려앉았는가'를 탄식하면서 연합국 진영의 제국들에다가 그 책임을 묻는 팸플릿을 발행하며, 이를 널리 퍼뜨리고자 했던 것이 분명하다. "인도, 이집트, 수단 등에서 '수억의 무슬림들'이 '신의 원수인 저 불신자infidel 영국인들의 손아귀에' 떨어졌다, 마그레브Maghreb의 사람들은 프랑스인들이 복속시켰으니, 그들 또한 '신과 그의 사도들의 원수'다, 그림 반도, 코카서스, 중앙아시아의 무슬림들은 러시아 차르의 형틀에 묶여 신음하고 있다, 이탈리아인들은 트리폴리에서 이슬람 신비주의 일파인 수피즘Sufism을 신봉하는 교단이자 부족인 세누시인들Senussi을 탄압하고 있다,²⁴ 따라서 이제 이 모든 억눌린 무슬림들이 반격을 시작할 때가 왔다"는 것이다. 그래서 오펜하임과 그의 협조자들은 이러한 맥락에서 여러 다른 언어로 무수한 팸플릿을 쏟아놓기 시작한다.²⁵

또한 독일인들은 글로 된 프로파간다에만 만족하지 않았다. 1915년 오펜하임은 베두인족 복장을 하고서 다마스쿠스로 떠나 시리아 농촌 지역에서 그의 메시지를 확산시켰으며, 그 여정은 멀리 시나이 반도 및 메디나Medina 주변 지역까지 이른다.²⁶ 그가 키우던 제자 카를 프뤼퍼Carl Prüfer는 이집트에서의 반영 감정을 부채질하려고 기를 쓰고 있었다. 남부 이라크에는 프리드리히 클라인Friedrich Klein 소령을 파견해 시아파 최고 성직자mujtahid들인 카르발라Karbala와 나자프Nazaf를 접견시켰다. 이란의 외교관 빌헬름 바스무스Wilhelm Wassmuss 또한 이란에서 비슷한 활동을 펼쳤다.[27] 모로코의 도시 페스Fes에 주재하고 있었던 독일 영사관 에드가 프뢰프스터Edgar Pröbster는 잠수함을 타고 세누시인들의 우두머리를 만나 연합국 진영에 반대해 무기를 들도록 확신시켰고, 두 번째 원정에서는 모로코의 히바Hiba 부족 및 수스Suss 부족에게도 동일한 위업을 달성했다. 심지어 수단과 소말리아 지역에까지도 이러한 임무를 띤 독일 요원들이 파견되었다.[28] 그중에서도 가장 야심적인 작전은 동양을 널리 여행했던 바바리아 출신의 포병 장교 오스카 리터 폰 니더마이어Oskar Ritter von Niedermayer와 베이징, 콘스탄티노플, 테헤란 등에서 근무했던 외교관인 베르너 오토 폰 헨티히Werner Otto von Hentig가 이끌었던 아프가니스탄으로의 원정이었다. 이들의 임무는 아프간의 왕 아미르 하비불라흐Amir Habibullah를 설득해 영국의 영향력으로부터 완전한 독립을 선언하고 동맹국 진영으로 참전하도록 하는 것이었다.[29] 니더마이어와 헨티히는 카짐 오르베이Kazim Orbay 대령이 이끄는 한 무리의 터키인들, 세 명의 인도 혁명가들, 몇 명의 파슈툰Pashtun 부족원들을 동행하고서 1915년 9월 7일 카불에 도착했다. 독일 전략의 마지막 구성 요소는 연합국 진영으로부터 붙잡혀온 전쟁 포로들을 전향시키기 위한 지속적인 노력이었다. 이들은 독일의 분스도르프Wünsdorf―이는 예루살렘의 바위 사원Dome of the Rock을 모조한 정교한 목조 건물로 독일 최초의 모스크가 세워진 장소다―에 있는 '반달 사원Halbmondlager'이라고 불리던 특별 수용소에 모여 있었다.[30] 또한 부카부야Boukabouya라는 이름의 알제리 탈영병이 쓴 것으로 되어 있는 '삐라'가 식민지 출신의 무슬림들이 진주하고 있는 것으로 알려진 프랑스 쪽 참호에 뿌려지기도 했다. 독일 병사들은 양쪽 군대의 참호 사이의 무인지대에 대고서 아랍어로 외치도록 훈련받았다. '왜 우리와 싸우는 겁니

까? 우리는 당신의 형제들이요, 당신들처럼 무슬림이오.'31

이런 노력들이 모두 실패로 끝난 것도 아니었다. 물론 방겐하임은 술탄-칼리프의 전쟁 호소라는 것에 고무되어 '따뜻한 난로 옆자리를 박차고 전장으로 나올 무슬림은 극소수일 것'이라고 의심했다.32 하지만 오펜하임의 계획을 그저 '환상'이라고 단순히 무시할 수도 없는 일이었다.33 오토만 제국 내의 다양한 집단들을 동원하기 위한 도구로서 지하드에 호소하는 것은 여러 면에서 큰 성공을 거두었다. 터키의 엔베르는 바스라Basra의 나키브자데 탈리브 베이Nakibzade Talib Bey에게 쓴 1914년 8월 10일의 편지에서 이렇게 말한다. "만에 하나 우리의 적들이 그 더러운 흙발로 우리 땅을 밟으려고 한다면, 이슬람과 오토만은 명예와 힘을 합쳐 그들을 분쇄할 것이라고 저는 확신합니다."34 이는 사실로 판명됐다. 영국의 갈리폴리Gallipoli 침략은 실패로 끝나버렸지만, 만약 오토만 제국이 여전히 '유럽의 병자'였다면 성공했을지도 모른다. 이 유혈 싸움에서 터키군에게 사기의 원천이 되었던 것 중 하나가 종교였음은 분명한 사실이다. 지하드에 호소했던 것은 또한 유프라테스 강 중류의 시아파 부족들인 알-파틀라al-Fatla, 바니 하산Bani-Hasan, 바니 후차임Bani Huchaym, 카자일Khaza'il 등은 물론, 문타피크Muntafiq 연합이 지배하고 있었던 유프라테스 강 하류의 부족들로부터 강력한 긍정적 반응을 이끌어내기도 했다. 1914년 11월 19일 대성직자Grand Mutjahid 무하마드 카딘 야즈딘 Muhammad Kadhin Yazdin은 무하마라Muhammara의 족장 카잘Sheikh Khaz'al에게 편지를 보내 노골적으로 '저 불신자들을 쫓아내기 위해 최대의 노력을 하라'라고 촉구하고 있다.35

하지만 연합국들을 적으로 삼아 전면적인 무슬림 봉기를 획책했던 독일의 비전이 실현되지 못했다는 것은 분명한 사실이다. 어째서였을까? 그 부분적인 대답은 독일의 무능력과 영국 및 프랑스의 효과적인 대항 공작에서 찾을 수 있다. 독일 측의 탐험가 레오 프로베니우스Leo Frobenius는 에리트레아Eritrea로 돌아오는 길에 간신히 포로가 되는 것을 면하였지만, 결국 이탈리아 당국자들에 의해 유럽으로 강제 송환됐다.[36] 오스트리아의 동양학자인 알로이스 무질Alois Musil은 서로 앙숙인 아랍 지도자들인 이븐 사우드Ibn Saud와 이븐 라시드Ibn Rashid 모두에게 구애하러 갔지만 실패했을 뿐만 아니라 그들의 의도를 완전히 잘못 이해하고 말았다.[37] 이란에서는 바스무스가 사용하는 암호집이 영국인들의 손에 들어갔으며, '영어, 우르두어, 힌두어, 펀자브어, 시크어 등으로 쓰여 영국 군대 내의 인도 군인들 특히 무슬림 인도 군인들을 대상으로 하여 저 불신자 영국인들에 맞서는 성전에 참여하라고 촉구하는 폭력적이고 선동적인 수천 권의 소책자'를 담은 상자도 빼앗기고 말았다.[38]

하지만 좀 더 근본적인 문제가 있었다. 지하드에 대한 호소는 오토만 제국 핵심 지역 말고는 그다지 반향을 얻지 못했던 게 현실이었다.[39] 예를 들어 족장 카잘은 아바단Abadan 섬을 영국-페르시아 석유 회사에 열어주고 난 뒤, 무슬림의 단결을 호소하는 대성직자의 요구를 무시하고 영국인들 쪽에다 자기 운명을 걸기로 했다. 비록 일부 프랑스 공직자들이 북아프리카의 신민들이 독일 쪽 프로파간다에 영향을 받을까 봐 처음에는 걱정했던 것도 사실이었다. 하지만 아를Arles에서 북아프리카 출신 병사들에게 연설하던 시 브라힘Si Brahim 대위의 말대로, 그 병사들은 '우리 조국을 위해 무기를 들면서 우리는 우리 종교의 이익, 우리 고향의 명예, 이슬람 나라들의 통일성을 수호하고 있다'고 기꺼이 믿고 있다는 게 분명하게 드러났다.[40] 리비아의 세누시인들은 결국 독일인들이 원하는 대로 무기를 들고 일어났지만 그 조건으로 돈을 요구했고, 영국군의 강력한 저항에 부닥치자 금세 뿔뿔이 흩어져버렸다. 아프가니스탄에서는 독일인 사절단이 몇 주 동안이나 대기 상태에 있었고, 그 사이에 아미르 왕이 족장들을 소환하여 열었던 족장 회의Loya Jirga에서는 표결을 통해 전쟁에서 중립을 지키자는 결론을 내고 말았다.[41] 인도에서는 영국인들이 무슬림들—특히 아가 칸Aga Khan, 다카Dacca의 나와브 바하두르Nawab Bahadur, 전국 인도 무슬림 동맹 위원회Council of the All-India Muslim League—에게 지하드란 독일의 한심스런 책략에 불과하다고 비난하도록 설득하는 데 아무런 어려움이 없었다.[42]

요컨대 1차 세계 대전 이전에 오펜하임과 같은 이들이 주창했던 '범이슬람주의'라는 것은 사막의 신기루에 불과하다는 게 입증된 것이다. 소책자를 아무리 뿌려대도 어떤 네트워크도 가동되지 않았다. 그럴 수밖에 없었다. 그런 네트워크란 동양학자들의 상상 속에서만 존재하는 것에 불과했기 때문이다. 영국의 여행가 거트루드 벨Gertrude Bell은 오펜하임처럼 이슬람을 '정서의 전달이 벌어지는 전류'라고 불렀으며, '그것을 견제할 영토에 근거한 민족 감정이라는 것이 거의 존재하지 않는다는 사실 때문에 더욱 힘을 갖게 된다'고 말한 바 있다. 하지만 좀 더 경험이 많은 식민지 행정가들은 회의적이었다. 이집트의 영국 총영사의 동양 문제 비서였던 로널드 스토스Ronald Storrs는 이렇게 주장했다. '영국 정책의 한 요소로 보자면, 범 이슬람주의 신정 체제를 뜻하는 칼리프 왕국의 교리는 주로 인도 행정청에서 만들어낸 것에 불과하다.'[43] 그리고 이 또한 인도 행정청의 '일꾼들hands'을 잘못 평가한 발언이었다. 인도 행정청의 정무 장관이었던 홀더니스T. W. Hoderness는 1916년 6월에 쓴 각서에서 이렇게 주장한다. '이슬람교의 과거 역사로 보나 또 현재 전쟁에서 벌어진 여러 사건들로 보나… 범 이슬람주의가 하나의 원동력이 된다는 생각은 과장이기가 쉽다'. 그는 명민하게도 무슬림 세계가 '응집력이 부족하며 분파적 분열과 싸움'의 경향을 갖고 있다는 것을 지적하면서, 전체적으로 볼 때 무슬림들은 '신앙보다는 민족성에서 영감을 받는다'고 주장했던 것이다.44 이는 이슬람의 성지인 메카와 메디나가 있는 너무나 중요한 지역인 헤자즈Hejaz에서 그대로 드러났다.

독일은 자신의 적국인 러시아, 영국, 프랑스 세 제국 모두의 무슬림 신민들을 부추겨서 종교적 반란을 일으키기를 꾀하였다. 이는 실패하였고, 그런 실패가 가장 크게 드러난 곳이 바로 메카였다. 영국인들의 목적은 좀 더 제한적인 것이었는데, 오토만 제국의 아랍 신민들에게 오토만 제국을 버리도록 설득하는 것이었다. 이는 효과가 있었다. 이미 전쟁이 시작되기도 전에 메카의 60세 먹은 이슬람 지도자Sharif 후세인 빈 알리Hussein bin Ali는 둘째아들 압둘라Abdullah를 보내 자신이 오토만 제국의 지배자들에 반란을 일으킬 것을 고려할 수도 있다는 뜻을 전했다. 후세인은 사회적으로 보수적인 입장이었으므로 이스탄불을 장악한 청년 튀르크당과 그들의 근대화 계획에 대해 불신을 품고 있었다. 실제로 그는 청년투르크당이 자신을 내쫓고 자기 가문의 헤자즈에 대한 종주권을 끝내버릴지도 모른다는 의심을 품고 있었다.45 1914년 9월 24일 영국의 전쟁상 키치너 경Lord Kitchener은 카이로의 스토스를 통해 압둘라에게 비밀편지를 보내 후세인의 의중을 물었다. 만에 하나 터키가 동맹국 진영에 가담한다면, '그와 그의 아버지와 헤자즈의 아랍인들은 우리 영국인과 함께 할 것인가 아니면 반대쪽에 설 것인가?' 이 편지는 아주 대담한 암시로 끝을 맺고 있다. '아랍인들은 진정한 하나의 인종으로서 메카 혹은 메디나에 칼리프 국가를 세울 수도 있으며, 결국 지금 벌어지는 모든 재앙이 신의 도움으로 전화위복이 될 수도 있다'는 것이었다.[46]

아마도 키치너가 염두에 두었던 것은 후세인을 19세기의 사하라 이남 아프리카와 남아시아에서 익숙했던 종류의 대영제국에 대한 종속 관계에 두는 것이었으리라. 하지만 이는 후세인이 생각했던 게 아니었다. 아랍인들에 대한 오토만 제국의 지배는 생생히 살아 있었지만,[47] 그렇다고 해서 그에 대한 대안이 영국의 지배는 아니었다. 대안은 아랍의 독립이었다. 이것이 바로 후세인의 맏아들이었던 파이살Faisal이 아랍 민족주의의 비밀 무장 단체 알-아드al-Ahd와 민간인들의 알-파타트al-Fatat 운동의 대표자들과 비밀리에 회합을 가졌을 때 논의했던 선택지였다. 오토만 제국이 제안했던 것은 본질적으로 순종하든지 아니면 왕위에서 쫓아내겠다는 것이었다. 하지만 아랍 민족주의자들은 더 많은 것을 제안했다. 만약 후세인이 영국인들을 설득하여 다마스쿠스 의정서Damascus Protocol에 규정된 바의 방대한 아랍 독립국의 (여기에는 아라비아 반도뿐만 아니라 메소포타미아는 물론 시리아의 대부분도 들어 있었다) 존재를 받아들이게 한다면, 그들 또한 오토만 제국에 맞서 반란을 일으킬 것이며 전쟁이 끝난 뒤에는 후세인을 '아랍인들의 왕'으로 모시겠다는 것이었다.[48] 이집트에 있었던 영국의 고등 판무관 헨리 맥마흔 경Sir Henry McMahon은 실제로 후세인과 이러한 거래를 성사시키는 중대한 결정을 내렸는데(비록 그 '아랍 칼리프 왕국'의 정확한 경계선이 어디냐를 두고 길고 긴 다툼이 있었지만), 이는 갈리폴리와 쿠트 알-아마라Kut al-Amara에서 영국군이 연속으로 패배하면서 일어난 패닉의 결과이기도 했지만, 또 그만큼 독일-오토만 제국의 지하드 호소에 대한 대응이기도 했다.[49] 카이로 공관의 정보부 지휘자인 길버트 클레이턴Gilbert Clayton의 말에 따르면, "만약 여기에서 우리가 성공을 거둔다면 독일과 터키로부터 아랍의 지지를 빼앗아갈 수 있을 것이며, 이들이 이슬람의 성지들로부터 만들어져 전파되는 진짜의 지하드를 우리와 프랑스와 이탈리아에 대항해 펼칠 수 있는 모든 가능성을 차단하게 될 것이다. 내 생각에는 우리가 아랍인들과 동맹을 맺는 데에서 오는 '적극적' 이점들이라 할 만한 것에 너무 강조점이 주어지고 있으며, 대신 그들을 독일과 터키에 내어주지 않는 데에서 오는 대단히 큰 '부정적' 이점들은 간과되고 있는 듯하다."[50] 영국은 후세인 가문Hashemites과 협정을 체결하였으며, 그와 동시에 메소포타미아와 시리아에 대해서는 프랑스와 별개의 협정을 맺었고* 또 팔레스타인에 유대인들의 모국을 창출한다는 것을 놓고 시온주의 운동과도 협정을 맺었다. 이렇게 하여 새롭게 놓인 정치적 기초 위에서 우리가 오늘날 '중동Middle East'이라고 알고 있는 지역이 생겨나게 되었다.[51] 이는 이후 1세기 동안 지속된 것이다.

1916년 6월 5일 아랍 혁명이 시작되면서 독일은 결국 자기들 꾀에 넘

---

* 맥마흔은 후세인이 제안한 경계선을 받아들였지만 다음의 지역을 예외로 하였다. 우선 실리시아 Cilicia(오늘날의 터키 남동부)와 '시리아에서 다마스쿠스, 홈스Homs, 하마Hama, 알레포Aleppo 등 보다 서쪽에 있는 지역'(프랑스가 자신들의 이해를 천명한 지역이므로)이 들어가며, 또한 메소포타미아에서 바그다드와 바스라 지역에 대한 영국의 권리를 계속 주장했다. 시리아와 메소포타미아에 대한 영국-프랑스의 계획은 저 악명 높은 1916년 5월의 마크 사이크스 경Sir Mark Sykes과 프랑수아 조르주-피코 François Georges-Picot 사이의 협정에도 통합됐고, 이는 전쟁이 끝난 뒤 오토만 제국의 완전한 분할을 그리고 있었다.

어갔으며, 오토만 제국 또한 수세에 몰리게 되었다.[52] 하지만 독일과 오토만 제국이 실패한 지점에서 왜 영국이 (프랑스의 지원을 받아) 성공할 수 있었을까? 아랍의 독립을 가장 크게 열망했던 영국의 지지자 로렌스 T. E. Lawrence 덕분에 잘 알려지게 된 군사적인 성공들도 있었지만, 그 이상의 것들이 있었다.[53] 로렌스는 아랍 민족주의자들의 활동적인 네트워크와 함께 일했던 반면, 오펜하임과 그의 동맹자들은 이른바 모든 무슬림들의 이슬람 공동체Ummah라는, 거의 작동하지 않았을 뿐만 아니라 또 조각조각 분절된 네트워크를 활성화시키려 했다는 차이를 이해할 필요가 있다. 독일인들의 치명적인 실수는, 아랍인들의 민족의식이 이미 전쟁이 벌어지기 전부터 오토만 제국의 공식적인 통치 구조를 얼마나 잠식하고 있었는지를 과소평가했다는 데 있었다.[54] 오펜하임은 자신이 무슬림 세계를 잘 알고 있다고 생각했지만 이는 근거 없는 자아도취였을 뿐, 그는 후세인 가문의 의도를 완전히 잘못 읽고 있었던 것이다. 전 지구적인 지하드를 선포하려면 먼저 이슬람의 성지들을 확보해두어야 한다는 것은 기본에 속하는 사항이었다. 그런데 이조차 제대로 하지 못했다는 것은 실로 버컨의 소설에 나오는 희화화된 독일인들이나 벌일 만한 한심한 실수였다. 버컨 소설의 주인공은 '아랍인들의 옷을 입고서 그들의 정신적 기초를 모방하려고' 로렌스가 했던 것만큼이나 노력해야만 했다.

36장

전염병

독일은 1차 세계 대전에서 자신과 맞섰던 제국들 내부에 원심력을 작동시켜서 승리를 얻어보려고 여러 음모를 꾸몄지만, 하나 빼고는 모두 다 실패했다. 인도의 민족주의자들에게 무기를 보낸다는 '독일-힌두 음모'는 대실패로 끝났고, 독일 자금을 시암에다 주어 인도를 침략하게 만든다는 음모도 마찬가지였다. 또한 러시아로부터 빼앗은 2만 5,000정의 소총을 아일랜드로 보냈지만 부활절 봉기Easter Rising가 실패로 끝나면서 결국 혁명도 물거품이 되고 말았다. 그중에서도 제일 대책이 안 서는 한심한 실수는 멕시코에게 전쟁에 뛰어들면 미국 영토로 빼앗긴 뉴멕시코, 텍사스, 애리조나를 다시 정복할 수 있게 해주겠다고 제안했던 어설픈 시도였다. 앞에서 말했듯 독일에서 대서양을 건너서 보내는 모든 전보는 영국에 있는 한 중개역을 거치게 되어 있으므로, 이 메시지 또한 영국 정보기관이 아주 세세하게 가로채 미국으로 보내버렸다. 하지만 독일의 음모 하나만큼은 너무나 큰 성공을 거둔 나머지 거의 전 세계를 혁명의 소용돌이로 몰아넣을 뻔했다. 이는 그 당시 스위스에 망명해 있었던 볼셰비키의 지도자인 블라디미르 일리치 레닌을 1917년 2월 혁명으로 차르 니컬러스 2세가 쫓겨나 버린 직후의 러시아로 돌려보낸 것이다.

독일 정부에 레닌의 '혁명적 패배주의'가 어떤 잠재적 가능성을 가지고 있는지를 알려준 것은 두 명의 직업 혁명가 알렉산더 헬판트Alexander Helphand('파르부스Parvus'로 유명하다)와 알렉산더 케스퀼라Alexander Keskülä였다. 이에 독일 정부는 레닌에게 취리히에서 프랑크푸르트, 베를린, 자스니츠, 스톡홀름을 거쳐 페트로그라드(현재의 상트페테르부르크)로 가는 기차표를 끊어주었을 뿐만 아니라 새로 들어선 임시 정부를 전복시키기 위한 엄청난 공작 자금까지 퍼주었다.* 레닌과 그의 19명의 동료들은 러시아에 도착하자마자 체포될 건수가 산더미같이 쌓여 있었지만 새로 들어선 러시아 임시 정부는 그렇게 하지 못하고 뭉그적거렸다. 그 사이에 볼셰비키는 작업을 시작해 우선 페트로그라드의 중심에 새로운 본부 건물과 (이는 차르의 첩으로 유명했던 발레리나 마틸드 크세신스카야 Mathilde Kshesinskaya가 예전에 거주하던 건물이었다) 사설 인쇄소를 사들였고, 사람들에게 자신들의 시위에 참여하도록 글자 그대로 지폐를 마구 뿌

---

* 레닌과 그의 동료들에게 간 돈은 5,000만 금 마르크(미화 1,200만 달러)로 추산되며, 그 대부분은 예브게니야 수멘손Evgeniya Sumenson이라는 이름의 여성이 운영하는 러시아 수입업체를 통해 세탁돼 들어갔다. 이를 미숙련 노동자의 임금을 기준으로 오늘날 가치로 환산해보면 대략 8억 달러에 해당한다.

려 동원했다. 러시아 혁명에 대한 대부분의 설명이 여전히 너무나 과소 평가되고 있지만, 볼셰비키 혁명은 독일의 자금으로 운영된 작전이었다고 보아야 한다. 물론 러시아 자유주의자들의 무능함으로 일이 아주 쉬워진 것은 사실이지만 말이다.[1] 원래 7월 초에 볼셰비키가 시도했던 첫 번째 쿠데타가 실패한 뒤에 레닌의 기회는 완전히 날아가버릴 뻔했다. 그가 독일의 첩자라는 것이 「지보에 슬로보Zhivoe Slovo」 신문에 폭로되었고, 이 때문에 그와 다른 열 명의 볼셰비키 지도자들에게 공식적으로 반역 혐의가 적용됐다. 하지만 7월 7일 임시 정부의 통제권을 손에 쥔 사회혁명당 출신의 법무부 장관 알렉산더 케렌스키Alexander Kerensky는 언제 칼을 휘둘러야 할지를 포착하는 본능이 전혀 결여된 사람이었다. 그런데 이때 새로 임명된 총사령관 라브르 코르닐로프 장군이 군사 쿠데타를 계획하고 있다는 정보가 케렌스키에게 들어왔다. 이 정보를 전한 자는 전혀 믿을 수 없는 이였지만, 케렌스키는 그 정보가 사실이라고 확신하였으므로 코르닐로프 장군을 해임하고 페트로그라드 소비에트의 임시 집행 위원회Ispolkom로 하여금 볼셰비키들에게 모종의 사면에 해당하는 것을 주도록 허락하였다. 레온 트로츠키는 재능 있는 멘셰비키 언론인이었지만 자신의 운명을 레닌 쪽에 걸었던 이로서, 이때 감옥에서 풀려난다. 7월 봉기 당시 핀란드로 피신했던 레닌 또한 자신에 대한 반역죄 혐의가 분명히 철회되었다고 확신해 10월 둘째 주에 돌아온다. 그때 이후로 두 사람과 그 공모자들은 임시 정부를 전복하고 '모든 권력을 소비에트로' 넘겨주겠다는 자신들의 모략을 공공연히 드러낸다. 1917년 10월 25일 새벽 케렌스키가 다시 한 번 이들을 잡아들이려는 시도를 벌이지만 어설프게 끝나 버렸고, 그 직후 볼셰비키는 자신들 스스로 쿠데타를 벌인다. 양측 모두 상대측의 전화선을 끊으려 했지만, 문제를 종결지은 것은 각각 무장한 지지 세력을 얼마나 모을 수 있는가였다. 임시 정부 측은 여군 결사대Women's Death Battalion를 거느리고 있었지만, 볼셰비키는 더 많은 숫자의 남성들을 거느리고 있었고, 게다가 페트로파블롭스크 요새의 대포들까지 장악하여 임시 정부 각료들이 머물고 있었던 겨울 궁전Winter Palace에다가 포탄을 퍼부을 수 있었다.[2]

오늘날에는 10월 혁명에서 죽은 사람의 숫자가 극소수라는 사실이 잘 알려져 있다. 심지어 10월 혁명 10주년 기념으로 나온 세르게이 예이젠시테인Sergei Eisenstein 감독의 영화 촬영장에서 죽은 사람들 숫자가 더 많았다고 할 지경이다.[*] 하지만 10월 25일 밤에 벌어진 그 사건의 중요성과 의미를 폄하하는 것은 큰 잘못이다. 볼셰비키 혁명에 있어서 첫 번째의 놀라운 점은 바로 그것이 확산된 속도에 있었다. 볼셰비키의 구호들과 플래카드들은 이미 4월 18일에 북부의 러시아 군대에 나타나기 시작했다. 임시 정부가 갈리시아 지방으로 공세를 취하고자 준비를 시작했을 때 장교들은 최초의 '목숨 부지 볼셰비즘shukurnyi bol'shevizm'이 (살가죽 볼셰비즘. 자기들의 살가죽, 즉 목숨을 부지하기를 원했던 이들이 볼셰비즘을 받아들였다는 뜻) 터져 나왔다고 보고했다.[**] 제12군단의 사령관은 '군

---

[*] 모스크바에서는 훨씬 심각한 전투가 벌어졌으며, 크렘린 궁 안에서 격렬한 실내 전투까지 있었다.

[**] 1916년경이 되면 러시아의 패색이 짙어졌고 전쟁에 지친 병사들과 평민들은 '빵, 자유, 평화'의 구호를 외치기 시작하며 이것이 1917년 초의 2월 혁명으로 나타난다. 하지만 임시 정부의 케렌스키는 여전히 전쟁을 계속할 것을 주장하며 6월 오스트리아-헝가리의 갈리시아 지역으로의 공격을 명령한다. 하지만 이미 사기가 땅에 떨어진 병사들은 전투를 거부하기 시작했고, 마침내 7월이 되면 완전한 패전으로 끝나고 만다. 이때 병사들은 복잡한 이념이나 사상 따위에서가 아니라 당장 자기 목숨을 부지하기 위해 전쟁을 거부하라는 볼셰비키의 구호에 적극 동조하기 시작한다.

내부에 튼튼하게 둥지를 튼 볼셰비키 놈들이 갈수록 선동을 강화하고 있다'고 불평하고 있으니, 이는 실로 많은 것을 보여주는 이미지다.[3] 페트로그라드에서 전선으로 보낸 지원 병력 부대들은 '전쟁과 임시 정부는 지옥으로!'라는 구호를 적은 볼셰비키 깃발을 들고 있었다.[4] 세마시코A. Y. Semashko라는 탈영병은 볼셰비키의 대의를 내걸고서 순식간에 혼자서 무려 500명을 모집해 제1 기관총 연대First Machine Gun Regiment를 창설할 수 있었다.[5] 이러한 볼셰비즘의 만연은 비록 7월 봉기의 실패와 그 뒤의 혼란 속에서 일시적으로 가라앉는 듯했으나 케렌스키가 코르닐로프를 체포하면서 볼셰비키는 다시 일반 사병들 사이에서 믿음을 튼튼히 얻어갔다. 볼셰비키 '지도위원 동지commissar'들이 군대의 전보 장비들을 통제하게 됐다. 육군 정보 장교들에 의하면 '볼셰비키의 물결'이 휩쓸어 모든 군대의 기율이 다 사라져 버린 듯하다고 했다.[6] 9월 말이 되면 레닌의 정당에 대한 지지가 러시아의 주요 도시들에서 크게 일어나 마침내 모스크바와 페트로그라드의 소비에트를 장악하기에 이른다. 또한 볼셰비키에 대한 지지는 크론시타트Kronstadt 해군 기지와 발트 함대에서도 강력하였다. 볼셰비키 지지자들이 없었던 집단은 코사크인들과 방대한 농민층뿐이었으니, 러시아가 1918년에 들어서면서 도시-농촌 간의 내전 상태로 급속히 빠져들어 갔던 것도 이것으로 설명할 수 있다.* 볼셰비즘의 바이러스는 본질적으로 기차 및 전보를 통해서 퍼져 나갔으며, 여기

---

* 1917년 11월 12일에 있었던 제헌의회 선거에서 나온 총 4,100만 표 중에서 사회혁명당은 40퍼센트를 얻어 24퍼센트를 얻은 볼셰비키를 압도하였다. 농민들은 사회혁명당을 자신들의 정당으로 여기고 있었다.

에 가장 잘 걸려든 이들은 글을 읽을 줄 아는 병사들, 선원들, 노동자들이었다. 처음에 러시아에 볼셰비즘의 바람이 불도록 부추겼던 것은 독일인들이었지만 이들도 곧 그 화를 입게 된다. 독가스를 살포했다가 풍향이 바뀌는 바람에 자기들이 화를 당한 꼴이었다. 볼셰비즘이라는 전염병은 곧 독일인 병사들, 선원들, 노동자들에게도 감염된다. 1918년 여름이 되면 러시아 제국은 완전히 붕괴에 이르렀다는 게 분명해지지만 이것으로 동맹국 진영의 패배를 되돌릴 수는 없었으며, 소비에트식 정부가 부다페스트, 뮌헨, 함부르크에서 선포된다. 심지어 스코틀랜드의 글래스고 시의회까지도 붉은 깃발을 내걸게 된다. 이에 희색이 만면한 레닌은 '유럽 및 아시아 소비에트 공화국 연합'을 꿈꾸기도 했다. 트로츠키는 '파리와 런던으로 가는 길은 아프가니스탄, 펀잡, 벵갈의 여러 도시들을 거치게 되어 있다'고 과장된 어조로 선언하였다.[7] 심지어 멀고 먼 미국의 시애틀과 남미의 부에노스아이레스 또한 파업의 물결에 뒤흔들렸다. 실로 무산계급의 득세라는 전염병이 온 세계를 뒤덮은 것이다.

두 번째의 놀라운 점은 볼셰비키들이 피도 눈물도 없이 자신들의 혁명적 네트워크를 새로운 위계제 시스템으로 전환시켜버렸다는 점이다. 이는 여러 면에서 볼 때 과거의 차르 체제보다 훨씬 더 가혹한 위계제 시스템이었다. 1917년 이후로 볼셰비키 정당은 그 크기가 비약적으로 불어났지만, 그러한 팽창의 와중에서도 중앙집권화는 더욱더 가속화되었으니, 레닌이 이미 전쟁 전에 내놓았던 책 『무엇을 할 것인가?』에서 충분히 예견한 결과였다. 1918년 들어 여러 번 혁명이 후퇴를 겪게 되자 레닌은 로베스피에르의 역할을 맡아서 '위기에 처한 혁명'의 정신으로 독재 권력을 취해야 한다고 주장했고 이것이 설득력을 갖게 된다. 1918년

7월 17일에는 쫓겨난 차르와 그 가족이 포로로 잡혀 있었던 예카테린부르크Yekaterinburg의 한 가옥 지하실에서 총살당한다. 그 4일 뒤에는 야로슬라블Yaroslavl에서 무려 428명의 사회혁명당 당원들이 집단 처형을 당한다.[8] 농민들로 하여금 적군Red Army을 먹일 식량을 내놓도록 확실하게 만드는 유일한 방법은 부유한 농부들, 즉 이른바 '쿨라크들kulaks'을 본보기로 처형하도록 명령을 내리는 것뿐이라고 레닌은 고집했다. 이들은 주변의 농민들에게 폭리를 취한다고 여겨진 자본가 농민들로서, 볼셰비키가 악마화하기에 딱 맞는 이들이었다. 레닌은 묻는다. '총살형 집행 부대 없이 무슨 혁명을 하겠다는 겁니까?'[9] '백군 파괴분자들을 총으로 쏘아죽일 수 없다면 무슨 위대한 혁명이 가능하다는 겁니까? 그저 허언에 묽은 개죽 한 사발뿐이지 않소?' 레닌은 볼셰비키가 '가장 잔혹한 혁명적 공포 정치'를 채택하지 않는 한 '최종적인 승자'가 될 수 없다고 확신하였기에, '쿨라크들, 성직자들, 백군들에 대한 대중적 공포 정치'를 명시적으로 주창했다. '암시장 상인놈들'은 '발견 즉시 현장에서 총살'해야 한다고 했다. 1918년 8월 10일 그는 펜자Penza에 있는 볼셰비키 지도자들에게 전보를 보낸다. 그 내용은 참으로 많은 것을 말해준다.

(당신들) 다섯 구역의 쿨라크 반란은 인정사정없이 진압해야만 합니다. 확실한 본보기를 만들어야 합니다. 1) 쿨라크들, 부자들, 착취자들로 유명한 자들을 100명 이상 매어 다시오(제 말은 인민들 누구나 볼 수 있도록 매어달라는 뜻입니다). 2) 그들의 이름을 공표하시오. 3) 그들이 가진 곡식을 전부 빼앗으시오. 4) 인질로 잡힌 게 누구인지 분명히 밝히시오… 이렇게 하여 반경 수백 마일 안에서 인민들이 보고, 두려

움에 떨고, 깨닫고, 울부짖도록 하시오. 그 다음에는 인민들 스스로가 저 착취자 쿨라크들을 죽이고 또 계속 죽여 나갈 것입니다… 추신: 더 센 사람들을 찾으시오.[10]

쿨라크들이란 '착취자들이며, 거미들이며, 거머리들이며, 흡혈귀들'이라고 선언했다. 게다가 8월 30일에는 파니 카플란Fanny Kaplan이라는 이름의 사회혁명당원이 레닌을 암살하려다가 실패하며, 그 이후로는 상황이 더욱 악화일로를 걷는다.

이 새로운 참주정의 핵심에는 '반혁명 및 파괴 행위와 싸우기 위한 전국 러시아 비상 위원회All-Russian Extraordinary Commission for Combating Counter-Revolution and Sabotage'가 있었으니, 줄여서 '체카Cheka'라고 불렸다. 펠릭스 제르진스키Felix Dzerzhinsky의 지휘 아래 볼셰비키는 새로운 종류의 정치 경찰을 창설했으니, 이들은 아무런 양심의 가책 없이 의심 가는 자들을 그대로 처형해버리는 이들이었다. 그 창설자 한 사람이 설명한 바에 따르면, '체카는 수사 위원회, 법정, 심지어 인민 재판정도 아니다. 이는 내란의 후방 전선에서 전투를 벌이는 기관이다… 체카는 판결을 내리지 않으며, 공격하여 때릴 뿐이다. 체카는 바리케이드 저편에서 잡히는 자들이 있으면 모조리 분쇄해버릴 뿐 사면하지도 않는다.'[11] 볼셰비키 기관지였던 「크라스나야 가제타Krasnaya Gazeta」는 이렇게 선언하였다. '자비도 없다. 봐주는 것도 없다. 우리는 우리의 적들을 수천 명 단위로 척살할 것이다. 적들의 숫자가 아무리 많아도 우리는 그들을 그들의 핏물에 익사시켜버릴 것이다. 레닌의 피에 대한 보복이다… 부르주아들의 피로 홍수를 만들자. 더 많은 피, 가급적 더 많은 피를 뿌리자.'[12] 제르진스키는 기쁘게 이를 실행에 옮겼다. 예를 하나 들자면, 1919년 9월 23일 67명의 소위 반혁명분자들이 한꺼번에 총살당했다. 그 명단의 맨 위에는 1905년에 세워진 두마Duma(의회)의 자유주의자 의원이었던 니콜라이 셉킨Nikolai Shchepkin의 이름이 있었다. 이들의 처형을 알리는 공고문은 지독히 격렬한 언어로 쓰여 있었고, 셉킨과 그의 이른바 공모자들은 '피에 굶주린 거미들처럼 적군 부대에서 학교와 대학에 이르기까지 모든 곳에 거미줄을 펼쳐놓고 암약한다'고 비난을 퍼붓고 있다.[13] 1918~20년 사이에 무려 30만 명의 사람들이 이런 식의 정치적 처형으로 죽음을 당했다.[14] 여기에는 경쟁 정당들의 당원들만 있는 게 아니었다. 이 당 지도부의 새로운 독재에 도전하고 나선 성질 급한 동료 볼셰비키들 또한 처형당했다. 1920년이 되면 벌써 '불순분자들'의 '재교육'을 위한 '수용소kontsentratsionnye lageri'가 100개 이상 존재했다. 이 수용소들은 죄수들을 상상할 수 있는 최악의 자연 조건에 노출시키도록 세심히 선발된 장소—이를테면 백해 근처의 얼음뿐인 황무지인 콜모고리Kholmogory의 옛 수도원—에 세워졌다. 이것이 소련 강제 노동 수용소, 즉 굴라크Gulag*의 기원이다.

---

* 굴라크는 소련의 강제 노동 수용소 운영 기관의 명칭이지만 이 명사는 그냥 강제 노동 수용소를 일컫는 말로 쓰이고 있다. 특히 스탈린 치하의 2차 세계 대전 기간에 수많은 사람들이 글자 그대로 '죽을 때까지 강제 노동으로 혹사당하여' 송장으로 죽어나간 생지옥으로 알려져 있다. 이러한 이미지가 국제적으로 유명하게 된 것은 1970년대 들어 굴라크에서 8년을 생활하고 나와 『굴라크 제도Gulag Archipelago』를 저술하고 노벨 문학상까지 받은 솔제니친 때문이었다. 하지만 이후 굴라크가 과연 그 정도의 생지옥이었느냐에 대해서는 논쟁이 끊이지 않았다. 무엇보다도 굴라크에 수용된 인원의 대다수가 생존자로 살아나왔다는 점이 솔제니친의 '송장이 될 때까지 강제 노동을 당하는 곳'이라는 표현에 의문을 갖게 한다. 그리고 솔제니친의 부인이 쓴 비망록에 의하면, 『굴라크 제도』의 내용은 솔제니친 본인의 경험이라기보다는 전해져 내려오는 이야기라고 하기도 한다. 이후 소련이 몰락하고 여러 문서고가 개방됨에 따라 논쟁은 더욱 심해졌지만, 양쪽 모두 이념적인 편향을 가지고 있는 게 아니냐는 의심도 있다.(옮긴이)

이오시프 비사리오노비치 주가시빌리Iosif Vissarionomich Dzhugashvili —그의 혁명가 동지들에게는 스탈린('철의 남자')이라는 이름으로 알려져 있다—는 레닌이 소비에트 시스템의 지도자로서 자기 자리를 물려주려고 했던 이는 아니었다. 그는 다른 지도적 볼셰비키 인물들과 같은 카리스마와 재능이 없었다. 하지만 1922년 4월 레닌은 스탈린을 공산당 중앙위원회의 '서기장'으로 만들면서도 그가 관료로서 얼마나 뛰어난 능력을 가지고 있는지를 심각하게 과소평가하였다. 공산당에서도 가장 큰 권력을 가진 세 개의 기관들—정치국, 조직국, 서기국—을 모조리 장악한 유일한 인물이자 가장 많은 숫자의 부하들을 거느린 기관원이었던 스탈린은 행정적 엄밀성과 그 개인 특유의 기만성을 십분 발휘하고 결합함으로써 자신의 통제력을 구축해 나가기 시작했다. 그는 여러 지역에서도 자신의 충성분자들을 금세 구축했고, 무엇보다도 비밀경찰 내에 자기 사람들을 심어 넣었다. 그는 자신의 말에 그대로 따르는 영혼 없는 고위 공무원들—노멘클라투라nomenklatura라고 알려져 있다—을 줄줄이 엮어내기 시작했으며, 그 결과 '이러한 위치를 점하고 있는 이들은 여러 지령이 떨어질 때마다 이를 십분 이해하고, 실행에 옮길 뿐만 아니라, 아예 자기들 스스로의 지령인 것처럼 받아들여서 거기에 생기를 불어넣을 정도였다.'[15] 당의 사업부는 그에게 단순한 공직자의 이런저런 비용을 넘는 그 이상의 자금력을 부여하였고, 강철로 된 문 뒤에 숨겨져 있는 그 산하의 '비밀 부서'는 당 내부에 대한 조사와 기소를 행하는 기관이 되었다. 또한 정부의 전화 시스템vertutshka과 전보 암호 담당 부서를 장악하여 통신에 대한 통제력도 손에 넣었고, 여기에는 도청의 권한도 포함되어 있었다.

스탈린도 레닌과 마찬가지로 지하의 혁명적 네트워크의 산물이었다.

그도 젊은 시절부터 차르 체제에 맞선 젊은 음모가로서 갖은 고초를 겪은 인물이다. 그를 위시한 20세기의 독재자들은 도처에서 자기에 맞서는 음모가 진행 중이라고 항상 의심하는 특징이 있었는데, 이는 아마도 그들 스스로가 지하 활동에 뿌리를 두고 있기 때문일 것이다. 여론 조작용 재판 쇼는 여러 번 벌어졌다. 샤흐티 재판Shakhty Trial(1928), 산업당 재판Industrial Party Trial(1930), 메트로비커스 재판Metro-Vickers Trial(1933) 등의 재판들은 모두 이른바 첩자들과 파괴 분자들을 잡아들여 유죄를 선고하는 쇼였다. 하지만 이런 사이비 법적 절차 혹은 법치외적 절차의 희생자들은 이들 말고도 무수히 많았다. 조금이라도 불평을 입 밖으로 내는 행위는 반역 혹은 반혁명으로 규정되었으며, 스탈린 체제는 소련 시민들 전체라도 모두 굴라크로 보낼 만한 위치에 있었다. 오늘날 열람이 가능해진 러시아 국가 문서고를 뒤져보면 이 시스템이 어떻게 작동했는지가 그대로 드러난다. 레닌그라드에 살던 베르나 클라우다Berna Klauda라는 노인이 있었는데, 작은 몸집의 호호백발 할머니였던 그녀는 도저히 반혁명을 꾀하는 불순분자라고는 볼 수 없는 사람이었다. 하지만 1937년 그녀는 반정부 감정을 표현했다는 죄목으로 페름Perm 굴라크로 보내져 10년 동안 강제 노동형을 선고받았다.[16] '반 소비에트 선동죄'는 정치 범죄 중에서도 가장 가벼운 것이었다. 그보다 더 심각한 죄목으로 '반혁명 활동죄'가 있었고, 그 위에는 '반혁명 테러 활동죄'가 있었으며, 최악의 죄목은 '트로츠키주의적 테러 활동'이었다. 이러한 죄목으로 유죄를 선고받은 이들의 압도적인 다수는 기껏해야 사소한 경범죄 정도를 저지른게 다였다. 상급자 앞에서 눈치 없이 말이 많았다든가, 어디선가 들은 스탈린을 비웃는 농담을 남에게 전했다든가, 사방을 옥죄어오는 시스템의 몇 측면에 대해 불평을 했다든가, 가장 최악의 범죄라고 해봐야 '투기'(이 런저런 물건들을 구매했다가 돈을 받고 되파는 행위)와 같은 소소한 경제적 규칙 위반 정도가 다였다. 정말로 체제에 대항했던 정치수들은 극히 일부에 불과했다. 이를 잘 보여주는 통계가 있다. 1938년 현재 모든 수용소의 죄수들 중·고등 교육을 받은 비율은 1퍼센트를 넘을까 말까 한 정도였고, 그중 3분의 1은 아예 문맹이었다. 1937년이 되면 아예 철강 공장에 생산 할당량이 떨어지듯이 체포해야 할 인원의 할당량이 떨어지기 시작했다. 이러한 처벌에 필요한 숫자를 채울 수 있도록 범죄자들은 그냥 간단하게 만들어졌다. 죄수들은 그저 생산의 산출량에 불과했으며, NKVD*는 이들을 '회계 기록부Accounts'(남자 죄수들)와 '장부Books'(임신한 여성 죄수들)로 불렀다. 굴라크 시스템이 절정에 달했을 무렵에는 소련 전역에는 476개의 수용소 시스템들이 흩어져 있었으며, 그 각각은 다시 수백 개의 수용소로 이루어져 있었다. 그래서 결국 스탈린 치하에서 굴라크를 거쳐간 이들은 남자, 여자, 아이들을 모두 통틀어 약 1,800만 명에 달하였다. 게다가 추방당한 소련 시민들의 숫자가 600만~700만 명 사이라는 것을 감안한다면, 스탈린 치하에서 어떤 형태로든 형을 살아야 했던 인구의 비율은 15퍼센트에 육박했다.[17]

안심할 수 있는 사람은 아무도 없었다. 당으로부터 '게으름뱅이들, 불량배들, 껄렁뱅이들, 주정뱅이들, 도둑들'을 제거하기 위해 주기적으로 '숙청'을 행하는 관행을 만든 것은 레닌이었다.[18] 하지만 스탈린은 그의

---

* '내무 인민 위원회Narodnyi Kommissariat Vnutrennikh Del'의 약자. 비밀경찰 체카는 1922년에는 GPU, 1923년에는 OGPU, 1934년에는 NKVD가 되었다.

동료 공산주의자들까지도 믿지 못하는 강박증 환자였기에 레닌보다 훨씬 더 나갔다. 1930년대에 가장 피도 눈물도 없이 박해를 당했던 집단은 바로 스탈린 자신이 혁명과 내란의 결정적인 시절 동안 함께 했던 동지들, 즉 구 볼셰비키였다. 당의 고위 관료들조차도 항시적인 불안 속에서 살아야 했다. 언제 자기들도 스탈린의 피해망상증에 희생될지 모를 판이었으니까. 당에 가장 충성했던 이들이나 가장 악명 높은 범죄자들이나 체포되어 투옥당할 확률은 똑같았다. 충직한 레닌주의자들은 제국주의 강대국들의 앞잡이인 '파괴 분자들'이라는 혹은 스탈린이 모욕을 주고 추방해버린 불구대천의 원수와 (스탈린은 결국 1940년 그를 살해하는 데 성공한다) 한 패인 '트로츠키주의자들'이라는 혐의를 쓰게 됐다. 1933년, 처음에는 부패하고 무능한 공직자들을 색출하는 것으로 시작됐던 일이 곧 험악하게 비화되어 결국 1934년 12월에는 레닌그라드 공산당 최고 책임자인 세르게이 키로프Sergei Kirov가 살해되며, 그 뒤에는 끝날 줄 모르는 유혈의 숙청극으로 이어지게 된다. 러시아 혁명의 최전선에서 싸웠던 이들은 하나씩 둘씩 결국 체포돼 스스로 모종의 '범죄'를 자백하고 다른 동지들을 더 중상모략할 때까지 끝없는 고문과 대질심문을 겪어야 했고 그 뒤에는 결국 총살당했다. 1935년 1월에서 1941년 6월 사이에 소련에서 이루어진 체포는 2,000만 건에 약간 못 미치며, 처형은 최소한 700만 건이 넘는다. 1937~38년의 기간에만 '인민의 적'으로 처형되어야 할 죄수의 할당량이 356,105명으로 정해졌지만, 실제로 목숨을 잃은 사람들의 숫자는 그 두 배를 훨씬 넘었다.[19] 1936년 1월 당시 코민테른 집행위원회의 위원 숫자는 394명이었는데 그중 223명은 1938년 4월까지 공포 정치에 희생당하고 만다. 그리고 1933년 이후 소련으로 도망쳤던 독일 공산당 지도자들 69명 중에서도 41명이 희생당한다.

스탈린의 공포 정치가 절정에 달했을 무렵, '공공의 안녕'이란 개개인들의 철저한 불안 상태를 뜻하는 말이었다. 안전하다고 느낄 수 있는 사람은 글자 그대로 아무도 없었다. 특히 NKVD의 지휘자들이 가장 그러했다. 겐리흐 야고다Genrikh Yagoda는 1938년 트로츠키주의자라는 죄목으로 총살당했고, 그의 후임자인 니콜라이 예조프Nikolai Yezhov는 1940년에 영국 첩자라는 죄목으로 총살당했다. 라브렌티 베리야Lavrentii Beriya는 스탈린 자신이 죽은 직후에 총살당했다. 순응주의자들이라고 해서 꼭이 '총구멍 아래의 삶'을 무사히 살아남은 것이 아니었다. 살아남은 이들은 그냥 운이 좋은 것뿐이었다. 체포된 이들 중에는 레닌그라드의 농아인 협회Society for the Deaf and Dumb 회원 53인도 있었다. 이들은 '파시즘 조직'이라는 혐의를 뒤집어썼다. 혁명 기념일에 붉은 광장에서 퍼레이드가 벌어지는 동안 가정에서 제작한 폭탄으로 스탈린과 다른 정치국원들을 암살하라는 독일 비밀 요원들의 음모에 공모했다는 것이었다. 그중 34명은 총살당했고, 나머지는 10년 이상의 강제 노동형을 선고받고 노동 수용소로 갔다. 실제로 벌어진 일은 이랬다. 이 협회의 회장이라는 자가 회원들 중에서 생계가 막연하여 어쩔 수 없이 동네의 간이역을 전전하며 기차에서 이런저런 물품을 팔았던 이들을 밀고했던 것이었다. 이러한 내용이 NKVD의 귀에 들어갔고 이후 완전히 판이 커지게 된 것이다. 나중이 되면 그 회장이라는 자 자신도 그 이른바 스탈린 암살 음모라는 것에 공범으로 잡혀 들어가서 처형당하고 만다. 그 다음 해가 되면 NKVD에서는 최초에 이루어진 수사 자체도 혐의가 있다고 결정한다.

그래서 그 동네의 경찰들도 곧 체포당한다.[20]

1930년대 말이 되면 스탈린은 소련 전체를 거대한 노예 수용소로 만들어버리며, 자신은 그 최고 명령자의 자리에 앉게 된다. 그는 소치Sochi에 있는 그의 여름 별장 발코니에 앉아 가볍게 명령 하나를 내린다. 그러면 그 명령은 전보를 통해 바로 모스크바로 전송되며, 거기에서 그 전보는 칙령으로 돌변해 소련 공산당의 피라미드 위계 구조 전체로 내려오며, 필요하다면 외국의 공산당으로도 내려간다. 지역의 공직자들은 혹시라도 이를 실행하지 않았다가 나중에 발각이라도 나게 되면 수사, 기소, 판결, 그리고 아마도 처형으로까지 직통으로 이어진다는 것을 너무나 잘 알기에 그러한 명령을 감히 무시할 수가 없었다.[21] 스탈린의 권력은 세 개의 다른 요소들로 구성되어 있었다. 첫째, 당 관료 조직에 대한 완전한 통제력, 둘째, 통신 수단에 대한 완전한 통제력(크렘린의 전화 네트워크는 그 중심의 허브였다), 셋째, 비밀경찰에 대한 완전한 통제력과 그 경찰들 자신을 끝없는 공포 속에 살게 만드는 것. 그 어떤 동양의 전제 군주도 제국 전체에 대해 이토록 완벽한 개인적 권력을 휘두른 적이 없었다. 왜냐면 그 이전의 어떤 위계 조직도 여러 비공식적 네트워크에 대한 참여―심지어 참여했다는 의심―를 그렇게까지 위험천만한 일로 두려워하게 만들 능력은 없었기 때문이다. 하지만 스탈린의 제국은 이러한 일을 해낸 것이다.

37장

총통의 원칙

파시즘 또한 시작은 네트워크였으며, 특히 독일에서는 더욱 그랬다. 여기에서 히틀러는 대공황이 벌어진 직후 급속도로 자신의 대중적 인기를 끌어올릴 수 있었다. 이탈리아의 베니토 무솔리니를 필두로 대부분의 파시즘 정권은 왕 혹은 귀족정의 임명 행위에서 출발해 빠르게 권력을 집중시킨 경우였다. 하지만 독일의 나치즘은 달랐다. 다른 그 어떤 파시즘 정당도 독일 나치 정당에 필적할 만한 선거의 승리를 이룬 적이 없었다. 선거에서의 득표라는 점에서 보면 파시즘은 독일에 크게 치우쳐서 나타난 현상이었다. 1930~35년 사이 유럽에서 파시즘 혹은 여타 극단적 민족주의 정당들이 얻은 득표를 모두 더해 보면, 그중 자그마치 96퍼센트가 독일어 사용자들이 던진 표였다.[1] 1923년의 하이퍼인플레이션의 여파로 많은 투표자들이 중도우파 및 중도좌파의 중간 계급 정당들로부터 이탈했다. 이들은 바이마르 공화국의 정치가 자본과 노동 양측의 물밑 거래에 의해 좌우된다고 보았으며 이에 환멸을 느꼈던 것이다. 분열된 소수 정당들과 이익 집단들이 확산되어 갔다. 비록 속도는 느렸지만 이렇게 사회가 알력으로 찢어지는 과정이야말로 1930년에 터져나왔던 정치적 변동의 전주곡이었다. 이 해에 있었던 선거에서 나치는 1928년 선거보다 일곱 배나 많은 득표율을 올렸던 것이다. 당원 수의 증가 또한 그와 비슷한 비약적 성격을 보여주었다. 1928년 민족사회주의독일노동자당NSDAP(나치 정당의 정식 명칭-옮긴이)의 당원은 9만 6,918명이었다. 1933년 1월이 되면 당원수가 무려 여덟 배가 증가해 84만 9,000명이 되었고, 그 다음 두 해 동안에는 온갖 기회주의자들이 이 승승장구의 여당에 마구 몰려들어오면서 당원 수가 다시 거의 세 배로 늘어난다. 이 정당은 제3제국이 끝날 때까지도 계속 당원 수를 불려나간다. 1935년에는 250만 명이었던 당원이 1939년에는 530만 명, 1941년에는 710만 명, 1943년에는 730만 명, 1945년 5월에는 800만 명 이상으로 늘어난다. 당에서 발행하는 신문인 「민족의 관찰자Völkische Beobachter」 또한 비슷한 궤적을 따라 간다. 1933년에는 발행 부수가 33만 부였지만 1940년에는 100만 부가 넘었으며 1944년에는 하루에 170만 부가 판매됐다.[2]

NSDAP가 농촌 정당, 북부의 정당, 또는 중간 계급의 정당이라는 주장들이 있었지만, 실제로는 정반대였다. 나치는 독일 전역에서 또 모든 사회 계층에서 지지를 끌어냈다. 주요 선거구들의 수준에서 이루어진 분석은 지역 간 차이점들을 너무 과장해 이 점을 완전히 놓치고 말았다.

좀 더 최근 들어서 가장 작은 선거구 단위Kreis에 기초하여 이루어진 연구를 보면, 나치가 얻어간 표가 놀랄 정도로 폭이 넓었음이 드러난다.[3] 이를 통해 나타나는 그림엔 거의 프랙털의 성질을 보여주고 있다. 각각의 선거구가 전국의 지도와 상당히 닮아 있으며, 특히 지지가 높았던 곳은 (니더작센 주의 올덴부르크Oldenburg, 바바리아의 오버프랑켄 및 미텔프랑켄, 바덴의 북부 지역, 동프로이센의 동쪽 지역 등) 전국에 흩어져 있었다. 비교적 높은 나치 득표율이 북쪽과 중부와 동쪽 지역에서 좀 더 나타나며 남쪽과 서쪽에서 득표율이 비교적 낮은 것은 사실이다.[4] 하지만 정작 중요한 점은 나치가 거의 어떤 종류의 지방 정치의 조건에서도 선거에서 상당한 성공을 얻을 수 있었던 것으로서, 이는 독일의 선거 정치에서 실로 그 전에도 후에도 볼 수 없는 일이었다. 나치의 득표율은 실업률이나 인구 중 노동자들의 비율에 비례해서 변하지도 않았다. 어떤 지역들에서는 나치 투표자의 5분의 2가 노동계급이어서 공산당 지도부를 대경실색하게 만들기도 했다. 나치의 득표율 증가에 대해 의미 있는 제약을 가했던 유일한 요소는, 그때까지 독일 개신교도들이 지지했던 정당들에 비해 가톨릭 중앙당이 더 큰 회복력을 보였던 것 하나뿐이었다.[5]

요컨대 나치의 민족사회주의는 하나의 운동이었으며, 그 카리스마적 지도자인 히틀러는 1930~33년 사이에 바이러스처럼 퍼져 온 나라의 모든 계층을 장악했던 것이라고 할 수 있다. 나치 돌격대SA: Strumabteilung의 한 상사는 이렇게 설명했다. '우리의 적들은… 우리 정당을 경제적 정당, 민주주의 정당, 마르크스주의 정당 등과 동일한 의미에서의 정당이라고 보고 있지만, 이는 근본적인 보류다. 이 모든 정당들은 그저 이익집단들일 뿐, 영혼도 없고 정신적 유대도 없다. 아돌프 히틀러는 새로운 정치 종교의 담지자로서 등장한 것이다.[6] 나치는 스스로의 예배 의식을 만들어냈다. 11월 9일은 (이는 실패로 끝난 1923년의 맥주 홀 난동 사건과 제2제국을 끝낸 독일 혁명의 날) '애도의 날'로서, 이날은 횃불, 화환, 제단, 피 묻은 유물들, 심지어 나치 순교자들의 역사 책 등이 등장했다. 엘리트인 나치 친위대SS: Schutzstaffel에 새로 들어온 이들은 다음과 같은 교리 문답을 암송해야만 했다. '우리는 신을 믿습니다. 우리는 신께서 창조하신 독일과… 신께서 우리에게 보내주신 총통 각하를 믿습니다.'[7] 성화에 그려진 예수가 상당히 노골적으로 히틀러로 바뀌었고 성찬식 대신 '갈색 숭배'*의 예배 의식이 들어섰지만, 이게 다가 아니었다. SS부대의 잡지인 「검은 군단Schwarze Kops」이 주장한 바 있듯이, 기독교의 윤리적 기초 자체도 없어져야 했다. "원죄라고 하는 난해한 교리… 사실상 교회에서 말하는 죄라는 개념 전체는… 우리 게르만인들로서는 참기 힘든 것이다. 왜냐면 이는 우리의 피라고 하는 '영웅적' 이데올로기와 양립할 수 없는 것이기 때문이다."[8] 나치의 적들 또한 이 운동이 사이비 종교의 성격을 가지고 있다는 점을 인식하고 있었다. 가톨릭 망명객인 에릭 푀겔린Eric Voegelin에 따르면, 나치즘이란 '지금 이 지상 위에서 죄의 대속과 구원을 이룬다고 하는 기독교 이단 교파들의 교리가… 사회의 변혁이라고 하는 계몽주의 이후의 교리들과 융합된 것과 비슷한 이데올로기'였다.

언론인 콘라트 하이덴Konrad Heiden은 히틀러를 '현대 대중의 영혼의 순수한 파편 한 조각'이며, 그의 연설은 항상 '대속과 구원의 기쁨으로 날뛰는 것'으로 끝난다고 했다. 이름이 알려지지 않은 한 사회민주당원은

---

* 초기 나치의 유니폼 색깔은 갈색이었다.(옮긴이)

나치 체제를 '반反 교회'라고 불렀다.[9] 하지만 나치즘은 글자 그대로의 종교는 아니었다. 그것이 뻗어나온 제도적인 온상은 독일의 세속적 삶의 한 부분을 이루는 기존 결사체들의 네트워크였다. 그러한 결사체의 삶이 더 촘촘하게 지배하는 도시일수록 나치 정당은 더 빠르게 성장했다.[10]

나치 정당은 교회와 마찬가지로 또 자신보다 먼저 나타난 볼셰비키 정당과 마찬가지로 성장하는 과정에서 갈수록 더 위계적인 조직으로 변해갔다. 히틀러는 『나의 투쟁』을 집필한 이후 '총통 원칙Führerprinzip'를 항상 굳게 믿었고, 그의 추종자들은 '총통 각하를 위해 일하는' 법을 배웠다. 제3제국의 정점에는 히틀러 자신이 우뚝 서 있었다. 그 다음에는 그가 신뢰하는 엘리트 부관들, 즉 마르틴 보르만Martin Bormann, 요제프 괴벨스Joseph Goebbels, 하인리히 힘러Heinrich Himmler 등이 버티고 있었다. 이 국가 지도자들의 아래에는 주 지도자들Gauleiter이 있어서 독일의 여러 주들 영토를 책임졌으며, 군 및 구 지도자들Kreisleiter은 작은 도시 전체 혹은 대도시의 경우 그 하부 지역을 책임졌으며, 거점 지도자들Stützpunktleiter과 그룹 지도자들Ortsgruppenleiter이 있었다. 그 아래로 더 내려가면 세포 지도자들Zellenleiter과 동네 지도자들Blockleiter까지 있었다. 1936년 현재 33명의 주 지도자들이 있었고, 772명의 군 및 구 지도자들, 2만 1,041명의 조직 지도자들 및 거점 지도자들이 있었다. 1943년이 되면 독일 제국이 팽창한 결과로 그 숫자가 43명의 주 지도자들, 869명의 군 및 구 지도자들, 2만 6,103명의 조직 지도자들, 10만 6,168명의 세포 지도자들, 그리고 거의 60만 명의 동네 지도자들이 있었다.[11] 하지만 히틀러의 독일을 단순히 스탈린의 소련과 같은 당조직의 피라미드로 생각해서는 안 된다. 스탈린은 강박 신경증적으로 통제력에 집착하였지만, 히틀러는 보다 혼돈에 가까운 통치 스타일을 선호했으니, 제국 정부의 옛 위계 조직은 나치 정당이라는 새로운 위계 조직과 경쟁했고, 나중에는 보안대SD: Sicherheitsdienst라는 더욱 새로운 위계 조직과도 경쟁해야 했다. 역사가들은 그래서 간혹 이 시스템을 '다중 지배의 혼돈' 시스템이라고 말하기도 했다. 떨어지는 명령도 애매한 데다가 그 관할 영역이 서로 겹치기 때문에 경쟁하는 개개인들 및 기관들이 총통 각하가 정말로 뜻하는 바를 받들겠다고 경쟁하면서 '누적적 급진화'가 야기된다는 것이었다. 그 결과는 비효율, 지독한 부패, '민족 공동체Volksgemeinschaft' 바깥에 있다고 여겨졌던 모든 집단들 특히 유대인들에 대한 갈수록 심해지는 공격이었다.

38장

황금 인터내셔널의 몰락

히틀러의 반유대주의는 전혀 독창적인 것이 아니었다. 나치즘은 특히 폭력적인 반유대주의의 전통이 남아 있는 소도시에서 아주 번창했으며, 이는 14세기까지 거슬러 올라갈 수 있는 것이었다.[1] 앞에서 보았듯이, 좀 더 근년에 좌파에서나 우파에서나 포퓰리스트들이 이른바 19세기 전반에 걸쳐서 세계를 지배한 유대인 금융의 과도한 권력이라는 것에 공격을 퍼붓고 있었으며, 이는 독일에 국한된 현상이 아니었다. 유대인들이 열등하다거나 아주 해로운 존재라는 식의 인종 이론들은 1933년보다 이미 오래전부터 대서양 양쪽 모두에서 지배적이었다. 새로운 것이 있었다면 히틀러가 유대인들에 대한 자신의 증오를 인종 학살이라고 하는 최악의 끔찍한 종말에 이르기까지 인정사정없이 밀고 나갔던 점이었

그림 24

'피 빨려 죽다Die Ausgesaugten'.
국가 사회주의 만화는 유대인을 독인인들 피를 빨아먹는 거대한 거미로 묘사했다.
1930년 2월에 발간된 「공격자」 8호의 첫 페이지.

다.[2] 하지만 나치 지도부 내에서 유대인에 대한 대량 학살이 하나의 가능
성으로 논의되기 이미 오래전부터 나치 체제는 모종의 패러독스를 드러
내고 있었다. 이들은 독일이 유대인 은행가들의 '황금 인터내셔널'의 약
탈로 고통을 겪고 있으며 이들은 알 수 없는 모종의 방식으로 공산주의
인터내셔널의 '유대인 볼셰비즘'과 동맹을 맺고 있다는 프로파간다를 반
복해서 휘둘렀지만,[3] 나치 체제는 이 독일인-유대인 엘리트들을 아주 쉽
게 권력을 해체하고 수탈할 수 있었던 것이다. 나치는 1890년대 미국 포

풀리스트들로부터 유대인들을 거대한 거미에 비유하는 그림을 가져와서 자신들의 풍자 신문 「공격자 Der Stürmer」의 1면에 싣기도 했다. 운 없이 그 거미줄에 걸려든 독일 노동자들의 피를 빨아먹는 큰 거미 그림은 분명 무섭게 보이긴 한다(그림 24). 하지만 히틀러는 그 거미를 간단히 밟아 죽일 수 있었다. 나치 프로파간다가 거둔 빛나는 승리의 하나는 바로 보통의 독일인들로 하여금 강력한 유대인의 음모가 존재하며 이것이 세계 대전을 일으킬 만큼 강력하다고 믿게 만든 것이었다.[4] 그들이 일상에서 대하는 유대인들은 모두 무력하게 나치에 탄압당하고 있는 것이 현실임에도 불구하고 말이다.

1830~1930년대까지 독일 경제에서 유대인들이 지도적 역할을 했다고 주장하는 것은 음모 이론이 아니었다. 그것은 사실이었다. 배타적인 개인 은행업의 세계에서 바르부르크Warburg, 아른홀트Arnhold, 프리들랜더 풀츠Friedländer-Fulds, 사이먼Simon 그리고 바인베르크Weinberg는 가장 유명했다. 주식회사 은행들로 보자면, 도이체방크Deutsche Bank와 드레스드너방크Dresdner Bank는 각각 유대인인 오스카 바서만Oskar Wassermann과 헤르베르트 거트먼Herbert Gutman이 지배하고 있었고, 베를린 산업은행Berliner Handels-Gesellschaft은 카를 퓌르스텐베르크Carl Fürstenberg가 1933년 죽을 때까지 지배하고 있었다. 다름슈타터 운트 나치오날방크Darmstädter und Nationalbank (Danat-Bank)는 1931년 파산할 때까지 1920년대 내내 야코프 콜트슈미트Jakob Goldschmidt가 운영하고 있었다. 또한 유대인들의 영향력은 금융에 국한되지 않았다. 독일의 가장 큰 백화점들 중 두 개가 베르트하임Wertheim 과 티츠Tietz라는 유대인 이름을 달고 있었다.[5] 지도적인 위치의 전기 엔지니어링 회사 일반 전기 회사AEG: Allgemeine Elektricitäts-Gesellschaft는 에밀 라

테나우_{Emil Rathenau}가 설립했다. 그 밖에도 잘 알려지지 않은 부유한 독일계 유대인들이 많았다. 1차 세계 대전 이전에는 독일 인구에서 유대인이 차지하는 비중이 1퍼센트도 되지 않았지만, 그들은 프로이센 백만장자의 5분의 1 이상을 차지하고 있었다.⁶ 게다가 유대인들은 독일의 기업지배에 있어서도 숫자에 비해 과도한 지배력을 가지고 있었다. 1914년 독일의 상장 회사의 이사회 임원들 중 약 16퍼센트가 유대인 배경을 가지고 있었고, 그 기업 이사진의 네트워크 중심에서 서너 개의 이사 자리를 한꺼번에 가지고 있는 겸임 이사들의 경우에는 4분의 1이 유대인이었다. 이사진에 한 명 이상의 유대인이 포함되어 있는 독일 대기업은 6분의 2가 넘었다.⁷ 이는 또한 독일의 학계와 문화계 최고의 두뇌에 대해서도 똑같이 적용되는 바였다. 유대인들은 이 세계에서도 기업 세계보다 더는 아니어도 최소한 똑같이 두드러진 위치를 점하고 있었기 때문이다. 아주 눈에 띄는 예외는 정계였다. 여기에서 그들은 계속해서 역할이 최소한에 머물고 있었다. 휴고 발렌틴_{Hugo Valentin}이 1936년에 지적한 바 있듯이,

(1818년에서 1933년까지의) 스무 개의 내각들을 통틀어서… 250명의 장관들 가운데… 유대인 장관은 단 두 명이었고… 유대인 혈통까지 넣어도 네 명이었다. 독일 제국의 약 250명의 고위 공직자들 가운데(대신들과 정부 위원회 위원들까지 포함) 히틀러가 권력을 잡기 전까지의 기간 동안 유대인 혹은 유대인 집안에서 태어난 사람들은 모두 해봐야 15명이었다. 1918~33년 사이에 정부 대신으로 일한 유대인은 단 두 명이었다. 프로이센의 정부 부처에서 일했던 약 300명의 고

위 공직자들 가운데 유대인 혹은 유대계 출신은 약 열 명뿐이었다. 프로이센의 지방 장관Oberpräsidente 12명, 시장 Regierungspräsidente 35명, 그리고 군수Landräte 400명 이상 가운데 유대인은 단 한 명도 없었다…(1925년 현재) 독일의 모든 정부 공직자들 가운데 유대인은 0.16퍼센트이며, 고위 공직자들 중에서는 0.29퍼센트이며, 중간 및 하위직에서는 0.17퍼센트다.[8]

어째서 유대인들은 독일의 경제계에서 그토록 두드러진 위치를 차지했을까? 그저 그들이 평균적으로 교육 수준이 높았다는 것이 이유였을까? 독일 대기업들끼리 겸임이사제도를 통해 서로 맺고 있었던 빽빽한 네트워크에서 그들이 상당한 중심성을 갖고 있었던 것은 단순히 그들이 은행업에서 과도한 비중을 차지하고 있었던 것의 결과였을까? 그것이 그대로 여러 기업에서 동시에 이사직을 가지게 된 원인이었을까? 아니면 동일한 종교와 문화를 계승하는 이 유대인 공동체에 귀속된다는 것이 특별한 이점이 되어 서로 더 높은 수준의 신뢰와 '사회적 배태성social embeddedness'을 갖게 되는 것일까? 파울 빈돌프Paul Windolf는 20세기 초 독일 대기업 네트워크에 대한 아주 흥미로운 분석을 통해 다음과 같이 주장한다.

이 협조적 자본주의라는 제도(독일 주식회사Germany Inc.)에 유대인 경영자들과 비유대인 경영자들이 모두 통합돼 있었다. 유대인 경영자들은 이 전체적인 대기업 네트워크와 분리된 자기들만의 네트워크를 형성하거나 하지는 않았다. 대신 유대인 경영자들과 비유대인 경영자들은 모두 대기업들의 감독 이사회에서 자리를 함께해 서로와 접촉했다. 두 집단 모두 이 네트워크에 통합돼 있던 것이다… 유대인들은 분명히 같은 유대인들을 선호하는 경향을 뚜렷이 보이기는 했지만, 평균적으로 보면 자기들끼리보다는 비유대인들과 접촉하는 일이 더 많았다.[9]

이러한 데이터를 보게 되면 결국 더 무형적 요소들에 기대 설명할 수밖에 없게 된다. 유전적 요인이라든가, 유대인들 특유의 가정교육이라든가, 아니면 모종의 베버식의 '유대인 윤리'*라는 게 개신교 윤리보다 더 자본주의 정신과 조화를 이룬다든가 하는 설명이다. 하지만 이런 주장들 또한 문제가 있어 보이기는 마찬가지다. 그 적지 않은 이유는 바이마르 공화국 시절에 들어오면 독일의 유대인들이 자기들끼리 통혼하는 일이 갈수록 줄었기 때문이다. 독일 전체로 볼 때 유대인이 아닌 이들과 결혼하는 유대인들의 비중은 1902년의 7퍼센트에서 1933년의 28퍼센트로 늘어났다. 특히 그 절정이었던 1915년에는 3분의 1 이상에 달하기도 했다.[10] (미국의 경우 1950년대에는 대략 20퍼센트 정도였고 1990년에 52퍼센트로 올라간다.)[11] 이러한 인종 간 통혼의 비율이 가장 높았던 곳은 함부르크와 뮌헨이었지만, 이 숫자는 베를린, 쾰른, 또 작센의 드레스덴과 라이프치히, 실레지아의 브레슬라우 등에서도 평균 이상으로 나타난

---

*   베버가 유대인들의 윤리를 이야기하며 말했던 '외부 윤리Aussenmoral'를 말하는 듯하다. 베버는 유대인들이 자기들 공동체 내에서 통하는 윤리와 그 외부자들에게 적용하는 윤리를 철저히 이원화시켜 전자에서는 이윤 동기의 경제적 합리성을 배제한 반면 후자에는 철저하게 그것만을 적용한다고 보았다. 하지만 저자는 여기에서 베버보다는 좀바르트Werner Sombart를 이야기하는 게 나았을지도 모른다. 자본주의의 계산적 합리성의 기원을 '유대인 정신'에서 찾은 게 좀바르트였으니까.(옮긴이)

다.[12] 아르투르 루핀Arthur Ruppin은 다른 유럽 도시들에서도 데이터를 구하여 비교 연구를 행했고, 이러한 통혼이 더 높은 비율로 나타난 곳은 트리에스테Trieste뿐이라는 것을 발견했다. 레닌그라드, 부다페스트, 암스테르담, 빈 등에서도 비교적 높은 비율이 나타났지만 그래도 주요 독일 도시들보다는 한참 뒤지는 것이었다.[13] 1919년 독일에 남아 있었던 16만 4,000명의 유대인들 중 1만 5,000명은 이러한 타인종과의 결혼을 행한 이들이었다.[14] 나치가 이 인종 간 통혼에서 나온 아이들을 '튀기들Mischlinge'이라고 규정하여 그 수를 추산했던 것이 거의 30만 명에 달했다. 물론 진짜 숫자는 36만~12만 5,000명 정도였을 것으로 보이지만.[15] 박해당한 소수자 집단 가운데에서 1933년의 독일 유대인들만큼 사회적으로 또 정말 성적으로나 완전히 동화된 집단은 거의 없었다.

히틀러가 권좌에 올랐을 당시 일부 독일 유대인들은 자신들이 단일한 박해의 네트워크에 걸려들었다고 느끼고 있었지만, 실상을 보면 그들을 희생자로 만들었던 것은 위계적으로 조직돼 가끔 서로 경쟁을 벌이는 여러 개의 다른 관료 기관들이었다.[16] 그 시작은 나치 기업 세포 조직Nationalsozialistische Betriebszellenorganisation, 중간 계급 직원 및 기능공 연맹Kampfbund für den gewerblichen Mittlestand, 나치 돌격대의 여러 부서 등이 함께 시작한 유대계 기업의 보이콧이었다.[17] 이 초기 단계에서는 경제의 혼란을 피하기 위해 티츠 백화점과 같은 곳은 예외로 하였다.[18] 유대인 기업들의 '아리안화' 과정 또한 처음에는 느리게 진행되었다.[19] 함부르크 은행가인 막스 바르부르크의 경험을 보면 그가 속해 있던 엘리트 집단이 어떤 곤경에 처해 있었는지가 잘 드러난다. 이들은 자신들이 독일 재계 엘리트에 완전히 통합된 일부라고 생각했다. 그런데 그 엘리트 집단의 비유대인 성원들이 자기들을 배제하는 것에 묵묵히 순종했을 때 그들이 할 수 있는 것은 아무것도 없었다. 바르부르크가 함부르크-아메리카 운행 회사—이는 다른 유대인인 알베르트 발린Albert Ballin이 세운 회사였다—의 이사로서 마지막 회의에 참여했을 때, 참으로 모욕스럽게도 회의장은 침묵의 바다였으며, 바르부르크는 어이없게도 이사회를 대표해 스스로에게 오랫동안 일해주어 감사하며 '**편안한 노후**, 행운' 그리고 그의 가족에 대한 '축복'을 빈다는 인사말을 자신이 해야만 했다.[20] 유대인 재산에 대한 본격적인 수탈 과정은 1938년 11월 11일의 유대인 박해 이후에 비로소 본격적으로 시작됐으며, 헤르만 괴링은 독일 제국 내에서 모든 유대인 영리 활동을 공식적으로 금지한다.[21] 독일 유대인들 중에는 다른 나라로 이민 나가도록 허용된 이들도 있었지만, 출국 비자를 받기 전에 그 재산의 거의 전부를 정부 당국에 의해 체계적으로 빼앗기고 만다.[22] 1939년 1월 1일에는 유대인들 중에서 그 이름이 내무부에서 발행한 '전형적 유대인' 이름의 공식적 목록에 없는 이들은 '이스라엘'(남자들) 혹은 '사라Sara'(여자들)를 자기들의 이름 앞에 붙이도록 요구됐다. 유대인들은 갈수록 게슈타포가 마음대로 처분하는 대상이 되었으며, 게슈타포는 유대인들을 이른바 '유대인 가옥Judenhäuser'에 집결시키는 과정을 시작했다.[23]

2차 세계 대전이 발발하기 7개월 전인 1939년 1월 30일, 히틀러는 제국 의회에서 자신의 반유대주의의 기초가 되는 이론을 명쾌하게 제시하는 연설을 했고, 유대인들의 운명이 어떻게 될지에 대해서도 소름 끼치도록 명확하게 밝혔다.

유대인들이 가진 것이라고는 정치적인 질병과 육신의 질병뿐이었음에도 불구하고, 독일은 선하게도 이런 분자들을 몇 백 년 동안이나 받아들였습니다. 오늘날 이들이 가진 것들은, 가장 괘씸한 조작과 사기로 어리숙한 독일 민족을 희생시켜서 얻어낸 것이 대부분입니다.

오늘날 우리는 유대인들에게 그 응분의 몫을 돌려주고 있는 것뿐입니다… 유대인들이 불 지르고 또 계속 수행한 인플레이션 때문에 독일 민족은 오래도록 정직하게 일해 쌓아둔 저축 전부를 빼앗겼습니다… 우리는 우리 조국에서 이 땅의 모든 지도적 위치를 채 간 이상한 민족이 눌러앉는 것을 막고 이들을 쫓아내고자 결심했습니다… 독일 문화라는 말 자체가 똑똑히 보여주듯, 이는 독일인들의 것이지 유대인들의 것이 아닙니다. 따라서 그것을 관리하고 돌보는 것 또한 우리 독일인들에게 맡겨져야만 합니다…

이 세계에는 여러 민족들이 정착할 만한 충분한 공간이 있지만, 신께서 유대 인종을 창조하신 목적은 그저 다른 민족들의 신체와 생산적 노동에 일정한 비율로 기생하는 존재가 되는 것뿐이라는 견해는 지금 당장 완전히 제거해버려야만 합니다. 유대 인종은 다른 민족들과 마찬가지로 건실한 건설적 활동에 적응해야만 할 것입니다. 그러지 않는다면 그들은 조만간 엄청난 위기에 굴복하게 될 것입니다.

오늘 내가 하고자 하는 이야기 하나는 우리 독일인들뿐만 아니라 다른 민족들에게도 꼭 기억되어야 할 이야기일 것입니다. 저는 제 인생 여정에서 모종의 예언자가 될 때가 아주 많았으며, 보통 그 때문에 조롱과 비웃음을 당해왔습니다. 제가 권력을 얻기 위해 싸우던 당시 내가 언젠가 국가의 지도력을 장악할 것이라는 저의 예언을 그저 비웃기만 했던 이들은 무엇보다도 유대 인종이었습니다. 나는 그때 이렇게 말했습니다. 언젠가 국가는 물론 온 민족의 지도력을 획득할 것이며, 그렇게 되면 다른 모든 문제들 중에서도 반드시 유대인 문제를 해결하겠다고. 그들은 아주 큰 소리로 웃어댔지만, 제 생각에 이제 상당 기간 울상이 될 것입니다. 오늘 저는 한 번 더 예언자가 되고자 합니다. 만약 유럽의 안과 밖의 국제적인 유대인 금융가들이 여러 나라들을 또다시 세계 대전으로 몰아넣는 데 성공하는 날엔 이 지구 전체가 볼셰비키가 되어 유대 인종이 승리를 거두는 것으로 끝나지 않을 것입니다. 이는 유럽에서 유대 인종이 절멸하는 것으로 끝나게 될 것입니다![24]

바로 그 얼마 전까지만 해도 로스차일드는 세계에서 가장 부유한 가문이었고, 그 당시에도 여전히 가장 유명한 유대인 왕조의 하나였기에, 요제프 괴벨스는 프로파간다 영화 하나를 온통 할애해 이 로스차일드 가문만을 집중적으로 다루기도 했다. 하지만 로스차일드 가문은 나치의 프로파간다와는 달리 실로 연약할 뿐이라는 것이 입증됐다. 로스차일드는 독일에서 지사를 없앤 지 오래였지만, 그나마 존재하던 기초는 아리안 인종의 것으로 빼앗기고 말았다.[25] 그리고 아직 독일에 거주하고 있는 소수의 친족 성원들의 재산은 모조리 몰수당했으며, 거기에는 1세기 이상 이전에 유대인 해방이 이루어졌던 직후 로스차일드가 처음으로 구입했던 토지 재산인 보켄하이머 국도Bockenheimer Landstrasse의 역사적 가옥도 포함돼 있었다. 1938년 오스트리아가 병합된 직후, 로스차일드의 빈 지사의 우두머리인 루이스 폰 로트실트Louis von Rothschild가 체포돼 메트로폴 호텔Hotel Metropol에 있는 게슈타포 본부로 끌려갔다. 나치 친위부대원들은 그가 체포되자마자 거의 즉시 그의 대궐 같은 집에서 모든 예술 작품들을 샅샅이 약탈하는 것이 목격됐다.[26] S. M. 폰 로트실트 지사는 국가 관리 아래로 들어갔으며, 이후에는 독일 은행인 메르크 핀크Merck, Finck&Co.에 매각되었다. 로스차일드가 세운 비트코비츠Witkowitz의 거대한 철공소는 빼앗기가 쉽지 않다는 게 드러났다. 그것이 체코 영토 내에 있었던 데다 그 소유권 또한 영국 얼라이언스 보험Alliance Assurance으로 넘어갔기 때문이었다. 하지만 1939년 체코슬로바키아가 분할돼 그 철공소가 독일의 직접적인 지배 영역으로 들어오자 그러한 장애물도 사라지게 됐다.[27] 히틀러의 군대가 유럽 나라들을 하나씩 정복해감에 따라 평화 시기에는 그래도 억지로나마 몰수라는 형식을 띠었던 것도 끝나고 완전히 미쳐 날뛰는 약탈 행위가 시작됐다. 로스차일드 가문이 수집한 예술품 컬렉션은 하나씩 빼앗겼고, 그 가문이 소유하던 고성들도 하나씩 빼앗겼다. 이러한 컬렉션들을 추적하여 약탈하는 작업을 지휘했던 것은 바로 나치의 저명한 인종 이론가였던 알프레트 로젠베르크Alfred Rosenberg였다. '로스차일드는 우리의 적인 유대인 가족이며, 그들이 자기들의 소유물을 건지기 위해 벌이는 모든 책략은 우리에게 아무런 영향을 미칠 수 없다'는 게 그의 주장이었다.[28] 물론 나치의 인종 말살 정책의 직접적 결과로 스러진 로스차일드 성원은 두 사람뿐인 게 사실이다. 하지만 이는 그 대부분이 나치 제국의 손길이 닿기 전에 영국, 캐나다, 미국으로 도망칠 수 있었기 때문이었다.

세계를 지배하는 유대인들의 권력망에 대해 그토록 많은 이야기들이 있었지만, 막상 이런 상황이 닥치자 힘을 발휘했던 유일한 네트워크는 그들을 다른 나라로 이주할 수 있도록 도와주는 네트워크뿐이었고, 이는 그저 단순한 가족의 혈연관계일 때가 많았다. 로스차일드는 그런 혈연관계가 아주 풍부한 집안이었다. 그만큼 가족 네트워크가 대단치 못한 집단들에서도 그저 외국에서 잘 자리 잡은 친척이 한 명만 있어도 충분했다. 퓌르트Fürth의 교사였던 루이스 키신저Louis Kissinger의 경우, 미국 뉴욕 주의 웨스트체스터 카운티Westchester County에 거주하던 그의 아내의 이모 덕분으로 아들인 하인츠Heinz(이 아이가 훗날의 헨리 키신저다)와 월터Walter를 미국으로 이주시켜 실릴 수 있었다. 그러지 못했더라면 이들 또한 독일에서 빠져나오지 못했거나 그러기를 거부했던 다른 친척들 수십 명과 마찬가지로 독일에서 죽음을 맞았을 것이었다. 미국으로의 이민은 쿼터 시스템으로 엄격히 제한되어 있었으므로, 독일의 유대인들은 오로지 금전적으로 보증을 설 의사가 있는 친척들이 있을 때에만 이민의 기회가 주어졌다.[29] 그럴 형편이 안 되는 가족들에게는 친구들의 친구들 심지어 잘 모르는 이들의 호의가 유일한 생존의 가능성이었다. 전시의 베를린에서 자신이 지냈던 삶을 자세히 기록했던 에르나 세겔Erna Segel의 비망록에 따르면, 그녀와 아이들은 모두 20명의 잘 모르는 이들에게 도움을 청했다고 한다. 그중 세 명은 그 낯모르는 이들이 먼저 도와주겠다고 나섰다고 한다. 하지만 그와 대조적으로, 나머지 17명은 옛날에 안면이 있는 이들이었지만 그중 하룻밤 이상 재워준 이들은 세 명뿐이었다고 한다. 그래도 그 나머지 사람들은 보다 오랫동안 그들을 재워줄 수 있는 사람들을 기꺼이 소개시켜 주었다. 그래서 장기간 도움을 얻을 수 있었던 12명의 사람들 중 여섯 명은 옛날에 안면이 있던 이들이 소개시켜 준 이들이었다고 한다.[30] 슬프게도 세겔 가족은 예외적인 경우였다. 전쟁이 터질 당시 여전히 독일 제국 내에 남아 있었던 21만 4,000명의 독일 유대인들 중 살아남은 비율은 10분의 1도 되지 않았다. 훨씬 더 전형적인 경우는 한스 팔라다Hans Fallada의 1947년 소설 『죽을 때는 누구나 혼자다Jeder stirbt für sich allein』에 나오는 경우였다. 이 소설에 보면 남편을 잃은 뒤 같은 아파트에 사는 한 반 나치 판사에 의해 보호를 받는 유대인 여성 이야기가 나오지만, 결국 그녀는 한 열렬한 나치 가족에 의해 가혹하게 박해를 받다가 결국은 자살하고 만다.

팔라다의 이 (마지막) 소설은 전체주의 치하에서 살아가는 삶이 어떠한 것인지에 대해 깊이 꿰뚫는 혜안을 갖게 해준다. 이 책은 오토 함펠 Otto Hampel이라는 사람의 실화를 바탕으로 쓰였다. 그는 정치에 관심도 없고 투박한 노동자로서, 자신의 아들이 프랑스 침략 전쟁 중에 목숨을 잃은 뒤로 나치 체제에 저항하고자 한다. 함펠의 계획은 베를린 전체에 걸쳐 세심하게 선별된 건물과 우편함에다가 자기 손으로 글을 적은 엽서를 남겨놓는 것이었다. 이를 통해 체제에 대한 대중적인 불만이 일어나도록 촉진하려는 것이었다. 1년이 넘도록 함펠과 그의 아내 엘리제Elise는 수백 통의 엽서를 쓴다. 그 메시지는 아주 단순했다. '어머니들이여! 총통이 나의 아들을 죽였다. 어머니들이여! 총통이 당신들의 아들들 또한 죽일 것이며, 이 세상의 모든 가정이 슬픔에 휩싸이는 날까지 그는 결코 멈추지 않을 것이다.' 하지만 이 엽서를 발견한 이들은 모두 너무나 무서워서 곧바로 이를 당국에 신고했고, 게슈타포는 결국 그 뒤를 추적하여 함펠 부부를 체포한다. 함펠 부부는 '인민 법정'에서 재판을 받고 악질 나치 판사인 롤란트 프라이슬러Roland Freisler에게서 사형을 선고받는다.[31]

팔라다는 나치 체제의 의심을 받는 작가였지만, 그럼에도 불구하고

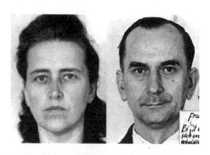

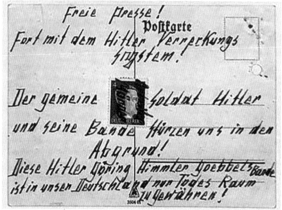

그림 25

베를린에서 홀로 되어.

오토 함펠과 그의 아내 엘리제는 1943년 4월 8일 '군사적 사기를 해쳤Wehrkraftzersetzung'고 '대역죄를 예비'했다는 죄목으로 처형됐다. 이들의 범죄란 다음과 같은 엽서를 쓴 것이었다. "언론에 자유를! 우리를 파멸로 이끄는 히틀러 체제는 지옥으로! 졸병 히틀러와 그의 악당들은 우리를 구덩이로 밀어놓고 있습니다. 우리 독일에서 이 히틀러, 괴링, 히믈러, 괴벨스 악당들에게 해용할 수 있는 자리는 '죽음의 공간Todes Raum'(이는 나치의 개념인 '생존 공간Lebensraum'을 바꾸어놓은 언어 유희다)뿐입니다!"

나치 치하의 기간 내내 독일 안에 남아 벌어지는 일들을 관찰했고, 이를 통해 나치의 통치가 개개인들을 어떻게 고립시키는지 그래서 심지어 이웃들끼리의 믿음조차도 극히 위험한 것으로 만들어 결국 체제에 대한 저항을 퍼뜨리고자 했던 함펠의 시도를 불가능하게 만들었는지를 도저히 잊을 수 없도록 우리에게 이야기해주고 있다. 다른 말로 하자면 전체주의 체제의 성공의 비결은 당과 국가의 위계적 제도들 바깥에 존재하는 거의 모든 사회적 네트워크들을 불법화시키고, 마비시키며, 아예 그 성원들을 다 죽여버리는 방법을 쓰는 것이다. 특히 독자적인 정치 행동을 강하게 지향하는 네트워크들이 그 1차적 대상이 된다. 이 소설은 최근 『베를린에서 홀로 되어Alone in Berlin』라는 제목으로 다시 출간됐는데, 이 영어판의 제목은 나치의 제3제국의 회복재생력을 그렇게 극대화시켜 준 개인들의 원자화를 간명하게 포착해내고 있다. 그리하여 심지어 히틀러가 독일 전체를 패전의 파국으로 끌고 가고 있다는 게 명백해진 뒤에도 제3제국은 튼튼한 생명력을 유지했던 것이다.

39장

5인 조직

스탈린의 소련과 히틀러의 독일은 둘 다 너무나 끔찍한 전체주의 체제이므로 자유 사회에 살고 있는 사람이라면 누구라도 어느 한쪽에라도 매력을 느끼리라고는 상상하기도 힘든 일이다. 하지만 그런 사람들은 분명 있었다. 더욱 놀라운 일은 영국의 가장 배타적인 네트워크들의 일부가 파시즘과 공산주의의 요원들에 의해 속수무책으로 침투당했다는 사실이다. 지금은 잘 알려진 일이지만, 영국의 귀족들 일부는 히틀러에게 매력을 느꼈으며, 그와의 대결이 아닌 유화 정책을 분명히 선호하였다. 더프 쿠퍼Duff Cooper에 의하면 웨스트민스터 공작은 '유대인들에 대해 흥을 늘어놓았으며… 따지고 보면 히틀러는 우리가 자신의 가장 좋은 친구라는 사실을 알고 있다고 말했다.'1 로티안Lothian 후작은 밀너 경이 남아프리카에서 조성했던 '유치원'에서 성장했던 이로서 그 또한 나치 체제에 동정적인 귀족이었다. 영국계 독일인이었던 애슬론Athlone 백작도 마찬가지였으며(그는 2차 세계 대전이 터진 뒤 독일의 귀족 작위인 왕세자Prince of Teck의 자리를 포기한다), 선박업 상속녀인 낸시 커나드Nancy Cunard*와 미트포드Mitford 가문의 자매 유니티Unity와 다이애나Diana도 그러했다. 유니티는 히틀러를 '모든 역사상 가장 위대한 인물'이라고 했으며 다이애나는 괴벨스의 저택 거실에서 비밀 결혼식을 올려 영국의 파시즘 지도자인 오즈월드 모슬리 경Sir Oswald Mosley과 부부가 됐다.[2] 1935년 2월 로티안 후작은 「더 타임스」에 기고하여 히틀러가 자신과 개인적으로 만난 자리에서 '독일이 원하는 건 전쟁이 아니라 평등이며, 전쟁을 기꺼이 포기할 준비로 충만해 있다고' 확언하였다고 말한다. 결국 히틀러가 걱정하는 것은 서유럽이 아니라 소련이라는 것이었다. '그는 공산주의를 본질적으로 전투적 종교라고 본다'는 게 로티안 후작의 설명이었다. 그래서 장래에 공산주의가 '이슬람교가 옛날에 이루었던 전쟁의 승리를 반복하고자 하는 날'이 온다면, '독일은 유럽의 잠재적인 적국으로 보아야 할까 아니면 유럽을 지켜줄 방벽으로 보아야 할까?'[3] 옥스퍼드 특히 올 소울스 칼리지All Soul's College는 이러한 나치에 대한 유화적 태도를 가진 이들이 유난히 많았던 곳이다. 하지만 이는 케임브리지에서 벌어졌던 일에 비하면 아무것도 아니었다. 케임브리지의 그토록 배타적이고 우상파괴적인 네트워크들이 소련의 KGB에 의해 뚫리고 말았던 것이다.**

---

*   1930년대 중반부터는 반파시즘 활동으로 선회한다.(옮긴이)

**   NKVD는 1914년 2월 NKGB로 이름을 바꿨다가 1941년 7월에는 다시 NKVD로 되돌아오며 그

네트워크의 역사에서 케임브리지 첩자들의 이야기보다 더 많은 교훈을 담고 있는 이야기는 거의 없을 것이다. 이들은 모스크바의 중심부에서는 '5인의 영웅들Magnificent Five'이라고 알려져 있었으며, 옥스퍼드 와드햄Wadham 칼리지의 학장 모리스 보라Maurice Bowra는 '호민테른Homintern'*이라는 재치 있는 이름으로 불리기도 했다. 이 다섯 명은 모두 배타적 성격을 자부심의 원천으로 삼는 네트워크의 성원들이었다. 하지만 이 엘리트 네트워크는 러시아 정보기관에 완전히 뚫리고 말았으며 그 결과 그 성원들은 10년 넘게 소련의 대외 정보기관의 가장 값진 자산 노릇을 하였고, 무수한 기밀 사항들과 서방 스파이들의 명단을 스탈린에게 누설했다.

우리는 이미 앞 장에서 '사도들'의 네트워크가 1900년을 기점으로 빅토리아 시대의 영국 사회로부터 성적 취향으로나 정치적 성향으로나 완전히 소외되어 있었음을 살펴보았다. 1차 세계 대전의 시기가 되면 '사도들'의 상당한 숫자가 왕과 조국에 대한 충성보다는 우정이 우선이라는 포스터의 입장에 동의하게 된다. 그 다음에 나타난 세대는 이러한 소외가 더욱 깊어지며, 양심적 거부의 입장에서 아예 반역의 입장으로까지 나아가게 된다. 앤서니 블런트Anthony Blunt는 1928년에 '사도들'의 일원으로 '출생'하게 된다. 그 다음 4년 후 그는 가이 버지스Guy Burgess를 회원으로 초빙한다. 둘 다 트리니티 칼리지 소속이었다. 두 사람 모두 학업에

리고 또다시 1943년에 NKGB로 바뀐다. 전쟁이 끝난 뒤에는 연달아서 MGB(1946), MVD(1953), 그리고 마침내 KGB(1954)로 이름이 바뀐다. 혼동을 피하기 위해 이 장에서는 계속 KGB라고 부르기로 한다.

* '동성애자들homosexuals의 공산주의자 연합'이라는 뜻. 이들이 모두 동성애자였음을 비꼰 말.(옮긴이)

서 빛나는 성취를 보여주었다. 두 사람 모두 동성애자였다. (버지스는 화려하게 눈에 띄는 타입이었고 블런트는 재미없고 고루한 성격이었지만, 두 사람이 한동안 연인 관계였다는 주장이 있다.)[4] 하지만 역사적으로 볼 때 더욱 중요한 사실은, 두 사람 모두 기꺼이 스탈린에게 봉사했던 공산주의자였다는 점이다.

물론 '사도들' 자체는 공산주의는 물론 사회주의 조직도 아니었음이 분명하다. 1930년대의 케임브리지 대학에는 마르크스주의가 도처에 만연해 있었으며, 명시적으로 정치적 성격을 내건 다양한 학생 단체들 특히 케임브리지 대학 사회주의 협회Cambridge University Socialist Society는 영국 공산당이 완전히 침투한 상태였으며, 펨브룩Pembroke 칼리지의 경제학자 모리스 돕Maurice Dobb과 같은 마르크스주의자 교수들이 이를 장려하기도 했다. 하지만 '사도들'은 단순히 그 당시의 시대정신을 대표한 것에 머물지 않았다. 1927~39년에 새로 생겨난 '사도들' 31명 중에서 무려 15명이 마르크스주의자들이었고, 그들 중에는 존 콘포드John Cornford, 제임스 클루그먼James Klugmann, 리오 롱Leo Long, 마이클 스트레이트Michael Straight, 앨리스터 왓슨Alister Watson 등이 포함돼 있었다.[5] 토요일 저녁 회합의 토론 주제 또한 이러한 정치적 선회를 반영하였다. 1933년 1월 28일에 있었던 버지스의 토론 제목은 '과거는 이정표가 될 수 있는가Is the Past a Signpost?'였다.[6] 버지스는 여러 가지 방식으로 활동하였다. 우선 학부생으로서 그는 트리니티 칼리지 식당 직원들의 파업을 조직하였고, 케임브리지 대학 버스 운전사들의 파업도 조직했다. 옛날에는 정치색이 없었던 '사도들' 내부에 이런 일이 벌어지고 있었던 것을 그 전 세대들인 '천사들'이 몰랐을 리는 없다. 하지만 그들이 항의했는지 어떤지에 대해서는 기록

이 남아 있는 바가 없다.

물론 케임브리지의 소련 첩자들이 다 '사도들' 출신은 아니었다. 버지스의 꿈은 나치 치하의 독일 안에서 활동하고 있다는 소문이 돌았던 반 나치 공산주의 세포 조직을 흉내 내 '5인 조직Ring of Five'을 만드는 것이었다.[7] 그리고 소련 정보기관 또한 단 하나의 조직에서 다섯 명의 요원들을 다 뽑을 만큼 어리석지는 않았다. 하지만 블런트, 버지스가 속한 더 넓은 네트워크로부터 소련 첩자들을 뽑는 일은 마다하지 않았다. 소련 요원 빌리 뮌첸베르크Willi Münzenberg와 에른스트 앙리Ernest Henri는 이미 1930년대 초부터 케임브리지에서 '인재발굴'을 시작한 바 있었다. 하지만 버지스의 비전을 실현시켰던 인물은 아르놀트 도이치Arnold Deutsch* 라는 이름의 요원이었다.[8] 도이치(그의 KGB 암호명은 '오토OTTO'였다)가 그러한 발굴 작업을 시작한 출발점은 '사도들'이 아니라 킴 필비Kim Philby라는 학생이었다. 그도 트리니티 칼리지 학생이기는 했지만 학업 성적으로 볼 때 1급의 학생은 아니었다. 그는 인도 행정청의 공직자 아들로 태어났으며, 아버지는 키플링의 가장 위대한 소설인 『킴Kim』의 주인공에서 그의 아들 이름을 따왔다. 후에 그는 사우디아라비아의 왕 이븐 사우드Ibn Sa'ud의 자문이 되며, 여기에서 필비는 이슬람으로 개종해 '귀화한다'. 아마도 소련 정보기관에서는 필비를 한 번 더 개종시킬 수 있다고 보았을 것이다. 그는 케임브리지를 졸업한 후 모리스 돕 교수의 제안으로 빈으로 가서 공산당이 후원하는 국제 노동자 구호 기구International

---

* 그는 체코의 유대인으로서 학계에서도 뛰어난 이력을 쌓은 이였다. 또한 그는 오데옹Odeon 영화관 체인의 창립자와 사촌 간이었으므로 아무런 의심도 받지 않고 런던에 자리를 잡을 수 있었다.

Workers Relief Organization에서 일하게 된다. 여기에서 그는 자신의 네 명의 아내 중 첫 번째 여성인 리치 프리드먼Litzi Friedmann과 만나 결혼한다. 그에게 도이치를 소개해준 것이 바로 프리드먼이었다. 도이치는 필비를 요원으로 채용해 그에게 '아이SÖHNCHEN'라는 암호명을 준다.[9] 그 다음 필비는 자신의 케임브리지 동창인 도널드 매클린Donald Maclean을 지명했고, 그는 '고아WAISE'라는 암호명을 얻는다. 도이치의 첩자 네트워크는 급속히 성장해 매클린의 친구인 제임스 클루그먼(암호명 'MER')도 들어온다. 하지만 그는 이미 공산주의자로서 너무 널리 알려져 있어서 다른 첩자들에 대한 첩보 활동 이외에는 할 수 있는 일이 거의 없었다. 어떻게였는지는 몰라도, 버지스는 매클린이 소련 첩자가 되었다는 것을 알아냈고, 한 설명에 따르면 도이치가 버지스를 첩자로 채용했던 것도 그로 하여금 입을 다물게 하기 위한 것이었다고 한다. 지칠 줄 모르고 상대를 바꾸어가며 호색 행위를 즐겼던 버지스는 '소녀MÄDCHEN'라는 암호명을 얻게 된다.[10] 다음으로 버지스는 그의 동료 '사도'이자, 이제는 트리니티 칼리지에서 교편을 잡고 있었던 블런트를 채용한다(그의 암호명은 재미없게도 그냥 '토니TONY'였다).[11] 그다음으로 블런트는 미국인으로서 '사도'이자 학생회에서 회장으로 선출되었던 마이클 스트레이트Michael Straight(나이젤NIGEL)를 채용했다.[12] 블런트는 또한 자신이 가르치는 학생이었던 존 케언크로스John Cairncross를 지명했다. 그는 스코틀랜드 출신의 트리니티 칼리지 학부생으로서, '몰리에르MOLIÈRE'(참 이상한 선택이었다. 케언크로스는 이 프랑스 극작가에 대한 학술 논문을 발표한 바 있었기 때문이다)라는 암호명을 얻는다.[13] 그리고 '사도들' 쪽과 KGB가 거의 동시에 채용한 또 다른 인물이 리오 롱으로, 블런트는 그를 하부 요원으로 기용하였다.[14] 마지막으로 앨리스터 왓슨이 KGB에 채용되었다. 주의 깊은 독자라면 지금까지 나온 케임브리지의 첩자가 다섯을 넘는다는 것에 주목했을 것이다. 그 숫자는 최소 아홉 명이 넘는다.

도이치의 전략은 이러했다. '5인 조직'의 모든 성원들은 공개적으로 자신들이 마르크스주의를 그만둔다고 공언하고서 정부기관 안에 혹은 그 근처에 자리를 얻는다는 것이었다. 케임브리지 첩자 사건의 실로 놀라운 특징은 그들의 그러한 공언을 사람들이 어떻게 그리도 쉽게 믿었는가에 있었다. 1937년 필비는 파시즘에 공감하는 입장을 취하면서 스페인 내전의 프랑코 측을 다루는 언론 활동을 편다. 처음에는 프리랜서로 일하다가 그다음에는 「더 타임스」의 기자가 된다.[15] 지금은 그가 스페인으로 갔던 것이 프랑코를 암살하려는 소련 측 음모의 일환이었다는 것이 알려진 상태다.[16] 매클린은 마르크스주의적인 박사논문을 쓰려는 계획을 포기하고 대신 외무성에 지원하라는 명령을 받는다. 외무성은 그가 공산주의적 관점을 '완전히 떨쳐버린 것이 아니'라고 인정했지만 그럼에도 불구하고 1935년 그를 받아들인다.[17] 케언크로스는 이미 케임브리지에 오기 전 소르본 대학에 있을 때부터 공산주의자였다. 그런데 외무성은 그 또한 아무런 트집도 잡지 않고 그냥 받아들인다. 1934년 버지스는 베를린과 모스크바를 여행한 적이 있으며 여기에서 코민테른의 국제 연락부International Liaison Department의 수장인 오시프 피아트니츠키Osip Pyatnitsky를 만난 바 있다.[18] 하지만 도이치의 명령대로 버지스 또한 공산주의를 포기하고 보수주의로 전향한 척하였고, 아예 보수당의 중앙당에 취직해 결국 토리당 의원 존 '잭' 맥나마라John 'Jack' Macnamara의 개인 비서가 될 뿐만 아니라 맥나마라 의원의 성적 취향도 함께 공유한다. 버지스는 이런 자신의 위치를 이용해 톰 와일리Tom Wylie가 국방부의 사무차관인 허버트 크리디 경Sir Herbert Cready의 개인 비서가 되도록 한다.[19] 1936년 말 이래로 버지스는 BBC의 시사물 PD로 일하게 되며, 그때 최고의 위업은 KGB 요원인 에른스트 앙리가 연합국의 유럽 상륙 작전을 지지하는 연설을 하도록 만든 것이었다.[20] 1939년 1월 11일 버지스는 영국 비밀 정보국SIS: Secret Intelligence Service(이는 또한 MI6으로 알려져 있다)*의 'D 부서Section D'('파괴Destruction'를 뜻하며, 좀 더 정확히 말하면 '모략Dirty Tricks'을 뜻한다)에서 일하게 된다. 비록 공식적으로는 정보부Ministry of Information의 해외 담당 부서Foreign Division Directorate 소속이었지만.[21] 마이클 스트레이트는 그의 친구이자 동료 '사도'였던 존 콘포드가 스페인 내전에서 죽은 것 때문에 비탄에 빠진 듯 짐짓 꾸미면서 케임브리지를 떠나 미국으로 돌아가라는 지령을 받는다. 그는 대통령 프랭클린 루스벨트의 연설문 작성가로 고용되며, 내무성 및 국무성에서 연달아 자리를 얻게 된다.

이들은 왜 이런 짓을 했을까? 이에 대한 순진한 대답은 이들이 모두 충실한 원칙주의자들로서 파시즘의 발흥에 아연실색했으며, 영국의 히틀러에 대한 유화 정책에 환멸을 느꼈으며, 히틀러를 견제할 수 있는 유일한 대안은 스탈린뿐이라고 생각했다는 것이리라. 하지만 이들 중 누구도 막상 1939년 8월 23일 독-소 불가침 조약이 공표되었을 때 생각을 돌리지 않았다(버지스가 도이치의 목록에 올린 이들 중 오직 웨일스 출신의 옥스퍼드 졸업생 고로느위 리스Goronwy Rees만이 제대로 된 결론을 내렸다). 오히려 이 케임브리지의 첩자들은 히틀러와 스탈린이 한편이 되어 영국

---

*   소설과 영화 주인공 제임스 본드가 소속된 기관으로 잘 알려져 있다.(옮긴이)

과 대립했던 기간에 각별히 활발한 활동을 벌였다. 필비는 1940년 「더 타임스」의 프랑스 통신원으로 일한 뒤 블레츨리 파크Bletchley Park의 암호학교Code and Cypher School에 등록하려다가 거절당하지만, 버지스의 도움으로 SIS의 'D 부서'에서 일자리를 얻게 된다. 'D 부서'가 특수 공작대 SOE: Special Operations Executive로 재편됐을 때 버지스는 자리를 잃게 되지만 필비는 교사로서 남게 되며, 그 위치를 이용해 계속해서 영국 정책에 대한 평가서를 모스크바로 보낸다. 나중에 그는 SIS의 V 부서 H로 이동한다. 클루그먼 또한 SOE의 유고슬라비아 담당부에서 일하게 된다. 존 케언크로스는 암호학교로 들어간다. 블런트는 영국의 정보부 MI5로 잠입한다. 그가 전쟁 전에 공산주의 성향이 있었다는 것 때문에 처음에는 정부 부대에서 그를 거부했지만, 자신의 친구 빅터 로스차일드Victor Rothschild(그 또한 트리니티 칼리지에서 '사도들'의 일원이었고 영국 귀족 작위를 갖고 있었다)에게 찾아가 자기가 마르크스주의에 관심을 가졌던 것은 오로지 미술사에 관해서뿐이었다고 애절하게 호소해 그의 도움을 얻어낸 덕에 이를 뚫고 들어갈 수 있었던 것이다.[22] 블런트는 곧 MI5의 문서들을 모스크바로 넘겨주기 시작한다. 게다가 리오 롱은 국방부의 MI14 부서에서 일하게 되었으니 그로부터 독일의 전투 명령에 대한 정보까지 얻어내 모스크바로 넘겨준다. 1940년 말 블런트는 버지스를 SIS로 채용하지만, 버지스는 SIS의 기간 요원이 될 수는 없다고 결정이 내려진다.[23]

이 케임브리지 첩자들이 소련의 전쟁 수행에 기여한 규모는 실로 아찔할 정도였다. 1941년 KGB가 가장 많은 정보를 얻는 장소는 다름 아닌 런던이 되고 말았으며, 런던에서 모스크바로 빠져나가는 기밀문서의 숫자는 9,000건에 달했다. 1941년에서 1945년 사이에 블런트 혼자서 모스크바에 보낸 문서만 1,771건이었다.[24] 연합군이 노르망디에 상륙 작전을 펼치기 11일 전인 5월 26일, 그는 소련 측에 상륙 작전의 일부로 설계된 독일군 기만 작전 전부를 통째로 넘겼을 뿐만 아니라, 추축국 측에 대해 영국이 펼친 정보 작전을 매달 처칠 수상에게 보고하는 문서까지 (이 또한 통째로 다 넘겼을 가능성이 크다) 제공했다.[25] 필비는 (이제 암호명이 '스탠리STANLEY'로 바뀌었다) 또한 그가 접선하는 연락원에게 모든 SIS 요원들의 명단이 담긴 '참고서source-books'를 넘겼을 뿐만 아니라 런던이 몰래 독자적으로 독일과 화친을 맺으려고 획책하고 있다는 증거를 찾으려고 혈안이 되어 있었던 모스크바의 요구에 응하려고 노력했다.[26] 버지스는 또한 1943년 1월 카사블랑카에서 있었던 루스벨트와 처칠의 대담 내용―프랑스 침공을 1944년까지 연기한다는 결정도 포함돼 있었다―을 세세하게 러시아에 보고했고, 또 전후 폴란드 처리에 대한 연합국 측의 계획에 대해서도 정보를 전달하였다. 1945년 전반의 6개월간 그는 자그마치 289건의 '1급 기밀' 외무성 문서들을 제공했다.[27] 전쟁이 끝나고 영국에서 총선거가 실시된 뒤 버지스는 젊은 노동당 정치가이자 외무성의 차관minister of state이었던 헥터 맥닐Hector McNeil의 개인 비서로 임명됐다. 그는 이 자리를 이용해 더 높은 수준의 자료 특히 연합군 4대 강국의 모스크바 회의 준비 정책 문건들까지 볼 수 있었다. 이 모든 것들이 그의 소련 연락선으로 넘어갔다. 참으로 역설적인 일이지만, 이 케임브리지 첩자들의 활동이 너무나 큰 성공을 거두었기에 소련에 있는 그들의 상급자들께서 그들을 더 이상 믿지 않기로 한 적도 있었다. 스탈린 시대의 전형적인 피해망상증으로서, 이 케임브리지 첩자 작전 전체가 틀림없이 교묘한 함정임에 틀림없다고 확신했던 것이다.[28]

그렇다면 소련은 어떻게 그토록 용이하게 영국의 정보기관을 뚫을 수 있었을까? 아주 단순한 대답이 있다. 방첩 활동과 작전의 부재라는 만성적인 영국의 문제였다. 소련의 첩보 활동 기관이 잘 알고 있었던바, 2차 세계 대전 이전의 영국에서는 공직자 채용에서의 신원조회가 허술하였기에 이 '5인 조직'처럼 그저 드러나는 형태의 공산주의로부터 고의로 거리를 유지한 이들의 숨은 의도를 간파할 만한 역량이 되지 못했다. SIS의 'V 부서'가 방첩 부서이기는 했지만, 빅터 로스차일드가 압력을 넣어 앤서니 블런트를 오히려 거기에 집어넣게 되자 그 결과는 차라리 그 부서가 없느니만 못한 것이 되고 말았다.[29] MI5의 늙어가는 수장인 버넌 켈 경Sir Vernon Kell은 1939년이 되어서도 영국 내의 소련 첩자의 활동은 '정보 수집에서도 정치적 전복 시도에서도 존재하지 않는다'고 강력하게 주장했다.[30] 훗날 1956~65년 MI5의 수장이 되는 로저 홀리스Roger Hollis는 SIS가 소련의 위협을 감시하지 못한 것을 비판하였는데 여기에는 그럴 만한 충분한 이유가 있었다. 실로 믿을 수 없는 일이지만 1944년 소련과 공산주의 세력에 맞서는 방첩 활동에 전념하기 위해 새로이 'IX 부서'가 만들어졌을 때 그 수장으로 취임한 것이 바로 필비였던 것이다.[31] 하지만 홀리스 또한 자신이 소속된 SIS가 저지르는 온갖 실수와 누락의 잘못을 제대로 이해하지 못했던 듯하다. 왜냐면 잠시 동안이나마 그 자신이 바로 그 '5인 조직'의 '다섯 번째 요원'이 아니냐는 혐의의 대상이었기 때문이다(빅터 로스차일드 또한 의심의 대상이 되었다). 1946년 12월이 되어서도 영국에 주재하는 소련 외교관들을 감시하는 임무를 맡은 'A4' 부서는 인원이 15명에 불과했고 차량조차 없었다.[32] 하지만 필비 자신이 훗날 말한 바 있듯이, 그와 그의 첩자 동료들을 보호해주었던 것은

'기성 권력 집단 내의 존경받는 성원들은 그런 짓을 할 리가 없다는 믿음을 끈질기게 생산했던 진정한 정신적 장애'였다.[33] 그런 의미에서 볼 때, 정말로 뚫려서 구멍이 난 것은 더 넓은 네트워크, 즉 엘리트 사립 고등학교들과 옥스퍼드 및 케임브리지로 구성된 '올드 보이' 네트워크였다고 할 수 있다.

1945년을 기점으로 하여 이 케임브리지 첩자들의 정체에 대한 증거가 쌓이기 시작했으며, 결국은 그들의 정체가 밝혀지게 된다. 1945년 9월 오타와에서 소련 군대의 암호 해동 부대에서 일하던 이고르 구젠코Igor Gouzenko가 폭로 과정을 시작하였다. 그는 소련이 여러 개의 캐나다 기관들에 침투했으며 심지어 미국의 원자 폭탄에 사용되었던 우라늄의 샘플까지 손에 넣었음을 폭로했다. 그 우라늄 획득에 한몫했던 것은 앨런 넌 메이Alan Nunn May라는 물리학자였는데 그는 트리니티 칼리지를 매클린과 함께 다녔던 동창이었다.[34] 첩자를 잡아내는 역할을 하는 인물로는 제인 아처Jane Archer가 MI5에서 SIS의 'IX 부문'으로 옮겨왔지만, 필비는 자신의 지위를 이용하여 그녀가 냄새를 맡지 못하도록 따돌리는 역할을 했다. 또 다른 소련 공작원인 이스탄불의 KGB 관리 콘스탄틴 볼코프Konstantin Volkof도 서방으로 넘어올 것을 시도했고, 버지스와 매클린의 정체를 밝히려는 의도가 분명했다. 이때 필비는 또다시 개입해 소련 쪽에서 볼코프를 납치하여 모스크바로 끌고 가도록 확실히 하였다. 필비는 또한 물리학자 메이에게도 그의 정체가 발각되었음을 귀띔해주었다.[35] SIS는 이러한 필비의 체계적인 파괴행위를 까맣게 모른 채 그를 또다시 승진시켰고, 필비는 이제 세계에서 가장 중요한 수도가 된 미국 워싱턴에 주재하면서 SIS를 대표하는 자리에 오르게 된다. 더욱더 이상한 일은 매클린 또한 외무성의 미국 담당 부서의 수장으로 임명되었다는 것이다. 게다가 이러한 승진이 있기 전에 그는 카이로 대사관의 고문관이자 공관장으로 일하면서 지독한 신경쇠약을 앓고 있었다. 한번은 그와 그의 술벗인 필립 토인비Philip Toynbee는 미국 대사관에서 일하는 두 젊은 여성의 아파트를 부수고 들어가서 술에 만취된 광란 상태에서 그들의 속옷을 갈기갈기 찢어버리는 사건을 벌이기도 했다. 매클린은 이미 두 번이나 모스크바와의 관계를 끊으려고 시도했다가 실패했고, 그 이후 갈수록 심해지는 스트레스로 인해 점점 더 이상한 행동을 보이게 되었지만, 런던에 있는 그 누구도 그 기행이 그런 스트레스의 반영임을 눈치 채지 못했다. 매클린이 술에 취하여 자신을 '영국의 (알저) 히스Alger Hiss'—미국 국무성의 유명한 공산주의 첩자—라고 부르기도 했지만, 여기에 아무도 주의를 기울이지 않았던 것이다.[36]

하지만 버지스야말로 정말로 황당한 경우라 할 수 있다. 설령 그가 소련 첩자가 아니었다고 해도 그는 심한 알코올 중독과 약물 중독으로 난동을 부리는 문제를 안고 있었기에 (범죄에 해당하는 성적인 기행들은 말할 것도 없다) 벌써 오래전에 해고되어야 마땅한 이였다. 그럼에도 그는 오히려 새로운 임무를 얻게 된다. 1947년에는 외무성의 정보 조사부, 그다음에는 극동 담당 부서, 마침내 1950년 8월이 되면 워싱턴 대사관의 2등 서기관으로 임명된다. 버지스의 친구이자 당시 MI5의 부국장이었던 가이 리델Guy Liddell이 비밀 보고서에서 버지스를 두고서 그는 '비밀 정보를 일부러 누설하고 다닐 사람이 아니다'라고 주장했던 게 이 무렵이었다. 하지만 실상을 보면, 한국 전쟁이 발발하던 당시야말로 이 5인이 소련에 기여하는 가치가 절정에 달했던 때였다. 버지스는 워싱턴에서 필비와 함께 살고 있었고, 필비는 뉴욕의 소련 요원 발레리 마카예프 Valeri Makayev에게 문서를 전달하는 역할을 했다. 케언크로스는 재무부의 국방 담당 부서에서 일하고 있었으므로 그 지위를 이용하여 영국의 원자폭탄 개발 프로그램의 세부사항들까지 모스크바에 보고했다.[37] 필비는 뻔뻔스럽게도 리델에게 자신이 워싱턴에서 SIS와 SS(MI5)를 대표하는 일을 겸하겠다고 제안하기까지 한다.[38] 하지만 이는 방어를 위한 술책이었다. 그는 이미 자기를 에워싼 그물이 서서히 조여오고 있다는 것을 알고 있었다. 소련에서 넘어온 이들로부터 얻은 새로운 정보도 있었지만, 미국인들은 베노나Venona 프로그램*으로 소련의 정보기관 메시지들을 스스로 가로채 해독함으로써 점점 더 많은 정보를 아주 고생고생하며 빼내오고 있었다. 이 가운데에서 매클린이 'HOMER'라는 암호명임이 발각됐다. 마침 그때 버지스는 하필 또 다른 난장판을 치는 추문으로 런던으로 소환됐고, 필비는 이를 버지스 편에 매클린 본인에게 귀띔한다. 버지스는 또한 블런트에게도 이 사실을 알린다.[39] 1951년 5월 25일은 금요일이었으며, 그날 한밤중에 소련 정보기관의 런던 담당관인 유리 모딘Yuri Modin의 총 지휘로 몰래 빠져나오는 작전이 시작됐다. 매클린과 버지스는 타츠필드Tatsfield에 있는 매클린의 집에서 빠져나와 사우샘프턴 Southampton으로 도망갔으며, 여기에서 그들은 유람선 '절벽Falaise' 호를 타고 프랑스의 생-말로Saint-Malo로 갔고(이 노선은 여권이 필요 없었다), 여기

---

* 미국 정부에서는 1947~80년까지 소련의 요원들이 본국에 보내는 메시지를 채가서 그 암호를 해독하는 프로그램을 운영하기 위해 다수의 인력 특히 수학자들을 동원한다. 그 가장 큰 성과의 하나가 이 '5인 조직' 사건이었다.(옮긴이)

에서 다시 기차로 르네Rennes와 파리를 거쳐 스위스의 베른으로 가서 이 곳에서 소련 대사관으로부터 가짜 여권을 발급받는다. 취리히에서 이 두 사람은 프라하를 거쳐 스톡홀름으로 가는 비행기에 오르며, 비행기가 프라하에 도착했을 때 노선을 바꾸어 타고 모스크바로 도망간다. 다섯 마리 새 중에서 이렇게 두 마리가 날아가버렸던 것은 오직 MI5의 방첩 부서가 주말에도 감시 활동을 유지할 인원이 없었다는 것 때문이었다.[40]

이제 FBI와 CIA는 말할 것도 없고 MI5 또한 필비를 주목하고 있었다. 그는 (미국인들의 강력한 주장에 의해) 워싱턴에서 영국으로 소환됐고 공식적으로 퇴임당했다. 그는 조사와 심문을 거치게 됐지만 꿋꿋이 버텼으며 SIS 내부에서 그를 옹호했던 이들 또한 그렇게 하라고 부추겼다. 1955년 미국 정보에 기초하여 뉴욕의 「선데이 뉴스Sunday News」가 그를 '세 번째 사람'이라고 지목했고, 그 다음 영국 하원에서도 똑같은 이야기가 나왔다. 하지만 그는 앤서니 이든Anthony Eden 수장이 이끌던 보수당 정권이 보호하고 있었고, MI6 내의 니컬러스 엘리엇Nicholas Elliott과 CIA의 제임스 앵글턴James Angleton도 그를 감쌌다. 필비는 뻔뻔스럽게도 그의 어머니의 거실에서 기자회견까지 열어 이렇게 말했다. "제가 상대방이 공산주의자라는 것을 알면서 대화를 나눈 일은 1934년이 마지막이었습니다."[41] 참으로 믿을 수 없는 일이지만, 그의 예전 동료들 대부분이 그 말을 믿었다. 베노나 프로그램을 통해 그가 소련 요원 '스탠리STANLEY'라는 정황 증거가 계속 새롭게 나왔던 데다가 KGB 출신으로 서방 진영으로 넘어온 아나톨리 골리친Anatoli Golitsyn 그리고 필비가 이미 전쟁 전에 소련 쪽 요원으로 채용하려고 했던 플로라 솔로몬Flora Solomon 등의 증언도 있었지만 소용이 없었다. 하지만 이제는 필비의 두 번째 아내인 에일린

Aileen도 그를 의심하고 있었다. (그들의 한 친구의 증언에 따르면, 그녀는 어느 날 저녁 식사 중에 무심코 "당신이 그 '세 번째 사람'이라는 것 나도 알아요!"라고 말했다고 한다.) 필비가 체계적인 정신적 학대를 가했던 데다가 알코올 중독까지 겹쳐서 그녀는 1957년 12월 죽음을 맞는다.[42] 하지만 그는 베이루트로 이주하는 것이 허락되었으며, 거기에서 저널리스트로서 또 MI6의 정보원으로 일했다. 그는 아무런 양심의 가책도 없이 기회가 오자마자 다시 소련을 위한 작업을 재개한다. 결국 1961~62년에 새로 획득된 증거에 기초해 MI6이 필비의 정체를 밝혀내자 그는 엘리엇에게 '고백'하면서 자신이 1946년에 이미 러시아인들과 접촉을 끊었다고 주장하였다. 그는 1963년 모스크바로 탈출하였던바, 영국 당국은 이를 사실상 허락한 것이나 다름없었다.[43]

이 케임브리지 첩자들이 어떻게 그토록 오랫동안 아무도 눈치 채지 못한 상태에서 활동할 수 있었는지도 참으로 미스터리이지만, 더욱 이해하기 힘든 점은 그들이 자기들이 충성을 바치는 공산주의 체제에 대해 아무런 환상도 품고 있지 않았다는 점이다. 버지스는 모스크바로 간 뒤에도 음주, 줄담배, 난장판 만들기 등 자신의 습관적 행태를 계속하였고, 그의 아파트에 숨겨진 도청 마이크에 대해 주기적으로 이렇게 소리를 질렀다고 한다. '나는 러시아가 **싫다**!' 그가 모스크바에 대해 내린 평결은 '빅토리아 시대의 토요일 밤 글래스고 같다'는 것이었다.[44] 필비는 KGB의 자금 지원을 받아 소련을 찬양하는 비망록을 집필했으며, 멀린다 매클린Melinda Maclean과 바람을 피웠고, 1970년에는 자살을 기도했으며, 러시아 여성과 네 번째로 결혼했다. 그는 레닌 훈장Order of Lenin을 받았을 때 이를 영국의 기사 작위에 견주었지만(개중에 나은 이one of the better ones),[45] 자신이 KGB 내의 '요원' 한 사람 이상이 아니라는 사실로 괴로워했다. 버지스는 1963년 간 문제로 사망하였다. 매클린 또한 과음으로 죽었다. 필비는 간은 좀 더 튼튼해 1988년까지 버텨주었다. 다른 두 사람은 저 노동자들의 낙원으로 피신하는 선택지를 거절하였다. 블런트는 버지스와 매클린이 모스크바로 탈출한 뒤 모던에게 이렇게 말한다. "나는 당신 소련 사람들이 어떻게 살고 있는지 아주 잘 알고 있소. 내가 그들과 똑같이 살기란 아주 어려운 일이며 거의 참을 수 없는 일이라고 당신에게 확언할 수 있소."[46] 마이클 스트레이트는 자기가 트리니티 칼리지의 학부생이었을 때 블런트가 그를 채용했다는 점을 인정했고, 그 뒤 1964년에 MI5에 자백했다. 하지만 이 사실은 1979년 11월이 되어서야 공중 앞에 밝혀졌다. (그의 비망록은 2009년이 되어서야 출간됐고, 여기에서 그는 자신이 소련 정보기관을 위해 일했던 것을 '내 인생 최대의 실수'라고 부르면서 후회했다.) 마지막으로 케언크로스는 버지스의 거처에 그가 보관하고 있었던 문서들을 블런트가 제때 없애지 못해 이것이 정보 당국의 손에 들어가면서 정체가 밝혀진 경우였다. 하지만 그 증거가 충분하지 않다는 이유에서 체포되지도 않았고, 그는 비밀리에 자리를 사임하고 미국으로 가서 학계로 들어가는 것을 허락받는다. 1964년 그는 MI5에다 자신이 소련 첩자였다는 것을 자백하였지만 영국으로 돌아가는 것은 거부하였고 로마에 있는 UN 세계 식량 및 농업 기구World Food and Agriculture Organization에서 일자리를 잡는다. 1970년 그는 영국 검찰로부터 면책 보장을 얻는다. 그는 1982년이 되어서야 자신이 '다섯 번째 사람'이었음을 확인하였다. 그리고 이는 1990년이 되어서야 공공에 알려졌으며, 그 동안 케임브리지 대학 출신으로서 정보기관과 관련을 맺었던 열 명 이상

의 무고한 이들이 (홀리스와 로스차일드도 포함) 바로 그 '다섯 번째 사람'
이 아니냐는 황당한 추측의 희생자가 된다.[47] 이렇게 하여 케임브리지
첩자들 중 실형은 말할 것도 없고 재판이나 유죄 선고를 받은 이조차
아무도 없었다. 똑같은 첩자라고 해도 조지 블레이크George Blake와는 전
혀 달랐다. 기성 권력에 제대로 된 연줄이 없었던 블레이크는 42년형을
받았으니까.

40장

짧은 조우

한때 '사도들'의 구호는 '오로지 관계만이 있을 뿐'이었지, '오로지 배신만이 있을 뿐'은 아니었다. 하지만 케임브리지 첩자들이 그토록 충성스럽게 봉사했던 스탈린의 소련에서는 지극히 짧은 관계라고 해도 목숨을 잃거나 거의 잃게 되는 위험을 가져올 수가 있었다. 전쟁이 끝나고 몇 달 뒤인 11월의 어느 날 밤 레닌그라드에서 옥스퍼드 대학의 철학자 이사야 벌린Isaiah Berlin은 러시아 시인 안나 아흐마토바Anna Akhmatova를 만났다. 두 사람 모두에게 이는 잊을 수 없는 만남이었다. 이는 진실한 지적·영적인 결합이라 할 만한 만남으로, 순전히 정신적인 것이었을 뿐만 아니라 정치적 성격이 전혀 없는 것이었다. 하지만 이 만남으로 인해 아흐마토바의 삶은 거의 파괴됐다. 최악의 위계 시스템으로서의 전체주의의 성격을 이렇게 완벽하게 보여주는 사례도 찾기 힘들다. 이 두 지식인이 개인의 아파트에서 문학을 토론하자 즉시 스탈린 스스로 이 사건에 개인적으로 악의적 관심을 갖게 되었으며 이를 더 많은 박해를 정당화하기 위한 증거로 사용했다.

아흐마토바는 이미 오랜 세월 소련 체제의 의심의 구름에 갇혀 살아온 사람이었다. 결혼 전 이름은 안나 안드레예브나 고렌코Anna Andreevna Gorenko로서, 혁명 이전에 이미 확고한 자리를 굳힌 시인이었다. 그녀의 첫 번째 남편은 낭만파 민족주의 작가였던 니콜라이 구밀레프Nikolai Gumilev로, 1921년 반소비에트 활동의 죄명으로 처형당했다.[1] 그녀의 네 번째 시집인 『서기 1921년Anno Domino MCMXXI』이 출간된 후 비판적인 논평이 쏟아지면서 그 의심의 구름은 더욱 어두운 색깔로 변했다. 한 비평가는 그녀의 시집에 나오는 여주인공이 '모순적' 혹은 '이중적' 이미지를 갖고 있다고 말했다. "절반은 욕망에 불타오르는 '매춘부'이며, 절반은 신에게 용서의 기도를 올리는 '수녀'"라는 것이었다. 또 다른 비평가는 러시아 전부가 마야콥스키 쪽과 아흐마토바 쪽으로 갈라졌다고 했다. 이는 그녀가 블라디미르 마야콥스키Vladimir Mayakovsky의 혁명파에 비해 보수파라고 하는 저주의 의미를 담고 있었다.[2] 그녀의 작품은 1925년 이후에는 출간이 중지되고 만다.[3] 그로부터 10년 후 그녀의 아들인 료프 구밀료프Lev Gumilev와 그녀의 세 번째 남편인 니콜라이 푸닌Nikolai Punin은 둘 다 체포된다. 친구인 작가 보리스 파스테르나크Boris Pasternak의 조언에 따라 그녀는 스탈린에게 직접 편지를 보내 '제게 가까운 이 세상의 단 두 사람'을 풀어달라고 간절히 빌었다. 스탈린은 기적처럼 그녀의 호소를 들어주었고, 그녀의 편지 위에 휘갈겨 쓴 글씨로 두 사람을 풀어주라는 명령을 내린다.[4] 하지만 구밀료프는 1938년 3월에 다시 체포돼 세계에서 북극에 가장 가까이 있는 노릴스크Norilsk의 북극 노동 수용소에서 10년형을 선고받는다.[5] 아흐마토바는 1939년 짧은 시간에 복권되지만, 그녀의 시 선집(『6권의 시집에서From Six Books』, 1940)이 출간된 뒤 거센 후폭풍에 휘말리게 된다. 레닌그라드 당의 우두머리인 안드레이 즈다도프Andrei Zhdanov는 이 시집의 압수를 명령했고 이를 '아흐마토바의 음란물'이라고 비난했다.[6] 그녀가 공포정치 시대에 대한 연작시인 '진혼곡Requiem'의 대부분을 집필한 것도 1935~40년 사이였다. 이 연작시는 스탈린의 무정한 폭정 아래에서 사랑하는 이들을 잃은 수백만의 고통을 읽는 이의 살을 저며내듯 아프게 전달하고 있다.[7]

아흐마토바와 저 천재적인 젊은 영국 철학자 사이에 강력한 감정의 연결이 있었다는 것은 전혀 놀라운 일이 아니다. 벌린은 비록 옥스퍼드의 세인트 폴 칼리지와 코르푸스 크리스티 칼리지에서 교육받기는 했지만, 원래 1909년 러시아 리가Riga에서 부유한 유대인 집안에서 태어났으며, 조숙한 아이로 러시아 혁명을 직접 목격하기도 했다. 하지만 벌린 집안은 1920년 소련을 떠나기로 선택해 일 년 뒤 런던에 정착한다. 벌린은 비록 젊은 학자로서 철학에 침잠해 있었지만 러시아인으로서의 정체성은 결코 잃은 적이 없었다. 뛰어난 언어 능력 덕에 그는 1945년 여름 모스크바의 영국 대사관에 제1서기로 부임한다. 그는 영국 문화원의 브렌다 트립Brenda Tripp을 안내원으로 레닌그라드를 방문하며, 이때 겐나디 라클린Gennady Rakhlin이 소유한 헌책방에서 아흐마토바와 처음 알게 된다.[8] 1945년 11월 14일 그녀는 그를 폰타니 돔Fontanny Dom ― 폰탄카Fontanka 운하에 있는 셰레메테프Sheremetev 가문 소유의 궁전으로 한때 굉장한 외양을 자랑했다―에 있는 자신의 아파트에 그를 초대한다. 이 첫 번째 만남은 좀 코미디처럼 금방 끝나버리고 만다. 하지만 벌린은 20일 모스크바로 되돌아오기 전의 어느 날 밤 아흐마토바를 한 번 더 방문한다. 마침내 깊은 밤이 되어 두 사람만 있게 됐을 때, 두 사람을 완전히 바꾸어놓는 연결이 생겨난다. 그는 그녀에게 자기 집안처럼 오래전에 러시아 혁명을 피해 다른 나라로 떠난 그녀의 오랜 친구들인 작곡가 아르투르 루리Artur Lurié, 시인 그레고리 아다모비치Gregory Adamovich, 모자이크 화가 보리스 안레프Boris Anrep, 사교계의 꽃인 살로메 안드로니코바Salome Andronikova 등의 이야기를 들려주었다. 그녀는 흑해 연안에서 보냈던 자신의 어린 시절, 여러 번의 결혼, 시인 오시프 만델스탐Osip Mandelstam(1938년 굴라크에서 사망)에 대한 자신의 사랑 등을 이야기하였고, 바이런의 시 「돈 주안」의 (알아들을 수 없는 영어로) 몇 연을 낭독하였고, 그 후에는 자신이 쓴 시들 중에서 골라 들려주었다. 그중에는 아직 미완성인 「주인공이 없는 시Poem without a Hero」와 「진혼곡」도 있었으니 그녀는 이 시들을 수고에서 직접 읽어주었다. 이들은 체홉, 톨스토이, 도스토옙스키, 카프카, 푸시킨, 알렉산더 블로크Alexander Blok, 마리나 츠베타예바Marina Tsvetaeva, 파스테르나크, 그 밖에 수많은 덜 중요한 시인들에 대해서도 풍부한 토론을 나누었고 시간은 자정을 넘어 깊은 밤에 이르게 된다. 이 대화는 두 사람 모두에게 결코 지울 수 없는 깊은 자국을 남기게 됐다. 이들은 음악에 대해서도 토론을 시작했다. 아흐마토바는 파스테르나크와 마찬가지로 (벌린은 그도 만났다) 그녀가 그전에 알고 있었던 작가들과 예술가들의 최근 작품에 대해 거의 아는 것이 없었고 신진 작가 및 예술가들의 작품에 대해서는 더욱 아는 것이 없었으니, 소비에트 체제가 1920년대 이전에 유럽에 존재했던 문학과 예술의 네트워크를 얼마나 완벽하게 파괴했는지를 이보다 더 잘 보여주는 예도 없을 것이다. 스탈린 치하의 러시아에서 시인이 된다는 것은 곧 모든 네트워크로부터 단절되고 고립된다는 것을 뜻했다. 한편 벌린은 아흐마토바가 아직도 살아 존재하고 있다는 것을 알고 놀란 상태였다. '마치 크리스티나 로세티Christina Rosetti*의 집에 갑자기 초대돼 그녀를 만난 것 같은 느낌이었다'고 그는 나중에 쓴 바 있다.⁹ 그녀로서는 벌린이 1차 세계 대전 이후로 찾아온 두 번째의 외국인 손님이었다. 만약 그녀가 스탈린이 발호하기 전에 러시아를 떠났더라면 블룸즈버리 그룹과 어울려도 어색하지 않았을 인물이었다. 그녀가 벌린에게 털어놓았듯이, 그녀는 '아주 쉽게 사랑에 빠지곤 하는' 사람이었다. 그녀 또한 블룸즈버리 그룹과 마찬가지로 '다른 이들의 개성과 활동'에 대해 과도할 정도의 관심을 쏟았으며, '여기에다가 그들의 인격과 상황 모두의 도덕적 중심이 무엇인지에 대한 날카로운 혜안을 더했으며… 또한 그들의 여러 동기와 의도를 교조적인 완고함의 태도로 추적해 들어갔다'. 벌린이 회상하는바, 그녀의 인생 전체가 '러시아 현실에 대한 완전무결한 고발'이었다. 하지만 그녀는 '어디로든 떠나기를 완고히 거부했다. 그녀는 그 어떤 무서운 일이 닥친다고 해도 기꺼이 자기의 조국에서 죽을 준비가 되어 있었으며 결코 조국을 버리려 하지 않았다'. 비록 '세계 대전 이후의 레닌그라드라는 곳은 그녀의 친구들이 모조리 묻혀 있는 거대한 공동묘지일 뿐이었는데도 그러했다. 이는 마치 산불이 지나간 후의 모습과 같았다. 얼마 남지 않은 완전히 숯이 되어 버린 나무들

---

* 　19세기 후반의 영국 시인. 특히 동시가 유명했다.(옮긴이)

이 가뜩이나 황량한 들판을 더욱 황량해 보이게 하고 있었던 것이다.'

두 사람은 벌린이 러시아를 떠나기 직전인 1946년 1월 5일에 짧게 다시 만난다. 그녀는 자신의 초기작을 담은 시집 한 권에 '훗날 연작시 「다섯Cinque」의 두 번째 작품을 손으로 써서' 벌린에게 선물했으며, 벌린도 크게 놀라지는 않았다. '(그 시의) 최초의 버전은 우리가 그전에 가졌던 만남에서 직접적인 영감을 얻어 쓰인 것이었기 때문이다'. 이 짧은 만남 또한 그에게는 똑같이 큰 감동을 안겨주었다. 훗날 그는 이렇게 말한다. "이 만남은 나의 정신의 뿌리까지 미치는 영향을 남겼으며, 내가 세상을 바라보는 관점을 영원히 바꾸어놓았다." 그는 그녀가 여왕과 같은 장엄함을 갖춘 존재라고 여겼으며, 그녀의 시는 '천재의 작품'이라고 생각했다. 훗날 그가 말하듯, 그 짧은 만남은 그에게 그의 '고향'을 되돌려준 것이다. 그가 철학에서 방향을 틀어 정치사상사로 길을 잡도록 자극을 주었던 것은 바로 이 만남이었을 가능성이 높다. 그는 정치사상사를 연구하여 개인의 자유를 옹호하고 역사적 결정론에 반대하는 최고의 저작들을 내놓게 된다. 한 논평가는 이렇게 말한 바 있다. '이는 보통의 흔한 연애 사건이 아니었다. 신체 접촉은 전혀 없었다. 이는 지금까지 기록에 남아 있는 두 개성적 인격체의 만남 가운데에서도 가장 순수한 조우의 하나임에 틀림없다. 이 두 놀라운 정신의 소유자들은 잠시 동안 서로와 완벽하게 결합돼 마침내 서로를 더 높은 경지의 상호·이해와 사랑으로 고양시켰던 것으로 보인다. 실로 이는 인간의 소통에 대한 가장 플라톤적인 이상의 가장 완벽한 예ne plus ultra이다.'[10] 실제로 파스테르나크가 그 다음 해에 벌린에게 편지로 말한 것처럼, 아흐마토바는 벌린에게 완전히 빠져들어 갔다. "그녀 입에서 나오는 말 세 마디 중 하나는 바로 당신입니다. 그것도 너무나 극적이고 신비로운 방식으로 말이죠! 예를 들어 어느 날 저녁 연회에서 돌아오는 택시 안에서 그녀는 한편으로는 영감에 가득 차고 또 한편으로는 지치고 슬픈 모습으로 약간 멍한 공상에 빠져 (혹은 무언가에 취한 사람처럼) 프랑스어로 말했습니다. '방금 말했던, 방금 약속했던 우리의 친구Notre ami a dit, ou a promis (물론 당신입니다!)' 등등 등."11 그녀의 연작시 「다섯」은 분명히 벌린에게서 영감을 얻어 쓰인 작품이다.12 또 어떤 이들은 그녀가 「진혼곡」에서 전혀 보이지 않아 오히려 두드러지는 주인공을 바로 벌린에게서 보았다고 추론한 바 있다.13 하지만 아흐마토바의 걸작 「주인공 없는 시Poem without a Hero」의 '세 번째 마지막' 헌정사는 벌린만을 염두에 두고 쓴 것은 아닐 수 있다.

그만해라, 공포 속에 얼어붙은 지도 너무나 오래
이제 나는 바흐의 샤콘느를 불러내리라
그와 함께한 남자가 내게 다가 올 것이다.
내가 그를 믿고 따르지는 않겠으나,
우리가 함께 불러낼 그것은
20세기를 크게 불편하게 만들 것이다.
내가 그를 맞은 것은 실수였으며
숨겨진 운명의 손길이 이룬 일이었고
그가 오면서 가장 끔찍한 것들이 내게 다가왔다
폰탄카 운하를 따라 그는 걸어서
밤안개를 뚫고 늦은 밤에 찾아올 것이며
그는 내가 따라주는 포도주잔을 높이 들어 새해를 맞으리라

그리고 그는 주현절 전야를 기념할 것이며,

결혼식 화촉의 단풍나무 촛대를,

또 목숨을 걸고 하늘로 비약하는 저 시詩를 기억할 것이다.

하지만 봄을 알리며 피어난 첫 번째 라일락도 아니며,

사랑의 달콤한 기도문도 아니며, 심지어 반지도 아니리라-

그가 그날 밤 내게 전해줄 것은 파멸이리라.[14]

이 마지막 행이 암시하듯, 아흐마토바와 이 '미래에서 온 손님'의 (이는 그녀의 시 '1913년'에서 나오는 표현이다) 만남은 그녀에게 재앙의 결과를 가져오고 말았다. 이는 그녀의 전력과 벌린의 공식적 위치를 생각해보면 전혀 놀라운 일이 아니다. 게다가 벌린이 처음으로 아흐마토바의 아파트를 방문했을 때 하필 밖에서 예기치 않게 처칠 수상의 자유분방한 아들 랜돌프 처칠Randolph Churchill이 모습을 드러내면서 그 두 사람의 만남은 더욱더 주의를 끌게 됐다.[15] 물론 스탈린 본인이 '그러니까 우리의 수녀님께서 영국 첩자들을 불러들였단 말이지?'라는 말을 했을 리는 없지만, 전쟁 직후의 긴장이 가득한 분위기에서 그러한 추측이 아주 황당한 것도 아니었다.[16] 며칠 지나지 않아 비밀경찰이 아흐마토바의 집 천장에 도청 장치를 어설프게 설치했다. 이들은 그녀의 작품을 번역하던 한 폴란드 여성을 겁박해 벌린이 방문했던 일을 세세히 알아냈다.[17] 그 다음 해 4월 아흐마토바는 모스크바의 노동조합 본부 건물에서 시를 낭독해달라는 초빙에 응하지만, 그로 인해 더 큰 재앙을 만나게 된다. 그녀가 시를 낭독하자 청중은 완전히 황홀경에 빠져 호응했으며, 네 달 후 레닌그라드에서도 똑같은 장면이 재현된다. 이 때문에 그녀는 크게 겁을 먹게 되었으며 이는 충분히 그럴 만한 일이었다.[18] 그녀와 그녀의 친구들에 대한 감시가 더욱 강화됐다. 스탈린이 여기서 또다시 끼어들지만, 이번에는 그녀를 구출하기 위해서가 아니라 문학비평가로서 그녀의 시에 대해 이야기하기 위해서였다. 스탈린에 따르면, 혁명 이후의 아흐마토바의 시들 중에서 좋은 시는 '한 손으로 셀 정도'에 불과하다는 것이었다.[19] 8월 14일 공산당 중앙위원회는 「즈베즈다Zvezda」와 「레닌그라드」에 대해' 결의를 채택해, 그 편집자들이 아흐마토바와 풍자작가 미하일 조셴코Mikhail Zoschenko의 '이념적으로 해악스러운' 작품들을 게재하였다고 공격하였다. 두 작가 모두 아흐마토바의 오랜 숙적 즈다노프에 의해 레닌그라드 작가 동맹의 회합에서 악담에 가까운 비난을 받게 된다. 즈다노프에게 나서도록 부추겼던 것은 공산당 중앙위원회의 선전 선동 부서의 수장인 게오르기 알렉산드로프Georgi Alexandrov였으며, 다시 그를 나서도록 움직인 것은 그 선전 선동 부서에서 일하던 한 직원의 비판이었다.[20] 즈다노프가 뱉어낸 공격의 말들은 참으로 많은 것을 드러내고 있다.

'아흐마토바의 작품'은 여인의 침실boudoir*과 성스런 예배당 사이에서 정신없이 비틀거리는 버릇이 잘못 든 여성 귀족의 시이다… 그녀가 수녀인지 타락한 여자인지는 말하기가 어렵고, 아마도 그녀는 양쪽 모두를 다 조금씩 가지고 있는 여자이며 그녀의 욕정과 그녀의 기도는 뗄 수 없이 얽혀 있다고 볼 것이다… 이러한 고독과 절망감의 분

---

* 이 말은 여성의 내실에 있는 화려한 가구가 갖추어진 화장 및 휴식을 위한 공간이나 침실을 뜻하는 말이지만, 문학이나 사진에서는 여인의 관능과 욕망을 나른한 분위기로 담아내는 장르를 뜻하는 말이다.

위기는 아흐마토바의 작품 전체를 관통하고 있는데, 이는 소비에트 문학의 정신과는 완전히 동떨어진 것이다… 아흐마토바의 작품은 먼 과거의 것이며, 소비에트 시대의 삶과는 전혀 동떨어진 것이므로 우리의 간행물에 이런 게 게재되는 꼴은 결코 용납되어서는 안 된다… 이러한 작품들은 그저 우울, 낙담, 비관주의, 사회 생활과 사회 활동의 핵심적 문제들로부터 탈출하여 개인적 경험의 협소한 작은 세상으로 도망가려는 욕망 등을 보여주고 있을 뿐이다.[21]

전체주의 국가에서는 심지어 개인의 경험조차 용납될 수 없는 것이었다.

아흐마토바는 공개적으로 모욕을 당하였지만, 체포되지는 않았으며 그녀의 보잘것없는 연금과 식량 배급 또한 잠시 중단되었을 뿐 다시 지급돼 벌린은 크게 안심했다.[22] 하지만 이제 그 두 사람은 더 이상 편지를 주고받을 수가 없었다. 따라서 벌린은 그녀의 아들인 레프—굴라크에서 석방되어 '위대한 조국 방위 전쟁'에 대공포 사수로 참전하였다—가 1949년 다시 체포돼 또다시 카자흐스탄의 수용소에 10년형을 선고받았다는 것도 모르고 있었다.** 또한 그녀의 세 번째 남편인 푸닌도 다시 체포돼 결국 굴라크에서 죽었다는 사실도 모르고 있었다. 스탈린이 죽은 직후인 1954년에 약간의 해빙 분위기가 조성되었고, 이때 한 무리의 영국 학

** 벌린의 삼촌이자 소련 시민이었던 레오Leo 또한 1952년 체포됐다. 영국 첩자들의 집단의 일원이라는 혐의로 다른 이들과 함께 일망타진돼 기소된 것이다. 그는 고문으로 인해 자기가 정말로 영국 첩자라고 자백했다. 감옥에서 1년을 보낸 뒤 스탈린의 죽음을 계기로 그도 석방되지만, 길거리에서 그를 고문했던 자들 중 하나를 지나친 직후 심장마비로 쓰러지고 말았다.

생들─그중에는 젊은 해리 슈크먼Harry Shukman도 있었다─은 레닌그라드 작가 회관에서 아흐마토바를 볼 수 있었다. 아흐마토바는 그 학생들을 보낸 것이 벌린이라고 믿었지만, 막상 벌린은 이런 방문에 대해 아무것도 몰랐다.[23] 「뉴 리퍼블릭New Republic」에 벌린이 아흐마토바와의 만남을 선정적으로 묘사한 글이 게재됐을 때 벌린은 격노하여 제 정신을 잃을 지경이었다.[24] 게다가 만약 그가 그 글의 저자인 마이클 스트레이트Michael Straight가 앤서니 블런트가 소련의 첩자가 되도록 설득했던 케임브리지 학생 중 한 명이었다는 사실을 알았더라면 아마 분노로 쓰러졌을지도 모른다. 그로부터 3년 후인 1956년 8월 벌린은 다시 러시아로 돌아가지만, 아흐마토바는 파스테르나크를 통해 그에게 이렇게 말한다. 방금 다시 석방된 그녀의 아들이 또다시 험한 꼴을 볼 위험이 있기 때문에 벌린을 만나지 않겠다고. 하지만 (좀 앞뒤가 안 맞는 일이지만) 그들은 다시 전화 통화로 대화를 나눈다. 벌린이 최근에 결혼했다는 것도 문제였다. 골수파 낭만주의 시인인 그녀에게는 이것이 분명히 큰 타격으로 다가왔을 터였다.[25] 9년 후 그녀는 명예 학위를 수여받기 위해 옥스퍼드 대학을 방문하였는데 그 방문은 애처롭고도 짧했다. 그녀는 벌린에게 이렇게 확언했다. 그 두 사람의 만남이 스탈린을 너무나 화나게 하였으므로 그것이 '냉전을 시작한 계기였으며 이로써 인류 역사의 흐름을 바꿔버렸다'고. 벌린은 말싸움을 좋아하는 사람이 아니었으므로 이 늙고 거의 망가진 여성과 논쟁하려 들지는 않았다.[26] 벌린에 대해 정말 인정해주어야 할 점이 있다. 그는 비록 '사도들'의 네트워크에도 블룸즈버리 그룹의 네트워크에도 결코 속한 적이 없었지만, 그 네트워크들의 본래의 정신에 한결같이 충실한 이였다는 것이다. 심지어 그의 동년배 케임브리지 학생

소련 최고 소비에트
USSR SUPREME SOVIET

14국 연방
장관회의

소비에트 사회주의 공화국 각료 회의

러시아
소비에트
연방장관회의

아카데미 총회

아카데미 상임 이사회

상임이사회 직속 연구소, 도서관 및 의회	물리 기술 및 수학과학	지구과학과	화학 – 기술 및 생물 과학과	사회 과학과
과학센터	분과	분과	분과	분과
극동	수학	지질, 지구물리학 및 지구화학	일반생물학	역사
레닌그라드	핵물리학		생리학	철학과 법
우랄	기술경영 과정	해양학, 물리학 및 대기 및 지리	일반기술과학	경제
연구기관들	일반 물리학 및 천문학		물리화학 및 무기	언어 및 문학
	전력 공학의 물리적 기술적 문제	연구기관들	재료기술학	연구기관들
지부들			연구기관들	
바슈키르	연구기관들			
다게스탄				
카잔				
카렐리안				
콜텍				
코미				
연구기관들				

시베리아 분과

연계기관

동시베리아

부랴트

이르쿠츠크

연구기관들

연방 과학 아카데미

아르메니아 SSR	라트비아 SSR
아제르바이잔 SSR	리투아니아 SSR
벨로루시 SSR	몰도바 SSR
에스토니아 SSR	타지크 SSR
그루지야 SSR	우크라이나 SSR
카자흐 SSR	우즈벡 SSR
키르기스 SSR	연구기관들
연구기관들	

시베리아 분과 소속 연구소, 부서, 도서관 및 의회

*SSR : 소비에트 사회주의 공화국

그림 26
스탈린 치하의 소련에서 과학연구가 조직화됐던 모습(공화국 연합의 USSR 아카데미 연구 시스템
Research System of the USSR Academy of Sciences of the Union Repulbics)

들의 혐오스러운 집단 하나는 그러한 정신을 완전히 배반했음에도 불구
하고 말이다.

41장

소년원의 엘라

20세기 중반은 위계제의 절정기였다. 비록 1차 세계 대전이 끝나면서 무려 네 개의 거대한 왕조 제국들―로마노프, 합스부르크, 호엔촐레른, 오토만―이 무너졌지만, 그 자리는 놀랄 만큼 신속하게 새롭고 더 강력한 '제국 국가들'이 들어섰다. 이 국가들은 제국 특유의 광활한 영토에다가 집요한 민족-언어적 동질성과 전제정을 결합시켰다. 1930년대와 1940년대에는 인류 역사를 통틀어 가장 중앙집권화된 국가들(스탈린의 소련, 히틀러의 제3제국, 마오쩌둥의 인민공화국)이 일어났을 뿐만 아니라, 대공황에 대한 대응으로 또 새로운 지구적 갈등이 다가오는 것에 대한 대응으로 주요 민주주의 국가들 또한 그 행정 구조에 있어서 갈수록 더욱 중앙집권화되었다. 1939~45년 사이에는 우리가 2차 세계 대전이라고 부르는 여러 분쟁의 복합물이 나타났는데, 그 과정에서 젊은이들은 전례 없는 규모로 동원되었다. 유라시아 땅 덩어리, 북미, 오스트랄아시아 전체에 걸쳐서 10~30대 남성들은 군대의 징집에 응하라는 입영통지서를 받게 된다. 1억 1,000만 명 이상―거의 모두 남성―의 인원이 전쟁에 참여한 국가들의 군대에 복무하게 된다. 전쟁이 끝날 무렵 영국 노동력의 4분의 1이 군인이 되어 있었고, 미국 노동력의 18퍼센트와 소련 노동력의 16퍼센트 또한 군인이었다. 이 나라들의 거대한 군대에서 살아 돌아오지 못한 이들의 비중도 엄청났다. 2차 세계 대전에서의 총 군인 사망자 수는 3,000만 명 정도이다(물론 민간인 사망자 수는 그보다 더 많다). 대략적으로 보아 독일 군인은 네 명 중 한 명꼴로 목숨을 잃었고, 소련 군대의 사망률 또한 거의 비슷하게 높았다. 이렇게 유럽 전역의 '피리 부는 사나이들'은 한 세대의 남자들 전체를 죽음으로 몰고 갔던 것이다.

하지만 20세기 중반의 피라미드 조직은 그 외에도 많았으며, 군대는 단지 그 규모가 가장 큰 것일 뿐이었다. 위계제의 조직 형태는 경제, 사회, 문화의 영역에서도 지배적 위치를 차지했다. 정부에서든 대기업에서든 또 그 목적이 생산이든 파괴든, 지배자의 자리를 차지한 것은 중앙 계획가들이었다. 미국에서는 알프레드 슬론Alfred Sloan이 이끄는 기업 제너럴모터스가 'M형' 기업이라는 게 무엇인지를 규정했고, 이는 금세 전 세계 산업국가들의 기업 조직에 있어서 귀감이 된다(그림 27).

그림 27

제너럴모터스에 대해 임프레드 슬론이 내놓은 '조직 연구'(1921).

제너럴모터스 조직도

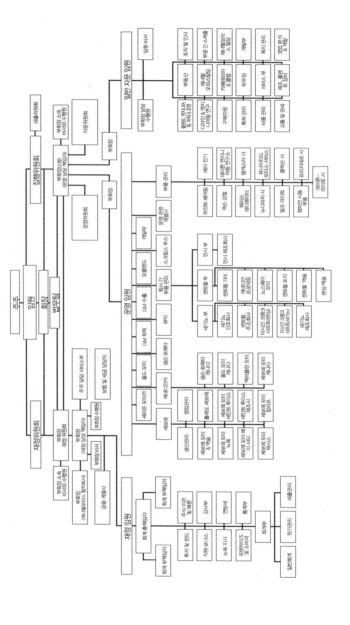

2차 세계 대전의 여파로 국제 시스템 또한 위계적인 방식으로 재조정되었다. 개념상으로 볼 때 모든 국민국가들은 UN에서 평등한 대표권을 갖고 있었다. 하지만 실제적으로는 두 개의 중무장한 동맹 시스템들이 빠르게 출현했고, 양쪽의 지배적 국가는 미국과 소련이었다. UN의 안전보장 이사회에는 이 두 나라 말고도 세 개의 전승국들이 포함됐다. 영국, 중국, 그리고 황당하게도 추축국들에게 가장 먼저 정복당한 나라 중 하나인 프랑스가 여기에 포함됐다. 냉전이 시작되면서 이 안전보장이사회는 곧 교착 상태의 장—베네수엘라의 한 외교관은 '창문이 없는 방'이라는 인상적인 묘사를 남겼다—이 되었지만, 원리상으로 보면 빈 회의의 모델이 여기에 적용된 셈이었고, 새로운 5대 강국 지배 체제가 창출된 것이다.

세계 대전에 참전했던 남성들은 자기들이 군대에서 배웠던 운영 방식 중 최소한 일부는 마땅히 민간인 생활로 가지고 오는 것이 당연하게 여겨졌을 것임은 틀림없는 일이다. 하지만 대규모의 재래식 전투를 경험했다는 것만으로 20세기 중반에 그토록 많은 하향식 조직 구조들이 출현했던 것을 충분히 설명할 수는 없다. 여기에는 틀림없이 위로부터의 통제가 유리할 수밖에 없는 기술적 국면도 존재했다. 빈의 풍자작가 카를 크라우스Karl Kraus가 옳았다. 20세기 중반의 통신 기술은 압도적으로 위계제 쪽에 더 큰 혜택을 가져다주는 것이었다. 비록 전화와 라디오가 방대한 새로운 네트워크들을 창출하기는 했지만, 이들은 중심에 허브를 두고 거기에서 무수히 많은 가지들이 뻗어나가는 식의 구조를 가진 네트워크였으므로, 단절시키거나 도청하거나 통제하기가 비교적 쉬웠다. 신문, 영화, 텔레비전 등과 마찬가지로 라디오 또한 진정한 네트워크 기술은 아니었다. 왜냐면 이는 콘텐츠 제공자에게서 청취자 쪽으로 가는 일방향의 소통을 내포하고 있는 게 보통이기 때문이다. 무선 통신 기술을 사용하여 대화를 나누는 자들은 보통 '무선 통신 기술사들radio hams'이라는 괴짜들로 여겨졌으며, 그러한 기술은 전혀 성공적으로 상업화된 적이 없었다. 요제프 괴벨스가 라디오를 '전체주의 국가의 영적인 무기'라고 묘사했던 것은 실로 납득할 만한 이야기였다. 스탈린은 아마도 여기에다가 전화야말로 남들의 이야기를 엿듣고자 하는 이들에게 신께서 내린 선물이라고 덧붙였을지도 모르겠다.

이러한 기술들은 보다 자유로운 사회에서도 사회적 통제의 도구로 쓰였다는 사실을 기억해야 한다. 미국에서는 대륙 간 전화 서비스가 1915년 1월 25일에 시작됐으며,[1] 이 전화 시스템은 금세 시어도어 베일Theodore Vail의 AT&T의 모습으로 전국적 독점의 권력 아래로 들어오게 된다.[2] 비록 미국의 네트워크(이는 에든버러 출신의 발명가 알렉산더 그레이엄 벨Alexander Graham Bell의 이름을 따서 '벨 시스템'이라고 알려져 있다)는 사용자라는 관점에서 보면 대단히 탈중앙화된 성격을 유지하였지만(1935년의 경우 주 경계를 넘는 절화 통화의 비율은 1.5퍼센트도 되지 않았다), 기술적 표준화 그리고 소유권의 관점에서 보자면 완전히 단일한 시스템이었다.[3] 베일은 이렇게 선언했다. "경쟁이란 **다툼**strife을 뜻하며, 산업 전쟁을 뜻한다. 곧 분쟁을 뜻하는 것이다."[4] 그가 가진 비전은 "모든 장소의 모두가 다른 모든 장소의 모두와 서면을 통해서 혹은 직접적인 목소리로 소통하는 것을 전기로 전송하는 단일의 보편적인 전선 시스템"으로서, "모든 이들의 집을 서로 연결해주도록 광활하게 펼쳐져 있는 한 나라의 고속도로 시스템만큼 광범위하고 보편적인 시스템"이었다.[5] 베일은 자신의 독점체

바깥으로부터 오는 모든 혁신에 대해 적대적이었지만, 또한 자신의 네트워크에 대한 정부의 감시에 대해서는 아주 개방적인 태도를 취했다.[6] 전화처럼 회선교환circuit switch 방식을 사용하는 시스템이라면 도청은 항상 아주 간단한 일이다. 그래서 전화 도청은 이미 1890년대에 시작된 바 있으며, 시애틀의 밀주업자 로이 옴스테드Roy Olmstead 사건에서 대법원이 전화 도청으로 얻은 증거를 인정하여 유죄를 선고함으로써 도청행위 또한 합헌이라는 판결이 나온다. 게다가 그 전례들도 있었다. 1865년 미국 우체국에서는 음란물을 압수할 권리를 부여받게 되었는데, 이는 당연히 개인 간의 사적 우편물을 뜯어봄으로써만 수색이 가능한 일이었다. 미국의 군 정보기관은 1920년대에 웨스턴 유니온 전보회사와 협정을 맺고 수상한 전보들을 가로챌 수 있게 됐다. 1929년 국무장관 헨리 스팀슨Henry L. Stimson은 일본의 군사 전보를 가로챈 것을 읽기를 거부한 적도 있었다. 그의 표현을 빌리면, "신사는 남의 편지를 읽지 않는다"는 완벽하게 고색창연한 이유에서였다. 물론 일본군의 진주만 습격과 그 이후에 벌어진 일들을 통해 그러한 신사도는 완전히 사라지고 잊히게 된다. 1952년에 세워진 국가 안보국NSA: National Security Agency은 소련 첩자를 잡아내려는 노력 속에서 미국의 전보 유통에 대해 대대적인 감청을 실시한다. 한편 에드거 후버J. Edgar Hoover가 이끄는 FBI는 거리낌 없이 수많은 전화선을 도청한다. 한 예로 1963년 10월 19일 법무부 장관 로버트 케네디Robert F. Kennedy는 FBI가 마틴 루터 킹 목사의 가정과 사무실 전화선의 도정을 시작하도록 인가한다. 킹 목사에 대한 이 감시 프로그램은 1966년까지 계속된다.[7]

라디오는 그렇게까지는 중앙집권화되지는 않았다. 그 부분적인 원인은, 훗날 13대 대통령이 되는 허버트 후버Herbert Hoover가 상무성 장관으로 재직할 당시 전파에 대해 연방 정부가 통제하는 것에 저항했기 때문이었다. 1927년의 라디오법Radio Act은 연방 라디오 위원회FRC: Federal Radio Commission에다가 전파의 주파수역대를 잘게 나누어 신청자들에게 특정한 주파수, 송파 전력, 위치, 시간 등을 배분하는 권한을 부여했다.[8] 그로부터 7년 후에는 새로 생겨난 연방통신위원회FCC: Federal Communications Commission가 이 역할을 넘겨받는다. 그 이후로 자신들이 '공공의 편의, 이익, 필요'—이는 신문에는 결코 적용된 적이 없는 기준들이다—에 복무하는 방송사라고 FCC를 설득하는 데 성공한 이들만이 3년에 한 번씩 허가권을 얻게 된다. 그 결과 방송에서의 언론 자유는 규제 당국들은 물론 상업적 이해관계에 의해서도 (왜냐면 광고가 중요한 수입원이므로) 심각하게 제약당하게 된다.[9]

냉전 시대 초기에는 많은 지식인들이 미국 또한 전체주의적 경향들을 키우고 있다고 두려워했지만, 미국에서의 삶과 소련에서의 삶에 근본적인 차이가 있었다는 것은 말할 것도 없다. 백인 미국 시민들은 헌법에 보장되어 있는 모든 시민권과 정치적 권리를 향유했으며, 정부가 이를 침해할 경우 마음만 먹으면 이를 놓고 법원에서 다툴 수도 있었다. 하지만 많은 흑인 미국인들에게도 미국에서의 삶이 분명히 소련에서의 삶보다 나았느냐를 따진다면 답은 그렇게 명백하지 않다. 그리고 소련의 선전 기관에서는 이 점을 십분 활용해 선전 활동에 써먹었지만, 소련에서는 상황이 달랐는지를 생각해보면 이는 참으로 위선적인 일이었다. 1910년대 말, 1950년대, 1960년대 초까지를 지배했던 사회적 순응주의의 귀결은 제도화된 인종 차별이었다. 지금이나 그때나 아프리카계 미국인들은 형벌 시스템과 충돌하게 될 가능성이 현저하게 높았다. 한 예만 들어도 이점은 분명히 드러난다. 1933년 4월 10일 웨스트체스터Westchester 카운티의 판사 조지 스미스George W. Smyth는 15세의 '유색' 소녀 엘라 피츠제럴드Ella Fitzgerald*를 뉴욕 주 허드슨Hudson에 있는 뉴욕 주립 직업 훈련 소녀원New York State Training School for Girls에 15년간 감치를 선고한다. 왜냐면 그녀가 '도저히 다룰 수 없고 그녀 어머니의 정당하고 합법적인 명령에 순종하려 하지 않는다'는 것이었다. 이곳은 아이들이 행복하게 지낼 수 있는 기관이 전혀 아니었다. 야코브 모레노가 최초의 '교우도交友圖, sociogram'를 고안했을 때 그 목적은 당시에 폭발적으로 늘었던 퇴학생들과 자퇴생들을 돕고자 했던 것이었다(서론을 보라). 1930년대에는 네트워크 이론까지도 팬옵티콘**의 건설에 복무했던 셈이다. 다행히 피츠제럴드는 맨해튼으로 도망가서 가수로서 빛나는 스타가 된다. 하지만 그녀가 만약 소련에서 태어나 자랐더라면 훨씬 더 잔혹한 대우를 받았을 것이다.

미국 사회는 19세기에 그 결사체 생활의 풍부함으로 이름이 높았고 또 이는 사실이기도 했다. 앞에서 보았듯이, 알렉시스 드 토크빌은 그것이야말로 미국 민주주의가 성공하게 된 기초의 하나라고 보기도 했다. 하지만 미국 안에서 이렇게 여러 사회적 네트워크를 만들기가 아주 쉬웠던 점이 오히려 취약점이 되기도 했다. 19세기 말과 20세기 초에 남부 이탈리아에서 큰 이민자의 물결이 밀어닥치면서 어떤 외국의 네트워크

하나가 바로 이 점을 철저하게 이용하여 미국 사회 안으로 들어올 수 있었으니까. 그 네트워크는 마로 '마피아'였다. 이 과정은 마리오 푸조Mario Puzzo의 소설 『대부The Godfather』와 그에 기초한 영화를 통해 크게 미화되기도 했다. 이 영화는 절대로 순수한 허구는 아니었다.* 실제로 뉴욕과 외곽의 대도시 지역에서는 도박, 고리대, 보호비 명목의 갈취, (금주령 시대에는) 밀주업의 대부분을 통제하는 '다섯 가문들'이 있었다. 이들의 기원은 맨해튼의 로어이스트사이드Lower East Side와 이스트할렘East Harlem의 '리틀 이탈리아Little Italy'와 같은 남부 이탈리아인들의 이민 공동체였다. 주인공 비토 콜레오네는 가공의 인물이지만 부분적으로는 루치아노/제노비스Luciano/Genovese 가문의 프랭크 코스텔로Frank Costello(본명은 프란체스코 카스티야Francesco Castiglia) 그리고 또 부분적으로는 감비노Gambino 가문의 카를로 감비노Carlo Gambino에 기초를 둔 것이다. 가수 조니 폰타네Johny Fontane는 프랭크 시나트라가 분명했다. 유대인 폭력배들 또한 실제 인물들이 기초하고 있었다. 잔혹한 라스베이거스의 카지노 운영자 모 그린Moe Greene은 벤저민 '벅시' 시걸Benjamin 'Bugsy' Siegel 그리고 좀 더 머리를 쓰는 하이먼 로스Hyman Roth는 마이어 랜스키Meyer Lansky가 모델이다. 푸조는 또한 미국에서 마피아가 휘둘렀던 영향력의 정도를 크게 과장한 것도 아니었다. 2차 세계 대전 이전까지 랜스키와 시걸은 살바토레 '럭키' 루치아노Salvatore 'Lucky' Luciano와 함께 '위원회The Commission'를 설립하여 모

---

* 새미 '더 불' 그라바노Sammy 'the Bull' Gravano는 이렇게 말했다. "영화를 보고 나오는데 멍하더라고… 극장을 어떻게 빠져나왔는지도 모르겠어. 아마 저건 지어낸 이야기겠지만, 나한테는 아니야. 저건 완전히 우리 이야기라니깐. 정말 믿을 수가 없어. 나는 우리 마피아 정식 단원 녀석들과 이 영화 얘기를 참 많이 했는데 나랑 똑같은 느낌을 받은 놈들이 아주 많았어."

종의 중앙 통치와 같은 것을 비단 뉴욕의 5대 가문뿐만 아니라 미국 전역의 폭력조직에 대해 강제하려고 했다. 루치아노는 1936년 특별 검사 토머스 듀이Thomas E. Dewey(훗날 주지사가 된다)에 체포돼 매춘굴 운영 혐의로 기소됐으며, 이에 그가 군림하는 기간도 사실상 끝이 난다. 하지만 그의 자리는 곧 코스텔로가 차지한다. 또한 1950년대가 되면 다양한 마피아 가문들이 엔터테인먼트에서 혁명 이전 쿠바에서의 카지노에 이르기까지 여러 합법적 사업에 깊이 연계되어 있었고 또 조직노동 및 정치와도 깊은 관련을 맺고 있었던 것도 분명한 사실이었다. 한 예로 1960년 대통령 선거에 출마한 존 F. 케네디는 공화당 후보 리처드 닉슨을 패배시키기 위해 마피아의 지원을 요청했을 가능성이 있으며, 케네디가 시카고 폭력배 샘 지안카나Sam Giancana와 함께 주디스 캠벨 엑스너Judith Campbell Exner를 정부情婦로 공유했던 것은 틀림없는 사실이다. 1960년 8월~1961년 4월 사이 CIA는 마피아의 살인 청부업자들을 사용하여 피델 카스트로를 암살하고자 했다. (하지만 마피아가 케네디 암살에 관여했을 것으로는 보이지 않는다. 이러한 음모 이론은 정부 차원의 공식 수사와 학자들의 세밀한 조사에 의해 부정되었음에도 전혀 사라지지 않고 있다. 푸조는 다행히도 이러한 음모 이론을 자신의 소설에 집어넣고자 하는 유혹을 뿌리쳤다.)

하지만 마피아가 조직적으로 세련된 집단인 것처럼 과장하는 경향이 존재해왔다. 그 이유는 다름이 아니라 마피아가 실제로 어떻게 운영되고 작동하는지에 대한 믿을 만한 문헌이 거의 존재하지 않았기 때문이다. 사용할 수 있는 정보원은 입을 연 마피아 단원들의 자백뿐이지만 이 또한 소수에 불과하다. 마피아 단원들 입단식을 거행할 때에 동료들을 배반하고 당국에 넘겼다가는 죽음의 고통을 겪게 된다는 침묵의 규율인 '오메르타Omertà'를 서약하는데, 이들은 그 서약을 깬 이들인 것이다. 마피아 단원들이 자신들을 마피아라고 부르지 않고 '코사 노스트라Cosa Nostra(우리의 것)'라고 부른다는 것을 알게 된 것도 조지프 발라치Joseph Valachi의 증언 덕분이었다. 그는 1963년 정부 운영에 대한 미 상원 영구 소위원회Permanent Sub-committee on Investigation of the Senate Committee on Government Operations에서 증언하며 이런 사실들을 폭로했다. 그로부터 23년 후 이탈리아-브라질계의 밀고자 토마소 부세타Tommaso Buscetta는 미국의 검찰에 전형적인 마피아 가문의 위계 구조를 이렇게 묘사했다. 맨 위에는 두목인 '가장capofamilia' 혹은 '대표rappresentante'가 있고, 그 바로 아래에는 '부두목capo bastone, sotto capo'이 있으며, 두목에게는 한두 명의 '자문consigliere'이 있다고 한다. 대원들은 보통 열 명의 '병사들soldati, operai, picciotti'로 이루어진 '10인대demina'로 조직되며, 각 집단은 '10인대장capodecina'이 지휘한다고 한다. 조반니 브루스카Giovanni Brusca는 '돼지Il Porco'라는 별명을 가진 시칠리아의 마피아 단원으로, 마피아와 전쟁을 벌이던 검사 조반니 팔코네Giovanni Falcone를 1992년 살해한 사람이었다. 그는 1996년 체포된 후의 증언에서 자기가 1976년에 치렀던 입단식을 묘사했다. 그는 시골 농가의 한 '연회'에 초대됐으며, 그 식탁에는 몇 명의 마피아 단원들이 자기를 둘러싸고 있었다고 한다. 식탁 위에는 총 한 자루, 단도 한 자루, 성인의 그림이 그려져 있는 종이 한 장이 놓여 있었다. 먼저 브루스카가 일생을 범죄자로서 살겠다는 서약을 받아들이자 대부분의 선배 단원들이 돌아가며 그의 손가락을 바늘로 찌르고서 그에게 그 피를 성자의 그림 위에 바르라고 했으며, 그 다음에는 그 종이를 불에 태우라고 했다. "만약 코사 노스트라를 배반한다면 네 놈의 육신도 이 성자처럼 불에 타게 될 거다." 물론 이런 이야기들은 매혹적이기는 하지만 어느 정도까지 신뢰해야 하는 것일까? 한 가지 가능성은 이런 구조들과 의식들이 설령 정말로 존재한다고 해도 사실은 비교적 최근에 생겨난 것이리라는 것이다.

'마피아'라는 말은 본래 시칠리아 섬의 독특한 역사에서 생겨난 문화혹은 생활 방식을 일컫는 것이었다. 이 말은 '껄렁거리는swagger' 혹은 '허세를 피우는bravado'이라는 의미를 뜻하는 '마피우수mafiusu'에서 나온 것이다. 이 말의 어원은 아마도 옛날 이 섬을 통치했던 이슬람 세력의 잔재인 아라비아어에서 왔을 것이지만, 오랜 논쟁에도 불구하고 결론이 나지 않았다. 이 말이 널리 쓰이게 된 계기는 1865년 상연된 잘 알려지지 않은 연극인 '비카리아의 마피아 단원들mafiusi di la Vicaria'이었으며, 그로부터 2년 후 투스카니아의 귀족인 필리포 구알테리오 백작Count Filippo Gualterio이 공식적으로 이 말을 처음 사용했다. 하지만 막상 시칠리아 사람들이 더 잘 쓰는 말은 '명예회Onerata Società'이다. 역사가 디에고 감베타Diego Gambetta는 이 '명예회'를 본질적으로 '사설 청부 폭력 기업들의 카르텔'이라고 규정했다.[10] 이는 시칠리아가 이탈리아 왕국―사실은 피에드몽 제국―의 일부로 19세기 말 통합됐을 때 생겨났다고 한다. 당시는 경찰이라고 할 만한 게 없었으므로 지주들은 자기들의 땅과 농산물을 지키기 위해서 사설 군대에 의존하는 수밖에 없었다. 이는 그 후 계약을 집행하는 하청업의 보편적 시스템으로 진화했고, 계약을 깨는 이들은 처벌로서 살해했다. 이와 비슷한 '결사체'들이 이탈리아 남부의 다른 곳에서도 생겨난다. 캄파니아 지역에서 생겨난 카모라Camorra, 칼라브리아 지역의 드랑게타'Ndrangheta, 아풀리아 지역의 사크라 코로나 유니타Sacra

_{Corona Unita} 등이다. 이 지역이 오늘날까지도 빈곤을 면치 못하고 있는 것을 보면, 이러한 조직이 사회적 질서를 구성할 최적의 기초가 못 된다는 것이 분명하다. 하지만 이런 것들을 '조직'이라고 부르는 것 자체가 잘못일 것이다. 나폴리의 역사가이자 정치가인 파스쿠알레 빌라리_{Pasquale Villari}는 이렇게 분명히 말한다. '마피아는 성문법 따위를 갖고 있지 않으며, 이는 비밀 결사도 아니며, 심지어 결사체라고 보기도 어렵다. 이는 사람들이 자발적으로 뭉쳐서 만들어냄으로써 형성되는 것이다.'[11] 시칠리아의 마피아는 이토록 허깨비 같은 존재라서 파시즘 통치 시절 체자레 모리_{Cesare Mori}가 팔레르모의 '철권 도지사'로 부임했던 기간(1925~29년)에는 소탕하기가 어렵지 않았다는 게 드러난 바 있다.[12]

또한 1943년 여름 시칠리아가 연합군의 손에 떨어졌을 때, 연합군 정부가 무슨 방법이었는지는 몰라도 이 섬에 마피아의 권력을 재건하기 위해 함께 공모했다는 주장이 가끔 나오고 있다. 그리고 여기에서 '럭키' 루치아노가 시칠리아 마피아와 연합군 사이의 중개자 노릇을 했다는 것이다. 이러한 주장들은 근거가 없다. 실상을 보자면, 연합군 장교들은 자신들이 이 섬에서 마주치게 된, 무솔리니의 파시즘 통치 기간에는 모습을 감추었지만 이제 도처에서 스멀스멀 다시 나타나고 있었던 범죄 문화를 대단히 냉철하고 지혜롭게 꿰뚫어 보고 있었다. 한 예로 1943년 10월 팔레르모에 주둔하고 있었던 미국의 부영사인 스코튼 대령_{Capt. W. E. Scotten}은 마피아란 중앙집권적으로 조직된 실체가 아니라 일종의 네트워크에 가까운 것이며, 이들을 묶어주는 것은 명예와 비밀의 규율일 뿐이라고 주장했다. '마피아는 모두가 인정하는 지도자들을 정점으로 하여 위계적으로 구성된 공식적 조직이라고 보기 힘들다.'

조직이라고 할 만한 것이 있다 해도 이는 수직적이 아닌 수평적 성격의 것이다. 이는 범죄자들의 모임으로서, 그들을 묶어주는 공통의 유대는 정부 당국의 간섭을 좌절시킨다는 공통의 이해일 뿐이다. 이는 법 집행에 반대하기 위한 공모로서, 이것이 본질적으로 취하는 형태는 '오메르타'라고 알려져 있는 침묵의 음모다. 이는 모든 이들에게 강제되는 규율일 뿐만 아니라 그 희생자들에게도 강제되는 규율이다. 어떤 의미로 보면 마피아는 결사체 이상의 존재다. 이는 또한 모종의 사회 시스템이며, 삶의 방식이며, 하나의 직종인 것이다. 따라서 경찰의 관점에서 보았을 때의 난점은 바로 마피아라는 것 자체의 독특한 성격에 있다. 만약 이것이 공식적 조직이라면 그 지도자들을 맨 꼭대기부터 시작해 계속 제거해나가는 방법으로 붕괴시킬 수 있겠지만, 실제로는 그런 조직이 아니기 때문이다.[13]

파시즘이 종식되고 또 전쟁이 끝난 시칠리아는 혼란에 빠져 있었으며, 이를 통치해야 했던 점령군으로서는 실로 엄청난 행정상의 문제들에 휩싸이게 된다. 따라서 스코튼과 같은 공직자들은 고통스러운 현실에 직면해야만 했다. 이 괴상하고도 폭력적인 문화를 제가할 수 있는 자원이 절대로 부족하다는 것이었다. 이 섬에 어떤 종류이든 질서를 회복하기 위해서는 사실 점령군 또한 어느 정도는 이런 문화와 공존하는 수밖에 없었다. 영국 작가 노먼 루이스Norman Lewis도 비슷한 인상을 받게 된다.[14]

1920년대에서 1960년대까지 미국의 여러 도시에서 활동했던 마피아란 바로 이런 존재였다. 신문에서는 마피아를 두고서 '청부 살인 주식회사Murder Inc.'라고 법석을 떨었지만, 실제로 소설 『대부』에서 그려지는 마피아 가문들은 그 하부의 돈벌이 조직들이 비교적 탈중앙화되어 있었다는 의미에서 볼 때 사실상 그 시칠리아의 원형에 더 가까운 모습이었다. '모든 두목들을 통솔하는 두목capo de tutti capi'이란 없었다. 어떤 가문이든 자기들 시스템을 그런 식으로 공식화하려고 시도했다가는 그 순간 끝장이었다. 이것이 바로 스코튼이 정확히 이해했던 바였다. 소설『대부』에 그려진 시대는 이런 의미에서 볼 때 마피아가 기고만장했던 시기라고 할 수 있다. 범죄 조직이 좀 더 조직을 갖추면서도 그와 동시에 범죄성을 탈각하려고 시도했던 시기였으니까. 하지만 미국에서 1970년 '범죄조직에 영향을 받는 부패한 조직 관련 법RICO Act: Racketeer Influenced and Corrupt Organization Act'이 통과되자 미국 마피아는 놀랄 정도로 쉽게 와해돼 버린다. 1980년대에 들어오면 미국 전역에서 무려 23명의 보스들이 유죄 판결을 받았고, 13명의 부두목과 43명의 지역 대장들도 잡혀 들어갔다. 이 네트워크는 영화에서 묘사된 것과 같은 모습의 위계제가 되려는 실수를 저질렀고, 그 결과는 이렇게 치명적이었던 것이다.

이렇게 불법적인 네트워크들이 창궐하고 또 미국의 정치 엘리트에까지 침투해 들어갔던 반면, 완벽하게 합법적임에도 불구하고 정부 당국의 끊임없는 학대에 시달렸던 네트워크들도 있었다. 미국의 흑인들은 자신들의 평등한 민권을 쟁취하기 위한 운동을 시작하자마자 불법적 억압과 합법적 억압 모두에 직면하였고 그 억압의 수준은 실로 충격적일 정도였다. 이들의 민권 운동의 기원은 흑인들의 교회, 흑인들의 대학, 그리고 일찍이 1909년에 설립된 '유색인의 발전을 위한 전국 연합National Association for the Advancement of Colored People'의 남부 쪽 지부들 등에서 시작되었다.[15] 흑인들의 운동을 도무지 중지시킬 수가 없었던 것은 그 운동이 이토록 깊은 제도적인 뿌리를 가지고 있었다는 바로 이러한 이유 때문이었으니, 이들은 매주 일요일 모여서 운동을 정비하고 또 새롭게 시작했던 것이다. 마틴 루터 킹 목사가 말한 바 있듯이, "대중 집회를 열 때는 자원 봉사자들을 모집하는 초청 기간이 있다. 매주 일요일 흑인들이 다니는 교회에서도 초청 기간이라는 게 있어서 모여든 사람들에게 목사가 교회에 등록할 것을 권유한다. 1920년대, 30년대, 40년대가 되면서 사람들은 제 발로 나서서 우리의 군대에 참여하기 시작했다."[16] 흑인들의 민권 운동을 훼방 놓고 패배시키기 위해 아주 집요한 작전이 벌어졌고, FBI가 킹 목사의 집 전화를 도청했던 것은 그 아주 작은 일부에 불과했다. 하지만 그러한 작전은 결국 실패하고 말았다. 이와는 대조적으로 동일한 기간에 백인 미국인들도 여러 저항 운동을 조직하려고 투쟁을 벌였다. 1957년 LA 카운티에서 벌어졌던 재산세 반대 시위가 그 좋은 예다. 그 해 부과된 세액이 더 높아져서 사람들의 분노가 광범위했지만 이 반대 운동은 결국 사그라들고 말았다. LA의 교외에는 남부의 흑인 교회에서 생겨났던 것과 같은 종류의 사회적 네트워크도 지도력도 없었기 때문이었다.[17]

물론 미국인들은 네트워크를 맺고자 하는 자신들의 충동과 본능을 잃어버리지 않았다. 그래서 20세기 중반이 되면 미국 역사상 가장 큰 성공을 거둔 사회적 네트워크 하나가 생겨난다. 알코올중독자들의 자활 네트워크인 알코올중독자협회AA:Alcoholic Anonymous였다. 이는 1935년 윌리엄 윌슨William Wilson (빌 W.Bill W.)이라는 이름의 뉴욕 증권 브로커와 오하이오 애크런Akron의 의사인 로버트 스미스Robert Smith (밥 박사Dr. Bob)가 1935년 애크런에서 창립한 단체로, 알코올중독자들에게 중독에서 깨어나

금주로 가는 12단계의 길을 제시했다. 하지만 그 단체의 진정한 힘은 따로 있었다. 중독자들이 모여 자신의 증상과 경험을 고백하고 공유하는 정기 회합을 조직했던바, 이 회합이 치유의 네트워크 효과를 발휘했던 것이다.[18] 윌슨은 그전에 또 다른 만성 알코올중독자인 에비 대처Ebby Thatcher와 우연히 만났으며, 비록 이는 이사야 벌린과 안나 아흐마토바의 만남처럼 지적으로 대단한 것은 아니었을지 몰라도 이후 전 지구적 네트워크로 발전하게 되는 첫 번째의 불꽃이었다.* '생각나기 시작했다.' 윌슨은 이렇게 회상했다. '내가 알코올 중독자들 사이에서 연쇄 반응을 생각했을 때, 누군가 이 메시지와 이 원칙들을 한 단계 발전시켰다.' 옛날에도 또 오늘날에도 AA의 놀라운 특징은 그 단체가 종교 단체에 가까우면서 동시에 정치적으로는 완전히 무당파성을 유지하고 있다는 점이다. (사실 이는 기독교 복음주의의 옥스퍼드 그룹Oxford Group에서 발전된 모임이었다.) 물론 누군가가 FBI의 수장 에드거 후버에게 기발한 논리를 짜내 알코올 중독도 공산주의와 분명히 무슨 관계가 있는 것이라고 밀고했다면 AA 모임 또한 곧바로 FBI의 감시 아래로 들어갔을 것이다. 실제로 AA 단체들은 최초에는 사회적인 흠결을 (물론 알코올 중독이라는 문제 이외에) 가진 이들은 배제하는 경향이 있었다. 이를테면 (윌슨이 아이러니의 어조로 표현했던 바에 따르면) '거지들, 부랑자들, 정신병원 환자들, 감옥의 죄수들, 동성애자들, 분명히 미친놈들, 타락한 여자들' 등이었다. 이 조직이 다른 모든 조건들을 무시하고 오로지 '술을 끊겠다는 욕망'을 고백

---

* 오늘날 전 세계에 AA에 등록되어 있는 단체의 수는 대략 11만 5,000개에 달하고 있으며, 150개국 이상에서 200만 명 이상이 참여하고 있다.

하는 이들이라면 무조건 받아들이자고 결의한 것은 1949년이 되어서였다.[20]

전체주의 국가에서 벌어졌던 여러 병리적 현상들은 결국 사람들로 하여금 알코올 중독으로 끌고 가게 되었다. 그리고 비록 정도는 훨씬 더 부드러웠다고 해도 동일한 시대에 민주주의 나라들에서 나타났던 권위주의적 특징들 또한 사람들을 알코올 중독으로 몰고 가는 데에 있어서는 다르지 않았다. 고래처럼 술을 퍼 마셨던 것은 케임브리지의 첩자들만이 아니었다. 20세기 중반의 보통 사람들은 대부분 관용이라고는 눈곱만큼도 찾아볼 수 없는 명령의 위계 서열에 붙들려 있었던 데다가 괜히 이런저런 사회적 네트워크에 가담했다가 불순분자라고 오해받는 것도 무서웠으므로 결국 술병 속에서 위안을 찾을 수밖에 없었던 것이다. 소련 사람들이 선택했던 마약은 익숙하기 짝이 없는 보드카였다. 나치 독일에서는 군비 재무장 때문에 술을 생산하지 못했으므로 페르비틴Pervitin(메스암페타민 성분의 각성제)이나 유도칼Eudokal(모르핀 파생물)과 같은 좀 더 이국적인 약들을 선호했다.[21] 금주령 이후 미국에서 소비됐던 독주의 양은 오늘날 돌이켜보면 실로 충격적일 정도였다. 양차 대전을 겪은 세대들은 또한 거의 자살 행위에 가까울 정도로 줄담배를 피워대는 골초들이었다. 그렇지만 그러한 자극제들이 내놓을 수 있는 위안이란 실로 덧없는 것들이었다. 올더스 헉슬리의 소설 『멋진 신세계』(1932)에 보면 유전자 조작을 이용한 우생학에서 안락사까지 인간의 삶을 온통 지배하는 '포드주의 세계 국가'가 마약류까지도 통제하는 것으로 나온다. 그리고 비순응주의자 버나드 마르크스Bernard Marx의 운명은 결국 유배다. 오웰의 『1984년』(1949)에서도 주인공 윈스턴 스미스가 '에어스트립 원Airstrip One*에 대한 빅브라더의 지배에 성공적으로 도전할 가능성은 눈곱만큼도 보이지 않는다. 그의 운명은 고문과 강제 세뇌일 뿐이다. 20세기 중반에 나온 문학 작품의 주인공들을 보면 이런 식으로 파괴당하는 경우가 놀랄 정도로 많다. 존 헬러John Heller의 작품에 나오는 존 요사리안John Yossarian에서 알렉산더 솔제니친Alexander Solzhenytsin의 이반 데니소비치Ivan Denisovich를 거쳐 존 르 카레John le Carré의 알렉 리마스Alec Leamas(이 인물은 알코올중독자로 그 스스로 알코올중독자인 배우 리처드 비튼Richard Burton의 연기로 잊을 수 없도록 묘사된 바 있다)에 이르기까지. 인간이 만들어낸 이데올로기의 전염병이 몇 번 지나가고 나자, 인간이 스스로의 손으로 자신의 간과 폐를 망가뜨리는 무서운 질병이 온 지구에 창궐한 것이다. 참으로 적합한 결과다.

---

*　「1984년」에서 세계는 세 개의 거대한 제국으로 나뉘어 있고, 그중 하나인 오세아니아에 포함된 영국과 아일랜드는 '에어스트립 원'이라는 이름으로 불린다.(옮긴이)

정글을
차지하라

42장

장기 평화

위계적 질서의 거대한 두 제국이 냉전이라는 전쟁을 시작하면서 완전히 비정치적인 성격의 것을 제외하고는 네트워크라는 게 들어설 공간이 거의 없어져버리고 말았다. 하지만 두 제국 각각의 핵심부에서 지리적으로 멀리 떨어질수록 그 중앙 계획자들의 통제력의 총체적 성격 또한 줄어들었다. 3차 세계 대전이 벌어지기는 했지만, 이는 성층권을 가로지르는 핵미사일의 전쟁이 아니라 나중에 제3세계로 알려지게 되는 곳의 정글에서 반자동 소총 등의 무기로 이루어진 전쟁이었다. 이곳은 철도·도로·전보·전화 등의 네트워크가 미치는 범위에서 한참 멀리 떨어진 곳이기에 미국, 소련 등의 초강대국들 또한 자기들 권력의 기반이 되는 명령과 통제와 통신 수단을 모조리 빼앗길 수밖에 없는 곳이었다. 이먼 곳의 가난한 나라들에서 이렇게 이 제국들의 여러 한계가 노출되자 이는 변증법적으로 작동해 그 제국 국내의 정치 구조에도 위기를 가져왔다. 그래서 1970년대와 1980년대가 되면 여러 네트워크의 부활과 위계제의 붕괴가 동시에 벌어지며, 소련 및 동유럽 제국의 몰락은 그런 흐름의 정점에서 벌어진 사건이었다. 바로 이 동일한 기간에 인터넷이 탄생했다는 사실을 볼 때, 기술이 다시 한 번 세력 균형을 뒤바꿔놓았으며 이번에는 전체주의 국가와 그것이 낳은 권위주의 국가들이 불리한 쪽으로 몰리게 되었다고 말하고픈 유혹을 느끼게 된다. 또한 그러한 입론이 완전히 불가능한 것도 아니다. 앞으로 보겠지만 역사적 과정이란 그렇게 깔끔하게 떨어지는 것이 아니다. 인터넷은 20세기 말에 나타난 위기의 원인이 아니라, 위계적 권력이 붕괴한 결과로 나타났던 것으로 보인다.

냉전을 다루는 역사가들은 냉전이 어째서 차가운 상태를 유지했던 것인지, 다시 말해 미국과 소련이 어째서 옛날 영국과 독일 제국이 두 번이나 맞붙었던 식으로 전쟁을 벌이지 않았는지를 놓고 논쟁을 벌였다. 이에 대해 흔히 나오는 대답은 핵무기의 도래로 인해 전쟁에 따르는 위험이 너무나 커졌기에 워싱턴과 모스크바의 국가지도자들이 1914년과 1939년 런던과 베를린의 국가지도자들보다 훨씬 더 위험회피형으로 바뀌었다는 것이다. 또 다른 접근으로는 동맹의 여러 네트워크가 1945년 이후 그 어느 때보다 더 안정되었다는 주장이 있다. 미국과 소련 모두 거대하고 밀도 높으며 비교적 안정된 동맹국 네트워크를 구축했으며, 이 네트워크들은 각각 상호 방위의 약속과 상업적 통합을 결합시켜 놓은 것들이었다는 것이다. 1816년에서 1950년에 이르는 동안 한 나라가 맺은 동맹의 숫자는 평균적으로 볼 때 2.5가 약간 넘는 정도였다. 반면

1951년에서 2003년까지 그 숫자는 4배 이상으로 증가한다(10.5).[1] 여기에 더해 무역의 성장으로 인한 갈등이 줄었다는 것을 지적하면서 이런 주장을 보강하기도 한다.[2] 흥미롭게도 전략적 목적에서 생겨난 안보 동맹이 성장하게 되면 그 동맹 내부에서의 무역 또한 따라서 증가했던 것으로 보인다.[3] 그러한 네트워크 효과들은 일정한 역할을 했던 게 분명하다. 하지만 군사적 협정이든 경제적 협정이든 냉전 시대에 벌어진 거의 모든 협정은 그 위계적 구조를 본질적 특징으로 삼는다. UN 안보리에 있는 강대국들은 결코 동의하지 않겠지만, 강대국의 묶음을 다른 식으로 구성하는 것도 얼마든지 가능하다. 예를 들어 1957년 로마 조약에 본래 서명했던 여섯 나라*로 묶을 수도 있으며, 1974년 세계 5대 경제 대국의 금융 당국자들의 비공식 모임으로 시작된 'G7'의 본래 회원국들(미국, 영국, 서독, 일본, 프랑스)로 묶을 수도 있다.

하지만 냉전이 '장기 평화'였다고 보는 관점은 오직 이러한 선진국들로 시야를 국한할 때에만 성립하는 이야기다. 세계 전체를 놓고 보면, 1950년대에서 1980년대에 이르는 기간은 아프리카, 아시아, 남미 등에서는 전혀 평화로운 기간이 아니었다. 이 지역에서는 내란이 어디에나 만연했고, 내란의 양측 모두가 미국과 소련의 군사적 지원을 받아 그 대리전을 치르게 되면서 그 내란이 대규모 전쟁으로 비화되는 경우가 대단히 많았다.[4] 냉전 시대는 또한 유럽 각국이 해외에 둔 제국이 해체되는 혁명과 쿠데타의 시대이기도 했다. 이러한 여러 정치적 위기가 전염

---

* 1957년 로마에 모인 프랑스, 서독, 이탈리아, 벨기에, 네덜란드, 룩셈부르크 등은 유럽경제공동체 EEC를 창설하기로 합의한다.(옮긴이)

성을 갖고 있다는 인식이 나타났으며, 이로 인해 '도미노 효과'라는 개념이 생겨났다.[5] 프랑스가 인도차이나 반도에서 호찌민의 베트남 해방군에게 패한 직후 미국 대통령 드와이트 아이젠하워가 말한 바 있듯이, "여기 도미노 조각들이 한 줄로 세워져 있다. 첫 번째 조각을 쓰러뜨리면… 그 마지막 조각까지 아주 빠르게 쓰러지게 될 것임은 확실한 일이다." 냉전 시대에 생겨난 여러 동맹이 미국을 가운데에 놓는 바퀴축과 바퀴살 모습의 네트워크였다고 한다면, 도미노 효과는 그러한 네트워크들의 바깥쪽 노드들을 위협하고 있었다. 이 도미노 조각들이 쓰러지지 않도록 막기 위해서는 특수한 종류의 군사 기술들이 필요했다. 이러한 군사 기술들은 훗날 '반란 예방 및 제압counter-insurgency'이라고 알려지게 되지만, 아마도 그 선구자의 한 사람이 붙인 이름대로 '정글 전쟁술jungle warfare'이라고 부르는 것이 더 생생한 묘사가 될 것이다.

43장

장군

포레스터C. S. Forester는 그의 소설 『장군The General』(1936)에서 1차 세계
대전 세대의 전형적인 영국 장군을 선정적인 문체로 그려내고 있다. 이
는 그야말로 20세기 중반의 경직된 위계제를 인격화한 모습이라고 할
수 있다. 그 장군이 어떤 특징을 가진 인물인지 보자.

(심지어) 자신의 하급자들을 선별하는 과정에서도 그리고 그 하급
자들을 통하여 보다 아래의 명령권자들을 선별하는 과정에서도 그
의 특징이 드러난다. 그가 원하는 사람들은 책임을 두려워하지 않으
며 지칠 줄 모르는 에너지와 강철 같은 의지력을 가지고 있는 인물들
이다. 일단 전투 계획이 주어지면 피와 살이 다할 때까지 (부하들뿐만

아니라 자기 자신도) 악착같이 자기 임무를 수행할 것이라고 믿을 수 있는 자들이다. 군사 작전이란 상상력이 없는 인물들이 고안해낸 것이므로 상상력이란 전혀 없는 것이며 따라서 그것을 수행할 인물들도 상상력이 없는 인물이어야 했다. 조금이라도 기발함이나 독창성 같은 것을 보이는 인물은 전투 계획의 관점에서 보자면 철저히 멀리해야 할 대상이다. 모든 장군들은 그 어떤 어려움이나 손실이나 미래에 대한 공포에도 위축되는 법 없이 철저하게 명령에 복종하는 장교들을 자기 하급자로 두고 싶어 했다. 모든 장군들은 자기에게 기대되는 바가 무엇인지를 알았으며(또 그것에 동의하였으며), 자기도 자기 아래에 똑같은 것을 기대할 수 있는 장군들을 부하로 두기 위해 주의를 기울였다. 물리적 폭력이 체계적으로 적용되는 상황에서라면, 인간으로서 대우하여 이것저것 감안해주지 않아도 스스로 알아서 그러한 폭력의 체계에 적응해 들어가는 사람들만이 필요하게 되는 것이다.[1]

위계적 체제에 대해 이보다 더 좋은 묘사를 찾기는 쉽지 않을 것이다. 하지만 1940년대가 되면 영국 육군은 쓰라린 경험을 통해 다른 종류의 좀 더 역동적인 지도력이 필요하다는 것을 배우게 된다. 영국 육군은 두 번의 세계 대전을 치르면서 독일 육군의 특출한 효율성이 전투 계획을 경직되게 시행하는 것에 기초하는 게 아니라 오히려 의사결정의 탈중앙화와 모든 것이 불확실한 전장의 포연 속에서의 유연한 탄력성에 기초를 두고 있는 것이라는 점을 알게 된다.[2] 한 예로 1940년 독일의 기계화 부대들은 자유롭게 떠돌아다니면서 무선 통신과 프랑스의 도로망을 이용해 적군의 전선 후방 깊숙이 전진하며, 이에 적군의 전선이 대혼란에 빠져 붕괴하도록 만든다. 전투가 벌어지는 현장이 쉽게 닿을 수 없는 곳이라면 그곳의 선임자들(장교뿐만 아니라 하사관들도 포함)을 중앙의 명령 및 통제로부터 자유롭게 풀어주는 것이 더욱 중요해진다. 이러한 점이 너무나 극명하게 드러났던 것이 바로 아시아에서 영국 육군이 일본군과 벌였던 전투였다. 미얀마를 놓고 벌어진 양쪽의 전투에서 영국 육군에는 새로운 종류의 장군이 출현하게 된다. 그는 앞에서 포레스터가 묘사한 바 있는 강철 같은 의지력과 상상력이라고는 찾아볼 수 없는 블림프Blimp 장군과 완전히 상극이 되는 인물이었다. 정글 속에서는 '기발함과 독창성'이 오히려 큰 이점이었던 것이다.

인도의 아삼Assam 차 재배 농장주의 아들로 1912년에 태어난 월터 콜이어 워커는 솜므Somme와 이프르Ypres의 학살*이 벌어지던 당시에는 너무 어려서 그 사건을 기억하지 못했다. 워커는 일생 내내 지나칠 정도로 싸움을 좋아했다. 영국에서 학교 다닐 때 그는 혹시 덩치 큰 놈이 와서 겁을 주려는 일이 벌어지면 '그 놈 코에다가 왼손으로 스트레이트를 먹이고 턱주가리에 어퍼컷을 날리는 게' 최상의 대책이라는 생각을 가지고 있었다. 샌드허스트Sandhurst에서 군사 훈련을 받을 때는 빨리 실전에 나가고 싶다고 짜증을 부렸으며, 매일 총만 닦을 게 아니라 실제로 쏘고 싶다며 안달을 부렸다. 구르카 1/8 연대**에서 장교로 복무하던 그는 와

지리스탄Waziristan에서 이피의 파키르Faqir of Ipi*와 싸웠던 작전에서 두각을 나타냈고 특히 매복 기술의 전문가가 됐다. 1944년 워커는 구르카 4/8 연대장이 되었고, 연대장이 되자마자 두 달 동안 재훈련을 실시해 4/8 연대를 무적의 군대로 만들어 무공훈장DSO을 받게 된다. 당시 영국 육군은 새로운 종류의 전쟁 기술을 배우고 있었다. 1943년에 나온 이른바 『정글북Jungle Book』이라는 교범은 이렇게 말하고 있다. '경험으로 볼 때에 명령권을 탈중앙화해 하급 지휘관들이 스스로 판단을 내려서 즉각 행동을 개시할 필요가 있는 상황에 직면했을 때는 스스로의 책임으로 그렇게 하도록 해야 한다…'.3 이는 워커에게는 구원의 복음이나 마찬가지였다. 전쟁이 끝난 후 그는 한 장군의 참모 장교로서 쿠알라룸푸르로 가며, 여기에서 영국군, 구르카 군, 중국군, 그리고 토착민인 다약Dyak 군으로 이루어진 혼성 부대—훗날 '흰 담비 부대Ferret Force'로 알려지게 된다—를 훈련시키라는 임무를 맡게 된다. 1948~49년 동안 말라야 지역은 공산주의 테러 분자들에 의해 모종의 비상사태에 처하게 되는바, 워커는 이때 극동 지상군 훈련 센터Far East Land Forces Training Centre의 지휘관이 되며, 훗날 코타 팅기Kota Tinggi의 정글전 학교Jungle Warfare School라고 알려지게 되는 기관을 확립한다.4 이 학교에서 생겨난 원칙들은 『말라야의 반테러 작전 수행The Conduct of Anti-Terrorist Operations in Malaya』이라는 책자에서 가

---

* 이피의 파키르는 그 추종자들에게는 '존경받는 순례자Haji Sahib'라고 알려져 있었던 이로서, 영국의 식민 지배에 반대하여 지하드를 선포했다. 영국 식민 통치 아래 있던 와지리스탄에서 한 가족이 자신들의 미성년 소녀가 납치되어 강제로 결혼을 당했고 종4까지 이슬람으로 개종당했다고 주장한 사건이 있었는데 영국인 판사가 그 가족들의 입장대로 판결을 내렸던 것이 원인이었다. 파키르는 와지리스탄의 무슬림 부족들을 단합시키는 데 성공했으며 영국 통치에 반대하는 지속적인 무장 투쟁을 벌였다.

장 중요한 것으로 묘사되고 있으며, 이 책자는 사실상 영국 육군에서 반란 예방 및 진압 작전의 교범이 된다.[5] 그 핵심적인 지혜는, 군사 작전의 궁극적 목적을 '게릴라들의 공격으로 합법적인 정치적 통치 과정이 교란되지 않도록' 보장하는 데 두라는 것이다.[6] 이것이 현실적으로 뜻하는 바는, (경찰과 군대의) 공조에 의한 정보 수집에 기초하여 공산주의자들을 가차 없이 뿌리 뽑을 것이며, 이를 위해 공격적인 소규모 부대를 동원해 순찰은 물론 세밀하게 계획된 매복을 행한다는 것이었다.[7] 1958년 워커는 타이거 작전Operation Tiger의 책임자가 된다. 99 구르카 여단이 조호르Johore 주에 마지막으로 남아 있는 공산주의자들을 소탕하는 작전이었다. 훗날 워커는 분명히 말한다. '내가 키운 특수 부대는 CT들(공산주의 테러리스트들)이 온 지 28일 만에 그들을 모두 늪지대에서 확실하게 다 죽여버렸다.' 푹푹 찌는 더위 속에서 4주 동안이나 참을성 있게 매복 임무를 할 줄 아는 군인들은 값을 따질 수 없는 자산이라는 게 워커의 시각이었다. 훗날 멀리 런던에서 명령이 떨어져 1만 명이 넘던 군대를 4,000명으로 줄이도록 하면서 구르카 부대를 떼어내라고 했을 때 워커는 화가 나서 펄펄 뛰었다.[8] 그는 도미노의 비유를 사용해 이렇게 주장했다. '말라야는 동남아시아 지역에서 공산주의를 막는 마지막 방벽입니다. 만약 말라야가 무너지면 이곳에서의 상황은 돌이킬 수 없게 됩니다.'[9]

워커는 자신의 주장을 보르네오 섬의 정글에서 입증했다. 이 섬은 세계에서 세 번째로 큰 섬이다. 철도도 없고, 도로도 거의 없으며, 비행기가 착륙할 수 있는 활주로도 아주 드물다. 그래서 보르네오 섬에서 작전을 펼친다면 그 의사결정권은 탈중앙화될 수밖에 없다. 또한 이 섬은 영국과 네덜란드가 모두 영토를 가지고 있으며 그 경계선은 상당히 자

그림 28
월터 워커 장군. 보르네오의 '대결' 반란을 진압한 영웅으로, 반란 예방 및 진압 작전의 개척자다. 그의 모토가 바로 '정글을 차지하라'였다.

의적으로 그어져 있다. 영국 영토는 사라왁Sarawak, 브루나이Brunei, 북 보르네오North Borneo이며, 네덜란드 영토였다가 이제는 인도네시아로 넘어간 보르네오 지역(칼리만탄Kalimantan으로 알려져 있다)과 갈라져 있었다. 영국은 이 지역에서 최대한 품위를 유지하며 빠져나가기 위한 출구 작전으로 사라왁, 브루나이, 북 보르네오를 말라야 및 싱가포르와 합쳐서 말레이시아 연방Federation of Malaysia을 만드는 것이었다. 하지만 이러한 계획이 성사되기 전에 인도네시아의 지원을 받은 반란이 브루나이에서 일어났으며, 1963년 4월에는 인도네시아 군대가 국경을 넘어 사라왁 동쪽 지역으로 침입하여 쿠칭Kuching 근처의 테베두Tebedu의 경찰서를 없애버리는 사건이 벌어졌고, 이를 기점으로 훗날 '대결Konfrontasi'이라고 알려지는 반란이 시작됐다.

인도네시아의 수카르노Sukarno 대통령은 더 큰 규모의 인도네시아를 꿈꾸고 있었고, 이는 아무리 못해도 보르네오 섬만큼은 전부 다 포함하고자 하는 계획이었다. 그리고 보르네오 섬에 주둔한 영국 군대의 사령관(나중에는 아예 작전실장으로 나선다)인 월터 워커의 임무는 그러한 꿈을 최소한의 비용으로 박살내버리는 것이었다. 워커는 자신의 새로운 자리로 부임하면서 말라야 봉기Malayan Emergency*에서 자신이 겪은 바를 기초로 하여 지령을 내린다. 그는 여기에서 자신이 '성공의 6대 요소Six Ingredients of Success'라고 부른 것을 제시한다.

여러 작전을 통일시킬 것. 제1급의 정보기관을 활용해 시기에 맞는 정확한 정보를 구할 것. 속도, 기동성, 탄력성을 갖출 것. 아군의 기지들은 어디에 있든 어떤 형태(이착륙장, 경찰서, 등등)는 무조건 안전하게 확보할 것…. 정글을 지배(할 것이며)… 주민들 특히 원주인들의 생각과 마음을 우리 편으로 만들 것.10

이는 네트워크 전쟁술의 선언이라고 할 수 있는 글이었으니, 곧 옛날 영국 육군의 경직된 위계적 작동 방식에 대한 반정립이었다. 워커가 가장 즐겨 썼던 단어는 '합동 정신jointmanship'이었다. 그가 말라야에서 배웠던 가장 핵심적인 교훈 하나는 '통일―군 부대 사이에, 군대와 경찰 사이에, 군대 및 경찰 전체와 민간 행정부 사이에 통일' 그리고 '모든 수준에서 모든 순간에 합동 계획과 합동 작전'이라는 것이었다.11 육군, 공군, 해군은 각각의 본부를 합쳤으며 민간 행정 당국 및 경찰과 긴밀하게 일하도록 만들었다.12 워커는 이 새로운 명령 구조를 "민간 행정부, 경찰, 군대의 삼두정치이지만 셋 다 '군부의' 작전실장의 단일한 명령으로 일사불란하게 움직이도록 한다는 것이었다". 그 작전실장의 임무는 '이 시스템이 마치 가위의 두 날처럼 움직이도록 만드는 것이다. 어느 쪽도 다

---

* 1948~60년 말라야 섬에서 계속된 공산주의자들의 영국군에 대한 반란.(옮긴이)

른 쪽에 종속되지 않으면서 서로가 서로를 성공할 수 있도록 만들어주는 것이다.[13] 또한 당시의 무선 통신 기술이 이룬 최대의 수준으로 통신 시스템을 구축하는 것도 중요했다.[14]

지상전에서는 '완전한 기동성과 탄력성'을 갖도록 하는 것이 워커가 강조한 바였다.[15] 전방에서는 어떤 부대이든 최소한 3분의 2의 전력을 "항상 공격 위치에 두어 정글을 지배할 것이며 밤이고 낮이고 모든 길을 매복하라. 그래서 우리가 어디에 있는지를 적들이 절대로 모르게 할 것이며, 언제든 접선이 벌어져 박살이 날 수 있다고 느끼도록 하라". 그의 잊을 수 없는 표현에 따르면, 핵심은 정글을 차지하라own는 것이었다.

그냥 적을 공격해 총질을 한 뒤 기지로 돌아오는 식이라면 아무런 결과도 낼 수가 없다. 정글에 나가 몇 주씩 생활하면서 현지 주민들의 마음과 생각을 얻어내야 하며, 적대적으로 알려져 있는 마을에도 우리의 요원들을 심어야 한다. 그래서 적들이 자기들 게임이라고 생각하는 바로 그 게임에서 그들의 우위에 서야 한다. 이러한 조건에서는 기지로 돌아올 생각을 말고 아예 등에다가 기지를 떠메고 다녀야 한다. 즉, 깃털처럼 가벼운 비닐 천, 양말 하나만큼의 쌀, 바지 주머니 하나만큼의 탄약을 기지로 삼을 줄 알아야 하는 것이다. 정글은 당신의 것이 되어야 한다. 당신은 정글을 당신의 것으로 만들어야 한다. 당신은 정글을 통제하고 지배할 줄 알아야 한다.[16]

특히 워커가 이룬 효과적인 혁신이 세 가지가 있었다. 정찰 부대, 특수 부대, 헬리콥터다. 국경 지역의 주민들이 여기에서 중대한 역할을 한다.

이곳 출신의 사람들을 훈련시키는 역할을 부여받았던 크로스J. P. Cross의 말을 빌리면, "만약 국경 지역에 사는 여러 부족들로 하여금 자기들 스스로를 지키는 데 능동적 적극적인 역할을 맡고 있으며 자신들 뒤에 정부가 든든하게 버티고 있다고 느끼게 된다면 이 인도네시아가 부추긴 공산주의자들의 '대결'은 실패하게 될 확률이 높다. 따라서 국경 지역 정찰대는 우리의 승리에 반드시 필요한 것"이라고 한다.[17] 워커의 비전은 "최전선에 정찰대들이 연막처럼 도처에 깔려서 정규군의 눈과 귀가 되어주며 필요할 때는 벌처럼 쏘기도 한다. 이를 위해서는 정찰대원들이 그 주변 환경 속에 완전히 녹아들어 모습을 숨겨야만 한다. 그래서 그들의 지위를 상징하는 물건인 정글 장화도 벗고, 사기를 높여주는 착검된 장총도 버리고, 마치 농부, 어부, 장사꾼, 벌목꾼 등등처럼 보이도록 해야 한다". 크로스는 자신의 훈련병들을 단순히 주변 환경에 녹아드는 것뿐만 아니라 다른 것들도 하도록 훈련시켰다. 충돌의 흔적과 마주치게 되면 모두 기억해둘 것이며, 적을 추적할 때는 '도발하여 약을 올린 뒤 배경 속으로 모습을 감추고, 다시 적을 그림자처럼 따르다가 뒤처지는 놈들을 해치울 것이며, 계속 신호를 남겨 그 뒤를 따르는 아군이 상황을 금세 알 수 있도록' 한 것이다.[18] 이 국경 정찰대원들과 긴밀하게 함께 일하도록 22 SAS 연대에서 약 70명의 병력이 파견됐다. 이들의 역할은 '주민들과 함께 생활하면서 의료 문제 등등에 도움을 주며 그들의 신뢰를 얻는 것'이고, 동시에 '급습이 벌어질 경우 그 위치를 정확히 파악'하는 것이다.[19] 마지막으로, 워커는 여러 대의 헬리콥터를 (하지만 80대는 절대 넘지 않았다) 자유자재로 사용하여 여러 전투 현장 사이에 중화기들을 빠르게 이동시켰고, 이를 통해 적군에게 모든 전방 기지에 대포와 포병

대가 진주하고 있는 것 같은 인상을 심어주었다.[20]

보르네오 섬의 가장 깊숙한 정글에서 이 반란군들의 '대결'이 패배하고 말았다는 사실을 오늘날에는 거의 기억하는 사람들이 없다. 그것은 이 작전이 완벽하게 성공했기 때문이다. 워커의 말에 따르면, "단지 13개 대대의 병력을 갖고 1,000마일에 걸친 정글을 100마일 깊이까지 들어가서 지배하고 완전히 우리 것으로 만들며 적군이 급습을 시도할 때마다 항상 이를 분쇄한다는 것은 실로 엄청난 성과다."[21] 사상자의 숫자도 적었다. 영국 및 영연방 부대에서는 114명이 죽고 181명이 다쳤지만, 인도네시아 군에서는 590명이 죽고 222명이 다쳤으며 771명이 포로로 잡혔다. 이런 사상자의 적은 숫자는 특히 700마일 북쪽에 있는 베트남에서 같은 시기에 벌어졌던 사태와 비교해보면 그 중요성과 의미가 뚜렷이 드러난다. 이곳에서 미군은 이미 전쟁의 초기 단계에 들어서고 있었으니, 이 전쟁은 훗날 재앙에 가까울 만큼의 비용과 대가를 초래할 뿐만 아니라 결국 남베트남의 독립도 지켜내지 못했던 것이다. 워커가 1969년에 출간된 한 논문에서 말한 바 있듯이, 그가 보르네오에서 목적했던 바는 '당시 벌어지고 있었던 갈등이 오늘날의 남베트남에서와 비슷한 전면적 전쟁으로 비화되는 것을 미연에 방지하는 것'이었다고 한다. 그 방법은 단지 '정글에서 전투가 시작된 초기의 접전에서' 승리를 거두었던 것뿐만 아니라 '작은 촌락들 그리고 고지대 농촌의 여러 부족들에서의 심리전'에서 승리를 거둔 것이 주효했다고 한다.[22] 무엇보다 중요했던 건 정글을 자기 것으로 만들었던 데 있었다고 한다. 그 이유는 다음과 같다.

주로 작은 집단을 이루어 비밀리에 이동하면서 오직 정확히 전투의 순간에만 함께 뭉치는 군대가 있다면 이에 대한 매복 작전은 불가능하다. 이게 베트콩이 보통 이동하는 방식이다. 또한 우리 병사들도 이런 방식으로 이동하는 법을 배웠고, 이 점에서 적들을 능가했다. 우리 병사들은 순전히 작전 경험에 근거한 좋은 훈련을 통하여 게릴라전의 모든 부문에서 적 게릴라들보다 더 뛰어난 게릴라전을 수행하였던 것이다.[23]

이후 50장에서 보겠지만 미국 군대는 이러한 네트워크 전쟁술을 한 세대가 완전히 지난 뒤에야 터득하게 된다. 그리고 그 전쟁술을 펼쳤던 정글도 월터 워커가 자기 것으로 만들었던 열대 우림이 아니라 콘크리트로 된 정글이다.

44장

복잡성의 위기

"영국만 아는 사람이 있다면, 그가 영국에 대해 무얼 알겠는가?" 키플링은 자신의 시 「영국 국기The English Flag」에서 이런 잊지 못할 질문을 던진 바 있다. 월터 워커와 같이 외국을 떠돌던 제국주의 전사는 오히려 영국에 대해 거의 아는 바가 없었다. 워커는 정글은 알고 있었다. 하지만 1965년 그가 중부 유럽연합군의 참모부장Deputy Chief of Staff으로 임명돼 돌아온 지역은 오히려 워커에게는 전혀 '지도에 나오지 않는 지역terra incognita'이었다. 그는 프랑스 파리, 네덜란드의 브룬숨Brunssum, 노르웨이의 콜소스Kolsås 등을 전전하며 여러 직책을 맡았지만, 그에게는 모두 시시하고 관료적인 일이었을 뿐이다. 1969년부터 1972년 전역할 때까지 북유럽연합국의 총사령관이 된 워커는 자신의 역할이 스칸디나비아에서 소련이 행하고 있는 반란, 즉 '대결Konfrntasi'이 임박했음을 경고하는 것이라고 보았다. (그는 훗날 이러한 주제로 『뒷문을 두드리는 곰The Bear at the Back Door』과 『그 다음 도미노The Next Domino』라는 노골적인 제목으로 책을 두 권이나 출간했다.) 이로 인해 그는 런던의 정치가들에게는 그리 인기가 좋을 수 없었다. 이때가 되면 정치가들은 소련과의 화해 무드가 어떤 여러 혜택을 가지고 있는지를 알게 되며, 그중 중요한 것은 바로 군사 예산을 크게 깎을 수 있는 구실이 생긴다는 점이었다.

포레스터의 소설에 나오는 장군은 퇴역한 후 목욕 의자에서 브리지 게임을 하며 한심한 노후를 보낸다. 월터 워커는 하지만 그렇게 그냥 사라져가는 노병이 아니었다. 1974년 7월 그는 「데일리 텔레그래프」에 편지를 써서 어두운 경고를 날린다. "공산주의자들이 주고 간 트로이 목마가 우리 한가운데 버티고 있으며, 좌경 용공 분자들이 그 목마의 뱃속으로 구더기들 마냥 꿈틀거리며 기어들어가고 있습니다." 따라서 그는 이 나라를 '구출'하기 위해서 '양당 정치를 뛰어넘는… 역동적이고 강력하면서도 고양된 지도력'을 요구한다. 그가 볼 때에는 당시 자동차 폭탄과 암살 작전으로 영국 본토를 초토화시키고 있었던 아일랜드 공화군IRA: Irish Republican Army이 공산주의의 전선 조직이었다. "북아일랜드는 이제 군사 작전 지역으로 심지어 전쟁 지역으로 선포되어야만 합니다. 그래서 이 지역에서 무기를 소지하거나 사용하다가 잡힌 살인 미수범들은 즉결 재판으로 처형되어야 합니다." 「이브닝 뉴스」가 그에게 군대가 영국을 접수해야 한다고 보느냐고 묻자 그는 이렇게 대답했다. "아마도 무정부 상태보다는 군대의 통치를 선택하는 게 영국의 옳은 선택일 것입니다." 그는 해군 제독 바릴 베그 경Sir Varyl Begg과 공군 장군인 존 슬레서 경Sir John

Slessor의 지지를 받고 있다고 주장하면서 '혼란에 맞서기 위한' 조직을 설립한다. 이는 처음에는 '일치단결Unison'이라고 알려졌으며 후에는 '민간 지원부대Civil Assistance'라고 알려졌다. 이 조직이 천명한 목적은 총파업이 벌어졌을 경우 기본적인 사회 서비스를 유지하기 위해 '믿을 수 있고 충성스럽고 냉철한 사람들'로 구성된 군대를 창설한다는 것이었다. 워커는 수상이었던 해럴드 윌슨조차 공산주의자라고 의심했다. 따지고 보면 그때까지도 케임브리지 간첩 '5인 조직'의 네 번째와 다섯 번째 첩자의 이름이 밝혀지지 않은 상태였으니까. 나아가 워커는 이민에 대한 반대와 유럽 통합에 대한 반대를 결합시킨 이녁 파월Enoch Powell의 노선에 끌린 많은 보수주의자의 한 사람이었다. 그는 전혀 거리낌 없이 로디지아의 지도자였던 이언 스미스Ian Smith*의 편을 들었고, 남아프리카공화국의 아파르트헤이트 체제를 여섯 번이나 방문했으며, 동성애자들을 '인체의 주요 하수관을 놀이터로 삼는 자들'이라고 저주하였다(그는 『인명 사전』에서 자신의 레크리에이션을 '정상normal'이라고 적어냈다).[1]

이 모든 것들은 웃음거리가 되기 너무 쉬웠다. 서머싯에 있었던 워커의 집은 곧 '램브룩 레 되 제글리즈Lambrook-les-Deux-Églises'라는 이름이 붙었다(이는 프랑스 대통령 샤를 드골이 농촌으로 낙향했던 콜롱베 레 되 제글리즈Colombey-les-Deux-Églises를 암시하는 것이었다). 또한 워커의 지지자를 자처했던 코미디언이자 〈괴짜 쇼Goon Show〉**에 나오던 마이클 벤틴Michael Bentine

---

* 1964~79년 동안 로디지아(오늘날의 짐바브웨)의 수상으로 장기 집권했던 인물. 노골적인 백인 인종주의 입장에서 흑인 토착민들을 차별하고 배제했을 뿐만 아니라 반공 투쟁의 명분으로 군사 통치까지 행했던 악명 높은 인물이었다.(옮긴이)

** 1950년대 BBC 라디오의 유명한 코미디 쇼.(옮긴이)

이 이제는 템스 텔레비전Thames Television에서 어린이 프로그램 사회자가 된 것도 무수한 조롱을 낳는 계기가 됐다. 1976~79년에 방영됐던 시트 콤 〈레지널드 페린의 몰락과 성공The Fall and Rise of Reginald Perrin〉에 나오던 레 지널드의 동생 지미Jimmy(퇴역 소령 제임스 앤더슨) 캐릭터는 워커 장군 유 형의 인물을 아주 잔인할 정도의 웃음거리로 패러디하고 있다.

레지널드: 네 풍선이 올라갈 때 네가 싸울 놈들은 누구지?

지미: 무정부 상태를 만드는 세력들이지. 법과 질서를 파괴하는 놈 들, 공산주의자들, 마오주의자들, 트로츠키주의자들, 신트로츠키주 의자들, 비밀 트로츠키주의자들, 노조 지도자들, 공산주의 노조 지도 자들, 무신론자들, 불가지론자들, 장발 돌아이들, 단발 돌아이들, 부수 고 다니는 놈들, 개판치는 놈들, 축구 팬들, 약해 빠진 보호관찰 경찰 들, 강간범들, 가톨릭교도들, 영어 못하는 외국 외과의사들, 정신상담 사들-이런 놈들은 다 감옥에 처넣어야 돼. 웨지우드 벤***, 쓴 맛의 생맥 주keg bitter, 펑크 록, 본드 마시는 놈들, '오늘의 연극****', 불법 가택 점거 자들, 클라이브 젠킨스*****, 로이 젠킨스******, 업 젠킨스*******, 다른 이 들을 다 까발리려는 놈들up everybody's, 중국 음식점-도대체 윈저 캐슬

*** 웨지우드 벤은 토니 벤Tony Benn으로 더 잘 알려져 있는 영국 노동당 내의 좌파 사회주의자.(옮긴이)

**** '오늘의 연극Play for Today'은 연극을 필름으로 담은 프로그램으로 1970년~84년 BBC에서 방송됐 다. 50분에서 긴 것은 100분까지 이어졌다.(옮긴이)

***** 클라이브 젠킨스Clive Jenkins는 영국의 노조 지도자.(옮긴이)

****** 영국 노동당 지도자. 나중에 사회민주당으로 당적을 옮김.(옮긴이)

******* 단추나 동전을 가지고 하는 게임. 보통 술 취한 상태에서 하는 게임으로 여겨짐.(옮긴이)

Windsor Castle 주변에 뭔 놈의 중국집이 그리 많아?

레지널드: 이제 끝났냐?

지미: 음.

레지널드: 알았어. 그러면 네 주위에 어떤 놈들이 몰려들지는 알고 있겠지? 깡패들, 삥 뜯는 양아치들, 정신병자들, 징계 받고 잘린 경찰들, 보안요원들, 징계 받고 잘린 보안요원들, 인종주의자들, 파키스탄 이민자 욕하는 놈들, 동성애자 욕하는 놈들, 중국인 욕하는 놈들, 욕하는 놈들을 욕하는 놈들, 아무나 욕하는 놈들, 해군 소장들, 동성애자 해군 소장들, 해군 준장들, 파시스트들, 네오파시스트들, 비밀 파시스트들, 왕당파, 신 왕당파, 비밀 왕당파 등등.

지미: 정말 그렇게 생각해? 생각보다는 지지자들이 많이 있겠네.

이렇게 해서 정글전의 명수는 시트콤 작가들의 먹잇감으로 끝나고 말았다. 현실의 워커가 사라진 과정은 좀 더 비극적이었다. 두 번의 엉터리 고관절 수술로 불구가 되고 말았다.

하지만 월터 워커와 같은 이들의 생각은 무수한 부조리를 안고 있었지만, 영국이 처한 상태가 **어딘가** 잘못된 것임은 분명히 짚고 있었다. 물론 그게 공산주의자들의 음모라는 그들의 광신적인 망상은 잘못된 것이었고, 그들이 개탄해 마지않았던 사회적 성적 해방은 더더욱 아니었던 게 맞았다. 그래도 1970년대 중반의 영국은 분명히 엉망진창이었다. 물가인상률은 선진국들 중 가장 높았고, 노사 분규는 하늘을 찔렀다. 당시의 코미디가 지금도 재미있는 건 냉소주의 때문이지만, 막상 그런 정서가 지배하는 당시를 살던 사람들의 일상은 어땠겠는가? 문제는

'무정부 상태를 만들려는 세력'이 아니었다. 두 번의 세계 대전을 거치면서 구축된, 중앙집권화된 영국 국가의 붕괴였다.

영국의 민간 엘리트의 대다수—정부 청사의 공직자들뿐만 아니라 옥스퍼드와 케임브리지 대학교의 교수들 그리고 작위와 위치를 지닌 '명사들the great and the good'—에게 있어서 1918년과 1945년의 승리가 주는 교훈은 명확한 것이었으니, 곧 중앙 계획이 소기의 목적을 달성하는 효과적 장치라는 것이었다. 전후 기간 관료들이 수행하는 계획은 다 정치적 중심에서 설계하고 운영할 수 있는 것들로서, 지역에서는 단지 그 실행을 맡을 뿐인 것으로 보였다.[2] 주택 문제에서 의료보험 문제까지, 학교의 우유 급식에서 스코틀랜드의 수력 발전에 이르기까지, 모든 것이 중앙 계획이라는 방법을 필요로 했다. 당시 기술 관료들의 자신감을 보여주는 물건으로 빌 필립스Bill Phillips가 설계한 수력학적 장치 '모니악MONIAC'이 있다. 이는 영국 경제에 있어 케인스적 경제 정책이 어떤 결과들을 가져오는지 시뮬레이션해서 보여주도록 설계됐다. 아무리 훌륭하게 마련한 경제 계획이라고 해도 평화 시에는 결국 스태그플레이션과 부패의 늪으로 빠져들어가게 되어 있다는 사실은 1970년대가 되어서야 비로소 분명하게 드러났다. 모더니즘 절정기의 중앙 계획은 온갖 양상으로 세상을 뒤집어놓은 바 있다. 소련에서의 집단 농장, 브라질에서의 건축물*, 탄자니아의 '공동체ujamaa'** 등이 그 예다. 하지만 설령 그로 인해 파국의 결과가

---

* 1956년 대통령으로 선출된 쿠비체크Juscelino Kubitschek는 새로운 수도 리우데자네이루를 건설하면서 집산화된 중앙 계획의 방식으로 대단히 현대적인 건축물들을 짧은 시간 내에 건설한 바 있다.(옮긴이)

** 탄자니아는 1960년대 이후 가톨릭의 윤리적 원리에 입각한 '공동체'의 원칙으로 산업과 농업의 집산화를 전국적으로 수행한다.(옮긴이)

나타난다고 해도 중앙 계획이라는 방법은 결코 죽지 않는다. 다른 이유는 제쳐놓더라도, 중앙 계획을 시행하게 되면 모든 종류의 반대를 다 말살시켜버리는 효과를 낳게 되기 때문이다. 중앙 계획 시스템이 도전에 처하는 것은 그것이 노후되어 작동하지 않게 되는 상황일 뿐이다.[3]

그림 29
빌 필립스는 1949년 영국에서 물의 흐름으로 영국 경제의 작동을 표현한 모델인 모니악을 제작했다.

중앙 계획가들이 부닥친 문제의 성격은 이런 것이었다. 위계제 시스템은 사회 전체의 동원을 필요로 하는 전쟁인 총력전이라는 활동에는 아주 적합했다. 이는 국가가 유일한 구매자인 수요자 독점 시장의 특징을 가지고 있으며 또한 생산이 아니라 파괴가 목적이므로 표준화 또한 중요한 특징으로 나타나는 활동이기 때문이었다.

하지만 이는 소비자 사회에는 전혀 적합한 시스템이 못 되었다. 세계 대전에서 싸우며 전쟁을 승리로 이끌었던 중앙 계획가들은 전쟁이 끝난 뒤에는 이제 자기들이 이제 번영을 가져오겠다고 약속했다. 하지만 현실적으로 이를 위해서는 수백만의 가계가 자유롭게 수십억 가지의 선택을 할 수 있어야 하며, 또 수십만 개의 기업들이 그러한 선택에 반응할 수 있어야만 했다. 그 결과 갈수록 복잡성이 증가했고, 여기에서는 "수평적인 상호작용이 훨씬 더 중요해졌고, 어떤 조직에서든 그 내부의 하부 시스템들 사이의 경계선은… 점점 더 유동적이 되어갔다."[4]

물리학자 야니르 바-얌Yaneer Bar-Yam이 주장한 바 있듯이, "한 명의 개인이 한 집단의 개인들의 집단 행동을 통제할 경우, 그 집단 그것을 통제하는 개인의 행동보다 더 복잡한 방식으로 행동할 수가 없다". 소련에서는 개인이라는 것이 집단 농장, 중화학 공업 생산, 총력전, 형무소 노예제 등으로 이루어진 시스템 안에서 작동하는 톱니바퀴 하나에 불과했으므로 5개년 계획이라는 방법도 효과를 낼 수 있었겠지만, 이는 해럴드 윌슨의 영국에서는 다 무너질 수밖에 없게 돼 있었다. 일반적 원리로 볼 때, 일단 '집단적인 인간 시스템들에 대한 여러 요구의 복잡성이 한 개인보다 더 커지게 되면… 위계제는 그 스스로가 유지되기 위해 반드시 필요한 상호관계/상호조화를 개개인들에게 강제할 수가 없게 된다. 그 대신 두뇌와 같은 복잡한 시스템들에서의 여러 네트워크에 특징적으로 나타나는 상호 작용들과 메커니즘들이 반드시 필요하게 된다.'[5]

1970년대가 되면 좀 더 네트워크의 성격을 띤 세계로의 이행이 무수한 방식으로 현저히 드러나게 된다. 이것을 추동한 원동력은 기술보다는 조직이었다. 프리드리히 하이에크는 시장이라는 자생적 질서가 '숙고를 통한 조직화로 달성할 수 있는 그 어떤 것'보다 더 우월할 수밖에 없다는 애덤 스미스의 오랜 지혜를 재발견한 첫 번째 인물이었다. "현대 사회가 너무나 복잡해졌으므로 숙고를 거쳐 계획해야만 한다고 주장하는 것은 따라서 아주 역설적인 주장이며, 완벽한 오해의 결과물이다… 사실을 보자면, 오히려 그러한 복잡성의 질서를 보존하는 유일한 방법은 모종의 자생적 질서의 형성을 북돋을 수 있는 규칙들을 강제하고 개선하는 간접적 방법뿐이다."6

또 어떤 이들은 이와 똑같은 사실을 더 어렵게 발견하기도 했다. 포드 자동차 회사의 고위 임원들은 처리해야 하는 정보가 너무나 많아 완전히 속수무책인 상태가 되었고, 조립 라인은 너무나 완벽하게 최적화되어서 자동차의 디자인을 조금만 바꾸려고 해도 생산의 차질이 장기화될 수밖에 없는 상태였다. 결국 이 회사의 조직은 '지나치게 훌륭한 상태'가 되어버린 것이었다.7

수직적으로 통합되어 있는 기업집단들은 경제사가들이 이른바 '제2 시장 혁명second market revolution'8이라고 부른 것의 물결 속에서 스스로를 해체해야 할 압력에 시달리게 되었다. 왜냐면 이런 기업집단들은 공급 사슬을 외주화해 더욱 민첩한 경쟁자들에게 적수가 되지 못했기 때문이었다.9 게다가 서구의 정치 엘리트들은 국제 무역을 증가시킴으로써 번영을 증진시킬 수 있다는 것을 점점 더 의식하게 되었고, 이에 따라 위계제로부터의 무게중심 이동은 그 속도가 더 빨라지게 됐다. 20세기 중반에는 일국의 자급자족이 꿈이었지만, 이제는 각국이 무역에서의 비교 우위를 십분 활용할 수 있는 즐겁고 자신감 넘치는 시대가 다시 찾아온 것이다. '세계화globalization'라는 용어―'시야와 적용의 범위를 전 세계로 삼는다'는 의미―는 1951년 미리엄-웹스터 영어사전에 처음으로 등장했다.10 1983년 시어도어 레빗Theodore Levit은 「하버드비즈니스리뷰」에 '시장의 세계획The Globalization of Marketsh'라는 글을 게재했고, 이 글은 많은 영향을 미치게 된다.[11]

하지만 일국 차원에서의 경제 계획이 지구적 시장에 길을 내주고 말았다는 이야기는 완전한 사실은 아니다. 월터 파월Walter Powell이 1990년에 발표한 논문에서 지적하였듯, 일국 내에서나 국제적 수준에서나 비즈니스 네트워크의 성장이 벌어지기는 했지만, 이는 단지 위계적 대기업에 대해 시장이 승리했다는 것만을 뜻하는 게 아니었다. "시장에서는 당면한 협상에서 최상의 결과를 얻기 위해 밀어붙이는 것이 표준적인 전략이다. 그런데 네트워크에서는 장기적인 관점에서 상대방의 채무와 의존 상태를 만들어내는 것을 더 선호하게 될 때가 많다."[12]

> 네트워크라고 하는 자원 배분 양식에서는 따로따로 벌어지는 별개의 교환으로 거래가 일어나는 것도 아니며 그렇다고 해서 행정적 명령에 의해서 거래가 일어나는 것도 아니다. 그러한 거래를 이루는 것은 호혜적, 선호적, 상부상조적 활동들을 벌이는 개인들로 이루어진 네트워크다. 네트워크는 아주 복잡할 수 있다. 네트워크 관계가 성립하기 위한 기초적 전제는 한쪽이 다른 쪽이 통제하는 자원에 의존한다는 것이며, 여럿이 각자의 자원들을 합침으로써 이득이 생겨난다는 것이다. 네트워크에 참여하는 여러 주체들은 남들을 희생시켜서 자기 이익을 추구할 권리를 포기한다는 데 동의한 이들이라는 게 네트워크의 본질이다.[13]

이는 분명히 나름의 이점들을 가지고 있으며, 위계제보다 탄력성이 뛰어난 장치임 또한 분명하다. 하지만 이는 또한 그 네트워크 성원들이 새로운 진입자들에 맞서서 일정한 공모를 벌인다는 것을 뜻한다.[14] 이러한 지혜는 1970년대라는 새로운 환경에 맞게 공공 부문을 적응시키려고 했던 노력과 관련하여 중요한 의미를 갖는다. 모르는 게 없지만 무능하기 짝이 없는 '정부 청사 사람들'의 이미지로 나타나는 중앙집권화된 위계제는 더 이상 현실에서 작동하지 않는 상태였다. 하지만 '국유화'가 지배하던 태평성대에 만들어진 자연적 독점체들 혹은 강제된 독점체들에다가 시장의 힘을 어떻게 도입할 수 있을지도 영 마땅치 않았다. 아우구스토 피노체트의 칠레와 마거릿 대처의 영국을 필두로 하여 '사유화privatization'라는 전문용어가 사용되기 시작했다. 하지만 실상을 보자면 위계제 조직들을 대체한 것은 진정으로 경쟁적인 시장이 아니라 연결이 잘된 각종 네트워크들이었다.[15]

영국의 국가보건서비스NHS: the National Health Service나 국영철도인 영국철도British Rail와 같이 다루기 어려운 기관들에도 어떻게 해서든 '시장의 힘'이라는 것을 연결시킬 수 있다는 주장은 옛날에도 지금도 기만에 불과한 주장이었을 확률이 높다. 실제 현실은 대규모의 중앙 계획의 자리를 상호신뢰와 주고받기로 끈끈하게 엮인 이런저런 네트워크가 차지해 갔다는 것이었다.[16] 그렇게 해서 사유화된 다양한 시설들이 좀 더 효율성이 올라갔다는 점에서 볼 때는 그 결과가 일반적으로 개선이었다고 할 수 있지만, 새로이 그런 시설들을 차지하게 된 '준정부조직Quango'이나 '마법의 서클Magic Circles' 등*이 사람들의 인정을 받아 대중적 정당성을

---

* 공공시설들의 운영과 관리를 정부 조직에서 떼어내 독자적인 민간기구처럼 운영하는 정부 개혁이 벌

획득하게 될 날은 절대로 올 리가 없다.

어졌지만, 그 운영과 관리 작업을 할 역량을 가진 인물들은 숫자가 제한되어 있고, 서로 단단한 네트워크로 연결되어 있으며, 심지어 전직 관료 출신들이 대부분을 차지하고 그들을 중심으로 조직된 폐쇄적인 서클일 경우가 많다. 그럼에도 불구하고 이들은 정부로부터 상당한 자율성을 누리기도 하므로, 일종의 선출되지 않은 권력으로서 이러한 시설들을 소수의 배타적인 소유물로 만들어버린다는 비판이 쏟아지기도 한다. 이러한 '준 자율적 NGO들Quasi-Autonomous NGOs'의 예로는 각종 정부 사업을 위탁받아 진행하는 공사, 재단, 협회, 기금, 감독원, 중앙회, 연합회 등등이 있다.(옮긴이)

45장

헨리 키신저의 권력 네트워크

이렇게 막 출현하고 있었던 네트워크의 질서는 효율성과 비정통성 illegitimacy을 동시에 품고 있는 것이었는데, 이런 성격을 가장 잘 보여주는 것이 바로 헨리 키신저Henry Kissinger의 이력이었다. 키신저는 어렸을 때 나치를 피해 독일에서 미국으로 건너온 난민이었으며, 미국 육군에서 복무하던 시절에 자신이 역사, 철학, 지정학을 연구하는 학자로서의 재능을 타고났다는 것을 발견하게 되며, 냉전 시대에는 정부에 참여했던 여러 명의 하버드 교수들 중 하나였다. 그는 1968년 12월 리처드 닉슨 대통령의 안보 담당 보좌관으로 임명됐다. 많은 이들이 이 소식을 듣고 놀랐으며, 키신저 또한 상당히 놀랐다. 왜냐면 닉슨은 공화당 내에서의 귀족 세력 대표라고 할 넬슨 록펠러Nelson Rockefeller와 경쟁자였으며, 키신저는 그전 10년 동안 넬슨 록펠러 쪽의 핵심 분자로 여겨져 왔기 때문이다. 한편 병상에 누워 있던 전 대통령 아이젠하워 또한 이러한 임명에 대해 회의를 표했다. 그는 닉슨의 선택에 대해 듣자마자 이렇게 소리를 질렀다고 한다. "하지만 키신저는 대학교수가 아닌가! 교수들은 연구나 해야지, 무슨 책임 있는 자리에 앉힐 종자들이 아니란 말이야."[1] 하지만 최소한 키신저 교수에 관한 한 이는 심한 과소평가의 말이었다.

키신저는 백악관에 들어갈 당시에 이미 관료제에 대해 대단히 비판적인 입장을 취하고 있었고, 이는 그의 상관인 닉슨도 마찬가지였다. (키신저의 이러한 태도는 육군에 있을 때부터 시작됐다고 한다. 방첩부대 요원이었던 그는 계급이 없어도 강한 권력을 가진 역할을 맡았던 데다가 하버드 대학의 교수로 일할 때도 본능적으로 새로운 기관들을 설립하는 일들 쪽을 맡아서 나이 많은 노교수들과 학과장들에게 굽실거리는 일을 피했다고 한다.) 그의 박사논문에 나오는 이야기이다. "정책의 정신과 관료제의 정신은 서로 대극의 위치에 있다. 정책의 본질은 그 불확실성에 있다. 정책의 성공을 좌우하는 것은 상황에 대한 평가가 얼마나 정확한가에 있지만, 그러한 평가란 부분적으로는 억측에 가까운 것일 수밖에 없다. 관료제는 안전을 추구하는 것을 본질로 삼으며, 그 성공을 좌우하는 것은 예측가능성이다… 정책을 관료적으로 수행하려 들게 되면 예측가능성을 추구하게 되지만, 그러다 보면 사방에서 일어나는 여러 사건들을 쫓아다니다가 아무것도 못하게 된다."[2] 1950년대와 1960년대에 걸쳐 키신저는 이렇게 불평했다. 대통령들은 모두 "관료들이 기정사실faits accomplis이라면서 승인하든지 수정하든지 둘밖에 없다고 내미는 것들에 직면하게 된다. 하지만 이 때문에 그에 대한 여러 다른 대안들을 진정으로 고려해

볼 여지는 모두 막히게 된다".[3] 1966년에 출간한 『국내적 구조와 외교 정책Domestic Structure and Foreign Policy』이라는 논문에서는 이렇게 말한다. 정부 관료제는 "한 문제를 해결하는 데 관련이 있는 여러 요소들이 있음에도 불구하고, 그저 평균적인 실적을 내면 된다고 생각해 그 목적의 표준에 맞추기 위해 그런 요소들을 줄이고 또 줄이며, 이를 위해 심사숙고의 노력을 다한다"고. 이러한 관행이 문제가 되는 때가 있다고 한다. "(관료들이) 일상적인 것으로 정의한 것들로 도저히 다룰 수조차 없는 문제들이 심각할 만큼 다양하게 터지는 상황 또는 그 어떤 문제에 대해 대처 방안이라고 미리 매뉴얼이 짜여 있는 행동 방식이 그 문제에 아무런 효과도 낼 수 없게 된 상황이다." 또 동시에 정부의 여러 부서들 사이에는 해당 문제에 대해 의사결정을 내릴 유일한 주무 부처가 되기 위한 '관료적 쟁투'의 경향이 존재하며, 또 반대로 관료제의 다양한 요소들과 집단들이 "서로 간에 일련의 불가침 조약을 맺으며 그 결과 정책 결정자는 그저 이들의 합의를 무력하게 따르는 선의의 입헌 군주로 전락하게 된다"고 한다. 대통령들이 행하는 연설에 대해 대부분의 사람들이 잘못 알고 있는 게 있다고 키신저는 꼬집는다. 그런 연설들은 보통 '워싱턴 정가 내부의 논쟁을 잠재우는' 의도로 나온 것들이라는 것이다.[4] 국가 안보 보좌관 직을 제안받기 불과 몇 개월 전인 1968년 봄까지만 해도 키신저는 이렇게까지 주장했다. '미국의 외교 정책이라는 것은 존재하지 않는다.' 있다면 오로지 '일정한 결과를 낳은 바 있는 일련의 행동들'이 있을 뿐이다. 하지만 이들은 그러한 결과를 '낳기 위해 계획된 것이 아닐 수' 있으며, 일단 그러한 결과가 나온 뒤에는 '국내의 혹은 심지어 외국의 연구 기관들과 정보기관들이 우르르 달라붙어… 그 애초의 정책 결정이 전혀 생각지도 못한… 합리성과 일관성을 부여하려고 든다'. 그의 주장에 따르면 정부 부처에서 '그나마 생각하는 사람들이 포진해 있는 가장 높은 수준'은 '관료제의 중간 수준'이라고 한다. 즉, '차관보assistant secretary와 그 직접적인 자문들이다… 그 위로 올라가면 관료제 기계 전체를 매일매일 굴리는 데에 모든 힘을 다 쏟아서 다른 생각을 할 여력이 없다.' 이러한 상황에서는 '의사 결정은 오로지 그것이 모종의 행정적 문제로 떠올랐을 때에만 이루어지게 된다'.5

키신저의 주장을 가장 잘 보여주는 예는 베트남 전쟁에서 미국이 비참하게 실패했던 사건이다. 그는 남베트남을 몇 번 방문한 뒤에 이런 글을 썼다. '미국의 베트남 정책이란… 존재하지 않는다. 미국 정부의 개별 부서들이 각각 베트남에 대해 마련한 일련의 프로그램들이 있을 뿐이다. 이런 프로그램들은 경우에 따라 또 그 프로그램을 운영하는 여러 부서들 사이에 갈등이 있는지에 따라 서로 상충하기도 하고 조화되기도 하는 판이다.' 여기서 몇 가지 문제가 나온다. 첫째, 이러한 시스템은 오로지 두 개의 기관이 서로 반대하는 가운데 다른 한 기관이 양쪽 중 한편을 들면서 균형을 잡을 때만 제대로 작동한다는 것이다. 그런데 만약 완전히 하나의 견해로 똘똘 뭉쳐 전력을 바치는 소집단이 전체를 장악하는 경우에는 대책 없이 틀어지게 돼 있다는 것이다. 둘째, 계획이 생겨날 수가 없다고 한다. 어느 부서에서도 그런 일에 시간을 낼 생각이 없기 때문이다. (계획이란 불확실한 미래에 대해 여러 억측을 해야만 가능한 일이다. 그런데 정부 관료 부서들은 실제로 벌어진 일들을 다루기에 너무나 바빠서 그런 가상적 이론적인 일들에 대해서는 다루고 싶어 하지 않는다.) 셋째, 정책 결정자들은 '선천적 불안증congenital insecurity'에 시달리게 돼 있다. 왜냐하면 이들은 그 자문들만큼의 전문성이 없기 때문이다. 이들은 따라서 '행정 부처 내의 합의를 찾는' 데에서 자기 도피처를 구하고자 한다는 것이다. 미국이 저 무시무시할 정도로 난공불락인 북베트남인들과의 오랜 갈등을 끝내기 위해 협상을 하기로 한 순간부터 이 모든 요소들이 재앙의 결과를 낳게 된다. 이런 요소들 때문에 워싱턴 정부에서는 항상 무슨 결정이든 내리기보다는 일단 협상이 시작되고 난 뒤 '저쪽에서 무얼 제안하려고 하는지'만 관심을 두게 되어 있다는 것이다.

> 따라서 예비적 외교 기간에는 미국의 입장이 아주 경직되고 험상 궂은 것이지만, 일단 협상가가 임명되면 급격하게 변화하게 되어 있다. 왜냐면 그 협상가가 반대쪽의 대변인 역할을 하게 되기 때문이다. 그 협상가로 임명된 이는 전체적인 그림을 보면서 고민할 이유가 없다. 그는 그저 협상을 성공시키는 데만 골몰하게 되어 있기 때문에, 그 성공을 위해서 미국의 반대쪽에서 무슨 주장을 하는지를 아주 진지하게 받아들일 수밖에 없다.[6]

키신저의 표현대로, '실용주의와 관료제가 결합되면, 공식적 협상 이전에는 아주 경직된 태도를 보이다가 일단 협상이 시작된 후에는 그저 협소한 전술적 고려로 과도하게 기울어지는 식의 외교가 생겨나게 된다.'[7]

이러한 관료제 비판에 근거해 키신저 그리고 그와 생각을 같이하는 하버드 출신의 동료들이 새로 대통령이 된 닉슨에게 수석 보좌관chief of staff을 임명하는 것은 좋은 생각이 아니라고 조언한다. 수석 보좌관은 대통령에게 접근할 수 있는 길을 완전히 통제하는 문고리 권력이 되기 때문이라는 것이다. 행정부의 최고 수반으로서 성공하기 위해서는 '위계제의 요소와 광범위하게 확장된 접근의 요소'를 적절하게 혼합할 필요가 있다는 게 이들의 주장이었다. 그리고 아주 광범위한 여러 책임을 다 맡는 핵심적인 전략적 자문을 임명한다면 훨씬 더 나을 것이라고 했다.[8] 키신저는 이러한 권고를 하면서 자기가 그 적임자라고 염두에 두었던 것일까? 아니었을 가능성이 크다. 이 글을 쓰던 시점에서 그가 기대할 수 있는 최대한은, 닉슨이 넬슨 록펠러에게 국방부 장관 자리를 제안할 경우 그 차관 자리 정도였다. 그런데 그 글을 쓰고 난 뒤 얼마 되지 않아서 키신저는 비록 수석 보좌관의 명의는 아니었지만 바로 그러한 최고 전략가의 역할을 맡게 된다. 물론 오직 외교 정책으로만 권한이 제한된다는 단서가 붙기는 했지만.

이후 키신저는 급속하게 영향력을 키워간다. 키신저가 워싱턴 정부 내에서 쌓아간 이력을 연구한 대부분의 저술가들은 이를 그와 닉슨 대통령과의 관계로 설명하거나 아니면 그가 교수 시절 그렇게 저주했던 바로 그 관료제 내부에서의 암투에서 놀라운 능력을 발휘했던 것으로 설명한다. 하지만 이는 키신저가 일하며 움직였던 가장 독특한 특징을 완전히 간과하는 것이다. 키신저 주변 사람들은 자기들이 소속된 위계적인 관료제의 규칙들에 구속당했지만, 키신저는 애초부터 워싱턴 정가를 넘어서서 전방위적으로 수평적인 네트워크를 널리 확장하는 데 상당한 정력을 쏟았던 것이다. 미국 내에서는 언론은 물론 연예계까지 손을 뻗쳤으며, 아마 더욱 중요한 것은 주요 외국 정부들에까지 다양한 '뒷문과 비선back channels'으로 연결됐다는 것이다. 키신저는 이런 목적을 위해서 그가 타고난 모든 재능을 쏟았다. 그는 가장 냉정하고 뜨뜻미지근한 대화 상대자라고 해도 금방 논리적인 설득은 물론 정서적인 공감까지 일궈내는 능력을 타고났으며, 닉슨 행정부에 들어가기 이미 오래전부터 그 재능을 충분히 갈고닦아 하나의 기술로 만든 바 있었다.

우리가 40장에서 본 바 있듯이, 소련 시스템의 특징으로서 스탈린이 죽은 뒤에도 오래도록 지속된 것 하나는 사적인 네트워크를 체계적으로 분쇄하며 모든 개인들을 철저히 고립시키는 것이었다. 안나 아흐마토바는 이사야 벌린과 만난 횟수가 한 손으로 셀 정도에 불과했지만 이 때문에 아주 값비싼 대가를 치른 바 있다. 심지어 1960년대 후반이 되어서도 소련 시민들이 미국인들과 마주칠 경우―물론 아주 드문 경우였다―에는 아주 조심해야만 했다. 과학자들이 마련했던 퍼그워시 회의*는 거기에서 벗어나는 드문 예외였다. 퍼그워시 회의는 1995년에 노벨 평화상까지 받았으니 오늘날에는 이른바 '뒷문 외교track two diplomacy'를 통한 분쟁 해결 및 군비 축소의 대명사가 돼 있다.⁹ 하지만 냉전 기간에는 이 회의의 성격이 아주 애매했다. 왜냐면 소련 쪽에서 참여하는 학자들은 거기에 오기 전에 공산당 중앙위원회 그리고 가끔은 심지어 공산당 정치국의 승인까지 받아야 했기 때문이다.¹⁰ 이런 의미에서 볼 때, 물리학자 빅토어 바이스코프Victor Weisskopf가 말했듯이 '퍼그워시 회의를 통해 우리 미국 과학자들은 소비에트 정부와 상당히 직접적인 소통 채널을 마련한 셈이었다'.¹¹ 물론 이보다 부정적인 판단으로 보자면, 퍼그워시 회의는

---

* 핵무기에 반대하던 버트런드 러셀과 아인슈타인 등의 과학자들이 1955년 캐나다의 작은 어촌인 퍼그워시Pugwash에서 모여 회의를 열었다. 이후 이 회의는 미국과 소련 과학자 및 지식인들의 비공식적 대화 채널이 되었고 냉전의 완화와 해소에 큰 역할을 해 1995년에 노벨 평화상을 받은 바 있다.(옮긴이)

07 정글을 차지하라 ―

494

'반미 친소 프로파간다의 연단으로 사용됐다'.[12]

키신저는 1961년 미국 버몬트주의 스토Stowe에서 열린 퍼그워시 회의에 처음으로 참가했다. 그때 그는 쏟아지는 프로파간다뿐만 아니라 아주 의미 있는 교류를 몸으로 겪었다. 처음 시작할 때는 소련에서 온 모든 이들이 당 노선을 철저하게 고수했지만, 키신저가 그 특유의 탁 터놓고 모든 것을 비웃는 익살을 부리자 최소한 그들 중 몇 명은 무장을 풀고 솔직하게 나오기 시작했다. 소련 대표들이 공항으로 떠나기 직전에 러시아 역사가 블라디미르 호보스토프Vladimir Khvostov와 물리학자 이고르 탐Igor Tamm이 키신저에게 와서 베를린에 대한 미국 정책에 대해 일련의 질문을 내놓기도 했다. 그 질문들은 소련 정부의 공식적 입장에 입각한 것들이었다. 서독 쪽 베를린에 대해 UN이 미국의 권리를 보장했던 것이 과연 UN 총회에서 승인될까? 키신저는 이렇게 답했다. 미국은 "UN 총회에서 해마다 열리는 다수결에 따라 서쪽 베를린에서 자신의 위치가 좌우되는 상황을 받아들일 수 없다고. 그랬더니 탐은 그렇다면 5년을 단위로 결의를 하면 되지 않겠느냐고 했다. 나는 5년은 너무 짧다고 했다. 그랬더니 그는 10년이면 어떠냐고 물었다. 그래서 나는 이렇게 답했다. 이런 식으로 따질 것이면 나는 150년을 제안할 테니, 10년과 150년 사이 어디에선가 합의를 보기 위해 한 번 해보자고. 탐은 껄껄 웃고 나서 우리는 서로를 이해했다고 말했다". 소비에트형 인간들homo sovieticus은 이런 식의 재담을 좋아했던 것이다.[13] 이러한 정황으로 볼 때, 퍼그워시 회의는 냉전 시기 철의 장막을 관통하는 거의 유일의 네트워크였던 셈이다.

그로부터 5년 후 퍼그워시 회의가 폴란드의 휴양지 소포트Sopot에서

열렸다. 이때 키신저는 소련 대표자들이 중국 공산당에 대해서 욕설을 퍼붓는 것을 보고 충격을 받았다. '중국놈들은 이제 공산주의자가 아니라 파시스트요.' 그단스크Gdańsk 항구로 가는 배 위에서 소련의 수학자 스타니슬라프 예멜랴노프Stanislav Emelyanov가 키신저에게 말했다. '홍위병 놈들을 보면 나치 청소년 유겐트가 생각날 뿐이에요. 중국의 팽창을 저지하는 것이 미국과 소련의 공동의 이익입니다.' 또한 예멜랴노프는 소련 정부가 흐루시초프의 스탈린 격하 연설 이후로 이렇게까지 혼란에 빠질 줄은 몰랐다고 솔직히 털어놓았다.[14] 나아가 키신저가 폴란드에서 프라하로 오라는 초청을 받아들이게 된 계기도 퍼그워시 회의였다. 프라하로 간 키신저는 거기서 앤터닌 슈네이다레크Antonín Šnejdárek를 만났다. 그는 체코 정보부의 독일 쪽 작전 책임자였으며 당시에는 체코의 국제 정치 및 경제 연구소Institute of International Politics and Economics 소장을 맡고 있었다. 두 사람은 런던의 전략 연구소Institute of Strategic Studies가 빈에서 개최한 연례 회의에서 다시 만난다. 슈네이다레크는 키신저에게 소련은 미국인들이 베트남에서 발을 빼는 과정을 정말로 도와줄 생각이 있는 게 아니라고 솔직히 경고했다. 그의 말에 의하면, 동남아시아에서 미국이 처한 위기를 소련은 '동유럽에서 자신들의 통제력을 강화하기 위한 편리한 구실'로 사용하고 끝날 수 있다는 것이었다. (당시에 키신저가 깨닫지는 못했지만, 그와의 이러한 솔직한 토론은 그 자체가 '프라하의 봄' 사태가 임박했다는 암시였다. 체코 쪽에서는 그러한 정치적 해빙을 소련 정부가 받아들이지 않을 것이라고 이미 의심하고 있었던 것이다.)[15]

둘 사이의 여러 만남 중에서도 가장 의미심장한 만남이 1967년 1월에 있었다. 그때 키신저는 프라하를 다시 방문하고 있었다. 슈네이다레크는 다시 경고했다. 모스크바가 '동유럽 국가들의 움직임이 갈수록 자유로워지는 것에 대해 점점 더 예민한 반응을 보이고 있으며 특히 체코가 소련 정부로부터 경제적 독립을 꾀하는 것에 대해 날선 반응을 보이고 있다'고. 하지만 키신저를 정말 놀라게 한 이야기가 또 있었다. 그는 키신저에게 질문했다. '미국과 중국 사이에 거래가 성사될 가능성'에 대해 어떻게 생각하느냐고. 키신저는 자신이 '그런 질문을 한 번도 생각해본 적이 없었다'고 인정했다. 키신저가 놀라는 반응을 보이는 것을 보고서, 슈네이다렉은 자신의 질문을 이렇게 설명했다.

> 소련 쪽에서는 중국이 자기들을 공격했던 것을 (이는 마오쩌둥 문화
> 혁명의 핵심적 특징이다) 지극히 심각하게 받아들이고 있어요. 그들은
> 사회주의 진영의 통일성이 끝났다는 현실도 받아들이지 못하고 있을
> 뿐만 아니라 자기들이 레닌주의의 으뜸가는 해석자로서 차지하던 위
> 치가 도전받는 현실은 더더욱 용납하지 못하고 있습니다. 그래서 사람
> 들이 잘 파악하지 못하고 있는 사실이지만, 그들은 중국 내부에서의
> 상황 전개에 영향을 주기 위해 대단히 노력을 기울이고 있습니다. 그
> 들은 마오쩌둥에 맞서서 공산당 조직을 지지하고 있습니다….

한편 마오쩌둥주의자들은 '중국에서 소련을 그야말로 물리적으로 몰아내기 위해' 결사적이라는 게 그의 이야기였다. '그들은 자기들이 안심하려면 소련과 완전히 단절하는 극단적인 수밖에 없다고 생각하고 있습니다.' 물론 문화혁명이라는 것을 곁에서 보면 중국인들이 더욱 급진적 마르크스주의자로 되어가면서 생긴 이념적 균열처럼 보일 수 있지만:

마오쩌둥 본인의 이념적 선호가 무엇이건, 그가 쓸 수 있는 인력 자원이라는 게 그를 민족주의 노선으로 강제로 끌고 가게 돼 있습니다. 물론 그가 자기가 시작한 운동의 지도자로서 위치를 계속 유지할 수 있다고 가정했을 때의 이야기입니다. 마오쩌둥주의자들은 비록 말은 아주 거칠고 황당하게 해도, 소련보다 오히려 미국 쪽에 더욱 유연하고 탄력적으로 나올 수 있어요. 그들은 정부의 권위를 재구성하기 위해 어찌 되었든 소련 진영과 단절하는 수밖에 없고, 이 경우 미국과 모종의 불가침 조약을 맺는다면 이러한 계획과 아주 잘 들어맞을 수 있죠. 물론 그들은 미국도 혐오합니다. 하지만⋯ 공산주의자들이라면 히틀러-스탈린의 불가침 조약을 잊을 수가 없죠.

체코의 입장에서 보면 그런 '존슨-마오쩌둥 불가침 조약'은 아주 두려운 시나리오라고 한다. 왜냐하면 '만약 미국이 중국과 협정을 맺는다면 (소련이) 유럽에 대해 가할 압력은 한층 더 강해질 것'이기 때문이다. 소련은 고립될 가능성을 두려워하면서 슈네이다레크가 애매하게 '동유럽 국가들의 일국적 발전의 가능성'이라고 부른 것을 박살내려 들 것이라는 것이었다. 키신저는 이러한 이야기에 경탄을 금치 못했지만, 슈네이다레크가 '미국-마오쩌둥 협상'이 성사될 경우 동유럽에 어떤 일이 벌어질지에 대해 두려워했던 바는 '깊고도 진정성'이 있어 보였다고 한다.[16] 이후 1972년에 실제로 벌어진 미국과 중국의 수교는 지정학적 지형을 완전히 바꾸어 놓았던바, 학자들은 이렇게 중국의 개방 가능성에 최초로 착목했던 미국 쪽 전략가가 누구냐를 놓고 오랜 논쟁을 벌여왔다. 하지만 이를 최초로 생각해낸 이는 미국인이 아니었다. 그 주체는 바로 중-소 분쟁으로 생겨날 새로운 세계를 예견했던 공산권의 전략가들이었으며, 이들은 역사적인 닉슨의 중국 방문보다 이미 4년 전부터 그러한 생각을 하고 있었던 것이다.

1969년 1월부터 키신저는 자신이 학자로서 또 공공 지식인으로서 배운 교훈들 일부를 실천에 옮기기 시작한다. 특히 비공식적인 여러 네트워크가 외무부 및 대사관들보다 더 우월한 외교적 채널이 된다는 교훈이 중요했다. 나는 키신저의 전기 두 권을 집필하기 위한 서막으로 그가 정부에 재직하던 기간을 다룬 모든 비망록들에 기초해 키신저의 네트워크를 그려보려고 시도했다. 그 결과 키신저 스스로는 물론 정부에 재직했던 그의 동시대인들이 기억하는 바대로 그의 네트워크와 다른 이들의 네트워크를 예비적으로 그려낼 수가 있었다. 다음 그림들은 리처드 닉슨과 헨리 키신저의 비망록에 근거한 그들 각각의 자기 중심 네트워크ego network* 닉슨 정부와 포드 정부에 참여했던 모든 이들의 비망록에 기초한 두 정부의 자기 중심 네트워크, 또 두 정부에서 주요 인물들이 서로의 비망록에서 어떻게 나타나는지를 묘사하는 두 정부의 방향성 네트워크directed network다.[17] 처음 세 그림(그림 30~32)은 중심의 '자기' 노드와의 거리를 통해 (그림 32의 경우 비망록을 쓴 모든 각료들이 밝힌 바를 합쳐놓은 것이다) 또 각 노드의 면적을 통해서 서로 간의 상대적 중요성을 표현하고 있다. 그림 33은 누가 누구를 얼마나 자주 언급했는지 상호간의 근접성, 연결선의 폭, 화살표의 방향 등으로 나타내고 있다.

---

* 한 개인의 ego를 중심에 위치시키고 그 사람과 연계된 다른 노드와의 관계가 표현되는 네트워크.(옮긴이)

그림 30
리처드 닉슨의 자기 중심 네트워크(그의 비망록에 근거함).

　이러한 그림들을 그려보면 보다 철저한 탐구의 출발점이 될 수 있다. 이는 본질적으로 회고와 표상에 근거한 연구로서, 닉슨 정부와 포드 정부 시절 두 정부의 각료들이 자신들의 관계를 기억하는 바와 또 특히 워터게이트 사건으로 얼룩진 기간에 있어서 다른 사람들이 기억해주기를 바라는 바에 입각해 개개인의 상대적 중요성을 나타낸 것이다. 다른 자료들에 기초한다면 상당히 다른 그림이 그려질 것은 분명한 일이다.*

---

*　한 예로 뉴욕시립대학City University of New York의 미키 코프먼Micki Kaufman의 박사논문은 국가 안보 문서고National Security Archive의 키신저 서한Kissinger Correspondence을 놓고 네트워크를 분석하는 걸 목표로 하고 있다. 이 문서고는 1만 8,000건 이상의 문서들을 담고 있다. 그녀는 키신저가 국무부 장관으로 임명된 이후 그 네트워크가 어떻게 팽창했는지뿐만 아니라 그의 개인적 네트워크─확립된 관

하지만 그렇다고 해도 여기에 내놓은 그림들은 역사가들에게 사회적 네트워크 분석이 얼마나 도움이 되는지에 대한 몇 가지 예를 보여주고 있다.

첫째, 닉슨-포드 시절에 '중요한' 인물이 누구였는지에 대해 우리가 자의적으로 생각하는 바를 교정해주는 값진 역할을 한다. 키신저는 아주 풍부하게 등장한다. 닉슨에게 있어서는 그의 부인만큼이나 중요한 인물이었으며, 두 정부의 여러 인물들 가운데에서 후에 대통령이 되는 포드를 제치고 두 번째로 중요한 위치를 차지하고 있다. 매개 중심성 betweenness centrality의 관점에서 보면 (그림 33에서) 그다음으로 닉슨의 수석 보좌관 홀드먼H. R. Haldeman과 포드, 닉슨의 세 번째 재무장관 조지 슐츠George Schultz와 백악관 변호사 존 딘John Dean 등이 따라오고 있다. 또한 이 그림에 기초해서 볼 때 존 얼리크먼John Ehrlichman(국내 문제에 있어서의 대통령 보좌관)과 재무장관 존 코널리, 미래의 대통령이 되는 조지 H. W. 부시와 알렉산더 헤이그Alexander Haig가 (키신저의 차관보와 차관 자리를 거쳐 워터게이트 사건이 터진 후에는 홀드먼의 후임이 된다) 중요한 위치에 있음을 알게 된다.

또한 이미 망자가 된 이들이 비망록 저자들의 마음속에 아주 중요한 자리를 차지하고 있다는 점도 놀랍다. 모든 이들의 비망록을 합쳐 볼 때 1973년 1월에 타계한 린든 존슨이 세 번째로 많이 언급되었고(첫 번째는

료적 채널과 구별되는—가 당대의 핵심적인 지정학적 사건들을 그가 다루는 데 큰 도움이 되었음을 보여주고 있다. 이를테면 1973년의 아랍–이스라엘 전쟁, 베트남 전쟁, 중국의 개방, 캄보디아에서의 군사 작전, 로디지아–부시 전쟁을 해결하기 위한 외교적 노력 등이다.

그림 31

헨리 키신저의 자기 중심 네트워크(그의 비망록에 근거함).

닉슨, 두 번째는 키신저), 존 F. 케네디는 일곱 번째 위치를 차지하고 있다 (그림 32). 전직 대통령들인 드와이트 아이젠하워(1969년 3월 타계), 프랭클린 루스벨트, 해리 트루먼(1972년 12월 타계) 등이 가장 많이 언급된 개인으로, 각각 10위, 16위, 21위의 자리를 차지하고 있다. 처칠은 53번째이며, 스탈린은 54번째이다. 자서전을 쓰는 이들이 자신들이 입각해 정부에서 일하던 때보다 이전의 역사적 시대를 이토록 자주 참고한다는 것은 역사가들에게는 분명 마음 놓이는 일일 것이다. 그들이 젊은 시절어떤 성격과 개성의 소유자를 알아내는 데만 해도 큰 도움이 될 것이다.

셋째, 우리는 '닉슨이 보는 세계'와 '키신저가 보는 세

그림 32
닉슨 정부와 포드 정부의 자기 중심 네트워크(그 모든 각료들의
비망록에 근거함).

계'가 어떤 차이점이 있는지를 알 수 있다. 닉슨의 이너서클(그림 30)은
놀랄 만큼 백악관에만 틀어박힌 채로 그가 대통령직을 수행했다는 사
실을 잘 보여주고 있다. 그의 부인과 딸들을 빼면, 그가 비망록에서 가
장 자주 언급하는 인물은 키신저, 드와이트 아이젠하워(닉슨은 그의 부
통령이었다), 홀드먼, 얼리크먼, 헤이그 정도이다. 반대로 키신저의 경우
자신이 모신 대통령들만큼이나 주요 외국 지도자들을 많이 언급하고
있으며, 자신의 전임 국무장관이었던 윌리엄 로저스William Rogers보다 더
많이 언급하고 있다(그림 31). 더욱 충격적인 것은 키신저의 비망록에서
가장 큰 중요성을 차지하는 외국 지도자들이 누구인가이다. 소련인들

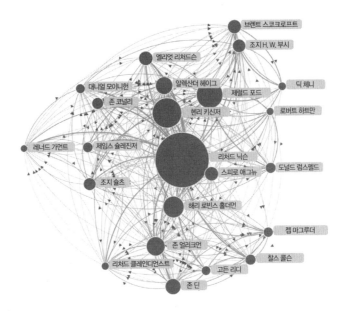

그림 33
닉슨과 포드 행정부의 감독 네트워크(각자의 회고록에서 나타난
인물들의 서로에 대해 언급한 방향성과 빈도에 근거함).

이 (워싱턴의 소련 대사 아나톨리 도브리닌Anatoly Dobrynin, 외무부 장관 안드레이

그로미코Andrei Gromyko, 수상인 레오니트 브레즈네프Leonid Brezhnev) 첫 번째 자리

를 차지하고 있으며, 중국의 저우언라이 총리와 이집트의 안와르 사다

트 대통령이 그 뒤를 차지한다. 닉슨의 경우 브레즈네프와 도브리닌을

제외하면 그가 가장 자주 언급한 40명 중 외국인은 남베트남의 대통령

이었던 응우옌 반 티에우Nguyen Van Thieu뿐이었다. 하지만 키신저의 경우

그 40명 중 미국인은 16명뿐이다. 물론 키신저는 국가 안보 보좌관과

국무부 장관을 지낸 사람이니 닉슨 대통령보다 외국인들과 더 많은 시

간을 보냈을 것이라고 볼 수 있다. 그게 그 자리에 따르는 업무의 성격이

었으니까. 하지만 그 자리에 있었던 그 어떤 전임자가 과연 키신저만큼 지칠 줄 모르고 세계를 돌면서 협상을 벌였는지는 심히 의심스럽다.

키신저는 공직에 있는 동안 잡지 「타임」의 표지를 무려 열다섯 번이나 장식했다. 1974년 이 잡지가 키신저를 묘사한 바에 따르면, 비록 그의 비판자들은 그가 '원칙들principles보다는 자기의 주군들principals에 더욱 신경을 쓴다'고 비난하지만, 그래도 그는 '이 세계에 없어서는 아니 될 사람… 필요한 때에 필요한 장소에 꼭 필요한 사람'이라고 한다.[18] 키신저의 영향력과 명성은 단지 그의 뛰어난 지성과 근면함뿐만이 아니라 그의 가히 초자연적이라 할 만한 연결성에서 나온 산물이었다고 볼 수 있다. '셔틀 외교'라는 것도 바로 그 일환이었다. 언론인들과 한담을 나누는 일도 마찬가지였다. 키신저는 여기에 아주 능했고 언론인 스튜어트 올솝 Stewart Alsop과 조지프 올솝Joseph Alsop 형제 그리고 칼럼니스트 톰 브레이든Tom Braden과도 가까운 우정을 나누었지만, 비망록에서는 이들을 거의 언급하지 않는다. 「타임」의 표현대로, 키신저는 '총사령관으로부터 명령서를 받드는 하급자에게 요구되는 의전을 세심하게 수행하고 유지하였으며', 심지어 닉슨의 대통령 자리가 무너지고 있는 때에도 그랬다고 한다. 그와 닉슨 대통령의 관계는 '개인적 친밀함이 아니라 정확한 공식적' 관계였다고 하며, 이는 닉슨이 마침내 사임하는 시점까지도 미국 정부의 최고 중핵을 이루는 관계였다는 것이다. 「타임」이 말하는바, 키신저는 '위계제에 대해 아주 잘 다듬어진 감각'을 가지고 있었다고 한다.[19] 하지만 그보다 훨씬 더 중요했던 것은 온 지구 위로 뻗은 그의 네트워크— 여기에는 하버드 대학에서 키신저가 열었던 여름 세미나의 참가자들로 구성된 '올드 보이 네트워크'까지 들어 있었다—에 들어 있는 온갖 다양한 관계였다. 이름을 밝히지 않은 한 보좌관은 「타임」에 이렇게 말했다. "그는 항상 무언가 결과를 낼 수 있는 이들을 찾아다닙니다." 또한 '워싱턴의 친구이자 숭배자'는 "키신저에게는 많은 문들이 열려 있다"고 했다. 이러한 네트워크는 키신저가 구사했던 '연쇄 반응chain reaction' 외교—이는 이스라엘 부수상 이갈 알론Yigal Allon이 쓴 표현이었다—의 전제조건이었다. 그렇기 때문에 키신저가 '세계에서 가장 영향력 있는 인물일 것'이라는 주장이 정당성을 갖게 된다는 것이었다.[20]

1970년대는 위계제의 약화와 여러 네트워크의 강화를 특징으로 했던 시대였으며, 이는 여러 혜택을 가져왔다. 키신저의 관점에서 보자면 이런 추세로 인해 3차 세계 대전의 위험은 크게 줄어들었고, 따지고 보면 이것이야말로 소련과 더 빈번한 대화를 (뿐만 아니라 중국 인민공화국과의 소통 시작을) 정당화해주는 핵심적인 논리였다. 키신저의 동시대인들은 그의 외교 정책을 '긴장 완화détente'라는 한마디로 표현할 때가 많았다. 하지만 키신저 본인은 '상호의존interdependence'이라는 말을 쓰는 쪽을 더 좋아했다. 그는 1973년 12월 런던에서 이렇게 선언했다. '새로운 국제 시스템'이 나타나서 '2차 세계 대전 직후의 구조'를 대체했다고.[21] 이 새로운 시스템은 '모든 나라의 상호의존이 증가하는 가운데 일국의 정체성과 그보다 넓은 지역의 정체성이 또한 싹트고 있는 역설'에 기초한 것이라고 한다.[22] 1974년 4월에는 연설 제목을 '상호의존에의 도전'으로 삼으며, 1975년에는 상호의존이야말로 "우리 외교의 중심적 사실이 되어가고 있다"고 말한다. 1974년 10월 키신저는 "만약 우리가 상호의존 상태에 있다는 것을 제대로 인식하지 못한다면 우리가 아는 바의 서구 문명은 거의 분명히 해체될 것"이라고 선언한다.[23] 그의 모교 하버드의 교수인 리처드 쿠퍼Richard Cooper와 조지프 나이Joseph Nye 등의 학자들은 이 상호의존이라는 주제로 여러 권의 책을 씀으로써 그의 주장에 화답했다.24 상호의존이 제도의 모습으로 표현된 사건들도 벌어졌다. 1972년 포칸티코 힐스Pocantico Hills에 있는 록펠러 장원에서 삼각위원회*의 첫 번째 회합이 열렸으며, 1975년 프랑스 랑부예Rambouillet에서 'G6'(영국, 프랑스, 이탈리아, 일본, 미국, 서독)의 첫 번째 회합이 열렸던 것이다. 「뉴욕타임스」는 미국의 독립 200주년 기념호에 '독립기념일Independence Day'이 아닌 '상호의존 기념일Interdependence Day'이라는 제목의 사설을 게재했다.25 대통령 지미 카터와 그의 국가 안보 보좌관 즈비그뉴 브레진스키Zbigniew Brzezinski 또한 이 개념을 열성적으로 받아들였다.

하지만 상호의존이 심화된 세계에 산다는 것에는 혜택만이 아니라 대가도 따라왔다. 브레진스키가 그의 저서 『두 시대 사이에서Between Two Ages』에서 주장한 바 있듯이, '기술과 전자 공학의 정보화 시대'가 만들어내고 있는 이 새로운 '세계적 도시'는 '신경질적이며 흥분되어 있으며 긴장되어 있을 뿐만 아니라 파편화된 상호의존의 여러 관계망'이었기 때문이다.26 이는 여러 가지 방식으로 나타났다. 냉전의 전반기에는 미국과 소련 모두 프로파간다를 직접 제조하거나 자금을 대는 방식으로 또 해롭다고 생각되는 것이면 무엇이든 기밀로 만들거나 검열하는 방식으로 정보의 흐름을 통제할 수 있었다. 간첩들이 적발되는 일도 벌어졌

---

* 삼각위원회의 최초 계획에 따르면 그 집행위원회는 34명의 대표자들로 구성되며, 그중 14명은 EEC에서, 아홉 명은 일본에서, 아홉 명은 미국에서, 두 명은 캐나다에서 나오게 돼 있었다. 이는 미국 쪽의 입장에서 보면 실로 큰 양보요, 겸손이었다. 왜냐하면 아직도 미국 경제가 EEC의 경제보다 훨씬 더 큰 규모였기 때문이다.

고 또 간첩들이 적국으로 망명하는 일도 벌어졌으며 그때마다 그로 인해 밝혀진 정보로 큰 파장이 일어나기도 했지만, 그렇게 해서 새어 나온 비밀 정보라는 것도 대부분의 경우 그저 한 나라의 국가 안보 기관에서 다른 나라의 기관으로 옮겨가는 것에 불과했다. 하지만 1970년대가 되면 이 또한 변하게 된다. 1971년 대니얼 엘즈버그Daniel Ellsberg가 이른바 '펜타곤 문서Pentagon Papers'를 「뉴욕타임스」에 제공하는 일이 벌어진 이후, 서방 세계에서는 정부 문서가 새어 나와 자유 언론을 통해 공론장에 유통되기 시작했다. 그리고 비록 정도는 훨씬 덜했지만 공산 진영에서도 '지하 출판samizdat' 문학—알렉산더 솔제니친의 『굴라크 제도』가 그 주목할 만한 예이다—또한 비슷한 기능을 했다. 이렇게 중요한 정보가 매체에 누출되면 이는 다시 대학 캠퍼스와 도심에서의 격렬한 저항과 시위에 불을 질렀으며, 이 때문에 1970년대는 그 이전 1945년 이후의 조용했던 4반세기와 비교해보면 아주 과열된 시대로 느껴지게 됐다. 1960~80년대 사이 미국에서는 어떤 형태로든 저항 활동에 참여했던 집단의 숫자가 400개에 달했다. 미국 흑인들의 민권 운동으로 시작되었던 것이 곧 여성의 권리 운동, 미국 원주민 권리 운동, 성소수자 권리 운동, 베트남 전쟁 반대 운동, 핵무기 반대 운동, 빈곤 반대 운동, 산업의 환경오염 반대 운동 등으로 퍼져 나갔다.[27] 2차 세계 대전에 참전했던 세대의 대부분과 마찬가지로 닉슨과 키신저 또한 이런 집단들에 대해 불같이 화를 내곤 했다. 실제로 키신저는 자신이 1960년대 말 하버드 대학교에서 마주쳤던 급진파 학생들을 1930년대 초 누렘베르그 집회에 참여한 독일 나치 학생들에 비유하기도 했다.[28] 하지만 1970년 5월 9일 잠깐이나마 닉슨은 백악관을 나와서 링컨 기념관에 텐트를 치고 버티고 있던 시위 학생들과 직접 대면하기도 했다. 일생을 은둔과 인간 혐오로 보낸 것으로 악명 높은 닉슨이 이렇게 몸소 연결을 맺고자 했던 것은 참으로 그답지 않은 일이었다. 그는 학생들에게 이렇게 말했다고 한다.

그들이 (그 전날에 있었던 닉슨의 기자 회견을) 보지 못했다니 참으로 유감이라고 그들에게 말했다. 왜냐하면 그 기자회견에서 나는 베트남에서 내가 목표로 삼는 바가 그 학생들의 목표와 똑같다는 것을 설명했기 때문이었다. 살육을 멈추고, 전쟁을 끝내고, 평화를 회복하는 것이 또한 나의 목표라고 나는 말했다. 우리는 군사 작전을 확장하여 캄보디아를 침공하려는 것이 아니라 베트남에서 빠져나오려고 하는 것이라고 설명했다.

학생들은 전혀 동의하지 못하는 모습이었다. 아무도 반응을 보이지 않았으니까. 나는 그들이 전쟁을 혐오하는 것을 충분히 이해할 수 있지만, 그것이 우리 미국의 전체 시스템, 우리 조국, 그리고 미국이 지켜온 모든 가치들까지 심하게 혐오하는 감정으로 번지지는 않았으면 한다고 말했다.

아마도 자네들 대부분은 내가 천하의 개새끼라고 생각하고 있을 것임을 나도 안다고 했다. 하지만 내가 자네들의 마음을 잘 이해하고 있다는 사실을 알아주었으면 한다고 말했다.[29]

닉슨은 아마도 그 시위 학생들의 감정을 분명히 이해하고 있었을지도 모른다. 하지만 닉슨이 학생들과 대화하고 있는 모습을 보고 기자들이 재빨리 몰려들었을 때 학생들이 기자들에게 분명히 밝힌 바를 보면, 그들은 닉슨의 감정은 전혀 이해하지 못하고 있었음이 분명하며 이해하고자 하는 마음도 없었음이 분명하다.

닉슨의 야바위 속임수가 「워싱턴포스트」에 의해 폭로되면서, 그는 결국 자기가 저지른 짓의 희생물이 되고 만다. 또한 그는 네트워크의 차원에서 보자면 고립된 인물이었기에 그를 궁지에서 구해줄 수 있었을 법한 여러 제도 및 기관들에 친구들을 거의 갖고 있지 못했으며, 그의 몰락은 그러한 취약성의 결과이기도 했다. 하지만 키신저는 닉슨이 그러한 상황에 처하기 이미 오래전부터 연방 정부의 여러 위계 조직들보다 여러 네트워크가 더 큰 권력을 가지고 있다는 것을 이해하고 있었다. 그는 시위 학생들에 대해서도 충분히 알고 있었기 때문에 그들과 대화를 하겠다고 시간을 낭비하는 법도 없었다. 하지만 그 또한 포드 정부 시절 미국 중서부 지역을 순회하면서 수많은 연설을 행하면서 자신의 전략적 개념을 더 넓은 공공에게 설명하려고 애를 썼다. 비록 큰 성공을 거두지는 못했지만. 어떤 면에서는 그의 가장 놀라운 위업은 닉슨의 네트워크에서 그에게 치명적인 결과를 가져올 뻔했던 구성요소 하나와 전혀 엮이지 않았던 것이었다. 그 요소란 바로 워터게이트 빌딩의 무단 침입 음모를 꾸몄던 부분이었다.* 네트워크를 엮어 나가는 가운데에서 반드시 피해야 할 노드들이 어떤 것들인지를 정확히 알아내기 위해서는 그야말로 네트워크의 천재성이 필요한 일이었다. 키신저는 단지 국경선뿐만 아

---

*   닉슨의 부하들 일부는 닉슨의 재선을 위한 작전을 꾸미는 와중에 야당인 민주당 전국위원회 본부가 있었던 워터게이트 빌딩에 침입해 도청 장치를 설치한다. 이 사실이 언론에 알려지게 된 후 이것이 단순히 몇몇 분자들의 소행이 아니라 백악관의 핵심 인력들 심지어 대통령 자신까지 연루되었다는 것이 줄줄이 밝혀지면서 결국 닉슨의 사임을 가져오게 된다.(옮긴이)

니라 여러 직종 간의 경계도 마구 넘나드는 네트워크를 보유하고 있었으며 그에 기반해 자신의 권력을 축적한 이였다. 따라서 그는 1977년 정부 공직을 떠난 이후로도 오랫동안 자신의 권력을 유지할 수 있었고, 그러한 권력을 기반으로 '키신저 그룹Kissinger Associates'이라는 이름의 회사를 세우기도 했다. 이는 지정학과 외교 문제를 다루는 컨설팅 회사로서, 이 회사를 운영하기 위해 키신저는 거의 쉬지도 않고 끝없이 비행기를 타고, 회의에 참석하고, 사람들과 섞이고, 만찬을 함께하는 생활을 영위했다. 그와는 대조적으로 닉슨 이후의 행정부는 의회의 철저한 감시 그리고 아주 대담해진 언론 매체의 활동으로 그 권력이 크게 위축되고 말았다. 그 이후로 안보 보좌관이나 국무부 장관 자리에 오른 이들은 제 아무리 재능을 가진 인물이라고 해도 키신저가 이룬 것만큼의 성과는 전혀 낼 수가 없게 됐다.

46장

실리콘 밸리로 가는 길

위계적 권력 조직들은 어째서 1970년대에 위기에 빠져든 것일까? 브레진스키가 믿었던 것처럼, 이 질문에 대한 답을 기술에서 찾을 수 있다고 생각하는 이들도 있다. 물론 70년대가 개인용 컴퓨터와 인터넷이 창시된 시대인 것은 사실이다. 하지만 미국에서 전자 네트워킹이 확산되는 것보다 위계적 권력의 위기가 나타난 것이 훨씬 먼저다. 사실상 그 인과관계의 방향은 거꾸로다. 중앙의 통제력이 이완되면서 미국의 IT 혁명이 가능해졌던 것이다.

세계 모든 국가에 이제는 인터넷 시대의 새로운 정보, 상업, 사회적 네트워크가 근본적인 도전을 던지고 있다는 것은 분명한 사실이다. 하지만 그러한 도전의 규모가 어떤 것인지는 아무도 짐작하지 못했으며, 오직 시간이 흐르면서 천천히 드러나게 됐다. 우선 네트워크 기술은 안보 국가national security state*의 역량을 올리기 위한 의도로 창조된 것이었다. 1964년 랜드**의 연구원 폴 배런Paul Baran은 소련의 핵 공격을 견뎌낼 수 있는 통신 시스템을 발전시키라는 과제를 부여받게 된다. 배런은 그러한 시스템에는 세 가지 구조가 있을 수 있다고 보았다. 우선 중앙에 단일 허브가 있고 무수한 바퀴살이 거기에서 뻗어나가는 '중앙집중화' 구조가 있으며, 그 다음으로는 무수히 많은 구성 요소들이 무수히 많은 약한 연결로 느슨하게 모두 함께 연결된 '탈중앙화' 구조가 있으며, 마지막으로 격자나 그물망과 같은 '분산형distributed' 구조가 있을 수 있다는 것이었다. 이론상으로 보면 그 마지막 '분산형' 구조가 가장 회복재생력이 뛰어난 것이라고 했다. 왜냐하면 이는 아주 많은 노드들이 파괴된다고 해도 이를 견뎌낼 수 있기 때문이다. 그래서 실제로 배런은 이 '분산형' 구조의 모델을 선호했고, 이것이 훗날 아르파넷ARPANET: Advanced Research Projects Agency Network이 된다.[1] 그런데 역설적인 일은, 현실에 있어서 그러한 구조가 유지되는 것은 오로지 중앙 계획을 통해서만 가능했다는 점이었다. 1968년 멜빈 콘웨이Melvin Conway가 「위원회들이 발명을 행하는 법

---

* 미국은 2차 세계 대전을 겪은 뒤 더 이상 안전하게 고립된 독자적인 대륙 국가가 아니라 바깥 세계와 불가분으로 연결된 패권국이 되었고, 이에 국가의 안보를 돌보는 것은 국가의 가장 중요한 기능이 되었을 뿐만 아니라 비상사태나 전쟁 시에만 국한된 것이 아니라 항시적인 국가의 본질적 임무로 여겨지게 된다. 이에 국가 자체를 '안보 국가'로 보는 개념이 나타나게 됐다.(옮긴이)

** 랜드 회사RAND(연구 및 개발research and development) Corporation는 본래 미래의 무기를 연구하기 위해 1945년 미국 공군의 명령으로 세워진 기관이었지만, 그로부터 3년 후에는 더글러스 항공 회사 Douglas Aircraft Company에서 분사돼 정부와 민간 부문이 함께 자금을 대는 비영리 단체가 된다. 허먼 칸Hermann Kahn은 고전의 자리를 차지하고 있는 그의 저서 「수소폭탄 전쟁에 대하여On Thermonuclear War」(1960)를 쓸 당시 랜드 회사의 수석 전략가였다.

How Do Committees Invent?」이라는 제목의 유명한 논문에서 지적하였듯, 통신 시스템이 설계되는 방식에는 모종의 법칙이 작동한다. '(이 글에서 사용되는 아주 넓은 의미에서의) 시스템들을 설계하는 조직들은 그 조직 내부의 통신 구조의 복제물인 설계도를 낳을 수밖에 없게 되어 있다.'[2] 키신저가 정부 관료 기구가 주요한 전략적 도전에 직면하게 되면 기능부전을 일으킨다는 것을 직접 봤듯이, 국방부의 하청 사업을 해본 경험이 있는 시스템 분석가인 콘웨이 또한 다음과 같이 말하고 있다.

거대한 시스템 내부의 여러 구조는 그 시스템의 발전 과정에서 해체되는 경향이 있으며, 이는 특히 작은 시스템과 비교해보았을 때 질적으로 더욱더 두드러지는 현상이다. 이는 최근 십 몇 년 동안 대규모 군 정보 시스템들-인간의 정신이 고안해낸 가장 복잡한 물체에 해당한다-에 적용해보면 충격적으로 분명히 드러나는 사실이다.

대규모 시스템들은 어째서 해체되는가? 이 과정은 다음의 세 단계를 밟으며 벌어지는 것으로 보인다.

- 첫째, 최초의 설계자들이 그 시스템이 큰 규모를 가지게 될 것임을 깨닫게 되고 여기에 그들 조직 내부에서의 일정한 여러 압력들이 겹쳐지면서 설계 작업에 너무 많은 사람들을 배치하고자 하는 유혹에 저항할 수 없게 된다.
- 둘째, 대규모 설계 조직에다 관습적인 경영 및 관리의 원칙들을 적용하게 되면 이로 인해 그 내부의 의사소통 구조의 해체가 벌어진다.

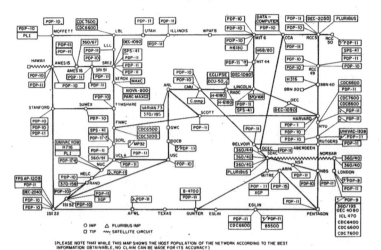

ARPANET LOGICAL MAP, MARCH 1977

(PLEASE NOTE THAT WHILE THIS MAP SHOWS THE HOST POPULATION OF THE NETWORK ACCORDING TO THE BEST
INFORMATION OBTAINABLE, NO CLAIM CAN BE MADE FOR ITS ACCURACY)

NAMES SHOWN ARE IMP NAMES, NOT (NECESSARILY) HOST NAMES

○ IMP   △ PLURIBUS IMP
□ TIP   〜 SATELLITE CIRCUIT

그림 34
아르파넷의 네트워크 설계(1969년 시작. 1977년 3월 111대의 컴퓨터가 연결됨).

- 셋째, 준동형사상homomorphism의 논리에 따라서 이 시스템의 구조
  는 그 설계 조직 내부에서 벌어진 바 있는 해체 과정을 그대로 반
  영하게 되어 있다.[3]

따라서 인터넷이 이와 같은 방식으로 설계된 게 아니라는 사실은 아
주 큰 중요성을 갖는다. 인터넷은 군대의 중앙 계획자들이 지휘하여 생
겨난 것이 아니라, 학자들과 민간 부문의 컴퓨터 공학자들이 상당히 자
생적으로 또 유기적으로 서로 엮이면서 생겨난 것이다.

1969년 10월 29일, 역사상 처음으로 컴퓨터가 다른 컴퓨터에 말을
거는 일이 생겨났다. 스탠퍼드 연구소Stanford Research Institute와 UCLA의 사

이에 아르파넷을 통해 불완전한 메시지가 전송된 것이다.[4] 그로부터 2년 후 이 네트워크에 들어온 노드의 숫자는 40개를 넘어서며, 대학은 물론 민간 기업들도 서로 연결돼 있었다. 그리고 이와 비슷한 네트워크가 다른 곳들에서도 생겨났다(헤프넷Hepnet, 스판Span, 텔레넷Telenet, 등등). 그리하여 1974년이 되면 이러한 여러 네트워크들을 다시 단일의 '인터-네트워크inter-network'로 연결시킬 것인가가 새로운 도전의 과제가 된다. 1970년 대는 무수한 혁신이 정신없이 벌어진 시기였지만 그 혁신은 대단히 탈중앙화된 성격을 가지고 있었고, 새로운 진전이 벌어질 때마다 모두 그러한 네트워크의 통합 과정에 큰 기여가 됐다. 이를테면 훗날 리눅스와 FreeBSD를 가능케 한 유닉스Unix 운영 체제, 이메일에서 이름과 주소를 나누는 @ 기호, '답장'과 '전달' 기능을 갖춘 최초의 이메일 프로그램인 MSG, 최초의 모뎀 등이 모두 이때 나왔다. 물론 이러한 발명들과 함께 이루어진 중요한 사건은 컴퓨터의 처리 능력이 이른바 무어의 '법칙'*에 따라 도저히 막을 길이 없어 보이는 기하급수적 증가를 나타냈던 것이다. 하지만 가장 중요한 발전은 빈턴 서프Vinton(빈트Vint) Cerf와 로버트 칸Robert Kahn이 네트워크들을 엮는 네트워크는 중앙의 통제가 없어야 하며 어느 특정의 애플리케이션이나 데이터 패킷의 형태에 최적화되어서는 안 된다고 명기화한 것이었다.[5] 이들이 내놓은 소프트웨어 프로토콜인

---

* 인텔의 공동 창업자 중 하나인 고든 무어Gordon E. Moore는 1965년 집적 회로 칩 1제곱인치 안에 들어가는 트랜지스터의 숫자가 매년 두 배로 늘어난다고 말한 바 있었다. 그는 이런 증가율이 지속될 것이라고 예언하였지만, 1975년에는 자신의 예언을 수정해 1980년 이후로는 그 증가율이 2년에 두 배로 나아질 것이라고 했다. 인터넷의 성장과 함께 벌어진 컴퓨터 처리 능력의 진보를 자세히 설명할 지면이 없으므로, 무어의 법칙은 그 이후로 지금까지 대충 맞아 들어왔다고만 말해두고 넘어가도록 한다.

TCP/IP는 모든 컴퓨터 네트워크들이 설령 모두 내부 구조가 다르다고 해도 상관없이 서로와 소통할 수 있어야 한다는 것을 이상으로 삼고 있었다. 그리고 이는 1983년 1월 1일부터 아르파넷이 TCP/IP 방식으로 전환함에 따라 현실이 됐다.[6] 그로부터 1년 후 최초의 도메인네임서버DNS가 나타났으며, 이를 통해 그전엔 숫자 형태였던 IP주소들이 좀 더 쉽게 기억할 수 있는 이름들을 얻게 됐다. 1987년이 되면 오늘날 '인터넷'이라고 불리는 네트워크 안 호스트 숫자가 거의 3만에 달하게 된다.

인터넷은 계획의 산물이 아니었다. 이는 저절로 자라난 것이었다. 오늘날 우리가 사용하고 있는 지구적 인프라는 국제적인 광섬유 간선, 한 나라 안에서는 AT&T 등의 장거리 통신 회사들이 제공하는 기간망 공급자들, 무수한 인터넷 서비스 공급자들, 그리고 수십억에 달하는 말단 사용자들 등이 모두 하나로 어우러져 만들어내는 실로 방대한 것이지만, 그 시작은 심히 미약했다. 이는 어떤 중앙의 권위체가 설계해낸 것이 아니었으며, 인터넷이 어째서 '콘웨이의 법칙'의 함정을 피해갈 수 있었는지를 설명해준다. 새로운 지선이 하나 추가되거나 또 있었던 지선이 하나 빠져나갈 때마다 그 어떤 허락도 필요하지 않았고 이는 지금까지 변함이 없다.[7] 인터넷의 전체 구조가 기록되는 중앙의 기록 보관소가 있는 것도 아니다. 사실상 인터넷을 지도로 그려낸다는 것은 불가능한 일이다. 브린턴과 치앙Brinton and Chiang은 인터넷의 기초가 되는 세 가지 기본 개념을 다음과 같이 정의했다.

- 패킷 교환. 이를 통해 여러 자원들은 한쪽으로 보내지는 게 아니라 전부에 공유된다.

- 분산적 위계. 이를 통해 통제력은 지리적으로 상이한 네트워크의 부분들 사이에 확산된다.
- 모듈화. 이를 통해 여러 과제들은 상이한 기능적 층위들로 나뉘고 따로따로 관리된다.[8]

우리 일반 사용자들은 인터넷이 우리에게 얼마나 큰 권능을 부여하는지를 당연한 것처럼 받아들인다. 이를 통해 우리는 원하는 정보의 패킷 꾸러미들을 가장 짧은 경로를 통해 보내고 또 받을 수 있으며, 피드백 메시지들을 사용하여 네트워크의 상태를 가늠하여 정체를 피할 수가 있다.[9] 이렇게 복잡한 시스템을 단일의 기관에서 설계해낸다는 것은 한마디로 가능한 일이 아니었다.

1980년대에 들어오면 인터넷 트래픽의 주된 형식인 월드와이드웹 www이 나오게 되는바, 그 진화의 방식 또한 인터넷과 비슷했다.[10] 이를 시작한 사람은 유럽 핵 연구 기구CERN: European Organization for Nuclear Research에서 일하던 학자 팀 버너스-리Tim Berners-Lee로서, 그는 입자 물리학자들이 자기들의 연구를 관리할 수 있도록 돕기 위해 엔콰이어ENQUIRE라는 프로그램을 개발한 바 있었다. 1989년 3월 버너스-리는 이 프로그램의 지구적 버전을 제안하는 글을 발표한다. 그는 처음에는 이를 '그물망Mesh'이라고 부르려고 했지만 결국 '월드와이드웹'이라는 이름을 떠올리게 된다. 또한 하이퍼텍스트 생성언어HTML, 하이퍼텍스트 전송 규약HTTP, 홈페이지 주소URL 등 오늘날 웹 소통에서 보편적 도구가 된 것들도 버너스리가 발명한 것들이다. 그러자 불과 몇 년 안에 이 오픈소스 컴퓨터 코드 덕분에 모자이크Mosaic와 넷스케이프 내비게이터와 같은 사용자 친화적인 웹 브라우저들이 급속히 확산됐다. 인터넷과 마찬가지로 그것이 작동하도록 해주는 월드와이드웹 또한 유기적 성장의 산물이지 중앙 통제의 산물이 아니었다. 이 네트워크 안에서는 사용자가 만들어낸 웹 페이지들이 노드가 되며, 우리로 하여금 한 웹페이지에서 다른 웹페이지로 이동하게 해주는 하이퍼링크들이 연결선이 된다. 그리고 그 방향은 보통 일방향이다(즉, 종착점의 웹페이지가 반드시 처음에 시작했던 웹페이지로 돌아가는 하이퍼링크를 달고 있으라는 법이 없다).[11]

인터넷과 마찬가지로 월드와이드웹 또한 수많은 이들의 손을 거쳐서 탄생한 작품이다. 플러그인, 쿠키, 세션, 스크립트 등은 모두 갈수록 복잡해지는 이 시스템을 관리하기 위해 발명된 패치들인 것이다. 또한 인터넷과 마찬가지로 월드와이드웹 또한 불가해할 정도로 커서 우리가 웹을 탐색할 수 있도록 해주는 검색 엔진들 중 어떤 것도 모든 존재하는 웹페이지들을 파일로 보존하는 일archive은 가능해질 수가 없다. 우리는 그저 그 구조의 핵심이 상호간에 도달 가능한 노드들이 빽빽이 서로 연결된 거대한 구성물이라는 것만을 알고 있을 뿐이다.[12]

아이젠하워 대통령은 1960년에 행한 대통령 퇴임 연설에서 '군산복합체military-industrial complex'의 과도한 권력에 대해 경고한 바 있었다. 하지만 그렇게 걱정할 필요가 없었던 셈이다. 만약 군산복합체가 정말로 그토록 권력이 강했다면 인터넷과 월드와이드웹의 비약적인 성장을 미연에 막거나 최소한 훼방이라도 놓을 수 있었을 것이다. 아마도 1970년대의 미국에 있어서 가장 놀라운 특징은 우리가 보통 그 시대와 결부시키는 사회적·경제적·정치적 문제들이 아니라, 그러한 온갖 가지의 문제들에도 불구하고 그렇게 탈중앙화된 혁신이 가능했다는 점일 것이다. 한 무리의 젊은이들이 산타클라라 밸리Santa Clara Valley로 모여들었고, 이곳은 1971년에 처음으로 '실리콘 밸리'라는 별명을 얻게 된다. 이 젊은이들은 자기들 세대의 반권위주의적 태도와 세계관을 공유하고 있었다. 미국 의회는 1996년 통신품위법Communications Decency Act을 통과시켰던바, 이는 외설적인 내용을 온라인에 공표하는 이들에게 벌금을 물림으로써 인터넷 소통에 대해 규제를 가하고자 했던 최초의 시도였다. 이에 대한 실리콘 밸리의 반응을 글로 적은 것이 히피 록 밴드 그레이트풀데드의 작사가 출신인 존 페리 빌로John Perry Barlow였던 것은 그래서 자연스러운 일이었다.[13] 그의 글 '사이버스페이스 독립 선언문Declaration of the Independence of Cyberspace'이 그 독자를 '산업 세계의 각국 정부들, 고기와 강철로 이루어진 거인들, 이 피곤한 것들'로 상정하고 있었다.

나는 인류 정신의 새로운 고향인 사이버스페이스 사람이다. 미래의 이름으로 나는 너희 과거의 것들에게 부탁한다. 우리를 내버려두어라. 우리는 너희를 환영하지 않는다. 너희는 우리가 모여 있는 곳에 대해 아무런 주권도 갖고 있지 않다.

우리에게는 선출된 정부도 없으며, 앞으로도 그런 일은 없을 것이다. 따라서 내가 너희에게 말을 거는 것 또한 무슨 정부의 권위 따위를 등에 업고서 하는 일이 아니다. 자유가 스스로의 입장을 표명할 때 언제 그런 게 필요했다는 말인가! 나는 지금 우리가 구축하고 있는 이 지구적인 사회적 공간은 너희가 우리에게 강제하고자 하는 전횡과 압제로부터 독립할 자연권이 있음을 선언하는 바이다. 너희는 우리를 지배할 아무런 도덕적 권리도 없을 뿐만 아니라 너희들의 법령을 실제로 집행할 수 있는 방법도 없다. 따라서 우리는 너희들을 정말로 두려워해야 할 이유도 없다…

사이버스페이스는 너희끼리 만들어놓은 국경선 어디에도 없다. 여기에다가 그런 국경선을 마치 공공 건설 프로젝트처럼 세워놓을 수 있다고 꿈도 꾸지 마라. 이는 불가능하다. 사이버스페이스는 자연이 낳은 산물이며, 우리의 집단적 여러 활동을 통해 스스로 성장해나가는 존재다…

사이버스페이스는 거래, 관계, 생각 등이 마치 우리의 의사소통망의 정상파standing wave처럼 펼쳐지면서 구성된다… 우리는 인종, 경제력, 군사력, 출생 신분 등으로 얻게 되는 특권이나 편견 없이 모든 이들이 들어올 수 있는 세계를 창조하고 있다.

우리는 누구든 어디에서나 침묵이나 순응을 강제당할 두려움 없이 스스로 갖고 있는 믿음이 아무리 독특한 것이라고 해도 그것을 표현할 수 있는 세상을 창조하고 있다.

너희의 법전에 나오는 소유권, 표현, 정체성, 운동, 맥락 등의 개념들은 우리에게는 적용되지 않는다… (너희는) 갈수록 적대적인 식민주의자들과 같은 조치들을 취하고 있으며, 이에 우리는 이미 오래전에 우리에 자유와 자기결단을 사랑하던 이들이 자기들에 대해 아무것도 모르는 먼 곳의 권력을 거부해야 했던 것과 비슷한 상황에 처하게 되었다.[14]

1970년대의 급진파 학생들은 아주 뜨거운 비전을 가지고 있었지만 결국은 아무런 혁명도 벌어지지 않았다. 발로의 이 유명한 이메일 메시지가 분명히 말하고 있듯이, 인터넷이 **바로** 그 혁명이었던 셈이다. 최소한 그렇게 보였다. 발로와 다른 사이버 자유지상주의자들이 뭉쳐서 세운 사이버스페이스 개척자 재단Electronic Frontier Foundation은 1997년에 그 첫 번째 주요 승리를 거두었다. 그 해에 대법원은 그 통신품위법이라는 것이 헌법의 제1개정 조항에 위반된다고 판결을 내려 부수어버렸던 것이다.[15] 국제인터넷표준화기구Internet Engineering Task Force를 만든 이들은 이것이야말로 인터넷이 필요로 하는 유일한 정부라고 보았지만, 여기에 미국 정부의 참여는 최소한의 수준이었다. 인터넷 규약의 주된 설계자인 데이비드 클라크David D. Clark의 말에 따르면, '우리는 왕들, 대통령들, 선거를 거부한다. 우리가 믿는 것은 대략적인 합의와 러닝 코드running code다.'[16] 이렇게 인터넷의 시대가 막 밝아오던 희망찬 빛나는 아침에는 컴퓨터 과학자들이나 소프트웨어 엔지니어들 중 만약 인터넷이 범죄 현장이 될 때에는 무슨 구체적 해법이 있는가라는 질문을 던지는 이들이 거의 없었던 것이다.

하지만 이미 분명해진 지 오래다. 사이버스페이스라는 유토피아 또한 에덴동산과 마찬가지로 사악한 뱀이 살고 있으며 그 뱀의 꾐에 넘어가 죄를 짓는 자들도 살고 있는 곳이다. 악의를 품고서 '머드 게임Multiple User Dungeons'을 침략해 다른 이들의 아바타를 가상으로 강간하는 자들은 현실 세계의 범죄자들과 꼭 닮은 이들이며, 이런 자들은 온라인에서 돈이 오가기 시작하면서 거의 즉시 사기와 협잡의 기회를 엿보기 시작하였다.[17] 또한 사이버스페이스가 정부로부터 독립을 유지하는 상태도 오래가지 못했다. 인터넷 할당 번호 관리 기구IANA: Internet Assigned Numbers Authority의 첫 번째 수장이었던 존 포스텔John Postel은 1998년 1월, 인터넷의 지역

루트네임서버들의 운영자 12명 중 여덟 명에게 이메일을 보내어 루트존 서버를 IANA의 것으로 바꾸라고 지시한다. 원래 도메인 네임 서버의 등록은 1991년 미국 국방정보체계국Defense Information Systems Agency이 설립한 업체인 네트워크솔루션스 주식회사Network Solutions Inc.의 것으로 이루어져 있었다. 그리고 불과 며칠 만에 상무부 산하의 미국통신정보관리청National Telecommunications and Information Administration에서는 '인터넷 이름과 주소의 기술적 관리를 개선하기 위한 제안Proposal to Improve Technical Management of Internet Names and Address'이라는 문서를 내놓는다.[18] 그리하여 국제인터넷 주소관리법인ICANN: Internet Corporation for Assigned Names and Numbers이라는 이름의 비영리 법인이 생겨 IANA를 관리하는 지구적 차원에서 또 기능적 차원에서의 이사회 역할을 하게 된다. 하지만 이는 어디까지나 미국 상무부의 하청을 받은 기관이며 따라서 상무부의 감독 아래에 있다. 애초에 아르파넷을 낳은 아버지는 미국 정부였는데, 거기에서 자라난 인터넷 또한 미국 정부라는 법적 관할을 쉽게 벗어날 수 없었던 것이다. 이런 의미에서 보자면, 발로의 사이버스페이스 독립 선언문은 나온 지 불과 2년 만에 사문화되어 버리고 말았던 셈이다.

47장

소련 제국의 몰락

키예프의 교외에는 사이버네틱스 연구소Institute of Cybernetics가 있었다. 여기에서 1972년 이후 빅토르 글루시코프Victor Glushkov가 소련식 인터넷을 설계하려고 시도한 바 있다. 그의 프로젝트의 전체 명칭은 'USSR 국민경제의 회계, 계획, 통치를 위한 정보 수집 및 처리의 전 국가 자동 시스템'이었다. 공산당이 통제하는 이곳 우크라이나에서 실리콘 밸리를 살아나게 했던 모종의 정신이 존재했던 것이다. 글루시코프와 그의 동료들은 '사이버토니아Cybertonia'라는 가상의 나라를 만들어냈다. 이 나라를 통치하는 것은 로봇들의 위원회로서, 그 최고 지도자는 색소폰을 부는 로봇이라고 한다. 글루시코프는 자신의 '자동 시스템'을 소련 중앙 정부에 받아들여지게 하려면 소련 계획 경제의 3층 피라미드 구조와 조화

07 정글을 차지하라 ——

524

되도록 만들어야 한다는 점을 잘 알고 있었다. 따라서 불가피하게 모스크바에 중앙 컴퓨터 허브를 둘 수밖에 없었다. 그리고 이 컴퓨터는 주요 소련 도시들에 무려 200개나 되는 중간 수준의 노드들과 연결되며, 이 200개의 컴퓨터는 다시 핵심 생산 현장에 걸쳐 분포되어 있는 2만 개의 컴퓨터 단말기와 연결되는 게 계획이었다. 그런데 비록 이 네트워크에 대해 누가 접근권을 갖느냐는 모스크바가 통제하기는 하지만, 일단 통제권을 허락받은 사용자는 자신의 상급 노드mother node에게서 직접 허가를 받지 않고도 네트워크 전체에 걸쳐 다른 사용자와 접촉할 수 있도록 한다는 게 글루시코프의 구상이었다.

이런 소련식 인터넷이 과연 작동할 수 있었을까? 아니었을 것으로 보인다. 여하튼 이 실험은 전혀 실현된 바가 없다. 모스크바의 공산당 정치국원들이 글루시코프의 계획에 잠재적 위협이 숨어 있음을 감지했기 때문이 아니라, 재무부 장관인 바실리 가르부조프Vasily Garbuzov가 그냥 비용이 너무 많이 든다는 이유로 계획을 없애버렸기 때문이었다.[1]

1970년대의 소련 경제가 가치를 창출하기는커녕 있는 가치마저 다 깎아먹어 버리는 갖가지 병리학에 시달리고 있었다는 것을 이제 우리는 잘 알고 있다. 그렇기 때문에 미국 정부 내에서 결국에는 공산주의가 자본주의에 승리를 거두게 될 것이라는 게 합의였다는 사실을 지금 이야기하면 아무도 납득하지 않을 것이다. 경제학자 폴 새뮤얼슨Paul Samuelson은 그의 전 세계적 베스트셀러가 된 『새뮤얼슨의 경제학』1961년 판에서 소련 경제가 1984~97년 사이의 어느 시점에서 미국 경제를 앞지를 것이라고 예언한 바 있었다. 심지어 그의 책 1989년 판을 봐도 '소련 경제는 초기의 많은 회의론자들이 생각했던 것과 달리 사회주의 명령 경제가 얼마든지 작동할 수 있으며 게다가 번영할 수도 있다는 증거'라고 말했다. 훗날 미국 국가안보국NSA의 한 보고서가 인정한 바 있듯이, '1989년의 사태가 벌어질 때까지 그 어떤 공식적인 어떤 예측에서도 공산주의 진영의 붕괴 따위는 언급조차 된 적이 없었다.'2 하지만 소련을 실제로 여행하며 주의 깊게 살펴본 사람이라면 누구든 계획 경제라는 것에 뭔가 심각한 문제가 있다는 것을 너무나 분명히 느꼈을 것이다. 소비재의 질은 실로 우울한 수준이었고, 그나마 공급 부족이 고질적인 상태였다. 공장은 낡아 빠져 거의 고물이 된 상태였고, 그 안에서는 공장 물건 빼돌리기, 땡땡이, 알코올 중독이 만연해 있었다. 컴퓨터의 힘을 아무리 퍼붓는다고 해도 그렇게 근본적으로 결함을 안고 있는 시스템이 구출됐을 것이라고는 믿을 수 없다.

이로 인해 무거운 절망의 분위기가 사람들을 짓눌렀지만, 대부분의 소련 시민들에게 있어서는 이것이 정치적 활동으로 연결된 것이 아니라 그저 숙명론과 더 많은 블랙 유머로 끝날 뿐이었다. 하지만 2차 세계 대전의 결과로 소련의 직간접적 지배 아래에 놓이게 된 동유럽 국가들에서는 문제가 달랐다. 헬싱키 협약에서 소련 지도자들이 미국과 서방에 대고 공산권 내에서의 인권을 지지하겠다고 약속한 것에 (물론 진심이 아니었다) 크게 고무된 저항 세력들은 임시적으로 스스로를 조직하기 시작했다. 1930년대 이래 처음으로 공산주의 치하에 살고 있었던 사람들이 네트워크를 조직하면 자동적으로 자신들은 물론 가족들의 생명까지도 위태롭게 되는 상황에서 벗어나게 된 것이다. 이렇게 독립적인 자발적 결사체들이 가장 빠르게 성장한 나라는 폴란드였다. 여기에서 풀어야 했던 과제는 여러 네트워크들을 묶어내는 단일의 네트워크를 만들

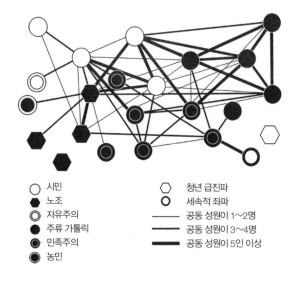

시민
노조
자유주의
주류 가톨릭
민족주의
농민

청년 급진파
세속적 좌파
—— 공동 성원이 1~2명
━━ 공동 성원이 3~4명
━━ 공동 성원이 5인 이상

그림 35
1980~81년 폴란드의 저항 네트워크. 독립 노조인 연대 노조(중간 왼쪽의 검은 육각형)의 성공은 다수의 다른 정치 결사체들과의 연결성에 부분적으로 기초를 두고 있었다.

어 모종의 정치적 인터넷과 같은 것을 구축하는 것이었다. 그래서 각 대학에 포진해 있는 세속적 자유주의자들과 가톨릭 세력과 노동계급의 체제 반대 세력이 힘을 합칠 수 있도록 하는 것이었다.[3] 1969~77년 사이에 반대 세력의 네트워크는 자유노조 집단wzz 등을 포함한 여섯 개의 새 집단들이 추가되면서 크기에 있어서도 40퍼센트나 증가했고, 또 시민 운동 집단, 자유주의 집단, 가톨릭 집단, 민족주의 집단, 급진파 집단 등이 더욱 긴밀하게 관계를 맺으면서 밀도에 있어서도 큰 성장을 보였다. 1980년이 되면 그전 해에 있었던 교황 요한 바오로 2세의 방문이 남긴 충격적 경험에 힘입어 이 네트워크가 다시 성장을 보이며, 이제는 새로이 등장한 연대 노조Solidarity가 지배적인 허브의 역할을 담당하게 된다.[4] 물론 1981년 12월 계엄령이 선포되면서 무수한 핵심 노드에 해당하는 인물들이 체포되거나 외국으로 망명해 이 네트워크가 큰 교란을 겪기도 한다. 하지만 보이치에흐 야루젤스키Wojciech Jaruzelski는 스탈린과는 달랐다. 1989년 정부는 다시 연대 노조와 대화에 합의했고, 그 네트워크 또한 다시 재건돼 숨 막힐 정도의 속도로 성장하게 된다.

앞에서 보았듯이, 혁명은 네트워크가 만들어내는 현상이다. 1989년 들어 엄중 단속과 탄압 행위는 완전히 사라졌고, 이에 따라 동유럽 각국의 체제 수호 결의는 약화됐으며 동시에 저항 활동을 하고자 하는 시민들의 숫자는 늘어났다. 5월이 되자 부다페스트의 헝가리 공산당은 오스트리아 쪽 국경을 개방하기로 결정한다. 그러자 약 1만 5,000명의 동독 사람들이 이 기회를 놓치지 않고 '휴가'를 명목으로 체코슬로바키아를 거쳐 헝가리로 떠났지만, 이는 서방 세계로 넘어가는 편도행 여정이었다. 6월이 되면 폴란드의 선거에서 연대 노조가 승리를 거두고 민주 정부의 형성에 착수한다. 9월에는 헝가리 공산당 또한 폴란드의 예를 따라 자유로운 선거를 시행하기로 합의한다. 그 다음 달에는 동독 공산당 서기장 에리히 호네커Erich Honecker는 여전히 동독 정부 수립 40주년 축하 행사 계획을 다듬고 있었지만, 라이프치히의 거리에는 수백 명, 수천 명, 그 다음엔 수만 명 마침내 수십 만 명의 사람들이 쏟아져 나와 처음에는 '우리가 인민이다Wir sind das Volk'를 외치다가 이를 '우리는 한 민족이다Wir sind ein Volk'로 수정하는 일이 벌어진다. 여기에서도 각 지역의 저항 세력 네트워크들—그 일부는 교회에 기초를 두고 있었다—이 빠른 속도로 연결되었지만, 혁명의 좌파 쪽과 우파 쪽은 폴란드와 비교하면 그다지 연결이 깊지 않았다.[5] 1989년 11월 9일, 동독에 있던 기자들은 '동독의 모든 시민들이 공식적인 국경선 검문소를 거쳐 이 나라를 떠나는 것을 가능케 한다는 결의가 (이루어졌다)… 그리고 이 결의는 즉각 효력을 발휘한다'는 발표를 듣고 어안이 벙벙해졌다. 이 소식이 전해지자 동베를린의 모든 국경 검문소에는 사람들의 물결로 홍수를 이루었다. 위병들은 분명한 명령을 받은 바가 없어 갈팡질팡하다가 아무 저항도 하지 않는 쪽을 선택했다. 심야가 되자 모든 검문소가 강제로 개방되었다. 도미노 조각들이 쓰러지고 있었지만, 이번에는 그 방향이 아이젠하워가 걱정했던 것과는 정반대였으며 그 쓰러지는 도미노 조각들의 물결은 그 후로도 2년은 족히 계속되었다. 1991년 8월 모스크바에서 있었던 쿠데타가 실패로 돌아가자 소련 자체도 해체됐고, 쓸데없이 영토만 넓었던 러시아 연방은 발트 3국, 우크라이나, 벨라루스, 코카시아의 3대 공화국과 중앙아시아의 다섯 개 '스탄' 국가들을 잃게 된다. 이와 동일한 시간대에 유고슬라비아 또한 해체되었고, 여러 민족이 섞여 살고 있었던 보스니아-헤르체고비나는 거의 갈가리 찢기고 만다. 공산주의자들의 통치가 1956년과 1968년*의 각본대로 움직였던 곳은 베이징뿐이었다. 이곳에서는 1989년 6월 탱크가 동원돼 민중의 저항 행동을 짓밟아버렸다.

이렇게 유라시아 전체에 걸쳐 방대한 규모의 연쇄 반응이 벌어졌지만 이는 정치적 저항 세력 네트워크만의 작품이 아니었다. 이를 촉발한 또 다른 요소로 텔레비전 네트워크가 있었다. 동독 혁명의 첫 번째 단계에서 사람들에게 저항 운동에 참여하게 불을 질렀던 것은 서독의 텔

---

* 1956년의 헝가리 봉기와 1968년의 '프라하의 봄'은 소련군의 개입이라는 무력에 의해 진압됐다.(옮긴이)

레비전에서 내보낸 자기들 나라의 상황을 다루는 뉴스였으니, 대부분의 동독 시민들은 집에서 TV로 이 서독 뉴스를 통해 자기들 나라의 상황을 알게 되었던 것이다. 오로지 세상 돌아가는 사정에 어두운 '멍청이들의 계곡Tal der Ahnungslosen'—드레스덴 근처의 남동부 지역과 그라이프스발트Greifswald 근방 농촌 지역의 동북부—에 사는 사람들만 서독 채널을 수신할 수가 없었을 뿐이다.[6]

하지만 소련 체제에 마찬가지로 위험한 네트워크가 또 하나 있었다. 서방의 금융 네트워크였다. 자본 시장 자유화와 컴퓨터 기술의 도입의 결과로 이 금융 네트워크는 1980년대에 걸쳐서 기하급수적으로 성장했다. 동유럽 각국의 정권이 (루마니아는 예외) 서방의 은행들로부터 큰 돈을 빌리기 시작한 뒤 불과 몇 년 뒤부터 죽음의 단말마에 접어들었다는 것은 결코 우연한 일이 아니었다. 왜냐하면 이 은행들이야말로 실리콘 밸리에서 만들어낸 새로운 IT 기술을 체계적으로 또 대규모로 활용하기 시작한 최초의 기관들 중 하나였기 때문이다. 1980년대를 다룬 역사책들에서는 고르바초프, 레이건, 대처, 교황 등 소수의 지도자들만을 공산주의 붕괴 드라마의 주인공으로 지나치게 큰 의미를 부여하는 경향이 있으므로, 이러한 금융 네트워크의 발전이라는 것은 아예 잊기도 한다. 물론 이러한 인물들이 중요한 역할을 했다는 것은 분명한 사실이지만, 이들이 급속히 성장하고 있었던 국제 금융의 네트워크와 힘을 합쳤을 때 자기들의 목적을 달성할 가능성이 더욱 높아졌던 것이다. 이 네트워크의 가장 중요한 허브는 워싱턴도 런던도 아니었고 로마는 더욱 아니었다. 이는 스위스의 그라우뷘덴Graubünden 주에 있는 작은 스키 휴양지인 다보스Davos였다.

48장

승승장구하는 다보스

존 페리 발로가 그의 '사이버스페이스 독립 선언서'를 이메일 주소록의 네트워크로 전송했던 물리적 장소가 다보스였다는 것은 참으로 적절한 일이었다. 발로는 세계경제포럼WEF: World Economic Forum의 참가자로서, 온라인과 오프라인에서 네트워킹 작업을 동시에 진행하고 있었다. 세계경제포럼은 1971년 하버드에서 훈련받은 안경 쓴 독일 학자 클라우스 슈밥Klaus Schwab이 설립했다. 국제적으로 지도적인 사업가들을 모아 정기적으로 회의를 개최한다면 '대기업들이 정부 및 시민사회와 나란히 지구적 사회의 이해관계자가 된다'는 그의 비전을 실현할 수 있다는 생각이었다.[1] 그 결과가 '유명 인사들과 친분이 있는 양 떠벌이는 자들이 항상 꿈꾸는 천국'이었다고 한다. 다국적 기업의 CEO들과 선별된 정치가들뿐 아니라 '각국의 중앙은행 총재들, 산업의 우두머리들, 헤지펀드 거물들, 비관적 전망을 내놓는 전문가들, 천체 물리학자들, 수도승들, 랍비들, 기술자 마법사들, 박물관 큐레이터들, 대학 총장들, 금융 블로거들, 큰 재산 상속인으로서 공익에 관심이 많은 이들'도 모여들었다. "다보스는 국회요, 위대한 공장이요, 몰몬교도들의 성스러운 장막Tabernacle이요, 보헤미안 그로브Bohemian Grove*요, '세계 최고의 만찬 파티'요, 금융 시스템이요, 페이스북이요, 버닝 맨Burning Man**이요, 부트 캠프boot camp***요, 고등학교요, LA요, 쿼그****다. 다보스는 양파이며, 여러 층의 케이크이며, 러시아 인형이다." 다보스 위로는 솟아 있는 산은 바로 토마스 만의 소설 제목으로도 유명한 '마법의 산der Zauberberg'이며, 슈밥 덕분에 이제 다보스는 그 산 이름값을 하게 되었다고 한다. 또 반대로 다보스 덕분에 슈밥은 (키신저를 승계하여) '지구 위에서 가장 네트워크가 많은(혹은 아마도 가장 좋은) 사람'이라고 주장할 수 있게 됐다.[2]

세계경제포럼을 우습게 보는 이들은 여러 네트워크의 힘을 과소평가하는 것이다. 이 포럼의 역사에서 가장 근본적인 역사적 중요성을 가진 연설의 하나는 1992년 1월 얼마 전 지구 반대쪽에 있는 감옥에서 석방된 정치범 한 사람이었다. 슈밥이 주의 깊게 그리고 고개를 끄덕이며 듣

---

* 캘리포니아에 있는 야영지. 부자들과 권력자들이 여기에 모여 난잡하고 화려한 파티를 벌인다는 소문으로 유명한 곳이다.(옮긴이)

** 미국 네바다 주의 사막 한가운데에서 매년 열리는 자발적 행사. 사회적 의식, 공동체적 유대, 생태적 의식을 자기 표현으로 엮어내는 예술 행사들이 벌어지며, 그 절정에 나무로 된 사람 인형을 불태운다.(옮긴이)

*** 신병 훈련소라는 뜻으로, '서바이벌' 유형의 생존 리얼리티 쇼로 인기가 높았다.(옮긴이)

**** 쿼그Quogue는 롱아일랜드의 부자 동네.(옮긴이)

고 있는 가운데 그는 회의에 참가한 이들에게 말했다. "우리는 모두 상호 의존 상태에 살고 있으므로, 우리 모두가 발전, 번영, 인류의 생존을 위해 지구적 차원에서의 적극적 행동에 나서기 위해 뭉칠 것을 요구하고 있습니다." 또한 그는 주장했다. "지구의 잘사는 지역에서 못 사는 지역으로 다량의 자원 이전이 필수적이지만, 자선 활동의 형태로 혹은 '가진 자들'을 털어서 '없는 자들'의 삶을 개선하는 형태는 아니다." 그리고 나서 그는 자신의 조국이 취해야 할 네 가지 조치들을 열거하기 시작한다.

부채 문제, 가난한 나라들이 수출하는 원자재 상품 가격의 지속적 하락 문제, 그 나라들에서 제조된 제품을 판매할 시장을 얻어내는 문제 등을⋯ 다룰 것.

(우리의) 경제의 성장을 확실히 할 것⋯ (이는) 자본 형성이나 고정 자본 투자 등에 있어서 신속하고도 지속적인 성장을 필요로 하며, 이러한 투자의 자금을 얻기 위해 국내적 대외적 원천 모두를 활용할 것.

아마도 독일, 프랑스, 이탈리아 등의 나라들과 크게 다르지 않은 공공 부문을 (확립할 것).

이 회의장에 계신 남아프리카 투자자들과 국제적 투자자들 모두에게 아주 좋은 투자 전망을 제공할 것.[3]

이 연설자는 다름 아닌 넬슨 만델라였고, 그의 연설의 골자는 충격적일 뿐만 아니라 명확한 것이었다. 그는 자신이 권력을 잡기로 굳게 결심한 조국에 외국 자본을 끌어오기 위한 목적으로, 자신이 이끄는 아프리카 국민회의African National Congress의 1955년 자유 헌장에서 핵심이 되는 약속 하나를 내던지겠다는 것이었다. 그 약속은 다름 아닌 남아프리카의 핵심 산업들을 국유화한다는 것이었다.[4]

만델라는 1962년 투옥당할 당시 남아프리카 공산당의 당원이었지만, 일반적인 공산주의자는 아니었다. '우리는 지금까지 있었던 모든 혁명을 철저히 연구해야 하며, 여기에는 실패한 혁명들도 포함되어야 한다.' 그가 일기장에 썼던 말이다. 그러면서 그는 체 게바라와 마오쩌둥의 저서들뿐만 아니라 이스라엘 지도자 메나헴 베긴Menachem Begin과 보어 전쟁의 게릴라 느네이스 라이츠Deneys Reitz의 저서도 언급하고 있다. 1961년에 창설된 아프리카 국민회의Umkontho we Sizwe의 무력 부서에서 채택한 혁명 이론은 레닌의 이론이 아니라 피델 카스트로의 이론이었다.[5] 로벤 섬Robben Island의 감옥에 오랫동안 수형 생활을 하는 가운데 만델라는 여러면에서 자신의 철학을 바꾸었지만, 경제를 명령할 수 있는 핵심 부분을 국유화한다는 생각만큼은 끝까지 고수했다. 1990년 영국 대사인 로빈 렌웍Robin Renwick이 그에게 국유화 정책을 버리라고 설득하려 했을 때 만델라는 이렇게 답했다. "이건 당신들의 사상 아닙니까?" 그는 영국 노동당 당헌의 4항을 언급한 것으로, 이에 따르면 영국 노동당은 '생산, 분배, 교환 수단의 공동 소유 그리고 모든 산업과 서비스를 인민들이 통제하고 관리할 수 있도록 달성 가능한 최선의 시스템'을 달성하는 것을 당의 임무로 명기하고 있었다.[6]

그런데 이러던 만델라가 어째서 불과 2년 후 자신의 사회주의 사상의 마지막 남은 부분까지 버리게 된 것일까? 만델라 스스로가 인정했듯이, 이는 다보스에 다녀온 영향이었다. 훗날 그는 이렇게 말했다. "나는 고국으로 돌아와서 말했다. '동지들, 우리는 선택해야 합니다. 국유화를 유지하는 대신 아무런 투자도 못 받든가, 우리의 자세를 바꾸어 투자를 받든가.'[7] 2000년에는 그가 '전 세계를 돌면서 경제 성장의 방법에 대해 지도적인 사업가들과 경제학자들의 의견을 청취'하면서 그가 어떻게 하여 '자유 시장에 대한 확신을 갖도록 설득'되었는지를 회고하고 있다.[8] 하지만 다른 설명들도 있었다. ANC 내에서 로니 카스릴스Ronnie Kasrils 처럼 만델라보다 왼쪽에 있던 이들은 국유화를 반대하기로 한 결정이 남아프리카공화국의 빈민들을 팔아먹는 '파우스트식 협상'을 백인들 세계와 맺은 것이라고 보았다.[9] 언론인 앤서니 몬테이루Anthony Monteiro의 주장에 따르면 만델라는 사실 석방되기 이전부터 백인 체제와 비밀리에 대화를 시작했다고 하며, 그 대화의 초기 단계에서 이미 국유화를 폐기하기로 합의하였다고 한다.[10] 동일한 논점을 좀 더 상냥하게 표현하는 주장도 있다. 만델라는 (그리고 그의 뒤를 이어 대통령이 되는 타보 음베키Thabo Mbeki도) 남아프리카공화국의 재계 지도자들에게 귀를 기울였고, 특히 백인들의 반아파르트헤이트 운동 지도자인 헬렌 수즈먼Helen Suzman의 소개로 해리 오펜하이머Harry Oppenheimer를 만난 것이 중요했다는 것이다.[11] 또 다른 이론으로, 사실상 만델라의 정책을 바꾼 것은 IMF로부터의 압력이었다는 주장도 있다. '8억 5,000만 달러의 융자를 받는 대신… 남아프리카 공화국은 긴축, 자유화, 사유화를 시행하기로 약속'하였다는 것이다.[12] 나오미 클라인Naomi Klein에 따르면, ANC는 비단 IMF뿐만 아니라 당시 급속하게 팽창하고 있던 '체제 이행transition' 산업*을 구성하고 있었던 법률가들, 경제학자들, 사회복지학자들'은 물론이고 '외국의 경영대

---

* 1990년대 초 공산권의 몰락과 함께 그 나라들이 자본주의 시장 경제로 이행하는 일이 세계적으로 벌

그림 36
1992년 1월 다보스에서 넬슨 만델라와 클라우스 슈밥. 이때 만델라는 ANC의 경제 국유화 강령을 폐기한다.

학원, 투자은행, 경제 정책 싱크탱크, 세계은행'에 의해 차려진 '신자유주의 사상의 식단을 꾸준히 섭취'했다고 한다.[13] 또 다른 설명에 의하면 만델라로 하여금 그의 사회주의적 원칙들을 버리게 만들었던 것은 마거릿 대처와 미국의 제임스 베이커James Baker 국무장관이었다고 한다. (국유화에 대해 베이커 장관은 만델라에게 이렇게 말했다고 한다. "그건 이제 유행이 지난 모자가 되었습니다.")[14]

만델라가 다보스를 방문했던 것은 남아프리카 공화국 역사에서 아주 결정적인 순간이었다. 만델라는 1990년 2월에 석방됐다. 불과 6개월 안에 남아프리카 공산당이 합법화되었고 ANC는 무장 투쟁을 보류했다.

어졌고, 이에 대한 연구와 사업 및 계획과 관련하여 세계적으로 큰 규모의 돈이 풀리고 있었다.(옮긴이)

하지만 1991년 말이 되어도 남아프리카에서 민주적으로 선출된 정부를 세우는 일은 아직도 요원하였다. 다당간의 협상 과정으로 결국 민주적 헌법을 제정하였지만 이는 1993년이 되어서야 벌어진 일이었고, 최초의 자유로운 선거는 1994년 4월이 되어서야 벌어진다. 많은 관찰자들은 여전히 아파르트헤이트 체제의 종식이 자유선거가 아니라 내란으로 귀결될 가능성이 더 크다고 믿고 있었다. 하지만 만델라가 국유화에 대한 입장을 바꾸도록 설득했던 것은 서방의 정치가들과 금융 거물들이 아니었다. 훗날 노동부 장관이 되는 티토 음보웨니Tito Mboweni에 따르면(만델라를 다보스로 수행했던 이였다), 사실 그렇게 한 주역은 세계 경제 포럼에 참가한 중국 및 베트남의 인사들이었다고 한다. 이들은 만델라에게 말했다고 한다. "우리는 지금 국영 기업들을 사유화하고 민간 기업을 경제에 도입하려고 기를 쓰고 있는 중입니다. 공산당 정권인 우리도 이러는 판인데, 당신은 민족 해방 운동 지도자일 뿐 아닙니까? 그런데 어째서 그토록 국유화를 고집하시는 것인지요?"[15] 말이 되는 설명이다. 물론 당시 다보스에는 네덜란드의 산업부 장관도 와 있었으며 그 또한 만델라에게 국유화 정책을 버리라고 조언한 바 있었다. 하지만 네덜란드어를 쓰는 아프리카너들에게 붙잡혀 감옥에서 거의 30년을 보내고 나온 만델라가 그의 조언에 정말로 그렇게 주의를 기울였을까?[16] 그 30년을 통틀어서 그가 속해 있었던 네트워크는 20세기의 가장 성공적인 네트워크의 하나였던 국제 공산주의자 인터내셔널의 네트워크였다. 다보스가 그토록 결정적인 중요성을 가지게 됐던 것은, 그 옛날의 네트워크를 클라우스 슈밥이 발명해낸 이 새로운 자본주의 인터내셔널로 통합시켜낼 수 있었던 덕분이었고, 그러한 통합이 가능했던 것은 중국 정부와 베트남 정부가 시장에 기초한 경제 개혁을 받아들였기 때문이었다.

49장

영란은행 파산시키기

공산주의의 붕괴, 사회주의의 쇠퇴, 세계화의 발흥 등을 다국적 기업 자본가들과 제3세계 해방 운동에 반대하는 다자적 기구들이 벌인 단일의 사악한 음모로 보는 서사들이 있었는데, 여기에는 심각한 결함이 하나 있다. 지구적 금융 네트워크에는 '충격 요법 원리shock doctrine'와 같이 정치적으로 일관된 원칙이 전혀 없다는 것이다. 지구적 금융 네트워크는 돈만 벌 수 있다면 남아프리카의 사회주의 혁명가들에 대해서는 물론 영국의 보수당 정권에 대해서도 얼마든지 투기적 공격을 감행할 수 있는 이들이었다. 이 점을 가장 잘 보여주었던 사건은 넬슨 만델라가 다보스에서 국유화 원칙 폐기를 선언한 지 딱 8개월 후에 런던에서 펼쳐진 일련의 사태였다. 조지 소로스는 그해에는 세계경제포럼에 참석하지 않았다(그가 매년 정기적으로 참석한 것은 1995년 이후의 일이다). 이 스스로 성장한 '투기꾼'은 물론 이미 세계에서 가장 큰 부자의 하나가 되는 중이었지만 여전히 비교적 잘 알려지지 않은 인물이었다. 하지만 1992년 소로스가 '영란은행을 파산'시키고 그와 함께 유럽환율조정장치ERM: European Exchange Rate Mechanism도 함께 무너뜨리자 그는 일약 세계적 유명 인사가 되었다.[1]

1980년대와 90년대에 지구적 금융 시장이 더 커지고 더 통합되면서 위기에 처하게 된 것은 사회주의뿐만이 아니었다. 탈규제화(특히 외환 및 자본 통제의 철폐)와 컴퓨터화(특히 국경을 넘는 더 빠른 정보와 거래 흐름의 창출)가 결합되자 이는 위계적 통제에 기초한 모든 정치적 단위들의 취약점을 노출시키게 됐다.

범유럽적 통합이라는 생각은 전 세계 노동 계급의 형제애라는 생각과 마찬가지로 19세기에 그 뿌리를 두고 있다. 하지만 20세기 중반의 험악한 경험을 거친 뒤에는 이것이 더 이상 유토피아적 꿈이 아닌 경제 통합의 현실적 프로그램으로 변화하게 된다.[2] 이는 서독, 프랑스, 이탈리아, 벨기에, 네덜란드, 룩셈부르크 등 여섯 유럽 국가 내에서의 석탄 및 철강의 생산과 가격 책정을 규제하기 위한 '공동체'를 창출하는 것으로 시작됐다. 1957년의 로마 조약으로 유럽경제공동체EEC: European Economic Community가 창출돼 관세 전체를 인하했을 뿐만 아니라 이 나라들끼리는 하나의 관세 동맹을 맺게 된 것이다. 이미 EEC의 형성 이전부터 이 나라들 사이의 무역은 급속히 늘고 있었으며, 그 이후로도 계속해서 늘었다. 그리고 같은 시기 세계 무역 전체도 계속 성장하고 있었다. 하지만 다른 면에서 보면 경제 통합의 진행이 빨리 진행되지 못했다. 농업 분야에서는 각국의 농업 보조금이 끈질기게 존속해 공동농업정책CAP: Common Agricultural Policy으로 이를 극복하기 전까지 통합된 농산물 시장의 발전이 강력하게 저지됐다. 제조업에 있어서도 각국 정부는 정치적으로 민감한 부분들에 대한 보조금과 비관세 장벽의 강제 등을 통하여 범유럽적인 차원에서의 경쟁 시장의 창설에 계속해서 저항했다. 이러한 관행들은 서비스의 경우에는 나타나는 빈도수가 낮았지만 그 이유는 서비스가 재화보다 국경을 넘어서 거래되기 힘든 것이라는 것뿐이었다. 이러한 규칙에 예외는 금융 서비스였는데, 그중 하나인 기업의 장기 채권과 공공 부문 채권을 부유한 투자자들에게 판매하는 사업은 1960년대가 지나면서 상당히 새로운 방식으로 통합을 이루게 된다.[3]

이 이른바 '유로본드' 시장의 발흥이야말로 금융 세계화로 가는 초기의 단계였다.[4] 하지만 이는 또한 유럽 통합 역사에 있어서 중요한 돌파구이기도 했다. 하지만 유럽연합 형성기의 '성자들' 혹은 '창설자들'로 묘사된 국가지도자들과 기술 관료들은 대부분 이러한 점을 간파하지 못하고 있었다.[5] 이는 민간 부문에서의 혁신이 낳은 자생적인 결과였으며, 영국 통화 당국의 용인에서 일정한 도움을 받은 것뿐이었다. 이 유로본드 시장의 발전은 몇 년 되지 않아 유럽 자본 시장을 완전히 탈바꿈하게 만든다. 물론 이것을 만들고 참여한 이들의 으뜸가는 동기는 무엇보다도 이윤이었음은 분명하다. 하지만 유로본드 마켓의 설계자들은 이를 단지 돈 버는 방법으로서만이 아니라 유럽의 정치적 통합을 앞당기는 강력한 도구로도 보았다. 특히 이들은 유럽의 자본 시장 통합이 EEC에 영국이 가입해야 한다는 논리를 강화시켜줄 것이라는 점을 중요하게 보았다. 프랑스는 영국의 국제 수지 상태가 이미 적자인 데다가 만약 EEC

에 가입하게 되면 더욱 악화될 것이므로 결국에는 파운드화의 가치 하락을 막기 위해 다 같이 영국을 도와주는 수밖에 없게 될까 두려워했다.* 프랑스의 샤를 드골 대통령이 1963년과 1967년에 영국의 가입에 거부권을 행사했던 핵심적인 이유가 이것이었다. 그런데 유로본드 시장을 개척한 이들은 이에 대한 반론으로 다음과 같은 논리를 발전시켰다. 만약 런던이 파운드화 이외의 다른 나라들의 통화 또한 거래되는 유럽의 금융 중심지로 다시 자리를 잡게 될 경우 프랑스 또한 영국을 무한정 배제할 수는 없다는 것이었다.[6]

영국이 EEC 가입에 성공하자 그 즉시 지그문트 바르부르크_{Sigmund Warburg}(유로본드 시장의 핵심 설계자의 하나였다)와 같은 은행가들은 통화 통합의 가능성을 논의하기 시작했고, 여러 다른 나라의 통화들로 바스켓을 만들어 이에 기초한 단일의 계산 단위를 창출하는 것으로 시작하자고 하였다(바르부르크가 제안한 명칭은 '유로 모네타_{Euro moneta}'였다).[7] 2차 세계 대전 후 영국의 경제에는 이따금씩 통화 위기가 반복되어 나타났다. 무역과 금융 서비스라는 목적에서 유럽이 통합되기를 원하는 이들은 그러한 파운드화의 위기 때문에 빈번하게 환율을 재조정할 필요가 생겨나는 것이 단순한 불편함의 문제를 넘어서는 것이라고 보았다. 공식 환율이 계속 오르내리는 것은 유럽 통합으로 가는 길에 놓인 또 하나의 장애물이라고 보았던 것이다.

---

*   당시의 세계 통화 체제는 고정환율 체제였던 데다가 EEC는 역내 각국 통화의 환율을 일정한 범위 안으로 안정시키는 것을 처음부터 과제로 삼고 있었으며, 이를 통해 장기적으로 단일 통화까지 나아간다는 비전을 품고 있었다.(옮긴이)

유럽의 통화 연합이라는 생각 자체가 대개는 네덜란드, 프랑스, 독일 쪽 사상가들의 네트워크에서 나온 산물이었다.** 하지만 EEC를 이루고 있는 서로 대단히 이질적인 나라들 모두에게 단일의 중앙은행을 창설한다는 지극히 위계적인 프로젝트를 이러한 지식인들의 네트워크—일부는 학계의 경제학자들이었고 또 일부는 관료들이었다—가 고안해냈다는 것에는 일정한 아이러니가 존재한다. 이에 대한 중요한 설명은, 프랑스의 통치 엘리트들이 유난히 긴밀하게 짜인 구조를 가지고 있다는 사실에서 찾을 수 있다. 그들 거의 대부분이 특수 대학교grandes écoles(주로 에콜 폴리테크니크École Polytechnique와 국립 행정학교École Nationale d'Administration) 출신이었고, 최정예 엘리트 집단들grands corps(회계 감사원Inspection des Finances, 고등 행정법원Conseil d'État, 감사 법원Cour des Comptes, 기술공학원Corps des Mines)에 채용된다. 민간 부문에서 일하기로 결정한 이들 또한 '시대Le Siècle'나 프리메이슨 등의 사교 모임(이들 중 다수는 프랑스 혁명 이전까지 거슬러 올라간다), 통혼, 친분 등의 밀도 높은 네트워크로 긴밀하게 연결을 유지한다. 1970년대 이후로 모든 정부 각료들의 3분의 1에서 절반 사이의 인물이 출신 정당과 상관없이 이 '시대' 클럽의 회원이었으며, 1993~95년의 에두아르 발라뒤르Édouard Balladur 정부에서는 72퍼센트로 그 절정에 달했다. 이른바 '낙하산pantouflage'이라고 알려져 있는 시스템을 통해 공직자들이 은행과 대기업을 들락거리는 '회전문'이 일상화되어 있다. 한편 상위 40대

** '창립자들의 네트워크The Founding Fathers Network'를 그림으로 도해한 것이 곧 출간될 다음의 저서에 실려 있다. 『The Founding Fathers of the Euro: Individuals and Ideas in the History of European Monetary Union』, edited by Kenneth Dyson and Ivo Maes.

기업들은 겸임이사제 시스템으로 서로 긴밀히 연결돼 있어서 대부분의 이사들은 두 개 이상의 기업 이사회에 나가게 된다.[8] 이 이른바 '특수학교 졸업생들énarques'에게 있어서는 단일의 유럽 통화라는 아이디어가 불가항력의 매력을 가지고 있었으니, 유럽의 단일 중앙은행을 만드는 것이야말로 날로 늘어나는 독일의 경제적 지배력을 제도적으로 억누르는 방법이라고 보았던 것이 큰 이유였다. 이것이 마스트리히트 조약의 근본적인 정당화 논리였다. 독일의 관점에서 보자면, 독일의 재통일을 프랑스가 받아들이도록 하기 위해 어쩔 수 없이 치러야 할 대가가 통화 연합이었다. 독일 수상 헬무트 콜Helmut Kohl이 여러 번 말했듯, 이는 독일의 지도자들이 이제 유럽의 이익을 독일의 이익보다 우선한다는 증거였던 것이다.

물론 영국 또한 그 지배 엘리트가 있었다. 역사가 테일러A. J. P. Taylor가 이들에 붙인 경멸적인 이름 '기성 권력 집단Establishment'은 저널리스트 헨리 페어리Henry Fairlie와 앤서니 샘슨Anthony Sampson의 글을 통해 1960년대에 널리 쓰이게 됐다. 하지만 영국의 지배 계급도 옥스퍼드 및 케임브리지 등의 학연으로 엮여 있는 것은 마찬가지였지만, 프랑스 쪽의 엘리트 집단보다는 훨씬 더 이질적인 집단이었다. 1980년대 대처 정부야말로 이를 가장 잘 보여주는 예이다. 우선 수상부터가 비록 옥스퍼드 졸업생이기는 했지만 링컨셔Lincolnshire라는 지방 출신이었고, 장관들 중에는 유대인 출신이 워낙 많아서 '올드 에스토니아인들Old Estonians'에 대한 농담들이 마구 생겨날 정도였다. 지그문트 바르부르크의 상인은행merchant bank인 S. G. 바르부르크는 그보다 오래된 N. M. 로스차일드 은행과 함께 대처 시절 가장 똑똑한 각료들을 배출했으며, 바르부르크는 그가 1972년에 말한 바 있듯이 "경제적·통화적 연합은 정치적 연합 없이는 상상도 할 수가 없다. 비스마르크는 항상 '경제보다 정치가 우위에 있다das primat der politik ueber die wirtschaft'고 이야기했다고 알고 있지만, 이는 그의 시절보다 오늘날에 더욱 적용되는 이야기"라고 생각했다.[9] 보수당은 1980년대에 런던 금융가를 자유화하고 영국 자본주의의 부활을 가져왔다. 이들은 유럽의 상업적 통합을 선호했으며, 실제로 1986년 무역 자유화를 골자로 하는 단일 유럽법Single European Act을 설계하기도 했다. 하지만 이들은 통화 연합을 지지하는 문제에 있어서는 완전히 내부적으로 의견이 갈렸다. 일시적인 환율안정장치ERM조차도 정부가 '시장에 맞서서는 안 된다'는 대처 수상의 원칙에 어긋나는 것이었다.* 이러한 경제적 논리에서의 반대뿐 아니라 정치적인 반대 논리도 있었다. 노동당이건 보수당이건 어떤 정치가도 자신들의 거시경제 정책을 독일 중앙은행에 맞추어야 하는 시스템은 원하지 않았다. 비록 2차 세계 대전이 끝난 지 34년이나 지난 후에 대처 수상이 집권했지만, '그 전쟁'의 기억은 여전히 떠돌고 있었다. 보수당 출신의 장관 니컬러스 리들리Nicholas Ridley는 많은 이들이 그저 개인적으로 생각하고 있었던 바를 입으로 뱉어냈다가 1990년 7월 강제로 사임하게 된다. 즉, 이 통화 연합의 프로젝트란 '유럽 전체를 차지하려고 독일인들이 꾸민 협잡'이라는 것이었다. 「스펙테이터Spectator」에 실린 리들리의 인터뷰에서는 바로 이 구절과 함께 리들리가 콜의 초상화에 히

---

* 대처는 1992년 9월 3일 서울에서의 연설 '대처주의의 원칙들'에서 자신의 관점을 아주 간명하게 표현했다. "만약 국가 간의 환율을 인위적으로 통제하려 든다면 시장에 맞서는 일이 될 것이며, 그렇게 되면 조만간 시장이 당신에게 아주 거세게 맞서는 상황에 처하게 될 것입니다."

틀러 콧수염을 그리는 만화가 게재됐다.

그럼에도 불구하고 1980년대 중반이 되면 영란은행 총재와 영국산업연맹CBI: Confederation of British Industry이 영국에게 ERM에 가입하도록 압력을 넣는다. 실제로 재무장관이었던 나이젤 로슨Nigel Lawson은 암묵적으로 목적 환율을 추구해 독일 마르크화를 '긴밀히 따라다녔다shadowing'고 많은 사람들이 믿고 있었다. 1989년 6월 마침내 로슨 장관과 대처 수상의 외무장관인 제프리 하우Geoffrey Howe가 영국이 ERM에 가입하지 않는다면 자기들 둘 다 사임하겠다고 대처 수상에게 압력을 넣었고 그녀 또한 결국은 원리상으로나마 가입을 받아들였지만 1990년 10월까지 구체적인 행동을 늦췄다. 이렇게 되자 ERM 가입을 주장하는 이들은 대처가 마음을 바꿀까 봐 두려워서 일을 더 앞으로 밀고 나가려고 기를 썼으며, 그 결과 영국이 ERM에 가입할 때 그 중심의 환율을 어떻게 할 것인지에 대해서는 진지하게 생각하지 않았다. 하지만 일부 '유럽 회의론자들'은 영국 파운드화가 심하게 과대평가되어 있다고(1파운드가 2.95독일 마르크화) 생각하고 있었다. 대처는 비록 이러한 양보를 했음에도 불구하고 수상직을 잃게 된다. 1990년 11월 28일 유럽 통합 지지자들이 보수당 내에서 쿠데타를 일으키며, 그녀 대신 그녀의 재무장관이었던 존 메이저John Major가 수상 자리를 차지한다.

메이저와 그의 지지자들은 유럽 쪽 사람들이 통화 연합은 물론 정치 연합까지 밀고 나가려는 결심이 얼마나 굳은지를 과소평가했다. 유럽 쪽 사람들은 이제 새로운 기본 조약을 작성하고 조인하여 이 연합체를 '유럽연합European Union'으로 부르자고까지 제안하고 있었다. 영국 재무장관 노먼 러몬트Norman Lamont는 훗날 이를 공포의 표정이 만연해 이렇게 회상하고 있다. "마스트리히트 조약 협상 기간에 저는 유럽 정치가들이 단일 유럽 국가를 창설하자는 주장을 공개적으로 열성적으로 내놓는 것을 처음으로 들었습니다."[10] 메이저도 유럽 통합에 대한 열성이 식어 버렸다. 훗날 그는 이렇게 말한다. "나는 단일 통화가 생겨나는 것은 원하지 않았다. 또한 통화 연합이라는 게 담고 있는 여러 정치적 의미들도 좋아하지 않았다."[11] 메이저는 영국이 마스트리히트 조약을 비준해야 한다고 결정했다. 그러지 않는다면 유럽 대륙 쪽뿐만 아니라 자신의 보수당 내의 유럽 통합 지지 분파마저 소외시킬 위험이 있었기 때문이다. 하지만 동시에 그는 유럽 통합 회의론자들을 달래기 위해 영국이 단일 통화에 대해 또 제안으로 제출된 사회 헌장Social Chapter에 대해 '빠져나올 수 있는 선택권opt-out'을 가져야 한다고 고집했다.[12] 정치적인 위험이 아주 높은 시기였다. 1992년 4월로 총선이 다가오고 있었기 때문이었다. 유럽 쪽의 마스트리히트 협상가들도 이 점을 이해하고는 있었지만, 훗날 누군가 말했듯 메이저 수상과 러몬트가 '조약의 조항들 중에서 영국에 적용되지 않는 것들을 완전한 법적 형식을 갖춰 구체적으로 열거한 길고 세밀하고도 정밀한 문서를 제출하고서 다른 모든 해석의 여지가 없도록 못 박아버렸을 때' 실망하지 않을 수 없었다고 한다.[13] 러몬트와 메이저는 한 마디로 모든 협상을 거부하였다. 다른 유럽 나라들이 영국의 그러한 기피권을 받아들이든가 아니면 영국은 조인하지 않겠다는 것이었다. 이렇게 세게 나가는 모습은 영국 국내에서 아주 좋은 호응을 받았다. 「데일리 텔레그래프」는 헤드라인으로 이렇게 말한 적도 있다. "토리의(보수당의) 의원들이 마스트리히트에서 메이저의 성공에 환호하다."[14] 그리하여 1992년 2월 7일 새로운 조약이 체결됐다. 프랑스 쪽에서는 약속한 대로 단일 통화를 얻어내게 됐고, 영국과 덴마크—이들도 기피권을 확보했다—가 참여하지 않아도, 통일을 거치면서 새롭게 나타난 거대한 독일을 이 조약 안에 가두어둘 수만 있다면 크게 개의치 않았다. 메이저 또한 그로부터 두 달 후에 벌어진 영국 총선에서 (대부분의 사람들이 패배를 예상했음에도 불구하고) 가까스로 승리를 거둘 수 있었다.

ERM은 완전히 자유로운 변동 환율제와 유럽 단일 통화—모든 나라들이 참여한 것은 아니었지만 그래도 7년 후에 실제로 출범했다—의 사이에서 이루어진 하나의 타협점이었다. 그리고 12개국의 통화 환가치를 ERM에서 합의한 환율 변동 범위 내로 유지하는 책임을 그 12개국의 중앙은행이 맡게 됐다. 하지만 1992년 8월이 되자 몇 개의 ERM 가입국들이 곤경에 처하면서 과연 그런 일이 가능한지에 대한 의문이 확산됐다. 이때가 되면 독일 재통일의 경제적 결과가 그 후유증을 현실에 가져오기 시작한다. 독일은 동독 쪽에 통일을 기념하는 선물을 안겨주기 위하여 '동독 마르크화'를 그보다 훨씬 더 강력한 통화인 서독의 마르크화와 1대1로 태환해준 바 있었다. 그 결과로 동독 사람들의 구매력과 독일의 화폐 공급이 단박에 크게 증가했으며, 그와 동시에 대부분의 동독 산업은 절망적일 정도로 가격 경쟁력을 잃게 됐다.[15] 동독의 낙후된 산업 인프라를 서독에서 통용되는 표준으로 끌어올리기 위해서는 엄청난 규모의 투자가 필요했을 뿐만 아니라 거액의 실업 수당과 여타 명목으로 서독에서 동독으로의 소득 이전이 이루어져야만 했다. 그 결과 서독의 투자와 정부 지출은 크게 늘었으며, 그중 많은 부분이 차입으로 자금이 융통됐다. 그리고 이로 인해 독일의 물가와 임금은 모두 상승 압력을 받게 됐다.

독일에서 인플레이션의 위협이 나타나게 되자 독일의 중앙은행인 분데스방크는 국내에서의 역할과 유럽 안에서의 역할 사이에 갈등이 부각됐다. 전자의 역할로 보자면 독일 마르크화의 구매력을 수호하는 것이 그 책임이지만, 후자의 역할로 보자면 ERM의 중심인 닻으로의 사실상의 책임을 맡고 있었던 것이다. 분데스방크는 독일 내에서 인플레이션을 막도록 법적 의무가 있으므로, 이렇게 통일로 인한 호황이 생겨나면서 물가가 오르자 기준 금리를 올리는 것으로 대응할 수밖에 없었다. 그래서 통일 이전에는 2.5퍼센트라는 최저점까지 떨어졌던 금리가 단계적으로 계속 상승해 그 절정인 1992년 8월에는 8.7퍼센트까지 치솟게 된다. 이때까지는 분데스방크가 ERM의 닻으로서의 자신의 역할에 대해 각별한 주의를 기울이지 않았던 것이다. 하지만 이는 다른 회원국들에는 아주 나쁜 소식이었다. 1990년경이 되면 영국, 프랑스, 이탈리아 등 대부분의 회원국들이 자기들 국경 간의 금융 흐름에 대해 모든 제약을 제거한 바 있었다. 따라서 자국 내의 자본이 더 높은 수익을 좇아 독일로 빠져나가는 것을 막기 위해서는 이들 나라도 함께 금리를 올리는 수밖에 없었다. 하지만 문제는 영국, 프랑스, 이탈리아는 독일과 같은 경기의 호황을 누리지 못했다는 데 있었다. 오히려 이 나라들의 경제는 침체일로였고 실업률이 오르고 있는 판이었다. 실제로 영국은 1991년이 되면서 경기 후퇴를 겪는다.

위기를 앞당긴 촉매제가 1992년 6월 2일에 등장한다. 덴마크에서 국민투표로 마스트리히트 조약이 부결되는 예기치 못한 사태가 터진 것이다.[16] 7월 1일 프랑수아 미테랑 대통령은 프랑스의 국민투표가 9월 20일에 열릴 것이라고 공표했다.[17] 만약 프랑스에서도 마스트리히트 조약이 부결될 경우 이 조약은 그대로 사문화되고 말 상황이었다.[18] 그리고 여론조사 결과 이러한 가능성이 실제로 현실화되고 있었다.[19] 이러한 정치적 불확실성은 영국에게 아주 나쁜 소식이었다. 존 메이저 수상은 단일 통화만큼은 빠져나갔을지 모르지만 그래도 마스트리히트 조약의 성사에 그의 정치적 자본을 대량으로 투하한 상태였기 때문이다. 게다가 그는 영국이 ERM에 가입했을 당시 이를 추진했던 재무장관이었다. 따라서 그러한 환율 고정 장치가 영국에 필요하다는 자신의 판단에 사람들이 의문을 던지는 사태는 절대로 원하지 않았다. 그도 러몬트도 여러 연설을 통해 영국 파운드의 가치절하는 절대로 없을 것이라고 공언했다.[20]

하지만 불행히도 이들은 독일 중앙은행의 지지를 전혀 받지 못했다. 1992년 여름, 네 차례에 걸쳐 분데스방크 관계자는 언론에서 인용된 다른 ERM 통화에 대해 비판적인 언급을 했다.[21] 6월 10일 분데스방크 총재인 헬무트 슐레진저Helmut Schlesinger는 한 인터뷰에서 ERM이 최종적으로 통화 연합으로 가기 전에 환율을 재조정할 수 있다는 가능성을 공개적으로 언급했다.[22] 메이저와 러몬트는 콜 수상에게 항의했지만 소용이 없었다.[23] 7월 16일 메이저는 수상 관저에서 여름 리셉션에서 또 나중에는 「선데이 타임스」가 개최한 만찬회에서 '희망 사항과 허세'를 뒤섞어서 이렇게 단언했다. 5년이나 10년 안에 '파운드화는 세계에서 가장 강력한 통화의 하나가 될 것이며 아마도 독일 마르크화보다도 더 강한 통화가 될 것'이라고.[24] 그 바로 다음 날 분데스방크는 금리를 올렸다. 이는 독일 내의 인플레이션을 잡기 위한 정당한 조치였지만, 또한 동시에 분데스방크의 대변인은 '시장의 힘이 결국은 약한 통화들을 가치절하로 내몰게 될 수 있다'고 발언했다(러몬트는 이를 두고 '믿을 수 없는 일'이라고 말했다).[25] 8월 26일 재무부 건물의 계단에 서서 러몬트는 파운드화의 가치를 ERM의 공식 환율인 독일 마르크화 2.778이나 그 이상으로 유지하기 위해 '필요한 모든 조치'를 할 것이라고 서약함으로써 '파운드화에 대한 털끝만큼의 의심'까지 제거하고자 했다.[26] 그날 오후 영란은행에서 화폐 시장 쪽 책임자인 이언 플렌더리스Ian Plenderleith는 시중 4대 은행의 고위 간부들을 초청하여 파운드화의 가치를 지지하기 위해 72억 5,000만 파운드의 외환—주로 독일 마르크화—을 차입할 것이라는 계획을 밝혔다(그리고 8일 후에는 널리 공표되었다).[27] 그날 늦게 러몬트는 분데스방크의 이사회가 'ERM 내부의 환율 재조정의 가능성'이 있다고 믿는다는 소식을 읽고서 낙담하고 만다.[28] 그로부터 나흘 후 로이터 통신은 한 분데스방크 공직자가 ERM 환율 재조정이 '명예의 이유 때문에' 몇 년간이나 억눌려 왔다고 말하면서 더 이상 이를 미룰 수 없음을 시사하는 연설문을 입수한다.[29]

1940년대의 전설과 기억에 푹 젖어 있는 영국 정치가들은 너무나 당연하게 독일을 적국이라고 여겼다.[30] 9월 첫째 주, 러몬트는 영국 바스Bath 시에서 열린 유럽 재무장관 회의에서 좌장 역할을 한다. 그는 아마도 이 회의가 자기 나라 영국에서 열렸다는 사실에 고무됐던 듯해, 분데스방크 슐레진저 총재를 마구 밀어붙이며 압력을 넣었다. 슐레진저는 러몬트의 '징징거리는 소리'에 격노한 나머지 회의장을 나가겠다고 으름장을 놓았으며, 실제로 독일 재무장관인 테오 바이겔Theo Waigel이 옷자락을 붙잡고 주저앉혀야만 했다.[31] '역사상 분데스방크가 지금 당신이 행사하고 있는 만큼의 압력을 받은 적은 한 번도 없습니다.' 슐레진저의 불평이었다.[32] (이에 대해 훗날 러몬트는 시니컬하게 회상한다. '아무래도 그는 인생을 그리 오래 살지 않은 모양이다.')[33] 회의가 끝나고 장관들이 떠나고 있을 때 슐레진저의 보복이 이루어졌다. 30마르크의 독일 은화가 들어 있는 상자를 러몬트의 부인에게 선물한 것이었다. 러몬트는 훗날 회상한다. '솔직히 말하자면, 유다가 예수를 팔아치운 값인 은화 30냥이라 기분 나쁜 구절이 계속 내 마음 속을 맴돌았다.'[34] 그다음 주에도 말 폭탄이 오갔고, 슐레진저는 독일이 시급하게 금리를 인하해야 한다는 러몬트의 주장에 정면으로 반박했다.[35] 9월 15일 슐레진저 총재는 독일의 금융지인 「경제신문Handelsblatt」과의 인터뷰에서, "독일이 금리를 인하하고 ERM의 환율을 재조정한 이후에도 한두 나라의 통화는 프랑스 국민투표가 벌어지기 전에 심한 압력을 받게 될 가능성을 배제하지 않는다"고 말하였다.[36] 슐레진저는 자신의 말을 직접 인용할 때는 꼭 사전 허가를 받을 것을 고집했기 때문에 이런 그의 발언은 간접 화법으로만 보도되긴 했지만, 곧 인터넷으로 퍼져나갔다. 메이저 수상은 만찬회장에 있는 슐레진저를 소환해 이 보도를 부인하도록 해야 한다고 강력히 주장했지만, 분데스방크의 공식적인 답변은 그 보도의 내용이 '공식적으로 승인'된 게 아니라는 말뿐이었다.[37]

하지만 러몬트가 독일인들과 싸움을 벌인 것은 적을 잘못 선택한 것이었다. 9월 10일이 되면 독일 쪽에서도 사실상 ERM 내의 전반적인 환율 재조정과 독일의 금리 인하가 필요하다는 것을 받아들이게 된다. 하지만 이러한 메시지가 영국에 전달되지 않았던 주된 이유는 (추측이지만) 프랑스 재무장관인 장-클로드 트리셰Jean-Claude Trichet가 프랑스에서 마스트리히트 조약 국민투표가 임박한 상황에서 그러한 환율 조정이 너무 빨리 이루어지는 일은 막아야 한다고 굳게 마음을 먹었기 때문이었다. 따라서 당시 영국으로서는 유일한 대안이 이탈리아와 함께 자국 통화의 가치절하를 행하는 것이었지만, 메이저는 이를 거부했다. 하지만 그 결과 이탈리아 혼자서 환율의 절하를 행했고, 이 때문에 파운드화에 대한 압력은 더욱더 강화됐다.[38] 하지만 그해 여름에 압력을 받았던 것은 ERM 통화들만이 아니었다. 9월 8일 핀란드가 변동 환율제를 시작하자 그 즉시 그 환가치가 14퍼센트나 하락하고 말았다. 그 다음 날에는 스웨덴 중앙은행 또한 환가치 하락을 막기 위해 콜 금리를 무려 75퍼센트로 올렸다. 나중에는 500퍼센트까지 올렸지만 그래도 결국은 포기해야만 했다.[39]

한편 미국의 단기 금리는 30년간 최저를 달리고 있었으므로 높은 이자가 붙은 독일 마르크화에 대해 달러의 환 가치가 계속 하락하고 있었다. 하지만 이 상황에 대해 백악관 쪽의 선임 공직자가 바라보는 바가 영국 쪽의 그것보다 더 진실에 가까웠다. '우리는 시장에 완전히 휘둘리는 절망적인 상황에 있습니다.'[40] 바로 이게 핵심이었다. 슐레진저 분데스방크 총재가 뭐라고 말했는지가 중요한 게 아니었다. 시장이 그의 말들에 어떻게 반응하는지가 정말로 중요한 것이었다. 한 영란은행 공직자는 이렇게 말했다. '영란은행에서 근무하고 있는 지금 세대의 그 누구도 이런 비슷한 사태조차 본 적이 없다. 마치 산사태가 우리 머리 위를 덮치고 있는 형국이다.'[41]

위기가 지나가고 난 뒤 영국의 언론 매체는 영란은행을 한 사람이 파산시켰다는 생각에 계속 매달렸다. 바로 조지 소로스라는 것이었다. 하지만 이는 메이저와 러몬트가 헬무트 슐레진저라는 다른 사람을 원흉으로 지목했던 것이나 똑같이 완전히 빗나간 이야기였다.* 무릇 금융 위기란 몇몇 개인들이 일으킬 수 있는 게 아니다. 이를 일으키는 것은 떼거리이며, 이를 소로스는 잘 이해하고 있었다. 헝가리 출신으로 나치를 피해 영국으로 온 뒤 런던 경제대학을 졸업한 그는 자신의 헤지펀드인 퀀텀펀드Quantum Fund 및 여타 관련된 펀드들을 설립해 1969년에는 500만 달러 정도였던 운용 자산을 1992년에는 50억 달러로 키워낸다. 금융 시장에서 큰 판에 돈을 걸어 그에 걸맞은 큰 이윤을 계속 챙겨왔던 것이다. 소로스는 고정 환율제라는 것이 만약 그 회원국들의 경제 실적에 있어서 큰 차이가 지속되고 있다면 그 고정 환율 자체가 유지하기 힘든 압력을 받게 된다는 것을 잘 알고 있었다. 게다가 그는 또 자신의 퀀텀펀드와 그와 연관을 맺고 있는 다른 펀드들을 동원해 통화 하나를 지목하여 심한 공격을 가하면 그 나라의 경제적 '기초여건fundamentals'과 무관하게 그 통화의 붕괴를 야기할 수 있다는 것 또한 잘 알고 있었다. 그는 자신의 경제학 이론이 정통 경제학과는 거리가 멀다는 것에 큰 자부심을 가지고 있었으며, 금융 시장에서는 '재귀성reflexivity'이라는 것이 중심적 역할을 한다고 생각하고 있었다. 그가 1994년 MIT에서 행한 연설에서 말한 바 있듯이, '재귀성이란 사실상 양방향의 되먹임 메커니즘으로서, 이

---

* 　메이저 수상은 분데스방크가 나중에 프랑화에 대해서는 '파운드화의 경우에서는 전혀 하지 않았던 방식으로' 투기꾼들과 맞서 싸워주었다고 독하게 비판하기도 했다. 분데스방크가 엄청난 규모의 외환 시장 개입을 행했을 뿐만 아니라 '프랑스−독일 합동 성명으로 환율을 재조정할 이유가 없다고 선언까지 하였다'는 것으로, 영국도 위기 당시 이런 것을 요청했지만 전혀 받지 못했다는 것이었다. 하지만 「이코노미스트」가 정확하게 지적한 바 있듯이, 그 어떤 금융 지표로 보든 프랑화는 파운드화만큼 가치절하에 취약한 상태가 아니었다. 실상은 파운드화의 환가치가 과대평가됐던 것 이상으로 프랑화의 환가치는 과소평가된 상태였다.

를 통해 현실은 시장 참여자들의 생각을 형성하며, 또 그러한 시장 참여자들의 생각이 다시 현실을 형성'한다는 것이다.[42]

여기에서 핵심적인 점은, 이런 일을 소로스 한 사람이 벌일 수는 없다는 것이다. 그는 이렇게 말한다. '대부분의 경우 저는 대세를 따르지만, 저는 제가 한 떼거리 속에 들어 있는 한 사람이라는 것을 언제나 의식하고 있기 때문에 항상 변곡점이 다가오는지를 예의주시합니다… 대부분의 경우 현실은 대세에 따라 흘러가게 되어 있으며, 잘못된 가격들이 바로잡히는 일은 아주 가끔씩만 벌어집니다. 그리고 대세에 거슬러서 움직여야 할 때는 바로 이때뿐입니다… 물론 대세 자체가 바뀌는 것보다 빠르게 앞서서 움직여야죠.'[43] 앞에서 보았듯이, 퀀텀펀드가 굴리고 있는 돈은 1992년에는 대략 50억 달러 정도였다. 영란은행이 보유한 외환 준비금이 440억 달러였으므로 그 아홉 배 정도의 크기였고, 여기에다가 영국 쪽에서 개입할 ERM의 다른 회원국 중앙은행들의 외환 준비금도 감안하면 더욱 튼튼한 위치를 가지고 있었다. 따라서 소로스 혼자서 영란은행을 공격했다면 필시 그가 패배했을 것이다. 한편 미국의 연준은 전 세계의 외환 시장에서 하루에 회전되는 자금의 크기가 1986년의 580억 달러에서 1992년의 1,670억 달러로 늘었다고 추산하고 있었다.[44] 「이코노미스트」의 표현을 빌리면, '영국 재무부의 외환 준비금은 겉으로 보면 저 투기꾼들의 화력으로는 전혀 넘볼 수 없는 것처럼 느껴진다.'[45] 따라서 소로스의 거래에서 핵심이 되는 것은 자신이 생각하는 거래에 동참하는 투자자들을 임계점에 이를 만큼의 숫자로 동원하는 것이다. 그리고 소로스는 이미 비슷한 사고방식을 가진 투자자들 네트워크의 일부였으므로, 이는 어려운 일이 아니었다.

사실 소로스와 그의 파트너 스탠 드러큰밀러Stan Druckenmiller로 하여금 이러한 거래를 생각해내도록 도와주었던 것은 뱅커스 트러스트Bankers Trust의 로버트 존슨Robert Johnson이었다.[46] 존슨이 설명한 바 있듯이, 여기에서 결정적인 지점은 ERM의 통화들이 환율을 유지하는 폭이 비교적 좁게 설정돼 있었다는 사실이었다. 무슨 일이 있더라도 이 통화들의 가치는 절대로 마르크화의 가치를 크게 넘어설 수는 없다. 따라서 투기꾼들이 파운드화의 공매도*를 행했다가 설령 잃게 된다고 해도 그 손실은 클 수 없다. 하지만 만약 이 베팅이 맞아서 돈을 따게 되면 아주 크게 따게 된다는 것이다. 존슨은 파운드화의 가치가 20퍼센트만큼까지 떨어질 수 있다고 보았다.[47] 이는 곧 가지고 있는 돈을 몽땅 파운드화 하락에다가 걸어도 좋다는 주장이었다. 드러큰밀러 또한 파운드의 가치가 떨어질 것이라는 점은 분명히 이해했지만, 거기에 얼마나 걸어야 하는지에 대해서는 주저하고 있었다. 그러자 소로스는 경멸하는 어투로 드러큰밀러에게 말했다. "흥, 그게 정말 맘에 든다면… 완전히 죽여버려야지." 즉, 파운드화 공매도에다가 빌릴 수 있을 만큼 한껏 빌려서 베팅을 하라는 말이었다.[48] 소로스가 말한 대로, 따지고 보면 '리스크-보상의 관계가 지극히 유리한 거래인데' 몸 사릴 이유가 없다는 것이다.[49] 그와 드러

---

* 어떤 통화를 공매도한다는 것은, 중개인을 통해 그 통화를 차입한 뒤 이를 그 현재 시가로 판매하며, 그렇게 해서 들어온 돈을 챙긴다는 것이다. 만약 그 뒤에 그 통화의 환가치가 떨어지게 되면 그때 가서 그 차입한 만큼을 새로운 낮은 가격으로 사들여 중개인에게 갚으면 된다. 그러면 그 통화를 빌려서 판매했을 때는 높은 가격으로 팔았으니 많은 돈이 들어올 것이며 나중에 그 통화를 사들일 때는 낮은 가격으로 사들이게 되니 차액이 발생하게 되며, 이것이 고스란히 이윤이 된다. 하지만 만약 그 통화의 가치가 올라가버린다면 그 차입한 만큼의 그 통화를 중개인에게 갚기 위해 더 비싼 가격으로 사들일 수밖에 없으니 돈을 잃게 된다.

큰밀러는 흥분에 가득차서 자기들 이력의 최대의 베팅을 당겼으며, 빌릴 수 있을 만큼 한껏 파운드를 빌려다가 팔아댔다. 하지만 존슨이 회상하는바, 여기에서 핵심이 되는 것은 이들이 자기들만 베팅한 게 아니었다는 것이다. "나는 거기에서 걸어 나올 때 우리가 이 일을 하게 될 것이라는 것을 완전히 확신하고 있었고, **은행들과 은행들의 거래 상대방들 또한 우리를 그대로 흉내 낼 것이라는 것도 잘 알고 있었다.**"[50]

화요일에 있었던 슐레진저 분데스방크 총재의 '승인받지 못한' 발언이 9월 16일 수요일에 널리 공표되었다. 그러자 파운드화의 공매도는 계속 더 대규모로 행해지게 되었다. 러몬트는 수상을 만나기를 애타게 기다리면서 이렇게 탄식하였다. "1분에 몇 억 달러씩 돈이 사라지고 있다고요!" 영란은행은 이렇게 외환 준비가 빠져나가는 것을 막아보려고 애썼지만 허사였다.[51] 오전 11시가 되자 영란은행은 기준 금리를 12퍼센트로 올린다고 발표했다. 그로부터 세 시간이 조금 넘은 뒤 금리는 다시 15퍼센트로 올라갔지만, 그 효과는 그 다음 날부터 나타나게 돼 있었다. 이러한 필사적인 조치들은 되레 소로스의 투기가 더 기승을 부리도록 만들었을 뿐이다.[52] 그리고 러몬트가 파운드화를 지켜내기 위해 추가로 150억 달러를 더 차입하겠다고 공표했을 때 소로스는 '크게 기뻐했다. 왜냐면 우리가 매도하고자 파운드화의 액수가 대충 그 정도였기 때문이다.'[53] 하지만 실제로 그 정도까지 팔지는 못했다. 대략 100억 달러어치를 매도했을 때 시장이 끝났기 때문이었다. 그날 저녁 오페라 애호가들은 영국 국립 오페라관에서 베르디의 〈운명의 힘〉을 감상하고 있었고 (필자도 포함), 그때 러몬트는 재무부의 중앙 내정에서 긴급 기자 회견을 열고 영국이 ERM 참여를 '일시 정지'한다고 공표했다.[54] 이탈리아의 리라화 또한 ERM 내에서 이미 한 번 공식적인 환율 재조정으로 가치절하를 했음에도 불구하고, 같은 날 ERM에서 함께 밀려나게 됐다.[55]

음모 이론을 좋아하는 이들은 조지 소로스가 강력하고도 거대한 네트워크의 허브라고 주장할 때가 많았다. 한 서슬 퍼런 설명에 따르면, 그는 "민간 금융 집단의 이해를 대변하는 방대하고도 악질적인 비밀 네트워크의 얼굴일 뿐이다… 그 네트워크는 2차 세계 대전이 끝난 후 대영제국의 폐허 위에 세워진 것으로서… 영국의 윈저 왕가를 중심으로 하는 유럽의 왕실 가문들과 지도적인 귀족 가문들이 통제"하고 있다. 이 네트워크에는 영국 여왕과 로스차일드 가문을 필두로 하여, "각종 금속 및 원자재 상품 투기꾼 마르크 리치Marc Rich―범죄 혐의로 기소돼 국외로 도망가서 스위스 주크Zug 주와 이스라엘의 텔아비브에서 활동한다―와 이스라엘에서 무기 및 원자재 상품을 거래하는 비밀 거래상 샤울 아이젠베르크Shaul Eisenberg, '더러운 라피Dirty Rafi' 이탄Eytan까지 들어 있다."[56] 이건 말도 안 되는 이야기다. 소로스가 소속된 네트워크, 즉 그가 한 인터뷰에서 암시했던 바 있는 '더 크고 더 많은 복잡한 경제적 망'이라는 것은 서로 비슷한 방식으로 돈을 벌고자 몰려다니는 헤지펀드들의 네트워크다.[57] 드러큰밀러가 회상한 바 있듯이, "우리는 이번 건을 정말로 열심히 추진했고, 건전지 에너자이저의 광고에 나오는 토끼 인형마냥 지칠 줄 모르고 계속해서 밀어붙였다… 그러니 조금이라도 생각이 있는 사람이라면 자신의 딜러에게 '무슨 일이 벌어지고 있는 겁니까?'라고 물어보지 않을 수 없는 노릇이었다. 그리고 사람들이 무어라고 말할지도 나는 알고 있었다. 퀀텀펀드가 움직이고 있다고 수군거리는 것이다." 어떤 경우엔 소로스와 드러큰밀러가 전화로 정보를 공유한 사람들도 있었다. 루이 베이컨Louis Bacon이 대표적인 경우라 할 것이다. 이 거래에 함께 뛰어든 헤지펀드 매니저들 중에는 캑스턴Caxton의 브루스 코브너Bruce Kovner와 폴 튜더 존스Paul Tudor Jones도 있었다. 하지만 무슨 텔레파시 따위가 필요한 일은 아니었다.

이들의 공매도 거래의 규모를 더욱 크게 키워준 것은 이 헤지펀드들에게 돈을 빌려준 은행들이었다.**58** 덩컨 볼스바우Duncan Balsbaugh는 런던의 모건 스탠리 은행에서 채권 거래 부서를 운영하고 있었다. 그가 훗날 회상한 바에 따르면, 소로스가 자신에게 자금 지원을 요청했던 것은 곧 자신도 '영란은행이라는 이름으로 알려진 스레드니들 가Threadneedle Street의 할머니를 공격하려는 음모단에 가입되었음'을 뜻하는 것이었다고 한다. 소로스는 현물 시장에서 파운드화의 공매도를 행하기 위해 그 자금으로 은행들로부터 현금을 대출받으면서 자신이 보유하고 있던 거의 모든 유럽 채권들을 담보로서 '창고에 넣어두었다warehouoused'. 볼스바우의 말에 따르면, 자신의 은행은 그에게 자금을 대주었을 뿐만 아니라 '소로스의 뒤를 그대로 따라갔다'고 한다. 그 결과 그의 회상에 따르면 "퀀텀펀드의 파운드 매도의 뒤에는 (그리고 오히려 앞서서 나갈 때도 많았다) 기병대가 따라다니고 있었다. 튜더, 베이컨, 코브너 등의 헤지펀드는 물론이고 이들에게 잔뜩 돈을 빌려준 은행 군단도 함께 움직여서… 모두가 파운드화를 두들겨댔다pounding the pound"**59** 이 헤지펀드들의 뒤를 따른 다른 은행들에는 시티코프, JP모건, 케미컬뱅킹, 뱅커스트러스트, 체이스맨해튼, 퍼스트시카고, 뱅크오브아메리카 등도 포함되어 있었다.**60** 그러니 영란은행이라는 할머니가 견뎌낼 재간이 없었다. 이는 금융 세계에서 벌어졌던 집단 윤간이었던 셈이다.

영국이 항복한 '검은 수요일' 이후 파운드화의 가치는 15퍼센트나 급감했으며, 이에 소로스는 엄청난 액수의 돈을 거머쥐게 된다.* 「타임스」의 저널리스트 아나톨 칼레츠키Anatole Kaletsky와의 인터뷰에서 소로스는 이렇게 인정했다. '당황해 움찔하는 기색을 보이면서 짓궂은 자기만족을 은근히 드러냈다.' 그가 굴리는 네 개의 헤지펀드가 파운드화의 공매도를 통해 벌어들인 돈은 약 10억 달러 정도였다는 것이다. 게다가 이자율 선물 시장과 이탈리아 리라화의 공매도 등 그와 연관된 보조적인 다양한 거래들을 통해서 벌어들인 돈이 또 10억 달러가 더 있었다고 한다.[61] 훗날 소로스는 파운드화의 몰락은 '나라는 사람이 아예 세상에 태어나지 않았었더라도 거의 똑같은 방식으로 전개됐을 것'이라고 주장했다.[62] 물론 사라져버린 영국의 외환 준비금 270억 달러 중에서 명목상으로라도 소로스에게 책임을 물을 수 있는 액수가 100억 달러는 될 것이다.[63] 하지만 사실을 보자면 파운드화의 고정 환율을 깨버린 것은 소로스가 거느린 네트워크 전체의 집단적 노력이었다. 소로스가 칼레츠키에게 말한 바 있듯이, 그는 '시장에서 가장 으뜸가는 크기의 요인'이었지만, 시장 전체는 아니었던 것이다. 그는 흐름을 이끌었을 뿐이다.[64] 이 사태는 그가 없었더라도 얼마든지 벌어졌을 일이었다. 왜냐면 그가 '시작하지 않았다고 해도 누군가 다른 사람이 그렇게 했을 테니까.'[65]

---

* 소로스가 얼마를 걸었는지는 10월 24일이 되어서야 밝혀졌다. 「데일리 메일」에 '나는 파운드 폭락으로 10억 달러를 벌었다'는 제목의 기사가 실린 것이다. 이 기사에는 소로스가 웃으면서 손에 술잔을 들고 있는 사진이 함께 실렸다. 이 기사가 나가자 런던에 있는 소로스의 집 계단은 분노한 사람들에 의해 박살이 났고, 이에 소로스는 있었던 일에 대한 자신의 입장을 아나톨 칼레츠키에게 이야기해야겠다고 마음먹게 된 것이다.

소로스의 네트워크가 승리를 거뒀다. 그럼 패자는? 1997년 영국 재무부는 '검은 수요일'로 인해 치러야 했던 비용을 34억 파운드 정도로 추산했지만, 그로부터 8년 후에는 숫자가 좀 줄어서 33억 파운드로 낮아졌다. 8월과 9월에 영란은행이 거래에서 입은 손실은 8억 파운드로 추산됐지만, 영국 국민들이 입은 주된 손실은 환율의 가치절하를 하지 않는 바람에 놓쳐버린 이득이었다.[66] 더욱더 장기적인 피해는 영란은행의 명성에 금이 간 것이었다. 물론 미국 저널리스트 토머스 프리드먼 Thomas Friedman이 '전자거래 소 떼the electronic herd'라고 부른 것에 의해 무너져버린 위계적 조직은 이미 그전에도 많이 있었지만, 그래도 영란은행의 명성에 치명적인 타격이 가해진 것은 변하지 않는다. 한편, 이렇게 독일 마르크화에 고정해놓은 환율이 무너지면서 오히려 영국 경제는 한숨 돌리게 됐다. 단기 금리는 급격히 하락해 1993년 1월에는 6퍼센트 아래로 떨어졌다. 영국인들 중 아주 많은 숫자가 변동금리 주택담보대출에 물려 있는 상태였으므로 이러한 금리 인하는 사람들이 한숨 돌리게 해주는 계기가 됐으므로 국내 경제로 볼 때 아주 환영할 만한 일이었다. 경제는 회복됐다.[67] 이후 찾아온 재앙은 경제가 아니라 정치 영역에서 벌어졌다. 정부는 애초에 ERM 가입 여부를 두고 어쩔 줄 모르고 끙끙 앓았고, 1992년 여름 내내 파운드화를 목숨 걸고 수호하겠다고 결연한 선언을 몇 번이나 반복했고, 그러다가 9월 16일에는 마침내 아주 비굴한 모습으로 항복하고 말았기 때문이다. 이 모든 것들은 영국 보수당이 경제 정책을 제대로 다룰 능력이 있는지와 관련하이 그 명성에 영구적인 손상을 입히게 됐다.[68] 메이저 정부의 지지율은 그 이후로 전혀 회복되지 않았으며, 1997년 5월 1일에는 그 이전 4년 동안 경제 성장의 호황기였음에도 불구하고 보수당이 노동당에 정권을 내주는 결과를 낳고 말았다. 노동당을 회춘시킨 것은 토니 블레어Tony Blair로, 그 또한 넬슨 만델라의 선례를 따라서 '생산수단의 공동 소유'라는 것을 핵심 정책 목표에서 빼내버렸다.

한편 유럽 통합과 관련해서는 놀랄 만한 일이 벌어졌다. 일부 미국 경제학자들이 이 ERM 사태를 보면서, 완전한 통화 연합으로 전진한다면 이것이야말로 경제를 재앙으로 몰아넣을 뿐만 아니라 아마도 유럽 내부의 분쟁까지 일으키게 될 지름길이라는 결론을 도출했던 것이다. 조지 소로스는 전혀 관점이 달랐다. 그의 주장에 따르면, '유일한 탈출구'는 다음과 같다.

아무런 고정 환율 시스템도 두지 말고, 대신 미국처럼 단일 통화를 사용하는 것입니다. 이렇게 되면 투기꾼들은 장사를 접어야겠지만 나는 기꺼이 그런 희생을 감수할 생각이 있습니다… 지금부터 동유럽에서는 엄청난 혼란의 시대가 나타날 것으로 예상되며, 이렇게 역외에서의 혼란이 유럽연합의 형성을 앞당길 동력이 되어줄 것입니다. 동유럽에서의 민족주의가 워낙 강력하기 때문에 유럽은 통일을 통해서만 여기에 맞설 수 있을 것이기 때문이죠. 유럽이 하나로 뭉치지 않는 한, 예전의 소련 지역 대부분은 전쟁에 휘말리고 말 것입니다.

철저하게 마르크화를 고수하고 있는 독일에 대해 어떻게 생각하느냐는 질문을 받자 그는 '만약 마스트리히트 조약이 비준된다면 아마 저는 분데스방크를 공격 목표로 삼아 판돈을 걸 것입니다.'[69] 「이코노미스트」 또한 ERM 위기는 통화 연합을 반대할 논거가 아니라 오히려 그것을 지지할 논거라는 결론을 도출한다.[70] 1992년의 승리자들이 그 위기로부터 도출한 결론은 이렇게 완전히 잘못된 것이었다. 유럽 대륙 나라들의 지도자들은 실제로 통화 연합을 실현하기 위해 거침없이 밀고 나갔으며, 그리하여 1999년 초에는 유로화라는 유럽의 단일 통화가 현실이 된다. 이를 관리하는 것은 정말로 연방 정부의 성격을 갖고 있는 유럽 중앙은행ECB: European Central Bank이었다. 이렇게 하는 가운데 그들은 네트워크가 실로 비약적으로 성장하고 있는 시대에조차도 위계적 구조의 힘에 대해 반석과 같은 믿음을 표출했던 것이다. 1992년에는 조지 소로스가 정글을 자기 것으로 하고 있었으며, 정글이 정치가들을 자기 것으로 삼고 있었다. 1999년 이후에 변한 것이 있다면 단지 그 정글이 엄청나게 더 커져 버렸고, 빽빽해졌으며, 퇴물이 된 피라미드 건축자들을 더욱 못 견디게 되었다는 것뿐이었다.

바벨의 도서관

50장

2001년 9월 11일

21세기는 갈수록 호르헤 루이 보르헤스의 단편 소설 『바벨의 도서관The Library of Babel』을 현실로 옮겨놓은 것처럼 되어갔다. 이 소설에서 보르헤스는 지금까지 쓰인 모든 책들뿐 아니라 미래에 쓰일 수 있는 책들까지 모두 담고 있는 도서관을 상상한다. 이제 무한의 정보를 손에 넣게 된 사람들은 다행증多幸症, euphoria에서 광기로 빠르게 바뀌어간다. 어떤 이들은 '모든 쓸모없는 저작들을 제거'하려는 '위생적이고 금욕적인 격분'에 휩싸인 나머지 '수백만 권의 책들에 대해 무분별한 박해'를 벌이기도 한다. 어떤 이들은 '다른 모든 책들을 완벽하게 정식화하고 개설해놓은' 한 권의 책을 찾아 헤매기도 하며, 또 어떤 이들은 바로 그 책을 읽어서 '신과 비슷해진' 도서관 사서를 찾아 헤매기도 한다. 이 방대한 도서관의 어떤 부분들에서는 사람들이 '책들 앞에서 오체투지로 엎드려서 야만적인 방식으로 그 페이지들에 입을 맞추지만 막상 그 책에 쓰인 글은 단한 글자도 해독할 줄을 모른다'. 다른 부분으로 가면, '전염병, 이교도들간의 분쟁, 결국 산적이 될 수밖에 없는 오랜 떠돌이 생활 등으로 인구가 격감'하기도 한다.[1] 21세기의 세상은 간혹 보르헤스가 그려낸 비전이방대한 규모로 실현된 것처럼 보일 때가 많다.

21세기 벽두의 몇 년 동안을 규정하다시피 했던 사건은, 모종의 반사회적 네트워크라고 묘사하는 것이 가장 좋을 만한 한 무리의 이슬람주의 집단이 미국의 금융 및 교통 네트워크들을 공격했던 일이었다. 비록9.11 사태를 꾸민 자들은 알 카에다라는 이름을 내걸고 움직였지만, 보다 넓은 정치적 이슬람 네트워크와의 연계는 미약할 뿐이다. 그리고 그들이 발각되지 않고 활동할 수 있었던 비밀도 이것으로 설명할 수 있다.

2001년 9월 11일의 공격자들이 저지른 일을 보면 사악한 천재성이느껴진다. 본질적으로 보면 이들은 갈수록 네트워크 사회로 되어가던미국의 주된 허브들을 표적으로 삼았으며, 보안의 취약점들을 이용해커터칼 같은 원시적인 무기들을 뉴욕과 워싱턴—이는 각각 미국의 금융시스템과 정치 시스템의 중심 노드들이다—으로 가는 네 대의 여객기에 몰래 가지고 들어갈 수 있었다. 이 알 카에다 행동대원들은 비행기들을 납치해 조종간에 앉아 세계무역센터와 미 국방부 건물을 그대로 박아버림으로써 테러리즘의 역사에서 가장 거대한 자취를 남기게 됐다. 이들은 몇 달 동안이나 미국 전체를 심각한 공포 분위기로 몰고갔을 뿐 아니라 더욱 중대한 결과를 끌어내기도 했으니, 조지 W. 부시 정부로 하여금이 테러 공격에 대한 대응으로 비대칭적인 군사 행동에 나서도록 촉발한 것이 그것이다. 이 부시 정부의 군사 행동은 그 다음 몇 년간 이슬람 원리주의 운동을 약화시키기는커녕 오히려 강화시키는 데 크게 기여한 것이 거의 확실하다.

그런 공격에서 보면 항공 시스템과 금융 시스템은 완벽한 표적으로 보였다. 그 각각이 모두 최근 들어 훨씬 더 복잡해졌다. 또한 둘 다 모두 세계화 과정에서 결정적인 역할을 했기에 2001년이 되면 이슬람주의자들뿐만 아니라 좌파들 또한 이를 미국 제국주의의 새로운 구현체라고 보는 시각이 광범위하게 퍼졌을 정도였다.[2] 또한 테러범들은 이 중요한 노드들을 파괴하고 대중 사이에 패닉을 일으킴으로써 다른 네트워크들로까지 혼란의 물결이 단계적으로 확산될 것을 기대했던 것이며, 이는 상당히 타당성이 있는 기대였다.[3]

테러범들 스스로도 하나의 네트워크를 형성했다. 클리블랜드의 컨설턴트인 블라디스 크레브스Vladis Krebs는 9.11 테러의 직접적인 영향으로 '인플로Inflow'라고 불리는 소프트웨어—기업 네트워크를 분석하기 위해 발명됐다—를 써서 혼자 작업해 이 테러범 네트워크의 핵심 노드가 모하메드 아타Mohamed Atta임을 밝혔다(사진 24). 19명의 비행기 납치범들 중 16명과 접촉했을 뿐만 아니라 그들과 연관된 15명의 다른 이들과 접촉한 것이 바로 아타였던 것이다. 이 네트워크의 모든 인물들 중에서 아타야말로 매개 중심성이 가장 높을 뿐만 아니라 활동성(그가 다른 이들을 접촉한 횟수)도 또 근접성(매개자 없이 직접 다른 이들과 연결될 수 있는 능력)도 가장 높았다. 하지만 아메리칸플라이트77 여객기 납치범의 하나였던 나와프 알하즈미Nawaf Alhazmi도 매개 중심성이라는 점에서 보면 아타의 바로 아래였으므로, 그 또한 이 작전을 계획한 이들 중 하나였을 가능성을 시사하고 있다. 그리고 만약 아타가 9.11 이전에 체포되었더라면 그의 지도자 역할을 마르완 알-셰히Marwan Al-Shehhi가 쉽게 이어받을 수 있었을 것이다.⁴ 하지만 크레브스가 관찰한 바에 따르면 9.11 네트워크의 독특한 점은 더 넓은 세상과의 사회적 연결선이 결여되어 있다는 것이다. 이들은 아주 긴밀하게 짜인 집단으로서 그중 다수는 아프가니스탄에서 함께 훈련을 받았지만, 보통의 사회적 네트워크들에 나타나는 약한 유대의 연결선들이 이들에게는 거의 보이지 않는다. 더욱이 이들은 미국에 입국한 뒤로는 서로 거의 관계를 갖지 않는다. 이들의 네트워크는 아주 성긴 것으로서, 그 의사소통은 아주 필요한 극히 최소한으로 제한됐다. 이런 의미에서 보면 이는 진정 반사회적 네트워크였다고 할 수 있다. 당국의 눈을 피해야 할 비밀 네트워크라면 이렇게 거의 눈에 띄지 않는 형태를 취할 수밖에 없었을 것이다.⁵

크레브스는 지금 돌아보면 무슨 일이 벌어지고 있었는지가 명확하다고 한다. 하지만 이를 미리 사전에 알아낼 수가 있었을까? "이 테러와의 전쟁에서 이기고자 한다면, 정보와 지식을 공유하는 네트워크를 테러범들보다 우리가 더 잘 갖추어야만 한다고 보인다."⁶ 이러한 네트워크는 2001년에 존재하는 것으로 여겨졌다. '에이블 데인저Able Danger'라는 이름의 미국 육군 프로젝트로, 다량의 데이터를 이용해 연결선들과 패턴들을 찾아내어 알 카에다의 네트워크를 파악하고자 했던 것이었다. 하지만 문제가 있었다. 이른바 '케빈 베이컨' 문제(미국의 모든 이들은 이제 그 분리도가 6단계가 되지 않는다는 문제) 때문에 테러리스트일 가능성이 있는 이들의 숫자는 몇 백만까지는 아니어도 수십만으로 나타났던 것이다.⁷ '에이블 데인저'가 그려낸 네트워크 그래프들 중 일부는 종이로 출력해보면 길이만 무려 20피트였던 데다가 그럼에도 불구하고 너무 작게 프린트돼 거의 전혀 알아볼 수 없는 지경이었다.[8] 크레브스 자신도 테러와의 전쟁에 있어서는 인간 정보 활동human intelligence 말고는 대안이 없다는 결론에 도달했다. 대안이 있다면 빅데이터로 뛰어드는 것이 있을 뿐.[9]

9.11 테러가 있은 후 패닉이 서서히 가라앉으면서 일부 네트워크 전문가들은 알 카에다가 사실 비교적 약한 집단이라는 주장을 내놓기 시작했다. 그것이 지하의 반사회적 네트워크라는 성격을 갖고 있다는 바로 그 점이 곧 이들이 새로운 사람들을 모집해 훈련시키는 일이 쉽지 않도록 만든다는 것이었다.[10] 알 카에다의 위력이 부분적으로 그 탈중심성에 있다고 얼마든지 말할 수 있지만,[11] 오사마 빈 라덴이 미국에 대한 큰 규모의 후속 공격을 명령할 수가 없다면 그런 네트워크 구조가 무슨 쓸모가 있겠는가?[12] 그리고 만약 미국의 아프가니스탄 침공과 탈레반 정권 전복으로 알 카에다 지도부가 파키스탄 어딘가에 고립된 상태로 있다면 이제 그들을 추적하여 그 조직의 목을 쳐버리기만 하면 된다는 것이었다.[13] 일부 학자들은 1990년대 몬트리올에 암약했던 마약 밀매 조직인 카비아Caviar 네트워크와 같은 비밀 범죄 네트워크들과 유비를 짓기도 했다. 물론 이 범죄 네트워크들은 테러 네트워크에 비하면 더 중앙집권화의 정도가 크다는 것도 인지하고 있었다.[14] 보다 중요한 차이점도 있었다. 알 카에다의 성원들은 분명히 범죄 조직들과 달리 하나의 공통의 이데올로기로 뭉쳐 있었다는 점이다. 비록 9.11 테러범들은 더 넓은 이슬람 원리주의 네트워크와 가시적으로 연결돼 있지는 않았지만, 모두 다 지적으로는 그 일원이었고 또한 자신들의 종교적 신앙을 위해 기꺼이 죽을 수 있는 이들이었다. 다른 말로 하면, 훨씬 더 큰 지하드의 네트

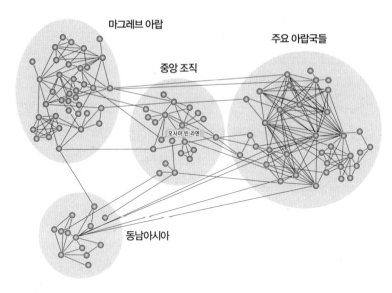

마그레브 아랍

주요 아랍국들

중앙 조직

오사마 빈 라덴

동남아시아

그림 37
지구적인 이슬람 원리주의 네트워크, 2004년경. 개략적인 소묘.

워크가 존재하며, 알 카에다는 비록 연결은 아주 약해도 그 일부를 이루는 구성물이라는 것이었다. 그 더 넓은 네트워크는 소련의 아프간 전쟁 기간에 서로 만나 유대를 갖게 된 지하드의 전사들, 동남아시아에 있는 예마 이슬라미아Jemaah Islamiyah의 성원들, 유럽과 중동의 아랍인 공동체들 내부의 지지자들 등으로 구성돼 있었다.[15] 서방 쪽의 지도자들을 아주 당혹시켰던 것은 이들이 시작한 보복전인 '테러와의 전쟁'이라는 것이 오직 폭력을 주무기로 사용하는 이슬람주의자들에만 협소하게 초점을 맞출 것을 요구하고 있었다는 점이다. 이 경우 적극적인 테러 분자들의 작은 네트워크가, 비록 스스로 폭력을 무기로 쓰지는 않지만 테러범들에게 동정적인 사람들로 이루어진 훨씬 더 큰 네트워크 안에 묻어들어 있다는 사실을 간과하게 된다는 것이었다.[16] 젊은이들이 그냥 욱

하는 성질에 바로 테러범이 되는 것이 아니었다. 이슬람 원리주의 활동의 네트워크에 참가하여 일원이 될 뿐만 아니라 그 극단주의적인 설교에 지속적으로 노출되어야만 그렇게 되는 것이다.[17]

어떤 분산된 네트워크가 어떤 위계 조직을 공격할 경우 그 위계 조직은 그 조직의 속성에서 자연스럽게 우러나오는 방식대로 대응하게 되어 있다. 9.11 테러의 직접적인 결과로 조지 W. 부시 대통령과 그의 행정부에서 국가 안보의 책임을 맡은 핵심 인물들이 내렸던 일련의 결정들은, 이슬람주의 네트워크를 폭발적으로 성장시키기 위해 아주 세심히 준비하고 계획했다고 해도 그렇게 완벽할 수 없는 것들이라 할 만했다. 부시 대통령이 알 카에다를 품고 있는 아프가니스탄의 탈레반 정권을 전복시키기 위한 계획을 짜라고 재촉했던 것은 아주 올바른 일이었다. 하지만 부통령인 딕 체니와 국방부 장관인 도널드 럼스펠드가 대통령에게 이렇게 된 이상 두 번째 군사 개입이 충분히 정당하다고 설득한 것은 아주 잘못된 일이었다. 이들은 이번에는 이라크의 사담 후세인 정권을 전복시킬 때라고 주장했던 것이다.* 이들은 이라크가 9.11 테러와의 인과적 연관이 있다는 것을 보여주는 증거가 사실상 존재하지 않는다는 사실에 전혀 개의치 않았다. 또한 동시에 부시 대통령은 장래에 벌어질 미국에 대한 또 다른 테러 공격과 싸운다는 목적에서 국토안전부Department of Homeland Security를 창설했다. 이라크에 대한 미국의 공격 여부가 분명해지

---

*   9.11 테러가 벌어진 바로 당일, 럼스펠드 장관은 이렇게 주장했다. "미국의 대응은 아주 넓은 범위의 선택지와 가능성들을 고려해야만 한다. 나는 본능적으로 빈 라덴뿐만 아니라 사담 후세인도 동시에 쳐야 한다고 느낀다."

기도 전인 2002년 8월 이미 존 아퀼라John Arquilla는 「LA 타임스」에 기고한 글에서 이런 접근법에 내재한 결함들을 지적한 바 있다.

> 지금 우리가 당면한 것과 같은 네트워크 전쟁에서는 전략적 폭격이라는 것이 별 의미가 없으며, 대부분의 네트워크는 한 사람의 (심지어 몇 사람의) 지도자들에게 의지해 지속되지도 않는다… 장관급의 한 내각 부처로서 국토안전부를 만든다는 것은… 두 번째 큰 실수다. 잽싸게 움직이는 네트워크와의 전쟁에서 위계 조직이란 너무나 둔하고 안 맞는 도구다. 네트워크들과 싸울 때는 네트워크들이 필요하며, 이는 예전의 전쟁에서 탱크에 맞서기 위해 탱크가 필요했던 것과 마찬가지다… 우리가 필요한 종류의 네트워크는 '우리 편이냐' 아니면 '우리의 적이냐'라는 질문에 억지로 대답하게 만드는 식으로 형성되고 유지되는 그런 종류의 네트워크가 아니다.[18]

물론 이후에 국토안전부가 보여준 성취를 보면 이런 평가는 과도하게 회의적이라고 해야 할 것이다. 1993년 1월~2016년 2월 사이에 미국을 겨냥한 지하드와 관련된 것으로 알려진 109개의 폭력적 음모 계획 중에서 실제로 수행된 것은 13개뿐이었으며, 이는 감시 활동과 정보원들의 활약을 결합한 덕분이었다.[19] 그럼에도 불구하고 한 가지 점에서는 아퀼라가 옳았다. 2001년 말의 시점에서 보면 알 카에다라는 조직이 낡아빠진 비밀 결사체처럼 보였고, 모종의 반사회적 네트워크로서 작동할 수밖에 없기 때문에, 아주 스케일이 큰 폭력이기는 하지만 아주 가끔씩밖에는 일을 벌일 수 없는 것인 듯했다. 하지만 미국이 지도한 이라크 침공 이후 알 카에다와 이라크의 친연성은 훨씬 더 크고 더 효과적인 네트워크로 진화해 나갔다. 사담의 흉포한 위계제가 전복된 이후 상황을 알 카에다가 십분 활용해 분파적 투쟁을 부추겼던 것이다. 그 결과 이라크의 역사를 아는 이라면 누구든 충분히 예견할 수 있는 사태가 나타났다. 유혈이 낭자한 반란 상황이다. (1920년대 영국 점령군도 아주 비슷한 상황에 처했다.) 그보다 오래전에 월터 워커가 동남아시아의 정글에서 배웠던 교훈을 미군은 좌절로 가득한 몇 년을 보내고 나서야 뒤늦게 배우게 된다.

존 나이젤John Nagel은 로즈 장학생 출신의 미국 육군 장교로서, 말라야의 분쟁과 베트남의 분쟁을 비교하는 박사 논문을 쓴 이였다. 그는 영국군은 정글 전투의 절박한 필요사항들에 재빨리 적응했던 반면 미군은 아직도 그러지 못하고 있다고 주장했다.[20] 그는 이후 미국 육군의 『반란 활동에 대한 야전 교범Counterinsurgency Field Manual』의 공저자로 참여하게 된다(『FM 3-24』). 이 책자는 이러한 교범이 시급히 필요하다는 것을 이해하게 된 두 명의 장군의 주도로 제작된 것이었다. 데이비드 페트리어스David Petraeus 중장과 제임스 매티스James Mattis 중장이었다. 페트리어스 중장이 이라크에서의 두 번째 복무를 마치고 돌아온 2005년 10월부터 『FM 3-24』의 집필 작업이 시작됐다. 이 책자는 그 다음 해 12월에 출간됐다.[21] 이 교범에서 가장 놀라운 특징은 반란 활동이 네트워크의 성격을 띠고 있다는 점을 반복해 논의하고 있다는 점이다. 한 예로 저자들은 '공식적이고 위계적인 구조'를 가진 반란 활동들과 '네트워크 구조'를 가진 반란 활동을 구분하기 위해 공을 들이고 있다. 모델마다 장점과 단점이 있지만, 네트워크의 성격을 띤 반란 활동은 '한 사람 혹은 소집단이 명령하는 게 아니므로' 협상을 통해 문제를 해결하는 방식을 받아들이도록 설득하기 어려울 뿐만 아니라 '회복과 적응과 학습이 아주 빠른' 경향이 있다고 한다.[22] 이 『FM 3-24』는 놀라울 정도로 미군을 네트워크 이론에 익숙해지도록 교육시키고 있으며, 네트워크 밀도, 연결 중심성, 매개 중심성 등의 개념들도 설명하고 있다.[23] 그 1판에 보면 심지어 '사회적 네트워크 분석'이라는 제목의 부록까지 달려 있다.[24]

『FM 3-24』는 2004년 미 국방부로 파견되었던 데이비드 킬컬렌David Kilkullen이라는 이름의 오스트레일리아 육군 대령에게 적지 않은 빚을 지고 있다. 그가 저술한 28항—'중대 병력 수준에서의 반란 활동 대응 작전의 기초'—은 '신뢰가 있는 네트워크를 구축한다는 것'이야말로 "마음을 사로잡다hearts and minds'라는 구절의 진정한 의미"라고 주장하고 있다.

만약 오랜 시간을 두고 신뢰의 네트워크를 성공적으로 구축할 수 있다면 그 네트워크들은 주민들 사이에 뿌리를 내리게 되며, 적들의 네트워크를 몰아내게 되며, 우리와 싸우는 적을 노출시키게 되며, 이에 주도권을 잡을 수 있게 된다. 이러한 네트워크들에는 지역의 동맹자들, 공동체 지도자들, 지역의 치안 담당 기구들, NGO들, 그 밖에 그 지역 내의 우호적이거나 중립적인 비국가 행위자들, 언론 매체 등이다… 신뢰가 담긴 네트워크들을 구축하는 데 도움이 되는 행동들은 큰 도움이 된다. 신뢰를 잠식하고 아군이 구축한 네트워크들을 파괴하는 행동들-설령 아주 중요한 요인들의 암살이라고 해도-은 적을 돕는 셈이 된다.[25]

그가 전하는 핵심적인 지혜는, 미국 및 그 동맹국들이 맞서 싸우는 지구적 지하드란 기존에 존재하는 '혼맥, 돈의 흐름, 학연, 후원 관계들'의 사회적 네트워크에 기초하고 있다는 점이었다. 테러리즘은 '그 네트워크가 몰두하고 있는 공동의 행동들 중 하나에 불과하지만, 그 핵심은 후원 관계로 엮인 네트워크'라는 것이다.[26] 하지만 그와 동시에 조직적 폭력의 중요성이 점점 커짐에 따라 지구적 지하드는 이미 국가와 비슷한 성격을 획득하고 있다고 한다.

전 지구적인 반란 활동 속에서 이 반란자들이 만들어낸 위계 조직은 **가상 국가**virtual state다. 이는 일정한 영토나 인구를 통제하는 의미에서의 국가가 아니지만 여러 분산된 시스템들에 대해 통제력을 행사하며, 이 시스템들을 하나로 합치면 전통적인 국가 권력의 여러 요소들을 나타내게 된다. 이는 또한 사이비 국가이다. 즉, 국가처럼 행동하기는 하지만 법적 정치적 정당성을 갖추지 못한 것이라는 의미에서 가짜 국가이다. 게다가 이는 단일의 위계 조직이 아니라, 모종의 '반란 국가insurgent state'로 기능하는 서로 연결된 여러 시스템들의 네트워크 연맹체로서, 세계 각국의 정부와 경쟁을 벌이게 된다.[27]

이렇게 지금 막 생겨나고 있는 초기의 국가를 패배시키기 위해 킬컬렌이 권고하는 전술들 중에는 '중립적인 혹은 우호적 여성들을 한편으로 만드는 것'이 포함돼 있다. 왜냐면 여성들은 반란자들 지원 네트워크에서 중요한 역할을 하기 때문이다. 또 빈번한 '반대 네트워크' 정보 작전들을 벌여서 '반란 활동 네트워크들에 파멸적 붕괴를 야기할 수 있는

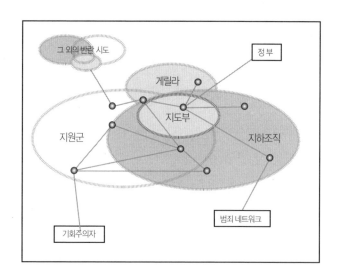

그림 38
네트워크로 연결된 반란 조직들. 『반란 행위에 대한 미 육군 야전 교범』
(2014년 판)에서 발췌.

치명적 계기를 만들어내는 것'도 들어 있으며, '반란자들을 민중과 분리
시켜 네트워크를 질식시키는 것', 반란자 네트워크에서 취약한 고리들을
제명시키는 것 등도 들어 있다.[28] 이것이 기초가 돼 이라크 사회의 네트
워크로부터 알 카에다를 고립시키고 질식시키는 페트리어스 중장의 이
른바 '아나콘다 전략'이 나오게 됐다.[29]

미국 육군은 비록 늦은 감이 있지만 이러한 교훈을 잘 배우게 됐다.
2007년 미라크에서 미국이 '비약'하던 결정적인 단계에서 스탠리 맥크
리스털Stanley McChrystal 장군은 자신이 이라크에서 배운 것들을 이렇게
요약했다. '이라크의 알 카에다 지도자인 아부 무사브 알-자르카위Abu
Musab al-Zarqawi의 네트워크가 확산되는 것과 대결하기 위해 그들의 분산
성, 탄력성, 속도를 모두 똑같이 따라해야만 했다. 시간이 지나면서 "어

떤 네트워크를 패배시키기 위해서는 다른 네트워크로 대응해야 한다"라는 여덟 마디의 말이 지휘관들 모두가 사용하는 하나의 주문이 됐고, 우리의 작전 개념을 요약하는 문구가 됐다.'[30] 이렇게 미국 병사들은 사람 이후의 이라크라는 구체적인 정글을 어떻게 자기 것으로 만들 수 있는지를 알아내게 됐다. 아프가니스탄에서도 이와 비슷한 아주 고통스러운 학습 과정이 진행되고 있었다. 에밀 심슨Emile Simpson은 구르카 용병 부대의 장교로서 겪었던 바를 통해, 비록 재래식의 쌍방 간 전쟁이 벌어질 가능성이 없는 것은 아니지만 일반적인 경향은 이미 다중 행위자들 사이의 갈등으로 나아가고 있으며, 여기에서는 전장에서의 결정적 승리라는 클라우제비츠식의 이상은 달성할 수 있는 게 아니라는 점을 확신하게 된다. 이러한 유형의 갈등 속에서 승리라는 것은 곧 정치적 안정을 달성하는 것이라는 것이다.[31] 이렇게 반란 활동에 맞서는 작전은 정치적 성격이 강한 활동이므로, 반란자들의 네트워크로부터 일정한 수준의 동의를 확보하는 것이 그 네트워크를 파괴하는 것보다 더 나은 경우들이 얼마든지 있을 수 있다.

51장

2008년 9월 15일

여러 면에서 볼 때 9.11 테러가 미국의 금융 시스템과 정치 시스템에 미친 혼란은 알 카에다가 기대했던 것보다 훨씬 덜했다고 할 수 있다. 물론 지불 결제 시스템에 교란이 벌어져서 뉴욕 주식 시장이 일주일간 폐쇄됐으며, 주가는 폭락하고 금융의 불안정성은 크게 치솟았다. 항공 교통이 중단되면서 수표의 청산 및 여타 전기적 형태를 띠지 않는 여러 금융 거래들의 속도가 늦어지게 됐다. 하지만 주요 기관들이 이러한 사태에 대해 놀랄 정도로 준비가 잘돼 있던 데다가 연준이 시장 유동성을 유지하기 위해 과감하게 개입함으로써 그 테러 공격이 경제에 끼친 영향은 제한된 수준으로 끝날 수 있었다. 몇 주가 지나자 금융 위기는 끝나 있었다.[1] 재물 손괴, 청소, 수입 손실 등으로 인해 생겨난 비용은 대략

330억~360억 달러 사이로 추산됐다.[2] ('테러와의 전쟁' 비용을 가장 높게 잡은 추산치를 받아들인다면) 그 비용이 두 자리 숫자가 더 늘게 된 것은 부시 정부가 이라크를 침략하기로 결정—이는 알 카에다 지도부가 절대로 예측할 수 없었던 일이었다—한 것이었다.[3] 반면 빈 라덴이 목적했던 바는 모종의 연쇄 반응으로서, 최초의 테러 공격의 충격이 단계적으로 미국 경제 시스템 전체에 충격을 주는 것을 꾀했던 것으로 보인다. 일이 이렇게 되지 않았다는 것은 곧 미국의 자본주의 네트워크가 지하드 전사들이 기대했던 것보다는 훨씬 회복재생력이 크다는 것을 보여주고 있다.

'네트워크 단절network outages'이라는 말은 2001년 당시에도 이미 친근한 개념이었다. 1996년에는 오리건 주에서 전력선 하나가 나가면서 수백 개의 발전기와 전력선이 나가버렸고, 이로 인해 미국 서부에 대규모 정전 사태가 터지면서 무려 750만 명의 전기 서비스가 중단되는 일이 벌어졌다. 그 다음 해에는 도요타 공장에 브레이크의 핵심 부품을 공급하는 유일한 업체의 공장이 화재로 무너지면서 도요타 공장 전체가 멈춰버렸고 이에 다른 약 200개의 부품 공급업자들의 영업도 위기에 처하는 일이 벌어졌다.[4] 9.11 사건이 벌어지기 불과 몇 달 전인 2001년 7월 18일, 볼티모어에 있는 한 철도 터널에서 화재가 발생했고 그 불이 수많은 주요 인터넷 서비스 공급업체들이 사용하는 광섬유 케이블을 따라 퍼지면서 인터넷 속도가 광범위한 지역에서 늦어지는 일도 발생했다. 2003년 9월에도 비슷한 일이 벌어졌다. 이탈리아와 스위스 사이의 고압선에 나무 한 그루가 쓰러져 덮치면서 이탈리아의 전력망 전체가 붕괴돼 (사르디니아 섬만 빼고) 정전 사태가 벌어졌던 것이다. 이보다 더 큰 규모의 사태는 2006년 11월에 벌어졌다. 북서 독일에서 전력선 하나가 끊어지는 바람에 저 멀리 포르투갈에서 정전 사태가 벌어졌던 것이다.[5] 하지만 금융 시스템은 인터넷 자체까지는 몰라도 최소한 유럽의 전력망보다는 더 회복재생력이 큰 네트워크라고 여겨졌다.

하지만 이는 환상이었음이 밝혀졌다. 2008년 9월 15일 리먼브라더스 은행의 파산으로 역사상 최대의 금융 위기의 하나가 전면화됐고, 국제적 신용 시스템이 지구적 차원에서 그 흐름이 중단되는 사태에 1929년의 월스트리트 주식 시장 폭락 이래 그 어느 때보다 근접했다. 더욱이 지구적 금융 위기를 무마하기 위한 각국의 거시경제적 비용을 합쳐보면 '테러와의 전쟁'보다 분명히 더 큰 액수였다. 게다가 만약 금융 위기가 없이 세계 경제가 그 흘러온 추세의 경로대로 계속 성장했을 경우 창출됐을 세계 총 생산을 생각해보면 더욱 그러하다. (미국의 경우 개연성이 높은 그 비용의 추산치는 5조 7,000억~13조 달러 사이이며, 반면 '테러와의 전쟁'에서 지출된 전쟁 비용은 그 최대의 추산치라고 해도 4조 달러 정도다.)[6] 요컨대 9.15 사태는 그보다 7년 전인 9.11 사태로 벌어졌던 혼란을 훨씬 넘어서는 것이었다.

이 금융 위기의 여러 원인들은 여섯 가지 항목으로 요약할 수 있다. 주요 은행들이 위험할 정도로 자기자본의 비율이 낮아졌고, 자신들의 레버리지 비율을 늘리기 위해 규제의 구멍을 마구 남용했다. 금융 시장은 신용 평가 기관들이 황당하게 잘못 가격을 산정했던 부채담보부 증권CDO: Collateralized Debt Obligations 등으로 홍수를 이뤘다. 연준은 2002년부터 2004년까지 금융 정책을 너무나 방만하게 운영하였다. 정치인들은 가난한 미국인들도 자택 소유자가 되게 해주자는 목적에서 경제적으로 보면 말도 안 되는 인센티브를 만들어 풀어댔다. 신용부도스와프CDS:

Credit Default Swap와 같은 파생상품들이 엄청난 규모로 판매되지만, 그 기초를 이루는 리스크 모델들은 전혀 비현실적인 것들이었다. 마지막으로 신흥 시장국들 특히 중국에서 미국으로 오는 자본의 흐름이 미국의 부동산 거품을 키우는 데 일조했다.[7] 이 위기는 이미 거품이 터질 때 시작됐다고 할 수 있다. 주택 가격 하락과 서브프라임 주택담보대출의 체납이 쌓이면서 이미 2006년 말에 금융 압박의 신호들이 나오기 시작했다. 하지만 전 지구가 패닉으로 빠져든 것은 2008년 9월 15일 월요일 오전 1시 45분 리먼브라더스 은행이 파산했을 때였다. 이 모회사가 파산하자 곧이어 18개국에 나가 있는 자회사들이 관련된 약 80개의 파산 절차가 시작됐다. 그 중심인 리먼브라더스 은행의 파산 절차에서만 해도 약 6만 6,000건의 고소―청구액 총액은 8,730억 달러가 넘는다―가 이루어졌다. 이는 '미국 역사상 최대의, 가장 복잡한, 가장 다면적인, 가장 광범위한 파산 사건'이었다.[8] 그런데 참으로 믿을 수 없는 일이지만, 연준의 경제학자들은 경기 후퇴를 예상할 이유가 없다고 보았다. 연준의 수석 경제학자인 데이비드 스톡턴David J. Stockton은 연방 공개시장 위원회FOMC: Federal Open Markets Committee에서 9월 16일 다음과 같이 보고한다. "기본적인 전방에 있어서 큰 변화가 있다고는 생각하지 않습니다. 그리고 우리의 경기 전망에 기본적으로 깔려 있는 이야기는 분명합니다… 다음 해에도 아주 완만한 GDP 성장이 계속될 것이라는 예상이 변하지 않았습니다." 하지만 이후에 벌어진 사건들은 그의 이러한 언명과 그 비슷한 수많은 다른 이들의 언명을 조롱이라도 하는 것처럼 풀려갔다.[9] 그 위원회 회의실에 있던 이들 중에서 연준이 그러한 입장을 취하는 것의 진정한 성격이 무엇인지를 이 초기 단계부터 이해하고 있었던 이들은 아주 소수였

을 뿐이다. 보스턴 연준의 에릭 로젠그렌Eric S. Rosengren의 말은 여기에서
시사하는 바가 크다.

제가 볼 때 우리가 리먼브라더스에 대해 했던 일이 과연 옳은 것이
었는지는 아직 알 수 없습니다. 재무부가 공적자금을 투입하지 않겠
다고 했으니 우리는 물론 선택의 여지가 없었지요. 하지만 우리도 비
록 여러 사정을 감안하기는 했지만 결국 도박을 했던 셈입니다. 만약
단기금융자산자금시장MMF에서 인출 사태가 벌어진다면 혹은… 환매
조건부repo 채권 시장이 폐쇄되어 버린다면, 우리의 도박은 끔찍한 실
수가 될 수 있습니다. 저는 우리에게 주어진 제약 여건 속에서 우리가
한 일이 옳았다고 생각합니다. 제발 이번 주가 무사히 지나가주기를
빌 뿐입니다… 이렇게 경제 전체를 하나 혹은 두 개의 기관에다가 몽
땅 걸어놓는 일은 없어야 합니다.[10]

연준 의장인 벤 버냉키는 10월 29일이 돼서야 1930년대와 비슷한 경
제 위기의 가능성을 처음으로 암시한다.[11] 그리고 12월 중순이 되어서야
FOMC의 다른 위원 한 사람이 '이번에 나타날 파산 사태는 그 비율에
있어서 대공황 때보다 더 클 수가 있다'고까지 명시적으로 말했다.[12]

연준이 이해하지 못했던 사실이 있었다. 비록 리먼브라더스라는 은행
자체는 그전 20년 동안 세계화와 인터넷이 결합된 덕분에 사상 최대의
규모와 밀도를 가지게 된 국제적 금융 네트워크의 결정적 허브였지만,
그 CEO였던 딕 펄드Dick Fuld는 월스트리트에서는 네트워크로부터 고립
된 모종의 독불장군으로서 그의 동료들의 (예를 들어 골드먼삭스의 CEO

출신으로서 재무장관을 맡고 있었던 헨리 폴슨(Henry Paulson) 사랑을 받는 존재가 아니었다는 사실이다. 이러한 국제 금융의 구조적 변화의 중요성을 이해하고 있었던 중앙은행가들은 많지 않았다. 그 드문 이들 중 하나였던 영란은행의 앤드루 홀데인(Andrew Haldane)은 모종의 복잡적응계(complex adaptive system)이 창출되어 경기순환의 등락을 오히려 더 증폭시키는 경향이 있다고 주장한 바 있다.[13] 그의 혜안은 복잡계(complex systems) 이론을 다룬 존 홀랜드(John Holland) 및 다른 이들의 저작에 근거한 것으로서, 복잡계란 단순히 그냥 복잡한 시스템들과는 달리 전혀 예측할 수 없는 방식으로 변화하는 경향이 있다는 것이었다. 이러한 '창발성(emergent properties)'*이야말로 연준 경제학자들의 모델에 완전히 빠져 있는 요소였다.[14] 아주 단순하게 말해서, 표준적인 거시경제학은 네트워크 구조의 문제를 완전히 간과하고 있다. 지구적인 금융 네트워크는 이미 긴밀하게 연결되어 한 기관에서 벌어진 사건이 단계적으로 급속하게 다른 무수한 기관들로 전파되게 되어 있었다. 하지만 그렇다고 해서 거래 상대방이 파산할 경우에도 많은 기관들이 충분히 다각화되어 있고 또 충분한 보험이 있어서 네트워크 자체의 안전이 지켜질 만큼 긴밀한 네트워크는 아니었다. 지구적 금융 네트워크의 이러한 어정쩡한 상태를 정확히 파악하고 있는 이는 아무도 없었던 셈이다.[15]

---

* 시스템을 구성하는 개별 요소들에는 전혀 없는 속성이지만 그 요소들이 관계를 맺는 복잡계 시스템에서 새로운 속성들이 출현하는 것을 말한다. 예를 들어 찌르레기 새 한 마리는 여러 복잡한 곡선과 모습을 상상하고 구현하는 능력이 없지만, 찌르레기 새 떼가 날아가는 모습은 실로 장관을 이루는 여러 모습을 나타내게 된다. 경제 현상을 볼 때에도 개별 행위자의 합리적 선택과 행위로 치환하는 정통 경제학의 한계에서 벗어나 경제 자체를 복잡계로 보아 이 '창발성'의 발현에 초점을 두어야 의미 있는 경제 분석을 할 수 있다고 보는 것이 복잡계 경제학의 입장이다.(옮긴이)

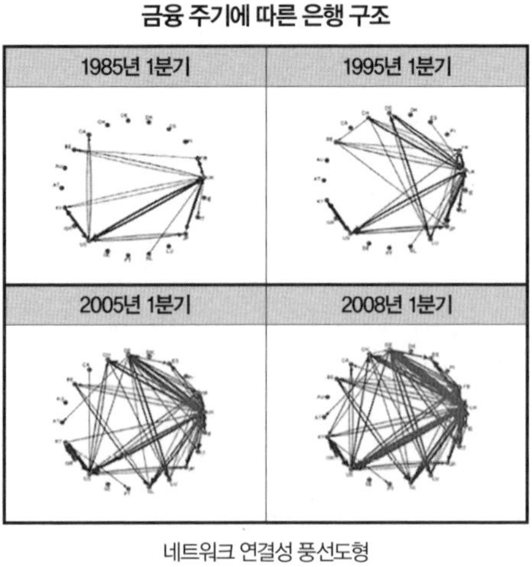

금융 주기에 따른 은행 구조

1985년 1분기	1995년 1분기
2005년 1분기	2008년 1분기

네트워크 연결성 풍선도형

그림 39
국제 금융 시스템에서의 네트워크 연결성은 순식간에 불어났다.
2011년 앤드루 홀데인의 발표 자료.

연준은 재앙이 닥치기 불과 몇 년 전까지만 해도 '대안정의 시대great moderation'가 왔다는 자기기만의 허풍을 늘어놓고 있었을 뿐만 아니라 이 지구적 금융 위기를 설계한 자들의 하나이기도 했다. 하지만 연준 의장 버냉키에 대해 인정해주어야 할 점은 그가 대공황의 교훈을 적용하여 이 금융 위기가 경제에 미치는 충격을 1930년대보다 훨씬 덜하도록 만들었다는 점이다. '양적 완화'의 첫 번째 단계에서는 모든 종류의 자산을 다 구매해주었으며, 두 번째 및 세 번째 단계에서는 대량의 국채까지 매입해 위기를 억제하는 데 큰 도움을 주었다. 이는 위계적인 통화 관리 시스템의 빛나는 승리였으며, 국제적 금융 네트워크라는 것이 그 자체로 내버려둔다면 그 내부적인 고장을 스스로 고칠 수가 없는 존재라는 점을 인정한 것이었다. 하지만 1930년대의 대공황이 다시 나타나지 않았던 주된 이유는 미국 재무부에서 리먼브라더스를 파산하게 내버려둔 다음에는 더 이상 주요 금융 기관의 파산이 벌어지지 않도록 개입하기 시작했던 데 있었다. 일단 거대 보험회사 AIG와 다른 모든 거대 은행들이 부실자산구제프로그램Troubled Asset Relief Program 아래에서 4,000억 달러 이상의 자금을 공급받아 살아났던바, 이는 9월 15일에 시작된 금융 기관 파산의 연쇄 반응을 정지시키는 데 결정적인 역할을 했다. 그런데 바로 이 기업들이 계속해서 자기들의 고위 직원들에게 일곱 자리 숫자의 보너스를 지급했다는 사실이 알려지면서 광범위한 비판이 일기도 했다.[16] 하지만 이런 것으로 놀라서는 안 될 일이었다. 금융 시스템이 단일한 네트워크라는 말에는 한 가지 뜻만 있는 게 아니었기 때문이다.

미국의 재계 엘리트들은 아주 긴밀하게 짜인 집단으로, 경제의 여러 부문 사이에 으뜸가는 연계의 원천은 바로 은행들이었다. 그리고 이렇게 해서 연계되는 부문에는 정치 영역도 들어갔다.[17] 이러한 미국식 시스템이 어떤 식으로 돌아가는지를 잘 보여주는 예가 바로 버넌 조던 주니어Vernon Jordan, Jr.의 경우이다. 그는 아주 세련된 흑인 변호사로서 인종분리segregation가 거의 끝나가던 시절 남부의 조지아 주에서 민권 변호사로 명성을 얻었다. 1972년 조던은 다각적 제조업체인 셀라니즈Celanese의 이사로 초빙됐고, 그 이사장인 존 브룩스John W. Brooks는 다시 그를 뉴욕의 뱅커스트러스트Bankers Trust의 이사로 지명했다. 그러자 뱅커스트러스트의 또 다른 이사인 윌리엄 엘링하우스William M. Ellinghaus를 통해 조던은 또다시 1973년 페니 백화점J. C. Penney의 이사회로도 들어간다. 1년이 지난 뒤 제록스Xerox의 이사가 되며, 이 이사회의 회장은 아치 맥카델Archie R. McCardell이었고 또 다른 이사로는 아메리칸익스프레스American Express의

CEO인 하워드 클라크Howard L. Clark가 있었고, 여기 이사회에도 맥카델이 이사로 참여하고 있었다. 맥카델과 클라크 모두의 지지를 얻어 조던은 1977년 아메리칸익스프레스의 이사가 된다. 1980년 그는 담배회사 레이놀즈R. J. Reynolds의 이사가 되며, 그 다음 해에는 전국도시연맹National Urban League*의 지위를 사임하고 댈러스의 로펌 에이킨 검프 스트라우스 호이어 앤 펠드Akin Gump Strauss Hauer & Field로 들어간다.[18] 조던은 빌 클린턴과 1973년 전국도시연맹에서 만나 가까운 친구가 되었기에, 클린턴이 1992년 대통령으로 선출되자 정치적인 중요 인사가 된다. 클린턴이 줄줄이 특히 모니카 르윈스키 사건 등의 스캔들에 엮이게 되면서 그의 '속성 처리반Quicker Fixer-Upper' 변호사가 되었던 것이다. 1999년 조던은 다니던 로펌을 떠나서 투자은행 및 자산 관리회사인 라자드Lazard의 뉴욕 지점에서 일하게 된다.[19]

이에 비하면 티머시 가이트너Timothy Geithner의 이력은 아주 다른 경로를 보여주고 있다. 그의 어머니인 데버라 무어Deborah Moore는 저 옛날 영국에서 메이플라워Mayflower 호를 타고 넘어온 미국 토박이의 자손이었다. 그는 다트머스 칼리지Dartmouth College에서 공부했다. 공직을 맡기 전에는 키신저 회사Kissinger Associates에서 일했다. 하지만 뉴욕 연준의장이 된 이후로는 직업적으로뿐만 아니라 사교적으로도 금융 엘리트들과 연결을 맺기 시작했다. 예를 들어 뉴욕 경제클럽Economic Club of New York이나 외교 협회Council on Foreign Relations와 같은 비영리 기구들에 동시에 가입하면서, 약 21개의 금융 기관들의 고위 임원 및 이사들과 개인적 친분을 맺

---

* 뉴욕에 기반을 둔 도시 지역 흑인들의 민권 운동 단체.(옮긴이)

게 된다. 한 계량경제학자의 연구에 따르면 이러한 친분 관계들은 가치를 산정해볼 수 있다고 한다. 가이트너와 연관을 맺고 있는 회사들은 그가 버락 오바마의 재무장관이 될 것이라는 사실이 공표된 2008년 11월 21일에 크게 주가가 올랐기 때문이었다.[20] 그렇다고 해서 이런 관계가 부적절한 것이라고 말하려는 것이 아니다. 단지 권력과의 친소 관계가 중요한 것으로 세간에 인식되어 있으며, 특히 경제 위기의 기간에는 더욱 그러하다는 것뿐이다. 가이트너는 위기의 최초 단계에서 연준에서 핵심적인 역할을 수행한 후, 경제가 계속 하강하고 있는 시기에 재무부 장관으로 취임했다. 만약 금융 기관들마다 정치적인 연결선이 어떻게 다른 것으로 알려져 있는지에 대해 아무런 중요성도 부여하지 않는 투자자가 있다면, 이는 너무나 천진난만하고 세상을 모르는 사람이다. 딕 플러드가 몰락했던 이유는 다름이 아닌 그러한 네트워크에서 비교적 고립된 노드로 버티고 있었다는 데 있었다.

52장

관리형 국가

그런데 금융 위기로 인해 금융 시스템이 가지고 있는 또 하나의 특징이 드러났다. 형식상으로 보자면 은행들은 금융 시스템 내에서 고도의 규제를 받게 돼 있는 기관들이었다. 하지만 이 은행들이 유동성 위기로 도미노 조각처럼 쓰러졌는데도 이들과 이들의 활동을 규제할 책임을 맡고 있는 무수한 기관들은 그런 가능성조차 전혀 예측하지 못하고 있었던 것이다. 이에 대한 설명 하나는 연방 정부가 이른바 '관리형administrative' 국가, 혹은 '경영자managerial' 국가로 전락했기 때문이라는 것이었다. 즉, 그 작동 방식에 있어서는 위계적 관료적 성격을 벗지 못하며, 복잡하기 짝이 없는 규제를 끝도 없이 쏟아내는 데에만 정신이 팔려서 그 규제의 의도와는 정반대의 효과를 내고 마는 국가라는 것이었다.

그 관리형 국가의 탄생은 1970년대 초로 거슬러 올라갈 수 있다. 당시 미국 국회는 환경보호청EPA: Environmental Protection Agency과 소비자제품안전위원회 CPSC: Consumer Product Safety Commission와 같은 새로운 규제 기구들을 입법화하기 시작했다. 미국 연방규정집CFR: Code of Federal Regulations은 1950년에는 약 2만 3,000페이지 정도였다. 이것이 1951~70년 사이에 2만 1,000페이지가 더 늘어나더니, 1971~90년 사이에는 6만 2,000페이지 그리고 1991~2010 년 사이에는 또 다시 4만 페이지가 더 늘었다.[1] 조지 W. 부시 정권에서는 의회가 초등 및 중등학교에 대한 연방 규정을 더 확장했고('아동 낙오 방지법No Child Left Behind Act of 2001'), 선거 자금에 대한 규제(매케인-페인골드 선거법 개혁McCain-Feingold Campaign Reform Act of 2002), 기업 지배에 대한 규제(사베인스-옥슬리 법Sarbanes-Oxley Act of 2002), 에너지 보존에 대한 규제(에너지 독립 안보법Energy Independence and Security Act of 2007) 등 또한 확장되었다. 하지만 가장 많은 양의 규제와 법령을 토해낸 정권은 오바마 정권 1기였다.[2] 오바마 대통령 시절의 역사는 일자리를 늘리고('경기 부양the stimulus'), 금융 위기의 리스크를 줄이고, 보편적 의료 보험을 제공하겠다는 일련의 서약들의 역사라고 말할 수 있으며, 이 하나하나가 다 관리형 국가의 팽창에 큰 원인이 되었다. 월스트리트 개혁 및 소비자 보호법Wall Street Reform and Consumer Protection Act(도드-프랭크Dodd-Frank 법)은 848페이지에 달하며, 금융안전감시위원회Financial Stability Oversight Council와 소비자 금융 보호국Consumer Financial Protection Bureau이라는 두 개의 새 기구들까지 창설하였다.[3] 환자 보호 및 적정부담 보험법The Patient Protection and Affordable Care Act, ACA은 전부 961페이지이며 (여기에다가 건강보험 및 교육중재행위법Health Care and Education Reconciliation Act도 따라온다), 이 또한 보험료지불독립자문위원회Independent Payment Advisory

Board라는 새로운 기구를 창설했다. 여기에다가 태평양 연안 국가들 사이의 무역 협정인 환태평양 경제동반자협정Trans Pacific Partnership을 법령화하기 위해 나온 입법들은 더욱더 묵직한 크기였다. 이는 길이만 해도 5,554페이지였고, 200만 단어 이상이었으며, 종이로 출력하면 3피트 높이에 달하였다.

게다가 오바마케어와 도드-프랭크 법 모두 또 거대한 부피의 규제를 새끼로 낳았다. ACA법이 통과된 후 정부의 여러 기관에서는 이 새로운 법을 시행하기 위한 방법을 구체적으로 적시한 규제를 내놓았는데, 그것들을 정리하고 최종적으로 추려낸 것만 해도 100개가 훨씬 넘었다. 도드-프랭크 법은 특히 규제 당국으로 하여금 400개 이상의 새로운 규칙들을 만들 것을 명령하고 있다. 한 추산에 따르면, 그러한 과정을 완성하기 위해서는 금융 산업에 관련된 규제 조항들이 거의 3분의 1이 늘어날 수 있다고 했다.[4] 이러한 규제라는 질병의 만연이 어떤 규모였는지를 가늠해보자. 미 연방 정부의 공보Federal Register의 의료보험 관련 규제에 대한 부분은 1만 535페이지에 달하고 있으며, 그 한 페이지마다 1,100단어가 쓰여 있다. 이를 모두 더하면 1,100만 단어 이상이 된다. 참고로 영국 역사에 나오는 대헌장Magna Carta은 단 한 장의 양피지로 되어 있고 쓰여 있는 단어 수는 4,000개가 채 되지 않는다. 미국 헌법의 최초의 초안 또한 이보다 약간 더 긴 정도이다(정확히 말하면 4,543단어). 그리고 독립 선언서는 딱 1,458단어일 뿐이다.

이러한 관리형 국가의 발흥을 낳은 것은 어떤 힘들이었을까? 연방 정부는 어쩌다 옛날 프란츠 카프카가 상상했던 비대한 관료 국가의 형태로 전락하고 말았던 것일까? 단순한 답변으로는 이게 다 법률가들과 관료들의 잘못이라는 것이지만, 디킨스 소설을 읽은 이들이라면 모두 알듯이 그런 사람들은 오래전부터 존재했다. 좀 더 그럴듯한 설명은 이것이 과거의 여러 실패에 대해 오늘날 치러야 할 비용이라는 것이다. 20세기에 그토록 많은 나라에서 대의제 정부와 법치주의가 무너지고 말았던 원인은 세부 사항에 대해 주의를 기울이지 않았기 때문이라는 것이다. 하지만 과연 그럴까? 독일 바이마르 공화국은 1만 단어로 이루어진 그 181조나 되는 헌법을 가지고 있었던바, 그 헌법에 그저 오스트리아 출신의 조각 콧수염을 기른 범죄 전력과 인종 청소의 욕망을 가진 자는 수상이 되지 못한다는 명시적인 조항이 없어서 히틀러에게 권력을 내어준 것일까? 그러면 히틀러처럼 '모든 것을 끔찍할 정도로 단순화시키는 자'는 어떻게 해서 승리를 거두었단 말인가? 따라서 더 나은 설명이 필요하다. 20세기에는 모두 상이한 역사적 과정을 밟아왔던 민주주의 나라들이 21세기로 들어오면 거의 모두 다 입법과 통치 모두에서 근본적인 수준 저하를 겪었다는 것이 설명될 수 있을 것이다.* 전업 정치가들은 실제로 문제를 해결하는 것보다는 멋진 견해를 내놓아서 한 번 튀어보는 것에 더 관심을 갖기 때문에 정치는 항상 엄청난 말잔치의 홍수를 이룬다. 언론 매체는 무슨 불행한 사고가 있을 때마다 '뭔가 해라'고 쉬지 않고 울부짖어댄다. 로비스트들은 자기들이 섬기는 기득권 집단들을 보호하기 위해 작은 독소 조항들을 확실하게 집어넣으며, 이 모

---

* 영란은행 총재였던 앤드루 홀데인에 따르면, 영란은행은 한 세기 전만 해도 1년에 연설 1회를 행했을 뿐이라고 한다. 하지만 2016년의 경우 영란은행은 80회의 연설, 62개의 워킹 페이퍼, 거의 200건의 자문 문서들을 내놓았고, 거의 100개의 블로그 글들과 또한 100회가 넘는 통계 발표를 행했다고 한다. 그리하여 간행물은 600건이 넘으며 그 총량은 약 9,000페이지였다고 한다.

든 난장판이 더 심하게 벌어질수록 변호사들은 두둑한 이윤을 챙겨갈 수 있게 된다.[5] 그 결과로 빚어지는 현실은 실로 우려해 마땅한 것이 되며, 도저히 읽을 수도 없을 정도로 성가시게만 되어 있는 법령으로는 도저히 따라잡을 수 없는 것이 된다. 첫째, 이러한 시스템의 내부자라고 할 대기업들은 여기에서 크게 유리한 위치를 점하게 된다. 그 완곡어법의 바다라고 할 규제 및 법령집을 헤치고 나가는 데에는 거대한 규모의 '법률 검토 및 내부 감사compliance' 부서가 반드시 필요했는데, 이러한 부서를 거느릴 수 있는 재정적 여력이 있는 것은 대기업들뿐이기 때문이다. 둘째, 전체적인 복잡성이 증가할 때마다 시스템 차원의 리스크는 더욱 커지게 된다. 도드-프랭크 법으로 지구적 금융 시스템의 안정성이 커졌다고 믿는 이가 있다면 그 사람은 지나친 낙관주의자이다. 이 새로운 규제로 인해 규제 당국이 전염의 문제(즉 보험을 들지 않은 단기 부채들에 대한 인출 사태)를 다룰 수 있는 능력이 더 줄어들었으므로, 그 정반대가 훨씬 더 사실에 가깝다.[6]

한편 프랜시스 후쿠야마가 주장한 바 있듯이, 민주주의 정치의 정당성 자체가 침식당하고 있다. '각종 이익집단들이⋯ 선거 운동 자금과 로비 활동 등을 통해서 정치가들을 실질적으로 돈으로 사버릴 수' 있기 때문으로, 후쿠야마는 이러한 과정을 '재가산화repatrimonialization'라고 불렀다.[7] 정치 제도들은 경화증에 걸린 동시에 도저히 개혁도 불가능해 보인다. 선거인단 제도, 국민 경선제도primary system, 도저히 이해가 불가능한 상원의 여러 규칙들 등등. 사법부는 정책 입안에나 또 행정에나 너무 깊이 관여하고 있는 상태이다. 하지만 이 중 어떤 것도 제대로 고쳐낼 일관된 계획을 가진 이는 아무도 없다.[8]

복잡성은 공짜가 아니다. 그 반대로 이는 대단히 큰 비용을 치르게 만든다. 관리형 국가는 이렇게 '좋은 것들goods'이라고 되어 있는 공공재의 양을 늘리면서도 그에 상응하는 만큼의 증세는 하지 않는 손쉬운 해법을 발견했다. 그것은 차입을 통해서 현 정부가 쓸 자금을 대는 것이다. 또한 동시에 오바마 정부는 그 규제 권력을 이용하여 새로운 방식으로 자금을 조성했다. 한 예로 은행의 주택담보대출 관행에 대한 조사를 '합의로 해결settlement'하는 것으로 1,000억 달러를, BP 호라이즌 사의 기름 유출 사고에 대한 보상 프로그램으로 200억 달러를 조성하는 식이었다. (오바마 정부는 또한 자신의 정치적 동맹 세력들의 이익을 위해 GM과 크라이슬러의 '관리된 파산managed bankruptcies'에 개입했다.)[9] 하지만 이런 관리형 국가의 온갖 임기응변책들은 결국 민간 부문에 부담으로 귀결되며, 이는 궁극적으로 경제 성장률과 일자리 창출을 방해하게 된다.[10] 국가 재정에 있어서 세대 간 불공정성, 병적으로 거대화되는 규제의 양, 법치의 질적 저하와 교육 기관들의 침식─이 모든 것들을 합쳐보면, 결국 경제의 실적에 있어서나 (앞으로 보겠지만) 사회적 응집력에 있어서나 '거대한 퇴화great degeneration'─이 벌어지게 된다.[11] 요컨대, 관리형 국가는 정치적 위계 조직이 마지막으로 다시 나타난 것이라고 볼 수 있다. 무수한 규칙들을 끝없이 토해내고, 복잡성을 낳고, 번영과 안정을 모두 잠식하는 시스템인 것이다.

53장

웹 2.0

관리형 국가가 위계적 질서가 어떻게 마침내 위기로 치닫는지의 유형과 방식을 보여주는 가운데, 네트워크의 세계는 아주 극적인 변혁기를 통과하고 있었다. IT 전문가들은 이를 '웹 2.0'이라고 부른다. 이는 선구적인 인터넷 저술가 팀 오라일리Tim O'reilly가 2004년에 개최한 회의의 제목이기도 했다. 오라일리가 이상으로 제시했던 것은 초기의 월드와이드웹이 가지고 있는 '오픈소스' 형태를 보존하는 것이었다. 예를 들어, 집단저자가 함께 항목을 채워나간 백과사전, 위키피디아가 이러한 유형에 속한다고 했다. 그리고 사용자들이 콘텐츠를 만들어내는 것에 의존하는 모든 웹사이트도 마찬가지라고 했다. 오라일리에 따르면, RSS와 API와 같은 혁신은 "데이터를 바깥쪽으로 연결해주는 효과가 있을 뿐, 데이터가 반대편에 도달했을 때 어떤 일이 벌어질지 통제하지는 않습니다…
이는 '말단과 말단 원리end-to-end principle'를… 반영한 것입니다".[1] 따라서
모든 소프트웨어는 '영구적인 베타' 상태에 있어야만 한다고 한다. 단지
오픈소스일 뿐만 아니라 사용자들이 계속 다시 바꾸고 설계할 수 있도
록 열려 있어야만 한다는 것이었다.[2] 그 황금의 표준은 리눅스였다. 오픈
소스 선언서인 『성당과 바자The Cathedral and the Bazaar』[3]의 저자인 에릭 레이
먼드Eric Raymond의 말을 빌리면, 리눅스야말로 '수천 명의 개발자들이 파
트타임으로 해킹을 진행함으로써' 형성된 '세계 최고 수준의 운영 체제'
라고 한다. 이 '바자'에 가보면 거대한 지구적 집단의 코딩 자원 봉사자
들이 집단적으로 함께 일하여 버그들을 찾아내 고치며, 이렇게 해서 꾸
준히 그 소프트웨어를 개선하고 있다는 것이다.[4] 레이먼드는 리누스의
법칙—이는 리눅스의 지도적 개발자인 (하지만 결코 소유자는 아니다) 리누스
토르발스Linus Torvalds의 이름을 따온 것이다—이라는 것을 정식화한다. 이에
따르면 '충분한 숫자의 베타테스터들과 공동 개발자들을 기초로 삼는
다면, 거의 어떤 문제든 신속하게 구체적으로 파악이 가능하며 또 일부
에게는 그 해결책도 분명하게 보일 것이다'(IT 세계에서 일상적으로 쓰는
표현으로 말하자면, '보는 눈이 충분히 많으면 모든 버그들은 금방 찾아낼 수
있다').[5] 해커들의 가상적 공동체에서는 '경쟁에서의 성공을 보여주는 척
도라고 할 만한 게 동료들 서로 사이에서의 명성'이며, 따라서 공유지의
비극* 따위는 존재하지 않는다. 오픈소스 소프트웨어에 있어서는 '사람

---

* 이는 생태학자 개릿 하딘Garrett Hardin의 1968년 에세이 「공유지의 비극The Tragedy of the Commons」
에 대한 언급이다. 이 에세이는 지구적인 인구 통제가 필요하다는 주장을 펼치면서 어떤 촌락의 농민

들이 소를 몰고 나와 풀을 먹이려 할 때가 되면 이미 풀이 높이 자라나 있는 상태'이기 때문이라는 것이다.[6] 레이먼드는 그래서 오픈소스 운동이 '3년에서 5년 안(즉, 2003~2005년)에 소프트웨어의 세상을 본질적으로 지배'하게 될 것이라고 자신 있게 예언했다.[7] 하지만 이후 현실이 풀려간 모습은 그를 실망시킬 만한 것이었다.

혁신 그리고 창조적 아나키 다음에는 상업화와 규제가 찾아오게 된다. 이것이 그 이전에 있었던 여러 기술 혁명의 패턴이기도 했다.[8] 하지만 인터넷의 경우 그 상업화는 벌어졌지만 규제는 거의 벌어지지 않았다. 오픈소스의 꿈을 죽여버린 것은, 관리형 국가의 개입을 성공적으로 밀쳐버린 독점체들과 복점체들duopolies의 발흥이었다. 마이크로소프트와 애플은 모종의 소프트웨어 복점체에 가까운 것들을 확립했다. 전자는 개인용 컴퓨터 시장의 압도적인 몫을 가져갔다. 이 두 회사는 네트워크 혁명의 첫 번째 단계였던 1975년과 1976년에 설립돼, 인터넷이 제시하는 여러 기회들에 대해 서로 다른 방식으로 대응했다. 마이크로소프트는 윈도 운영 체제와 인터넷 익스플로러라는 웹브라우저를 하나로 묶어서 파는 전략을 취했다가 거의 회사 자체가 쪼개질 뻔하기도 했다.* 애

들의 경우를 예로 들고 있다. 그 농민들은 자신들의 공유지에 대해 제약 없는 접근권을 가지고 있었지만, 각자 너무 많은 소를 몰고 나와 풀을 뜯게 하는 바람에 그 공유지는 금세 아무것도 기를 수 없는 황무지가 되고 말았다는 것이다. 이 생각은 사실 영국 빅토리아 여왕 시대의 경제학자 윌리엄 포레스터 로이드William Forester Lloyd에서 기인한 것이다.

* 2000년 4월 3일 판사 토머스 펜필드 잭슨Thomas Penfield Jackson은 마이크로소프트가 독점화와 속박tying(한 제품을 팔 때 다른 제품도 꼭 사야 하도록 조건을 걸거나 최소한 다른 회사에서 제품을 구입하지 않는다는 조건을 거는 행위)을 시도해 셔먼 반 트러스트 법을 위반하였다고 판결했다. 2000년 6월 법정에서는 마이크로소프트의 분사를 명령했다. 하지만 워싱턴 수도에서 항소 법원은 잭슨 판사의 판결을 뒤집었고 결국 마이크로소프트는 자신을 그냥 놓아두기로 법무부와 협정을 맺는다.(옮긴이)

플의 스티브 잡스는 여러 면에서 빌 게이츠보다 더 우월한 운영 체제를 가지고 있었지만, 애플이 판매하는 하드웨어를 다변화하는 방식으로 경쟁하는 것을 더 즐겼다. 그리하여 본래의 맥 데스크톱 컴퓨터에 더해 음악 기기(아이팟, 2001), 노트북(맥북, 2006), 스마트폰(아이폰, 2007), 탭(아이패드, 2010), 시계(애플워치, 2014) 등을 추가해나갔다. 잡스의 천재성은 매력적인 제품 디자인을 오로지 애플 스토어와 아이튠스 스토어로만 소프트웨어 및 디지털 콘텐츠를 유통시키는 폐쇄적 시스템을 결합한 것이었다.

MS-DOS와 Mac OS를 낳은 혁신의 물결이 나타난 지 20년 후에 IT 혁명의 두 번째 단계가 시작됐다. 그중 가장 중요한 것은 1990년대 중반에 설립된 회사들인 아마존, 이베이, 구글 등이었다. 아마존은 시애틀에서 설립된 온라인 서점이었다. 이베이는 본래 '옥션 웹Auctoin Web'이라고 불리는 새너제이San Jose의 온라인 경매 시장이었다. 구글은 구골이라는 숫자의 이름에서 온 것으로서(googol, 1×10^{100}), 멘로 파크Menlo Park의 한 차고에서 설립된 온라인 검색 툴이었다. 설립자들은 모두 어떤 의미에서는 아웃사이더들이었다. 제프 베조스는 텍사스의 10대 미혼모의 아들로서, 그의 쿠바인 계부에게 입양됐다. 피에르 오미디아Pierre Omidyar는 파리에서 태어난 이란 이민자였다. 세르게이 브린Sergey Brin은 모스크바 출생으로 1979년 소련에서 이주해온 유대인 집안의 아들이었다. 출발부터 컴퓨터 공학의 내부자였던 사람은 래리 페이지Larry Page뿐이었으니, 그는 양친 모두가 컴퓨터 공학 교수였다. 이지만 이들 모두는 미국의 서부 해안으로 모여들었다. 이곳에서는 스탠퍼드 대학과 실리콘 밸리 등이 합쳐져서 IT 혁명의 지구적 허브로서의 자리를 굳히고 있었다. 이들은 시작부터 억만장자를 꿈꾸었을까? 아마 아니었을 것이다. 이들 회사의 성공은 사실 아무도 예상치 못한 일이었다. (페이지와 브린은 1999년 구글을 익사이트Excite에 75만 달러에 거의 매각하려고 했다.) 하지만 이 세 회사 모두 2000년에 있었던 닷컴 붐을 견뎌낸 후에는 아주 급속하게 눈이 튀어나올 정도의 회사 가치 상승을 이룩했다. 구글은 2004년 8월 19일에 상장됐을 당시 시가 총액이 230억 달러를 넘었다. 이런 극적인 가치 상승이 어떻게 가능했는지의 설명은 아주 간단하다. 2000년 구글은 가격 입찰과 '광고 연결 횟수click-throughs'를 결합하는 방식을 기초로 검색 키워드들과 결부된 광고를 판매하기 시작했다. 2011년이 되면 이는 구글 수입의 96퍼센트를 차지하게 된다. 광고자들로부터 어마어마한 수입이 들어오게 되면서 구글은 이메일 서비스(지메일, 2004년), 운영 체제(안드로이드, 2007년), 웹 브라우저(크롬, 2008년) 등 다방면으로 사업을 확장하기 시작하며, 또한 키홀Keyhole을 필두로 하여 (이는 이후 구글 어스가 된다) 어친Urchin(구글 애널리틱스), 그랜드 센트럴Grand Central(구글 보이스) 등의 회사까지 줄줄이 인수한다. 유튜브는 2006년에 추가됐고, 모토롤라 모빌리티는 2012년에 추가됐고(하지만 나중에 다시 매각한다), 딥마인드DeepMind는 2014년에 추가된다. 구글의 최초의 미션은 '전 세계의 정보를 조직하여 누구나 접근하고 사용할 수 있도록 만드는 것'이었다. 그 비공식적인 구호는 '사악해지지 마라Don't be evil'였다. 하지만 1999년 이후의 그 운영 방식을 좀 더 정확하게 묘사한 말은 '광고로 떼돈을 벌어 모험적으로 투자하라'였다.

이상과 현실의 불일치가 더욱더 두드러지게 나타난 경우는, 2000년대 중반 이후에 나타난 세 번째 혁신의 물결로부터 출현한 가장 큰 성공을 거둔 소셜 네트워킹 회사이다. '6단계의 법칙'이 승리를 거둘 수도 있었다. 온라인 소셜 네트워크 서비스의 특허권이란 본래 서로 연결된 회원들의 데이터베이스와 이메일을 통한 초청에 기초한 것으로 묘사됐다. 하지만 프렌즈터Friendster와 링크드인LinkedIn의 리드 호프먼Reid Hoffman과 트라이브닷넷Tribe.net의 마크 핑커스Mark Pincus가 그 특허권을 (70만 달러에) 매입해 아무도 소셜·네트워킹을 독점하지 못하도록 하려고 했다.[9] 이들은 마크 저커버그를 충분히 고려하지 않았던 것이다.

저커버그는 하버드 대학 학부생일 때부터 이상주의에 가득 찬 수사를 항상 풍부하게 구사했다. 페이스북 신입사원들이 숙지하도록 되어 있는 회사의 임무를 담은 책자 ─ 이는 마오쩌둥 주석에 경의를 표하는 의미에서 '작은 레드북Little Red Book'으로 알려져 있다 ─ 에서는 이렇게 말하고 있다. '페이스북은 본래 기업으로 생겨난 것이 아니다. 이는 세계를 더욱 개방되고 연결되도록 만든다는 사회적 미션을 달성하기 위해 생겨났다.'[10] 2004년 저커버그는 더 페이스북The facebook을 출범시킨 지 꼭 5일만에 「하버드 크림슨Harvard Crimson」과 인터뷰를 가졌으며, 여기에서 그는 돈을 벌려는 의도로 이 사이트를 만든 것이 아니라고 명시적으로 말했다. "나는 누구의 이메일 주소도 팔지 않을 겁니다." 그리고 2007년에는 이렇게 선언했다. '이 다음 100년 동안은 더 이상 정보가 사람들에게 일방적으로 전달되어 나가는 식으로 되지 않을 것입니다. 정보는 이제 사람들이 가지고 있는 수백만의 연결고리들을 통해 공유되는 식으로 확산될 것입니다.'[11]

그렇다면 어째서 페이스북은 다른 경쟁자들을 물리치고 소셜 네트워킹의 왕좌를 차지했던 것일까? 첫째, 저커버그는 하버드라는 간판을 최대한 이용하였다. 페이스북의 최초 사용자들은 자기들의 실명과 실제의 이메일 주소를 내놓았다. 하버드 대학에 있는 사람이라면 가명을 사용할 것이 아니라 떳떳하게 자기를 드러내는 쪽이 더 유리하기 때문이다. 또 저커버그는 하버드 졸업생이라는 네트워크를 활용해 워싱턴포스트 사Washington Post Company의 돈 그레이엄Don Graham을 소개받았고, 그로부터 이 회사에 투자할 뿐만 아니라 이사로 참여하겠다는 제안까지 받았다.[12] 둘째, 저커버그는 이 사이트를 대학에 있지 않은 사람들에게까지 공개하면 매력을 잃을 것이라는 생각을 가진 이들의 주장을 무시하는 혜안을 보여주었고, 나중에는 아예 영어를 사용하지 않는 이들도 번역 장치를 이용해 접근할 수 있도록 했다.[13] 셋째, 그는 사진 태그 기능, 사용자에게 그가 태그됐음을 알리는 기능, 또 친구들의 활동에 대한 정보를 공유하는 데 기초한 뉴스피드 등 여러 부가 장치들의 잠재력을 금세 알아보는 혜안이 있었다.[14] 넷째, 페이스북은 마이스페이스MySpace와 달리 사용자들로 하여금 페이스북 내에서 앱을 구축할 수 있도록 허용하였고, 그 결과 페이스북에 기초를 둔 팜빌Farmville과 같은 게임들이 퍼져나가면서 대단히 큰 인기를 누리게 된다.[15] 이는 참으로 기묘하게 방향이 뒤틀린 오픈소스라고 할 것이다. 이 새 정책 덕분에 사용자들은 모두 각자 광고를 판매할 수 있게 되었기 때문이다.[16]

그러다가 페이스북이 비콘Beacon을 도입하여 여러 회사들로 이 플랫폼에 접근할 수 있도록 했을 때, 저커버그의 노골적인 광고 수입 추구 행태에 대한 비난이 거세지면서 거의 역풍을 맞을 뻔했다.[17] 그런데 이때 셰릴 샌드버그Sheryl Sandberg가 나서서 이러한 광고 수입 모델로의 이행을 성공으로 이끄는 역할을 했다. 사실 이것이야말로 그녀가 2001년에서

2008년까지 (이 해에 그녀는 페이스북의 최고운영책임자COO로 옮겨간다) 구글에서 했던 일이기도 했다. 결정적인 차이점이 있었다면 '구글의 경우… 사람들이 이미 무엇을 구매하고 싶은지를 결정한 상태에서 그것을 찾도록 도와주는 것이었다면, 페이스북은 사람들이 무엇을 원하는지 결정하는 것을 도와주는 일이었다는 점'이었다고 한다. 그리고 이를 위해 광고자들로 하여금 페이스북 사용자들이 페이스북에서의 자기들 활동을 통하여 이미 드러낸 바 있는 선호에 맞추어서 구체적인 표적을 대상으로 메시지를 보낼 수 있도록 했다고 한다.[18] 처음에는 '1,000회당 비용CPM: cost per mille'(1,000회 노출을 기준으로 한 광고 비용)으로 계산해보면 전혀 수지가 맞지 않았다.[19] 하지만 일단 사용자들이 스마트폰을 가지고 다니게 되자 거기에 깔린 페이스북 앱에서 사용자들의 뉴스피드에 광고가 아주 부드럽게 삽입되는 일이 가능해졌고 이에 따라 페이스북은 엄청난 이윤의 길로 들어서게 된다.[20] 이렇게 저커버그를 억만장자로 만들어준 이 '데우스 엑스 마키나'*는 바로 애플이 내놓은 혁신적이고도 중독성 강한 아이폰 출시로 촉발된 스마트폰 사용의 폭발적 증가로서, 이러한 일이 벌어질 것이라고 내다본 사람은 많지 않았다.

사회적 네트워크라는 것을 페이스북이 발명한 것은 아니었다. 앞에서 보았듯이, 그것은 호모 사피엔스라는 종이 나타난 이래 항상 존재해왔던 것이었다. 페이스북이 지리적 장소와 언어에 구애받지 않고 모든 사용자들이 자유롭게 이용할 수 있는 서비스를 만들어냄으로써 지금까지

---

*   '기계에서 나온 신deus ex machina'은 고대 로마의 연극에서 사용되던 기법. 무대 위에서 기계 장치를 이용하여 신이 땅으로 내려와 모든 문제를 단칼에 처리해줌.(옮긴이)

존재했던 사상 최대의 사회적 네트워크를 만들어냈다는 것이다. 이 글을 쓰는 시점에서 페이스북을 매일 일상적으로 사용하는 이들의 숫자는 11억 7,000만 명에 달하며, 일주일에 최소한 한 번 이상 로그인하는 이들의 숫자는 17억 9,000만 명 정도다. 이는 페이스북의 사진 공유 및 메시지 앱인 인스타그램의 사용자를 뺀 숫자다.[21] 미국에서 페이스북이 침투한 정도는 놀라울 뿐이다. 18~29세의 연령대에서 인터넷을 사용하는 이들의 82퍼센트, 30~49세의 경우는 79퍼센트, 50~64세의 경우는 64퍼센트, 65세 이상의 경우는 48퍼센트가 페이스북에 가입되어 있다. 인류 전체에 있어서는 분리도가 6단계라고 한다면, 페이스북 사용자들의 경우에는 그 평균적 숫자가 이제 3.57에 불과하다.[22] 물론 사람들의 친분이라는 게 어느 지역에 국한돼 있는 게 대부분인 것처럼 페이스북의 네트워크 또한 지리적으로 여기저기에 군집을 이루고 있음을 보여주고 있다.[23] 하지만 페이스북은 여러 가지의 놀라운 방식으로 이러한 거리를 정복해 나가고 있다. 페이스북을 사용하는 이들이 많이 밀집돼 있는 곳이라고 해서 그 지역에 사는 사람들이 꼭 페이스북에 가입할 가능성이 많은 건 아니다. '전환conversion'이란 어떤 사람이 여러 기존의 사회적 네트워크에서 어떠한 위치를 차지하고 있느냐와 함수 관계를 맺는 문제다.[24] 사용자들은 자기와 비슷한 종류의 사람들을 좋아하는 특징을 가지고 있다. 깃털 색이 같은 새들끼리 모이듯이, 관심사를 공유하고 개성과 인격 유형도 비슷한 사람들끼리 항상 함께 모이는 법이다. 페이스북을 사용하다 보면 그래서 비슷한 사용자들끼리 더욱 상호관계를 맺게 되는 되먹임 고리가 존재한다고 볼 수 있다.[25] 미국 안에 있는 다양한 이민자 공동체들 또한 페이스북 네트워크에서 분명히 구별되는 구성요

소로 확인할 수 있으며,[26] 흥미롭게도 민족 집단들마다 페이스북 사용에 있어서 큰 차이가 나타나고 있다.[27] 유럽에서는 민족주의의 부활에 대한 걱정이 쌓여가고 있음에도 불구하고 페이스북이 사회 통합에 상당히 기여하고 있다. 매년 여름마다 유럽인들이 휴가를 맞아 다른 유럽 나라들을 방문하고 온 뒤에는 국가를 넘어서는 페이스북 친구들의 숫자가 크게 올라간다. 새로이 맺어지는 친구들 중에서 유럽 내의 다른 나라들 사이의 친구가 차지하는 비율은 2009년 1월에는 2퍼센트 이하로 나타났지만 2016년 8월에는 4퍼센트 이상이 되었다.[28] 또한 페이스북 네트워크가 그 약한 유대를 통하여 네트워크 군집체들 사이에 여러 아이디어, '밈meme', 심지어 감정까지 확산시키는 전염성은 실로 놀라울 정도다.[29]

인기가 높은 건 항상 겪는 일이지만, 페이스북 또한 그걸 끌어내리는 이들이 있다. 저널리스트 조너선 테퍼Jonathan Tepper는 자신의 페이스북 계정을 지우면서 이렇게 썼다. '페이스북은 사용자들의 주의력을 전 세계의 광고자들에게 판다. 그리고 페이스북은 사용자들의 삶, 가족, 친구들에 대해서까지 거의 모든 것을 알고 있다… 이는 또한 노출증과 관음증에 근거해서 세워진 플랫폼으로, 사용자들은 남들에게 더 멋있게 보이는 모습만을 보이도록 자신을 편집하는 동시에 자기 친구들의 삶에 소리 없는 스파이 짓을 한다.' 그의 주장에 따르면 페이스북은 우정을 증진시키기는커녕, 우정이라는 것 자체를 싸구려로 만들어서 아예 없애버리고 만다는 것이다.[30] 페이스북의 경제학을 살펴보면 그것이 내걸고 있는 유토피아적 이데올로기와는 거리가 멀다는 것은 분명한 사실이다. 페이스북은 대지주가 운영하는 소작지 경제에 비유돼왔다. '이는 많은 이들에게 생산 도구를 제공하지만 그 소출은 소수의 손에 집중되도록 돼 있다'는 것이다.[31] 좀 더 거칠게 말하자면, 페이스북에서는 '사용자가 바로 그 생산물'이다.

페이스북은 누리꾼들의 상호 연결된 세상을 만들 것을 약속했다. 하지만 그 구조는 아주 근본적으로 불평등하다. 페이스북은 1만 5,724명의 직원들과 20억에 육박하는 사용자들을 갖고 있지만, 페이스북의 주식을 실제로 소유하고 있는 건 그들 중 극히 일부 몇몇으로 이루어진 집단이다. 저커버그 자신은 페이스북의 B클래스 주식의 28퍼센트가 약간 넘는 정도의 지분을 갖고 있다. 공동 창업자인 더스틴 모스코비츠Dustin Moskovitz, 에드와도 새버린Eduardo Saverin, 크리스 휴Chris Hughes 등은 모두 합쳐서 13퍼센트가 약간 안 되는 지분을 소유하고 있다. 초기 투자자였던 숀 파커Sean Parker와 피터 틸Peter Thiel이 가지고 있는 지분은 합쳐서 6.5퍼센트이다. 그리고 다른 두 초기 투자자들—실리콘 밸리의 벤처 펀드인 액셀 파트너스Accel Partners와 러시아의 인터넷 회사 디지털스카이테크놀로지스Digital Sky Technologies—는 각각 10퍼센트와 5.4퍼센트의 지분을 갖고 있다. 그 밖의 주주는 다섯 개뿐으로, 세 개의 실리콘 밸리 벤처 회사들, 마이크로소프트, 골드만삭스 등이 1퍼센트 이상을 소유하고 있다.[32] 마르티네즈Antonio García Martínez의 말을 빌리면, '실리콘 밸리를 개개인의 능력과 실적이 지배하는 곳이라고 주장하는 이가 있다면, 그 사람은 행운, 특권 집단에의 멤버십, 그 밖에 완전한 야바위 사기술을 몰래 행한 덕으로 큰돈을 번 사람'이라고 한다.[33] 다른 말로 하자면, 지구적인 사회적 네트워크 자체를 실리콘 밸리 내부자들의 배타적인 네트워크가 소유하고 있는 것이다.

오픈소스 이후에 나타난 추세가 사회적으로 가져온 귀결은 마이크로소프트와 애플의 독점체들 그리고 페이스북, 아마존, 구글 등의 준독점체들이었다. 이는 비록 참으로 역설적인 일인 듯 보이겠지만 충분히 예상할 수 있는 일이었다. 이 회사들의 바람잡이들이 지치지 않고 떠들어대고 있는 것처럼, 이 세계는 그 어느 때보다도 깊이 연결되어 있다. 하지만 이 세계는 (어떤 면에서는) 지난 100년 동안의 그 어느 때보다도 더 불평등하다. 세계에서 가장 부유한 여덟 명의 부자들 중 여섯 명은 빌 게이츠(개인 재산이 760억 달러로 추산), 카를로스 슬림Carlos Slim(500억 달러), 제프 베조스(450억 달러), 마크 저커버그(450억 달러), 래리 엘리슨(440억 달러), 마이클 블룸버그(400억 달러) 등이다. 이들의 재산은 각각 소프트웨어, 장거리 통신, 온라인 소매, 사회적 네트워크, 기업 소프트웨어, 비즈니스 데이터 등으로 조성된 것이었다.[34] 이들이 이렇게 큰 부자가 된 것은 이들이 세계 최대의 혁신적 기업 정신을 발휘한 '슈퍼스타들'이어서가 아니라 저마다 모종의 독점체 비슷한 것을 확립한 덕분이었다. 페이스북의 경우처럼, 마이크로소프트 윈도, 유튜브, 안드로이드 등도 사용자가 10억 명이 넘는다. 여기에다가 페이스북이 2014년 인수한 메시지 애플리케이션 왓츠앱WhatsApp을 잊지 말라. 이러한 준 독점체들은 다가올 가까운 장래에 그 주요 주주들에게 어마어마한 지대를 창출해 줄 것으로 보인다.[35] 한 예만 들어보자. 구글과 페이스북이 디지털 광고에서 차지하는 몫을 합치면 2017년에는 무려 60퍼센트로 뛰어오를 것으로 예상된다. 구글은 미국의 검색 광고 시장의 78퍼센트를 점유하고 있다. 페이스북은 온라인 디스플레이 광고의 거의 5분의 2를 독식하고 있다.[36] 이러한 지배력은 곧 어마어마한 수입으로 이어진다. 페이스북은

2017년에 디스플레이 광고로만 160억 달러를 벌어들일 것으로 예상되고 있다. 페이스북의 기업 가치는 그 방대한 현금 더미까지 합쳐서 모두 약 5,000억 달러로 평가되고 있으며, 이 엄청난 자금력을 통해 저커버그는 혹시라도 자신을 위협할 잠재적 가능성을 가진 경쟁자들을 미연에 인수할 수 있다(오늘날 6억 명의 사용자를 거느린 인스타그램과 사용자가 10억 명을 넘는 왓츠앱 등이 그 예다).[37] 게다가 광고 시장을 지배하게 되면 또 다른 혜택이 온다. 구글에서 무작위로 2만 5,000번의 검색을 행한 결과, 구글사의 제품 광고가 가장 눈에 잘 띄는 지리에 있는 경우가 90퍼센트였다고 한다.[38]

이 회사들이 실제로 수행하는 기능들이 무엇인지를 생각해보면 이는 실로 놀랄 만한 일이다. 구글의 본질은 방대한 지구적 도서관이라는 데 있다. 우리가 무언가 찾을 게 있으면 제일 먼저 가는 곳이 구글이다. 아마존은 방대한 지구적 바자로서, 우리 중 점점 더 많은 이들이 거기에서 쇼핑을 한다. 페이스북은 방대한 지구적 사교 클럽이다. 이 회사들이 수행하는 다양한 네트워킹의 기능들은 전혀 새로운 것이 아니다. 단지 기술을 이용해 그 네트워크들이 규모도 어마어마하게 커졌을 뿐만 아니라 속도도 대단히 빨라진 것뿐이다. 하지만 더욱 흥미로운 차이가 있다. 옛날의 도서관들과 사교 클럽들은 광고로 돈을 벌지는 않았다. 이들은 비영리 기구로서, 그 자금은 기부, 회비, 세금 등에서 나왔다. 정말로 혁명적인 사실은 우리의 지구적 도서관과 우리의 지구적 사교 클럽이 모두 다 광고판으로 떡칠돼 있으며, 거기에 대고서 우리 자신에 대해 더 많이 이야기를 털어놓을수록 광고는 더욱 효율적이 되며, 그래서 우리는 베조스의 상점에 더 자주 떠밀려 가게 된다는 것이다. 투자자들 사이에서 페이스북, 아마존, 넷플릭스(온라인 영화 회사), 구글을 그 머리글자들을 따서 '흡혈귀의 송곳니FANG'라고 부르는 것도 다 이유가 있는 일이다. 지구적 IT는 평균적 도수를 말할 수 없는scale-free 네트워크, 즉 극소수의 초연결성을 가진 허브들이 지배하는 네트워크이다. 이러한 '적자부강fit-get-richer'의 효과 덕분에 이 사업체들은 아무리 규모가 늘어나도 수확체감은 결코 벌어지지 않으며, 수익도 감소하지 않는다.[39]

페이스북은 이러한 후안무치한 시장 독점 말고도 스스로가 선전하는 바와 스스로가 행동하는 바가 불일치하는 점들이 많다. 기숙사 방에 틀어박혀 있던 해커 저커버그가 페이스북 회장인 저크Zuck로 진화해가는 과정은 놀랄 정도로 빨랐다. 그는 2008년에 이렇게 말한 바 있다. '페이스북은 여러 점에서 전통적인 회사보다는 일종의 정부에 더 가깝습니다. 우리는 우선 무수한 사람들로 이루어진 이 거대한 공동체를 가지고 있고요, 또 어떤 기술 회사보다도 여러 정책을 정하는 일에 더 많이 힘을 기울이고 있으니까요.'[40] 페이스북 회사의 신입 사원 교육 책자인 그 '작은 레드 북'은 마오쩌둥에게서 단순히 제목만 가져온 것이 아니다. 그 책의 어조는 스스로 혁명적 전위임을 의식적으로 내세우고 있다. '빠른 자들이 이 지구를 상속할지어다.' '위대함과 안락함은 공존할 수가 없다.' 또 '사람들이 소통하는 방식을 바꾸면 반드시 세상을 바꾸게 될 것이다.'[41] 2008년 이후에는 페이스북 회사의 사무실 벽에 붙어 있는 포스터들에서 전체주의 국가의 프로파간다들이 그대로 울려 퍼지고 있다. **'대담하게 앞으로 전진! 자신감으로 충만하라! 세계에 충격을 던져라!'**[42] 저커버그는 '페이스북뿐만 아니라 어떤 의미에서는 현재 계속 진화하고 있는 지구 전체의 통신 인프라를 지배하고자 한다'는 말이 돌고 있다.[43] 그가 미국 대통령에 출마를 고려할지도 모른다는 추측까지 돌았다.[44] 하지만 페이스북 창업자는 사람들이 미국 대통령에게 기대하는 것보다 그 정신세계가 더 지구적이며 또 덜 민주적인 사람이다. 페이스북의 전 직원이었던 어떤 이는 페이스북 직원들 중 놀랄 정도로 많은 이들이 직장에 올 때 자발적으로 페이스북 회사의 푸른 티셔츠를 입고 출근한다는 것을 회상하면서 이렇게 말했다. "브라운 셔츠는 푸른 셔츠가 되었고, 우리는 모두 다 새로운 소셜 미디어의 나치 돌격대Sturmabteilung* 였던 것입니다."[45] 물론 이는 잘못된 비유다. 저커버그는 상호연결된 '지구적 공동체'라는 자신의 비전을 정말로 진심으로 내세우고 있는 것으로 보인다. 2017년 2월 그는 페이스북의 역할은 '의미 있는' 지역 공동체들을 장려하고, '안전'을 증진하고(혐오를 부추기는 콘텐츠들을 걸러냄으로써), 아이디어의 다양성을 장려하고, 시민들의 참여를 (심지어 지구적 차원에서까지도) 부양한다는 것이라고 한다. '페이스북은 가장 큰 지구적 공동체로서, 큰 규모에서도 공동체 성원 전체가 스스로를 다스리는 governance 것이 어떻게 가능한지의 모범 사례들을 탐구할 수 있다.'[46]

그렇다면 진짜 문제는 이런 지구적 공동체의 비전이 어느 정도나 실현될 수 있느냐는 것이다. 그리고 페이스북이나 그 비슷한 떼거리들이 설령 의도한 게 아니었다고 해도 지구적 공동체와는 정반대 방향으로 가는 짓들을 얼마나 할 것인가이다.[47]

---

* 　나치 돌격대의 제복이 브라운 셔츠였다.(옮긴이)

54장

해체되다

세계는 2010년 두 가지 혁명의 직전에 있었고, 두 혁명 모두 상당 부분 IT 기술로 추동됐다. 첫 번째 혁명은 개발도상국에서의 기대 수준이 높아지면서 나타난 혁명이었다. 두 번째 혁명은 선진국에서의 기대 수준이 낮아지면서 나타난 혁명이었다. 전자는 전체 세계에서의 불평등이 감소한 결과였다. 후자는 여러 주요 국가들 특히 무엇보다도 미국에서 불평등이 증가한 결과였다. 이 모든 변화를 다 기술에서 기인한 것으로 돌리는 것은 잘못일 것이며, 또 모두 세계화의 탓으로 돌리는 것도 마찬가지의 잘못일 것이다. 왜냐면 그 두 과정을 따로 분리해 이야기하는 것은 의미가 없기 때문이다. 차라리 지구적인 슈퍼 네트워크가 급속하게 성장한 것이 이 혁명을 추동한 주요 동인이라고 말하는 것이 더욱 정확한 분석일 것이다. 왜냐하면 기술 변화와 지구적 통합의 종합이라는 그러한 현상이야말로 전체 세계를 더욱 '평평하게' 만들면서 또한 동시에 미국 사회는 (찰스 머레이Charles Murray의 표현을 빌리면) '해체'시켜버렸던 원인이었으니까.

빈곤 퇴치 자선 단체인 옥스팜Oxfam이 내놓아 널리 인용되고 있는 한 연구에 따르면, 전 세계의 가장 부유한 1퍼센트의 사람들이 가진 재산은 이제 나머지 전부가 가지고 있는 재산보다 더 많다고 한다. 옥스팜에 의하면, 2015년 시점에서 전 인류의 하위 절반인 36억 명의 사람들이 가진 것과 똑같은 양의 재산을 상위 62명의 개인들이 가지고 있다고 한다. 21세기에 들어선 이후로 그 하위 절반은 전 세계 부의 총 증가량에서 딱 1퍼센트만을 얻었던 반면, 그 증가량의 50퍼센트는 상위 1퍼센트에게 갔다는 것이다.[1] 크레디트 스위스Crédit Suisse 은행의 연구 또한 비슷한 수치를 내놓고 있다. 이 은행의 추산에 따르면, 전 세계 상위 1퍼센트가 소유한 재산은 2015년 전 세계 부의 50퍼센트에 도달했다고 한다. 약 3,500만 명의 백만장자들이 이제 전 세계 부의 45퍼센트를 소유하고 있으며, 12만 3,800명이 인당 5,000만 달러 이상을 소유하고 있고, 4만 4,900명이 1억 달러 이상을, 4,500명 이상이 5억 달러 이상을 소유하고 있다고 한다.[2] 모든 백만장자들 중 절반이 약간 못 미치는 숫자가 미국에 살고 있으며, 1980년대 이후 미국에서 상위 0.01퍼센트에 있어서 실질 소득의 누적 증가율은 542퍼센트였다고 한다(경제학자 이매뉴얼 사에즈Emmanuel Saez와 토마 피케티Thomas Piketty의 계산에 근거). 하위 10퍼센트에 드는 모든 미국인들의 실질 소득은 같은 기간 약간 하락했다.[3] 1999년 미국 가계소득의 중간값은 (2015년 달러로 평가했을 때) 5만 7,909달러였다.

이는 2015년이 되면 5만 6,516달러로 떨어진다.[4] 이것이 오늘날의 세계를 규정하는 궁극적인 위계제, 즉 소득과 자산의 위계다. 이 위계제를 그림으로 표현해보면 밑동은 아주 넓으면서 엄청나게 높고 뾰족한 첨탑 형태가 된다.

하지만 여기서 조심해야 할 점에는 세 가지가 있다. 첫째, 미국의 소비자 금융 조사Survey of Consumer Finance에서 나온 데이터로 보면 상위 1퍼센트와 0.1퍼센트의 자산 및 소득 증가는 피케티와 사에즈가 주장하는 만큼 그렇게 크게 나오지는 않는다.[5] 둘째, 「포브스」의 400대 부자 명단에서 부의 상속을 통해 그 명단에 오른 이들의 숫자는 우리 시대에 꾸준히 줄었다. 1985년에는 159명이었지만 2009년에는 18명에 불과했다.[6] 즉, 지구적 차원에서의 최상층에서 회전율이 사상 최대에 달했던 것이다. 셋째, 전 세계의 중간 계급─마르크스주의자들이 즐겨 쓰는 표현으로는 부르주아─의 증가는 그 상위 1퍼센트의 자산 축적만큼이나 근본적인 사회 변화였다. 2000~15년 사이에 중국의 중간 계급은 3,800만 명이나 늘었고, 동일한 정의를 사용해서 본다면 미국의 중간 계급 또한 1,300만 명이나 늘었다. 전 세계적으로 보자면 중간 계급의 숫자는 1억 7,800만 명이 늘었으니 이는 2000년 이래로 31퍼센트가 증가한 숫자이다.[7] 한 추산치에 따르면, 전 세계 불평등을 나타내는 지니계수는 2003년에는 69였지만 2013년에는 65로 줄었으며, 2035년에는 다시 61로 줄어들 것이라고 한다.[8] 요컨대 전 세계 소득 분배가 1970년대 이후 그 불평등이 상당히 줄어들었으며, 이러한 추세는 앞으로도 계속될 것이라는 강력한 증거가 존재하는 것이다.[9] 이러한 추세의 가장 중요한 동력은 중국의 부르주아화embourgeoisement이지만, 이 또한 지구 전체의 추세에서 차지

하는 몫이 5분의 1에 불과하다.[10]

　이에 대한 전통적인 설명은 세계화로 인해 지구적 규모의 불평등이 줄어들었다는 것이다. 중국과 여타 신흥시장국들의 대단히 급속한 경제 성장은 1970년대 이후에 벌어진 무역량과 자본 이동량의 증가가 없었다면 불가능했을 것이라는 것이다. 이와 동일한 시간대에 벌어진 국제적인 이주의 증가 또한 생산성이 떨어지는 나라에서 더 생산성이 높은 나라로 사람들을 이동시킴으로써 불평등을 줄이는 데 일조했을 것이다. 하지만 앞에서 이야기한 기술 혁신들이 없었다면 그렇게 많은 무역, 국경 간 이주 및 투자가 벌어질 수 있었을지는 상상조차 할 수 없는 일이었다. 그리고 마찬가지로 아시아에서 제작된 저렴한 부품들과 지구적 공급 사슬이 없이 기술의 비약적 발전이 그렇게 빈번하고 긴밀하게 벌어질 수 있었을지도 상상할 수 없는 일이었다. 자본과 노동을 지구적 규모에서 가장 효율적인 방식으로 재배분할 수 있었던 것은 국제적인 정보의 흐름이 그전과 비교도 할 수 없이 커졌던 덕분이었다. 여기서 결정적인 점은, 세계 인구의 대다수에게 있어 지난 30년간 혹은 40년간 절대적 차원뿐만 아니라 상대적 차원에서도 상당한 개선이 이루어졌다는 사실이다. 만약 개발도상국에서 벌어진 여러 혁명을 설명하고자 한다면, 그곳에서 그러한 기대 상승이 벌어진 결과 어떤 효과가 나타났는가를 반드시 고려해야 할 것이다.

　하지만 여러 나라의 **내부에서** 부와 자산의 분배에 대해 세계화가 갖는 의미는 사뭇 달랐다. 브랑코 밀라노비치Branko Milanovic와 크리스토프 라크너Christoph Lakner가 그린 이른바 '코끼리 그래프elephant graph'가 바로 이 점을 잘 보여준다고 여겨진다. 이 차트는 선진국의 노동 계급 및 중간 계급이 세계화에서 손해를 본 이들이라고 묘사하고 있다.* 그런데 실상을 보자면, 만약 나라의 크기를 감안하고 일본, 옛 소련, 중국 등을 데이터에서 뺄 경우엔 그 코끼리 모습이 사라지게 된다.[11] 그렇다고 해도 미국의 노동 계급 및 중간 계급 그리고 아마도 일부 유럽 나라들의 중간 계급에게도 무언가 일이 잘못되어 가고 있음은 분명하다.[12] 아시아로부터의 경쟁으로 인해 미국의 제조업 일자리의 상당수가 없어진 것이 분명하다.[13] 금융 위기 동안 또 그 이후에도 힘겹게 살아온 미국인들은 자기들의 미래에 대해 비관론에 사로잡히는 경향이 아주 크다. 현재의 '대침체'가 저소득층에 미치는 해로운 효과들을 완화하는 데 있어서 각종 복지 프로그램이 상당한 성공을 거두었지만, 이는 대부분 사람들이 인식하지 못하고 있다. 맥킨지 글로벌 연구소McKinsey Global Institute의 2016년 조사에 응답한 미국인들 중 거의 5분의 2가 다음 두 명제 중 하나에 강한 동의를 표했다. '나의 금전 상황은 5년 전보다 나빠졌다' 그리고/혹은 '나의 금전 상황은 나의 부모가 내 나이였을 때보다 더 나쁘다.' 이렇게 답한 사람들은 자신들과 자식들의 경제적 장래에 대해서도 비관적일 경우가 많다. 그리고 이러한 비관적인 관점을 가진 이들은 그렇지 않은 이들보다 이민, 외국 제품, '외국의 싼 노동력'을 각각 '우리 사회의 문화와 응집성의 파괴', '국내의 일자리 손실', '국내 기업들에 대한 불공정

---

*   이 그래프는 지구 전체 인구의 소득 분배를 상위 소득자에서 하위 소득자까지 1퍼센트 단위로 나누어 각 단위의 평균 가계 소득의 누적 증가율을 보여주고 있다. 두 사람의 주장에 의하면 이 차트는 1998~2008년 사이에 상위 90~30퍼센트 사이에 해당하는 이들 그리고 상위 1퍼센트에 해당하는 이들이 그 사이에 분포된 이들보다 더 큰 이득을 보게 되었음을 보여준다고 주장한다. 그래서 결국 그 곡선은 코를 쳐든 코끼리처럼 등이 높게 튀어나왔다가 목 부분에서 아래로 크게 휘고 마지막 부분에서 다시 위로 치솟는 모습을 하고 있다.

경쟁'의 원인으로 지목하는 경우가 더 많았다.[14]

　이러한 비관주의의 뿌리는 단지 실질 소득의 정체에만 있는 것이 아니다. 미국에서 사회적 이동성은 감소했을 수도 있고 감소하지 않았을 수도 있다.[15] 하지만 무언가 잘못되었다는 것은 분명하다. 선진국 세계 전체에서 사망률은 떨어지고, 수명은 길어지고 있는데, 미국 백인들 (히스패닉 제외) 특히 고졸 이하의 학력을 가진 중년의 백인들의 경우에는 그렇지가 않다. 이 집단의 연령은 45~55세 사이인데, 각종 독성 물질들로 (주로 약물 과용) 죽는 사망률이 1999년에는 10만 명 중 14명이었지만 2013년에는 58명으로 무려 네 배나 늘었으며, 만성 간 질환과 간경변증으로 죽는 이들의 숫자도 50퍼센트가 늘었고, 심장 질환 사망률의 감소도 멈춰졌다. 만약 백인들의 사망률이 1999년 이전처럼 매년 1.8퍼센트씩 감소했다면 1999~2013년의 기간에 죽은 사람들 중 거의 50만 명은 살아날 수 있었을 것이다. 45~55세 사이의 비히스패닉 백인들의 세 명 중 한 명은 만성관절염을 앓고 있고, 다섯 명 중 한 명은 목의 통증을, 그리고 일곱 명 중 한 명은 좌골신경통을 호소하고 있다.[16] 이러한 여러 추세는 2015년에도 계속됐으며, 단순한 경제적인 이유로 설명할 수가 없는 것들이다. 비슷한 조건에 있는 비백인 미국인들의 소득 상황도 더 나을 게 없지만 이러한 질병과 사망률의 증가를 보이지는 않기 때문이다. 이에 대해 지금까지 나온 최상의 설명은 '노동 시장에서의 기회들이 점진적으로 악화됨에 따라 인생, 노동 시장, 결혼과 출산 및 육아, 건강 등에 있어서 **누적된 불이익**cumulative disadvantage이 촉발됐기' 때문이라는 것이다.[17] 하지만 이렇게 약물이나 알코올의 과다 사용으로 일찍 죽는 중년의 미국 백인들은 가장 비참한 경우에 해당한다. 자신을 죽음

으로 몰고 갈 생각이 없는 이들은 그저 노동력에서 **빠져나와** 대신 사회
보장장애수당Social Security Disability Benefit을 타먹는 쪽을 선택한다. 한창 일
할 나이의 남성들의 노동 시장 참여가 다른 어느 곳보다 미국에서 급격
히 감소했던 것을 설명하는 데 이것이 도움이 될 것이다.[18] 이런 맥락에
서 보자면, 2016년 미국에서 벌어진 정치적 격변은 사람들의 기대 수준
이 **하락**하면서 나타난 혁명이었다고 할 수 있다.

네트워크와 불평등의 관계에 대해 획기적인 논문을 쓴 저자들의 말
에 따른다면, 그 관계를 이해하는 올바른 방법은 '사회적 네트워크에서
의 불평등은 시장이 네트워크를 보완하는 경우에는 더욱 커지지만 시
장이 네트워크를 대체하는 경우에는 더 작아진다'는 것일 것이다.[19] 인
도 봄베이의 노동 계급 네트워크에 대해 경제적 자유화가 행해졌을 때
는 시장이 네트워크를 대체하는 경우였다. 잘 연결되지 못했던 개인들
에게 시장이 새로운 선택지를 제공함으로써 그나마 있던 네트워크를 구
축해버렸다는 의미에서다. 그 결과는 불평등의 감소였다. 하지만 케랄
라Kerala 지역의 어부들이 휴대전화를 갖게 됨으로써 네트워크와 시장이
서로를 보완하게 됐다. 휴대전화를 사용해 더 연락이 잘되는 어부들이
시장의 여러 기회를 더욱 잘 이용할 수 있었기 때문이다. 그 결과 어부
들 사이에 불평등은 증가했다.[20] 이 틀은 전 세계적으로 적용된다. 중국
의 농민들과 노동자들은 그때까지 마오쩌둥이 세워놓은 경직된 위계제
에 갇혀 세계와 단절돼 있다가 세계화를 통해 세계 시장과 관련을 맺게
됐다. 이는 분명히 불평등을 줄이는 효과를 낳았다. 하지만 미국에서는
네트워크와 시장이 보완 관계에 있었다. 네트워크가 좋은 미국인들이
지구화에서 나오는 이득을 대부분 가져가버렸으며, 이는 2017년 세계

은행 보고서에서도 인정되고 있다.[21] 미국 종합사회조사기관General Social Survey은 미국에서 전통적인 사회적 네트워크가 크게 위축됐다는 결과를 발표했다. 어떤 이들은 그 원인을 스마트폰 등의 기기 때문에 온라인 관계망이 크게 늘어난 것에서 그 원인을 찾기도 하지만, 여기에 대해서는 의심해볼 여지가 있다.[22] 인터넷 사용이 늘면 지역의 사회적 참여가 줄게 된다는 확실한 증거는 존재하지 않으며, 오히려 그 반대가 사실일 수 있다.[23] 그렇지만 지난 20년간 혹은 30년간이 그 이전 시기와 비교해 뚜렷이 구별되는 특징이 사회적·정치적 양극화에 있다는 점은 묵인하기 힘들 것이다. 이러한 과정에서 수반된 두드러진 특징은 미국의 핵심적 토론 네트워크들이 눈에 띄게 수축됐고 가족이 아닌 이들이 그 안에 있는 경우도 옛날보다 더 줄었으며,[24] 교회나 그 밖의 지역의 자발적 결사체들에 중심을 둔 전통적인 네트워킹 제도들이 위축됐다는 것이다.[25]

55장

트위터로 혁명을 보내다

앞에서 말한 케랄라의 어부들의 경우에서 보듯이, 21세기 벽두에 전 세계적으로 나타난 폭발적인 사회적 변화를 만들어낸 결정적인 변수 는 바로 휴대전화 사용의 기하급수적인 증가였다. 휴대전화에서 벌어 진 여러 혁신은 AT&T와 베리즌Verizon(그전의 벨애틀랜틱Bell Atlantic과 나이넥 스NYNEX)을 위시한 지구 곳곳의 장거리 통신 회사들에게는 하늘에서 떨 어진 선물이나 마찬가지였다.[1] 비록 휴대전화 제조업자들 사이에 경쟁 은 있었어도 (이는 대부분 애플사의 iOS에 대한 경쟁으로 구글이 안드로이드 를 만들었던 데 기인했다), 네트워크 공급자들 사이의 경쟁은 제한적이었 을 뿐이었으며 따라서 가입자들의 숫자는 계속 높은 상태를 유지하고 있었다. 공공의 수요가 또한 이를 지탱했다. 그림 40에서 보듯 미국, 중

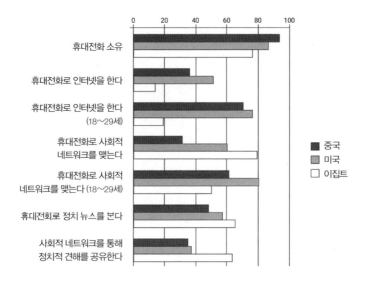

그림 40
미국, 중국, 이집트에서 휴대전화의 사용과 사회적 네트워크(2010년)

국, 이집트 등 경제의 상태로 보면 아주 다른 사회들이 모두 2010년에 이미 대단히 높은 휴대전화 보급률을 보여주고 있었다. 그리고 비록 이집트는 스마트폰 확산으로 보자면 뒤처지고는 있었지만, 휴대전화를 사용해 사회적 네트워크를 맺고 정치 소식을 공유하는 일만큼은 이집트가 더욱 앞서 있었다.[2] 휴대전화가 나오면서 사회적 네트워크는 항상 온라인으로 유지될 수 있었고, 이후 스마트폰이 보급되면서 더욱 그렇게 됐다.

페이스북은 남들의 가십을 즐기는 인간의 필요를 충족시키는 것으로 시작했지만, 트위터는 뉴스를 교환하고자 하는 좀 더 구체적인 필요를 충족시켰으며 그 뉴스는 (항상 그런 것은 아니지만) 정치 뉴스일 때가 많았다. 2012년에는 하루에 1억 명 이상의 트위터 사용자들이 3억 4,000

만 개 이상의 '트윗'을 올렸다. 하지만 과학 혁명도 트위터로 보낼 수 있을까? 맬컴 글래드웰은 2009년에 실패로 끝난 이란의 '녹색' 혁명을 회고하면서 부정적으로 답한다. 그가 볼 때 옛날 동유럽 공산주의를 전복시켰던 종류의 구식 활동가 네트워크를 소셜 미디어로 대체하는 것은 불가능한 일이라는 것이다.[3] 그런데 구글의 에릭 슈미트와 재러드 코헨 Jared Cohen은 다른 견해를 보인다. 2010년 11월에 발표된 참으로 선견지명이 넘치는 한 논문에서 이들은 세계 각국 정부가 '그 다수의 시민들이 사실상 휴대전화만으로 무장하고서 정부의 권위에 도전하는 소형 반란에 참여하게 되면서 무방비 상태에 노출될 것'이라고 주장했다.[4] 이들이 '상호연결된 토지'라고 부른 것에서 벌어지는 '실제 행동'은 '비좁은 카이로의 사무실들'에서도 또 '테헤란의 거리에서도' 발견된다는 것이다. "이러한 장소들과 또 다른 곳들에서 활동가들과 테크놀로지 덕후들은 정치적 '플래시몹'을 벌여서 대의제 정부를 흔들어놓고, 방화벽과 검열을 우회하여 소식과 기사들을 트위터로 전달하는 새로운 온라인 저널리즘을 만들어낼 것이며, 그리하여 인터넷 시대에 맞는 새로운 인권의 권리장전을 쓰게 될 것이다."[5] 지금 보면 구글이 글래드웰을 이겼다. 그리고 이는 아마 놀라운 일이 아닐 것이다. 슈미트-코헨 명제를 뒷받침하는 증거들은 오랜 세월 동안 축적된 것이기 때문이다. 몰도바, 필리핀, 스페인, 심지어 중국 산시성의 신장현까지 아우르는 다양한 지역에서 휴대전화와 소셜 미디어가 정치적 위기가 벌어졌을 때 중대한 역할을 했다.[6]

금융 위기와 그로 인해 촉발된 경기 침체는 전 세계에 걸쳐 정부의 정당성을 잠식했다. 하지만 기성의 확고한 위계질서가 이 새로운 힘들 앞에 진정으로 취약하다는 것이 처음으로 폭로된 곳은 미국도 아니고 심지어 유럽도 아니었다. 2010년 12월 튀니지를 필두로 하여 중동과 북아프리카를 휩쓸었던 여러 혁명적 사건들—'아랍의 봄'이라는 잘못된 이름으로 불린다—은 다양한 종류의 정보 기술을 통해 촉진됐던 것이 분명했다. 비록 그 혁명들의 소식을 아랍인들 대다수에게 전파했던 것은 페이스북이나 트위터라기보다는 알 자지라 채널이었을 것이지만 말이다. 1917년 이후의 유럽에서와 마찬가지로 혁명은 기존의 여러 네트워크를 이용하여 전염병처럼 퍼져나갔다. 예멘 대통령은 권좌에서 쫓겨나기 전에 기자들에게 이렇게 말했다. "이건 바이러스입니다. 예멘 사람들의 문화나 전통에 이런 건 없습니다. 이는 튀니지에서 이집트를 거쳐 들어온 바이러스입니다. 그리고 어떤 지역에서는 이 열기에서 독감 비슷한 냄새가 납니다. 감염된 자의 옆에 앉으면 그 즉시 감염될 것입니다."[7] 이집트에서 호스니 무바라크Hosni Mubarak를 권좌에서 쫓아낸 혁명적 사건들이 벌어지던 당시, 시위가 어디에서 어떻게 벌어질지를 알아내는 방법의 하나는 트위터의 해시태그를 모니터하는 것이었다.[8] 키예프의 혁명가들 또한 2014년 대통령 빅토르 야누코비치Viktor Yanukovych 정부를 전복할 때 야누코비치와 그와 함께 해 먹은 무리들을 비판하는 글을 확산시키는 데뿐만 아니라 마이단Maidan에서의 시위를 조직하는 데에도 사회적 네트워크를 사용했다. 이스탄불의 탁심 게지Taksim Gezi 공원에서부터 상파울루의 길거리에 이르기까지, 시위 군중이 전 세계를 휩쓸었다. 군중이 분노했던 대상이 누구였든, 그들은 슈미트-코헨의 글에 나온 방법을 그대로 따랐다.[9] 스페인의 철학자 마누엘 카스텔스Manuel Castells는 이 '네트워크 사회'의 혁명적 권력을 재빨리 찬양했다. 이것이 만들어낸 대중 운동은 너무나 커서 '그 안에서 유력 용의자를 추려내는 것'이 한마디로 불가능하다는 것이다.[10] 어떤 이들은 이로부터 다음과 같은 추론을 끌어낸다. 이러한 압력이 계속 쌓여가고 있으니 부패한 권위주의 국가들도 갈수록 더 투명하고 사람들의 요구에 반응하는 '현명한 정부'가 되지 않을 수 없으며, 그 과정에서 더 효율적이고 투명하고 책임성 있는 정부가 되기 위해 기술을 사용하게 될 것이라는 것이다.[11]

하지만 자유롭고도 평등한 누리꾼들이 모두 기술을 통해 역량을 강화하고 권력 앞에서 당당히 진실을 이야기하는 새로운 시대의 도래를 목도하고 있다는 것은 너무 천진난만한 생각이다. 앞에서 보았듯 인터넷의 기원은 군산복합체였다. 소셜 네트워크 서비스의 잠재력을 정부의 목적에 맞도록 활용하는 문제가 대두될 때면, 시민들의 역량 강화보다는 국가 안보가 항상 우선권을 차지하게 될 가능성이 아주 높다. 9.11 테러 공격과 이라크에서의 미국 정부가 치른 고역으로 인해 부시 정권은 물론 그 후임인 오바마 정권 또한 그렇게 할 만한 분명한 동기를 얻게 됐다. 스탠 맥크리스탈은 이라크에서 반란에 대응하는 작전은 그 반란 네트워크를 패배시키기 위해 모종의 네트워크를 필요로 한다는 점을 알게 됐다.[12] 대 테러 활동도 마찬가지였다. 정보기관의 분석에 따르면 알카에다는 일곱 개의 지역 혹은 나라에 지점을 둔 '여러 네트워크의 네트워크'였던 것으로 이해됐다.[13] 이 네트워크는 '적응력이 강하고, 복잡하며, 회복재생력도 뛰어난' 조직으로서, 미국의 '국토'에 더 많은 파괴와 테러를 가하려 하고 있다는 것이다.[14] 미국 정치가들은 이 조직의 목을 치고 해체하여 복수를 하고야 말겠다는 강력한 동기를 가지고 있었다. 단순히 더 많은 테러 공격을 막기 위해서뿐만 아니라 미국의 힘을 과시하기

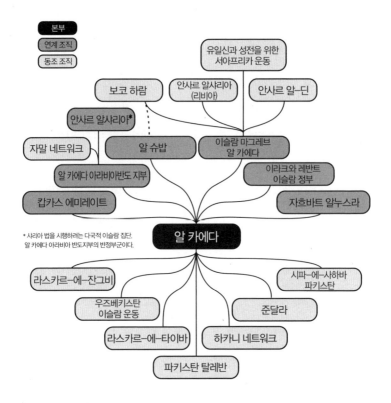

본부
연계 조직
동조 조직

유일신과 성전을 위한
서아프리카 운동

보코 하람

안사르 알샤리아
(리비아)

안사르 알-딘

안사르 알샤리아!*

자말 네트워크

알 슈밥

이슬람 마그레브
알 카에다

알 카에다 아라비아반도 지부

이라크와 레반트
이슬람 정부

캅카스 에미레이트

자흐바트 알누스라

* 샤리아 법을 시행하려는 다국적 이슬람 집단.
알 카에다 아라비아 반도지부의 반정부군이다.

알 카에다

라스카르-에-잔그비

시파-에-사하바
파키스탄

우즈베키스탄
이슬람 운동

준달라

라스카르-에-타이바

하카니 네트워크

파키스탄 탈레반

그림 41
미국인의 시각으로 파악된 알 카에다 네트워크(2012년경)

위해서라도 말이다. 2007년을 기점으로 미국의 국가안보국NSA: National Security Agency 은 맥크리스탈의 원리를 지구적 규모에서 적용하고자 했다.

위계적 조직인 국가가 인터넷에 둥지를 튼 여러 네트워크의 민간 부문 소유자들을 자기 편으로 만들려 할 것이라는 점은 얼마든지 예상 가능한 일이었다. 그리고 그러한 정부의 시도가 폭로될 것이라는 점 또한 얼마든지 예상 가능한 일이었다. 2007년을 기점으로 하여 NSA 산하의 특수 정보 공작부SSO: Special Source Operations 는 '프리즘PRISM'이라는 암호명으로 불리는 빅 데이터 감시 프로그램의 일부로 최소 아홉 개 이상의 주요 미국 기업들에게 온라인 커뮤니케이션에 관한 정보를 요청하기 시작했다. 실제의 도청 작업을 행한 것은 FBI의 데이터 도청 기술부Data Intercept Technology Unit로서, 인터넷의 물리적 인프라의 상당 부분이 미국 내에 위치를 두고 있다는 사실을 십분 이용했다. 미국보호법Protect America Act과 2008년의 대외정보감시법Foreign Intelligence Surveillance Court Amendments Act의 702절에 근거해 이는 합법적 활동으로 간주됐고, 기업들은 여기에 순응하는 것 말고 다른 선택지가 거의 없었다. 공식적으로 보면 이런 감시 활동은 미국 안보에 위협이 될 수 있는 외국 국적자들만을 대상으로 하는 것이었지만, 이메일, 스카이프 통화, 파일 전송, 페이스북 교류 등으로 그러한 외국 국적자와 통신을 행하는 한 미국 시민 누구라도 NSA의 저인망에 걸려들게 되어 있었다. 이 PRISM 프로그램에 참여한 기업들은 페이스북, 유튜브, AOL, 스카이프, 애플 등도 들어 있었지만 다량의 정보가 수집되는 것은 야후, 구글, 마이크로소프트 등을 통해서였다. 2012년, 페이스북이 정부 기관들로부터 받은 사용자 데이터 요청의 총 횟수는 9,000회에서 1만 회 사이였고, 정보가 털린 사용자 계정의 숫자는 대략 그 두 배 정도였다. 이와 비슷한 프로그램인 '머스큘러MUSCULAR'는 구글과 야후에서 사람들이 사적으로 가지고 있는 '클라우드들'의 내부의 암호화되지 않은 정보들을 직접 가져올 수 있게 되어 있다. AT&T와 베리즌 또한 이러한 NSA의 감시 활동에 공모했다.[15]

'안보 국가national security state'의 (실상은 관료들의 상당히 내향적인 네트워크) 눈으로 보자면,[16] PRISM은 위협이 되는 네트워크에 대한 필연적인 대응으로서, 1960년대와 1970년대의 전화선 도청과 같은 종류의 것이며 또한 적성 국가와 우방 국가를 가리지 않고 행하는 CIA의 일상적인 첩보활동일 뿐이었다. 하지만 이 네트워크의 시대에 이렇게 엄청난 규모의 정부 개입이 발각되지 않을 수 있다고 생각하는 것은 참으로 어리석은 일이며, 또 그와 똑같은 도구를 사용하여 누군가 보복 행위를 벌이지 않을 것이라고 생각하는 것도 참으로 어리석은 일이다. 이미 2006년 12월 위키리크스라는 웹사이트가 기밀문서들을 온라인으로 공표하기 시작하였던바, 그 문서의 대부분은 미국이 아프가니스탄과 이라크 전쟁에서 벌인 행위들에(위키리크스의 창립자인 줄리안 어샌지가 보기에는 악행들에) 대한 것이었다. 이러한 폭로 행위의 초기의 표적은 미국의 부시 정권이었기에 「가디언」과 같은 진보파 신문들은 위키리크스를 거리낌 없이 정당한 취재원으로 높게 평가했다. 위키리크스에 여러 문서를 제공한 '내부 고발자들' 중에는 미국 육군 브래들리 매닝Bradley Manning(후에 이름을 첼시Chelsea로 바꾼다)도 있었다. 그리고 2013년 6월에는 훨씬 더 큰 사고가 터진다. NSA에서 하청을 받아 일하고 있었던 에드워드 스노든 Edward Snowden이 「가디언」과 「워싱턴포스트」에 엄청난 양의 문서들을 보내기 시작했고, 여기에는 PRISM의 세부 사항들도 포함되어 있었다. 영국의 정보통신본부GCHQ: Government Communication Headquarters는 「가디언」의 사무실에 있는 컴퓨터들의 하드 드라이브를 모두 파괴하려고 시도했지만 실패하고 말았고, 되레 사건만 더 요란하게 만들었다. 옛날 펜타곤 페이퍼Pentagon Papers를 유출했던 대니얼 엘즈버그의 위업은 이제 아무것도 아닌 듯 보였다. 진보주의자들은 NSA가 폭로된 것을 아주 고소히 여기면서 PRISM에 기초한 정보 작전이 테러리즘 공격을 막아냈다는 주장들을 기각했다. 하지만 야후, 구글, 마이크로소프트 등—페이스북은 말

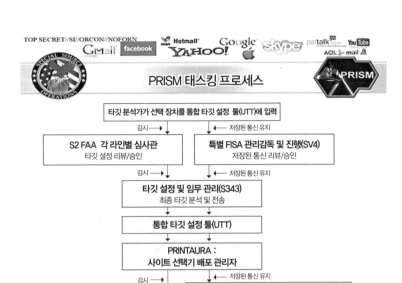

PRISM 태스킹 프로세스

타깃 분석가가 선택 장치를 통합 타깃 설정 툴(UTT)에 입력

감시 →　　　　　　　　← 저장된 통신 유지

S2 FAA 각 라인별 심사관 타깃 설정 리뷰/승인	**특별 FISA 관리감독 및 진행(SV4)** 저장된 통신 리뷰/승인

감시 →　　　　　　　　← 저장된 통신 유지

타깃 설정 및 임무 관리(S343)
최종 타깃 분석 및 전송

통합 타깃 설정 툴(UTT)

PRINTAURA :
사이트 선택기 배포 관리자

감시 →　　　　　　　　← 저장된 통신 유지

FBI
전자통신 감시부(ECSU) 비 미국인 조사 및 유효성 검사

← 저장된 통신 전송

제공자 (구글, 야후 등)	타깃 설정 선택 장치 → ← 수집	**FBI** 데이터 도청기술부(DITU)	수집 →	핀웨일, 누클레온 등*

* 디지털 네트워크 인텔리전스(NSA) 수집 및 검색 시스템의 코드명

그림 42

미국 NSA의 PRISM 감시 프로그램을 묘사하는 기밀문서로 위키리크스에 게재됨. 이 그림에 나타난 위계적 구조에 주목하라.

할 것도 없고—의 인기 좋은 회사들이 저 무시무시한 '안보 국가'와 공모를 벌였다는 것, 그리고 진보파들이 애정해 마지않는 버락 오바마가 대통령으로 선출됐음에도 불구하고 이 전체 작전이 똑같이 계속됐다는 사실에 그들도 강렬한 당혹감을 느끼지 않을 수 없었다. 오바마 정권 시절에 NSA는 베리즌에 가입된 1억 2,000만 명의 통화뿐 아니라 (PRISM을 통해) 얼마나 많은지 숫자조차 알 수 없는 미국인들의 이메일, 음성 사서함, 문자, 화상 통화에 대해서도 그 메타데이터를 수집해 갔던 것이다. 스노든이 유출한 NSA 내부 감사 자료에 따르면, 2011년 4월에서

2012년 3월까지 시민들에 대한 감시 활동을 규제하는 규칙이 2,776회 나 위반됐다고 한다.[17] 마크 저커버그는 "미국 정부의 행태에 대해 반복된 보고를 받고 너무나 혼란스럽고 좌절감을 느꼈다"고 말한 바 있으며, 짐짓 아주 의로운 척하면서 이렇게 덧붙였다. "우리 엔지니어들이 보안 문제를 개선하기 위해 쉬지 않고 일하는 것은 여러분을 범죄자들로부터 보호하기 위해서이지 우리 정부로부터 보호하기 위해서는 아니라고 믿습니다."[18] 하지만 그가 정말로 무슨 일이 벌어지고 있었는지를 전혀 몰랐을 것이라고는 도저히 믿을 수 없다.

게다가 스노든의 폭로가 이루어진 시점이 하필 오바마 정부가 미국 시민들을 위해 고안된 프로그램에서 처절할 정도로 기술적 무능함을 드러내 온갖 망신을 당하고 있었던 때였던 것도 오바마 정부에게는 큰 타격이었다. 2008년의 대통령 선거에서 드러난 바 있듯이 정치가들과 유권자들 모두 다 여전히 2차 세계 대전 이후 정치적 언어에 갇힌 포로들이었다. 즉, 전자가 후자에게 더 많은 공공재뿐만 아니라 '일자리 창출'을 약속하면서 게다가 세금도 크게 올리지 않을 것이라고 약속하는 것이 선거 내용의 주종을 이루는 것이었다. 하지만 연방 정부가 이 서약을 효율적으로 이행할 능력이 없다는 게 아주 확연히 폭로되면서 오바마 대통령의 인기도 급격히 떨어진다. 정부가 운영하는 의료보험 사이트 (www.HealthCare.gov)가 보여준 여러 결함들은 그 근본적인 문제를 압축적으로 나타내고 있었다. 페이스북, 애플, 넷플릭스, 구글 등이 지배하는 '송곳니FANG'의 시대에 살고 있는 소비자들은 웹사이트에서 기본적인 기능을 다 수행할 수 있을 것이라는 기대를 품게 돼 있다. 미국 정부는 이 완전히 망가진 웹사이트를 구축하는 데, 최초의 아이폰을 개발하는

그림 43
'시스템이 잠시 중단되었습니다.'
큰 정부에 작은 문제가 생겼다. 2013년에 있었던 HealthCare.gov 사이트의 붕괴.

데 들어간 돈의 두 배에서 무려 네 배까지 퍼부었다고 한다. 미국의 심야 토크쇼 〈데일리 쇼Daily Show〉의 사회자 존 스튜어트Jon Stewart는 미국의 보건 사회복지부 장관 캐슬린 시벨리어스Kathleen Sebelius를 조롱하면서 시청자들에게 이렇게 말했다. "나는 지금까지 세상에 나온 모든 영화를 다 내려받을 테니 여러분은 인터넷으로 한번 오바마케어에 등록해보세요. 누가 먼저 끝내나 내기합시다." 그날 밤 좌절에 가득찬 시청자 수십만 명의 전화가 쇄도했다고 한다.[19]

이러한 여러 재난을 겪으면서 기술 회사들은 한 가지 선택의 기로에 서게 된다. 워싱턴의 위계제로부터 거리를 유지해야만 할까? 이것이 애플의 CEO인 팀 쿡이 선택한 길이었다. 그는 2015년 12월 샌버너디노San Bernardino에서 14명을 살해한 테러리스트 셋 리즈완 파룩Syed Rizwan Farook과 타시핀 말릭Tashfeen Malik이 소지한 아이폰의 비밀번호를 풀어내라는 FBI의 요청은 물론, 법원의 명령까지 거부했다. 그 반대의 접근을 취한 것이

629

구글이었다. 구글은 자신들이 '온라인에서의 표현의 자유와 사생활 보호를 증진'시키는 데 책임 있게 행동하겠다고 약속하는 동시에,[20] 다른 어떤 기술 회사보다도 행정부와 긴밀히 유착했다. 구글 및 구글 협력회사의 직원들은 오바마 정부 시절 백악관을 무려 427번이나 방문했다. 구글의 고위 임원들은 오바마 대통령과 최소한 21번 이상 만났다. 구글이 로비에 쓴 돈은 2016년 한 해에만 1,540만 달러에 이르렀다.[21]

NSA의 전략에는 또 다른 문제가 있었다. 그 감시 프로그램이 알카에다의 공격을 막는 데 도움이 됐을 가능성은 아주 높다. 스노든이 제시한 증거는 PRISM이 무용지물이라는 결론을 내기에는 부족한 것이다. 하지만 그 프로그램이 가져온 이익이 무엇이었건, 미국의 평판에 가해진 손상─특히 그 동맹국들의 시선에 있어서─이 너무나 컸기 때문에 그 이익을 모두 상쇄해버리는 것이었다. 스노든 폭로의 여파로 결국 미국 상무성의 감시 아래에 있는 ICANN을 독립시키라는 외국의 압력이 굴복할 수밖에 없었고, 이제 ICANN은 모종의 '전 세계적 다중 이해관계자 공동체'의 감시 아래 있게 됐다.[22] 어찌 되었건 네트워크들은 위계 조직들보다 더 빠르게 적응해 들어갔다. 일부 분석가들이 이미 예견했던 것처럼 지하드를 외치는 자들은 비교적 폐쇄된 네트워크였던 알 카에다의 형태로부터 모종의 '곤충 떼swarm'라고 해야 할 모습으로 변신해 미국의 하향식 반테러 전략에 적응해 들어갔다.[23] '테러와의 전 세계적 전쟁'이 처음 터져 나올 당시, 서구가 제시하는 현대성의 비전에 가장 격렬하게 반대하는 자들이 자기들 운동을 위해 실리콘 밸리의 기술들을 사용하는 법을 배울 줄은 누구도 예견하지 못한 것이었다.

오바마 정부는 2011년 5월 오사마 빈 라덴이 사살된 것을 획기적인 돌파구라고 자축했다. 하지만 현실을 보면, 이는 알 카에다가 이제 퇴물이 됐다는 것을 확인하는 사건에 불과했다. 이때가 되면 조직의 지도부는 이라크 내부의 지부에 대한 주도권을 상실했다. 이라크 지부는 미국을 직접 공격하는 쪽에서 시아파 이라크인들을 표적으로 삼는 방향으로 전환했고, 그 '흉포함tawahoush'을 자랑으로 삼고 있었다.[24] 물론 미국 군부는 '폭등Surge' 작전 동안 자르카위의 네트워크에 엄청난 타격을 줬다. 하지만 이 작업이 완료되기도 전에 오바마 정부는 이라크의 미군 주둔을 종식시켰다. 이는 시작일 뿐 이러한 끔찍한 대실수는 이후에도 줄줄이 이어진다. 오바마 정부는 시아파가 지배하는 누리 알-말리키Nouri al-Maliki 수상의 이라크 정부가 수니파 무슬림들의 분노에 불을 지르고 있음에도 불구하고 변함없이 그 정부를 지지했다. 오바마 대통령은 맥크리스탈의 부관 한 사람이 신중치 못한 발언을 해 「롤링스톤」 잡지에 실리게 된 것을 계기로 아무 주저함도 없이 맥크리스탈을 해고해버렸다. 오바마는 이라크와 알-샴al-Sham의 이슬람 국가ISIS라는 새로운 이름의 집단이 등장한 것에 대해 질문을 받자 이를 그저 알 카에다의 덜떨어진 '2군jayvee'에 불과하다고 무시했다. 마지막으로 오바마는 시리아 사태가 내란으로 치닫고 있는데도 개입하기를 거부함으로써 ISIS가 팽창할 수 있는 진공 상태를 더욱 확장했다.[25]

ISIS는 네 가지 점에서 알 카에다와는 근본적으로 다른 조직이었다. 우선 그 이데올로기는 2014년 6월 29일 칼리프 왕국이 다시 세워졌다는 그 지도자 아부 바크르 알-바그다디Abu Bakr al-Baghdadi의 주장에 기초를 두고 있다. 알-바그다디가 온라인에 올려놓은 연설의 언어는 여러 면에서 100년 전 1차 세계 대전 초두에 오토만 제국에서 발령한 지하드 호소문을 그대로 되풀이하고 있다. 그 선언에 따르면, "알라를 믿는 이라면, 자신을 무력으로 정복한 자가 칼리프의 영광을 차지하게 되어 아미룰-무미닌Amīrul-Mu'minīn(믿는 자들의 지도자)이라고 불릴 때까지는 잠을 자는 것도 허용할 수가 없다". 이는 모든 무슬림들에 대한 무력 봉기의 호소였다.

오 무슬림들이여, 그러니 어서 서둘러 너희의 칼리파에게 모일지어다. 그리하여 오래도록 이 지상의 왕들이었고 전쟁의 기사들이었던 우리의 옛 모습을 회복할지어다. 존엄한 주인으로서의 삶을 사는 명예롭고 존경받는 이가 되려면 나에게 올지어다. 우리는 알라께서 지지를 약속하신 종교를 위해 싸운다는 것을 알지어다. 우리는 알라께서 명예, 존경, 지도력을 부여하시고 지상의 권력과 힘을 약속하신 이슬람 공동체ummah를 위해 싸우는 것이다. 알라의 이름으로 말하건대, 너희가 서방으로부터 온 민주주의, 세속주의, 민족주의 등 쓰레기 같은 사상을 거부하고 너희의 종교와 신앙에 귀의한다면, 알라의 이름으로 말하건대, 너희는 이 지상을 소유할 것이며 동양과 서양이 모두 너희의 발아래에 엎드릴 것이다. 이것이 알라께서 너희에게 주는 약속이니라⋯

알라의 이름으로 말하건대, 너희가 이 국가를 지지하는 것을 주저한다면 그것을 정당화해주는 합당한shar'i 구실은 전혀 찾을 수 없다⋯ 만약 이 국가를 버린다면 혹은 그것에 맞서 전쟁을 벌인다면, 너희는 그것을 해치는 것이 아니다. 너희 스스로를 해치는 것일 뿐이다⋯

오 이슬람 국가의 병사들이여, (저 높으신) 알라께서는 우리에게 지

하드를 명령했고 승리를 약속하셨다… 그리고 누구든 적진을 부수고,
총알로 적명의 머리를 두 쪽 내 그 내용물이 다 흘러나오게 하기를 원
한다면, 그가 누구이든….26

하지만 1914년과 다른 점이 있다. 예전처럼 계산된 지역적 전략의 일
부로서 일부 이교도들을 동맹자로 보아 지하드의 대상에서 면제해주는
것은 이번에는 없다. ISIS의 궁극적인 목적은 세상의 종말이다. 그것이
품고 있는 야망은 전통적인 의미에서의 승리가 아니다. 그들은 시리아
에 있는 작은 도시 다비크Dabiq에서 이슬람의 종말론에서 말하는 최후
의 전쟁이 벌어질 것이라는 예언을 실현하고자 하는 것이다.

둘째, ISIS는 극렬한 원리주의에 입각하여 설파한 것들을 그대로 실
행에 옮기고 있다. 그레임 우드Graeme Wood의 말에 따르면, 그 이데올로기
는 '문명을 7세기의 법적 상태로 되돌리고자 하는 그리고 궁극적으로
는 세상을 종말로 이끌고자 하는 진지하고도 세심한 숙고를 거친 약속'
이라고 한다. 우드가 2015년 3월에 쓴 글에 따르면, 진실은 '이슬람 국
가는 이슬람적인 것이라는 것이다. 대단히 이슬람적인 것이다… **샤리아
율법을 폭력을 써가면서 이토록 엄격하게 시행하려고 기를 쓴 이들
은 아무도 없었다. 이것이 지금 관찰되고 있는 바이다.'** 즉, 노예로 만
들기, 팔다리 자르기, 참수, 돌로 쳐 죽이기, 십자가에 매달기 등의 폭력
을 말한다.27 셋째, ISIS는 오픈소스 네트워크로서, 이데올로기뿐만 아
니라 가장 흉측한 본보기의 폭력을 서로 연결된 수만 개의 트위터 개정
뿐만 아니라 페이스북과 유튜브를 통해 과시하고 있다.28 어떤 면에서
보면, 그 미디어 운영의 능력이야말로 그 지도부를 암살하고자 하는 작

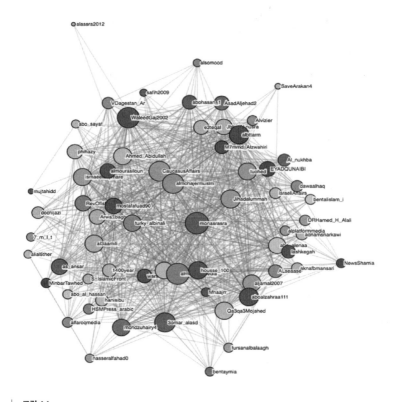

그림 44

2013년 2월 지하드 전사를 자처하는 블로거 아마드 압달라Ahmad 'Abdallah가 추천한 66명의 '가장 중요한 지하드 전사들, 지하드 지지 사이트들, 트위터의 무자헤딘들'. 이 그래프의 네트워크 밀도는 대략 0.2로, 이론적으로 존재할 수 있는 모든 가능한 연관의 약 20퍼센트가 실제로 존재한다는 것을 뜻한다. 이는 2014년 ISIS가 유포했던 소름끼치는 동영상의 시스템이기도 하다.

전이 그토록 지속적으로 이루어지는데도 그 조직이 그렇게 큰 회복재생력을 갖게 만드는 원천이라고 할 수 있다.[29] 마지막으로, ISIS는 알 카에다와 조직 방식이 아주 다르다. 중동지역에서는 하나의 진정한 영토 국가가 되기를 열망하며, 이를 통해 한 세기 전에 이루어진 사이크스-피코 협정Sykes-Picot agreement에서 정해진 국경선을 소멸시키려 한다.[30] 그리고 북아프리카에서 남아시아에 이르기까지 무슬림이 다수를 차지하는 나라들의 넓은 지역에서는 모종의 조직원들의 연맹체를 창출했다. 그리고 서방 세계에서는 새롭고도 또 훨씬 느슨한 지하드 전사들의 네트워크를 구축하고 있으며, 그중 가장 열성적인 자들은 ISIS가 터를 잡은 이라크 북부의 모술Mosul과 시리아의 라카Raqqa로 유인해갔지만,[31] 나머지에게는 서방의 여러 도시에서 무차별적이고 거친 형태의 테러 공격을 수행하라고 부추기고 있다. 셰이크 아부 무하마드 알-아드나니Sheikh Abu Muhammad al-Adnani가 서방 국가들에 살고 있는 무슬림들에게 이교도들을 찾아내어 '돌로 그 머리를 박살내라'고 호소했던 것이 그러한 지상에서의 원시적인 작전 방식을 압축적으로 보여주고 있다.[32] 하지만 온라인에서 ISIS를 지지하는 세력들의 네트워크를 그래프로 그려보면 허공에다가 대단히 세련된 구조물을 구축해놓은 것을 알 수 있다.[33] 여러 계정을 동시에 사용하는 한 무리의 '미디어 무자헤딘 전사들'이 계정 폐쇄를 막기 위해 벌떼나 새떼처럼 끊임없이 모습을 바꾸어가면서 스스로를 재조직하고 있다.[34] 상당히 놀라운 사실도 있다. ISIS 네트워크의 여러 노드들의 매개 중심성을 분석해보면, 이 조직의 핵심적 역할을 맡고 있는 게 여성이라는 사실이 드러난다는 점이다.[35]

오바마 정부의 대응 방식은 알 카에다의 경우와 마찬가지로 그 머리를 잘라내려 하는 것이었다. 이번에 자신들이 상대하고 있는 적이 '머리가 없는acephalous', 즉 지도자가 없는 네트워크이며 그래서 그리스 신화에 나오는 머리가 여럿 달린 괴물 히드라처럼 죽이기가 아주 어려울 수 있다는 가능성은 아무도 숙고하려 하지 않았다.[36] 그와 동시에 오바마 대통령은 ISIS의 이데올로기를 무시하기 위해 무리수까지 두었다. ISIS가

'이슬람과는 아무 상관도 없다'고 반복해서 강조한 것이다. 이 집단이 코란에 대한 문자적 해석에 기초하고 있다는 사실을 인정했다가는 '이슬람 혐오증'을 정당화할 위험이 있다고 확신한 오바마는 공직자들에게 이슬람은 전혀 언급도 하지 말고 그저 '폭력적 극단주의와의 전투'에만 강조점을 두라고 훈령을 내렸다. 그러다가 2014년 미국인과 영국인 인질들이 잔혹하게 처형된 것에 대해 분노의 목소리가 높아지자 지독히 내키지 않는 자세로 겨우 ISIS의 요새에 대해 공습을 명령하기로 합의했다.[37]

이러한 여러 실수의 결과로 세계는 이제 이슬람주의자들의 테러라는 전염병이 만연하게 됐다. 지난 16년 동안 테러로 얼룩진 최악의 해는 2014년이었다. 93개국이 테러 공격을 겪었으며, 거의 3만 3,000명이 목숨을 잃었다. 그다음으로 끔찍했던 해는 2015년으로, 죽은 사람들의 숫자가 2만 9,000명을 넘었다. 그 죽음 전부의 4분의 3은 네 개의 급진파 이슬람 집단들이 저지른 일이었다. ISIS, 보코 하람Boko Haram, 탈레반, 알 카에다였다.[38] ISIS는 한 달에 100건 이상의 테러를 저질렀다.[39] 비록 지하드의 폭력으로 가장 큰 고통을 입은 곳은 무슬림이 인구의 다수를 차지하는 나라들이지만, 서방 또한 갈수록 공격을 받고 있다. 2015년 서방 국가들에서는 ISIS와 연관된 테러 공격이 64회 있었고, 이 중에는 파리에서의 학살(130명 사망)과 올랜도Orlando에서의 학살(49명 사망)도 있었다.[40] 이 장을 쓰고 있는 지금, 지난 한 주 동안만 해도 앤트워프, 런던, 파리 등에서 테러 공격이 벌어졌다. 지난 십여 년간 더 많은 사람들이 죽지 않았던 것은 오직 서방 국가의 정보기관들이 쉬지 않고 감시 활동을 벌인 덕분이었다. 2014년과 2015년 영국에서는 2000년 이후 그 어느 때보다도 테러 활동과 관련된 검거가 많았다.[41] 1998년 이후 영국에서 테러리즘과 관련된 사건은 135건이 있었으며, 유죄 확정을 받은 이들은 264명이며, 2010년 이후로는 테러 공격의 빈도수가 대략 두 배가 됐다.[42] 하지만 심지어 이렇게 감시 활동을 강화해도 모든 지하드 공격을 예방하는 것은 기대할 수 없는 일이다.

문제는 ISIS 네트워크가 전통적인 반테러 전술들을 대담하게 넘어선다는 데 있다. 흔히 퍼져 있는 생각과 달리, 이는 ISIS가 이른바 '외로운 늑대들', 즉 단독 범행자들에 의존하기 때문이 아니다. 이들은 그 성격상 미리 감지하고 잡아내기가 어렵다. 2015년 11월의 파리 테러는 9명의 범행자들에 더해 18명이 더 참여했던 잘 짜인 작전이었다.[43] 게다가 인터넷에 떠도는 ISIS 선전물을 보고서 아무나 스스로 지하드 전사가 되는 일도 거의 있을 수 없다. 지하드에 참여하려면 항상 먼저 다와dawa를 거쳐야 한다. 이는 폭력은 없지만 지독히 독성이 강한 의식화 과정으로 이를 거치고 나면 시시한 범죄자들이 한 사람의 열성분자로 변하게 된다.[44] 이 다와의 네트워크는 여러 다른 형태를 띤다. 영국에서 핵심 역할을 맡은 조직은 알 무하지룬Al Muhajiroun(이민자들)으로 알려져 있다. 하지만 그 밖에도 눈에 덜 띄는 조직들—어둠 속에 감추어진 성직자들이 암약하는 이슬람 센터들—이 많이 있으며, 세뇌의 각종 선전물들을 바쁘게 퍼뜨리고 있다.[45] 영국에 거주하는 무슬림들의 의식을 조사한 결과는 언뜻 보기에는 안심할 만한 모습이다. 2016년 '폴리시 익스체인지Policy Exchange'에서 조사한 바에 따르면 영국에 사는 무슬림들의 90퍼센트는 테러리즘을 비난한다. 이슬람혐오증을 '큰 문제'로 보는 이는 열 명 중 한 명도 채 안 되며, 영국에 강한 귀속감을 느끼지 못한다고 대답한 이들은 7퍼센트에 불과하다. 하지만 응답자의 거의 절반은 삶의 모든 측

면에서 비무슬림들과 완전히 통합되는 것은 원치 않으며, '학교 교육과 법률'에 관해서는 일정한 분리를 선호한다고 대답했다. 그들이 율법sharia 의 도입을 지지할 것인지를 묻자 43퍼센트가 '그렇다'고 대답했다. 5분의 2는 남녀가 분리된 학교를 선호한다고 답했다. 영국 남부에 있는 응답자들의 명백한 대다수는 히잡이나 니캡을 여학교 교복의 일부로 만드는 것을 지지했다. 그리고 전체 샘플에서 열 명 중 한 명꼴로 '극단적 관점을 장려하거나 영국의 근본적 가치들과 모순된다고 여겨지는' 교습을 금지하는 정책에 대해 반대한다고 말했다. 가장 충격적인 점은 응답자의 거의 3분의 1(31퍼센트)이 9.11 테러 공격은 미국 정부의 자작극이라고 믿는다고 답했다는 점이다. 그리고 그것이 알 카에다의 소행이라고 답한 이들(4퍼센트)보다 '유대인들'의 짓이라고 답한 이들이 더 많았다는 것이다(7퍼센트).[46]

이슬람주의에 대해 진지하게 연구한 이들이라면, 이러한 태도가 단지 사회적 박탈감의 결과이기 때문에 일자리 창출과 더 후한 복지 서비스의 공급으로 바꿀 수 있는 것이라고 믿지 않는다.[47] 또한 온라인에서 ISIS와 싸워본 이들이라면, 트위터 회사로 하여금 ISIS를 지지하는 계정들을 지우게 한다고 해봐야 그 효과가 제한적일 뿐이라는 점을 잘 알고 있다.[48] 지하드 전사들의 대화 창구는 이미 러시아의 소셜 네트워크 서비스인 텔레그램, 저스트페이스트잇justpaste.it, 브콘탁테Vkontakte로 옮겼다.[49] 2005년 7월 7일 런던 폭발물 사건 이래로 영국 정부의 반테러 전략인 CONTEST는 사람들이 테러리스트가 되거나 테러리즘을 지지하는 것을 적극적으로 '예방Prevent'하는 것을 목표로 설계됐다. 2015년의 반테러 및 안보법Counter Terrorism and Security Act은 심지어 경찰서, 감옥, 지방 정부, 학교, 대학 등에다 '사람들이 테러리즘으로 끌려가는 것을 예방'할 의무를 부여하기까지 했다. 내무부 장관이었던 테레사 메이는 '극단주의 이데올로기와 체계적으로 맞서 도전하겠다'고 서약하기까지 했다.[50] 이를 놓고 영국 무슬림 위원회Muslim Council of Britain, 히즈브 우트-타리르 Hizb ut-Tahrir*, 케이지CAGE**, 이슬람인권위원회Islamic Human Rights Commission 등은 메이 장관을 비난했고, 전국교사노조National Union of Teachers에 있는 동반자들이 이를 돕고 또 부추겼다.[51] 하지만 실상을 보면, 그 '예방' 작전이 오히려 충분치 못했다는 게 문제였다. 이런 종류의 네트워크는 심지어 감옥에서도 작동할 수 있기 때문에 늘어나는 것을 막기가 대단히 어렵다는 문제가 있다. 법무부에서 2월에 내놓은 수치들을 보면 감옥에 있는 무슬림들의 숫자가 2004년에서 2014년 사이에 두 배 이상으로 늘어서 1만 2,255명이 되었다고 한다. 영국과 웨일스에 있는 감옥의 죄수들 일곱 명 중 한 명은 무슬림이다.[52]

이 문제가 그냥 저절로 사라질 성격의 것이 아니라는 사실은 프랑스가 어떤 곤경에 처해 있는지를 보면 잘 드러난다. 지금 프랑스 인구의 최소한 8퍼센트 이상이 무슬림이며, 퓨 연구 센터Pew Research Center에 따르면 영국에서도 2030년이 되면 거의 비슷한 상황이 될 것이라고 한다.[53] 프랑스 당국은 그중 과격파 이슬람주의자들이 1만 1,400명에 달할 것

---

*   1953년에 수니파 이슬람 세력이 세운 정치 조직으로, 모든 이슬람 지역을 하나의 국가로 통일하여 칼리프 체제를 수립할 것을 주장해왔다. 여러 논란을 일으키고 있어서 많은 나라에서 금지되기도 했다.(옮긴이)

**   '테러와의 전쟁'으로 인한 시민들의 권리 특히 무슬림들의 권리 제한에 맞서 싸울 것을 주장하는 시민 단체.(옮긴이)

이며 이는 자기들이 감시 아래에 둘 수 있는 것보다 훨씬 많은 숫자라고 추산하고 있다. 파라드 코스로카바르Farhad Khosrokhavar에 따르면 무슬림들은 프랑스 도시 주변부에 이는 감옥의 죄수들 중 무려 70~80퍼센트를 점하고 있다고 하며, 프랑스의 모든 죄수들 중 18~24세 사이 청년들의 40퍼센트를 점하고 있다고 한다.[54] 공식적 데이터에 따르면 2013년 시점에서 프랑스의 감옥에 수감돼 있는 모든 인구의 27퍼센트가 라마단 금식을 지켰다고 한다.[55] 북아프리카, 중동, 남아시아 등에서 유럽으로의 이주민이 늘고 있는데(특히 2015년에는 전쟁을 피해 또 일자리를 찾아 독일로 100만 명이 들어왔다), 이 또한 사태를 더 악화시킬 가능성이 크다. 이들의 본국에서는 대다수의 사람들이 샤리아 율법을 더 선호한다. 예를 들어, 파키스탄인들의 84퍼센트와 이라크인들의 91퍼센트가 그렇다. 그 샤리아 율법 지지자들 중 파키스탄인들의 4분의 3과 이라크인들의 5분의 2 이상이 배교에 대해 사형 선고를 지지한다.[56] 이라크와 시리아에 있는 ISIS는 조만간 패배할 것으로 보인다. 하지만 설령 그렇게 된다고 해도, 사이버스페이스와 서방 사회에 있는 그 네트워크는 계속 살아 있을 것이다. 이런 곳들은 다와의 문화적 유전자meme가 숨을 쉴 수 있는 독성의 환경으로서, 여기에서 세상의 낙오자들은 한 명씩 대규모 살인을 저지르고 장렬히 순교한다는 운동에 귀의하게 될 것이다.

56장

2016년 11월 9일

대부분의 사람들이 온라인에 접속하는 것은 플래시몹에 참여하거나 참수 동영상을 보려는 목적이 아니다. 이들은 남의 뒷소문을 듣고, 쇼핑을 하고, 사진을 공유하고, 농담을 공유하고, 짧은 동영상―축구경기에서 골 들어가는 장면, 귀여운 고양이, 야한 동영상 등―을 보려고 한다. 인류는 그 진화 과정에서 독특한 신경 조직을 갖게 되었으며, 그 신경 조직은 온라인에 모여 있는 우리 친구들이 끝없이 보내오는 말 건넴과 트윗의 쏟아지는 자극을 절대로 외면할 수 없게 되어 있다. 네트워크는 우리의 자기유일주의(셀카), 우리의 짧은 주의 집중력(140자), 리얼리티 텔레비전 쇼에서 유명해진 셀럽들의 최신 소식에 대한 끝없는 갈증 등을 모두 만족시켜주고 있다. 그리고 현대 민주주의 또한 바로 이 지점에서 그 독특한 특징을 갖게 된다. 우리가 우리를 어떻게 통치할 것인가 하는 것은 실로 지루한 토론 주제이며, 심지어 누가 다스릴 것인가조차도 그러하다. 여기에 우리가 잠시라도 주의를 집중하는 일이 가능할까? 오늘날 사람들이 '포퓰리즘'이라는 말을 쓰는 방식을 보면,[1] 그냥 길거리의 사람들도 이해할 수 있을 뿐만 아니라 귀 기울여 들을 수 있는 정치를 말하는 것에 불과할 때가 많다. 좀 더 정확히 말하면 소파에 드러누워 평면 TV에서 노트북으로, 스마트폰으로 태블릿 PC로, 그러다 다시 TV로 거의 발작하다시피 주의를 옮겨 다니는 사람들, 그리고 식상에서 데스크톱 PC 앞에 앉아 있기는 하지만 대부분의 시간을 스마트폰으로 외설적인 개인 메시지나 주고받는 사람들을 말한다.

선진국에 살고 있는 많은 이들은 생활 중 깨어 있는 시간 전부를 온라인과 연결돼 살고 있다. 미국인들의 5분의 2 이상이 이메일, 문자, 소셜 미디어 계정을 지속적으로 체크한다고 답했다.[2] 2016년 5월까지 4년 동안 영국에서 스마트폰은 성인 인구의 52퍼센트에서 81퍼센트까지 침투율을 올렸다. 18~44세 사이의 영국인들 열 명 중 아홉 명은 이제 스마트폰을 가지고 있다. 이들은 집에서든 직장에서든 아니면 그 사이를 오가는 차 안에서든 강박적으로 자기들 스마트폰을 체크한다. 3분의 2 이상은 심지어 가족들과 함께 저녁식사를 하면서도 스마트폰을 사용한다. 물론 잘 때는 스마트폰을 옆으로 밀어두겠지만 그때도 참으로 헤어지기 힘들어 한다. 그래서 영국의 스마트폰 사용자들의 절반 이상은 잠자리에 들어 불을 *끄기* 30분 전에 한 번은 반드시 전화기를 체크하며, 4분의 1은 5분 안에, 10분의 1은 자기 직전에 체크한다. 깨자마자 스마트폰을 체크하는 사람들의 비율도 동일하며, 3분의 1은 깨어나서 5분 안에, 절반은 15분 안에 체크한다고 한다.[3] 미국인들도 스마트폰 중독에 걸려 있는 것은 덜하지 않다. 이미 2009년 평균적인 미국인은 1년에 195일을 휴대전화로 통화하며, 72일은 이메일을, 55일은 메신저 서비스를, 39일은 소셜 네트워킹 웹사이트를 사용했다고 한다.[4] 그러다가 2012년이 되면 미국인들은 하루에 자기들 휴대전화를 150번이나 체크하게 된다. 2016년이 되면 하루에 평균 다섯 시간을 전화기에 쏟게 된다. 2008년 이후 유럽과 미국은 포퓰리즘의 반란에 휩쓸려들었는데, 이를 설명하려는 이론은 이러한 공공 영역의 놀라운 변화를 반드시 설명의 일부로 포함시켜야만 한다. 이러한 공공 영역의 변화는 사적 영역에 대한 전방위적인 침략이라고 묘사하는 것이 적절할 것이다.

물론 좌파 쪽에서나 우파 쪽에서나 그러한 포퓰리즘이 크게 득세하게 된 부분적인 원인은 앞장에서 묘사한 바 있는 경제적 기대 수준의 하락이라는 혁명에 있음은 분명하다.[5] 또한 다문화주의에 대한 문화적 반동이 세계화의 경제학에 대한 반란과 결합되고 있음도 분명하다.[6] 하지만 르네 디레스타Renee DiResta가 주장한 바 있듯이, 2010년대의 디지털 군중은, 엘리아스 카네티Elias Canetti를 그토록 매료와 경악으로 동시에 몰아넣었던 1930년대의 군중과는 근본적으로 다르다.

1. 군중은 항상 숫자를 불리기를 원한다. ⋯ 오늘날에는 그 물리적 한계들로부터 풀려났으므로 언제든 그렇게 할 수가 있다.
2. 군중 내부에는 평등이 존재한다. ⋯ 오늘날에는 하지만 그보다 더 높은 수준의 기만, 의심, 조종 등이 존재한다.
3. 군중은 빽빽한 밀도를 좋아한다. ⋯ 오늘날에는 디지털의 정체성

을 사용하므로 더욱 **빽빽하게** 뭉칠 수 있다.

4. 군중은 함께 몰려갈 방향을 필요로 한다. ···→ 오늘날에는 클릭수
를 올리기 위한 낚시성 기사와 사진 등을 활용해 그렇게 몰려갈
방향을 아주 싼 값으로 제조해낼 수가 있다.[7]

대중의 '지혜'에 희망을 걸었던 이들은 '크라우드-소스' 정치라는 아
름다운 미래를 상상하기를 즐기지만, 이제 아주 쓰라린 각성을 맛보아
야 했다. 네트워크를 연구하는 두 학자는 이렇게 말했다. '사회적 영향력
이 존재하는 한 사람들의 행동은 서로에 의해 결정되며, 이에 군중의 지
혜라는 개념의 배후에 있었던 근본적 전제는 처참하게 박살나게 된다.
군중은 서로간의 상호의존을 추종하므로, 전혀 잘못된 정보라고 해도
이들을 지렛대로 사용해 대중에게 그 정보를 확산시키는 데 얼마든지
활용할 수 있다.'[8]

이 글을 쓰는 시점인 2017년의 관점에서 돌이켜볼 때, 2008년의 미
국 대통령 선거는 정말 먼 옛날이야기처럼 느껴진다. 패배한 공화당
후보 존 매케인은 트위터 팔로어 숫자가 4,492명, 페이스북 친구 62만
5,000명뿐이었다. 그는 자신이 이메일 계정이 없으며 인터넷을 아예 쓰
지 않는다고 인정했다.[9] 당시의 금융 위기 때문에 여당이었던 그의 정당
이 욕을 먹을 수밖에 없는 상황이었지만, 그를 무기력 상태로 짓눌러버
린 또 하나의 요인은 그 선거가 소셜 네트워크 선거 운동이 전면에 등장
한 첫 번째 선거였다는 것이다. 버락 오바마는 매케인보다 페이스북 친
구가 4배가 많고, 트위터 팔로어는 26배가 더 많았다. 그의 웹사이트
www.barackobama.com는 페이스북의 공동 창립자인 크리스 휴즈Chris Hughes의

작품으로, 단순히 메시지를 전파하는 것뿐만 아니라 선거자금 모금에도 핵심적인 동력임이 판명됐다. 미국 동해안과 서해안의 도시들에 살고 있는 진보파 엘리트들은 매케인의 패배를 고소하게 여겼다. 워싱턴 정가에서 오래도록 굴러먹은 늙은 백인 참전용사 출신의 정객이 젊고 쿨한 흑인 '마을 만들기 활동가'이자 초선 상원의원에게 참패를 당했으니까. 그런데 이 선거전에는 두 가지의 불편한 특징들이 숨어 있었으며, 이를 주목한 이들은 거의 없었다. 첫째, 소셜 네트워크에서 나타나는 유유상종의 경향이 심지어 정치가 토론 주제가 됐을 때도 나타나면서 극단적인 양극화를 낳는 것으로 보였고, 이에 개개인들은 필연적으로 자기와 동일한 편향을 공유하는 사람들만 모여든 '메아리 방'에 갇혀 갈수록 더 극단적인 관점을 갖게 된다는 것이다.[10] 둘째, (이는 물론 2010년 의회 중간 선거 때가 돼서야 공식적으로 밝혀진 일이지만) 페이스북은 정치적 동원에 있어서 대단히 효과적인 도구였다. 이는 특히 디지털 네트워크가 없는 시골과 지방을 타깃으로 삼을 때 더욱 큰 힘을 발휘했다.[11]

이러한 시사점들에 착목한 이가 바로 2016년 유럽연합의 탈퇴 여부를 놓고 영국에서 국민투표가 있었을 때 탈퇴 진영의 승리를 설계해낸 장본인인 도미니크 커밍스Dominic Cummings였다. 커밍스는 옥스퍼드에서 역사를 전공했지만 복잡계 이론과 네트워크 이론에도 오래도록 관심을 갖고 있었는데, 영국의 정치 계급 내에서는 거의 유일한 경우라 할 만한 인물이었다. 그는 아주 제한된 예산(1,000만 파운드)과 제한된 시간(10개월)을 갖고 '중앙집권화된 위계 조직의 정상에 앉아 있는 정책 결정자들' 뿐만 아니라 (이들은 거의 모두 '브렉시트'에 반대하였다) 탈퇴 진영에는 들어왔지만 도무지 규율도 없고 말도 안 들어먹는 정치가들과도 싸워 이

겨야 했다. 탈퇴 진영에 불리한 요소들은 첩첩이 쌓여 있었다. 결국 가까스로 승리를 거둔 후 커밍스는 그 승리의 열쇠가 '거의 10억 회에 달하는 디지털 타깃 광고들', 실험적 여론 조사, '지극히 똑똑한 물리학자들'로 구성된 데이터 사이언스 팀, 그리고 "'터키/NHS/3억 5,000만 파운드'라고 적힌 야구 방망이"였다고 한다. 특히 이 야구 방망이에 적힌 문구는 사실이 아닌 주장을 암시하는 슬로건이었지만, 사람들이 탈퇴 쪽에 투표하도록 만드는 데 '가장 효과적이었음이 실험을 통해 입증된' 것이었다고 한다. 커밍스에 따르면 브렉시트는 결코 포퓰리즘 우익의 승리가 아니라고 한다. 왜냐하면 자신의 운동은 일부러 우익적 요소와 좌익적 요소를 결합시켰기 때문이라는 것이다. (만약 터키가 유럽연합에 가입한다면 더 많은 무슬림 이민자들의 위협이 생겨날 것이며, 대신 영국이 유럽연합을 탈퇴한다면 국민의료시스템NHS에 더 많은 돈을 쓸 수 있을 것이라는 주장이었다.) 그보다 몇 년 전 데이비드 굿하트David Goodhart가 지적한 바 있듯이, 이민자들에 대한 반대와 복지국가에 대한 지원은 사실상 상호보완적인 입장들이라고 한다.[12] 커밍스의 주장에 따르면, 브렉시트는 오히려 '오류가 있으면 지속적으로 신속하게 수정할 수 있도록 해주는 영국 보통법common law'이라는 '건전하고 효율적인 시스템'이 '유럽연합과 현재의 영국 중앙 정부 부서들과 같은 불건전하고 비효율적인 시스템'에 대해 승리를 거둔 것이라고 한다. 후자들은 '극단적으로 중앙집권화되어 있고 위계적'이어서 효과적인 문제 해결의 능력이 없다는 것이다.[13] 요컨대 브렉시트는 영국 기성 권력의 위계제에 대한 네트워크의 (그리고 네트워크 과학의) 승리라는 것이었다. 데이비드 캐머런David Cameron 수상과 조지 오스본George Osborne 재무부 장관은 전통적인 방식으로 운동을 벌여서 브렉시트가 얼마나 큰 경제적 리스크를 안고 있는지에다 온 화력을 집중했던 반면, 커밍스는 영국이 '통제력을 되찾아 올' 수만 있다면 일정한 경제적 대가는 얼마든지 치를 만한 가치가 있는 것이라는 자신의 메시지를 그의 '투표자 의도 수집 시스템VICS: Voter Intention Collection System'과 페이스북을 사용해 바이러스처럼 퍼뜨렸다. 커밍스가 회상하는바, '우리는 여러 다른 버전의 광고들을 숱하게 만들어서 테스트해보았고, 이 과정을 끊임없이 반복해 효과가 떨어지는 것은 계속 버리고 대신 가장 효과적인 것은 계속 강화해나갔다'.14 커밍스가 이런 기법들을 얻게 된 것은 미국의 헤지펀드 매니저인 로버트 머서Robert Mercer의 데이터 분석 회사인 케임브리지 어낼리티카Cambridge Analytica 덕분이었다고 주장하는 이도 있었다.15

브렉시트는 2016년 미국에서 벌어진 대통령 선거의 예행연습이었다. 영국에서와 마찬가지로 미국에서도 기성 정치 세력들은 옛날 방식으로도 충분히 이길 수 있다고 당연히 생각했다. 제브 부시Jeb Bush와 힐러리 클린턴은 그래서 전통적 방식의 광고에 수억 달러를 지출했지만, 그럼에도 불구하고 심지어 자기들 당의 지지자들의 많은 부분들과도 분명한 연결선을 확립하지 못해 진땀을 흘려야 했다. 한편 지지자들과 연결선을 맺은 이들은 따로 있었다. 2016년 초, 평판이 더러운 뉴욕의 부동산 거물과 성미 고약하게 불평만 늘어놓는 버몬트의 사회주의자가 바로 그들이었다. 상대적으로 구조를 갖추지 못한 네트워크들이 옛날 방식의 위계 조직에 도전하는 일이 여기에서도 벌어졌다. 이 도전은 기성 정당들뿐 아니라(정치학자들은 이 정당들이 '결정'라고 말한다), 1980년대 이후로 정치를 지배해온 클린턴과 부시라는 두 왕조에 대한 도전이기도 했다. 여기에서 실로 의미심장하게 생각해야 할 지점이 있다. 도널드 트럼프와 버니 샌더스가 모두 아웃사이더들로서 선거 운동을 시작하여 워싱턴 정부의 위계 조직에 대한 적대감을 표출했을 뿐만 아니라, 오래전 미국 민주주의의 울타리 바깥으로 밀려났다고 여겨졌던 이데올로기들인 미국 토박이 우선주의nativism, 보호무역주의, 사회주의 등을 명확히 내걸었다는 것이다. 샌더스는 민주당 내 엘리트들의 통제력을 극대화하기 위해 고안된 '슈퍼 대의원' 시스템에 밀려 좌절하고 말았다. 그러자 이제 두 세력의 충돌은 클린턴과 트럼프의 충돌을 무대로 삼게 된다. 클린턴은 기성의 정치적 위계질서를 한 몸에 담고 있는 인물인 반면, 살레나 지토Salena Zito의 생동감 있는 정식화를 빌리면 트럼프는 기성세력이 '한 귀로 듣고 한 귀로 흘리는took literally, but no seriously' 인물이었다.[16] 하지만 실제의 선거 결과는 전혀 다르게 나타났으며, 유권자들 다수는 트럼프를 대단히 진지하게 받아들였다는 것이 드러났다. 트럼프는 자기 스스로의 조직화와 바이럴 마케팅을 결합해 이를 기반으로 삼아 '척도의 대푯값을 말할 수 없는scale-free' 네트워크를 만들어냈고 이것으로 클린턴의 위계적으로 조직된, 하지만 지나치게 복잡한 선거 운동 조직을 패배시켰던 것이 그 이유였다. 클린턴 캠프라고 네트워크가 없었던 것은 아니었다. 오히려 네트워크가 너무 많아서 거의 질식할 지경이었던 것이 문제였다. 이미 그녀의 남편인 빌 클린턴의 전성시대로까지 거슬러 올라가는 '기부자들, 친구들, 동맹자들, 조언자들의 네트워크'―괴물 같은 모금 네트워크―가 존재했다. 또 '풀뿌리에서 클린턴 열성 분자들의 네트워크를 구축하고… 여러 주를 넘나드는 네트워크를 클린턴에게 안겨주기 위한' 조직인 '레디 포 힐러리Ready for Hilary'와 같은 것도 있었다.[17] 게다가 '무

보수 자문단과 전문성에 근거한 팩트 체커들professional skeptics'도 있었고, 득표에는 거의 도움이 안 되지만 깔끔한 정책 문서들을 끝없이 토해내는 예일 대학교 로스쿨 출신의 정책 전문가들도 넘쳐났다.[18] 하지만 클린턴의 선거 운동 책임자였던 로비 무크Robby Mook는 그 '힐러리를 위한 준비'라는 조직을 폐쇄해버렸고, 주마다 존재했던 지역 기반의 지휘자들도 다 쳐내버렸다. 그렇게 해서 생긴 공백을 메우기 위해 중앙 본부에서 경험 많은 정치 활동가들을 각 주로 내려보냈다. 이들은 비록 '우버들ubers'이라는 별명으로 불렸지만, 선거 운동의 전체적인 효율성에 비추어 볼 때 이는 아주 과장된 명칭이었다.[19] 이러한 모든 복잡성 속에서 사라져버린 아주 단순한 진실이 있다. 후보자가 핵심 유권자들과 연결을 맺는 일의 효율성에 있어서 트럼프라는 아주 위험한 경쟁자에게 클린턴이 한참 뒤떨어져 있었다는 점이다.

2016년 선거에서 평균적 유권자들에게는 여전히 텔레비전이 더욱 중요한 역할을 했지만, 그래도 결정적 역할을 소셜 미디어가 했다는 점은 분명하다고 보인다.[20] 미국인들의 대략 절반 정도가 페이스북과 여타 소셜 미디어 사이트를 사용하여 선거 소식을 접했고, 특히 50세 이하의 유권자들 사이에서는 그 비율이 대단히 높았다.[21] 그리고 소셜 미디어에서의 토론이라는 것은 다른 방식에 비하여 악플과 욕설과 비방이 넘쳐나는 것이라는 관점이 광범위하게 퍼져 있었음에도 불구하고, 소셜 미디어 사용자들의 약 3분의 1은 정치 문제에 대해서도 논평과 토론과 포스팅을 했다.[22] 하지만 여기에서 결정적인 점은, 양당의 후보 선출 대회가 끝나고 난 대통령 선거의 최종 단계에서 두 후보 중 한쪽이 다른 쪽을 소셜 미디어의 존재감에 있어서 크게 앞섰다는 사실이다. 트럼

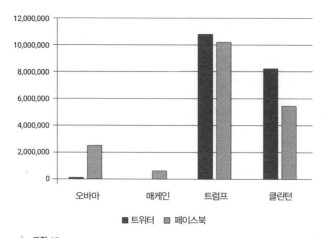

그림 45
2008년과 2016년 미국 대선에서 후보자들의 소셜 미디어 팔로어 숫자.

프는 트위터에서는 클린턴에 비해 팔로어가 32퍼센트나 더 많았고, 페이스북에서의 지지자는 87퍼센트나 많았다.[23] 대통령 선거가 있기 며칠 전 트럼프는 페이스북에서 클린턴보다 400만 개나 더 많은 1,200만 개의 '좋아요'를 얻었다.[24] 트럼프는 또한 좀 더 중요한 페이스북의 지표인 '관심사'에 있어서도 모든 주에서 클린턴을 압도적으로 앞질렀다. (미시시피 주의 주민들의 경우 클린턴에 비해 트럼프 쪽에 거의 12배가 더 많은 관심을 보였으며, 심지어 뉴욕에서조차도 사람들은 트럼프에게 클린턴보다 세 배 더 많은 관심을 보였다.) 승패를 좌우하는 중서부의 결정적인 격전지 주들에서는 모두 페이스북을 통해 자신들의 의도를 명확하게 보여주었다. 트위터를 보아도 비슷한 이야기가 나온다. 2016년 5월 11~31일 사이 트럼프가 올린 트위터 글들은 평균 거의 6,000번씩 리트윗된 반면, 클린턴의 트위터 글들은 리트윗된 숫자가 1,500회에 불과했다.[25] 트럼프 진영은 또한 유튜브도 효과적으로 활용했다. 한 예로 투표 직전에 공격으로

네트워크의 군주 80

내보낸 동영상은 클린턴, 소로스, 골드만삭스 등의 세계적 엘리트들을 적으로 삼고 있다.[26] 무엇보다도 트럼프 진영은 영국 브렉시트의 탈퇴 운동 본부와 마찬가지로 페이스북이 가지고 있는 광고 테스트 능력을 최대한 활용했고, 수만 가지의 변형태들을 시험해본 후 그중 타깃이 된 유권자들에게 가장 잘 먹히는 것을 찾아내 써먹었다.[27]

이는 실로 아이러니한 사태였다. 최초 단계부터 실리콘 밸리는 클린턴 쪽에 섰기 때문이었다. 구글 직원들은 클린턴 쪽에는 130만 달러를 모금하여 보냈지만, 트럼프 쪽에 보낸 돈은 2만 6,000달러에 불과했다. 에릭 슈미트가 만든 스타트업인 그라운드워크Groundwork 또한 클린턴 운동 본부를 위해 데이터 지원을 제공했다.[28] 마크 저커버그는 트럼프가 '무슬림들의 미국 입국을 완전히 총체적으로 폐쇄'할 것을 요구하는 글을 페이스북에 올렸을 때 내부적 반란에 직면했고, 기술 블로그 기즈모도Gizmodo는 페이스북이 토픽의 추세를 조작해 트럼프가 두드러지는 것을 제한하려 한다고 혐의를 씌우기도 했다.[29] 저커버그 본인은 자신이 트럼프의 생각을 경멸한다는 것을 숨기지 않았다.[30] 하지만 그와 슈미트가 그토록 고생하여 구축한 네트워크들이 이제는 그들 둘은 물론 그와 함께 일하는 이들까지도 끔찍이 싫어하는 생각들을 퍼뜨리는 데 사용되고 있으며, 게다가 트럼프 운동 본부가 모금하는 것까지 돕고 있는 게 아닌가?[31] 그리고 설령 구글과 페이스북인 어찌어찌하여 트럼프를 각자의 네트워크에서 쫓아낸다고 해도, 이는 그저 다른 네트워크들로 트래픽의 흐름만 이동시키고 말았을 것이다. 이를테면 '대안 우익alt-right'의 탄생지가 된 4Chan이나 8Chan과 같은 익명의 게시판들이 그것이다. 웹에서의 '대안적 우익'의 도발자 역할을 하는 맷 브레이너드Matt Braynard, 찰스 존슨Charles Johnson, 영국 출신으로서 뉴스 방송 〈브라이트바트breitbart〉의 작가인 밀로 이아노풀로스Milo Yiannopoulos 등은 훗날 자기들 및 자기들 네트워크가 인기 만화 「페페 더 프로그Pepe the Frog」의 캐릭터 페페나 페미니즘 옹호 남성cuckold들에 대한 모욕 등과 같은 밈들로 온라인을 '도배'해 도널드 트럼프가 대통령이 되도록 만들었다고 자랑하기도 했다.[32] 분명히 트럼프 운동 본부와 '대안 우익' 네트워크 사이에는 긴밀한 협조가 있었다. 트럼프 타워에 입주해 있었던 한 팀은 '더도널드TheDonald' 서브레딧을 사용하여 4Chan과 주류 웹을 연결하는 통로로 삼기도 했다. 클린턴이 '역사상 가장 부패한 후보자'라고 먹칠을 한 것도 그러한 채널들을 통해서 이루어진 일이었고, 그녀의 선거운동 본부 책임자가 워싱턴의 한 피자집을 중심으로 삼는다는 소아성애자들 모임에 (실제로는 존재하지도 않는다) 가담했다는 소문도 이 채널들을 통해서 퍼져 나갔다.[33] 케임브리지 어낼리티카가 트럼프의 승리에 있어서 얼마나 큰 역할을 했는지에 대해서는 계속해서 뜨거운 논쟁이 벌어지고 있다.[34] 케임브리지 어낼리티카의 CEO인 알렉산더 닉스Alexander Nix는 개별 유권자들의 '심리학적psychographic' 조사가 중요하다고 주장하지만, 아마 그렇게까지 중요한 것은 아닐 것이다.[35] 부인할 수 없는 점은, 트럼프의 운동 본부가 '대안 우익'과 엮이면서 반유대주의가 1930년대 이후 미국 정치에서 완전히 사라졌던 방식으로 되돌아왔다는 점일 것이다.[36] 하지만 그것 때문에 트럼프가 승리를 거둔 건 아니었다.

아마도 실리콘 밸리의 거물들에게 있어서 2016년 선거에서 가장 치욕스러운 면은 자기들이 일구어놓은 네트워크가 사실이 아닌 이야기들을 퍼뜨리는 데 활용되었다는 점일 것이다. 즉, 트럼프가 반복해서 불평

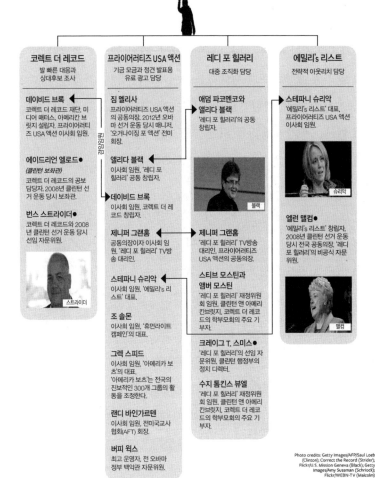

코렉트 더 레코드
발 빠른 대응과
상대후보 조사

데이비드 브록
코렉트 더 레코드 재단, 미
디어 매터스, 아메리칸 브
릿지 설립자. 프라이어러티
즈 USA 액션 이사회 임원.

에이드리언 엘로드●
(클린턴 보좌관)
코렉트 더 레코드의 공보
담당자. 2008년 클린턴 선
거 운동 당시 보좌관.

번스 스트라이더●
코렉트 더 레코드와 2008
년 클린턴 선거 운동 당시
선임 자문위원.

스트라이더

프라이어러티즈 USA 액션
기금 모금과 정견 발표용
유료 광고 담당

짐 멜리사
프라이어러티즈 USA 액션
의 공동의장. 2012년 오바
마 선거 운동 당시 매니저.
'오거나이징 포 액션' 전미
회장.

앨리다 블랙
이사회 임원, '레디 포
힐러리' 공동 창립자.

데이비드 브록
이사회 임원, 코렉트 더 레
코드 창립자.

제니퍼 그랜홈
공동의장이자 이사회 임
원, '레디 포 힐러리' TV방
송 대리인.

스테파니 슈리악
이사회 임원, '에밀리's 리
스트' 대표.

조 솔몬
이사회 임원, '휴먼라이트
캠페인'의 대표.

그렉 스피드
이사회 임원, '아메리카 보
츠'의 대표.
'아메리카 보츠'는 전국의
진보적인 300개 그룹의 활
동을 조정한다.

랜디 바인가르텐
이사회 임원, 전미국교사
협회(AFT) 회장.

버피 윅스
최고 운영자, 전 오바마
정부 백악관 자문위원.

레디 포 힐러리
대중 조직화 담당

**애덤 파코멘코와
앨리다 블랙**
'레디 포 힐러리'의 공동
창립자.

블랙

제니퍼 그랜홈
'레디 포 힐러리' TV방송
대리인, 프라이어러티즈
USA 액션의 공동의장.

**스티브 모스틴과
앰버 모스틴**
'레디 포 힐러리' 재정위원
회 임원, 클린턴 앤 아메리
칸브릿지, 코렉트 더 레코
드의 학부모회의 주요 기
부자.

크레이그 T. 스미스●
'레디 포 힐러리'의 선임 자
문위원, 클린턴 행정부의
정치 디렉터.

수지 톰킨스 뷰엘
'레디 포 힐러리' 재정위원
회 임원, 클린턴 앤 아메리
칸브릿지, 코렉트 더 레코
드의 학부모회의 주요 기
부자.

에밀리's 리스트
전략적 아웃리치 담당

스테파니 슈리악
'에밀리's 리스트' 대표,
프라이어러티즈 USA 액션
이사회 임원.

슈리악

엘런 맬컴
'에밀리's 리스트' 창립자,
2008년 클린턴 선거 운동
당시 전국 공동의장, '레디
포 힐러리'의 비공식 자문
위원.

맬컴

그림 46
2016년 클린턴 선거 운동 본부. 위계적 조직의 실패.

을 늘어놓았던 이른바 '가짜 뉴스'—자기 스스로가 무수히 이를 살포했음

에도 불구하고—라는 것이다. 9월에는 페이스북이 트럼프가 교황의 지

지를 얻어냈다는 가짜 이야기를 전달하였다.[37] 11월에는 구글이 부주의

하게도 트럼프가 일반 투표popular vote에서 승리했다는 잘못된 주장을 맨 위에 배치하는 실수를 저질렀다.[38] 이는 또한 트럼프에게 도움이 되었다. 선거가 벌어지기 3개월 전에 나온 것들 중 가짜 뉴스로 판명난 이야기들로 놓고 볼 때, 트럼프를 반대하는 이야기들은 페이스북을 통해 800만 번 공유됐던 반면, 클린턴을 반대하는 이야기들은 3,000만 번 공유됐다.[39] 미시간 주의 사용자들 14만 명을 표본으로 하여 조사한 결과, 선거가 있었던 11월 11일 이전 열흘 동안 트위터로 전송된 링크들 중 거의 4분의 1은 가짜 뉴스였다.[40]

2016년 선거는 미국 역사상 가장 표 차이가 적었던 선거의 하나였으며, 심지어 브렉시트 국민투표 때보다도 표 차이가 적었다. 만약 세 곳의 격전지 주들(미시간, 펜실베이니아, 위스콘신)에서 트럼프 쪽으로 갔던 표 중 3만 9,000표만 클린턴 쪽으로 갔더라도 그녀는 일반 투표는 물론 선거인단에서도 넉넉히 다수를 차지할 수 있었을 것이다. 이 선거의 승패를 가른 무수히 많은 변수들 중 어떤 것이 가장 결정적인 것이었는지를 놓고서 역사가들은 끝없는 논쟁을 벌일 것이다. 마치 하나의 변수만 바꾸고 다른 모든 것들은 동일하게 남아 있을 수 있다는 것처럼. 그럼에도 불구하고, 도널드 트럼프가 온라인 플랫폼을 이용하여 소셜 네트워크의 힘을 맘대로 쓸 줄 몰랐다면 결코 미국 대통령이 될 수는 없었을 것이라는 명제만큼은 아주 분명하게 말할 수 있다. 인터넷 이전 시대의 선거 운동이었다면 그는 클린턴과 적수가 되지 못했을 것이다. 그때에는 텔레비전 선거 광고가 가장 중요했고, 이는 계속 돈을 갖다가 퍼붓는 옛날식의 소모전이었기 때문에, 트럼프로서는 그런 정도의 자금을 동원할 수 없었을 것이기 때문이다. 그는 소셜 네트워크 덕분에 훨씬 더 효율적으로 선거 운동을 벌일 수 있었다고 말할 수 있다. 비록 그의 조직이 혼란스러운 모습을 보이기는 했지만, 이 때문에 결정적인 지점을 간과해서는 안 된다. 미국의 선거 지도를 펼쳐본다면 트럼프는 '트럼프 대륙 Trumpland'이라고 할 만한 지역을 차지하고 있음을 볼 수 있다. 즉, 미국의 육지 면적의 85퍼센트에 해당하는 주로 시골 지역이 그에게 표를 던졌던 것이다. 반면 클린턴이 선거에서 이긴 지역을 지도에서 그려보면 '힐러리 다도해'라고 부를 법하다. 그녀가 가져간 표는 미국 서해안과 동해안의 주요 대도시 지역에 심하게 집중되어 있기 때문이다. 반면 트럼프의 지지 지역은 지방 도시들과 농촌 공동체들로 이루어진 내륙 지방 전역에 펼쳐져 있었다. 여기에서 풀기 힘든 난문 하나가 나온다. 클린턴의 지지자들 중 다수는 도시 지역에서 밀도 높게 집중되어 사는 이들이고 게다가 나이도 젊은이들이 많았다.

브렉시트에서도 비슷한 패러독스가 존재했다. 노령의 유권자들이 유럽연합을 반대하는 운동 쪽에 승리를 안겨주었고, 이들은 대도시가 아니라 주로 영국과 웨일스의 지역 '주shire'에 살고 있는 이들이었다. 만약 포퓰리즘의 정치에 있어서 소셜 네트워크가 핵심이라면, 어째서 페이스북과는 거리가 멀어 보이는 집단들─나이든 농촌 거주자들─이 포퓰리스트들에게 더 많은 표를 던지는 것일까?[41] 이에 대한 설명이 있다. 소셜 미디어는 영국에서는 커밍스가 그리고 미국에서는 트럼프 운동 본부의 스티븐 배넌Stephen K. Bannon이 상대편보다 더 효과적으로 사용할 수 있었던 것은 분명하다. 하지만 만약 그 포퓰리즘 운동이 확산시키고자 했던 '밈', 즉 문화적 유전자가 보통 사람들이 만나서 (페이스북에서처럼) 가짜가 아닌 진짜의 우정을 나누는 현실 세계의 포럼들, 즉 맥줏집과 선술

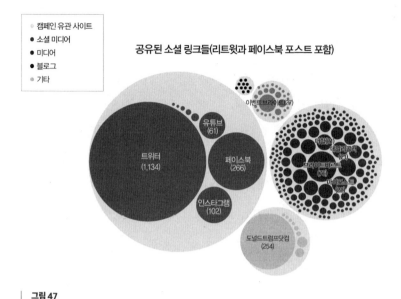

그림 47
도널드 트럼프의 온라인 소셜 네트워크(2016년).

집에서 더욱 확산될 수 있는 게 아니었다면, 그 운동은 결코 성공을 거두지 못했을 것이다. 그리고 그러한 문화적 유전자들이 반향을 얻을 수 있는 게 아니었다면 그러한 맥줏집과 선술집으로의 확산 또한 이루어질 수 없었을 것이다.

바벨의 도서관은 바로 인터넷이다. 여기에서는 무얼 읽어도 다 믿을 수가 없다. 그래서 가장 깊은 소셜 네트워크는 여전히 작은 지역에서 사람들이 직접 대면할 수 있는 네트워크다. 2016년의 미국 대통령 선거는 그래서 바벨의 도서관에서 결판이 난 것이 아니라 영어만 사용하는 술집에서 결판이 났다. 인터넷은 제안을 할 뿐, 결정을 내리는 것은 살롱과 술집이다.

하지만 그들은 무슨 짓을 했던 것일까?

결론:
사이버리아 앞에 선
우리

57장

메트로폴리스

프리츠 랑Fritz Lang의 1927년 작으로 지금은 고전이 된 무성영화〈메트로폴리스Metropolis〉는 모종의 반란 네트워크의 손에서 위계적 질서가 무너지는 것을 그리고 있다. 메트로폴리스는 하늘 높이 치솟은 마천루들의 도시다. 그 꼭대기에 살고 있는 궁궐과 같은 펜트하우스에는 요 프레데르센Joh Fredersen이라는 전제군주가 이끌고 있는 부유한 엘리트들이 살고 있다. 그 아래로 내려가면 지하에 공장들이 있어서 프롤레타리아들이 등이 휘도록 일을 하고 있다. 프레데르센의 망나니 아들은 어느 날 산업 재해를 직접 목격하고 노동 계급의 삶이 얼마나 불결하고 위험한 환경에서 살고 있는지에 눈을 뜨게 된다. 그 최종적인 결과는 폭력 혁명이었으며, 의도하지 않았지만 스스로에게 초래한 재앙이었다. 노동자들이 발전 동력기들을 파괴하자 배수 펌프가 멈춰버리면서 노동자들이 생활하는 지구 전체가 홍수로 묻혀 버리고 만다.

〈메트로폴리스〉에서 아마도 가장 많은 이들에게 기억되는 것은 여주인공 마리아의 복제 인격이 되는 여성 로봇일 것이다. 랑은 후에 자신이 이 영화의 영감을 얻은 것은 뉴욕을 처음으로 방문했던 때였다고 했다. 그가 볼 때 맨해튼의 마천루들은 만성적인 불평등 사회를 완벽하게 건축으로 구현한 모습이었다고 한다. 동시대인으로서 우익적 성향의 미디어 황제로 유명했던 알프레드 후겐베르크Alfred Hugenberg는 이 영화의 밑에 공산주의 사상의 흐름을 감지했다(하지만 이 영화의 각본을 함께 쓴 랑의 부인은 급진적인 독일 민족주의자로서 후에 나치당에 가입한다). 하지만 오늘날 돌이켜볼 때, 〈메트로폴리스〉는 20세기 중반의 이런저런 정치적 이데올로기들을 뛰어넘는 작품임이 분명하다. 종교에 대한 암시도 여러 번 나오며, 속죄와 보속의 행동에서 그 절정을 이룬다. 이런 면에서 볼 때, 〈메트로폴리스〉는 근대성을 신화로 만든 것이라고 할 수 있다. 이 영화에서 제기되고 있는 자명한 질문은 그 어느 때와 마찬가지로 오늘날에도 절실한 것이니, 도시화되고 기술적으로 진보된 사회는 근본적인 불평등이라는 사회적 결과를 낳게 되어 있으니, 과연 재앙을 피하여 살아남을 수 있을까?

하지만 랑의 영화 저변에 흐르는 더욱더 근본적인 질문이 있다. 위계제와 네트워크 중 어느 쪽이 궁극적인 승자가 될까? 이 '메트로폴리스'의 위계적 사회 질서에 있어서 최대의 위협이 되는 것은 지하 세계에서의 홍수와 범람이 아니라 노동자들 사이의 비밀스런 음모였다. 이러한 음모가 도시의 지하 동굴에서 무르익어 가고 있다는 사실을 자신이 까

맑게 몰랐다는 것에 프레데르센은 분노로 길길이 날뛴다.

오늘날의 관점에서 보자면 위계제는 하나의 도시가 아니라 국민국가 자체이며, 근대 초기 유럽의 여러 공화국과 군주국들로부터 발전되어 나온 수직적 구조를 갖춘 초 정치체super-polity다. 미국은 비록 세계에서 가장 인구가 많은 나라도 아니며 그 정치 시스템은 온갖 변덕과 희한한 사태로 가득하지만, 그래도 세계에서 가장 큰 힘을 가진 나라임이 분명하다. 그 힘에 가장 가까이 와 있는 경쟁자인 중화인민공화국은 보통 미국과는 근본적으로 다른 종류의 국가로 여겨진다. 미국은 두 개의 주요 정당이 있지만 중국은 일당독재이기 때문이다. 미국 정부는 권력 분립의 원리에 기초하고 있으며 특히 그 사법부의 독립을 중요시하고 있지만, 중화인민공화국은 법원을 위시한 모든 기관들을 공산당의 명령에 복속시키고 있다. 하지만 두 국가 모두 공화국이며, 행정 구조도 대략 비슷하게 수직적이며 또 주 정부 및 지방 정부와 비교하여 중앙 정부의 손에 권력이 집중되어 있다는 점에서도 크게 다르지 않다. 경제로 보자면 두 시스템이 서로 하나로 수렴되어 가고 있는 것은 분명하다. 중국은 그 어느 때보다 더 시장 메커니즘에 기대고 있으며 반면 미국 연방 정부는 근래 들어 생산자들 및 소비자들에 대한 공공 기관의 규제 및 법제 권력을 꾸준히 늘려오고 있다. 그리고 미국 정부는 이제 미국의 창립자들보다는 오늘날의 중국에 기능적으로 더욱 가까운 방식으로 그 시민들에 대해 통제력을 행사하고 또한 감시를 행하고 있다. 이런 점들에서 볼 때, '차이메리카Chimerica'는 전혀 키메라chimera가 아니다. 옛날에는 이 두 나라의 경제가 반대로 보였다. 한쪽이 수출을 행하면 다른 쪽은 수입을 행하며, 한쪽이 저축을 행하면 다른 쪽은 소비를 행했으니까.[1] 하지만 금융 위기 이후로는 두 나라 사이에 일정한 수렴 현상이 나타나고 있다. 오늘날 미국에서나 중국에서나 부동산 거품, 과도한 차입, 그림자 은행들은 (게다가 기술 기업인 '유니콘들'까지) 거의 비슷하게 나타나고 있다. 차이메리카 1.0에서는 미국과 중국이 서로 달랐기에 서로에게 끌려 한 몸이 되었었다. 그렇지만 차이메리카 2.0에서는 결혼한 부부 사이에서 자주 나타나듯 이 이상한 한 쌍이 소름끼칠 만큼 비슷하게 서로와 닮아간 것이다.

국민국가들의 위계 서열에 있어서 미국 및 중국과 나란히 앉아 있는 것은 프랑스 공화국, 러시아 연방, 영국 등이다. 이 나라들은 UN 상임 안보리의 회원국이며 이에 UN의 다른 188개의 회원국들보다 높은 자리에 있다. UN은 모든 국민국가들이 평등하게 되어 있는 기관이지만, 그 안에서도 어떤 나라들은 다른 나라들보다 더욱더 평등한 셈이다. 하지만 이는 오늘날의 세계 질서에 대한 묘사로서는 분명히 충분치 못하다. 군사적 역량에서 보면 핵무기 보유국에는 그 '5대 상임 이사국'에 더해 인도, 이스라엘, 파키스탄, 북한 등도 소속되어 있다. 그리고 이란 또한 여기에 합류하기를 열망하고 있다. 경제적 권력의 차원에서 보면 위계 서열은 또 달라진다. 프랑스, 영국, 독일, 일본, 영국, 그리고 미국으로 구성된 G7 국가들은 다시 한 번 전 세계를 지배하는 경제 강국으로 여겨지게 되었지만, 오늘날에는 그 클럽의 지배력이 이른바 '신흥 시장들' 중 가장 큰 브릭스BRICS(브라질, 러시아, 인도, 중국, 남아프리카)로 인해 크게 떨어졌다. G20은 세계의 가장 큰 경제강국들 대부분을 모아 1999년에 형성되었지만 유럽 국가들이 과잉 대표되고 있는 문제가 있다(유럽연합 회원국들 중 4대 경제 강국들이 모두 들어 있을 뿐만 아니라 유럽연합 자체도 소속되어 있기 때문이다).

하지만 이러한 관점으로만 세계를 바라본다면, 지난 40년 동안 비공식 네트워크들의 확산으로 인해 벌어진 근본적 변화를 간과하게 된다. 그 대신 우리는 경제의 복잡성과 상호의존에 기초를 둔 네트워크의 그림을 그려야만 한다. 이를 통해 전 세계 각국의 경제가 무역과 해외 투자를 통한 상호연결뿐만 아니라 기술적 진보의 관점에서도 누가 더욱 세련된 상태로 나아가고 있는지를 보여주어야만 한다. 이러한 그림은 위계적인 구조물의 성격을 강하게 띨 것이다. 전 세계의 여러 경제적 자원과 능력의 분포는 권력 법칙과 비슷한 원리를 따르게 되어 있는 데다가 나라마다 경제적 개방성 또한 큰 차이가 있기 때문이다. 하지만 그럼에도 불구하고 이는 분명하게 네트워크의 성격을 띨 것이며, 대부분의 노드들은 바깥 세계와의 연결선이 한두 개에 머무는 법이 없을 것이다.[2]

여기에서 핵심이 되는 질문은, 국민국가들로 이루어진 위계적인 세계 질서의 관점에서 볼 때, 이러한 경제적 복잡성을 띠는 네트워크가 어느 만큼의 위협을 가하는가이다. 최근 정치적 복잡성을 띠는 네트워크들이 한 나라 안에서 기성의 정치적 위계질서에 심각한 위협을 가했다. 이것이 2011년 중동, 2014년 우크라이나, 2015년 브라질, 2016년 영국과 미국에서 우리가 목도하였던 바였다. 이 질문을 좀 더 단순하게 제기해보자. 네트워크로 연결된 세계는 과연 질서를 가질 수 있을까? 앞에서 보았듯이 이 질문에 대해 긍정적으로 답하는 이들도 있다.[3] 하지만 역사적 경험에 비추어볼 때 나는 이러한 대답이 심히 의문스럽다.

58장

네트워크 단절

전해 내려오는 이야기에 따르면, 마하트마 간디는 한 기자가 자신에게 서구 문명을 어떻게 생각하느냐고 묻자 이렇게 대답했다고 한다. "서구가 문명이라고요? 그렇게만 된다면 얼마나 좋을까요!"* 세계 질서에 대해서도 똑같이 말할 수 있을 것이다. 헨리 키신저는 바로 『세계 질서World Order』라는 제목의 자신의 저서에서 오늘날의 세계가 국제적 무정부 상태에 근접하는 위태로운 상태에 있다고 주장한다. 유럽 질서, 이슬람 질서, 중국 질서, 미국 질서라고 하는 네 가지의 세계 질서의 비전이 서로 경쟁을 벌이면서 또 각각 비록 쇠퇴까지는 아니어도 다양한 환골탈태의

---

* 이는 간디의 유명한 대답인 'It would be a good idea'를 의역한 것이다.(옮긴이)

단계들을 밟고 있다는 것이었다. 그 결과 이 네 가지의 비전들 중 어떤 것도 진정한 정통성과 정당성을 갖고 있지 못하다는 것이다. 이 새로운 세계적 무질서의 창발성은 여러 지역 블록들의 형성 그리고 그 블록들 사이의 알력이 그 결과와 잠재적 파괴력에 있어서 1차 세계 대전에 비견될 만한 모종의 분쟁으로 비화될 위험으로 나타나고 있다고 한다. 그래서 키신저는 이렇게 묻는다. '세계는 지금 베스트팔리아 체제**에서 여러 국가들이 맡았던 역할을 여러 지역 블록들이 맡는 방향으로 가고 있는 것일까? 만약 그렇다고 한다면, 균형이 나타나게 될 것인가 아니면 핵심 행위자들의 숫자가 너무 적어져서 필연적으로 경직성이 나타나고 결국 20세기 초와 같은 상황이 재현되는 재앙이 나타날 것인가?'[1] 이에 대해 그가 내놓는 대답은 불길한 암시로 가득하다.

(우리가 두려워해야 할 것은) 국가들 사이에 큰 전쟁이 일어날 가능성이라기보다는⋯ 특정 국가의 국내적 구조들 및 거버넌스 형태들과 동일시되는 몇 개의 영향권으로 진화해나가는 가능성이다. 예를 들어 베스트팔리아 모델과 급진적인 이슬람 버전이 대립하는 식이다. 각각의 영향권은 자신이 볼 때 정당성이 없다고 여겨지는 질서로 구성된 실체들과 나란히 접하고 있으니, 모두 자신의 변방에서 그 다른 실체들에 맞서서 자신의 힘을 시험해보고 싶은 유혹을 느끼게 될 것이다⋯ 시간이 지나면 이러한 과정에서 발생하게 되는 각종 긴장이 결국 한 대륙 차원 심지어 전 세계적 규모에서의 지위와 위치를 얻어내

**   이 책의 167쪽의 아래 각주를 참조하라.

기 위한 공작으로 타락해갈 것이다. 지역적 차원의 블록들 사이의 투쟁이란 지금까지 우리가 보았던 국민국가 사이의 투쟁보다 훨씬 더 파괴적일 수 있다.[2]

이는 우리가 이미 1914년 1차 세계 대전이 터지게 된 기원과 관련하여 살펴본 바 있는 이론들과 비슷한 이론이다. 아주 작은 동요가 벌어진다고 해도 그 대응으로 '결정적 사태'를 초래하게 될 잠재적 가능성을 품은 불안정한 권력 네트워크가 출현한 것이다.

어떤 이들은 (분쟁 관련 통계를 잘못 읽은 데 기초해) 세계가 꾸준히 더욱 평화적으로 되어가고 있으며 '국가들 사이의 전쟁이란… 거의 퇴물이 되고 말았다'고 주장하고 있지만,[3] 키신저는 이들과는 반대로 현재 전 지구적 차원에서의 세력 구도가 사실상 일촉즉발의 상황이라고 주장하고 있다. 첫째, '국제 경제 체제는 지구적인 것이 된' 반면 '세계의 정치 구조는 여전히 국민국가에 기초하고 있다.'* 둘째, 우리는 핵무기가 냉전 시기의 '클럽'을 훌쩍 넘어서 확산되어가는 것을 용인하고 있으며, 그 결과 '핵전쟁의 여러 가능성도 몇 배로 불어나고 있다'고 한다. 마지막으로 우리는 사이버스페이스라는 새로운 영역까지 가지게 되었던 바, 키신저는 이를 '강대국들… 사이의 관계에 있어서 비대칭성과 모종의 선천적인 세계적 무질서가 내장'되어 있는 홉스적인 의미의 '자연 상

---

* 이러한 긴장은 2008년 금융 위기에서 적나라하게 드러난 바 있다. (당시 영란은행 총재였던 머빈 킹 Mervyn King이 재치 있게 말한 바와 같이) 국제적인 은행들은 '삶을 펼칠 때에는 지구적인 존재이지만 죽을 때에는 일국적 존재다'.

태'에 비견하고 있다.⁴ 이 책뿐만 아니라 최근에 가진 여러 인터뷰에서도 키신저는 자신이 대규모 분쟁을 불러올 가능성이 가장 높은 촉매제들이라고 보는 네 가지 시나리오를 대략적으로 제시하고 있다.

1. 미-중 관계의 악화로 두 나라가 이른바 '투키디데스 함정'**으로 쏠려 들어가게 된다. 현존하는 기성 권력과 그것에 도전하며 떠오르는 새로운 권력은 항상 이러한 함정에 빠져들게 되는 것이 역사의 섭리인 것처럼 보인다.⁵

2. 러시아와 서방 세계의 관계가 무너지게 된다. 그 근간에는 서로가 서로를 제대로 이해하지 못하는 것도 있지만 다음의 상황들이 벌어질 경우 펼쳐질 일련의 가능성들 때문이기도 하다.

3. 즉, 오늘날의 유럽 지도자들은 믿을 만한 폭력의 위협이 따르지 않는 외교란 그저 허세와 허풍일 뿐이라는 사실을 이해하지 못할 수 있으며, 이에 따라 유럽이 하나의 경성 권력hard power으로서 갖는 위치가 무너질 수 있다.

4. 또한, 여전히 국제적 세력균형의 혁명을 꾀하고 있는 이란에게 중동 지역의 헤게모니를 기꺼이 넘겨주려는 것이 오바마 정권의 뜻이라고 아랍 국가들과 이스라엘이 보고 있으며, 이 때문에 중동에서의 갈등이 더욱 확대되는 일이 벌어질 수 있다.

** 이 용어는 투키디데스가 자신의 저서 『펠로폰네소스 전쟁사』에서 개진했던 주장을 가리킨다. 그는 자신의 저서를 통해서 기원전 5세기에 아테네 제국과 스파르타 사이에 벌어진 전쟁이 어떤 의미에서는 불가피한 것으로 그려내고 있다. 왜냐면 '아테네의 권력이 커지게 되었던 데다가 이것이 라케데몬(스파르타)에 경각심을 불러일으켰기' 때문이라는 것이었다.

이러한 여러 위협들 중 하나라도 터지거나 혹은 여러 개가 결합되어 터질 경우, 이에 대한 일관성 있는 미국의 전략이 없는 상태라면 단순한 무질서가 대규모의 분쟁으로 비화될 위협이 존재한다는 것이다.⁶

키신저의 경고는 가볍게 여길 만한 것이 아니다. 오늘날의 세계는 하나의 거대한 네트워크가 대단히 심각한 네트워크 단절 사태를 맞기 직전의 모습으로 보일 때가 너무나 많다. 2017년 초, 미국 대통령은 자기 수하의 정보기관이 대통령 선거 기간 동안 자신의 운동 분부가 러시아 정부와 주고받은 교신에 대한 기밀 정보를 「뉴욕타임스」에 불법적으로 누설하고 있지만 이는 '가짜뉴스'라는 이야기를 자기 트위터에 올렸으며, 이런 식의 이야기가 툭하면 그의 트위터에 올라오고 있다. 한편 러시아 정부는 위키리크스 및 온라인의 트롤들 및 봇들의 군대를 동원하여 미국 대통령 선거에 개입했을 뿐만 아니라 1987년의 중거리 핵전력 조약Intermediate-Range Nuclear Forces Treaty을 깨고 신규 크루즈 미사일을 배치했고 또 코네티컷의 뉴런던New London에 있는 미국 해군 기지를 정찰하기 위해 간첩선인 빅토르 레오로프Viktor Leonov 호를 파견하기도 했다. 한편 대서양의 다른 쪽에서는 프랑스와 독일의 정치인들이 똑같이 러시아가 임박한 자기들 나라의 선거에 개입하고 있다고 불평을 터뜨리고 있다. 하지만 이런 큰일들이 벌어지고 있음에도 불구하고 그 주간 유럽 전역에서 가장 뜨거웠던 뉴스는 27세의 유튜브 스타인 펠릭스 '퓨디파이' 켈베리Felix 'PewDiePie' Kjellberg가 반유대주의 흉내를 냈다가 구글 및 디즈니와 맺었던 거래가 취소당하는 불상사가 있었다는 소식이었다.*

---

* 이러한 위기를 겪기 직전에 퓨디파이의 유튜브 채널은 5,000만 명 이상의 구독자들을 가지고 있었

한편 제멋대로 이슬람 국가를 자칭하는 자들은 온라인에서 프로파간다 지침서를 출간하여 그 지지자들에게 '클릭 횟수'에 굶주린 매체 산업을 이용하여 ISIS를 지지하는 '미디어 미사일들'을 발사하는 법을 가르치기도 했다. ISIS가 이라크와 시리아에서 운영하는 학교에 대한 한 보고서에 따르면, 학생들은 자살 폭파범 한 사람이 죽일 수 있는 시아파 무슬림 혹은 '믿지 않는 자들'의 숫자를 계산하라는 문제를 풀기도 한다고 한다. 그 학생들의 문제풀이를 돕기 위해서인 듯, ISIS 테러리스트 한 사람은 파키스탄 세완Sehwan의 사람 많은 수피파 무슬림 신전 안에서 자폭을 해 최소한 75명을 죽이기도 했다. 바로 그 주에 중국 정부는 소셜 미디어에 대한 검열을 완화하겠다고 발표했지만, 이렇게 블로그를 검열 없이 열어주는 쪽이 당국자들로 하여금 체제 저항자들을 더 쉽게 감시할 수 있다는 게 그 이유였다. 서울에서는 삼성전자 기업 제국의 상속자가 한국의 박근혜 전 대통령과 그녀의 비밀에 싸인 친구인 최순실—영세교 창시자의 딸—이 연루된 부정 사건의 마지막 희생자로서 뇌물 혐의로 체포됐다. 마지막으로 쿠알라룸푸르의 공항에서는 한 여성 암살자가 북한 독재자 김정은의 이복형제인 김정남의 얼굴에 치사량의 VX 신경 물질을 뿌렸다. 그녀의 티셔츠에는 인터넷에서의 채팅에 전 세계적으로 쓰이는 미소 표시의 기호인 'LOL'이 새겨져 있었다.[7]

이런 일들을 두고서 폭소를 터뜨리는 것은 잘못된 반응이다. 세계화

다. 그는 스웨덴 출신이지만 이탈리아인 여자친구와 함께 영국 브라이튼에 살고 있으며, 그러면서도 자신의 추종자들을 미국 흑인 랩 가수들 식으로 '브로Bro'라고 부른다. 그를 밀로 이아노풀로스Milo Yiannopoulos와 혼동하지 말아야 한다. 둘 다 머리를 금발로 염색하기는 했지만.

는 지금 위기를 겪고 있다. 포퓰리즘이 승승장구하고 있다. 권위주의 국가들이 득세하고 있다. 그러는 가운데 기술은 가차 없이 진보하고 있으며, 대부분의 인간들을 쓸모없는 존재로 만들거나 불멸의 존재로 만들거나 혹은 둘 다로 만들어버릴 위협을 제기하고 있다. 이 모든 상황을 우리는 어떻게 이해해야 하는 것일까? 이 질문들에 대한 답을 찾다가 수많은 논평가들이 조악한 역사적 유비에 의지하는 우를 범하고 있다. 어떤 이들은 도널드 트럼프를 히틀러에 견주어 미국이 독재 국가가 되었다고 선언하려고 든다.[8] 또 어떤 이들은 트럼프를 닉슨에 비유하며 이제 탄핵으로 쫓겨나게 될 것이라고 주장한다.[9] 하지만 지금은 1933년의 재판도 1973년의 재판도 아니다. 1933년에는 기술의 중앙집중이 용이했기에 전체주의 정부가 가능했다. 하지만 그로부터 40년이 지난 뒤에는 민주적으로 선출된 대통령이 아무 처벌 없이 법을 어기는 것은 이미 훨씬 더 어려운 일이 되었다. 그럼에도 불구하고 1970년대의 매체는 여전히 소수의 텔레비전 네트워크, 일간지, 뉴스 기관 등으로 이루어져 있었다. 그리고 세계의 절반 정도의 지역에서는 이러한 기관들이 중앙에서 통제되는 것들이었다. 그런데 새로운 정보 기술의 결과로 이러한 상황이 얼마나 크게 변했는지를 이해하지 못한다면 오늘날의 세계는 이해하는 것이 불가능하다. 오늘날의 세계가 크게 변했다는 것은 누구나 진리로 여기는 진부한 명제이다. 정말로 결정적으로 중요한 질문은 따로 있다. 우리의 세계는 **어떻게** 변화한 것인가? 그 답은 이러하다. 기술로 인해 모든 종류의 네트워크들이 전통적인 위계적 권력 구조들에 비교하여 상대적으로 엄청나게 큰 권능을 가지게 되었지만, 그러한 변화가 어떠한 결과를 가져올지는 그 네트워크들의 구조, 창발적 성격들, 상호작용 등으로 결정되리라는 것이다.

앞에서 보았듯이, 인터넷이 전 세계에 가져온 충격은 16세기 유럽에 인쇄술이 가져온 충격에 비유하는 것이 가장 좋다. 개인용 컴퓨터와 스마트폰은 옛날 루터 시절에 팸플릿과 책이 그랬던 것만큼 네트워크의 힘을 강화하였다. 실제로 1977~2004년 사이에 미국에서 개인용 컴퓨터의 생산량과 그 가격의 추이를 보게 되면 1490~1630년까지 영국에서 인쇄된 책의 생산량 및 가격의 추이와 놀랄 만큼 비슷한 궤적을 보이고 있다(그림 48).[10] 종교 개혁 및 그 이후의 시대에 있어서 사람들의 문자 해독 능력이 증가하면서 그들 사이의 연결성 또한 폭발적으로 향상되었고, 그 결과 인구 중에서 새로운 아이디어를 접하는 데 있어서 연설가들과 설교자들에게만 의지하는 게 아니라 온갖 가지의 인쇄물들에 접근할 수 있는 사람들의 비율도 계속 늘어나게 된다.

우리의 네트워크 시대와 유럽에 인쇄술이 도래한 직후의 시대 사이에는 하지만 세 가지 큰 차이점이 있다. 첫째, 대단히 당연한 것으로, 우리의 독일에서 인쇄기가 나오면서 시작된 혁명의 물결에 비한다면 우리의 네트워크 혁명이 그 속도에 있어서나 지리적 범위에 있어서나 훨씬 더 규모가 크다. 전 세계 성인의 84퍼센트가 글자를 읽을 수 있게 되는 데까지 걸린 시간에 비교한다면, 인터넷의 경우에는 비교할 수도 없을 정도로 짧은 시간에 인류의 엄청난 비율이 접근성을 갖추게 되었다. 1998년까지만 해도 전 세계 인구에서 온라인에 접속하는 이들의 비율은 2퍼센트에 불과했다. 오늘날에는 그 비율이 다섯 명 중 두 사람이 되었다. 이러한 변화의 속도는 구텐베르크 이후의 기간에 비교한다면 아예 그 숫자가 한 자리 수는 더 클 것이다. 1490년 이후 지금까지 수세기

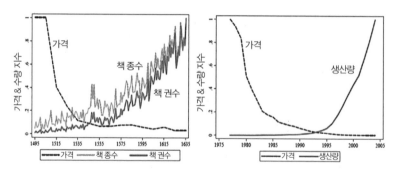

그림 48
책과 개인용 컴퓨터의 가격과 생산량. 각각 1490~1630년대 그리고 1977~2004년.

에 걸쳐 벌어졌던 일이 1990년 이후 불과 몇 십 년 사이에 이루어졌으니까. 앞에서 보았듯이, 구글은 1998년 멘로 파크Menlo Park의 한 차고에서 창업된 회사다. 오늘날 이 회사는 매일 42억 건 이상의 검색 요청을 처리하는 능력을 갖추고 있다. 2005년 유튜브는 산 마테오San Mateo의 피자 가게 위층에 있었던 방 하나에서 시작된 스타트업 회사였다. 오늘날 이 회사는 한 달에 최소한 한 번 이상 로그인하는 사용자들을 거의 20억이나 거느리고 있다.[11] 이 세계는 정말로 역사상 그 어느 때보다도 전면적으로 연결되어 있다. 지구적 네트워크의 성장률을 매년 늘어나는 신규 인터넷 사용자들과 스마트폰 소유자의 숫자로 따져본다면 점점 떨어지고 있는 것은 사실이지만, 그렇다고 해서 멈출 기미는 전혀 보이지 않는다. 그리고 다른 여러 면에서는 (예를 들어 텍스트에서 이미지 및 동영상으로의 이행 그리고 자판에서 마이크로폰 인터페이스로의 이행 등) 오히려 그 속도가 더 늘고 있다. 이제 문자 해독 능력이라는 것도 궁극적으로는 인터넷을 통한 연결성에 아무런 장애도 되지 않을 것이다.

 게다가 이러한 기술 혁명이 선진국들로만 국한된 것이 아니다. 다른 것은 제쳐두고 연결성 하나만 보아도 세계의 가난한 지역이 빠른 속도로 따라잡고 있음을 볼 수 있다. 전 세계의 가장 빈곤한 하위 20퍼센트 가계의 인구에서 대략 열 명 중 일곱 명꼴로 휴대전화를 가지고 있다. 인도의 장거리 통신 회사인 바르티 에어텔Bharti Airtel의 고객 숫자는 미국 전체 인구와 같은 크기다. 그리고 인도의 인터넷 사용자 숫자는 이제 미국의 인터넷 사용자 숫자를 넘어섰다. 케냐의 전 가구가 휴대전화를 쓰게 되는 데는 불과 8년이 걸렸다. 이 나라에서 가장 큰 이동 통신 회사 사파리콤Safaricom에서 선구적으로 개척한 M-Pesa 지불 시스템은 불과 4년 만에 전 가구의 80퍼센트를 포괄하게 됐다.[12] 심지어 빈곤과 혼란으로 얼룩진 소말리아에서도 휴대전화가 인구의 5퍼센트에서 50퍼센트까지 침투하는 데 걸린 시간이 불과 5년도 되지 않았다.[13] 세계에서 가장 가난한 이들에게 깨끗한 물을 공급하는 것보다 휴대전화를 주는 게 더 쉽다는 게 판명된 셈으로, 아마도 물 공급의 과제도 약하고 부패한 정부 대신 민간 부문에 넘기는 게 낫다는 주장의 논거가 될 수 있을 듯하다.[14]

둘째, 분배에 미친 결과라는 측면에서 보자면 우리 시대에 벌어진 혁명이 근대 초기의 혁명과 대단히 다르다. 15세기 유럽은 지적 소유권이라는 것을 강제할 수 있을 만한 세상이 아니었으며, 길드가 자신들의 기술을 비밀로 유지하는 정도가 고작이었다. 구텐베르크는 빌 게이츠와는 크게 다른 조건에서 살았고, 1456년이 되면 사실상 파산 상태에 달한다. 게다가 인쇄 기술 덕에 가능해진 매체의 오직 일부─신문과 잡지─만이 광고를 통하여 돈을 벌고자 했지만, 인터넷으로 가능해진 매체들 중에서는 가장 중요한 것들이 모두 광고로 돈을 벌려고 들었다. 그렇지만 인터넷으로 가능해진 거대 네트워크들이 비록 지식의 민주화에 대해 프로파간다를 내놓고 있지만 기실 지극히 불평등하다는 점은 거의 누구도 예기치 못했던 바였다. 베이비부머 세대는 대부분 심한 전쟁을 겪어보지 않았으므로, 불평등을 줄이는 것은 마구잡이의 네트워크들이 아니라 전쟁, 혁명, 하이퍼인플레이션 등등을 통한 부자들의 수탈이라는 교훈을 배운 적이 없었던 것이다.[15]

혁신을 통해 IT 기술의 비용이 크게 떨어진 것은 분명한 일이다. 지구적으로 볼 때, 컴퓨터 동작과 디지털 저장의 비용은 1992년에서 2012년 사이에 연간 33퍼센트와 38퍼센트가 떨어졌다.[16] 하지만 인터넷이 무수한 이들이 만들어낸 각종 애플리케이션이 거래되는 방대한 바자가 될 것이라는 희망과는 달리, 특정 노드들만이 과도하게 연결된 슈퍼 허브가 된, 방대한 '대푯값을 말할 수 없는scale-free' 네트워크로 완성되고 말았다.[17] 서비스 공급체와 무선 네트워크들뿐만 아니라 하드웨어와 소프트웨어 영역 모두에서 과점체들이 생겨났다. 난공불락의 모습을 띤 AT&T와 새롭게 모습을 갖춘 애플사 사이의 관계는 오래된 진리 하나를 적나라하게 드러내고 있다. 대기업들은 마음대로 하도록 내버려두면 독점, 복점, 과점을 추구하게 되어 있다는 것이다. 심지어 아마존, 페이스북, 구글 등과 같이 '개방형 구조open architecture' 웹을 공언하고 지향하는 기업들조차도 자기들의 영역인 전자 상거래, 소셜 네트워크, 검색 등에서는 독점적 권력을 추구하고 있다.[18] 나라마다 규제와 거버넌스 체제가 크게 차이 나고 이 때문에 여기에서 뒤떨어진 나라들은 휴대전화 서비스와 인터넷 비용이 아주 높은 경향을 보인다.[19] 또한 어째서 소수의 나라들은 ICT 기술 산업을 지배하고 있는지 또한 이것으로 설명할 수 있다(하지만 미국이 경제 전체에서 ICT가 차지하는 상대적 중요성에 있어서

아일랜드, 한국, 일본, 영국 등에 상당히 뒤쳐진 7위를 기록하고 있는 것은 충격적이다).[20]

전 세계의 온라인 네트워크가 어째서 그토록 집중되어 있는지 또한 이러한 동학으로 설명할 수 있다. 이 글을 쓰고 있는 시점에서 볼 때, 구글은 (혹은 그 새로운 이름의 모회사인 알파벳 주식회사Alphabet Inc.는) 그 시가 총액이 6,600조 달러에 이르고 있다. 그 주식의 약 16퍼센트―약 1,060억 달러―는 그 창립자인 래리 페이지와 세르게이 브린의 소유다. 페이스북의 시가 총액은 4,410억 달러에 육박하고 있으며, 그 주식의 28퍼센트―1,230억 달러―는 그 창립자인 마크 저커버그가 소유하고 있다. 각종 소셜 네트워크는 비록 사회를 크게 평등하게 만드는 역할을 하는 모습을 표방하고 있지만, 이토록 '본질적으로 불공정하며 배타적'이다. 좋은 연결성을 가진 허브들이 갈수록 더 연결성이 좋아지는 경향이 있다는 선호적 연결preferential attachment 현상으로 인하여, 마태복음에 나오는 구절이 (이 책의 서론을 보라) 정말로 '소셜 네트워크에서의 불변의 진리'가 되고 있다.[21] 과거와는 달리 이제 세계에는 두 가지 종류의 인간들이 있다. 각종 네트워크를 소유하고 운영하는 사람들과 그저 그 네트워크들을 활용하기만 하는 사람들. 사이버스페이스의 거물 장사꾼들은 오늘도 네티즌들의 평등하고 평평한 세계라는 식으로 입에 발린 소리를 늘어놓고 있지만, 사실을 보자면 구글과 같은 회사들은 철저하게 위계적으로 조직돼 있다. 물론 그들의 '조직도org.charts'는 알프레드 슬론 시절의 제너럴모터스와는 아주 다르지만 말이다.

전통 사회에서는 시장의 힘들이 도래하면서 세습적 네트워크들이 교란당하게 될 때가 많으며, 그 결과로 사회적 이동성이 증진되고 불평등

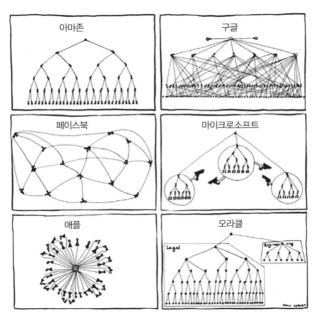

그림 49
미국의 으뜸가는 기술 회사들의 네트워크를 풍자적으로 표현한 도식들.

이 줄어들기도 한다. 그리하여 능력주의가 지배적 질서가 된다. 하지만 우리 시대에서는 여러 네트워크와 시장이 어깨를 걸고 나타나게 되면 불평등이 폭발하곤 한다. 네트워크 흐름에서 돌아오는 수익이 압도적으로 그 흐름을 소유한 내부자들에게만 돌아가게 되어 있기 때문이다. 그렇기는 해도 오늘날 여러 네트워크를 소유한 젊고 대단히 부유한 이들은 그 정치적 관점에 있어서 상당히 좌파적인 경향이 있다. (피터 틸은 드문 예외로, 2016년 선거에서 포퓰리스트들과 기꺼이 어울렸던 자유지상주의자였다.) 하지만 그들 중 북유럽 국가들과 같은 개인 소득세율을 환영하는 이들은 거의 없으며 평등주의를 내건 혁명을 지지할 이는 더욱 드물다. 이 인터넷 세상의 지배자들은 10년 전 세계 경제 위기 이전의 월스트리트의 늑대들만큼이나 부를 한껏 즐기고 있는 것으로 보인다. 물론 그들은 소비를 통해서가 아니라 무언가 양심의 고뇌를 보여줌으로써 있어 보이려 한다는 점에서 후자와 차이가 나는 것은 사실이다. 예를 들어, 와이콤비네이터Y Combinator의 샘 올트먼Sam Altman은 2016년 미국 대통령 선거의 결과에 대해 참회하는 고행이라도 하듯 미국 중부 지역으로 순례자의 길을 떠나기도 했는데, 월스트리트의 투자은행가가 그러한 예를 따른다는 것은 상상하기 힘든 일이다.[22] 하지만 그래봐야 올트먼이 되돌아온 샌프란시스코는 여전히 영화 〈메트로폴리스〉와 같은 불평등의 도시이다. 그리고 그 원인의 상당 부분은 조금이라도 괜찮은 주택은 터무니없이 비싼 것으로 만드는 각종 왜곡 현상들 때문이다. (재산의 불평등을 결정하는 요소들 가운데 부동산 소유는 지적 재산권 소유를 빼면 으뜸가는 것이지만, 가장 가치가 높은 IP 주소가 생성되는 지리적 지역에 가장 값비싼 주택들이 위치하고 있다는 것은 결코 우연이 아니다.) 그리고 이 거물급 테크놀로지 기업들은 자율주행차로 수백만의 트럭 운전사 및 택시 운전사를 대체하려고 들면서 그들에게 기꺼이 내놓으려 하는 것은 모종의 기본소득 정도일 뿐이다. 유일한 위안이 있다면, '송곳니FANG'* 기업의 최대 주주들은 미국의 기관 투자가들이라는 것이다. 그들은 미국 중간 계급의 저축을 관리하는 기능을 하는 면이 있으므로, 그에 한해서라면 ICT 산업에서의 이윤을 중간 계급에 나누어주는 역할을 해왔다고 할 수 있다. 하지만 여기에는 중요한 단서가 붙는다. 주요 미국 대기업들의 지분에

---

* IT 주요 기업인 페이스북, 아마존, 넷플릭스, 구글 4사의 머리글자를 딴 신조어. 우리말로 '송곳니'라는 의미가 된다.(옮긴이)

있어서 외국 투자자들 또한 최소한 17퍼센트 이상을 차지하고 있는 것으로 보이며, 특히 해외에서의 매출이 아주 큰 기업들의 경우 (예를 들어, 애플사는 그 수입의 3분의 2 정도를 외국에서 벌어들인다) 외국인 지분이 더 클 것이 거의 확실하다.[23] 하지만 자본 시장을 진지하게 연구한 사람이라면 이 해외 투자자들이 기업 통치에 있어서 영향력이 전혀 없다는 것을 잘 알고 있을 것이다.

마지막으로, 인쇄와 출판의 출현은 다른 모든 것 이전에 먼저 서구 가톨릭 지역의 종교 생활에 큰 분란을 가져왔다. 이와는 대조적으로 인터넷이 맨 처음으로 분란을 가져온 영역은 바로 상업이다. 그것이 정치에 분란을 가져오기 시작한 것은 아주 최근의 일이며, 종교에서 정말로 분란을 일으킨 경우는 오직 이슬람 한 경우뿐이다. 앞에서 보았듯이, 2016년 미국 정치에서 벌어졌던 일들을 이해하는 데 있어서 열쇠가 되는 것은 여러 네트워크들이다. 트럼프는 페이스북, 트위터, 〈브라이트바트〉 등의 플랫폼에서 스스로의 선거 운동을 구축했을 뿐만 아니라 그것을 지지할 풀뿌리 네트워크도 그 플랫폼들 위에서 구축했다. 이들 '잊혀진' 평범한 사람들은 11월 8일을 복수의 날로 삼아 트럼프의 상대편으로 대표되는 '전 세계적 이익 집단들'과 '무능하고 부패한 정치적 기득권 세력'에게 패배를 안겨주었던 것이다. 지하드 네트워크 또한 일정한 역할을 수행했다. 선거 기간에 ISIS와 연계된 테러 공격들이 연달아 발생하면서 '미국의 급진파 이슬람을 지원하는 네트워크들을 뿌리 뽑고' 무슬림들의 이민을 아예 금지하겠다는 트럼프의 공약에 신뢰를 가져다주었던 것이다.

트럼프는 아주 큰 부자이지만 그럼에도 불구하고 대중 선동가의 역할을 아주 침착하게 수행하여 이 시대의 가장 큰 역설의 주인공이 되었다. 그는 극소수로 이루어진 과두제의 일원이면서 또 동시에 다수 대중을 대표하는 상징이 된 것이다. 한 지적에 의하면, '미국 역사상 그 어떤 대통령도 도널드 J. 트럼프가 긁어모은 만큼 거대한 비즈니스, 투자, 기업 연줄의 네트워크를 가진 이가 없었다'고 하며, 트럼프의 사업적 연결선을 맺은 개인과 기관들은 무려 1,500에 달한다고 한다.[24] 또 그와 동시에 트럼프의 선거 운동은 실리콘 밸리의 여러 네트워크마저 자기 주위로 끌어 모으는 데 성공했다. 막상 그러한 네트워크들을 소유할 뿐만 아니라 자기가 통제력을 가지고 있다고 믿었던 이들은 트럼프의 상대편인 클린턴이 그 네트워크들을 끌어모으기를 기대했지만 클린턴 진영은 이에 실패하고 말았던 것이다. 그래서 그 실리콘 밸리의 실력자들이 대통령 선거 직후에 얼마나 끙끙 앓고 괴로워했는지는 아주 생생하게 드러난 바 있다. 구글은 처음에는 트럼프 정권과 잘 지내려고 했지만 결국 무슬림들이 인구의 다수를 차지하는 몇몇 국가들로부터의 미국 이민과 여행을 제한한다는 행정부 명령을 비난하고 나서게 된다.[25] 마크 저커버그는 새 대통령이 다른 기술 기업 CEO들과 만나는 자리에 불참한다. '트럼프를 반대하는 여성 행진Women's March against Trump'이 페이스북을 통해 조직되었다는 사실에서 그는 위안을 얻었을 것이다.[26] ICT 대기업들과 트럼프 행정부가 결국 모종의 충돌을 빚지 않을 수 없을 것이라는 것은 분명해 보인다. 특히 만약 연방통신위원회FCC가 인터넷이 옛날의 철도 네트워크나 전화선 네트워크와 마찬가지로 공공시설로서 규제해야 한다고 오바마 정부에서 2015년에 내렸던 결정을 트럼프 정부가 뒤집는다면 그러한 충돌은 불가피해질 것이다. 장거리 통신 및 케이블 회사와 넷플릭스처럼 대역폭을 많이 잡아먹는 플랫폼들 및 콘텐츠 제공자들은 이른바 '망 중립성'이라는 (모든 데이터 비트는 그 내용 및 가치와 무관하게 동등하게 취급되어야 한다는 원칙) 문제를 놓고 이해가 상충된다는 것이 명백해 보인다.[27] '송곳니' 기업들에 대해 반독점의 혐의를 씌워 조치를 취하는 것이 트럼프의 그 다음 행보가 될 수 있다.

하지만 우리의 시대와 인쇄 기술의 도래 이후에 찾아왔던 혁명적 시기의 사이에는 두 가지 점에서 명확한 유사성이 존재한다. 현대의 정보 기술 또한 예전의 인쇄 기술과 마찬가지로 시장만 바꾸어낸 것이 아니라는 것이다. 정보 기술은 최근에 들어서 자동차와 아파트의 공유 sharing(단기 임대)를 촉진함으로써 공공 영역 또한 바꾸어냈다. 역사상 그 어느 때보다도 많은 사람들이 실시간으로 반응하는 네트워크에 연결되어 있으며, 이 속에서 '인터넷 밈들'*은 자연의 바이러스들보다 훨씬 빠른 속도로 퍼져 나간다.[28] 하지만 온 세상을 온라인으로 들여오면 사이버스페이스 안에서 모든 네티즌들이 평등을 누리는 유토피아가 펼쳐질 것이라는 생각은 항상 환상이었고, 이는 '모든 신도들이 평등을 누리는 사제단priest of all believers'이라는 마르틴 루터의 비전에 맞먹는 기만일 뿐이었다. 현실을 보자면, 지구적 네트워크는 온갖 종류의 광기와 패닉을 전달하는 메커니즘이 되어버렸다. 옛날 인쇄술과 사람들의 문자 해독 능

---

* 한 예로 2009년 9월, 오바마 대통령의 의료 보험 개혁안을 지지하는 다음과 같은 문구의 인터넷 밈을 수십만의 페이스북 사용자들이 복사했다. "그 누구도 의료비를 낼 수가 없다는 이유로 죽어서는 안 되며 그 누구도 아프다는 이유로 파산해서는 안 됩니다. 만약 동의하신다면 이 문구를 오늘 하루 동안 당신의 '상태'에 올려주십시오." 그들 중 일부(열 명중 한 명꼴)는 이 문구에 약간의 수정을 가하기도 했다.

력이 결합되면서 일정 기간 천년왕국운동 분파들과 마녀 사냥 광기가 더욱 세상을 강력하게 지배했던 것과 마찬가지다. 19세기와 17세기의 일부 정부들과 분파들이 저질렀던 잔혹 행위들은 ISIS의 광기어린 짓들보다 더 괴상망측한 것들이 많았다.[29] 정치적 폭력의 수위는 미국은 물론 심지어 유럽의 일부 지역에서도 점점 더 현실이 되어가고 있다.[30] 둘째, 종교 개혁 중과 그 이후의 기간과 마찬가지로 우리 시대 또한 영토 국가의 주권이 침식당하는 사태를 목도하고 있다.[31] 16세기와 17세기에 유럽이 일련의 종교 전쟁에 빠져들었던 것은 아우크스부르크 화의에서 정식화된 원리인 '군주의 종교가 곧 신민의 종교cuius regio, eius religio'가 온갖 위기 속에서도 대략 존중됐기 때문이었다. 21세기에서도 우리는 비슷한 현상을 목도하고 있다. 각 주권 국가들의 국내 문제들에 대한 외부 개입의 정도가 갈수록 더 높아지고 있는 것이다.

따지고 보면 2016년 미국 대통령 선거 당시에도 제3의 네트워크가 작동하고 있었으니, 바로 러시아의 정보기관 네트워크였다. 이 글을 쓰는 시점에서 볼 때, 러시아 정부가 힐러리 클린턴 후보의 평판을 망쳐놓기 위해 할 수 있는 모든 것을 다했다는 것은 명확하다. 즉, 그녀와 그녀의 선거운동 캠프가 이메일 보안이 허술한 것을 틈타 문서들을 훔쳐냈고 이것이 위키리크스를 매개로 하여 미국의 매체로 넘어간 것이다.[32] 위키리크스 웹사이트를 방문해보면 바로 이러한 작전의 성대한 성공을 기리는 기념관에 온 느낌을 받는다. '힐러리 클린턴 이메일 문서고', '포데스타** 이메일 문서고'를 곳곳에서 볼 수 있으니까. 물론 이렇게 누출

** 존 포데스타John Fodesta는 클린턴의 선거운동 본부장으로서, 2016년 3월 그의 이메일이 대량으로

된 문서들로 곤란에 처한 것은 미국 정부만은 아니다. 하지만 러시아 정부를 엿 먹이려는 의도에서 누출된 문서는 아무리 찾아봐도 없다. 줄리언 어산지_{Julian Assange}*는 지금도 런던의 에콰도르 대사관에 숨어 있지만, 실상을 보자면 그는 블라디미르 푸틴 대통령의 명예로운 초대 손님이 돼 사이버리아_{Cyberia}라는 이상한 땅, 즉 러시아의 온라인 공작 요원들이 살고 있는 애매한 경계 지대에 살고 있는 셈이다.

러시아의 해커들과 트롤들은 옛날 예수회의 사제들이 영국의 종교 개혁에 위협이 됐던 것과 비슷한 방식으로 미국 민주주의에 위협이 되고 있다. 미국의 국가안전보장국_{NSA}과 사이버 사령부_{Cyber Command}의 수장인 마이클 로저스 제독_{Admiral Michael S. Rogers}에 따르면, '우리는 모종의 티핑포인트에 도달하였다'고 한다.[33] 사이버스페이스에서의 여러 활동은 이제 국가 정보기관이 위협으로 여기는 것들의 목록의 맨 위에 있다. 그리고 위키리크스는 그러한 도전에 있어서 작은 부분일 뿐이다. 펜타곤 하나만 해도 매일 1,000만 번 이상의 침투 공격을 받고 있다고 한다.[34] 물론 매체에서 '사이버 공격'이라고 부르는 것들의 대부분은 사실 그저 첩보 활동의 일환일 뿐이다. 정말로 사이버 전쟁이라고 할 만한 것이 벌어졌을 때 어떤 일이 벌어질 것인지를 짚어보려면, 미국 전력망의 상당 부분을 폐쇄시킬 수 있는 공격을 상상해보아야 한다. 이러한 시나리오는 결코 황당무계한 것이 아니다. 2015년 12월에 우크라이나의 전력 시스템에 비슷한 일이 벌어졌다. '블랙에너지_{Black Energy}'라고 불리는 컴퓨터

해킹당한 바 있다.(옮긴이)

* 위키리크스 최고책임자.(옮긴이)

멀웨어에 감염되었던 것이다.

컴퓨터 공학자들은 인터넷의 초기 시절부터 이미 사이버 전쟁이 얼마나 큰 혼란을 가져올 수 있는지를 이해하고 있었다. 처음에는 문제를 일으키는 이들이 사춘기 해커들이었다. 1988년 11월 지극히 감염성이 높은 소프트웨어 웜을 풀어놓아 월드와이드웹을 거의 붕괴시켰던 로버트 타판 모리스Robert Tappan Morris나,35 2000년 2월 야후 웹사이트를 폐쇄시켰던 캐나다의 열다섯 살짜리 '마피아 보이Mafia Boy' 같은 괴짜들이다. 블래스터Blaster, 브레인Brain, 멜리사Melissa, 아이러브유Iloveyou, 슬래머Slammer, 소빅Sobig 등 초기의 컴퓨터 바이러스들의 이름을 보면 그 제작자들이 청소년이라는 것이 드러난다.36 지금도 여전히 많은 비 국가 행위자들이 벌이는 사이버 공격들이 넘쳐나고 있다는 것은 사실이다. 10대 파괴분자들, 범죄자들, '해커 활동가들hactivists', 테러 조직들 등이다. (2016년 10월 21일에는 도메인네임 공급자인 다이내믹네트워크서비스Dynamic Network Services Inc.에 대해 중국에서 제작된 웹캠들을 '봇들'로 사용하는 공격이 벌어졌는데, 이는 파괴 자체를 목적으로 하는 것이었음이 거의 분명하다.)37 하지만 2016년에 나타난 가장 충격적인 상황 전개는 바로 사이버리아의 발흥이었다.

미국은 인터넷을 만든 나라로서, 사이버 전쟁에서도 앞서 갈 수밖에 없는 위치에 있었다. 그리고 이미 레이건 전반기 행정부 시절부터 그러한 위치를 누리기 시작했다.38 2003년 이라크 침략 전쟁 기간 동안 미국의 첩자들은 이라크의 네트워크들에 침투하여 이라크 군 장성들에게 항복하라고 촉구하는 메시지들을 보내기도 했다.39 그로부터 7년 후 이란의 핵 농축 시설을 공격하기 위해 스턱스넷Stuxnet 바이러스를 풀어놓왔던 것도 미국과 이스라엘이었다.[40] 그런데 문제는 이 게임을 할 줄 아는 나라가 둘로 늘었다는 정도가 아니었다. 이제는 얼마나 많은 숫자의 사이버 게임이 벌어지고 있는지도 또 거기에 뛰어든 사람들의 숫자도 아무도 알 수 없는 지경에 이르렀다는 것이다. 근년에 들어서 미국은 이란, 북한, 중국 등으로부터 사이버 공격을 당하는 처지가 됐다. 하지만 이러한 공격들의 대상은 기업이며 (특히 소니 영화사) 미국 정부는 아니었다. 미국 정부에 대해 직접 전쟁을 벌인 것은 러시아인들이 처음이다. 이들은 인터넷에서는 '저군의 전투 잠재 능력이 감소'되는 '광범위한 비대칭적 가능성들'이 있다는 점을 십분 이용해 자신들의 상대적인 경제적 군사적 쇠퇴를 보충하고자 했던 것이다.[41] 이들은 에스토니아, 조지아, 우크라이나 등을 공격하면서 사이버 전쟁의 요령을 터득하였다. 그러다가 2017년 크렘린 정권은 미국의 정치 시스템에 대해 지속적인 공격을 개시했으며, 위키리크스뿐만 아니라 루마니아의 블로거 '구시퍼Gucifer 2.0'에 이르는 다양한 대리자들을 활용하였다.[42]

트럼프가 대통령으로 당선된 것에 정말로 러시아인들의 개입(이는 우리가 앞 장에서 논의했던 가짜뉴스와는 반대되는 것이었다)이 얼마나 결정적이었는지의 문제는 제쳐두기로 하자. 이것이 트럼프에게 도움이 됐다는 것은 누구도 부인하지 않을 것이며, 그 정도로도 충분하다. 물론 러시아인들이 아니었어도 다른 누군가가 클린턴에게 타격을 안길 진짜뉴스와 가짜뉴스를 풀어놓는 일은 얼마든지 있을 수 있었지만. 또한 트럼프 진영에서 선거 운동을 했던 이들 중 얼마나 많은 숫자가 러시아의 공작원들과 공모를 행했으며 그들 중 그 사실을 알고 있었던 게 얼마나 되는지도 제쳐두도록 하자.[43] 정말로 중요한 지점은 모스크바 정부의 책동을 억제deter하지 못했다는 점이다. 국가 안보 전문가들에게 있어서 도무지 대책이 서지 않는 사이버 전쟁의 특징 하나가 바로 이것이다. 이들은 냉전 기간 동안 진화해온 상호확증파괴MAD: Mutually Assured Destruction의 우아하게 정리된 이론에 익숙한 이들인데 이제 전혀 다른 형태의 갈등에 대한 학설을 발전시켜야 하는 판이니 쉬울 리가 없다. 이 새로운 형태에서는 잠재적 공격자들의 숫자를 헤아릴 길도 없고, 그 대부분은 정체를 밝힐 수도 없으며, 각자가 발휘할 수 있는 파괴력의 등급도 아주 세분화되어 있다.

2010년 당시 국방부 차관 윌리엄 린William Lynn이 말한 바 있듯이, '미사일이 날아올 경우에는 반송 주소가 쓰여 있지만, 컴퓨터 바이러스는 보통 그렇지가 않습니다.' 하버드 대학 케네디 스쿨의 조지프 나이Joseph Nye 교수는 억제 이론*이 여전히 유효할 수 있다고 주장하지만, 이는 어디까지나 미국이 공격자 하나를 잡아내 본때를 보일 준비가 되어 있을 때에만 적용할 수 있는 이야기다. 그 밖에 나이 교수가 제안하는 세 가지 선택지들은 사이버 보안을 강화할 것, 무역 및 여타 관계에서 공격자로 변할 수 있는 잠재적 적국들을 여러 관계로 '구속entangle'할 것이며 그래서 만에 하나 사이버 공격 같은 짓을 할 경우에는 큰 대가를 치르도록 만들 것, 마지막으로 생화학 무기 사용을 (대부분) 막아내온 국제적 금기

---

*   억제 이론deterrence theory은 냉전 시대의 핵전쟁 이론으로서, 상대방이 핵미사일을 보내올 경우 그에 상응하는 억제력을 얼마나 가지고 있어야 하느냐로 귀결된다. 상대방이 가한 파괴력과 동일할 뿐만 아니라 그에 더하여 상대방의 남은 전력을 파괴할 수 있는 파괴력을 먼저 구하고, 이를 두 배로 갚는다는 의미에서 2를 곱한 값에 상응하는 핵 억제력을 가지고 있어야 한다는 이야기로 귀결되기 일쑤다. 이 이론이 지배했던 1960년대 미국과 소련 사이에 걷잡을 수 없는 핵 경쟁이 벌어졌던 것은 주지의 사실이다.(옮긴이)

와 비슷하게 사이버 공격에 대해서도 지구적 금기의 관습을 확립할 것 등이다.[44] 이러한 분석은 큰 위안이 되지 못한다. 사이버 공격자들의 숫자가 어떤 규모인지 생각해본다면, 수비는 항상 공격을 뒤따라가지 못할 운명일 수밖에 없고, 이는 재래적 군사 논리가 완전히 거꾸로 뒤집힌 상황인 것이다. 그리고 나이의 접근법에 대해 중국은 어떨지 몰라도 러시아인들은 '구속'이든 금기이든 전혀 관심이 없다는 것이 판명됐다. 오히려 러시아 정부는 스스로의 목적을 추구하는 데 도움이 되기만 한다면 범죄 조직과도 기꺼이 함께 일할 의사가 있는 듯하다.[45]

그렇다면 우리는 사이버리아를 얼마나 두려워해야 하는가? 앤-마리 슬로터Ann-Marie Slaughter에 따르면, 초연결 상태에 있는 우리의 세계는 전체적으로 볼 때 좋은 곳이며 '미국은… 점차 네트워크 권력의 황금 비례의 중심을 찾아나갈 것'이라고 한다.[46] 물론 온갖 종류의 네트워크 형태의 위협('테러리즘… 마약, 무기, 인간 매매… 기후 변화, 생물종 다양성의 악화… 물 전쟁과 식량 불안… 부패, 자금 세탁, 탈세… 전염병')이 있지만, 만약 미국의 지도자들이 '장기판*에서의 여러 동맹을 연결성과 역량의 여러 허브로 바꾸어 생각'할 수만 있다면 모두 다 해결될 것이라고 한다. 그녀의 주장에 따르면, 그 핵심은 위계제 질서를 네트워크 질서로 전환하는 것으로서, NATO를 '여러 안보 동반자들의 네트워크 허브이자 국제적 안보 이슈의 상담 센터'로 전환하고 UN 안보이사회, IMF, 세계은행 등을 '더 새로운 행위자들'에게 개방하는 방향으로 개혁하는 것이라고 한다.[47] 제2차 세계 대전 이래 확립된 세계 질서의 여러 기구들은 '국

---

* 지정학적 차원을 암시.(옮긴이)

가들뿐만 아니라 시민들 수준에서 작동하는 더 수평적이고 기민하고 탄력적인 시스템 허브'로 환골탈태하여 '대기업, 시민, 공공에 이르는 여러 선한 웹 행위자들'을 포괄할 수 있어야 한다고 한다. 그녀가 제시하는 한 예는 '기후 및 에너지 문제를 위한 전 세계 시장 서약Global Covenant of Mayors for Climate and Energy'으로서, 이는 전 세계 7,100개 이상의 도시들을 연결하고 있다.[48] 또 다른 예로 오바마 행정부가 2011년 출범시킨 '열린 정부 파트너십Open Government Partnership'이 있으니, 이는 '투명성, 시민 참여, 석명성accountability' 등의 가치를 추구하기로 서약한 70개 국가들을 포괄하고 있다.[49] 예전에 미 국무성에서 슬로터의 동료였던 이언 클라우스Ian Klaus는 전 세계 도시들의 네트워크에서 큰 잠재적 가능성을 기대하고 있다.[50]

이 '선한 행위자들'이 하나로 뭉쳐 새로운 종류의 지정학적 네트워크를 형성하고 악한 행위자들에 맞서는 '웹 운영 기술webcraft'을 구사하는 일이 가능할까? 조슈아 쿠퍼 라모Joshua Cooper Ramo는 회의적이다. 그도 슬로터와 마찬가지로 '미국의 이익에 근본적인 위협이 되는 것은 중국도 알 카에다도 이란도 아니다. 이는 네트워크의 진화 그 자체다'라는 점에서는 슬로터와 견해를 같이한다. 하지만 이러한 위협과 맞서 싸우는 일이 과연 용이할지에 대해서는 좀 더 어두운 전망을 보여주고 있다. 사이버 공간에서의 방어 기술은 사이버 공격 기술보다 10년은 뒤떨어져 있으며, 그 적지 않은 이유는 다음의 세 가지를 한꺼번에 충족시키는 것이 불가능하기 때문이라고 한다. '빠르고, 개방적이고, 보안이 뛰어난 시스템들을 만들어내는 일은 얼마든지 가능하지만, 그 세 가지 중에서 동시에 달성할 수 있는 것은 두 개까지이다.'[51] 세계 질서에 대한 위협은 '대단히 빠른 네트워크들, 인공 지능, 블랙박스들, 새로운 신분 제도, 시간의 압축, 일상적 물체들, 각종 무기'의 공식으로 압축해서 표현할 수 있다고 한다.[52] 라모는 그의 저작 『제7의 감각The Seventh Sense』에서 러시아 인들, 온라인 범죄자들, 웹에서 파괴행위를 일삼는 10대들, 그 밖의 악성 요소들을 차단하기 위해 현실 공간과 가상공간 모두에서 '검문소'를 세워야 한다고 주장한다. 하지만 라모 자신도 미국국가안전보장국의 암호 전문가 로버트 모리스 시니어Robert Morris Sr.가 고안한 3대 컴퓨터 보안 원칙을 인용하고 있다. '규칙 1: 컴퓨터를 소유하지 마라. 규칙 2: 컴퓨터의 전원을 켜지 마라. 규칙 3: 컴퓨터를 사용하지 마라.'[53] 만약 우리 모두가 계속해서 이러한 새로운 정언명령들을 무시한다면 그리고 특히 우리의 지도자들 대부분이 심지어 자기들 이메일 계정에 이중 인증 장치를 활성화시키는 일조차 하지 않는다면, 어산지와 구시퍼Guccifer* 같은 자들을 미연에 차단하는 일이 어떻게 가능할 것인가?

사이버 보안에 있어서 실효성이 있는 원칙을 확립하기 위한 지적인 군비 경쟁이 목하 뜨겁게 진행 중이다. 국가 안보에 대해 전통적인 사고 방식에 절어 있는 이들은 이 경쟁에서 패배할 가능성이 높다고 보인다. 아마도 우리가 달성할 수 있는 현실적인 목표는 사이버 공격을 미연에 억제한다든가 그런 공격이 벌어졌을 때 보복을 감행하는 것이 아니라, 우리의 사회가 의존하고 있는 모든 다종다기한 네트워크들을 규제하여 그것들을 회복재생력이 뛰어나도록resilient, 더 좋은 표현으로는 '항충격

---

* 닉네임 '구시퍼'로 알려진 루마니아인 해커. 본명은 마르셀 라자르 레헬Marcel Lazăr Lehel. '구찌Gucci'
와 '루시퍼Lucifer'를 합친 말이라고 한다.(옮긴이)

성$_{anti-fragile}$'—이는 충격을 받으면 더욱 강력해지는 시스템을 묘사하기 위해 나심 탈레브$_{Nassim\ Taleb}$가 고안한 용어다—을 갖도록 만드는 것이다.[54] 탈레브처럼 금융 리스크 관리의 세계에 살고 있는 이들은 국제 금융 네트워크라는 것이 얼마나 깨지기 쉬운 것인지를 2008년에 똑똑히 목도한 바 있다. 투자은행 하나가 무너지자 곧 지구적 신용 시스템 전체가 거의 붕괴하다시피 했으니까. 하지만 이제는 나머지 우리도 그 당시의 은행가들과 거래자들을 따라잡아 그들이 10년 전에 서로 연결된 상태만큼 서로 연결되어 있다. 금융 네트워크와 마찬가지로 우리의 소셜 네트워크, 상업적 네트워크, 기간 시설의 네트워크 등이 모두 어리석은 바보들과 악당들로부터 끊임없이 공격을 받고 있으며, 이들을 막기 위해 우리가 할 수 있는 일은 사실상 거의 없는 실정이다. 우리가 할 수 있는 최선의 선택은 우리의 네트워크들이 저 사이버리아에서 몰려오는 파괴자들을 견뎌낼 수 있도록 설계하고 구축하는 것뿐이다. 이는 곧 복잡성의 시스템을 구축하고픈 유혹을 떨쳐 내어 버리고 (금융 규제의 경우에서처럼) 단순성을 더 나은 선택지로 추구하는 것을 뜻한다.[55] 무엇보다도 이는 우리가 창조하는 여러 네트워크의 구조들을 제대로 이해한다는 것을 뜻한다.

현실 세계에 존재하는 크기의 네트워크들의 경우 대부분 그 내부에서 무작위로 절반 정도의 노드들이 제거될 경우 네트워크 자체가 파괴된다. 하지만 그와 비슷한 크기라고 해도 '표 도수를 말할 수 없는' 모델의 경우라면 '노드들의 80퍼센트 이상을 제거한 뒤라고 해도 서로 연결된 대규모 구성 요소들은 여전히 저항력을 가지고 있으며, 그 내부의(여러 노드들 사이의) 평균 거리 또한 최초 상태와 사실상 동일하다'.[56] 이는 고의적으로 표적을 설정한 공격에 직면한 상황에서 항충격성을 가질 수 있는 네트워크들을 설계하는 과제에 있어서 절대적으로 중요한 혜안이 된다.

59장

송곳니, 박쥐 그리고 유럽연합

2017년 이베트 쿠퍼Yvette Cooper가 이끄는 영국 하원의 국토부 위원회 Home Affairs Committee는 구글, 페이스북, 트위터가 영국의 이익을 위해 인터넷을 충분히 검열하지 않는다는 이유로 혹독하게 비난했다. 쿠퍼는 페이스북이 '이슬람을 금지하라Ban Islam'는 제목이 붙은 페이지를 내리지 않았다고 불평했다. 그녀는 말했다. "우리는 사람들을 보호하기 위해 구글이 좀 더 많은 일을 하고 또 더 많은 사회적 책임을 갖기를 요구합니다."1 그와 같은 주에 독일 법무부 장관인 하이코 마스Heiko Maas는 '혐오 발언' 혹은 '가짜뉴스'를 지우지 않는 소셜 네트워크들에 대해 5,000만 유로까지 벌금을 매길 수 있는 법률 초안을 공개했다. 그의 말에 따르면, "불법 콘텐츠가 지워지는 일은 너무나 드물고 게다가 그 지워지는 속도

또한 너무나 느리다"고 한다.[2]

혐오스런 콘텐츠를 검열하는 문제에 대해서는 찬반 양론이 있을 수 있다. 기업들이나 정부 기관들이나 온라인 광고에 너무나 무차별적으로 돈을 쓰다 보니 그들이 공들여 만들어낸 광고 카피들이 결국 지하드주의자들의 웹사이트에 떡하니 걸리게 되는 놀라운 일들도 왕왕 벌어진다. 하지만 구글과 페이스북이 검열을 행해야 한다고 주장하는 것은 각국 정부가 단지 책임을 포기하는 것에 그치지 않는다. 이는 정부 인사들이 이 문제에 대해 실로 놀랄 정도로 아무것도 모르고 있음을 보여주는 증거인 것이다. 이미 이 두 기업들은 엄청난 권력을 갖고 있는 상태임에도 불구하고, 유럽의 정치가들은 분명히 그들에게 시민들의 표현의 자유를 제한할 권력까지 부여하고 싶어 하는 것이다.

IT 혁명에 있어서 반드시 이해하고 있어야 할 세 가지 본질적인 지점들이 있다. 첫째는 그 혁명이 거의 전적으로 미국에 기반을 둔 성과물이라는 것이다. 비록 전 세계에서 뛰어난 컴퓨터 과학자들이 실리콘 밸리로 모여들어 기여를 했고, 아시아의 제조업자들이 하드웨어의 비용을 끌어내렸지만 그래도 이 사실은 변하지 않는다. 둘째, 미국 하이테크 기업들 중에서도 가장 중요한 것들이 이제는 각별할 정도의 지배적 위치에 오르게 되었다는 점이다. 셋째, 앞에서도 보았듯 이러한 기업들의 지배력은 어마어마한 양의 돈으로 연결된다는 점이다. 이러한 미국의 네트워크 혁명에 직면하게 되자 나머지 세계는 두 가지의 선택지를 갖게 되었다. 그 기업들에 항복한 뒤 그저 규제를 가하든가, 아니면 이 기업들을 배제하고 경쟁에 나서든가. 유럽인들은 전자를 선택했다. 유럽 고유의 검색 엔진, 유럽의 온라인 소매상, 유럽의 소셜 네트워크 등이 존재하는지 아무리 찾아도 허사다. 유럽연합에 기초를 둔 가장 큰 인터넷 회사는 스포티파이Spotify로, 이는 스톡홀름에 자리 잡고 2006년에 세워진 음악 및 비디오 스트리밍 회사다.[3] '송곳니' 기업들은 유럽연합 전체에 깊숙이 파고들었으며, 유럽연합 집행위원회European Commission가 할 수 있는 일이라고는 이 미국 거대 기업들에게 반독점 혐의, 소급 과세, 사생활 및 데이터 보호의 규제 강화, 그리고 빼놓을 수 없는 것으로 노동자 권리 등을 빌미로 계속 괴롭히는 게 고작이다.[4] 물론 유럽인들은 자기들 영토 내에서 미국 기업들이 일국 혹은 유럽 전체 차원의 법을 무시하고 작동할 수 없도록 분명히 하는 데 선구적 역할을 수행한 것이 사실이다. 야후가 그 경매 사이트들에서 나치 기념품들을 광고할 수 없도록 해놓은 것도 프랑스인인 마르크 노블Marc Knobel이었다. 프랑스의 사용자들이 이 사이트에 접속하려면 유럽에 있는 (스톡홀름) 서버를 통해야 한다는 것이 중요한 이유였지만, 야후 또한 프랑스 사용자들을 다른 나라의 사용자들과 구별할 능력이 없다는 것(이것이 야후가 주장한 바였다)도 중요한 이유였다.[5] 수많은 유럽 국가들—프랑스뿐만 아니라 영국과 독일도—이 인터넷 서비스 공급자들로 하여금 금지된 콘텐츠(예를 들어 아동 성애 포르노그래피)는 자국 시민들이 볼 수 없게 막으라는 법률을 통과시켰다. 하지만 유럽의 정치 엘리트들은 이제 사실상 페이스북과 같은 미국 기업들이 자기들 대신 검열을 행해줄 것에 의지하는 처지가 됐다. 페이스북의 '공동체 기준'이 유럽의 법률보다 더 엄격할 수 있다는 위험에 대해서는 까맣게 모르고 있는 듯 보인다.[6]

이와는 대조적으로 중국 정부는 경쟁의 길을 택했다. 이는 미국인들이 예견하지 못했던 대응이었다. 미국인들은 중국 정부가 그저 '인터넷을 통제'하려고 들 것이라고 생각했을 뿐이며, 이에 대해 빌 클린턴 대통령은 '젤리를 못으로 벽에 고정시키려는 짓'에 비유했던 것은 유명한 이야기다.[7] 한 미국의 교수는 2003년에 이렇게 말했다. "인터넷은 구멍이 숭숭 뚫린 그물이며, 만약 중국의 인민들이… 실리콘 밸리의 여러 사이트들로부터 정보를 얻고자 한다면, 제아무리 전지전능한 정부라고 해도 그들을 막기는 아주 어려울 것이다."[8] 이는 틀린 이야기였다. 물론 검열도 벌어지지 않은 것은 아니었다. 2012년 중국의 인터넷 정보판공실의 책임자로 루 웨이Lu Wei가 취임했을 때 중국은 이른바 '만리장성 방화벽Great Firewall'의 효과를 크게 증대시켜 수만 개의 서양 웹사이트들에 대한 접근을 차단했다. '만리장성 방화벽'뿐만 아니라 온라인 감시를 수행하는 '황금 방패Golden Shield', 적대적 웹사이트들을 공격하는 데 쓸 수 있는 '만리 대포Great Cannon' 등도 있다. 시나 웨이보新浪微博 같은 마이크로블로그와 소셜 네트워크들은 아주 거친 감시와 통제를 받게 되며, 가짜 정보 혹은 반체제적 정보를 온라인에 올린 혐의가 확정된 이들은 감옥에 가게 된다. 당국이 어떤 식으로 작동하는지를 보기 위해 한 예만 보자면, 2016년 9월 네티즈Netease는 정부로부터 부동산과 주택에 대한 것만 빼고 모든 온라인 포럼을 폐쇄하라는 명령을 받았다.[9] 정부에 대한 온라인에서의 비판은 상당 정도 용인되지만, 어떤 종류로든 비공식적 집단 행동을 요구하는 내용이 올라오면 검열 당국이 금방 그 사이트를 폐쇄해 버린다.[10]

하지만 네트워크 시대에 대한 중국의 대응에 있어서 검열은 핵심이 아니다. 그들 전략의 핵심은 수단 방법을 불문하고 어떻게 해서든 미국의 IT 대기업들이 중국 시장에 접근하는 것을 제한하고 대신 '송곳니'

기업들에 대해 중국의 대응을 구축할 수 있는 현지의 사업가들을 키워주는 것이었다. 야후와 마이크로소프트는 정부가 명령한 '자기 규율'을 받아들였지만,[11] 구글은 인권 활동가들의 지메일 계정에 대해 중국 당국이 계속해서 검열과 공격을 행했던 것에 대해 여러 번 다툰 뒤 결국 2010년 중국에서 철수해버렸다. 페이스북은 2005년 www.facebook.cn의 도메인 네임으로 등록한 이후로 중국에서 자리를 확고히 하기 위해 노력했지만, 서구의 소셜 미디어 기업들이 특히 무슬림들이 많이 사는 신장 지역에서 소요를 부추긴다는 혐의를 받으면서 결국 2009년 폐쇄되어 버린다.[12] 그 결과 오늘날의 중국은 '박쥐BAT'가 지배하고 있다. 바이두Baidu(리옌훙李彦宏이 2000년에 창립한 검색 엔진), 알리바바Alibaba(마윈馬雲이 아마존이 대응하여 1999년에 창립), 텐센트Tencent(그전 해에 마화텅馬化騰이 세운 기업으로, 위챗WeChat 메시지 앱으로 잘 알려져 있다)가 그들이다. 이 기업 집단들은 단지 미국의 상대 기업들을 복제한 것이 아니다. 그 각각은 스스로의 혁신적 능력을 보여준 바 있으며, 그 시가 총액을 합쳐보면 4,730억 달러 그리고 그 연간 수입은 200억 달러가 넘으니, 이들은 이제 미국 기업들과 규모에 있어서 거의 어깨를 나란히 하고 있는 것이다. 위챗은 중국 인터넷 사용자의 86퍼센트가 사용하고 있으며, 한때 아시아의 사업가들에게는 필수품이었던 명함을 간단히 찍을 수 있는 QR코드로 빠르게 대체해나가고 있다. 중국에서 알리바바의 수입은 2015년 미국에서 아마존이 거두는 수입을 넘어섰으며, 중국의 전체 소매 수입에서 차지하는 몫은 6퍼센트 이상으로 미국에서 아마존이 차지하는 몫의 비율보다 두 배에 이르고 있다.[13]

말할 것도 없이, 실리콘 밸리는 방대한 중국 시장에서 밀려난 데 대해 그 송곳니를 바득바득 갈고 있다. 저커버그는 아직 희망을 버리지 않고 유창한 중국어로 인터뷰를 하고 심지어 톈안먼 광장에서 조깅까지 하고 있지만, 최근 우버가 중국에서 겪었던 일들을 보면 그의 중국 사업 전망도 밝지는 않다. 우버는 지난해 1년간 총 10억 달러를 넘는 손실을 본 뒤 마침내 백기를 들었고, 중국 토착의 자동차 공유 기업인 디디추싱滴滴出行을 이길 수 없다는 사실을 받아들였다.[14] 이런 결과가 나오게 된 것은 부분적으로는 디디의 뛰어난 기민성과 풍부한 자금력 때문이었지만, 부분적으로는 중국 시장에서 우버를 불리한 위치로 몰아넣도록 설계한 듯한 규제 변화 때문이었다.[15] 이와 비슷한 여러 사례들에서 미국 기업들이 느꼈을 좌절감은 충분히 이해할 수 있는 일이다. 하지만 중국이 실리콘 밸리와 한판 붙어서 마침내 승리를 얻은 이런 방식은 대단하다고 하지 않을 수가 없다. 경제적으로도 영리했을 뿐 아니라 정치적 전략적으로도 영리한 일이었다. 베이징에서는 이제 '빅 브라더'가 모든 중국 네티즌 하나하나를 긴밀히 감시하는 데 필요한 빅 데이터를 가지고 있다. 한편 미국국가안보국은 중국 중원으로부터 메타데이터를 수집하고자 한다면 중국의 '만리장성 방화벽'을 넘어가는 수밖에 없게 됐다.

서구에서는 전통적으로 이 네트워크의 시대가 소련에 적대적이었던 것처럼 중국 공산당의 통치에도 해로운 결과를 가져올 것이라는 관점이 오늘날까지도 지배하고 있다. 하지만 다른 견해를 가진 이들도 있다.[16] 한 예로 공산당 자체가 대단히 세련된 네트워크로서, 그 내의 여러 노드들은 후견, 동료, 함께 일하는 결사체 등의 연결선으로 서로 연결되어 있다. 한 예로 매개 중심성을 기초로 해서 본다면 시진핑習近平은 장쩌민江澤民 이후 그 어떤 지도자보다도 큰 권력을 갖고 있다. 서방의 논평가들은

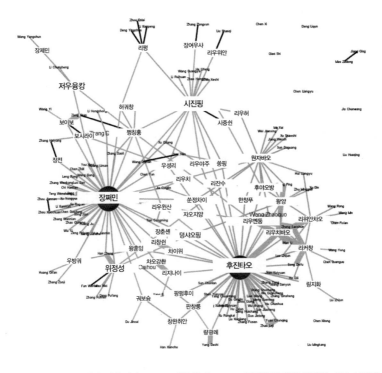

그림 50
중국 공산당 중앙위원회 위원들의 네트워크. 노드의 크기는 그 연결선들의 숫자(도수degree)에 비례하며 이름의 크기는 매개 중심성에 비례한다. 후견자와 피후견자 사이의 유대가 가족 유대보다 훨씬 더 중요하다는 점에 주목하라.

시진핑을 덩샤오핑에 비교할 때가 가끔 있지만 이는 잘못된 것으로, 시진핑이 훨씬 더 큰 권력을 갖고 있다.[17] 네트워크 분석을 통해서 중국 정부를 연구해보면 당내 여러 분파들에 대한 단순한 이론들에서 벗어나 현대 '꽌시關係'의 미묘함을 충분히 깨달을 수 있게 된다. 청 리Cheng Li, 李成는 시진핑이 권력에 오르는 과정에서 당내 인사들과 그 오른팔(비서秘書)

에 해당하는 이들* 사이의 후견인-피후견인 관계가 중요하다는 것을 강조했다. 엘리트주의적인 '장-시Jiang-Xi 진영'과 포퓰리즘적인 '후-리Hu-Li 진영'을 구별하는 이들은 분파들의 경직성을 과장하고 있다. 시진핑 자신이 국방부 장관 경비아오耿飇의 비서 출신으로, 허베이성·푸젠성·저장성·상하이 등의 지역에서 현과 성 단위의 직함을 맡았으며, 여기에서 그는 스스로의 피후견인 네트워크를 구축했는데, 거기에는 류허劉鶴와 같은 '경제 기술관료'부터 '보수적인 매파 군인' 류위안刘源에 이르는 다양한 인물들이 있었다.[18] 프란치스카 켈러Franziska Keller가 주장한 바 있듯이, 중국은 분파가 아니라 그러한 후견인 네트워크들을 통해 이해하는 것이 더 낫다. 다른 중요한 네트워크들 중에는 시진핑의 지도적인 소집단 성원들로 형성된 네트워크[19], 그리고 채권 시장을 경유하여 대기업들을 은행들과 연결시켜주는 네트워크 등이 포함된다.[20]

소셜 미디어에 대해 중국 정부가 취한 접근법은 젤리를 벽에 못으로 고정시키려 하는 것과는 거리가 멀었다. 이는 갈수록 마이크로블로그들을 이용해 시민들의 관심사를 알아내는 것으로 수렴했다. 홍콩, 스웨덴, 미국의 연구자들이 2009~13년 사이 시나 웨이보에 올라온 130억 개 이상의 블로그 글들을 데이터로 연구해보니, 그중 38만 2,000개의 글이 여러 가지 사회적 갈등을 암시하는 것이며 무려 250만 개의 글이 파업과 같은 대중적 저항을 언급하고 있다는 것을 발견하고 크게 놀라기도 했다. 여기에서 당국자들이 소셜 미디어를 활용하여 저항 세력의 흐름뿐만 아니라 경찰의 부패를 감시하고 있다는 가설이 나온다. 웨이

---

*   중국 정치세력 중 하나인 '비서방秘書幫'은 고위직 비서출신 그룹을 말한다.(옮긴이)

보에서 부패의 혐의로 이름이 오르내린 680명의 공직자들 중 결국 기소된 이들은 기소되지 않은 이들보다 이름이 언급된 횟수가 거의 10배에 가까웠다는 점은 참으로 의미심장하다.[21] 또 다른 데이터로서 2010~15년 사이에 부패 혐의로 수사 대상이 되었던 1,460명의 공직자들을 보면 중국을 운영하는 네트워크들이 어떤 것인지에 대해 더 많은 혜안을 얻을 수 있다. 이 경우 그 네트워크는 '호랑이들과 파리들'의(크고 작은 범법자들의) 네트워크로서 이들의 비행이 시진핑 정부의 핵심 표적이 된 바 있다.[22] 정보 및 컴퓨터 기술을 통해서 중국 정부가 모종의 '사회적 신용' 시스템을 구축할 수 있게 되는 것도 가능한 일이다. 이는 서구의 금융적 신용과 비슷한 것으로, 이것이 도입되면 (공식적 문서에 따르면) '믿을 수 있는 사람들은 하늘 아래 어디에서나 활개를 치고 돌아다닐 수 있지만 신용이 없는 자들은 단 한 발자국도 움직이기 힘들게 될 것'이라고 한다.[23] 중국은 이미 호구hukou 제도와 (가구 등록제) 당안dang'an 제도의 (개인 기록) 시스템을 확립해놓은 바 있으며, 뛰어난 노동자들과 당 간부들에 대해 보상을 내리는 제도도 확립한 바 있다. 여기에다가 BAT 기업들로부터 당국이 손쉽게 긁어온 데이터를 결합하게 되면, 20세기 중반 전체주의 국가들이 꿈꾸었던 바를 훨씬 넘어서는 사회적 통제 시스템을 얻을 수 있게 될 것이다.

이와 동시에, 중국 지도자들은 미국 지도자들과 비교해볼 때 '웹 운영 기술'에 훨씬 더 능숙한 것으로 보인다. 환태평양 경제협력자 협정TPP: Trans Pacific Partnership은 미국의 트럼프 정권이 들어서서 지지를 철회하는 바람에 끝이 날 가능성이 높아 보이는 반면, 중국이 주도하는 일대일로와 아시아인프라투자은행AIIB은 꾸준하게 신규 참가자들을 모아들이고 있다. 중국식의 접근법이 과연 얼마나 성공적일지를 알아보는 아주 흥미로운 테스트는 이들이 지금 빠르게 성장하고 있는 부문인 금융 기술에서 미국을 얼마나 앞서서 도약할 수 있을지다. 고대 이래로 국가들은 통화의 발행을 독점할 수 있는 능력을 십분 활용했다. 왕과 비슷한 모습이 찍혀 있는 주화이든, 과거의 대통령들을 그려놓은 은행권이든, 컴퓨터 화면에 떠 있는 디지털 신호이든 이는 변하지 않는 일이었다. 하지만 블록체인에 기반을 둔 비트코인이나 이더리움 등과 같은 디지털 통화들은 미국 달러화나 중국 위안화와 같은 명령 통화에 대해 여러 이점을 갖는다. 비트코인은 지불수단으로서 특히 온라인 거래에 있어서 신용카드나 계좌 이체보다 더 빠르고 저렴하다. 가치의 저장수단으로 볼 때도 이는 황금이 갖는 여러 핵심 속성들 특히 공급이 한정되어 있다는 속성을 그대로 가지고 있다. 물론 계산 단위로서는 그 안정성이 떨어지지만, 이는 어디까지나 디지털 황금으로 여겨져 투기를 끌어오는 물건이 되었기 때문이다. 나쁜 점이 있다면 비트코인은 '채굴'되는 것이기 때문에 컴퓨터 자원을 어마어마하게 낭비하는 것으로 보인다는 점이다.[24] 다른 한편 비트코인의 원장 분산 기술은 보안과 확인의 문제를 아주 잘 해결하는 것으로 보이며 이 때문에 비트코인은 또한 사기를 막는 메시지 전달 기술로도 기능할 수 있고, 이더리움은 일국 내의 결제 및 국제 결제의 기존 시스템에서 항상 따라오게 되어 있는 값비싼 관료적 감시 활동이 없이도 계약을 자동적으로 이행시켜줄 수 있다.[25] 요컨대, '신뢰는 분산되며, 인격화되며, 사회화되고… 사실 확인을 해줄 중앙 기관은 필요가 없어진다.'[26] 물론 중국 당국자들은 자신들의 택시 시스템을 우버에 넘겨줄 생각이 없었던 것처럼 자신들의 지불 시스템을 비트코인에 넘겨줄 생각이 없다. 오히려 이들은 전 지구의 비트코인 네트워크의 40퍼센트를 이미 중국의 '채굴자'들이 차지하고 있으며 비트코인 거래의 거의 4분의 3이 BTCC(비트코인 차이나) 거래소에서 이루어지고 있다는 사실에 경악했다. 하지만 중국 정부는 블록체인이 하나의 기술로서 갖는 잠재력을 분명히 이해하고 있다. 그래서 중국의 인민은행과 여러 지방 정부들은 '공식적 암호 화폐'―아마 그 이름은 '비트위안'이 될 수 있다―를 가까운 장래에 한두 개의 성에서 출범시키려 하고 있다.[27] 물론 최초의 공식적 암호화폐를 도입하는 경쟁에서는 싱가포르가 베이징을 이겼지만, 베이징은 분명히 워싱턴을 이길 것이다.[28] 만약 중국의 실험이 성공한다면 이는 화폐의 역사에 있어서 완전히 새로운 시대의 개막을 뜻하는 것이며, 으뜸가는 국제 통화로서의 달러화의 미래에 심각한 도전이 될 것이다.

60장

광장과 타워의 귀환

어떨 때는 우리 당대의 성격을 이해하는 데 거의 반세기 이상이나 낡은 개념적 틀을 쓸 수밖에 없는 경우도 있다. 금융 위기 이래로 많은 경제학자들은 1946년에 타계한 존 메이너드 케인스의 사상을 리사이클링하는 초라한 모습을 보여주었다. 포퓰리즘에 직면한 미국과 유럽 정치의 저술가들은 이를 파시즘과 혼동하고 있다. 마치 양차 대전 사이 시대의 역사밖에는 공부한 게 없는 사람들처럼 말이다. 국제 관계의 분석가들도 대략 비슷한 시기로 거슬러 올라가는 낡은 용어와 개념들에 붙들려 있는 듯하다: 현실주의냐 이상주의냐, 봉쇄냐 유화냐, 억지냐 군축이냐 등. 조지 케넌George Kennan의 이른바 '긴 전보Long Telegram'는 케인스가 죽기 불과 두 달 전에 보내졌다. 그리고 휴 트레버-로퍼의 『히틀러의 마

사진 1

베네치아 토르첼로 섬에 있는 산타마리아 아순타 대성당Cattedrale di Santa Maria Assunta의 벽화. '위계제'라는 용어는 '고위 성직자의 지배'라는 뜻의 '히에라르키아ἱεραρχία'에서 유래했다.

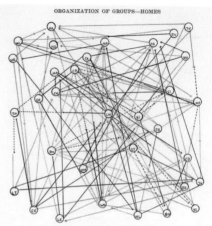

사진 2
정신과의사 제이컵 모레노가 뉴욕 주의 허드슨에 있는 한 소년원 학교에서 '비행' 소녀들 사이의 관계를 연구하기 위해 그린 사회도. 그의 기록에 따르면 소년원 내 두 개의 유색 인종 그룹 중 하나다.

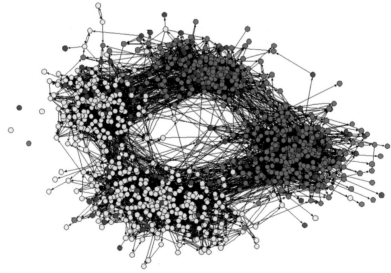

사진 3
동종친화성의 작용. 미국 청소년–성인 건강 장기 연구National Longitudinal Survey of Adolescent to Adult Health('Add Health') 결과 중 고등학생들 사이의 친구관계 네트워크. 한 학생이 다른 학생을 친구로 지명하면 두 노드가 연결된다. 두 가지 그룹의 노드(노란색과 녹색) 클러스터가 생겼지만, 무작위의 세 번째 그룹도 있다. 또한 '(어느 끝과도 연결되지 않은) 독립된 네트워크', 예를 들어 친구가 없는 학생의 노드도 있다.

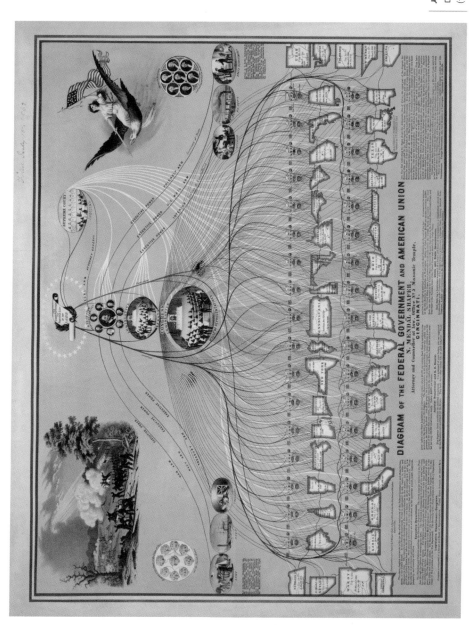

미국 연방 정부의 위계제
(1862년).

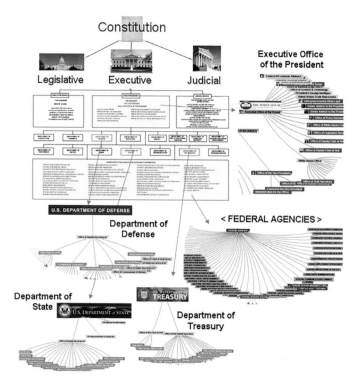

사진 5
미국 연방 정부의 위계제
(2010년).

사진 6
광장과 타워. 푸블리코 궁전 만지아 탑의 그림자가 드리워진 시에나의 캄포 광장.

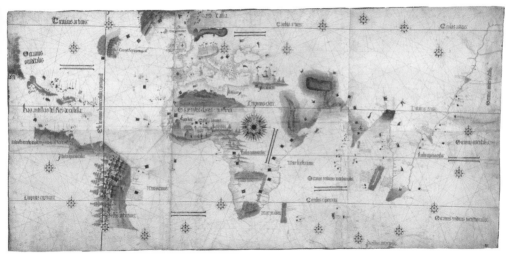

사진 7
칸티노의 세계 지도(1502년). 1515~1517년, 세계 최고의 지도와 아스트롤라베를 이용해 페르낭 페레스 데 안드라드는 리스본에서 광둥까지 6,777마일을 항해했다.

사진 8
거대한 혼돈의 종교개혁. 성 바돌로매 날에 벌어진 구교도들의 위그노파(신교도) 대학살, 파리 1572년.

사진 9
위계제의 복원? 헤라르트 테르보르흐Gerard Ter borch, 〈뮌스터 조약의 비준에 관한 서약Ratification of the Treaty of Münster〉(1648년 5월 15일).

사진 10
120,211명의 주목할 만한 개인의 출생 및 사망(기원전 1069년~기원후 2012년) 데이터에 근거하여 37,062개의 유럽 지역을 매핑했다. 노드의 크기는 중요도를 의미한다.

birth sources ▮▮▮ ▮▮▮ death attractors

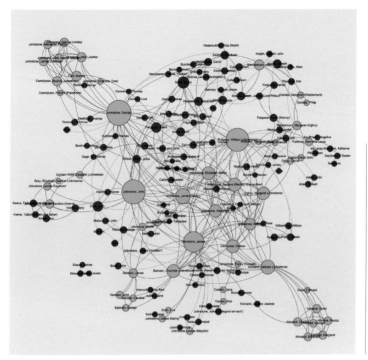

사진 13
빈 회의. 군주들은 이 회의에서 유럽 전체를 커다란 '케이크'처럼 조각조각으로 나누어 가졌지만, 그 칼질은 로스차일드 가문의 금융 네트워크로부터 도움이 있어야만 가능했다.

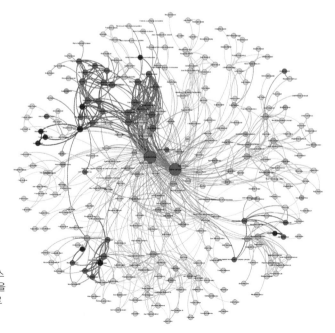

사진 14
앙굴렘Angoulême: 18세기 프랑스의 지역적 네트워크. 프랑스 밖을 여행한 사람은 짙은 빨간색으로 표시했다.

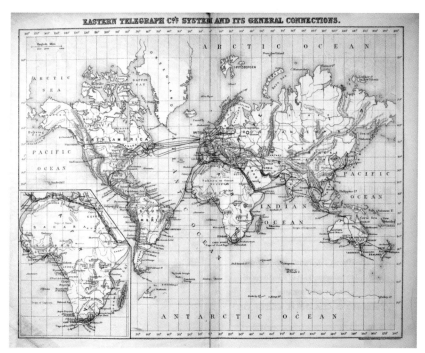

사진 15
동방전보회사Eastern Telegraph Company의 네트워크, 1901년.

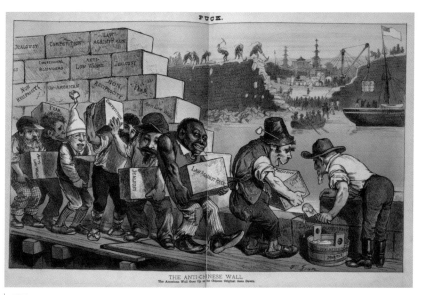

사진 16
『퍽Puck』(1882) 잡지에 실린 프리드리히 그라츠Friedrich Gratz의 〈반 중국인 장벽The Anti-Chinese Wall〉. '엉클 샘'은 '의회용 모르타르'와 벽돌로 아일랜드인, 아프리칸–아메리카인 그리고 다른 노동자들을 시켜 중국 이민자들이 들어오는 걸 막는 벽을 세웠다. 그리고 그 벽돌에는 '편견', '인종에 관한 법률', '질시' 등의 라벨이 새겨져 있다.

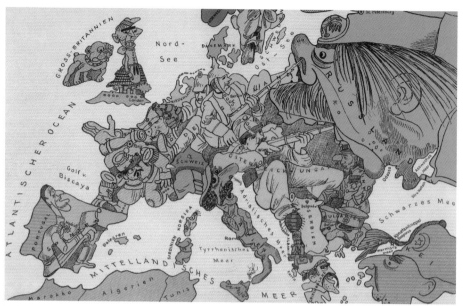

사진 17
1914년의 유럽. 독일의 풍자적인 지도.

사진 18
존 버컨의 『푸른 망토』 초판본.

사진 19
'키잡이' 스탈린. 전체주의 시대의 최상위 권력자.

사진 20
레오폴드 플로텍Leopold Plotek,
〈이사야 벌린과 안나 아흐마토바〉
(레닌그라드, 1945년 11월).

사진 21
2차 세계대전. 혹은 청년들에게 당신이 말한 대로 행하게 하는 법.

사진 22
쿨함과 쿨하지 않음. 1991년의 스티브 잡스와 빌 게이츠.

사진 23

글로벌 자본을 몰고 다니는 '전자거래 소 떼the electronic herd'의 리더들. 스탠 드러큰밀러Stan Druckenmiller와 조지 소로스 George Soros(1992년).

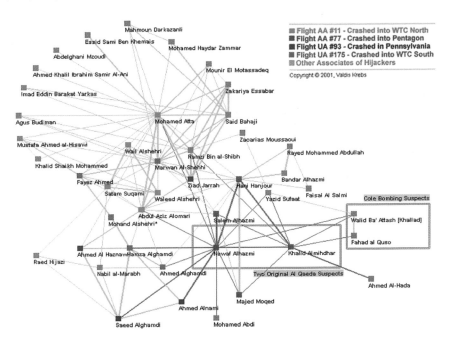

Mahmoun Darkazanli
Essid Sami Ben Khemais
Abdelghani Mzoudi
Mohamed Haydar Zammar
Ahmed Khalil Ibrahim Samir Al-Ani
Mounir El Motassadeq
Imad Eddin Barakat Yarkas
Zakariya Essabar
Agus Budiman
Mohamed Atta
Said Bahaji
Mustafa Ahmed al-Hisawi
Zacarias Moussaoui
Wail Alshehri
Rayed Mohammed Abdullah
Khalid Shaikh Mohammed
Ramzi Bin al-Shibh
Marwan Al-Shehhi
Fayez Ahmed
Bandar Alhazmi
Satam Suqami
Ziad Jarrah
Hani Hanjour
Waleed Alshehri
Yazid Sufaat
Faisal Al Salmi
Abdul Aziz Alomari
Salem Alhazmi
Mohand Alshehri*
Walid Ba' Attash [Khallad]
Fahad al Quso
Ahmed Al Haznawi
Hamza Alghamdi
Nawaf Alhazmi
Khalid Almihdhar
Raed Hijazi
Nabil al-Marabh
Ahmed Alghamdi
Two Original Al Qaeda Suspects
Ahmed Al-Hada
Majed Moqed
Ahmed Alnami
Saeed Alghamdi
Mohamed Abdi

Cole Bombing Suspects

■ Flight AA #11 - Crashed into WTC North
■ Flight AA #77 - Crashed into Pentagon
■ Flight UA #93 - Crashed in Pennsylvania
■ Flight UA #175 - Crashed into WTC South
□ Other Associates of Hijackers

Copyright © 2001, Valdis Krebs

사진 24

블라디스 크레브스Vladis Krebs가 도식화한 9/11 음모론자의 네트워크(2002년).

Center for International Development

Animal & Animal Products | Vegetable Products | Foodstuffs | Mineral Products | Chemicals & Allied Industries | Plastics & Rubbers | Leathers and Furs | Wood & Wood Products | Textiles | Footwear & Headgear | Stone & Glass | Metals | Machinery & Electrical | Transportation | Miscellaneous

사진 25

경제적 복잡성. 수출용 '제품 공간'의 그래프. 각 점은 1억 달러의 수출을 나타내고, 점들은 제품 유형에 따라 색상을 지정했다. 가운데 무리에는 '기계류와 전자장비군', 그리고 '운송수단차 등차 같은'들이 구성을 이루고, 오른쪽 왼무리는 식물, 신발, 헤드기'에 산업이다.

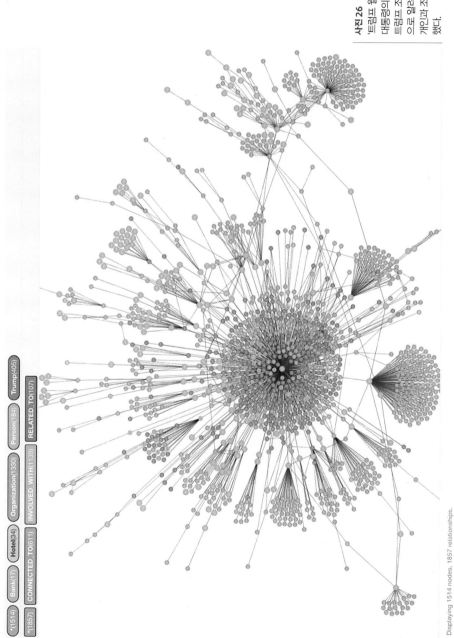

사진 26
'트럼프 월드': 도널드 트럼프
대통령이 네트워크, 트럼프와
트럼프 조직Trump Organization
으로 알려진 모든 연결을 다른
개인과 조직으로 추적해 구현
했다.

Displaying 1514 nodes. 1857 relationships.

사진 27
페이스북 본사(위)와 트럼프 타워(아래).

지막 날들Last Days of Hitler』은 그다음 해에 출간됐다. 이 모든 것들은 70년 전의 일들이다. 우리의 시대는 20세기 중반과는 근본적으로 상이하다. 대공황, 2차 세계 대전, 냉전 초기에 출현했던 것과 같은 명령과 통제에 기초해 거의 자급자족을 달성했던 국가들은 오늘날 완전히 사라진 것은 아니라고 해도 예전의 모습에 비하면 거의 껍데기 그림자만 남은 상태라고 할 것이다. 그런 국가들을 운영하던 관료 조직들과 정당 장치들은 이제 기능을 멈추었거나 급속히 쇠퇴하고 있다. 앞에서 우리가 이야기했던 관리형 국가administrative state는 그 최후의 모습이라고 할 수 있다. 오늘날에는 기술 혁신과 국제적 경제 통합이 결합되면서 완전히 새로운 여러 형태의 네트워크가 창출되었다. 그 형태는 지하 세계의 범죄 네트워크에서 다보스의 저 희소한 '지상 세계'에 이르기까지 다양하며, 이는 케인스, 케난, 트레버-로퍼 누구도 거의 꿈도 꾸지 못했던 세상이다.

윈스턴 처칠의 유명한 말이 있다. '과거로 더 멀리 볼수록 미래로도 더 멀리 볼 수 있게 된다.' 우리 또한 과거로 더 멀리 보면서 우리 스스로에게 질문을 던져야만 한다. 우리의 시대는 과연 인쇄 혁명으로 인해 여러 차례 혁명의 물결이 펼쳐졌던 1500년 이후 시대의 경험을 반복하게 될 것인가?[1] 이 새로운 네트워크들은 16세기와 17세기와 18세기의 혁명적 네트워크들이 우리 조상들을 영성적 세속적 위계제의 족쇄로부터 해방시켜주었듯 우리를 관리형 국가의 족쇄에서 풀어내줄 것인가? 아니면 우리 시대의 기성 위계 조직들이 옛날 제국주의 시절의 전임자들보다도 훨씬 더 신속하게 이 네트워크들을 자기 편으로 만들어 오히려 전쟁이라는 오래된 자신들의 악덕을 추구하는 도구로 쓰게 될 것인가?

모든 평등하고도 자유로운 네티즌들이 서로 연결을 맺고 모든 가용의 데이터를 공유하면서 최대한의 투명성과 최소의 프라이버시 장치들을 실현하는 세상—이는 분명히 호소력이 있는 비전이며 특히 젊은이들에게 그러하다. 이러한 네티즌들이 랑의 〈메트로폴리스〉에 나오는 노동자들처럼 자발적으로 들고 일어나 전 세계의 부패한 엘리트들을 때려잡은 뒤 인공지능의 강력한 힘을 풀어놓아 스스로를 지루한 노동에서 해방시킨다—은 생각만 해도 낭만적이고 멋진 일이 아닐 수 없다. 과거를 돌이켜보지 않고서 미래를 보려고 하는 이들은 이러한 희망사항으로 가득 찬 이야기의 함정에 쉽게 빠져들게 된다. 1990년대 중반 이후 컴퓨터 과학자들 등등은 이른바 '지구적 두뇌'의 가능성이라는 환상을 펼쳐내 왔다. 스스로를 조직할 줄 아는 '지구적 초유기체'라는 것이다.[2] 1997년 마이클 더투조스Michael Dertouzos는 '컴퓨터의 조력을 받은 평화'의 시대라는 전망을 내놓았다.[3] 2000년에는 한 열성파 논자가 이렇게 말하기도 했다. '새로운 정보 기술들 덕분으로 제로섬 게임이 아닌 새로운 지평이 열린다'. 스스로를 탈중앙집권화하는 데에 늑장을 부리는 정부들은 '신속하게… 처벌을 받게 될 것'이라는 것이었다.[4] 캐서린 헤일스N. Katherine Hayles는 거의 황홀경 속을 헤매고 있다. 그녀가 2006년에 내놓은 글을 보자. '전 지구적으로 연결을 맺고 있는 네트워크 속에서 살아가는 우리는 우리와 지구를 공유하고 있는 다른 생물종들뿐만 아니라 지성을 갖춘 기계들과도 역동적인 공진화의 선순환 고리를 맺고 있다.' 이러한 선순환 고리는 종국에는 새로운 '인식장cognisphere'을 만들어낼 것이라는 것이다.[5] 그로부터 3년 후, 이언 톰린Ian Tomlin은 다음과 같은 비전을 제시한다. "사람들 사이에 무한히 많은 형태의 연방체들이 생겨난다… 이 연방체들은… 종교와 문화의 차이점들을 넘어서서… 이 지구의 존속에 절대적으로 필요한 지구적인 자비와 협동을 가져온다."⁶ "함께 만나 아이디어를 나누는 인간들의 사회적 본능이야말로 장래에 우리 인류가 스스로를 파괴하는 광란에서 우리를 구출해내는 유일한 탈출구가 될지도 모른다."⁷ 또 다른 저자는 '정보화'야말로 세계화의 세 번째 물결이라고 말한다.⁸ '웹 3.0'을 통해서 "'캄브리안 대폭발'*의 현대적 버전"이 생겨날 것이며, 이는 '우리의 집단적 지성을 인도해줄 파워 핸들'로 기능할 것이라는 것이다.⁹

실리콘 밸리의 거물들은 본래 미래를 한껏 낭만화할 동기가 넘치는 이들이다. 발라지 스리니바산Balaji Srinivasan은 밀레니얼 세대가 모두 지리적 위치에서 해방되어 컴퓨터의 '클라우드' 속에서 함께 일하며 국가의 지불 시스템으로부터 해방된 디지털 증표로 서로에게 지불하는 환상적인 비전을 그려낸다. 마크 저커버그는 2017년 하버드 대학 졸업식 연설에서 새로 졸업하는 이들에게 "모든 이가 자신의 인생의 목적을 가지고 있는 세상을 만들어냅시다. 이를 위한 방법으로 의미 있는 큰 프로젝트에 함께 힘을 모아야 할 것이며, 모든 이가 자기의 목적을 추구할 자유를 얻을 수 있도록 평등을 다시 정의해야 할 것이며, 전 세계에 걸친 공동체를 구축해야 할 것입니다"라고 했다. 하지만 저커버그는 슈퍼스타 경제학의 불평등성을 몸소 체현하고 있는 인물이다. 그가 불평등의 해법으로서 그려내는 거의 모든 것들 — '보편적 기본소득, 감당할 수 있는 비용의 어린이집, 어느 한 직장에 매이지 않은 의료 보험… 지속적인 교육' — 은 지구적으로 달성될 수 있는 것이 아니며, 오로지 예전 20세기의 복지국

---

* 5억 년 전을 전후한 캄브리아기에 생물종의 다양성이 폭발적으로 늘어나 오늘날 존재하는 생물 문들이 거의 모두 나타난 바 있다.(옮긴이)

가가 제공하던 국민국가의 정책들로서만 가능한 것들이다. 그리고 그는 '우리 시대의 투쟁'을 '자유, 개방, 지구적 공동체의 세력과 여기에 맞서는 권위주의, 고립주의, 민족주의의 세력' 사이의 싸움이라고 말하고 있지만, 그는 자기 회사가 그 후자의 세력에 얼마나 큰 도움을 주고 있는지를 망각하고 있는 듯하다.[10]

미래학의 역사를 볼 때, 실리콘 밸리에서 나오는 유토피아의 비전이라는 것은 기대할 것이 전혀까지는 몰라도 거의 없는 것이라고 할 수 있다. '무어의 법칙'이 계속 작동한다면 2030년경에는 무수한 컴퓨터들이 인간의 두뇌를 흉내 낼 수 있게 될 것이다. 하지만 그렇다고 해서 방금 앞 문단에서 나온 상상 속의 유토피아가 그 결과일 것이라고 기대할 이유가 대체 무엇이겠는가? '무어의 법칙'은 찰스 배비지가 자신이 죽기 직전인 1871년에 '분석 엔진Analytical Engine'이라는 장치를 (부분적으로) 완성한 이후부터 작동해왔다고 볼 수 있으며, 2차 세계 대전 이후에는 확실하게 작동해왔다. 하지만 그렇다고 해서 우리의 생산성에 있어서 그에 상응할 정도의 비약적인 개선이 있었다고는 말할 수 없으며, 우리 인류가 집단적으로 보여준 행위의 도덕성에 있어서는 더더욱 그렇다. 예전에 벌어진 여러 번의 산업 혁명의 혁신이 최근에 벌어진 것보다 인류에 훨씬 더 큰 혜택을 가져다주었다는 주장은 큰 설득력이 있다.[11] 그리고 만약 로봇과 인공지능의 발전에서 빚어지는 으뜸가는 결과가 정말로 대규모 실업이라고 한다면,[12] 인류의 대다수가 과연 아무 불평도 없이 큰 액수는 아니지만 그래도 살기에는 충분한 기본소득을 받으면서 무해한 종류의 여가 활동에만 몰두할 가능성은[13] 대단히 낮다. 그러한 사회적 장치가 작동하기 위해서는 올더스 헉슬리가 상상했던 바와 같은 약물에 기초한 전체주의가 반드시 필요할 것이다.[14] 훨씬 더 가능성이 큰 결과는 폭력 사태의 혼란이 되풀이되는 것으로, 우리 이전의 마지막 네트워크 시대의 경우도 결국은 프랑스 혁명이라는 혼돈에 빠져들었던 바 있다.[15]

나아가 이 모든 유토피아의 들뜬 희망에도 불구하고, 그렇게 선의로 가득 차지 않은 세력들이 이미 그 '인식 영역'을 자기들에게 유리하도록 사용하고 남용하는 방법을 익혀 버린 게 아닐까라는 의심도 떨쳐버릴 수 없다. 인터넷이라는 것도 알고 보면 해저 케이블, 광섬유망, 위성 연계, 서버로 꽉 찬 거대한 창고 등이 있어야만 작동하는 것이다. 이러한 기간 시설의 소유권 문제로 가면 유토피아적인 요소는 전혀 없으며, 주요 웹 플랫폼들의 소유권자들에게 그토록 큰돈을 벌어다주고 있는 과점적 환경과 장치들도 마찬가지다. 방대하고 새로운 네트워크들이 가능해진 것은 분명한 사실이지만, 이 또한 옛날의 네트워크들과 마찬가지로 위계적인 구조를 갖고 있어서 과잉으로 연결된 소수의 허브들이 드문드문 연결을 맺고 있는 다수의 노드들의 머리 위 높은 곳에 위치하고 있다는 점 또한 여전히 사실이다. 그리고 부패한 과두제 권력자들이나 종교적 광신도들이 이 네트워크를 도구로 사용하여 사이버스페이스를 새로운 종류의 예측불능의 전쟁의 장으로 삼는다는 것도 이제는 가능성으로만 머물지 않게 됐다. 이 전쟁은 이미 시작됐다. 지정학적 리스크의 확률로 볼 때 재래식 전쟁은 물론 핵전쟁마저도 완전히 떨쳐버릴 수 있는 이야기가 아니다.[16] 또한 '닥터 스트레인지러브'*와 같은 이들이 인

---

* 냉전 시대 미국과 소련의 핵전쟁을 다룬 스탠리 큐브릭 감독의 풍자 영화에 나오는 인물. 핵무기를 만들고 설계한 과학자들을 모델로 하여 만들어낸 캐릭터로 알려져 있다.(옮긴이)

공지능을 사용해 '전 지구적 초유기체'를 만들어내고 이것이 마구 날뛰면서 지구 자체의 장기적 존속에 있어서 최고의 위협은 바로 인류라는 계산 결과를 내면서 (잘못된 계산도 아니다) 결국 인류의 다수를 솎아내어버리게 될 가능성도 배제할 수 없다.[17]

"일단 모든 이가 자유롭게 이야기하고 정보 및 아이디어를 교환할 수 있게 된다면 이 세상은 자동적으로 더 좋은 곳이 될 것이라고 저는 생각했습니다." 트위터의 공동 창립자들 중 하나인 에번 윌리엄스Evan Williams는 2017년 5월 이렇게 말했다. "제 생각은 틀렸습니다."[18] 여러 네트워크들만으로 세상이 무리 없이 굴러갈 것이라고 믿는 것은 무정부 상태를 불러오는 확실한 방법이라는 게 역사의 교훈이다. 아주 잘 풀려봐야 권력은 일루미나티의 손으로 들어가고 끝날 것이며, 사실은 자코뱅 당원들의 손에 들어가고 끝날 가능성이 훨씬 높다. 오늘날 어떤 이들은 최소한 '아나키즘에 함께 만세를 부르자'고 우리를 꾀여대고 있다.[19] 1790년대와 1800년대의 여러 전쟁을 거치며 살아남은 이들이 배웠던 뼈아픈 교훈이 있으며, 이를 우리도 다시 명심해야 할 것이다. 혁명의 소용돌이가 끝없이 줄줄이 지나가는 세상을 원하지 않는다면, 우리는 이 세계에 모종의 위계적 질서를 강제해야 하며 거기에 정통성을 부여해야만 한다. 빈 회의에서 5대 강국이 모여 그러한 질서를 확립하기로 합의한 바 있었고, 그렇게 해서 성립된 5대 강국 체제는 그 이후 19세기가 끝날 때까지 대부분의 기간에 놀라운 안정성을 제공하였다. 그로부터 꼭 200년 뒤인 오늘날 우리는 그들과 똑같은 종류의 선택에 직면해 있다. 네트워크로 굴러가는 세상을 원하는 이들은 자신들이 꿈꾸는 상호연결성의 유토피아를 얻게 되는 게 아니라 '송곳니'와 '박쥐'로 갈라진 세상, 그래서 앞에서 우리가 논의한 바 있는 온갖 병리적 현상에 전염된 세상, 사악한 의도를 가진 하부 네트워크들이 월드와이드웹이 제공하는 여러 기회를 이용하여 밈들과 거짓 정보를 바이러스처럼 퍼뜨리는 세상을 얻게 될 것이다.

대안은 강대국들이 지하드, 범죄, 사이버 파괴행위, 그리고 말할 것도 없이 기후 변화 등에 대처하는 것을 공동의 이해로서 인식하여 또 하나의 5대 강국 체제와 같은 것을 구성하는 것이다. 2017년을 강타했던 워너크라이WannaCry 사태의 여파로 이제는 러시아 정부조차도 사이버리아를 오랫동안 지배할 수 있는 국가란 없다는 사실을 이해하게 됐을 것이다. 워너크라이라는 멀웨어는 미국 국가안전보장국에서 만든 이터널블루EternalBlue라는 이름의 사이버 공격 무기로 개발된 것이지만, 스스로를 "섀도 브로커스Shadow Brokers"라고 부르는 집단이 훔쳐가서 누출시킨 것이다. 다행히도 영국의 한 연구자가 그 '킬 스위치'를 찾아내 사태는 진정됐지만, 그 사이에 수십만 대의 컴퓨터가 감염됐으며, 이는 미국, 영국, 중국, 프랑스, 러시아를 가리지 않고 벌어진 일이었다. 강대국들이 인터넷의 무정부상태와 싸워야 하는 공통의 이해를 가지고 있다는 사실을 이보다 더 잘 보여주는 예가 있을까? 1945년 이후의 질서를 설계한 이들은 그러한 새로운 5대 강국 체제를 위해 편리한 제도적 기초를 마련해놓은 바 있다. 바로 UN 안전보장이사회의 영구 회원국의 형태로 말이다. 이 제도는 정통성과 정당성에 필요한 모든 중요한 요소들을 지금도 여전히 보유하고 있다. 이 5대 강국이 과연 19세기의 선배들이 그랬던 것처럼 공동의 명분을 위해 한 번 더 움직일 수 있을지, 이것이야말로 우리 시대의 크나큰 지정학적 질문이다.[20]

6세기 전 시에나에서는 시청 건물Palazzo Publico의 만지아 탑Torre del Mangia

이 캄포 광장Piazza del Campo 위에 긴 그림자를 드리우기 시작했다. 캄포 광장은 부채꼴로 생긴 공간으로서 시장터도 되었다가 회합 장소도 되었다가 하는 곳일 뿐만 아니라 1년에 두 번은 경주장으로도 쓰이는 곳이었다. 이 탑의 높이는 중요한 의미를 담고 있다. 이는 시에나의 가장 높은 언덕 위에 서 있는 성당과 같은 동일한 높이로, 세속적 위계질서와 영적 위계질서가 동등하다는 것을 상징하는 것이었다.21 한 세기 전 랑의 영화 〈메트로폴리스〉에서는 위계적 권력이 맨해튼의 마천루들로 상징화돼 있을 뿐 아니라, 이 건물들 때문에 맨해튼 센트럴 파크의 남쪽과 동쪽은 낮 시간의 상당 부분을 그늘 속에 있어야만 한다.22 뉴욕에 처음으로 높은 탑들이 세워졌을 때, 이후 미국 경제를 지배하게 되는 위계적 기업 조직들은 그 탑들로 순순히 머리를 조아리고 들어올 수밖에 없었고 이는 또한 적절한 일이었다고 보였다.

그때와는 대조적으로, 오늘날의 지배적인 하이테크 기업들은 수직적인 것을 어떻게든 피하려고 한다. 멘로 파크Menlo Park에 있는 페이스북 총본부 건물은 프랭크 게리Frank Gehry가 설계한 것으로서, 개방형 배치 open-plan*로 지어진 사무실들과 놀이 공간으로 구성돼 사방으로 쫙 퍼진 캠퍼스의 형태를 띠고 있다. 마크 저커버그에 따르면 이는 '공간 하나에 수천 명이 들어갈 수 있다'고 하지만, 좀 더 정확히 이야기하자면 이는 '괴짜 또라이들geeks'을 위한 거대한 유치원이라고 해야 할 것이다. 쿠페르티노Cupertino에 있는 새로운 '애플 공원'의 주된 빌딩은 거대한 원형의 우주선 모양으로서 높이는 (지상 위로 쟀을 때) 4층뿐이다. 이는 스티브

---

*   하나의 필지에 하나의 건물만 짓고서 나머지는 열어둔 상태.(옮긴이)

잡스, 노먼 포스터Norman Foster, 조너선 아이브Jonathan Ive 등이 설계한 '창의
성과 협업의 센터'다. 동등한 노드들끼리 통일된 숫자의 연결선을 가지
고 있지만 그들 사이의 레스토랑은 하나뿐인 격자 모양의 네트워크를
담는 모습을 띠고 있다.[23] 구글은 마운틴뷰Mountain View에 '나무들, 조경
환경, 카페들, 자전거 도로들' 한가운데에 새로운 총본부 건물을 지었는
데, 이는 '무게가 가벼운 블록식의 구조물로서 쉽게 들어서 이동할 수
있다'고 한다. 마치 레고 장난감으로 만들어서 자연 보호 구역에 가져다
놓은 듯한 건물인 것이다. 결국 주춧돌도 없고 평면도도 없는 건물로서,
구글이 담아내고자 하는 끊임없이 진화하는 네트워크를 모방한 듯한
모습이다.[24] 실리콘 밸리는 높은 건물을 좋아하지 않으며, 이는 단지 지
진에 대한 두려움 때문만은 아니다. 그 건물들이 수평적으로 설계된 것
은 그 회사들이 전 지구적 네트워크의 가장 중요한 허브, 즉 전 세계의
중앙 광장이라는 현실을 반영한 것이다.

하지만 미국의 반대편인 뉴욕시 5번가로 가보자. 여기에는 전혀 다른
조직적 전통을 대표하는 58층짜리 건물이 떡하니 버티고 있다.** 그런
데 이 거무스름한 탑의 부재不在 소유자는 네트워크의 무정부 상태와 세
계적 차원의 질서 중에 어떤 것을 선택할지에 대해 가장 큰 발언권을 가
지고 있는 사람이다.

** 꼭대기 층은 '68'이라는 숫자가 붙어 있기는 하다. 그 이유는 그 빌딩과 같은 이름을 가진 사나이가 과
연 그답게도 그 빌딩이 68층짜리여야 한다고 주장했기 때문이다. 하지만 트럼프 타워는 6층에서 13
층까지가 아예 존재하지 않는다.

광장과 타워의 기원을 찾아서: 14세기 시에나에서의 여러 네트워크와 위계 조직들

어째서 이 책의 제목을 '광장과 타워'라고 붙였는지를 설명하려면 독자들과 함께 이탈리아의 시에나로 가야 한다. 조개껍데기 형상을 띤 광장인 피아자 델 캄포Piazza del Campo를 지나 시청 건물인 팔라초 푸블리코Palazzo Publico로 걸어 가다 보면 웅장한 종탑인 토레 델 만지아Torre del Mangia의 길게 드리운 그림자를 지나가게 된다. 이 책에서 묘사한 바 있는 인간 조직의 두 가지 형태를 이토록 우아하고도 간명하게 나란히 보여주고 있는 곳은 세계 어디에도 없을 것이다. 당신을 둘러싼 공동 공간은 사람들 사이에 온갖 종류의 공식적 비공식적 상호 작용이 벌어지도록 하려는 목적에서 세워진 것이며, 머리 위를 짓누르는 탑은 세속 권력을 상징하고 또 투사하려는 의도에서 세워진 것이다. 이 책의 중심 주제는 분산된 여러 네트워크와 여러 위계적 질서 사이의 긴장이 인류의 존재만큼이나 오래된 것이라는 것이다. 물론 기술 발전은 이러한 긴장 속에서 어느 쪽이 우위를 점하게 되는지에 영향을 미치지만, 그 긴장 자체는 최신 기술이 무엇이든 그것과 무관하게 존재한다. 시에나는 바로 이 점을 눈으로 보여주고 있다. 이 광장과 종탑 모두 유럽에서 인쇄술이 나타나기도 전에 설계된 것들이니까. 팔라초 푸블리코는 1312년에 완성되었으며 토레 델 만지아는 바로 그 옆에 14세기에 세워졌다. 그리고 이 광장의 바닥을 깔고 있는 벽돌들 또한 14세기로 거슬러 올라간다.[1]

오늘날 많은 이들이 인터넷이 세상을 근본적으로 바꾸어 놓았다고 생각하고 있다. 하지만 최근 미국 대법원 판결에서의 다수 견해가 말한 바 있듯이, 대법관 앤서니 케네디Anthony Kennedy의 말대로 인터넷은 그저 '오늘날의 대중 광장'일 뿐이다.[2] 2017년에 우리가 부닥치고 있는 문제들은 우리가 생각하는 것처럼 그렇게 새로운 것이 전혀 아니다. 대통령이 권위주의적 통치를 하려는 경향을 보인다면 곧 공화국이 종말을 고하게 될 징조가 아닌가? 사회적으로나 정치적으로 분열이 깊어지다 보면 내전 상태로까지 비화될 수 있지 않은가? 새롭게 떠오르는 강대국이 생겨나게 되면 기존의 최강대국에게 도전이 될 것이며 결국 전쟁이 벌어지는 게 아닌가? 이런 질문들은 토레 델 만지아를 세운 이들에게 아주 익숙한 것들이었다. 내 말이 의심스럽다면 팔라초 푸블리코 건물 안으로 들어가서 2층으로 올라가 보시라. '9인 정부의 방Sala dei Nove'의 벽에 보면 이 네트워크와 위계제라는 이분법의 아이디어가 아주 옛날부터 존재했다는 놀라운 증거를 발견하게 될 것이다.

이 방에는 암브로지오 로렌제티Ambrogio Lorenzetti가 그린 프레스코 벽화

그림 51
악질적인 위계제를 형상화한 로렌제티의 그림. 악마와 같은 전제 군주 티라미데스가 옥좌에 앉아 있다. 그 위로 탐욕, 교만, 허영 등이 날아다니고 있다. 그리고 그 아래에는 정의가 꽁꽁 묶여 완전히 무력화된 채로 놓여 있다.

들이 있으며, 이는 14세기 이탈리아 미술의 가장 위대한 작품들에 속한다. 내가 이 그림들과 처음으로 조우했던 것은 빈털터리 대학원생이었던 1980년대 중반이었다. 당시 나는 이 벽화들에 너무나 깊은 인상을 받았기에 없는 돈을 털어서 이 벽화들 일부 장면의 복제화를 두 장이나 샀다. 그게 내 인생에서 처음으로 산 그림이었던 듯하다. 그 싸구려 복제화들은 거의 알아보기도 힘들 정도로 조잡한 것들이었지만, 나는 이 그림들을 내가 교수로 재직했던 옥스퍼드, 하버드, 스탠퍼드의 연구실마다 항상 끌고 다녔다. 그리고 의식하지 못하는 사이에 거의 삼투현상처럼 이 그림들은 나의 사유에 속속들이 파고들어 영향을 미쳤다. 내가 이 책에 붙일 적절한 제목을 찾고자 했을 때, 시에나가 바로 머릿속에 떠올랐던 것도 그 때문이었을 것이다.

이 프레스코 벽화들은 당시 시에나 공화국을 통치했던 아홉 명의 선출된 공직자들에게 영감을 주기 위한 의도로 제작되었다. 이 아홉 사람은 한 명씩 돌아가면서 두 달씩만 봉직했지만, 임기 동안은 그들 모두가 각자의 가족과 떨어져서 이 팔라초 건물 내에서 생활해야 했다. 즉 르네상스 시대의 이탈리아 도시국가들을 지배했던 여러 가문의 네트워크와 담을 쌓고 살아야 했던 것이다. 옆에 붙어 있는 보다 큰 위원회실Sala del Counsiglio에서는 시에나의 의회가 (이는 사실상 입법부였다) 열렸다. 하지만 이 도시의 성문 헌법에 따르면 그들은 행정부이자 (종교 문제 이외의 사건들에 대해) 사법부를 겸하였다. 이 프레스코 그림들은 1338년 2월에서 1339년 5월 사이에 그려졌으며, 그 아홉 명으로 하여금 자신들이 내리는 결정이 얼마나 중대한 결과를 낳는 것인지를 자각하게 하려는 뜻을 담고 있었다.

이 벽화들은 그 '9인 정부의 방'에서 창문이 나 있는 남쪽 벽을 제외한 세 벽을 덮고 있다.[3] 창문을 등지면 왼쪽, 즉 서쪽 벽에는 오늘날 〈전쟁〉이라는 제목으로 알려진 프레스코 그림이 있다. 그리고 정면의 북쪽 벽에는 학자들이 〈좋은 정부의 풍유Allegory of Good Government〉라고 불리는 그림이 있으며, 이는 창문으로 들어오는 빛을 가장 잘 받는 위치에 있으므로 중심 작품으로 의도되었음이 분명하다.[4] 그리고 오른쪽의 동쪽 벽에 걸려 있는 그림은 〈평화〉로 알려져 있다.

로렌제티가 이 작품의 영감을 얻은 원천에 대해서는 학자들이 오래도록 논쟁을 벌여왔다. 아주 오랫동안 이 벽화들은 아리스토텔레스와 (『니코마코스 윤리학』) 성 토마스 아퀴나스의 (『신학대전』) 저작들에 나타난 생각들을 형상화하는 것이라고 믿어졌다. 그리고 좀 더 분명한 원천은 13세기의 플로렌스 작가인 브루네트 라티니Brunetto Latini가 쓴 『귀중한 책Li Livres dou Trésor』(c.1260~1265)과 이를 그 자신이 축약한 이탈리아어판이었다고 한다. 하지만 좀 더 최근에 나온 설명을 보면 이 그림들이 그 당시 얼마 전에 펼쳐졌던 투스카니아 지방의 역사를 (특히 시에나와 피사 Pisa의 대립) 은밀히 암시하고 있을 뿐만 아니라 그 이미지의 상당 부분이 점성술에 기원을 두고 있음이 밝혀졌다고 한다.

이미 초기인 15세기 초의 로렌초 기베르티Lorenzo Ghiberti의 묘사에 따르면, 그 본래의 의도는 '전쟁 도중에 벌어지는 각종 수탈 행위'를 '평화의 기간 동안에 벌어지는 일들… [예를 들어] 상인들의 무리가… 대단히 안전하게 여행을 하는 모습, 그들이 자기들 물건을 그냥 숲에 놓아두었다가 가지러 오는 모습 등'과 대조하는 것이었다고 한다. 프란체스코 수도승인 성 베르나르디노Saint Bernardino는 이 벽화가 완성된 지 거의 90년이 지난 뒤에 행해진 한 설교에서 이 그림들을 한마디로 '전쟁과 평화'라고 묘사하고 있다.

평화의 그림 쪽으로 돌아서면 상업 활동이 벌어지고, 사람들은 춤을 추며, 집들은 수리되며, 포도밭에 씨가 뿌려지고 경작이 이루어지며, 사람들이 말을 타고서 목욕탕으로 가며, 소녀들은 결혼을 하며, 양들이 떼를 지어 풀을 뜯는 등의 모습을 볼 수 있습니다. 그리고 신성한 정의를 유지하기 위하여 교수형을 당하는 사람도 있습니다. 그리고 그 덕분에 모든 이들이 성스러운 평화와 조화 속에 살고 있습니다. 반면 그 반대쪽의 벽화로 돌아서면, 상업도 벌어지지 않으며, 사람들이 춤추는 모습도 없으며, 집들은 수리되지 않고, 부수어지고 불에 타고 있으며, 밭은 경작되지 않으며, 포도나무는 잘려져 나가고 씨도 뿌려지지 않고 있으며, 목욕탕도 또 그 밖의 다른 위락 시설도 사용되지 않고 있으며, 바깥으로 돌아다니는 사람도 없습니다. 오 여인들이여! 오 남자들이여! 남자는 죽음을 당하고 여자는 겁탈을 당합니다. 양떼는 [포식자들의] 먹이가 되며, 사람들은 서로를 배반하고 서로를 죽입니다. 정의는 땅 위에 누워 있으며, 그 저울은 부수어졌으며, 손발이 꽁꽁 묶인 채 아무것도 하지 못하고 있습니다. 그리고 모든 것은 공포로 끝장이 나 있습니다. 하지만 요한계시록 13장에 보면 전쟁은 뿔이 열 개 머리가 일곱 개에다가 곰의 발을 가진 표범의 형상을 가진 짐승이 바다에서 나오는 모습으로 나타나고 있습니다. 이 열 개의 뿔들이란 바로 십계명에 대한 반항을 뜻하는 것 이외에 무엇이겠습니까? 일곱 개의 뿔이 달린 [짐승은] 바로 일곱 가지 대죄mortal sins*를 뜻하는 것이며, 표범의 모습이란 배반을 뜻하는 것이며, 곰의 발이란 곧 복수심으로 가득 차 있다는 것을 뜻하는 게 아니겠습니까? 하지만 용서를 통해서 우리는 전쟁을 종식시키고 제거할 수 있습니다.5

　그런데 이 인용구에서 암시되어 있듯이, 이 '평화'와 '전쟁'이라는 용어

---

*　가톨릭 교회에서 일곱 가지 대죄란 사람의 영혼을 신의 은총과 끊어버리는 일곱 가지 행위 혹은 태도를 뜻하는 것으로서 교만·탐욕·육욕·질투·식탐·진노·나태 등을 말한다.(옮긴이)

들은 폭넓게 이해할 필요가 있다. 톨스토이의 소설에 나오는 것처럼 단순히 국가들 사이의 관계를 말하는 것이 아니라, 시민들 사이의 조화 그리고 전제적 정부가 들어서면 생겨나게 마련인 갈등을 대조시키는 보다 더 오래된 의미인 것이다. 누군가는 『선한 정부의 풍유』의 의미를 '인간 세상의 근본적 형태로서 공영체civitas* 개념을 그림으로 나타낸 것'이라고 훌륭하게 요약하고 있다.6 동쪽 벽에 그려진 도시와 농촌의 평온한 장면들은 잘 다스려지는 도시국가의 온갖 혜택을 묘사하기 위한 의도이다. 7 반대쪽의 그림은 그 대립물로서, 잘못된 통치가 행해질 때에 사람들이 치러야 할 모든 대가를 묘사하고 있다.

로렌제티는 가운데의 풍유화에다가 이해를 돕는 설명 문구를 넣어 두고 있다. '이 신성한 미덕이 [정의] 통치하는 곳에서는 [시민들의] 수많은 영혼이 통일을 이루며, 그러한 정의를 목적으로 하여 함께 모인 그들은 공동선ben comune을 그들의 주인으로 삼게 됩니다. 그리고 이 주인은 자신의 국가를 통치하기 위해서라도 자기 주변을 둘러싸고 있는 여러 미덕의 찬란한 얼굴 이외의 방향으로 결코 한 눈을 파는 일이 없습니다. 그렇기 때문에 이 주인은 당당하게 조세, 공물, 도시의 지배권을 얻게 됩니다. 따라서 전쟁이 없어도 시민 공영체의 모든 좋은 결과들―유용성, 필요성, 쾌적함―이 마땅히 따라오게 됩니다.' 이 벽의 왼쪽에는 정의의 여신이 앉아 있으며, 그 위로는 '천상의 지혜Heavenly Wisdom'가 있고

---

* '키비타스'란 고대 로마에서 시작된 개념으로서, 단순한 인간 집단의 의미가 아니라 하나의 법률에 모두 따르면서 거기에서 파생되는 일정한 권리와 의무를 수행하기로 합의한 질서의 집단을 뜻한다. 여기에서 공화국res publica의 개념이 나오며, 16세기 이래로 이 공화국의 영어 번역어가 공영체로 흔히 옮겨지는 'commonweal'이었다.(옮긴이)

그 옆에는 아리스토텔레스의 교환적 정의와 분배적 정의의 범주를 각각 나타내는 붉은 천사와 하얀 천사가 앉아 있다. 그 오른쪽에 더 크게 그려져 있는 것은 수염 가득한 가부장으로서, 이는 시에나라는 공영체의 공동선을 인격화하고자 하는 의도로 그려진 것이 분명하다.[7] 그의 오른쪽에는 (즉 보는 이의 왼쪽) 올리브 가지를 손에 들고서 비스듬히 기대어 거의 에로틱하다 싶은 모습을 한 정의의 여신이 그려져 있고, 또 강건함Fortitude과 신중함Prudence을 나타내는 좀 더 엄격한 모습의 인물들이 그려져 있다.[8] 그의 다른 쪽에는 아량Magnanimity, 절제Temperance, 그리고 (또 다른) 정의의 대표자들이 그려져 있다. 그리고 이들의 머리 위로는 믿음, 소망, 사랑Charity이 떠다니고 있다.[9]

하지만 현대인들에게 좀 더 관심을 끄는 것은 이러한 여러 시민적 미덕의 서열 아래에 위치한 인물들로서, 이들은 이러한 미덕의 표상만큼 압도적인 모습을 띠고 있지는 않다. 정의의 대표자의 발아래 왼쪽에 보다 작은 모습으로 그려진 것은 화합Concord이며, 그 옆에는 '부유한 사람들popolo grasso'의 대표자 24명—여기에서 그 아홉 명의 통치자가 선출된다—이 그려져 있다. 참으로 놀라운 것은 이들 모두가 하나의 밧줄을 쥐고 있는 모습으로서, 이 밧줄은 정의의 저울 양쪽에서 나온 두 갈래를 화합의 여신이 하나로 꼬아 만든 밧줄이다. 그 24명은 그 밧줄을 공동선을 표상하는 인물에게 넘겨주고 있으며, 그 인물의 오른쪽 손목은 그 밧줄에 묶여 있다.[10] 퀜틴 스키너Quentin Skinner에 따르면 이 부분이야말로 이 벽화 전체가 공화정의 자치 정부를 찬양하려는 의도로 기획되었다는 주장을 확증해 주는 것이라고 한다. 즉 '인민의 이익'은 '지배자signorie가 공동체 자체에 의해 속박당할 것'을 요구한다는 라티니의 주장

후기 광장과 타워의 기원을 찾아서 ——

을 표현한 것이 바로 이 그림이라는 것이다.[11] 하지만 이 도시 엘리트들의 손을 하나의 밧줄로 묶어내고 이를 정의와 공동체 자체의 번영이라는 원리에 연결시키고 있는 로렌제티의 이미지는 사회적 네트워크 나아가 정치적 네트워크라는 현대적 개념을 이미 오래전에 선취한 것이라고 말할 수도 있을 것이다.[12]

물론 이런 식의 해석은 항상 시대착오적 오류를 범할 위험이 있다. 로렌제티는 효과적인 군사력이 좋은 정부에 있어서 필수불가결의 요소라는 점을 구체적으로 명시하고 있다. 무장한 기사들은 부유한 시민뿐만 아니라 전쟁 포로들 위에도 높이 군림하고 있으며, 이들은 아주 다른 종류의 밧줄로 하나로 묶여 있다. 그럼에도 불구하고 오늘날의 우리는 이 그림을 볼 때 평화로운 도시와 그 시골 농촌contado의 두 이미지에는 군인들이 전혀 없다는 것을 보고 충격을 받지 않을 수 없다.

동쪽 벽에 그려진 도시의 풍경은 북쪽 벽 그림에서 평화를 나타내는 인물의 '비전을 그대로' 보여준 것이라는 주장이 있었고, 이는 설득력이 있다.[13] 분명히 이 도시는 시에나를 그린 것이다. 상부 왼쪽 구석에는 성당duomo이 그려져 있으며, 중앙에는 포르타 로마나Porta Romana가 그려져 있으며, 또 근처의 포구인 텔라몬Talamone도 그려져 있다.[14] 하지만 이는 어디까지나 이상화된 모습의 시에나로서, '공동체 생활의 우주적 조화'를 보여주는 모습으로 그려져 있다. 여기에서 다시 화가는 이 그림의 감상 포인트를 친절히 인도하고 있다.

통치의 역할을 맡은 여러분들, 눈을 돌려 여기에 그려져 있는 그녀를 [정의의 여신] 보십시오. 그녀의 탁월함은 이미 확고한 사실로서,

항상 모두에게 각자가 마땅히 받아야 할 몫을 나누어주는 일을 합니다. 그녀로 인해 얼마나 많은 좋은 일들이 생겨나는지, 또한 다른 모든 미덕을 무색게 하는 이 미덕이 보존되는 도시의 삶이 얼마나 달콤하고 평화로운지를 보십시오. 그녀는 자신을 소중히 하는 이들을 지켜주고 보호해주며, 먹여주고 살찌워줍니다… 선을 행하는 자에게는 응분의 보상을 하며 사악한 자들에게는 마땅한 처벌을 가합니다.

이를 얼핏 보면 정의로운 통치가 가져오는 혜택으로서 경제적인 번영만을 이야기하는 것으로 추론할 수도 있지만 이는 잘못이다. 성 베르나르디노가 말한 바 있듯이 이 도시에서는 상업적 활동들만 벌어지는 것이 아니다. 선생이 학생들을 가르치는 모습을 볼 수 있으며, 전면에 있는 중심 집단은 춤추는 이들로서 이들은 평화 상태의 기쁨을 표현하기 위한 공적인 춤—'세 번 뛰기tripudium*'로 알려져 있다—에 참여하고 있는 젊은이들임이 (비록 겉모습은 그렇지 않지만) 거의 확실하다. 마찬가지로 농촌의 평화 장면도 교역과 농업 활동만이 아니라 수렵도 그리고 있다. 그 맨 위 왼쪽에는 이러한 문구가 있다. '모든 사람들은 아무런 두려움 없이 자유롭게 여행할 수 있으며, 모두가 밭을 갈고 씨를 뿌릴 수 있습니다. 이 공동체가 '정의의 여신'을 주권자로 유지하는 한 말입니다. 왜냐면 그분께서 사악한 자들로부터 모든 권능을 빼앗아 가버릴 테니까요.'

---

* 로마 시대로부터 내려오는 종교적인 춤. 일정한 높이와 길이로 세 번 펄쩍 뛰는 동작이라 이런 이름이 붙었다고 한다.(옮긴이)

이 모든 것들과 비교해볼 때, 전쟁으로 쑥밭이 된 서쪽 벽의 그림은 완전한 대조를 보이고 있다. 북쪽 벽의 그림도 풍유를 담은 인물들로 가득하듯이 여기에서도 우리는 폭군을 상징하는 인물 티라미데스 Tyrammides를 볼 수 있다. 그는 뿔이 달리고 송곳니가 튀어나온 채 오른손에 단검을 들고서 염소 위에 발을 올리고 있는 악마적인 짝눈의 괴물이다. 이 폭군의 머리 위로 탐욕Avarice, 교만Pride, 허영Vainglory 등의 인물들이 오가고 있다. 그 왼쪽에는 잔혹Cruelty, 반역Treason, 사기Vainglory 등이 있으며, 오른쪽에는 진노Fury, 분열Division ― 목수의 톱으로 스스로를 희생물로 바치고 있다 ―, 전쟁War 등이다.[15] 정의의 여신은 꽁꽁 묶여 아무것도 할 수 없는 상태로 폭군의 발아래에 놓여 있다. 이 프레스코의 아랫부분은 크게 손상되었지만 그래도 잘 보면 살인, 공격, 재산의 파괴 등의 장면을 분별해낼 수 있다. 여기에 이렇게 쓰여 있다. '모든 이들이 자기 이익만을 추구하는 고로, 이곳에서는 폭정이 정의를 짓누릅니다. 그렇기 때문에 이곳으로 가는 도로에서는 누구나 목숨을 빼앗길 위험을 느끼게 됩니다… 도시 성문의 안쪽이든 바깥쪽이든 강도들이 날뛰고 있으니까요.'[16] 이 불행한 도시는 시에나의 경쟁자인 피사Pisa를 나타내는 것이라는 해석도 있었다.[17] 하지만 이는 시에나가 떨쳐 버린 바의 모습, 즉 전제적 폭군이 통치하기 때문에 평화와 번영이 사라져 버린 그러한 도시의 모습을 보여주려고 그려졌을 가능성이 더 크다. 원래 이 벽화의 아래쪽 가장자리에는 폭정을 휘두른 황제들의 (네로, 카라칼라, 가에타, 안티오쿠스) 초상화도 그려져 있었다.[18]

당대의 맥락에서 볼 때, 로렌제티의 이 걸작은 자치를 행하는 도시 국가에 대해 놀랄 정도로 호의적이며, 군주정과 제국에 대해서는 모두 적대적인 태도를 취하고 있다. 이 그림을 그린 로렌제티가 그로부터 1세기 반 이후에나 희미하게 동트기 시작하는 네트워크 시대를 알리는 선지자였다고 주장하는 것은 지나친 일이겠으나, 법치에 기반한 통치를 경제적 번영과 사회적 응집력과 명시적으로 연결 지었다는 점에서 볼 때 그가 그의 시대를 앞서가는 인물이었음은 분명하다. 당시는 유럽뿐만 아니라 유라시아 대륙 거의 전체가 가지가지의 전제적 통치에 지배되고 있었음을 기억해야만 한다. 시에나의 황금시대는 대략 1260년에서 1348년까지였거니와, 이는 몽고 제국의 흥망의 기간과 거의 일치한다. 이 시절에 시에나의 상인들은 중앙아시아에서 비단을 사오기 위해 타브리즈Tabriz 까지 여행했으며, 로마 교황청이 원나라 황제 순제가 보낸 사절을 맞이하기도 했다.[19] 비록 오래전에 없어지기는 했지만 로렌제티가 팔라초 푸블리코 건물을 장식하기 위해 이룩한 또 다른 작품이 있었다. 지름이 16피트(약 4.9미터)에 달하는 회전하는 세계 지도Mappamondo로, 여기에서 시에나는 유라시아 전체로 뻗어 있는 상업 네트워크의 중심으로 그려져 있었다.[20]

그런데 바로 이러한 무역 네트워크가 흑사병이 퍼져나가는 벡터가 되었다는 것이 비극이었다고 할 것이다. 로렌제티의 〈전쟁과 평화〉 그림이 완성된 지 10년도 채 되지 않은 1348년 흑사병이 시에나를 덮쳤으며, 아마 로렌제티 또한 흑사병으로 목숨을 잃었을 가능성이 높다. 그리고 시에나의 평온한 시대도 이것으로 끝이 난다.[21] 하지만 이 '9인 정부의 방'에 그려진 벽화들은 그 후로도 거의 700년을 살아남아 우리에게 전쟁과 평화라는 (그리고 좋은 정부와 나쁜 정부라는) 문제가 오래전부터 사람들이 고민해온 것임을 일깨워주는 기념비 역할을 하고 있다. 이런저런 기술들은 나타나고 또 사라져간다. 하지만 그래도 이 세계는 변함없이 여러 광장과 탑들로 이루어진 세계일 것이다.

닉슨-포드 시대의 사회적 네트워크 그림

45장에서 나는 사회적 네트워크 분석sna을 사용해 닉슨 정부와 포드 정부에서 헨리 키신저의 역할을 검토했고, 좀 더 일반적으로는 그 두 정권에 참여했던 이들이 쓰고 출간한 모든 비망록을 자료로 삼아서 그 두 정부 내에서의 여러 관계를 검토했다. 사회적 네트워크 분석에 관심이 있는 독자들은 그림 30, 31, 32, 33에 대해 더 알고 싶어 할 것이다. 이 그림들은 매니 링컨-크루즈Manny Rincon-Cruz와 함께 진행하고 있는 사회적 네트워크의 연구 프로젝트의 일환일 뿐만 아니라 헨리 키신저의 일생에 대해 내가 진행하고 있는 작업의 일부이기도 하다.

대부분의 사회적 네트워크 분석 프로젝트들은 여러 관계들을 단순한 이진법의 방식으로 그려낸다. 즉, 두 명의 행위자들 사이에 관계가 있느냐 없느냐 하는 것으로, 결국 그 여러 관계들을 이진 행렬의 형식으로 포착할 때가 많다. 또한 대부분의 사회적 네트워크 분석의 계산 방식 또한 그러한 행렬들에만 기초를 둘 때가 많다. 정치학자들과 사회학자들이 생산해낸 학계의 대부분의 데이터들은 이러한 종류의 것으로서, 아주 최근에 들어서야 소셜 미디어 플랫폼들이 급속히 발전하면서 좀 더 복합적인 데이터를 산출해내기 시작했다. 그리고 그렇다고 해도 복잡한 데이터세트들 또한 여전히 연구자들이 그 이진법 접근을 사용할 수 있도록 단순화될 때가 많다. 역사가의 입장에서 볼 때 이는 문제가 아닐 수 없다. 왜냐하면 우리는 개개인들 사이에 존재하는 여러 다른 유형의 관계에 대해 관심이 깊기 때문이다. 게다가 중간 크기의 집단들에서는 이러한 접근법이 거의 모든 이들이 다른 모든 이들과 연결되어 있다는 것을 드러내게 되어 있으므로 거의 쓸모가 없다. 사회 네트워크 분석은 애증 관계를 쉽게 구별해낼 수가 없다. 특히 우정과 적대 관계를 구별해내기 쉽지 않은 정치적 영역에서는 더욱 그러하다. 하지만 여러 관계들 중 어떤 것들이 상대적으로 더 중요한가를 찾아내는 것은 가능하다.

닉슨 정부와 포드 정부에서 중요한 역할들을 맡았던 개인들 중 자기들의 정부 재임 시절을 다룬 비망록을 쓴 이들은 절반에 조금 못 미친다. 우리는 자료를 찾아내기 위해서 먼저 백악관 각료들의 목록을 작성하고, 그 다음에는 그 각료들 바로 아래 단계의 직위에 있었던 개인들, 핵심 정부 부서의 차관들, 닉슨 기념 도서관Nixon Memorial Library의 목록에서 찾을 수 있는 이들, 닉슨 정권 시절에 대해 스탠퍼드 대학의 도서관 시스템과 아마존 및 월드캣WorldCat에서 찾을 수 있는 책을 저술한 행정부 인물들을 모두 포함시켰다. 이렇게 확장된 명단에 기초하여 우리는 다시 스탠퍼드 도서관 시스템, 아마존, 월드캣을 검색해 그들의 저작 모두를 찾아냈다. 그다음에는 걸러내는 과정에 착수했다. 우선 그 개인이 백악관에서 직책을 유지하고 있었던 기간 전체를 다룬 저작들만 포함시켰다. 예를 들어 키신저가 베트남 전쟁을 다룬 책은 배제됐다. 또한 비망록이나 회상록이 아닌 책들도 제외했고, 주로 혹은 전적으로 1차 자료의 편집에 불과한 것들도 배제했다.

우리가 이 저작들을 사용한 목적은 개인들이 당대의 정치에서 또 해당 정부 내의 자기들의 작업에서 일정한 역할을 했던 것을 다른 행위자들이 기억하고 있는 바에 근접하고자 함이었다. 결국 우리가 분석을 통하여 포착하고자 했던 근저의 현상은, 글의 저자가 다른 역사적 행위자를 기억하는 별개의 사건들이 몇 개나 되느냐였다. 그 대리 지표로서 우리는 그 여러 비망록들이 출간될 때마다 저자들, 편집자들, 출판사들에서 실로 주의깊게 공들여 작성한 색인들에 크게 의지하였다. 즉, 우리가 만든 데이터셋의 기본 단위는 어떤 행위자가 각각의 비망록에서 몇 번이나 언급되었는가였다.

당연한 이야기이지만 각각의 비망록은 길이도 다르고 다루고 있는 내용도 다를 뿐만 아니라 출판사마다 한 페이지당 인쇄해놓은 단어 수도 달랐다. 어떤 저자들은 자기들의 전 인생 이야기를 풀어놓기도 했고, 어떤 이들은 딱 정부 내에서 일했던 기간만 다루고 있었다. 이런 다양성을 감안해 우리는 한 개인의 이름이 어떤 비망록에서 나오는 빈도수를 절대적 숫자로 측량하는 것은 피했다. 왜냐하면 우리가 알고자 하는 것은 어떤 행위자가 다른 이들이 닉슨 및 포드 정부에서 맺었던 사회적 네트워크에서 얼마나 중요한 인물이었는가였기 때문이다. 그래서 우리는 한 개인이 언급된 페이지의 숫자를 닉슨 정부와 포드 정부에 대해 비망록을 남긴 모든 저자들이 언급된 숫자를 모두 더한 값으로 나누었다. 이렇게 되면 0과 1 사이의 숫자가 나오게 되는데, 우리는 이 숫자를 그 비망록의 저자와 그 언급된 개인이 얼마나 강력한 관계를 갖고 있었는지를 계산하는 데 사용했다.

우리의 그림에서 각 노드들이 차지하는 면적은 한 개인이 언급되는 횟수에 비례하여 나타나도록 설정했다. 우리의 사회적 네트워크 그래프로 보자면(그림 33), 이는 그 개인이 맺는 내향적인 연결 중심성inbound degree centrality과 조응한다. 이는 그 개인을 향하는 모든 내향적인 연결선들의 비중을 더함으로써 계산된다. 본질적으로 이는 모든 백악관 출신 비망록 저술가들이 남긴 모든 언급을 도수분포 정규화시킨frequency-normalized 몫을 나타내는 것이다. 다른 대부분의 연구에서는 매개 중심성을 계산할 적에 그저 양자 간 관계의 존재 혹은 연결선의 부재를 사용하지만, 우리는 방향성과 가중치를 둔 연결선들을 사용하여 계산했다.

시각화에 있어서는 D3 소프트웨어 패키지를 사용했다. 세 사람을 각자 중심에 놓고 그린 그림들에서의 거리는 노도들의 크기에 비례한다. 사회적 관계 그림(그림 33)에서 노드들 사이의 거리와 배치는 내적인 의

미가 있는 것이 아니며, D3 소프트웨어의 힘 방향 표시force-directed 레이아웃에 의존한 것이다. 이 책에 수록돼 있는 버전들은 우리의 웹 서버로부터 가져온 동학적 해석들을 화면 그대로 캡처한 것이다.

우리의 접근법은 분명한 결함을 하나 가지고 있다. 닉슨 정부의 인물들도, 포드 정부의 인물들도 모두 다 비망록을 집필한 것은 아니라는 점이다. 특히 눈에 띄는 이는 존 미첼John N. Mitchell이다. 그는 다른 이들이 비교적 자주 언급하는 인물이라는 점에서 그가 비망록을 쓰지 않았다는 건 더욱 크게 부각된다. 미첼은 워터게이트 추문을 수사하던 팀과 어떤 협상도 하기를 거부했으며 그 결과 미국 역사상 유일하게 감옥에서 복역한 검사가 되는 운명을 겪어야만 했다. 미첼은 또한 바로 그러한 신의 성실의 원칙을 지키고자 하여 어떤 비망록도 집필하기를 거부했다. 하지만 사람들이 다른 사람들에 대해 남긴 언급의 분포는 놀랄 정도로 비선형적인 형태를 띠고 있으며, 이는 곧 그렇게 '빠진' 비망록들을 무수히 채워넣는다고 해봐야 한 개인이 연결 중심성이나 매개 중심성의 관점에서 얼마나 큰 영향력을 가지고 있는지는 크게 바뀌지 않을 것임을 뜻한다. 이 책에서 논의한 다른 수많은 사회적 네트워크들과 마찬가지로, 닉슨-포드 정부의 사회적 네트워크 또한 거칠게 말하자면 모종의 멱법칙에 의해 지배되고 있는 것으로 보인다.

마지막으로 이 책에 나오는 닉슨-포드 정권 시대 네트워크의 그림들이 그 개개인들 사이의 소통의 빈도 혹은 강도—사회학자들과 심리학자들은 이러한 것들을 척도로 사용하여 모종의 사회적 유대와 같은 것을 검토하기도 한다―를 나타내는 것이 아니라는 점을 강조해 두어야겠다. 우리의 의도는 다르다. 이 그림들은 한 비망록 저자가 다른 개인을 회상함에 있어서 그 개인에게 얼마나 큰 중요성을 부여하는지 혹은 최소한 자신의 비망록 독자들에게 그 개인이 얼마나 중요한 사람인지를 느끼게 하려는지를 포착하고자 하는 것일 뿐이다. 만약 누군가 충분히 세세한 증거와 출처를 갖고 있기만 하다면, 그 의사소통의 빈도값과 강도값이 전혀 다른 그림을 구성하는 것도 얼마든지 가능한 일이다.

•닉슨-포드 네트워크 분석에 참고한 책

Agnew, *Spiro T., Go Quietly... Or Else*(New York: Morrow, 1980).

Bush, George H. W., *Looking Forward: An Autobiography* (Garden City, NY: Doubleday, 1987).

_____and Brent Scowcroft, *A World Transformed* (Garden City, NY: Alfred A. Knopf, 1998).

Cheney, Dick, *In My Time: A Personal and Political Memoir* (New York: Simon & Schuster, 2011).

Colby, William E., *Honorable Men: My Life in the CIA* (New York: Simon & Schuster, 1978).

Coleman, William T. with Donald T. Bliss, *Counsel for the Situation: Shaping the Law to Realize America's Promise*(Washington, DC: Brookings Institution, 2010)

Colson, Charles W., *Born Again* (Old Tappan, NJ: Chosen Books, 1976).

Connally, John B., *In History's Shadow: An American Odyssey* (New York: Hyperion, 1993).

Dean, John W., III, *Blind Ambition: The White House Years* (New York: Simon & Schuster, 1976).

Dent, Harry S., *The Prodigal South Returns to Power*(New York: John Wiley & Sons, 1978).

Ehrlichman, John D., *Witness to Power: The Nixon Years* (New York: Simon & Schuster, 1982).

Ford, Gerald R., *A Time to Heal: The Autobiography of Gerald R. Ford* (London: W. H. Allen, 1979).

Garment, Leonard, *Crazy Rhythm: My Journey from Brooklyn, Jazz, and Wall Street to Nixon, Watergate, and Beyond* (New York: Times Books, 1997).

Gergen, David R., *Eyewitness to Power: The Essence of Leadership, Nixon to Clinton* (New York: Touchstone, 2000).

Gulley, Bill and Mary Ellen Reese, *Breaking Cover* (New York: Simon & Schuster, 1980).

Haig, Alexander M., Jr., *Inner Circles: How America Changed the World: A Memoir*(New York: Warner Books, 1992).

Haldeman, H. R., *The Haldeman Diaries: Inside the Nixon White House* (New York: G. P. Putnam's, 1994).

Hartmann, Robert T., *Palace Politics: An Inside Account of the Ford Years* (London: McGraw Hill, 1980).

Helms, Richard M., *A Look Over My Shoulder: A Life in the Central Intelligence*

Agency (New York: Presidio Press, 2004).

Hill, Clint and Lisa McCubbin, *Five Presidents: My Extraordinary Journey with Eisenhower, Kennedy, Johnson, Nixon, and Ford* (New York: Gallery Books, 2017).

Kissinger, Henry A., *White House Years* (Boston: Little, Brown, 1979).

_____, *Years of Renewal* (New York: Simon & Schuster, 1999).

_____, *Years of Upheaval* (Boston: Little, Brown, 1982).

Klein, Herbert G., *Making It Perfectly Clear* (Garden City, NY: Doubleday, 1980).

Kleindienst, Richard G., *Justice: The Memoirs of Attorney General Richard G. Kleindienst* (Ottawa, IL: Jameson Books, 1985).

Larzelere, Alex, *Witness to History· White House Diary of a Military Aide to President Richard Nixon* (Bloomington, IN: AuthorHouse, 2009).

Liddy, G. Gordon, *Will: The Autobiography of G. Gordon Liddy* (New York: St. Martin's Press, 1995).

Lungren, John C., *Healing Richard Nixon: A Doctor's Memoirs* (Lexington, KY: University Press of Kentucky, 2003).

Magruder, Jeb Stuart, *An American Life: One Man's Road to Watergate* (New York: Atheneum, 1974).

Mollenhoff, Clark, *Game Plan for Disaster: An Ombudsman's Report on the Nixon Years* (New York: Norton, 1976).

Moynihan, Daniel P., *A Dangerous Place* (New York: Little Brown & Company, 1978).

_____, *A Portrait in Letters of an American Visionary* (New York: PublicAffairs, 2010).

Nessen, Ron H., *It Sure Looks Different from the Inside* (New York: Playboy Paperbacks, 1979).

Nixon, Richard M., *RN: The Memoirs of Richard Nixon* (New York: Simon & Schuster, 1990).

Peterson, Peter G., *The Education of an American Dreamer: How a Son of Greek Immigrants Learned His Way from a Nebraska Diner to Washington, Wall Street, and Beyond* (New York: Grand Central Publishing, 2009).

Price, Raymond Kissam, *With Nixon* (New York: Viking, 1977).

Richardson, Elliot L., *The Creative Balance: Government, Politics, and the Individual in America's Third Century* (New York: Holt, Rinehart, 1976).

_____, *Reflections of a Radical Moderate* (Boulder, CO: Westview Press, 2000).

Rumsfeld, Donald H., *Known and Unknown: A Memoir* (London: Penguin Books, 2011).

Safire, William, *Before the Fall: An Inside View of the pre-Watergate White House* (New Brunswick, NJ, and London: Transaction Publishers, 2005).

Saxbe, William B., *I've Seen the Elephant: An Autobiography* (Kent, OH: Kent State University Press, 2000).

Seaborg, Glenn T. with Benjamin S. Loeb, *The Atomic Energy Commission under Nixon: Adjusting to Troubled Times* (London: Palgrave Macmillan, 1993).

Schlesinger, James R., *America at Century's End* (New York: Columbia University Press, 1989).

Shultz, George P., *Economic Policy beyond the Headlines* (Stanford, CA: Stanford Alumni Association, 1977).

_____ , *Learning from Experience* (Stanford, CA: Hoover Institution Press, 2016).

Simon, William E., *A Time for Action* (New York: Berkley Publishing Group, 1980).

_____ , *A Time for Truth* (New York: Reader's Digest Press, 1978).

Stans, Maurice H., *One of the Presidents' Men: Twenty Years with Eisenhower and Nixon* (Washington, DC: Brassey's Inc, 1995).

Ulasewicz, Tony, *The President's Private Eye: The Journey of Detective Tony U. from NYPD to the Nixon White House* (Westport, CT: MACSAM Publishing, 1990).

Usery, William J., Jr, *Laboring for America: Memoirs of Bill Usery* (Macon, GA: Stroud & Hall Publishers, 2015).

Walters, Vernon A., *Silent Missions* (Garden City, NY: Doubleday, 1978).

Weinberger, Caspar W., *In the Arena: A Memoir of the Twentieth Century* (Washington, DC: Regnery Publishers, 2001).

Yost, Charles W., *History and Memory: A Statesman's Perceptions of the Twentieth Century* (New York: W. W. Norton & Company, 1980).

Zumwalt, Elmo R., Jr, *On Watch: A Memoir* (New York: Quadrangle, 1976).

파시즘, 사회민주주의, 아나키즘

초유기체superorganism라는 개념을 이야기할 때 개미나 꿀벌 집단이 흔히 예가 되지만, 이 집단은 그 개체들이 서로와 관계를 맺고 집단을 구성하는 방식이 고정되어 있다. 하지만 인간은 그렇지 않다. 혈연이라는 생물학적 사실에 바탕을 둔 가족과 친족이라는 집단이라고 해도 그것을 구성하는 방식은 실로 지구상에 분포한 크고 작은 인간 집단의 개수만큼이나 다양하다. 하물며 그것을 넘어서서 구성되는 '인위적인' 인간 집단들의 조직 방법은 실로 다양하고 복잡하다.

최근 네트워크 이론이 발전하여 이러한 다양한 조직 방법을 체계적으로 이론화하고 연구하게 되기 전까지, 역사와 사회과학은 이러한 사실을 간과하고 무시해온 감이 있다. 무작위적인 브라운 입자 운동, 평형

상태_{equilibrium}를 지향하는 힘의 균형, 토대와 상부구조의 성립과 변동, 기능적 합리성에 따른 구조적 논리 등이 지금까지 역사와 사회를 설명하는 데에 동원되어 온 상상력의 틀이었다. 이러한 여러 틀들에서 나오는 혜안이 없는 것은 아니지만, 특히 산업 혁명이 벌어진 이후 지난 200년간 인간 사회가 끝없는 지각변동과 해체와 재구성을 되풀이하는 과정에서 가장 절실하게 두드러진 문제를 설명하는 데에는 그다지 성공적이지 못했던 것이 분명하다. 그 문제는 다름 아닌 수직적 위계제와 수평적 네트워크의 문제이다.

기계 문명의 논리는 위계제와 평등한 네트워크의 가능성을 모두 함축하고 있을 뿐만 아니라, 두 가지 모두를 필요로 하고 있다. 또한 이 책에서 저자가 누누이 강조하듯이 위계제를 네트워크의 특수한 경우로 본다면 두 가지가 반드시 상극으로 서로를 배척하라는 법도 없다. 그 결과 산업 문명은 파시즘, 사회민주주의, 아나키즘의 경향을 모두 함축하게 된다. 파시즘이 위계제라는 원리로 조직된 사회라고 한다면 아나키즘은 만인이 평등한 네트워크로 연결된 사회이며, 사회민주주의는 국가를 정점으로 한 권력의 위계가 존재하지만 이것이 만인의 자유와 평등이라는 목표를 향해 스스로를 지향하면서 또 제한하는 사회다. 20세기의 역사는 아나키즘이 하나의 유령 혹은 이상으로 떠도는 가운데 사회가 그리고 전 세계의 질서가 파시즘과 사회민주주의의 두 극단을 방황했던 이야기라고 할 수 있다.

하지만 20세기 말의 IT 혁명을 거치면서 산업 사회도 새로운 국면으로 들어섰을 뿐만 아니라, 인간 사회의 조직 방식 또한 그 폭이 훨씬 넓어졌다. 비록 사회 전체의 조직 원리로서는 아니라고 해도, 도처에서 모두가 평등한 수평적 네트워크의 일원이라는 아나키즘적인 질서와 조직 방식이 나타났다. 그리고 그 모습은 결코 옛날의 아나키스트들이 꿈꾸었던 것처럼 아름답고 조화롭기만 한 것은 아니었다. 그럼에도 분명한 것은, 사회의 권력과 유·무형의 자원 상당 부분이 이미 위계제의 조직 방식이 아닌 이러한 수평적 네트워크로 이동해버렸다는 점이다. 그래서 21세기의 산업 문명이 요동치는 좌우의 진폭은 20세기보다 훨씬 넓을 것이다. 파시즘에서 사회민주주의를 넘어 아나키즘까지도 현실적인 조직 원리로 대두되고 있기 때문이나.

여기에서 이 책이 제시하는 혜안을 음미해 볼 수 있다. 저자는 책에서도 드러나듯이 견식과 시야의 폭은 물론 사실과 자료를 다루고 평가하는 균형 감각 등에서 분명히 평가해주어야 할 역사가임이 분명하며, 그렇기 때문에 이러한 책을 쓸 수 있는 소수의 역사가 중 한 명임도 분명하다. 하지만 그가 가진 미덕이 하나 더 있다. 바로 이렇게 더욱 요동의 진폭이 커져버린 21세기 초입의 세계 산업 문명과 세계 질서의 불안정성을 예리하게 감지하고 있다는 점이다. 마치 칼 폴라니가 그의 저작『거대한 전환』에서 공장과 시장터의 조직 방식의 변화로부터 세계 체제의 붕괴와 변동 방향을 읽어내듯이, 그 또한 20세기 말에 대두된 수평적 네트워크라는 조직 방식의 출현이 어떻게 세계 질서를 바꾸어놓을 것인지에 대해 15세기 인쇄술 발명으로 시작되어 20세기 중반 전체주의의 성립으로 끝이 난, 예전의 역사적 경험에 비추어 많은 통찰을 내놓고 있다. 주지하듯이 그는 보수주의자로서 19세기의 '혁명적 위기'로부터 유럽 질서를 지켜냈던 '5대 강국 지배 체제'와 비슷한 것을 21세기에도 지구적 차원에서 수립할 것을 촉구하고 있다.

이러한 처방은 읽는 이의 이념적 성향과 가치관에 따라 찬반이 분명히 갈라지는 지점일 것이다. 하지만 오늘날 산업 사회의 논리가 수평적 네트워크의 가능성을 강하게 제기하고 있으며, 이 때문에 우리가 인간 세상의 질서를 어떻게 수립하고 그 속에서 자유와 안정이라는 두 가지의 가치를 모두 달성하는 데에 기회와 도전이 모두 나타나고 있다는 점만큼은 이론의 여지가 없을 것이다. 그러한 상황에 부닥쳤을 때 인류가 인쇄혁명 이후 몇백 년간 대처한 역사를 돌이켜보는 것이 중요한 혜안을 줄 것이라는 점도 이론이 없을 줄 안다. 칸트가 말한 바 있듯이 인간은 꿀벌과 달라서 스스로의 질서를 스스로 생각해낼 줄 안다. 그 전제 중 하나는 지난번에 우리가 어떻게 행동했는지를 돌아보고 성찰하는 것이다. 이 책이 그러한 과제에 우리의 눈을 띄워줄 뿐만 아니라 많은 혜안도 가져다줄 수 있다고 믿어 의심치 않는다.

홍기빈 칼폴라니사회경제연구소 소장

주석

1부 서론: 네트워크들, 위계 조직들

1장 신비에 싸인 조직, 일루미나티

1. Agethen, *Geheimbund und Utopie*, 72.
2. Markner, Neugebauer-Wölk and Schüttler (eds.), *Korrespondenz des Illuminatenordens*, xxi.
3. Van Dülmen, *Society of the Enlightenment, 110f.* Krueger, Czech, German and Noble, 65.
4. Markner, Neugebauer-Wölk and Schüttler (eds.), *Korrespondenz des Illuminatenordens*, xiv.
5. 일부 출처에 따라 2,000명이 넘었다고 한다. 예를 들면 Krueger, Czech, German and Noble, 65. 하지만 확실하게 알려져 있는 일루미나티 회원의 이름은 1,343명뿐이다. 그 명단은 다음을 보라. https://projekte. uni-erfurt.de/ illuminaten/Mitglieder_des_Illuminatenordens and Schüttler, Mitglieder des Illuminatenordens.
6. Van Dülmen, *Society of the Enlightenment*, 105f.
7. 귀족 회원들에 대해 좀 더 자세한 사항은 다음을 보라. Melanson, *Perfectibilists.*
8. Agethen, *Geheimbund und Utopie*, 76.
9. 위의 글, 234f.
10. Israel, *Democratic Enlightenment*, 748ff. 보데가 했던 기여 특히 기록자로서의 기여에 대해서는 다음을 보라. Simons and Meumann, "'Mein Amt ist geheime gewissens Correspondenz und unsere Brüder zu führen'".
11. Israel, *Democratic Enlightenment*, 751.
12. 위의 글, 300f.
13. 위의 글, 842; Krueger, Czech, *German and Noble*, 66.
14. Hofman, 'Opinion, Illusion and the Illusion of Opinion'. 을 보라.
15. 일례로 Payson, *Proofs of the Real Existence*을 보라.
16. Hofstadter, *Paranoid Style.*
17. McArthur, "'They're Out to Get Us'", 39.
18. Massimo Introvigne, '*Angels & Demons* from the Book to the Movie FAQ–Do the Illuminati Really Exist?',

http://www.cesnur.org/2005/mi_illuminati_en.htm.

19. http:// illuminati-order.com/; http:// illuminati-order.org/newworldorder/.

20. Robert Howard, 'United States Presidents and The Illuminati/Masonic Power Structure', 28 September 2001: http://www.webcitation.org/5w4mwTZLG.

21. 일례로 http://theantichristidentity.com/ barack-obama-illuminati.htm.을 보라.

22. Wes Penre, 'The Secret Order of the Illuminati (A Brief History of the Shadow Government)', 12 November 1998(updated 26 September 2009).

23. 일례로 Oliver and Wood, 'Conspiracy Theories'.를 보라.

24. 위의 글, 959.

25. 위의 글, 956.

26. 위의 글.

27. 일례로 https://www.infowars.com/ george-soros-illuminati-behind-blm/.를 보라.

28. Oliver and Wood, 'Conspiracy Theories', 964.

29. Knight, 'Outrageous Conspiracy Theories', 166.

30. Swami et al., 'Conspiracist Ideation in Britain and Austria'.

31. Livers, 'The Tower or the Labyrinth'.

32. Landes, 'The Jews as Contested Ground'.

33. Massimo Introvigne, 'Angels & Demons from the Book to the Movie FAQ– Do the Illuminati Really Exist?' http://www.cesnur.org/2005/mi_illuminati_ en.htm.

34. Markner, Neugebauer-Wölk and Schüttler (eds.), Korrespondenz des Illuminatenordens; Wäges and Markner(eds.), Secret School of Wisdom.

35. Roberts, Mythology of the Secret Societies, vii.

2장 우리의 네트워크 시대

1. Margit Feher, 'Probe into Deaths of Migrants in Hungary Uncovers "Vast Network"', Wall Street Journal, 12 October 2016.

2. Herminia Ibarra and Mark Lee Hunter, 'How Leaders Create and Use Networks', Harvard Business Review, January 2007.

3. Athena Vongalis-Macrow, 'Assess the Value of Your Networks', Harvard Business Review, 29 June 2012.

4. Lauren H. Cohen and Christopher J. Malloy, 'The Power of Alumni Networks', Harvard Business Review, October 2010.

5. Andrew Ross Sorkin, 'Knowledge is Money, But the Peril is Obvious', The New York Times, 26 November 2012. Enrich, Spider Network.를 보라.

6. Andrew Haldane, 'On Tackling the Credit Cycle and Too Big to Fail', January 2011: http://www.iiea.com/event/download_powerpoint?urlKey= andrew-haldane-on-fixingfinance를 보라.

7. Navidi, Superhubs, esp. xxiv, 83f., 84f., 95, 124f.

8. https://www.youtube.com/watch?v=vST61W4bGm8.

9. 'Assessing Russian Activities and Intentions in Recent US Elections', 6 January 2016: http://apps.washingtonpost.com/g/page/politics/the-lligence-community-report-on-russian-activities-in-the-2016-election/2153/.

10. Donald J. Trump, speech on 15 August 2016: https://assets.donaldjtrump.com/Radical_Islam_Speech.pdf; speech at AIPAC, 21 March 2016: http://time.com/4267058/ donald-trump-aipac-speech-transcript/.

11. Ito and Howe, *Whiplash*.

12. Ramo, *Seventh Sense*, 92.

13. Adrienne Lafrance, 'The Age of Entanglement', *The Atlantic*, 8 August 2016.

14. Khanna, *Connectography*.

15. Castells, *Rise of the Network Society*, 508.

16. Friedland, 'Electronic Democracy'. 또한 Boeder, 'Habermas's Heritage'.를 보라.

17. Schmidt and Cohen, *New Digital Age*, 7.

18. Grewal, *Network Power*, 294.

19. Anne-Marie Slaughter, 'How to Succeed in the Networked World', *Foreign Affairs*, (November/December 2016), 76.

20. Slaughter, *Chessboard and the Web*, KL 2893–4.

21. Khanna, *Connectography*, 139.

22. Kissinger, *World Order*, 347.

23. Martin Belam, 'We're Living Through the First World Cyberwar— But Just Haven't Called It That', *Guardian*, 30 December 2016.

24. Harari, *Homo Deus*, 344, 395.

25. Harari, *Sapiens*, KL 6475.

26. 일례로 Vinod Khosla, 'Is Majoring in Liberal Arts a Mistake for Students?' Medium, 10 February 2016: https://medium.com/@vkhosla/is-majoring-in-liberal-arts-a-mistake-for-students-fd9d20c8532e를 보라.

3장 네트워크들, 도처에 있는 네트워크들

1. West, Scale. 또한 Strogatz, 'Exploring Complex Networks'.를 보라.

2. Watts, 'Networks, Dynamics, and the Small-World Phenomenon', 515.

3. West, 'Can There be a Quantitative Theory', 211f.
4. Caldarelli and Catanzaro, Networks, 23f.
5. Dittrich, Patient H.M.
6. Christakis and Fowler, Connected, 97.
7. Vera and Schupp, 'Network Analysis', 418f.
8. Jackson, 'Networks in the Understanding of Economic Behaviors', 8.
9. Liu, King and Bearman, 'Social Influence'.
10. Henrich, Secret of Our Success, 5.
11. Dunbar, 'Coevolution of Neocortical Size'.
12. Christakis and Fowler, Connected, 239.
13. Tomasello, 'Two Key Steps'.
14. Massey, 'Brief History', 3–6.
15. McNeill and McNeill, Human Web, 319–21.
16. Jackson, Rodriguez-Barraquer and Tan, 'Social Capital and Social Quilts'.
17. Banerjee et al., 'Gossip'.
18. https://www.youtube.com/watch?v=nLykrziXGyg.
19. 일례로 Othello, II, 3, and III, 4; All's Well That Ends Well, IV, 3.를 보라.
20. Oxford English Dictionary.
21. http://www.nggprojectucd.ie/ phineas-finn/.

4장 왜 위계제를?

1. Massey, 'Brief History', 14.
2. Laura Spinney, 'Lethal Weapons and the Evolution of Civilisation', New Scientist, 2886 (2012), 46–9.
3. Dubreuil, Human Evolution, 178, 186, 202.
4. Turchin et al., 'War, Space, and the Evolution of old World Complex Societies'.
5. Gorky, My Universities, 69.
6. 가장 최근의 논의로는 다음을 보라. Acemoglu and Robinson, Why Nations Fail.
7. Boisot, Information Space and Knowledge Assets.
8. Powell, 'Neither Market nor Hierarchy', 271f.
9. Rhodes, 'New Governance'.
10. Thompson, Between Hierarchies and Markets.
11. Boisot and Lu, 'Competing and Collaborating in Networks'.

5장 일곱 개의 다리에서 여섯 도수까지

1. Caldarelli and Catanzaro, Networks, 9.
2. Heidler et al., 'Relationship Patterns'.
3. Moreno, Who Shall Survive? xiii, lxvi.
4. Crane, 'Social Structure in a Group of Scientists'.
5. James E. Rauch, review of Jackson, Social and Economic Networks, in Journal of Economic Literature, 48, 4, (December 2010), 981.
6. Leskovec, Huttenlocher, and Kleinberg, 'Signed Networks in Social Media'.
7. McPherson et al., 'Birds of a Feather', 419.
8. Currarini et al., 'Identifying the Roles of Race-Based Choice and Chance'. 또한 Moody, 'Race, School Integration, and Friendship Segregation'.를 보라.
9. Vera and Schupp, 'Network Analysis', 409.
10. Milgram, ' Small-World Problem'.
11. Watts, Six Degrees, 134. 또한 Schnettler, 'Structured Overview'.를 보라.
12. Barabási, Linked, 29.
13. Jennifer Schuessler, 'How Six Degrees Became a Forever Meme', The New York Times, 19 April 2017.
14. Jackson, Rogers and Zenou, 'Connections in the Modern World'.
15. Davis, Yoo and Baker, 'The Small World of the American Corporate Elite'.
16. Lars Backstrom, Paolo Boldi, Marco Rosa, Johan Ugander, and Sebastiano Vigna, 'Four Degrees of Separation', 22 June 2012: https://research.fb.com/ publications/ four-degrees-of-separation/.
17. Smriti Bhagat, Moira Burke, Carlos Diuk, Ismail Onur Filiz, and Sergey Edunov, 'Three and a Half Degrees of Separation', 4 February 2016: https:// research.fb.com/ three-and-a-half-degrees-of-separation/.

6장 약한 유대, 전염성 강한 아이디어

1. Granovetter, 'Strength of Weak Ties'.
2. Granovetter, 'Strength of Weak Ties Revisited', 202.
3. 또한 Tutic and Wiese, 'Reconstructing Granovetter's Network Theory'.를 보라. 최근 페이스북의 데이터를 사용하여 나온 연구는 대략 그라노베터의 명제를 확인해주고 있다. Laura K. Gee, Jason Jones and Moira Burke, 'Social Networks and Labor Markets: How Strong Ties Relate to Job Finding on Facebook's Social Network', 13 January 2016: https://research.fb.com/publications/ social-networks-and-labor-markets-how-strong-ties-relate-to-job-

transmission-on-facebooks-social-network/.

4. Liu, King, and Bearman, 'Social Influence'.
5. Watts and Strogatz, 'Collective Dynamics of "Small-World" Networks'.
6. Watts, 'Networks, Dynamics, and the Small-World Phenomenon', 522.
7. Powell, 'Neither Market nor Hierarchy', 301, 304.
8. Calvó-Armengol and Jackson, 'The Effects of Social Networks on Employment and Inequality'.
9. Smith-Doerr and Powell, 'Networks and Economic Life'.
10. Bramoulléet al., 'Homophily and Long-Run Integration'; Jackson and Rogers, 'Meeting Strangers and Friends of Friends'.
11. Greif, 'Reputation and Coalitions in Medieval Trade' and 'Contract Enforceability and Economic Institutions'.
12. Coleman, 'Social Capital'.
13. Burt, Structural Holes, KL 46–9.
14. Burt, Brokerage and Closure, 7. 또한 Burt, Neighbor Networks를 보라.
15. Burt, 'Structural Holes and Good Ideas', 349f.
16. Carroll and Teo, 'On the Social Networks of Managers', 433.
17. Harrison and Carroll, 'Dynamics of Cultural Influence Networks', 18.
18. Goldberg et al., 'Fitting In or Standing Out?' 2f.
19. Berger, Contagious. 또한 Sampson, Virality.를 보라.
20. 이에 대한 좋은 논의로는 Collar, Religious Networks, 13f.를 보라.
21. Katz and Lazarsfeld, Personal Influence.
22. Hill, 'Emotions as Infectious Diseases'.
23. Dolton, 'Identifying Social Network Effects'.
24. Christakis and Fowler, Connected, 22.
25. Kadushin, Understanding Social Networks, 209f.
26. Nahon and Hemsley, Going Viral.
27. Centola and Macy, 'Complex Contagions'.
28. Watts, Six Degrees, 249.

7장 네트워크의 다양성

1. Rosen, 'The Economics of Superstars'.
2. Barabási and Albert, 'Emergence of Scaling in Random Networks'.
3. Barabási, Linked, 33–4, 66, 68f., 204.
4. 위의 글, 221.
5. 위의 글, 103, 221.

6. Dolton, 'Identifying Social Network Effects'.
7. Strogatz, 'Exploring Complex Networks'.
8. Cassill and Watkins, 'Evolution of Cooperative Hierarchies', 41.
9. Ferguson, 'Complexity and Collapse'.

8장 네트워크들이 만났을 때

1. Padgett and McLean, 'Organizational Invention and Elite Transformation'.
2. Padgett and Powell, Emergence of Organizations and Markets, KL 517f.
3. Loreto et al., 'Dynamics and Expanding Spaces'.
4. Barabási, Linked, 113–18.
5. 위의 글, 135.
6. Castells, 'Information Technology, Globalization and Social Development', 6.
7. Mayer and Sinai, 'Network Effects, Congestion Externalities'.
8. Amy Zegart, 'Cyberwar', TEDxStanford: https://www.youtube.com/watch?v=JSWPoeBLFyQ.
9. Michael McFaul and Amy Zegart, 'America Needs to Play Both the Short and Long Game in Cybersecurity', Washington Post, 19 December 2016.
10. 일례로 Heylighen, 'From Human Computation to the Global Brain' and 'Global Superorganism'.를 보라.
11. 일례로 Bostrom, Superintelligence.를 보라.
12. Slaughter, 'How to Succeed in the Networked World', 84f.; Slaughter, The Chessboard and the Web, KL 2642–3, 2738.
13. Allison, 'Impact of Globalization'.
14. Ramo, Seventh Sense, 82, 118, 122.
15. 일례로 Tomlin, Cloud Coffee House를 보라.
16. Fukuyama, Great Disruption, 224. 또한 Fukuyama, Origins of Political Order, 13f., and Political Order and Political Decay, 35f를 보라.
17. Dominic Cummings, 'Complexity, "Fog and Moonlight", Prediction, and Politics II: Controlled Skids and Immune Systems', blog post, 10 September 2014: https://dominiccummings.wordpress.com/2014/09/10/complexity-fog-and-moonlight-prediction-and-politics-ii-controlled-skids-and-immune-systems/.

9장 일곱 가지의 지혜

1. 고유벡터 중심성eigenvector centrality에 대해서는 다음을 보라. Cline and Cline,

'Text Messages, Tablets, and Social Networks', 30f.
2. Bennett, History Boys.

10장 일루미나티, '밝은 이들'을 밝힌다

1. Agethen, Geheimbund und Utopie, 70f.; Israel, Democratic Enlightenment, 828f. Cf. Stauffer, New England and the Bavarian Illuminati, 142–228.
2. Wäges and Markner (eds.), Secret School of Wisdom, 14.
3. 위의 글, 15.
4. Van Dülmen, Society of the Enlightenment, 55f.
5. Schüttler, 'Zwei freimaurerische Geheimgesellschaften'. 이러한 소요는 1782년 빌헬름스바트Wilhelmsbad에서 열린 독일 지회에서 절정을 이루었다.
6. Hataley, 'In Search of the Illuminati'.
7. Israel, Democratic Enlightenment, 836.
8. Van Dülmen, Society of the Enlightenment, 106ff.
9. Markner, Neugebauer-Wölk and Schüttler (eds.), Korrespondenz des Illuminatenordens, xxiii.
10. Hataley, 'In Search of the Illuminati'. 또한 Markner, Neugebauer-Wölk and Schüttler (eds.), Korrespondenz des Illuminatenordens, xix를 보라.
11. 1782년 12월의 '새로운 질서를 위한 계획New Plan for the Order'의 세부 사항은 다음을 보라. Agethen, Geheimbund und Utopie, 75f. Cf. Wäges and Markner (eds.), Secret School of Wisdom, passim, and https://projekte. uni-erfurt.de/illuminaten/Grade_und_Instruktionen_des_Illuminatenordens.
12. Wäges and Markner (eds.), Secret School of Wisdom, 13.
13. Agethen, Geheimbund und Utopie, 112f.
14. Simons and Meumann, '"Mein Amt ist geheime gewissens Correspondenz und unsere Brüder zu führen"'.
15. Wäges and Markner (eds.), Secret School of Wisdom, 31ff.
16. Israel, Democratic Enlightenment, 831f.
17. 위의 글, 841.
18. Agethen, Geheimbund und Utopie, 82.
19. Meumann and Simons, 'Illuminati', col. 881.
20. Melanson, Perfectibilists, KL 913.
21. Simons and Meumann, '"Mein Amt ist geheime gewissens Correspondenz und unsere Brüder zu führen"'.

2부 황제들과 탐험가들

11장 위계제의 짧은 역사

1. Cassill and Watkins, 'Evolution of Cooperative Hierarchies'.
2. Tomasello, 'Two Key Steps'.
3. Smail, Deep History.
4. McNeill and McNeill, Human Web.
5. Dubreuil, Human Evolution, 191.
6. Turchin at al., 'War, Space, and the Evolution of old World Complex Societies'.
7. Spinney, 'Lethal Weapons and the Evolution of Civilisation'.
8. Gellner, Nations and Nationalism, 10. 그리고 Ishiguro, Buried Giant를 보라.
9. Cline and Cline, 'Text Messages, Tablets, and Social Networks', 29.
10. Cline, 'Six Degrees of Alexander', 68f.
11. Tainter, 'Problem Solving', 12.
12. Allen and Heldring, 'Collapse of the World's Oldest Civilization'.
13. Malkin, Small Greek World.
14. Syme, Roman Revolution, 4, 7f.
15. Frankopan, Silk Roads, KL 118.
16. Christian, 'Silk Roads or Steppe Roads?'
17. Scheidel, 'From the "Great Convergence" to the "First Great Divergence"'.
18. Stark, 'Epidemics, Networks, and the Rise of Christianity'.
19. Harland, 'Connections with Elites in the World of the Early Christians', 391.
20. Collar, Religious Networks.
21. Fukuyama, Origins of Political Order, 273.
22. 위의 글.
23. 위의 글, 141–5.

12장 최초의 네트워크 시대

1. Jackson, Rogers and Zenou, 'Connections in the Modern World'.
2. Barnett, (ed.), Encyclopedia of Social Networks, vol. I, 124.
3. 이 주제에 대한 더 자세한 내용은 Ferguson, Civilization을 보라.
4. Padgett and Ansell, 'Robust Action and the Rise of the Medici'.
5. Padgett, 'Marriage and Elite Structure in Renaissance Florence', 92f.
6. Padgett and McLean, 'Organizational Invention and Elite Transformation',

1463, 1467, 1545.

7.   위의 글, 1545. 또한 Padgett and Powell, Emergence of Organizations and Markets, 810–14, 855–60, 861–7를 보라.

13장 르네상스 시대 협상의 기술

1.   Cotrugli, Book of the Art of Trade, 3f.
2.   위의 글, 24.
3.   위의 글, 24.
4.   위의 글, 5.
5.   위의 글, 6.
6.   위의 글, 57.
7.   위의 글, 7.
8.   위의 글, 7.

14장 탐험가들

1.   Rodrigues and Devezas, Pioneers of Globalization.
2.   Chang, Sino-Portuguese Trade, 62.
3.   Wills (ed.), China and Maritime Europe, 336.
4.   Wade, 'Melaka in Ming Dynasty Texts', 34.
5.   Sen, 'Formation of Chinese Maritime Networks'.
6.   Wade, 'Melaka in Ming Dynasty Texts', 51.
7.   Wills (ed.), China and Maritime Europe, 39.

15장 피사로와 잉카 제국

1.   Smith, 'Networks, Territories, and the Cartography of Ancient States', 839f., 845.
2.   Garcia-Zamor, 'Administrative Practices', 152–64. 또한 Heady, Public Administration, 163f를 보라.
3.   Fukuyama, Political Order and Political Decay, 249–51.
4.   Burbank and Cooper, Empires in World History, 163–6.
5.   Morrissey, 'Archives of Connection'.
6.   Barnett (ed.), Encyclopedia of Social Networks, vol. II, 703f.
7.   Katarzyna et al., ' Genome-Wide Patterns of Population Structure'.
8.   Zuñiga, Jean-Paul, 'Visible Signs of Belonging'.

16장 구텐베르크와 루터가 만났을 때

1. Dittmar, 'Information Technology and Economic Change'.
2. Naughton, From Gutenberg to Zuckerberg, 15–21.
3. Pettegree, Brand Luther, 334.
4. Dittmar and Seabold, 'Media, Markets, and Radical Ideas'.
5. Elizabeth Eisenstein, quoted in Gleick, The Information, 399
6. Ahnert and Ahnert, 'Protestant Letter Networks in the Reign of Mary I', 6.
7. 위의 글, 27f.
8. Ahnert and Ahnert 'Metadata, Surveillance, and the Tudor State'.
9. 종합적이고도 새로운 설명으로는 다음을 보라. Eire, Reformations.
10. Adamson, Noble Revolt.
11. Namier, Structure of Politics.

3부 편지들과 비밀 지부들

17장 종교 개혁의 경제적 결과들

1. Owen, Clash of Ideas in World Politics, 34f.
2. Cantoni, Dittmat and Yuchtman, 'Reformation and Reallocation'.
3. Dittmar, 'Welfare Impact of a New Good'.
4. Dittmar, 'Ideas, Technology and Economic Change'.
5. Dittmar, 'Welfare Impact of a New Good'.
6. Schich et al., 'Network Framework of Cultural History'.

18장 생각과 아이디어, 교환과 무역

1. Taylor et al., 'Geohistorical Study of "the Rise of Modern Science"'.
2. Hatch, 'Between Erudition and Science', 51, 55.
3. 위의 글, 55.
4. Edelstein et al., 'Historical Research in a Digital Age', 411–13.
5. Lux and Cook, 'Closed Circles or Open Networks?'
6. From the 1661 Royal Charter: http://royalsociety.org/uploadedFiles/ Royal_ Society_Content/ about-us/history/Charter1_English.pdf.
7. Rusnock, 'Correspondence Networks', 164.

8. Lux and Cook, 'Closed Circles or Open Networks?' 196f.
9. Carneiro et al., 'Enlightenment Science in Portugal'.
10. Lamikiz, Trade and Trust, 152.
11. Gestrich and Beerbühl (eds.), Cosmopolitan Networks, and Caracausi and Jeggle (eds.), Commercial Networks.
12. Hancock, 'Trouble with Networks', 486–8.
13. 위의 글, 489.
14. Erikson and Bearman, 'Malfeasance and the Foundations for Global Trade'.
15. Erikson, Between Monopoly and Free Trade, figure 5.
16. Erikson and Bearman, 'Malfeasance and the Foundations for Global Trade', 219.
17. Erikson, Between Monopoly and Free Trade, 19.
18. 위의 글, 26.
19. Erikson and Bearman, 'Malfeasance and the Foundations for Global Trade', 226f.
20. Rothschild, Inner Life of Empires.
21. 위의 글. 또한 http://www.fas.harvard.edu/~histecon/innerlife/index. html를 보라.
22. http://www.fas.harvard.edu/~histecon/innerlife/geography.html.

19장 계몽주의의 여러 네트워크

1. Edelstein et al., 'Historical Research in a Digital Age', 405.
2. Comsa et al., 'French Enlightenment Network', 498.
3. 위의 글, 502.
4. 위의 글, 507.
5. 위의 글, 511.
6. 위의 글, 513.
7. Goodman, 'Enlightenment Salons'. 또한 Goodman, Republic of Letters and (for a somewhat different view) Lilti, World of the Salons를 보라.
8. Comsa et al., 'French Enlightenment Network', 530.
9. Danskin, '"Hotbed of Genius"', 11.
10. Arcenas and Winterer, 'Correspondence Network of Benjamin Franklin'.
11. Winterer, 'Where is America in the Republic of Letters?'

20장 혁명의 여러 네트워크

1. Starr, Creation of the Media.
2. Fischer, Paul Revere's Ride, KL 102–4.
3. 위의 글, KL 128–33.
4. Gladwell, Tipping Point, 32, 35.
5. 위의 글, 56f.
6. 위의 글, 59f.
7. Wood, American Revolution, KL 568–9.
8. Middlekauff, Glorious Cause, KL 4437–45. 또한 Borneman, American Spring, KL 439–51를 보라.
9. Borneman, American Spring, KL 81–96.
10. 위의 글, KL 1707–14.
11. 위의 글, KL 1930–39.
12. Middlekauff, Glorious Cause, KL 4800–4824.
13. 위의 글, KL 4825–31.
14. Borneman, American Spring, KL 2096–2138.
15. 위의 글, KL 2175–81.
16. Han, 'Other Ride of Paul Revere'.
17. York, 'Freemasons', 315.
18. Morse, Freemasonry and the American Revolution, 23, 37, 41, 46, 50, 52, 62, 64f.
19. Bailyn, Ideological Origins.
20. York, 'Freemasons', 318.
21. 위의 글, 325.
22. Clark, Language of Liberty.
23. York, 'Freemasons', 320.
24. 위의 글, 320.
25. 위의 글, 328.
26. Hackett, That Religion, 198f.
27. York, 'Freemasons', 323.
28. Hodapp, Solomon's Builders, 66f.
29. 1773년 11월 30일에서 12월 16일까지의 일지에서 관련된 페이지들을 제공해 준데에 대해 조 베게스Joe Wäges에게 감사한다. 그보다 전에 있었던 회합은 '몇 명의 형제들이 나타났다는 이유로 (즉, Consignees of Tea took up the Brethren's Time)', 동시대 그려진 드래곤의 그림은 다음을 보라. 'Where we met to Plan the Consignment of a few Shiploads of Tea. Dec. 16, 1773.' It is signed 'John

Johnson, 4 Water Street, Boston'.

30. York, 'Freemasons', 326.

31. Hackett, That Religion, 198f.

32. Bullock, Revolutionary Brotherhood, 106f.

33. 위의 글, 112f.

34. 위의 글, 152f.

35. 위의 글, 156.

36. 위의 글, 301.

37. Alexander Immekus, 'Freemasonry', http://www.mountvernon.org/digital-encyclopedia/article/freemasonry/.

38. Patterson and Dougall, Eagle and Shield.

39. Hamilton, Complete Works, KL 84174–8.

40. 위의 글, KL 35483–7.

41. Tocqueville, Democracy in America, Book I, chapter 2, Part I.

42. 위의 글, Book I, chapter 12.

43. 위의 글, Book II, chapter 5.

4부 위계제의 복구

21장 적과 흑

1. Stendhal, The Red and the Black, KL 4034, 7742–3, 8343–5.

22장 군중에서 폭군으로

1. Tackett, 'La grande peur'.

2. Lefebvre, Great Fear, 207ff.

3. 일반적으로 Andress (ed.), Oxford Handbook of the French Revolution을 보라.

4. Roberts, Napoleon, KL 1586–91, 2060–65.

5. 위의 글, KL 9658–84.

6. 위의 글, KL 9645–8.

7. 위의 글, KL 9651–7.

8. 위의 글, KL 9505–10.

9. 위의 글, KL 10215–19.

10. 위의 글, KL 9658–84.

11. 위의 글, KL 6981–7, 7015–21, 9239–48.
12. Shy, 'Jomini'.
13. Clausewitz, On War, Book 8, ch. 6B.

23장 질서, 회복되다

1. Ranke, 'Great Powers'.
2. Kissinger, World Restored, KL 102–19.
3. 위의 글, KL 702–8. Castlereagh의 자살에 대한 철저한 토론으로는 Bew, Castlereagh, ch. 21을 보라.
4. Kissinger, World Restored, KL 1606–8.
5. 위의 글, KL 5377–8, 5389.
6. 위의 글, KL 5396–9.
7. 위의 글, KL 6398–6400.
8. 위의 글, 179.
9. 위의 글, 80, 82.
10. Schroeder, Transformation, vii.
11. Slantchev, 'Territory and Commitment'.
12. Clark, Hegemony in International Society.
13. Holsti, 'Governance Without Government', 156.
14. Clark, Hegemony in International Society, 94–6.
15. Holsti, 'Governance Without Government', 152ff.
16. 위의 글, 155f.
17. 위의 글, 157.
18. 위의 글, 164. 또한 Levy, War in the Modern Great Power System, table 4.1를 보라.
19. Hinsley, Power and the Pursuit of Peace, 214n.

24장 작센-코부르크-고타 왕가

1. Leopold to Victoria, 15 December 1843, in Benson and Esher (eds.), Letters of Queen Victoria, vol. I, 511.
2. The Times, 16 March 1863.
3. Nicholas, diary, 18 June 1893, in Maylunas and Mironenko, Lifelong Passion.
4. Corti, Alexander of Battenberg.
5. Herbert von Bismarck, memorandum, 25 July 1888, in Dugdale (ed.) German Diplomatic Documents, vol. I, 365.

6. Nicholas, diary, 12 April 1894, in Maylunas and Mironenko, Lifelong Passion.

7. Bernstein (ed.), Willy–Nicky Correspondence.

8. Royal Archives, Windsor, Geo. V., AA. 11, 2, Victoria to George [future George V], 26 June 1894.

25장 로스차일드 가문

1. Dairnvaell, Histoire édifiante et curieuse, 8.

2. 세부 사항들에 대해서는 다음을 보라. Ferguson, *World's Banker*, 166f., 207, 294, 404, 409, 411, 530.

3. Anon., Hebrew Talisman, 28ff.

4. Iliowzi, 'In the Pale'.

5. Prawer, Heine's Jewish Comedy, 331–5.

6. Rothschild Archive London (henceforth RAL), T20/34, XI/109/48/2/42, Nathan, Paris, to his brothers, 4 September, probably 1844.

7. RAL, XI/109/2/2/149, Salomon, Paris, to Nathan, London, 21 October 1815.

8. RAL, XI/109/2/2/153, Salomon and James, Paris, to Nathan, London, 25 October 1815.

9. RAL, T63 138/2, Salomon and James, Paris, to Nathan, London, 22 October 1817.

10. RAL, T29/181; XI/109/0/7/21, Carl, Frankfurt, to Salomon, 23 August 1814; RAL, T63/28/1, XI/109/8, Carl, Berlin, to his brothers, 4 November 1817.

11. RAL, T5/29, Braun, (James's clerk in) Paris, to James, London, 13 September 1813.

12. Rothschild, Shadow of a Great Man, 135–7.

13. Cathcart, News from Waterloo.

14. Gille, Maison Rothschild, vol. I, 187f.

15. Chateaubriand, Correspondance générale, vol. III, 663f.

16. Quennell (ed.), Private Letters of Princess Lieven, 237.

17. Davis, English Rothschilds, 132f.

18. RAL, T27/280, XI/109/7, James, Paris, to Salomon and Nathan, 18 June 1817.

19. Kynaston, City, vol. I, 54f.

20. Corti, Rise, 242.

21. Serre, Correspondance du comte de Serre, vol. IV, 249.

22. Aspinall (ed.), Letters of King George IV, vol. III, 175.

23. Corti, Rise, 424f., 427f.

24. Liedtke, N. M. Rothschild & Sons.

25. Fournier-Verneuil, Paris: Tableau moral et philosophique, 51–2, 64f.
26. Anon., Annual Register, 1828, 52.
27. Quoted in Glanz, 'Rothschild Legend in America', 20.
28. Kynaston, City, vol. I, p. 90f.
29. Cowles, The Rothschilds, 71.
30. Capefigue, Grandes opérations, vol. III, 103.
31. Pückler-Muskau, Briefe, 441.
32. Rubens, Anglo-Jewish Portraits, p. 299.
33. The Times, 15 January 1821.
34. Schwemer, Geschichte, vol. II, 149ff.
35. Balla, Romance, pp. 191ff.
36. Schwemer, Geschichte, vol. II, pp. 149ff.
37. RAL, XI/82/9/1/100, Amschel, Frankfurt, to James, Paris, 30 April 1817.
38. Byron, Don Juan, Canto XII, verses 4–10.
39. Reeves, Rothschilds, 101.
40. Gille, Maison Rothschild, vol. I, 487.

26장 산업 네트워크들

1. Buxton (ed.), Memoirs, 354.
2. RAL, I/218/I, Nathan to J. A. Matti, Frankfurt, 29 December 1802.
3. RAL, I/218/36, Nathan to Sichel & Hildesheimer, Frankfurt, 17 October 1802.
4. Moon, Social Networks in the History of Innovation and Invention, KL 492–4.
5. Pearson and Richardson, 'Business Networking in the Industrial Revolution', 659f.
6. Lamoreaux et al., 'Beyond Markets and Hierarchies', 16.
7. Moon, Social Networks in the History of Innovation, KL 498–504.
8. 이러한 아이디어의 출처는 경제사가 안톤 하우스Anton Howes이다. 다음을 보라. http://antonhowes.tumblr.com/post/143173119024/how-innovation-accelerated-in-britain-1651–1851.
9. Moon, Social Networks in the History of Innovation, KL 2128–37.
10. 1848년 뷔르템베르크의 에슬링엔Esslingen 시의 탄원서 서명자들에 초점을 둔 네트워크 연구로는 다음을 보라. Lipp and Krempel, 'Petitions and the Social Context of Political Mobilization', 169.
11. Colley, Britons.
12. Davis, Inhuman Bondage, 235.

13. Drescher, 'Public Opinion and Parliament', 64.

14. Davis, Inhuman Bondage, 245.

15. Williams, *Capitalism and Slavery*는 많은 이들에게 영감을 불어넣은 저작이지만 지금은 낡은 것이 되었다. 좀 더 최근에 나온 설득력 있는 설명으로는 다음을 보라. Ryden, 'Does Decline Make Sense?'

16. Williams, Capitalism and Slavery, 150.

17. Loewe (ed.), Montefiore Diaries, vol. I, 97ff.

18. Buxton (ed.), Memoirs, 353ff.

19. Dimock, 'Queen Victoria, Africa and Slavery'.

27장 5대 강국 체제에서 패권 체제로

1. 그 11개국은 다음과 같다. 오스트리아-헝가리, 벨기에, 프랑스, 독일, 이탈리아, 네덜란드, 포르투갈, 스페인, 러시아, 영국, 미국. 이는 저자가 『국가 지도자 연감 Statesman's Yearbook』의 데이터를 기초로 계산한 것이다.

2. 일반적인 논의는 다음을 보라. Ferguson, Empire.

5부 원탁의 기사들

28장 대영제국에서의 한 인생

1. 일반적인 논의는 다음을 보라. Lownie, John Buchan.

2. Cannadine, 'John Buchan'.

3. Quigley, Anglo-American Establishment, 3.

4. 위의 글, 49.

5. 위의 글, 4f.

29장 제국

1. Cannadine, Ornamentalism, 124.

2. Ferguson, Empire, 230.

3. Ansell, 'Symbolic Networks'.

4. Standage, Victorian Internet, 97.

5. Gooch (ed.), Diaries, 26 July 1866, 143f.

6. 위의 글, 147.

7. Spar, Ruling the Waves.
8. Jackson, Thief at the End of the World, 170. 또한 Dean, Brazil and the Struggle for Rubber를 보라.
9. Klaus, Forging Capitalism.
10. Lester, 'Imperial Circuits and Networks'.
11. Vera and Schupp, 'Bridges over the Atlantic'.
12. Ingram and Lifschitz, 'Kinship in the Shadow of the Corporation'.
13. Carnegie, 'Wealth'.
14. Flandreau and Jobst, 'Ties That Divide'.
15. Tworek, 'Magic Connections'.
16. Taylor, Hoyler and Evans, 'Geohistorical Study',
17. Heidler et al., 'Relationship Patterns'.
18. Brudner and White, 'Class, Property and Structural Endogmany'.
19. Plakans and Wetherell, 'Kinship Domain in an East European Peasant Community', 371.
20. Fontane, Stechlin, 77.
21. Lipp, 'Kinship Networks'.

30장 태평천국

1. Campbell and Lee, 'Kin Networks'.
2. Keller, '"Yes, Emperor"'.
3. Kuhn, Soulstealers, 220.
4. Ter Haar, White Lotus Teachings, esp. 239f.
5. Kuhn, Soulstealers, 228f.
6. Duara, Culture, Power and the State.
7. Platt, Autumn in the Heavenly Kingdom, 43.
8. Taylor, Five Years in China. 또한 Cooke, China, 106–8을 보라.

31장 '중국놈들은 꺼져라'

1. McKeown, 'Chinese Emigration', table 1, 156.
2. United States Congress, Report of the Joint Special Committee, iv–viii.
3. Gibson, Chinese in America, 281–373.
4. Bryce, 'Kearneyism', vol. II, pp. 385–406.
5. Lee, At America's Gates, ch. 1.
6. Moretti, 'Social Networks and Migrations'.

7. Lee, At America's Gates, 25.

32장 남아프리카

1. Oxford and Asquith, Memories and Reflections, 213f.
2. Quigley, Anglo-American Establishment, 3.
3. Ferguson, World's Banker, ch. 27.
4. Quigley, Anglo-American Establishment, ch. 4.
5. May, 'Milner's Kindergarten'.
6. 위의 글.
7. Nimocks, Milner's Young Men, 44.
8. 위의 글, 18.
9. 위의 글, 19.
10. 위의 글, 20.
11. Magubane, Making of a Racist State, 300f.
12. Louw, Rise, Fall, and Legacy of Apartheid, 15.
13. Quigley, Anglo-American Establishment, ch. 4.
14. Louw, Rise, Fall, and Legacy of Apartheid, 10.
15. Darwin, Empire Project, 217–54.
16. Marks and Trapido, 'Lord Milner and the South African State', 73.
17. 위의 글, 69–71.
18. Louw, Rise, Fall, and Legacy of Apartheid, 12.
19. Nimocks, Milner's Young Men, viii–ix.

33장 사도들

1. Levy, Moore, 65–122.
2. Allen, Cambridge Apostles, 86.
3. Levy, Moore, 22–5.
4. Skidelsky, Keynes, vol. I, 118.
5. 위의 글, 240.
6. Lubenow, Cambridge Apostles, 69; Allen, Cambridge Apostles, 21.
7. Allen, Cambridge Apostles, 1.
8. Lubenow, Cambridge Apostles, 148, table 3.1.
9. 위의 글, 176.
10. 위의 글, 190f.

11. Allen, Cambridge Apostles, 20.
12. Levy, Moore, 7.
13. 위의 글, 296.
14. Skidelsky, Keynes, vol. I, 115.
15. 위의 글, 127f., 235.
16. Hale (ed.), Friends and Apostles.
17. Skidelsky, Keynes, I, 116.
18. 위의 글, 134f.
19. 위의 글, vol. I, 181.
20. 위의 글, vol. I, 142f.
21. Forster, What I Believe.
22. Skidelsky, Keynes, vol. I, 239f.
23. McGuinness, Wittgenstein, 95f., 118, 146–50.
24. Hale (ed.), Friends and Apostles, 284.
25. Skidelsky, Keynes, vol. I, 319.
26. Lubenow, Cambridge Apostles, 194.
27. Skidelsky, Keynes, vol. I, 324.
28. 위의 글, 243f., 247.
29. Dolton, 'Identifying Social Network Effects'.
30. 위의 글.
31. Forster, Howard's End, 214.

34장 아마겟돈

1. 더 많은 세부적 논의는 다음을 보라. Offer, *First World War*.
2. 최근에 나온 아주 설득력 있는 설명으로는 다음을 보라. Clark, *Sleepwalkers*.
3. Schroeder, 'Economic Integration and the European International System'.
4. Kissinger, World Order, 78.
5. 위의 글, 233.
6. 위의 글, 80, 82.
7. Thompson, 'Streetcar Named Sarajevo', 470.
8. Antal, Krapivsky and Redner, 'Social Balance on Networks', 135.
9. Gartzke and Lupu, 'Trading on Preconceptions'.
10. Vasquez and Rundlett, 'Alliances as a Necessary Condition of Multiparty Wars', 15.
11. Maoz, Networks of Nations, 38f.
12. Lebow, 'Contingency, Catalysts and Non-Linear Change', 106f.

13. Trachtenberg, 'New Light on 1914?'
14. Schroeder, 'Necessary Conditions', 183., 191f.
15. Lichnowsky to Foreign Office, 29 July 1914, quoted in Trachtenberg, 'New Light on 1914?'
16. Grey to Goschen, 31 July 1914, quoted in Trachtenberg, 'New Light on 1914?'
17. Karl Kraus, Die Fackel, vol. 22(1920), 23.
18. Buchan, Greenmantle, KL 118–37.

6부 전염병과 피리 부는 사나이들

35장 푸른 망토

1. Chi et al., 'Spatial Diffusion of War', 64f.
2. 일반적으로 Hopkirk, Like Hidden Fire를 보라.
3. Al-Rawi, 'Buchan the Orientalist'.
4. Keller, 'How to Spot a Successful Revolution in Advance'.
5. McMeekin, Berlin–Baghdad Express, 15–16f.
6. Habermas, 'Debates in Islam', 234–5.
7. Berghahn, Germany and the Approach of War, 138ff.
8. McMurray, Distant Ties, KL 1808–21.
9. Landau, Pan-Islam, 94–8.
10. Geiss, July 1914, doc. 135.
11. Motadel, Islam and Nazi Germany's War, 19f.
12. McMurray, Distant Ties, KL 1826–38.
13. 위의 글, KL 1850–56.
14. Rogan, Fall of the Ottomans, 40f.
15. Rogan, 'Rival Jihads', 3f.
16. McMeekin, Berlin–Baghdad Express, 87
17. 위의 글, 376, n.8.
18. 위의 글, 124.
19. 'The Ottoman Sultan's Fetva: Declaration of Holy War', 15 November 1914 in Charles F. Horne (ed.), Source Records of the Great War, vol. III(New York: National Alumni, 1923): http://www.firstworldwar.com/source/ottoman_fetva.htm.
20. Motadel, Islam and Nazi Germany's War, 19.

21. McMeekin, Berlin–Baghdad Express, 125.
22. Schwanitz, 'Bellicose Birth', 186–7.
23. Motadel, Islam and Nazi Germany's War, 21–5.
24. McMeekin, Berlin–Baghdad Express, 135. 또한 Morgenthau, Secrets of the Bosphorus, 110를 보라.
25. Landau, Pan-Islam,
98; Zürcher, Jihad and Islam in World War I, 83.
26. McKale, 'British Anxiety'.
27. Al-Rawi, 'John Buchan's British-Designed Jihad'.
28. McKale, 'British Anxiety'.
29. Motadel, Islam and Nazi Germany's War, 21–5.
30. Gussone, 'Die Moschee im Wünsdorfer "Halbmondlager"'.
31. Fogarty, 'Islam in the French Army', 25f.
32. Trumpener, Germany and the Ottoman Empire, 117f.
33. McMeekin, Berlin–Baghdad Express, 283.
34. Zürcher, 'Introduction', 24. 또한 Aksakal, '"Holy War Made in Germany?"'와 'Ottoman Proclamation of Jihad'를 보라.
35. Rutledge, Enemy on the Euphrates, 33–7.
36. McKale, 'Germany and the Arab Question', 249f., n.13.
37. 위의 글, 238f.
38. Al-Rawi, 'John Buchan's British-Designed Jihad'.
39. Schwanitz, 'Bellicose Birth', 195f.
40. Fogarty, 'Islam in the French Army', 31–3.
41. Ahmad, 'Great War and Afghanistan's Neutrality', 203–12.
42. Rogan, 'Rival Jihads', 6–7.
43. Darwin, Empire Project, 295–7.
44. McKale, War by Revolution, 171.
45. McKale, 'British Anxiety'.
46. Rutledge, Enemy on the Euphrates, 33–7.
47. Cleveland and Bunton, History of the Modern Middle East, 132f.
48. Rogan, Fall of the Ottomans, 280f.
49. McKale, 'British Anxiety'.
50. McKale, 'Germany and the Arab Question', 246; Rogan, 'Rival Jihads', 14–16.
51. Rogan, The Arabs, 150f.
52. 위의 글, 151f.
53. McKale, 'British Anxiety'.
54. McKale, 'Germany and the Arab Question', 244.

36장 전염병

1. McMeekin, Russian Revolution, 127-36.
2. 위의 글, 206f.
3. 위의 글, 155f.
4. 위의 글, 163.
5. 위의 글, 174.
6. 위의 글, 195f.
7. Figes, People's Tragedy, 703.
8. McMeekin, Russian Revolution, 260ff.
9. Figes, People's Tragedy, 630.
10. Volkogonov, Lenin, 69f.
11. Figes, People's Tragedy, 631.
12. Leggett, Cheka, 108.
13. Ferguson, War of the World, 206.
14. Service, Twentieth-Century Russia, 108.
15. Kotkin, Stalin, vol. I, 433.
16. Ferguson, War of the World, 152.
17. Applebaum, Gulag.
18. Service, Twentieth-Century Russia, 117f.
19. Ferguson, War of the World, 210.
20. 위의 글, 211-14.
21. Kotkin, Stalin, vol. II.

37장 총통의 원칙

1. 다음의 데이터로부터 계산했다: Laqueur, Fascism table 15, and Larsen, et al., Who Were the Fascists? table 1.
2. Herf, Jewish Enemy, KL 463-9.
3. 결정적인 저작으로는 다음을 보라: Falter, *Hitlers Wähler*.
4. O'Loughlin, Flint and Anselin, 'Geography of the Nazi Vote'.
5. Ferguson, War of the World, 239.
6. Burleigh, Third Reich, 116.
7. 위의 글, 194.
8. 위의 글, 259.
9. 위의 글, 5.
10. Satyanath, Voigtländer and Voth, 'Bowling for Fascism'.

11. Herf, Jewish Enemy, KL 347–65.

38장 황금 인터내셔널의 몰락

1. Voigtländer and Voth, 'Persecution Perpetuated'.
2. Miller Lane and Rupp (eds.), Nazi Ideology before 1933, KL 168–77.
3. 위의 글, KL 165–216.
4. Herf, The Jewish Enemy, KL 81–9. 또한 Cohn, Warrant for Genocide를 보라.
5. Friedländer, Nazi Germany and the Jews, 77f.
6. 일반적인 논의로는 다음을 보라. Mosse, 'Die Juden in Wirtschaft und Gesellschaft', and Jews in the German Economy.
7. Windolf, 'German-Jewish Economic Flite', 137, 157.
8. Valentın, Antisemitism, 198f.
9. Windolf, 'German-Jewish Economic Elite', 158f. 또한 152, 155를 보라.
10. Meiring, Christlich-jüdische Mischehe, table 1.
11. Jones, In the Blood, 158ff.
12. Ruppin, Soziologie der Juden, vol. I, 211f.; Hanauer, ' Jüdische-christliche Mischehe', table 2; Della Pergola, Jewish and Mixed Marriages, 122–7.
13. Ruppin, Soziologie der Juden, vol. I, 211f.
14. Burleigh and Wippermann, Racial State, 110.
15. Burgdörfer, 'Juden in Deutschland', 177.
16. Raab, 'More than just a Metaphor'.
17. Friedländer, Nazi Germany and the Jews, 19.
18. 위의 글, 24.
19. 위의 글, 234.
20. 위의 글, 25–6.
21. 위의 글, 259–60; Barkai, From Boycott to Annihilation, 75.
22. Barkai, From Boycott to Annihilation, 152f.
23. 위의 글, 153.
24. Baynes (ed.) Speeches of Adolf Hitler, vol. I, 737–41.
25. Kopper, 'Rothschild family', 321ff.
26. Nicholas, Rape, 39.
27. Heimann-Jelinek, '"Aryanisation" of Rothschild Assets'.
28. Details are in Nicholas, Rape.
29. Ferguson, Kissinger, vol. I, 72, 80.
30. Düring, 'Dynamics of Helping Behaviour'.
31. Fallada, Alone in Berlin.

39장 5인 조직

1. Cooper, Diaries, 274.
2. 일반적인 논의로는 다음을 보라. Bloch, Ribbentrop.
3. Lord Lothian, 'Germany and France: The British Task, II: Basis of Ten Years' Peace', The Times, 1 February 1935.
4. Lownie, Burgess, 29.
5. Deacon, Cambridge Apostles, 103.
6. Lownie, Burgess, 34f.
7. Andrew and Gordievsky, KGB, 206, 209.
8. 위의 글, 193ff.
9. Andrew, Defence of the Realm, 169ff.
10. Lownie, Burgess, 54.
11. Deacon, Cambridge Apostles, 107f.
12. 위의 글, 115, 134.
13. Andrew and Gordievsky, KGB, 216.
14. 위의 글, 221.
15. Macintyre, Spy Among Friends, 44ff.
16. Andrew and Gordievsky, KGB, 213.
17. 위의 글, 184.
18. 위의 글, 213.
19. Lownie, Burgess, 55.
20. 위의 글, 136.
21. 위의 글, 96.
22. Andrew, Defence of the Realm, 270; Andrew and Gordievsky, KGB, 300.
23. Andrew, Defence of the Realm, 270.
24. Lownie, Burgess, 130; Andrew, Defence of the Realm, 272.
25. Andrew, Defence of the Realm, 280, 289.
26. Andrew and Gordievsky, KGB, 296f.
27. Lownie, Burgess, 131, 147.
28. 위의 글, 132, 160; Andrew, Defence of the Realm, 272, 280.
29. Andrew, Defence of the Realm, 219, 261.
30. 위의 글, 268.
31. 위의 글, 341; Andrew and Gordievsky, KGB, 297.
32. Andrew, Defence of the Realm, 281, 333.
33. Macintyre, Spy Among Friends, 144.
34. Andrew, Defence of the Realm, 339ff.

35. 위의 글, 343.

36. 위의 글, 422.

37. Andrew and Gordievsky, KGB, 399f.

38. Andrew, Defence of the Realm, 422f.

39. 위의 글, 420–24.

40. 위의 글, 424.

41. 위의 글, 431.

42. 소련이 더 높은 수준에서 영국 정보기관으로 침투했다고 보지 않으면 설명할 수 없는 일들이 있었다는 피터 라이트의 주장에 대한 반박으로는 다음을 보라. 위의 글, 432–5.

43. 위의 글, 436.

44. Macintyre, Spy Among Friends, 291.

45. Andrew and Gordievsky, KGB, 6.

46. Andrew, Defence of the Realm, 429.

47. Andrew and Gordievsky, KGB, 429, 436, 439ff., 707.

40장 짧은 조우

1. McSmith, Fear and the Muse Kept Watch, KL 5069–70.

2. 위의 글, KL 5109–19.

3. 위의 글, KL 5138.

4. 위의 글, KL 5139–55.

5. 위의 글, KL 5158–60.

6. 위의 글, KL 5185–97.

7. Berlin, Enlightening, KL 2139–42.

8. Berlin, Letters, 599f.

9. 이러한 만남이 벌어진 뒤 35년이 지난 후 벌린이 그 사실에 대해 자세히 회상했던 기록은 다음에서 볼 수 있다. Berlin, Personal Impressions, KL 4628–4998.

10. Hausheer, 'It Didn't Happen'.

11. Ignatieff, Berlin, KL 3252–79.

12. 그녀가 죽기 1년 전인 1965년 6월 옥스퍼드 대학을 방문했을 때의 녹음을 들어보면 그녀가 'Cinque'를 낭독하는 것을 들을 수 있다. https://podcasts.ox.ac.uk/anna-akhmatova-reading-her-poems-about-isaiah-berlin-oxford-1965.

13. Dalos, Guest from the Future, 7, 86.

14. Akhmatova, Word that Causes Death's Defeat, 152.

15. McSmith, Fear and the Muse Kept Watch, KL 5271. 참으로 앞뒤가 안 맞는 이야기이지만, 처칠은 자신이 얻어온 캐비아를 위해 얼음을 얻는 일에 벌린이 통역자로 도

움을 줄 것을 요청했다.

16. Dalos, Guest from the Future, 67.
17. Ignatieff, Berlin, KL 3252-79.
18. Dalos, Guest from the Future, 67f.
19. McSmith, Fear and the Muse Kept Watch, KL 5354-68.
20. 위의 글, KL 5352.
21. Berlin, Enlightening, KL 2056-74. 또한 Dalos, Guest from the Future, 59-61를 보라.
22. Berlin, Enlightening, KL 1047-56, 1059-69.
23. Ignatieff, Berlin, KL 3284-3350; McSmith, Fear and the Muse Kept Watch, KL 5399-5414.
24. Berlin, Enlightening, KL 10773-4, 10783-10806, 10818-64, 10865-71.
25. 위의 글, KL 16680-82; Dalos, Guest from the Future, 124-7, 133.
26. Dalos, Guest from the Future, 64f.

41장 소년원의 엘라

1. MacDougall, 'Long Lines'.
2. 일반적인 논의로는 다음을 보라. Wu, Master Switch.
3. MacDougall, 'Long Lines', 299, 308f., 318.
4. Wu, Master Switch, 8.
5. 위의 글, 9.
6. 위의 글, 113.
7. Christopher Wolf, 'The History of Electronic Surveillance, from Abraham Lincoln's Wiretaps to Operation Shamrock', Public Radio International, 7 November 2013.
8. Starr, Creation of the Media, 348.
9. 위의 글, 363f.
10. Gambetta, Sicilian Mafia.
11. Jonathan Steinberg, 'Capos and Cardinals', London Review of Books, 17 August 1989.
12. Duggan, Fascism and the Mafia.
13. Scotten, 'Problem of the Mafia'. 나의 학생인 프랭크 탐베리노Frank Tamberino가 다음의 참고 문헌을 알려준 것에 감사한다. Tamberino, 'Criminal Renaissance'.
14. Lewis, 'The Honored Society', New Yorker, 8 February 1964, 42-105, 또한 동일한 저자의 다음 저작도 많은 혜안을 준다. Lewis, Naples '44.

15. McAdam, Political Process and the Development of Black Insurgency, 90.

16. 위의 글, 129

17. Jackson et al., 'Failure of an Incipient Social Movement', 36.

18. Kurtz, Not-God; White and Kurtz, 'Twelve Defining Moments'; Makela et al., (eds.), Alcoholics Anonymous; Kelly and Yeterian, 'Mutual-Help Groups'.

19. Kurtz, Not-God, 64.

20. White and Kurtz, 'Twelve Defining Moments', 44f.

21. Ohler, Blitzed.

7부 정글을 차지하라

42장 장기 평화

1. Jackson and Nei, 'Networks of Military Alliances', 15279. 또한 Levina and Hillmann, 'Wars of the World', Lupu and Traag, 'Trading Communities', and Maoz, 'Network Polarization'를 보라.

2. Dorussen and Ward, 'Trade Networks'.

3. Haim, 'Alliance Networks and Trade', 28.

4. Johnson and Jordan, 'Web of War'.

5. Keller, '(Why) Do Revolutions Spread?'

43장 장군

1. Forester, The General, 222.

2. Samuels, Command or Control ; Gudmundsson, Stormtroop Tactics.

3. Marston, 'Lost and Found in the Jungle', KL 2065.

4. Pocock, Fighting General, KL 1537–77.

5. Mumford, Counter-Insurgency Myth, 37f.

6. Beckett and Pimlott, Counter-Insurgency, 20.

7. Strachan, 'British Counter-Insurgency from Malaya to Iraq', 10.

8. Pocock, Fighting General, KL 2113–33.

9. 위의 글, KL 2204–9.

10. Walker, 'How Borneo was Won', 11.

11. 위의 글.

12. Tuck, 'Borneo 1963–66', 98f.

13. Walker, 'How Borneo War Won', 19.
14. 위의 글, 9f.
15. 위의 글, 10.
16. 위의 글, 14.
17. Cross, 'Face Like a Chicken's Backside', 142f.
18. 위의 글, 157.
19. Rosentall, '"Confrontation": Countering Indonesian Insurgency', 102.
20. Beckett and Pimlott, Counter-Insurgency, 110.
21. Walker, 'How Borneo Was Won', 12.
22. 위의 글, 9.
23. 위의 글, 17.

44장 복잡성의 위기

1. 'General Sir Walter Walker', Daily Telegraph, 13 August 2001.
2. O'Hara, From Dreams to Disillusionment.
3. Scott, Seeing Like a State, 348.
4. Bar-Yam, 'Complexity Rising', 26.
5. Bar-Yam, Dynamics of Complex Systems, 804–9.
6. Quoted in Thompson et al. (eds.), Markets, Hierarchies and Networks, 297.
7. Barabási, Linked, 201.
8. Lamoreaux et al., 'Beyond Markets and Hierarchies', 43f.
9. 위의 글, 48f.
10. Chanda, Bound Together, 248.
11. Theodore Levitt, 'The Globalization of Markets', Harvard Business Review (May 1983).
12. Powell, 'Neither Market nor Hierarchy', quoted in Thompson et al. (eds.), Markets, Hierarchies and Networks, 270.
13. 위의 글, 271f.
14. 위의 글, 273f.
15. Rhodes, 'New Governance', 665.
16. Thompson, Between Hierarchies and Markets, 133.

45장 헨리 키신저의 권력 네트워크

1. Ferguson, Kissinger, xiv.
2. 위의 글, 310.

3. 위의 글, 502.

4. 위의 글, 728.

5. 위의 글, 806.

6. 위의 글, 807.

7. 위의 글, 841.

8. 위의 글, 849.

9. 'Principles, Structure and Activities of Pugwash for the Eleventh Quinquennium, 2007–2012': https://en.wikipedia.org/wiki/Pugwash_Conferences_on_Science_and_World_Affairs.

10. Evangelista, Unarmed Forces, 32f.

11. 위의 글, 33.

12. Staar, Foreign Policies, 86.

13. Ferguson, Kissinger, 505.

14. 위의 글, 736.

15. 위의 글, 740.

16. 위의 글, 746f.

17. 부록을 보라.

18. 'Superstar Statecraft: How Henry Does It', Time, 1 April 1974.

19. 위의 글.

20. 위의 글.

21. Sargent, Superpower Transformed, 158.

22. 위의 글, 159.

23. 위의 글, 176.

24. 특히 주목할 만한 문헌으로 다음을 보라. Notably Cooper, *Economics of Interdependence*, Keohane and Nye, *Power and Interdependence*.

25. 'Interdependence Day', The New York Times, 4 July 1976.

26. Brzezinski, Between Two Ages.

27. Bearman and Everett, 'Structure of Social Protest', 190f.

28. Henry A. Kissinger, 'The Need to Belong', The New York Times, 17 March 1968. 29. http://www.pbs.org/newshour/bb/white_house-july-dec11-nixontapes_11-25/.

46장 실리콘 밸리로 가는 길

1. Barabási, Linked, 147.

2. Conway, 'How Do Committees Invent?'

3. 위의 글

4. Caldarelli and Catanzaro, Networks, 37.
5. Naughton, From Gutenberg to Zuckerberg, 45f.
6. Caldarelli and Catanzaro, Networks, 38.
7. Newman, Networks, 19f.
8. Brinton and Chiang, Power of Networks, 245.
9. 위의 글, 297.
10. 월드와이드웹의 여러 선조들에 대해서는 다음을 보라. Hall, 'Ever Evolving Web'.
11. Castells, Rise of the Network Society, 63f. 또한 Newman, Networks, 5를 보라.
12. Caldarelli and Catanzaro, Networks, 39f., 43f.
13. Garton Ash, Free Speech, KL 494–496.
14. https://w2.eff.org/Censorship/Internet_censorship_bills/barlow_0296. declaration.
15. Goldsmith and Wu, Who Controls the Internet?, 21.
16. 위의 글, 24.
17. 위의 글, 15.
18. 위의 글, ch. 3.

47장 소련 제국의 몰락

1. Benjamin Peters, 'The Soviet InterNyet', Aeon, 17 October 2016.
2. National Security Agency, 'Dealing with the Future: The Limits of Forecasting', 100: http://www.nsa.gov/public_info/_files/cryptologic_ quarterly/limits_forecasting.pdf.
3. Osa, Solidarity and Contention, 117f.
4. 위의 글, 165.
5. Malcolm Gladwell, 'Small Change: Why the Revolution Will Not Be Tweeted', New Yorker, 4 October 2010.
6. Grdesic, 'Television and Protest in East Germany's Revolution', 94.

48장 승승장구하는 다보스

1. Navidi, Superhubs, 95.
2. Nick Paumgarten, 'Magic Mountain: What Happens at Davos?' New Yorker, 5 March 2012.
3. https://www.weforum.org/agenda/2013/12/nelson-mandelas-address-to-davos-1992/.
4. Paul Nursey-Bray, 'The Solid Mandela', Australian Left Review(June 1992),

12–16.

5. Barnard and Popescu, 'Nelson Mandela', 241f.

6. Sampson, Mandela, 427.

7. 위의 글, 429.

8. Jake Bright, 'Why the Left-Leaning Nelson Mandela was such a Champion of Free Markets', 6 December 2013: http://qz.com/155310/nelson-mandela-was-also-a-huge-champion-of-free-markets/.

9. Ronnie Kasrils, 'How the ANC's Faustian Pact Sold Out South Africa's Poorest', Guardian, 24 June 2013: https://www.theguardian.com/commentisfree/2013/jun/24/anc-faustian-pact-mandela-fatal-error.

10. Anthony Monteiro, 'Mandela and the Origins of the Current South African Crisis', 24 February 2015: https://africanamericanfutures.com/2015/02/24/mandela-and-the-origins-of-the-current-south-african-crisis/. 또한 Monteiro, 'Nelson Mandela: The Contradictions of His Life and Legacies', Black Agenda Report, 12 November 2013: http://www.blackagendareport.com/content/nelson-mandela-contradictions-his-life-and-legacies를 보라.

11. Sampson, Mandela, 428. 또한 Gumede, Thabo Mbeki, 81–4를 보라.

12. Ken Hanly, 'Mandela and Neo-Liberalism in South Africa', 18 December 2013: http://www.digitaljournal.com/news/politics/ op-ed-mandela-and-neo-liberalism-in-south-african/article/364193. 또한 Danny Schechter, 'Blurring Mandela and Neo-Liberalism', 14 December 2013: http://www.truthdig.com/report/print/blurring_mandela_and_neoliberalism_20131214. Cf. Schechter, Madiba A to Z, KL 1619–61를 보라.

13. Klein, Shock Doctrine, 216f.

14. Landsberg, Quiet Diplomacy of Liberation, 107–10.

15. Andrew Ross Sorkin, 'How Mandela Shifted Views on Freedom of Markets', The New York Times, 9 December 2013. 또한 Barnard and Popescu, 'Nelson Mandela', 247을 보라.

16. Sampson, Mandela, 428f.

49장 영란은행 파산시키기

1. 이 절의 논의는 다음의 문헌에 기대고 있다. Ferguson and Schlefer, 'Who Broke the Bank of England?'

2. Stevenson, 'First World War and European Integration'.

3. 더 많은 세부 사항들에 대해서는 다음을 보라. Ferguson, 'Siegmund Warburg, the City of London and the Financial Roots of European Integration'.

4. 이에 대한 소개로는 다음의 문헌을 참조하라. Kerr, *History of the Eurobond Market.*
5. Milward, European Rescue of the Nation-State.
6. Schenk, 'Sterling, International Monetary Reform and Britain's Applications'.
7. Ferguson, High Financier, 229.
8. Granville, Cruz and Prevezer, 'Elites, Thickets and Institutions'.
9. Ferguson, High Financier, 230.
10. Lamont, In Office, 124.
11. Major, Autobiography, 271f.
12. 위의 글, 275f.
13. 위의 글, 284.
14. 위의 글, 288.
15. Soros, George Soros on Globalization, 131.
16. Eichengreen and Wyplosz, 'Unstable EMS', 85.
17. Lamont, In Office, 201.
18. Major, Autobiography, 313. 또한 'Nearer to No', Economist, 29 August 1992를 보라.
19. Major, Autobiography, 313–15, 325.
20. Lamont, In Office, 212f., 227.
21. Ivan Fallon, 'John Major's Days of Pain: The Sterling Fiasco', Sunday Times, 20 September 1992.
22. 'Sterling Knocked by EMU Worries', The Times, 10 June 1992.
23. Major, Autobiography, 316, 325.
24. Stephens, Politics and the Pound, 219.
25. Lamont, In Office, 216.
26. 위의 글, 227f.
27. Peter Kellner, David Smith and John Cassidy, 'The Day the Pound Died', Sunday Times, 6 December 1992.
28. Lamont, In Office, 228.
29. Matthew Lynn and David Smith, 'Round One to Lamont–Norman Lamont', Sunday Times, 30 August 1992.
30. Lamont, In Office, 229.
31. 'Schlesinger's Schadenfreude– Diary', The Times , 18 September 1992.
32. Peter Kellner, David Smith and John Cassidy, 'The Day the Pound Died', Sunday Times, 6 December 1992.
33. Lamont, In Office, 236.
34. 위의 글, 238.

35. Colin Narbrough and Wolfgang Munchau, 'Another Innocent Gaffe from the Bundesbank', The Times, 10 September 1992; David Smith, 'Lamont's Troubles in Triplicate', Sunday Times, 13 September 1992.

36. Philip Webster, 'Bundesbank Chief Raises Spectre of Devaluation', The Times, 16 September 1992; Christopher Huhne, 'Inside Story: The Breaking of the Pound', Independent on Sunday, 20 September 1992. Cf. Major, Autobiography, 329.

37. Lamont, In Office, 244f.

38. Peter Kellner, David Smith and John Cassidy, 'The Day the Pound Died', Sunday Times, 6 December 1992; Robert Chote and Nicholas Timmins, 'Pound Faces Toughest Test after EC Bows to Markets: German Interest Rate to Fall as Lira is Devalued in ERM Rescue', Independent, 13 September 1992.

39. Eichengreen and Wyplosz, 'Unstable EMS', 107.

40. 'Forever Falling?' Economist, 29 August 1992.

41. Christopher Huhne, 'Schlesinger: A Banker's Guilt', Independent, 1 October 1992.

42. Soros, 'Theory of Reflexivity', 7.

43. Soros, Soros on Soros, 12

44. Mallaby, More Money Than God, 435.

45. 'A Ghastly Game of Dominoes', Economist, 19 September 1992.

46. Mallaby, More Money Than God, 156f.

47. Abdelal, 'Politics of Monetary Leadership', 250.

48. Duncan Balsbaugh, 'The Pound, My Part in Its Downfall and Is It Time to Fight the Central Banks Again?' IFR Review of the Year 2015: http://www.ifre.com/ the-pound-my-part-in-its-downfall-and-is-it-time-to-fight-the-central-banks-again/21223291.fullarticle. 숫자도 상당히 차이가 나는 다른 설명으로는 다음을 보라. Kaufman, Soros, 239; Mallaby, More Money Than God, 435. 또한 Drobny, Inside the House of Money, 274f도 보라.

49. Soros, Soros on Soros, 22. 또한 Soros and Schmitz, Tragedy of the European Union, 59f도 보라.

50. Kaufman, Soros, 239. 강조는 인용자.

51. Lamont, In Office, 249.

52. Anatole Kaletsky, 'How Mr Soros Made a Billion by Betting against the Pound', The Times , 26 October 1992.

53. 위의 글.

54. Mallaby, More Money Than God, 160–66.

55. Eichengreen and Wyplosz, 'Unstable EMS', 60.

56. Engdahl, 'Secret Financial Network'.
57. Flavia Cymbalista with Desmond MacRae, 'George Soros: How He Knows What He Knows, Part 2: Combining Theory and Instinct', Stocks, Futures and Options, 9 March 2004.
58. James Blitz, 'How Central Banks Ran into the Hedge', Financial Times, 30 September 1992.
59. Balsbaugh, 'The Pound, My Part in Its Downfall'.
60. Thomas Jaffe and Dyan Machan, 'How the Market Overwhelmed the Central Banks', Forbes, 9 November 1992. 또한 Mallaby, More Money Than God, 435 를 보라.
61. Kaletsky, 'How Mr Soros Made a Billion'.
62. Soros, Soros on Soros, 82.
63. Lamont, In Office, 259.
64. Slater, Soros, 180.
65. 위의 글, 181.
66. Roxburgh, Strained to Breaking Point, 163; Matthew Tempest, 'Treasury Papers Reveal Cost of Black Wednesday', Guardian, 9 February 2005.
67. Johnson, 'UK and the Exchange Rate Mechanism', 97f.
68. Major, Autobiography, 312, Lamont, In Office, 285.
69. Kaletsky, 'How Mr Soros Made a Billion'.
70. ' Half-Maastricht', Economist, 26 September 1992.

8부 바벨의 도서관

50장 2001년 9월 11일

1. Borges, 'Library of Babel'.
2. 국제 항공 교통의 발전이 얼마나 강력한 결과를 미쳤는가에 대해서는 다음을 보라. Campante and Yanagizawa-Drott, 'Long-Range Growth'. 또한 미국의 시스템이 심지어 정상적인 상태에서도 지연을 낳는 경향이 있다는 점에 대해서는 다음을 보라. Mayer and Sinai, 'Network Effects'.
3. Calderelli and Catanzaro, Networks 40f.
4. Thomas A. Stewart, 'Six Degrees of Mohamed Atta', Business 2.0, December 2001.
5. Krebs, 'Mapping Networks of Terrorist Cells', 46–50.

6. 위의 글, 51.

7. Jeff Jonas and Jim Harper, 'Effective Counterterrorism and the Limited Role of Predictive Data Mining', Policy Analysis, 11 December 2006.

8. Patrick Radden Keefe, 'Can Network Theory Thwart Terrorists?' The New York Times, 12 March 2006.

9. Valdis Krebs, 'Connecting the Dots: Tracking Two Identified Terrorists', Orgnet, 2002–8: http://www.orgnet.com/prevent.html.

10. Oliver, 'Covert Networks'.

11. Marion and Uhl-Bien, 'Complexity Theory and Al-Qaeda'.

12. Eilstrup-Sangiovanni and Jones, 'Assessing the Dangers of Illicit Networks', 34.

13. Minor, 'Attacking the Nodes', 6.

14. Morselli, Giguère and Petit, 'The Efficiency/Security Trade-off'. 또한 Kahler, Miles, 'Networked Politics'와 Kenney, 'Turning to the "Dark Side"', 그리고 Kahler, 'Collective Action and Clandestine Networks'를 보라.

15. Sageman, Understanding Terror Networks, 96f. 135–71 또한 보라.

16. Berman, Radical, Religious, and Violent, 18.

17. 위의 글, 17.

18. John Arquilla, 'It Takes a Network', Los Angeles Times, 25 August 2002.

19. National Consortium for the Study of Terrorism and Responses to Terrorism (START), 'Jihadist Plots in the United States, Jan. 1993–Feb. 2016: Interim Findings' (January 2017).

20. Nagl, Learning to Eat Soup with a Knife.

21. Army, U.S. Army/Marine Corps Counterinsurgency Field Manual.

22. Army, Insurgencies and Countering Insurgencies, section 4, paragraphs 6 and 7.

23. 위의 글, section 4, paragraphs 20 and 21.

24. Army, U.S. Army/Marine Corps Counterinsurgency Field Manual, Appendix B.

25. Kilcullen, Counterinsurgency, 37.

26. 위의 글, 183.

27. 위의 글, 200.

28. 위의 글, 4f., 10, 40, 197.

29. David Petraeus, 'The Big Ideas Emerging in the Wake of the Arab Spring', Belfer Center, Harvard Kennedy School of Government (2017).

30. McChrystal, My Share of the Task, 148. 맥크리스털과 그의 팀이 자르콰이를 추적하여 살해하고 그 과정에서 그가 거느린 네트워크를 파괴한 이야기는 11-15장에 나

온다.

31. Simpson, War from the Ground Up, 106.

51장 2008년 9월 15일

1. Neely, 'The Federal Reserve Responds'.
2. 위의 글, 40.
3. Crawford, 'U.S. Costs of Wars'.
4. Watts, Six Degrees, 23.
5. Caldarelli and Catanzaro, Networks, 36f., 42, 95.
6. United States Government Accountability Office, 'Financial Crisis Losses'.
7. Ferguson, Ascent of Money.
8. Financial Crisis Inquiry Commission, Financial Crisis Inquiry Report, KL 8518–21.
9. http://www.federalreserve.gov/monetarypolicy/fomchistorical2008.htm: FOMC meeting transcript, 16 September 2015, 20.
10. 위의 글, 51.
11. 위의 글, 28–29 October 2008, 118.
12. 위의 글, 15–16 December 2008, 12.
13. Andrew Haldane, 'On Tackling the Credit Cycle and Too Big to Fail', Bank of England presentation, January 2011, slide 13.
14. Ramo, Seventh Sense, 136f. 42–4 또한 보라.
15. Jackson, Rogers and Zenou, 'Economic Consequences of Network Structure'. 또한 Elliott, Golub and Jackson, 'Financial Networks and Contagion'를 보라.
16. Louise Story and Eric Dash, 'Bankers Reaped Lavish Bonuses During Bailouts', The New York Times, 30 July 2009.
17. Davis et al., 'Small World', 303.
18. 위의 글, 320.
19. Michelle Leder, 'Vernon Jordan Gets a Big Payday from Lazard', The New York Times, 15 March 2010.
20. Acemoglu et al., 저자들의 추산에 따르면, '그 다음 거래가 열린 날로 따져서 10일 동안, 가이트너와 연결선을 가지고 있는 금융 기업들은 누적적으로 12퍼센트라고 하는(다른 금융 부문 기업들과 비교해 볼 때) 참으로 비정상적인 수익을 거두었다.'

52장 관리형 국가

1. DeMuth, 'Can the Administrative State Be Tamed?' 125.

2. Patrick McLaughlin and Oliver Sherouse, 'The Accumulation of Regulatory Restrictions Across Presidential Administrations', Mercatus Center, 3 August 2015.

3. Patrick McLaughlin and Oliver Sherouse, 'The Dodd–Frank Wall Street Reform and Consumer Protection Act May be the Biggest Law Ever', Mercatus Center, 20 July 2015.

4. McLaughlin and Greene, ' Dodd–Frank's Regulatory Surge'.

5. Howard, Life Without Lawyers.

6. Scott, Connectedness and Contagion.

7. Fukuyama, Political Order and Political Decay, 208.

8. 위의 글, 35f. 그러나 Howard, Rule of Nobody와 White, Cass and Kosar, Unleashing Opportunity를 보라.

9. DeMuth, 'Can the Administrative State Be Tamed?' 151.

10. 일례로 McLaughlin and Sherouse, Impact of Federal Regulation; Patrick A. McLaughlin, 'Regulations Contribute to Poverty', Testimony to the House Committee on the Judiciary, Subcommittee on Regulatory Reform, Commercial and Antitrust Law, 24 February 2016를 보라.

11. Ferguson, Great Degeneration.

53장 웹 2.0

1. Naughton, From Gutenberg to Zuckerberg, 224.

2. 위의 글, 227.

3. Raymond, The Cathedral and the Bazaar, 21.

4. 위의 글, 57f.

5. 위의 글, 30.

6. 위의 글, 125.

7. 위의 글, 194.

8. Spar, Ruling the Waves, 369f.

9. Kirkpatrick, Facebook Effect, 74.

10. http://benbarry.com/project/facebooks-little-red-book. 그 『작은 붉은 책』의 저자에 대해서는 다음을 보라. http://www.typeroom.eu/article/ben-barry-used-be-called-facebook-s-minister-propaganda.

11. Kirkpatrick, Facebook Effect, 247.

12. 위의 글, 109.

13. 위의 글, 185, 274–7.

14. 위의 글, 154–7, 180ff., 188.

15. Naughton, From Gutenberg to Zuckerberg, 106.
16. Kirkpatrick, Facebook Effect, 222–6.
17. 위의 글, 251.
18. 위의 글, 259.
19. García Martínez, Chaos Monkeys, 275–80, 298f.
20. 위의 글, 482–6.
21. Alex Eule, 'Facebook Now Has 1.2 Billion Daily Users. Really', Barron's, 2 November 2016.
22. Smriti Bhagat, Moira Burke, Carlos Diuk, Ismail Onur Filiz, and Sergey Edunov, 'Three and a Half Degrees of Separation', 4 February 2016: https:// research.fb.com/ three-and-a-half-degrees-of-separation/.
23. Lars Backstrom, Paolo Boldi, Marco Rosa, Johan Ugander, and Sebastiano Vigna, 'Four Degrees of Separation', 22 June 2012: https://research.fb.com/ publications/ four-degrees-of-separation/.
24. Ugander et al., 'Structural Diversity in Social Contagion'.
25. Lillian Weng and Thomas Lenton, ' Topic-Based Clusters in Egocentric Networks on Facebook', 2 June 2014: https://research.fb.com/publications/ topic-based-clusters-in-egocentric-networks-on-facebook/. 또한 Youyou et al., 'Birds of a Feather'를 보라.
26. AmaçHerdag˘delen, Bogdan State, Lada Adamic, and Winter Mason, 'The Social Ties of Immigrant Communities in the United States', 22 May 2016: https://research.fb.com/publications/ the-social-ties-of-immigrant-communities-in-the-united-states/.
27. Jonathan Chang, Itamar Rosenn, Lars Backstrom and Cameron Marlow, 'Ethnicity on Social Networks', Association for the Advancement of Artificial Intelligence(2010).
28. Ismail Onur Filiz and Lada Adamic, 'Facebook Friendships in Europe', 8 November 2016: https://research.fb.com/ facebook-friendships-in-europe/.
29. Eytan Bakshy, Itamar Rosenn, Cameron Marlow and Lada Adamic, 'The Role of Social Networks in Information Diffusion', 16 April 2012: https://research. fb.com/publications/ the-role-of-social-networks-in-information-diffusion/; Lada A. Adamic, Thomas M. Lenton, Eytan Adar and Pauline C. Ng, 'Information Evolution in Social Networks', 22 May 2016: https://research. fb.com/ wp-content/uploads/2016/11/information_evolution_in_social_ networks.pdf; Adam D. I. Kramer, 'The Spread of Emotion via Facebook', 16 May 2012: https://research.fb.com/publications/ the-spread- of-emotion-via-facebook/.

30. Jonathan Tepper, 'Friendships in the Age of Social Media', 14 January 2017: originally published on http:// jonathan-tepper.com/blog/.
31. Naughton, From Gutenberg to Zuckerberg, 194f.
32. Data from http://whoownsfacebook.com/.
33. García Martínez, Chaos Monkeys, 229.
34. 'Who Are the 8 Richest People? All Men, Mostly Americans', NBC News, 16 January 2017.
35. Wu, Master Switch, 318
36. Shannon Bond, 'Google and Facebook Build Digital Ad Duopoly', Financial Times, 15 March 2017.
37. Farhad Manjoo, 'Why Facebook Keeps Beating Every Rival: It's the Network, of Course', The New York Times, 19 April 2017.
38. Robert Thomson, 'Digital Giants are Trampling on Truth', The Times, 10 April 2017.
39. Ramo, Seventh Sense, 240ff.
40. Kirkpatrick, Facebook Effect, 254.
41. http://benbarry.com/project/ facebooks-little-red-book.
42. García Martínez, Chaos Monkeys, 355.
43. Kirkpatrick, Facebook Effect, 319.
44. Nick Bilton, 'Will Mark Zuckerberg be Our Next President?' Vanity Fair, 13 January 2017.
45. García Martínez, Chaos Monkeys, 263f.
46. Mark Zuckerberg, 'Building Global Community', 16 February 2017: https://www.facebook.com/notes/ mark-zuckerberg/building-global-community/10154544292806634.
47. 회의적인 관점으로는 다음을 보라. Morozov, Net Delusion.

54장 해체되다

1. Oxfam, 'An Economy for the 1%'.
2. Crédit Suisse Research Institute, Global Wealth Databook 2015 (October 2015).
3. Piketty and Saez, 'Income Inequality', with figures updated to 2015.
4. U.S. Census Bureau, Current Population Survey, Annual Social and Economic Supplements: https://www.census.gov/data/tables/ time-series/demo/income-poverty/historical-income-households.html.
5. Bricker et al., 'Measuring Income and Wealth'.
6. Agustino Fontevecchia, 'There Are More Self-Made Billionaires in the Forbes

400 Than Ever Before', Forbes, 3 October 2014.

7. Credit Suisse Research Institute, *Global Wealth Databook 2015* (October 2015). '중간계급'은 여기에서 재산이 5만 달러에서 50만 달러 사이인 사람들로 정의된다. 소득에 기초하여 다르게 정의를 내리는 경우도 있으며, 이에 따르면 지구적 중간계급은 32억 명이라는 상당히 더 큰 규모로 추산된다. 다음을 보라. Kharas, 'Unprecedented Expansion'.

8. Hellebrandt and Mauro, 'Future of Worldwide Income Distribution'.

9. Sala-i-Martin and Pinkovskiy, 'Parametric Estimations'.

10. Milanovic and Lakner, 'Global Income Distribution'.

11. Corlett, 'Examining an Elephant'.

12. Rakesh Kochhar, 'Middle Class Fortunes in Western Europe', Pew Research Center, 24 April 2017.

13. Autor et al., 'Untangling Trade and Technology'.

14. Dobbs et al., Poorer Than Their Parents.

15. Chetty et al., 'Is the United States Still a Land of Opportunity?'

16. Case and Deaton, 'Rising Morbidity'.

17. Case and Deaton, 'Mortality and Morbidity'.

18. Nicholas Eberstadt, 'Our Miserable 21st Century', Commentary, 28 February 2017.

19. Gagnon and Goyal, 'Networks, Markets, and Inequality', 23.

20. 위의 글, 3.

21. World Bank Group, Digital Dividends, 3.

22. Paik and Sanchargin, 'Social Isolation'.

23. Keith Hampton, Lauren Sessions, Eun Ja Her, and Lee Rainie, 'Social Isolation and New Technology', Pew Internet & American Life Project(November 2009), 1–89: http://www.pewinternet.org/2009/11/04/social-isolation-and-new-technology/.24. 위의 글, 70.

25. 일반적으로 Murray, Coming Apart를 보라.

55장 트위터로 혁명을 보내다

1. Wu, Master Switch, 250.

2. Pew Research Center, 'Global Publics Embrace Social Networking', 15 December 2010.

3. Malcolm Gladwell, 'Small Change: Why the Revolution Will Not Be Tweeted', New Yorker, 4 October 2010.

4. Schmidt and Cohen, 'Digital Disruption'.

5. 위의 글.

6. 위의 글. 또한 Shirky, 'Political Power of Social Media', 1를 보라. 각종 디지털 소셜 네트워크가 정치적 변화의 행위자로서 어떤 한계를 갖고 있는지에 대해서는 다음을 보라. Shirky, *Here Comes Everybody* 그리고 Tufekci, *Twitter and Tear Gas*.

7. Hill, 'Emotions as Infectious Diseases'.

8. Hal Hodson, 'I Predict a Riot', New Scientist, 2931, 21 August 2013, 22.

9. Debora MacKenzie, 'Brazil Uprising Points to Rise of Leaderless Networks', *New Scientist*, 2923, 26 June 2013. 일반적인 논의로는 다음을 보라. Barbera and Jackson, 'Model of Protests'.

10. Ramo, Seventh Sense, 105.

11. Sten Tamkivi, 'Lessons from the World's Most Tech-Savvy Government', Atlantic, 24 January 2014.

12. 이러한 혜안이 다른 분쟁 및 갈등에 대해 어떤 적실성을 갖는지에 대해서는 다음을 보라. Staniland, *Networks of Rebellion*.

13. Simcox, Al-Qaeda's Global Footprint.

14. Zimmerman, Al-Qaeda Network.

15. Wu, Master Switch, 250.

16. Glennon, 'National Security', 12.

17. Barton Gellman, 'NSA Broke Privacy Rules Thousands of Times per Year, Audit Finds', Washington Post, 15 August 2013.

18. https://www.facebook.com/zuck/posts/10101301165605491.

19. Lloyd Grove, 'Kathleen Sebelius's Daily Show Disaster: Jon Stewart Slams Obamacare Rules', Daily Beast, 8 October 2013.

20. Schmidt and Cohen, 'Digital Disruption'.

21. Cecilia Kang, 'Google, in Post-Obama Era, Aggressively Woos Republicans', The New York Times, 27 January 2017.

22. Gautham Nagesh, 'ICANN 101: Who Will Oversee the Internet?' Wall Street Journal, 17 March 2014.

23. Enders and Su, 'Rational Terrorists'.

24. Scott Atran and Nafees Hamid, 'Paris: The War ISIS Wants, New York Review of Books, 16 November 2015.

25. David Ignatius, 'How ISIS Spread in the Middle East: And How to Stop It', Atlantic, 29 October 2015.

26. Karl Vick, 'ISIS Militants Declare Islamist "Caliphate"', Time, 29 June 2014.

27. Graeme Wood, 'What ISIS Really Wants', Atlantic, March 2015.

28. Berger and Morgan, 'ISIS Twitter Census'. 또한 Joseph Rago, 'How Algorithms Can Help Beat Islamic State', Wall Street Journal, 11 March 2017를 보라.

29. Craig Whiteside, 'Lighting the Path: The Story of the Islamic State's Media Enterprise', War on the Rocks, 12 December 2016.
30. Wood, 'What ISIS Really Wants'.
31. UN Security Council, 'In Presidential Statement, Security Council Calls for Redoubling Efforts to Target Root Causes of Terrorism as Threat Expands, Intensifies', 19 November 2014: www.un.org/press/en/2014/sc11656. doc.htm. 또한 Spencer Ackerman, 'Foreign Jihadists Flocking to Syria on "Unprecedented Scale" – UN', Guardian, 30 October 2014를 보라.
32. Wood, 'What ISIS Really Wants'.
33. Bodine-Baron et al., Examining ISIS Support.
34. Fisher, 'Swarmcast'. 또한 Ali Fisher, 'ISIS Strategy and the Twitter Jihadiscape', CPD Blog, 24 April 2017: http://uscpublicdiplomacy.org/blog/isis-strategy-and-twitter-jihadiscape를 보라.
35. John Bohannon, 'Women Critical for Online Terrorist Networks', Science, 10 June 2016.
36. MacGill, 'Acephalous Groups'.
37. 하지만 오바마를 비판하는 이들도 ISIS에 대해 일관성 있는 대응책을 내놓는 데에는 어려움을 겪는다. 사이버스페이스에 대한 언급이 전혀 없이 재래식의 군사적/정치적 반 테러리즘 전략을 내놓은 논의로는 다음을 보라. Habeck et al., Global Strategy for Combating Al-Qaeda.
38. Institute for Economics and Peace, Global Terrorism Index 2016: Measuring and Understanding the Impact of Terrorism, 4.
39. START, Patterns of Islamic State-Related Terrorism, 2002–2015(August 2016).
40. Institute for Economics and Peace, Global Terrorism Index 2016, 43.
41. Byrne, Black Flag Down, 18–20.
42. Stuart, Islamist Terrorism.
43. Rukmini Callimachi, Alissa J. Rubin and Laure Fourquet, 'A View of ISIS's Evolution in New Details of Paris Attacks', The New York Times, 19 March 2016.
44. Ali, Challenge of Dawa. 또한 Sookhdeo, Dawa를 보라.
45. Stuart, Islamist Terrorism: Key Findings, 2, 9, 11, 18.
46. Frampton et al., Unsettled Belonging.
47. Scott Atran and Nafees Hamid, 'Paris: The War ISIS Wants, New York Review of Books, 16 November 2015.
48. Berger and Morgan, 'ISIS Twitter Census'.
49. John Bohannon, 'How to Attack the Islamic State Online', Science, 17 June 2016. 또한 Berger and Perez, 'The Islamic State's Diminishing Returns on

Twitter', 그리고 Wood, Way of the Strangers, 287를 보라.

50. http://www.bbc.com/news/ uk-34568574.

51. Sutton, 'Myths and Misunderstandings'.

52. http://www.telegraph.co.uk/news/uknews/terrorism-in-the-uk/11546683/ Islamist-extremists-in-prison-revolving-door-as-numbers-soar.html.

53. Pew Research Center, Future Global Muslim Population.

54. Laurence and Vaisse, Integrating Islam, 40f. 또한 Khosrokhavar, L'Islam dans les prisons, 그리고 Scott Atran and Nafees Hamid, 'Paris: The War ISIS Wants', New York Review of Books, 16 November 2015를 보라.

55. Antoine Krempf, '60% des détenus français sont musulmans?' Replay Radio, 26 January 2015.

56. Pew Research Center, World's Muslims.

56장 2016년 11월 9일

1. 포퓰리즘에 대한 옹호 논리는 다음을 보라. Roger Kimball, 'Populism, X: The Imperative of Freedom', *New Criterion* (June 2017).

2. Deena Shanker, 'Social Media are Driving Americans Insane', Bloomberg, 23 February 2017.

3. Deloitte, No Place Like Phone.

4. Hampton et al., 'Social Isolation and New Technology'.

5. Funke et al., 'Going to Extremes'.

6. Inglehart and Norris, 'Trump, Brexit, and the Rise of Populism'. 또한 Daniel Drezner, 'I Attended Three Conferences on Populism in Ten Days', Washington Post, 19 June 2017를 보라.

7. Renee DiResta, 'Crowds and Technology', RibbonFarm, 15 September 2016: http://www.ribbonfarm.com/2016/09/15/ crowds-and-technology/.

8. Brinton and Chiang, Power of Networks, 207.

9. 'Mobilising Voters through Social Media in the U.S., Taiwan and Hong Kong', Bauhinia, 15 August 2016.

10. Pentland, Social Physics, 50f.

11. Bond et al., ' 61-Million-Person Experiment'.

12. Goodhart, Road to Somewhere.

13. Dominic Cummings, 'How the Brexit Referendum Was Won', Spectator, 9 January 2017.

14. Dominic Cummings, 'On the Referendum #20: The Campaign, Physics and Data Science', 29 October 2016: https://dominiccummings.wordpress.

com/2016/10/29/ on-the-referendum-20-the-campaign-physics-and-data-science-vote-leaves-voter-intention-collection-system-vics-now-available-for-all/.

15. Carole Cadwalladr, 'Revealed: How U.S. Billionaire Helped to Back Brexit', Guardian, 25 February 2017. Simon Kuper, 'Targeting Specific Voters is More Effective and Cheaper than Speaking to the Public on TV', Financial Times, 14 June 2017.

16. Salena Zito, 'Taking Trump Seriously, Not Literally', Atlantic, 23 September 2016.

17. Allen and Parnes, Shattered, KL 256–7, 566–9, 599–601, 804–6.

18. 위의 글, KL 2902–4.

19. 위의 글, KL 3261–73, 3281–5, 3291–3301.

20. Allcott and Gentzkow, 'Social Media and Fake News'.

21. Shannon Greenwood, Andrew Perrin and Maeve Duggan, 'Social Media Update 2016', Pew Research Center, 11 November 2016. 그리고 Mostafa M. El-Bermawy, 'Your Filter Bubble is Destroying Democracy', Wired, 18 November. 2016를 보라.

22. Maeve Duggan and Aaron Smith, 'The Political Environment on Social Media', Pew Research Center, 25 October 2016.

23. 'Mobilising Voters through Social Media in the U.S., Taiwan and Hong Kong', Bauhinia, 15 August 2016.

24. Erin Pettigrew, 'How Facebook Saw Trump Coming When No One Else Did', Medium, 9 November 2016.

25. Pew Research Center, 'Election Campaign 2016: Campaigns as a Direct Source of News', 18 July 2016, 15.

26. https://www.youtube.com/watch?v=vST61W4bGm8.

27. https://www.wired.com/2016/11/facebook-won-trump-election-not-just-fake-news/.

28. Cecilia Kang, 'Google, in post-Obama Era, Aggressively Woos Republicans', The New York Times, 27 January 2017.

29. 'Facebook Employees Pushed to Remove Trump's Posts as Hate Speech', Wall Street Journal, 21 October 2016.

30. Farhad Manjoo, 'Algorithms with Agendas and the Sway of Facebook', The New York Times, 11 May 2016.

31. Issie Lapowsky, 'Here's How Facebook Actually Won Trump the Presidency', Wired, 15 November 2016.

32. Elizabeth Chan, 'Donald Trump, Pepe the Frog, and White Supremacists: An

Explainer', Hillary for America, 12 September 2016.

33. Ben Schreckinger, 'World War Meme', Politico, March/April 2017.
34. Hannes Grassegger And Mikael Krogerus, 'The Data That Turned the World Upside Down', Motherboard, 28 January 2017.
35. Nicholas Confessore and Danny Hakim, 'Bold Promises Fade to Doubts for a Trump-Linked Data Firm', The New York Times, 6 March 2017.
36. Issie Lapowsky, 'The 2016 Election Exposes the Very, Very Dark Side of Tech', Wired, 7 November 2016.
37. Zeynep Tufekci, 'Mark Zuckerberg is in Denial', The New York Times, 15 November 2016.
38. Richard Waters, 'Google Admits Giving Top Spot to Inaccurate Claim on Trump Votes', Financial Times, 15 November 2016.
39. Allcott and Gentzkow, 'Social Media and Fake News'.
40. David Blood, 'Fake News is Shared as Widely as the Real Thing', Financial Times, 27 March 2017.
41. Boxell et al., 'Is the Internet Causing Political Polarization?'

9부 결론: 사이버리아 앞에 선 우리

57장 메트로폴리스

1. 이 주제를 다룬 본래의 에세이는 다음의 글을 보라. Niall Ferguson and Moritz Schularick, 'Chimerical? Think Again', Wall Street Journal, 5 February 2007. 우리는 다음의 문헌에서도 이 주제를 다시 다루었다. '"Chimerica" and the Rule of Central Bankers', 위의 글, 27 August 2015. 바로 이를 제목으로 삼고 있는 루시 커크우드Lucy Kirkwood의 2013년 희곡 또한 이 생각에서 영감을 얻은 것이었다.
2. 내가 알고 있는 한 이는 한 번도 이루어진 적이 없다. 이에 관련된 데이터는 다음에서 찾을 수 있다. http://globe.cid.harvard.edu/.
3. 예를 들어 다음을 보라. Barnett(ed.), Encyclopedia of Social Networks, vol. I, 297. 낙관적인 관점의 논리로는 다음을 보라. Slaughter, The Chessboard and the Web.

58장 네트워크 단절

1. Kissinger, World Order, 93f.

2. 위의 글, 371.

3. Steven Pinker and Andrew Mack, 'The World is Not Falling Apart', Slate, 22 December 2014. 핑커의 저서에 대한 비판으로는 Better Angels, Cirillo and Taleb, 'Statistical Properties'를 보라. 이에 대한 스티븐 핑커의 반론으로는 다음을 보라. 'Fooled by Belligerence: Comments on Nassim Taleb's "The Long Peace is a Statistical Illusion"': http://stevenpinker.com/files/comments_on_taleb_by_s_pinker.pdf.

4. Kissinger, World Order, 340, 347, 368.

5. Allison, Destined for War.

6. Jeffrey Goldberg, 'World Chaos and World Order: Conversations with Henry Kissinger', Atlantic, 10 November 2016.

7. Niall Ferguson, 'The Lying, Hating Hi-Tech Webs of Zuck and Trump are the New Superpowers', Sunday Times, 19 February 2017.

8. 일례로 Snyder, On Tyranny를 보라.

9. 일례로 (같은 날 출판된) Jennifer Senior, '"Richard Nixon", Portrait of a Thin-Skinned, Media-Hating President', The New York Times, 29 March 2017; Jennifer Rubin, 'End the Nunes Charade, and Follow the Russian Money', Washington Post, 29 March 2017를 보라.

10. Dittmar, 'Information Technology and Economic Change'.

11. McKinsey Global Institute, Playing to Win, 11.

12. World Bank, Digital Dividends, 95.

13. 위의 글, 207.

14. 위의 글, xiii, 6.

15. Schiedel, Great Leveler.

16. World Bank, Digital Dividends, 217.

17. Alexis C. Madrigal, 'The Weird Thing About Today's Internet', Atlantic, 17 May 2017.

18. Thiel, Zero to One.

19. 개발도상국 세계로 가보면 휴대전화 서비스의 비용은 대단히 들쭉날쭉하다. 브라질에서는 거의 월 50달러에 달하지만 스리랑카에 가면 그 숫자가 한 자리로 떨어진다. 초당 1메가바이트의 인터넷 가격은 내륙국인 차드Chad에서 케냐에 비해 약 300배 더 높다. World Bank, Digital Dividends, 8, 71, 218.

20. 위의 글, 13.

21. Charles Kadushin, 'Social Networks and Inequality: How Facebook Contributes to Economic (and Other) Inequality', Psychology Today, 7 March 2012: https://www.psychologytoday.com/blog/ understanding-social-networks/201203/ social-networks-and-inequality.

22. Sam Altman, 'I'm a Silicon Valley Liberal, and I Traveled across the Country to Interview 100 Trump Supporters– Here's What I Learned', Business Insider, 23 February 2017: http://www.businessinsider.com/sam-altman-interview-trump-supporters-2017-2.

23. 'As American as Apple Inc.: Corporate Ownership and the Fight for Tax Reform', Penn Wharton Public Policy Initiative, Issue Brief 4, 1: https://publicpolicy.wharton.upenn.edu/ issue-brief/v4n1.php.

24. Sandra Navidi, 'How Trumpocracy Corrupts Democracy', Project Syndicate, 21 February 2017.

25. Cecilia Kang, 'Google, in post-Obama Era, Aggressively Woos Republicans', The New York Times, 27 January 2017; Jack Nicas and Tim Higgins, 'Silicon Valley Faces Balancing Act between White House Criticism and Engagement', Wall Street Journal, 31 January 2017.

26. Issie Lapowsky, 'The Women's March Defines Protest in the Facebook Age', Wired, 21 January 2017; Nick Bilton, 'Will Mark Zuckerberg be Our Next President?' Vanity Fair, 13 January 2017.

27. World Bank, Digital Dividends, 221–7.

28. Lada A. Adamic, Thomas M. Lenton, Eytan Adar and Pauline C. Ng, 'Information Evolution in Social Networks', 22–25 February 2016: https://research.fb.com/wp-content/uploads/2016/11/information_evolution_in_social_networks.pdf.

29. James Stavridis, 'The Ghosts of Religious Wars Past are Rattling in Iraq', Foreign Policy, 17 June 2014.

30. Turchin, Ages of Discord.

31. Maier, Leviathan 2.0.

32. Mark Galeotti, 'The "Trump Dossier," or How Russia Helped America Break Itself', Tablet, 13 June 2017.

33. Fareed Zakaria, 'America Must Defend Itself against the Real National Security Menace', Washington Post, 9 March 2017.

34. Nye, 'Deterrence and Dissuasion', 47.

35. Ramo, Seventh Sense, 217f.

36. Caldarelli and Catanzaro, Networks, 95–8, 104f.

37. Drew Fitzgerald and Robert McMillan, 'Cyberattack Knocks Out Access to Websites', Wall Street Journal, 21 October 2016; William Turton, 'Everything We Know about the Cyberattack That Crippled America's Internet', Gizmodo, 24 October 2016.

38. Fred Kaplan, '"WarGames" and Cybersecurity's Debt to a Hollywood Hack',

The New York Times, 19 February 2016.

39. Nye, 'Deterrence and Dissuasion'.

40. Ken Dilanian, William M. Arkin and Cynthia Mcfadden, 'U.S. Govt. Hackers Ready to Hit Back If Russia Tries to Disrupt Election', NBC, 4 November 2016.

41. Nathan Hodge, James Marson and Paul Sonne, 'Behind Russia's Cyber Strategy', Wall Street Journal, 16 December 2017.

42. 좀 더 최근에 위키리크스에서 풀어낸 내용에 대해서는 다음을 보라. Zeynep Tufekci, 'The Truth about the WikiLeaks C.I.A. Cache', The New York Times, 9 March 2017.

43. Bonnie Berkowitz, Denise Lu and Julie Vitkovskaya, 'Here's What We Know So Far about Team Trump's Ties to Russian Interests', Washington Post, 31 March 2017.

44. Nye, 'Deterrence and Dissuasion', 44–52, 63–7.

45. Mark Galeotti, 'Crimintern: How the Kremlin Uses Russia's Criminal Networks in Europe', European Council on Foreign Relations Policy Brief (April 2017).

46. Anne-Marie Slaughter, 'How to Succeed in the Networked World', Foreign Affairs, (November/December 2016), 80.

47. Slaughter, 'How to Succeed', 84f.; Slaughter, The Chessboard and the Web, KL 2738.

48. Slaughter, 'How to Succeed', 86.

49. Slaughter, The Chessboard and the Web, KL 2680–84.

50. Ian Klaus, 'For Cities of the Future, Three Paths to Power', Atlantic, 19 March 2017.

51. Ramo, Seventh Sense, 182.

52. 위의 글, 233.

53. 위의 글, 153. 또한 Clarke and Eddy, Warnings, 283–301을 보라.

54. Taleb, Antifragile.

55. Arbesman, Overcomplicated.

56. Caldarelli and Catanzaro, Networks, 97.

59장 '송곳니', '박쥐' 그리고 유럽연합

1. Daniel Martin, 'Shaming of Web Giants', Daily Mail, 15 March 2017.

2. Guy Chazan, 'Germany Cracks Down on Social Media over Fake News', Financial Times, 14 March 2017.

3. GP Bullhound, European Unicorns: Survival of the Fittest (2016).

4. Adam Satariano and Aoife White, 'Silicon Valley's Miserable Euro Trip is Just Getting Started', Bloomberg Business Week, 20 October 2016; Mark Scott, 'The Stakes are Rising in Google's Antitrust Fight with Europe', The New York Times, 30 October 2016; Philip Stephens, 'Europe Rewrites the Rules for Silicon Valley', Financial Times, 3 November 2016.

5. Goldsmith and Wu, Who Controls the Internet?, 5ff.

6. 다른 관점으로는 다음을 보라. Hafner-Burton and Montgomery, 'Globalization and the Social Power Politics.'

7. Bethany Allen-Ebrahimian, 'The Man Who Nailed Jello to the Wall', Foreign Policy, 29 June 2016.

8. Spar, Ruling the Waves, 381.

9. Guobin Yang, 'China's Divided Netizens', Berggruen Insights, 6, 21 October 2017.

10. King et al., 'Randomized Experiment'.

11. Goldsmith and Wu, Who Controls the Internet?, 96.

12. Emily Parker, 'Mark Zuckerberg's Long March into China', Bloomberg, 18 October 2016; Alyssa Abkowitz, Deepa Seetharaman and Eva Dou, 'Facebook Is Trying Everything to Re-Enter China — and It's Not Working', Wall Street Journal, 30 January 2017.

13. Mary Meeker, 'Internet Trends 2016 — Code Conference', Kleiner Perkins Caufield Byers, 1 June 2016, 170f.

14. Kirby et al., 'Uber in China', 12.

15. William Kirby, 'The Real Reason Uber is Giving Up in China', Harvard Business Review, 2 August 2016.

16. 일례로 Eric X. Li, 'Party of the Century: How China is Reorganizing for the Future', Foreign Affairs, 10 January 2017, and Bell, China Model를 보라.

17. Keller, 'Networks of Power', 32; Keller, 'Moving Beyond Factions', 22.

18. Li, Chinese Politics, 332, 347f.

19. Jessica Batke and Matthias Stepan, 'Party, State and Individual Leaders: The Who's Who of China's Leading Small Groups', Mercator Institute for China Studies (2017).

20. Lin and Milhaupt, 'Bonded to the State'.

21. 'Chinese Censors' Looser Social Media Grip "May Help Flag Threats"', South China Morning Post, 13 February 2017.

22. 'Visualizing China's Anti-Corruption Campaign', ChinaFile, 21 January 2016.

23. 'Big Data, Meet Big Brother: China Invents the Digital Totalitarian State', Economist, 17 December 2016.

24. Nick Szabo, 'Money, Blockchains and Social Scalability', Unenumerated, 9 February 2017.
25. 위의 글.
26. Haldane, 'A Little More Conversation'. 또한 Bettina Warburg, How the Blockchain will Radically Transform the Economy', TED talk, November 2016를 보라.
27. David McGlauflin, 'How China's Plan to Launch Its Own Currency Might Affect Bitcoin', Cryptocoins News, 25 January 2016; 'China is Developing Its Own Digital Currency', Bloomberg News, 23 February 2017. Details of the PBOC plan at http://www.cnfinance.cn/magzi/2016-09/01-24313.html and http://www.cnfinance.cn/magzi/ 2016-09/01-24314.html.
28. Deloitte and Monetary Authority of Singapore, 'The Future is Here: Project Ubin: SGD on Distributed Ledger' (2017). 일반적인 논의로는 다음을 보라. Bordo and Levin, 'Central Bank Digital Currency'.

60장 광장과 타워의 귀환

1. 르네상스 시대와의 의미심장한 비교에 대해서는 다음을 보라. Goldin and Kutarna, Age of Discovery을 보라.
2. Heylighen and Bollen, 'World-Wide Web as a Super-Brain'. 또한 Heylighen, 'Global Superorganism'를 보라.
3. Dertouzos, What Will Be.
4. Wright, Nonzero, 198.
5. Hayles, 'Unfinished Work', 164.
6. Tomlin, Cloud Coffee House, 55.
7. 위의 글, 223.
8. Spier, Big History and the Future of Humanity, 138–83.
9. Naughton, From Gutenberg to Zuckerberg, 207, 236.
10. Mark Zuckerberg, 'Commencement Address at Harvard', Harvard Gazette, May 25, 2017.
11. Gordon, *Rise and Fall of American Growth*. 이에 대한 긍정적인 견해로는 다음을 보라. Schwab, *Fourth Industrial Revolution*.
12. Acemoglu and Restrepo, 'Robots and Jobs'.
13. World Bank, Digital Dividends, 23, 131.
14. Caplan, 'Totalitarian Threat'.
15. 역사적 경험에 기초하여 장차 미국에서 폭력이 터져나올 것이라고 예견하는 논의로는 다음을 보라. Turchin, Ages of Discord.

16. Caldara and Iacoviello, 'Measuring Geopolitical Risk'.
17. Bostrom, Superintelligence. 또한 Clarke and Eddy, Warnings, esp. 199–216를 보라.
18. David Streitfeld, "The Internet Is Broken': @ev Is Trying to Salvage It', New York Times, 20 May 2017.
19. Scott, Two Cheers.
20. Niall Ferguson, 'Donald Trump's New World Order', The American Interest (March/April 2017), 37–47.
21. Steinhof, 'Urban Images', 20.
22. https://www.nytimes.com/interactive/2016/12/21/upshot/Mapping-the-Shadows-of-New-York-City.html?_r=1.
23. Steven Levy, Inside Apple's Insanely Great (Or Just Insane) New Mothership', Wired, 16 May 2017.
24. Facebook: http://mashable.com/2015/03/31/ facebook-new-headquarters-photos/#0dtktL9aMgqH; Apple: http://www.fosterandpartners.com/news/archive/2017/02/apple-park-opens-to-employees-in-april/; Google: https://googleblog.blogspot.com/2015/02/ rethinking-office-space.html.

참고문헌

1부 서론: 네트워크들, 위계 조직들

Acemoglu, Daron and James A. Robinson, Why Nations Fail: The Origins of Power, Prosperity, and Poverty (New York and London: Crown/Profile, 2012).

Agethen, Manfred, Geheimbund und Utopie: Illuminaten, Freimaurer und deutsche Spätaufklärung (Munich: R. Oldenbourg, 1984).

Allison, Graham, 'The Impact of Globalization on National and International Security', in Joseph S. Nye, Jr, and John D. Donahue (eds.), Governance in a Global World (Washington, DC: Brookings Institution Press, 2000), 72–85.

Banerjee, Abhijit, Arun G. Chandrasekhar, Esther Duflo and Matthew O. Jackson, 'Gossip: Identifying Central Individuals in a Social Network', working paper, 14 February 2016.

Barabási, Albert-László, Linked: How Everything is Connected to Everything Else and What It Means for Business, Science, and Everyday Life (New York: Basic Books, 2014).

_____ and Réka Albert, 'Emergence of Scaling in Random Networks', Science, 286, 5439 (15 October 1999), 509–12.

Bennett, Alan, The History Boys (London: Faber & Faber, 2004).

Berger, Jonah, Contagious: Why Things Catch On (New York: Simon & Schuster, 2013).

Boeder, Pieter, 'Habermas' Heritage: The Future of the Public Sphere in the Network Society', First Monday (September 2005).

Boisot, Max, Information Space: A Framework for Learning in Organizations, Institutions and Culture (London: Routledge, 1995).

_____ , Knowledge Assets: Securing Competitive Advantage in the Information Economy (Oxford: Oxford University Press, 1998).

Boisot, Max and Xiaohui Lu, 'Competing and Collaborating in Networks: Is Organizing Just a Game?', in Michael Gibbert and Thomas Durand (eds.), Strategic Networks: Learning to Compete (Malden, MA: Wiley-Blackwell, 2006), 151–69.

Bostrom, Nick, Superintelligence: Paths, Dangers, Strategies (Oxford: Oxford University Press, 2014).

Bramoullé, Yann, Sergio Currarini, Matthew O. Jackson, Paolo Pin and Brian W. Rogers, 'Homophily and Long-Run Integration in Social Networks', Journal of Economic Theory, 147, 5 (2012), 1754–86.

Burt, Ronald S., Brokerage and Closure: An Introduction to Social Capital (Clarendon Lectures in Management Studies) (Oxford: Oxford University Press, 2007).

_____ , Neighbor Networks: Competitive Advantage Local and Personal (Oxford: Oxford University Press, 2010).

_____ , Structural Holes: The Social Structure of Competition (Cambridge, MA: Harvard University Press, 1992).

_____ , 'Structural Holes and Good Ideas', American Journal of Sociology, 110, 2 (September 2004), 349–99.

Calvó-Armengol, Antoni and Matthew O. Jackson, 'The Effects of Social Networks on Employment and Inequality', American Economic Review, 94, 3 (2004), 426–54.

Carroll, Glenn R. and Albert C. Teo, 'On the Social Networks of Managers', Academy of Management Journal, 39, 2 (1996), 421–40.

Cassill, Deby and Alison Watkins, 'The Evolution of Cooperative Hierarchies through Natural Selection Processes', Journal of Bioeconomics, 12, (2010), 29–42.

Castells, Manuel, 'Information Technology, Globalization and Social Development', United Nations Research Institute for Social Development Discussion Paper, no. 114 (September 1999), 1–15.

Centola, Damon and Michael Macy, 'Complex contagions and the weakness of long ties', American Journal of Sociology, 113, 3 (2007), 702–34.

Christakis, Nicholas A. and James H. Fowler, Connected: The Surprising Power of Our Social Networks and How They Shape Our Lives (New York: Little, Brown, 2009).

Cline, Diane H. and Eric H. Cline, 'Text Messages, Tablets, and Social Networks: The "Small World" of the Amarna Letters', in Jana Mynárová, Pavel Onderka and Peter Pavuk (eds.), There and Back Again – The Crossroads II: Proceedings of an International Conference Held in Prague, September 15–18, 2014 (Prague: Charles University, 2015), 17–44.

Coleman, James S., 'Social Capital in the Creation of Human Capital', American Journal of Sociology, 94 (188), S95–S120.

Collar, Anna, Religious Networks in the Roman Empire: The Spread of New Ideas (New York: Cambridge University Press, 2013).

Crane, Diana, 'Social Structure in a Group of Scientists: A Test of the "Invisible College Hypothesis"', American Sociological Review, 34, 3 (June 1969), 335–52.

Currarini, Sergio, Matthew O. Jackson and Paolo Pin, 'Identifying the Roles of Race-Based Choice and Chance in High School Friendship Network Formation', Proceedings of the National Academy of Sciences, 16 March 2010, 4857–61.

Dittrich, Luke, Patient H.M.: A Story of Memory, Madness and Family Secrets (London: Chatto & Windus, 2016).

Dolton, Peter, 'Identifying Social Network Effects', working paper, Department of Economics, University of Sussex (2017).

Dubreuil, Benoît, Human Evolution and the Origins of Hierarchies: The State of Nature (Cambridge: Cambridge University Press, 2010).

Dülmen, Richard van, Der Geheimbund der Illuminaten: Darstellung, Analyse, Dokumentation (Stuttgart: Frommann-Holzboog, 1975).

Dunbar, R. I. M., 'Coevolution of Neocortical Size, Group Size and Language in Humans', Behavioral and Brain Sciences 16, 4 (1993), 81–735.

Enrich, David, The Spider Network: The Wild Story of a Math Genius, a Gang of Backstabbing Bankers, and One of the Greatest Scams in Financial History (New York: HarperCollins, 2017).

Ferguson, Niall, 'Complexity and Collapse: Empires on the Edge of Chaos', Foreign Affairs, 89, 2 (March/April 2010), 18–32.

Forestier, RenéLe, Les illuminés de Bavière et la franc-maçonnerie allemande (Paris: Hachette, 1915).

Friedland, Lewis A., 'Electronic Democracy and the New Citizenship', Media Culture & Society, 18 (1996), 185–212.

Fukuyama, Francis, The Great Disruption: Human Nature and the Reconstitution of Social Order (New York: The Free Press, 1999).

———————, The Origins of Political Order: From Prehuman Times to the French Revolution (London: Profile Books, 2011).

———————, Political Order and Political Decay: From the Industrial Revolution to the Globalisation of Democracy (London: Profile Books, 2014).

Goertzel, Ted, 'Belief in Conspiracy Theories', Political Psychology, 15, 4 (December 1994), 731–42.

Goldberg, Amir, Sameer B. Srivastava, V. Govind Manian, William Monroe and Christopher Potts, 'Fitting In or Standing Out? The Tradeoffs of Structural and Cultural Embeddedness', American Sociological Review, 81, 6 (2016):

1190–1222.

Gorky, Maxim, transl. Ronald Wilks, My Universities (London: Penguin Books, 1979 [1922]).

Granovetter, Mark, 'The Strength of Weak Ties', American Journal of Sociology, 78, 6 (May 1973), 1360–80.

_____ , 'The Strength of Weak Ties: A Network Theory Revisited', Sociological Theory, 1 (1983), 201–33.

Greif, Avner, 'Contract Enforceability and Economic Institutions in Early Trade: The Maghribi Traders' Coalition', American Economic Review, 83, 3 (June 1993), 525–48.

_____ , 'Reputation and Coalitions in Medieval Trade: Evidence on the Maghribi Traders', Journal of Economic History, 49, 4 (December 1989), 857–82.

Grewal, David Singh, Network Power: The Social Dynamics of Globalization (New Haven: Yale University Press, 2008).

Harari, Yuval Noah, Homo Deus: A Brief History of Tomorrow (New York: HarperCollins, 2017).

_____ , Sapiens: A Brief History of Humankind (New York: HarperCollins, 2015).

Harrison, Richard J. and Glenn R. Carroll, 'The Dynamics of Cultural Influence Networks', Computational & Mathematical Organization Theory, 8 (2002), 5–30.

Hataley, K. M., 'In Search of the Illuminati: A Light Amidst Darkness', Journal of the Western Mystery Tradition, 23, 3 (2012).

Henrich, Joseph, The Secret of Our Success: How Culture is Driving Human Evolution, Domesticating Our Species, and Making Us Smarter (Princeton: Princeton University Press, 2016).

Heylighen, Francis, 'From Human Computation to the Global Brain: The Self-Organization of Distributed Intelligence', in Pietro Michelucci (ed.), Handbook of Human Computation (New York: Springer, 2013), 897–909.

_____ , 'The Global Superorganism: An Evolutionary-Cybernetic Model of the Emerging Network Society', Social Evolution and History, 1, 6 (2007), 57–117.

Hofman, Amos, 'Opinion, Illusion, and the Illusion of Opinion: Barruel's Theory of Conspiracy', Eighteenth-Century Studies, 27, 1 (Autumn, 1993), 27–60.

Hofstadter, Richard, The Paranoid Style in American Politics and Other Essays (New York: Alfred A. Knopf, 1965).

Israel, Jonathan, Democratic Enlightenment: Philosophy, Revolution, and Human Rights, 1750–1790 (Oxford: Oxford University Press, 2011).

Ito, Joi and Jeff Howe, Whiplash: How to Survive Our Faster Future (New York: Grand Central Publishing, 2016).

Jackson, Matthew O., 'Networks in the Understanding of Economic Behaviors', Journal of Economic Perspectives, 28, 4 (2014), 3–22.

_____ , Social and Economic Networks (Princeton: Princeton University Press, 2008).

Jackson, Matthew O. and Brian W. Rogers, 'Meeting Strangers and Friends of Friends: How Random are Social Networks?' American Economic Review, 97, 3 (2007), 890–915.

Jackson, Matthew O., Tomas Rodriguez-Barraquer and Xu Tan, 'Social Capital and Social Quilts: Network Patterns of Favor Exchange', American Economic Review 102, 5 (2012), 1857–97.

Jackson, Matthew O., Brian W. Rogers and Yves Zenou, 'Connections in the Modern World: Network-Based Insights', 6 March 2015.

Jackson, Matthew O. and Brian W. Rogers, 'Meeting Strangers and Friends of Friends: How Random are Social Networks?', American Economic Review, 97, 3 (2007), 890–915.

Kadushin, Charles, Understanding Social Networks: Theories, Concepts, and Findings (New York: Oxford University Press, 2012).

Katz, Elihu and Paul Felix Lazarsfeld, Personal Influence: The Part Played by People in the Flow of Mass Communications (New York: Free Press, 1955).

Khanna, Parag, Connectography: Mapping the Global Network Revolution (London: Weidenfeld & Nicolson, 2016).

Kleinbaum, Adam M., Toby E. Stuart and Michael L. Tushman, 'Discretion Within Constraint: Homophily and Structure in a Formal Organization', Organization Science, 24, 5 (2013), 1316–36.

Knight, Peter, 'Outrageous Conspiracy Theories: Popular and Official Responses to 9/11 in Germany and the United States', New German Critique, 103: conference on Dark Powers: Conspiracies and Conspiracy Theory in History and Literature (Winter 2008), 165–93.

Krueger, Rita, Czech, German, and Noble: Status and National Identity in Habsburg Bohemia (Oxford: Oxford University Press, 2009).

Landes, Richard, 'The Jews as Contested Ground in Postmodern Conspiracy Theory', Jewish Political Studies Review, 19, 3/4 (Fall 2007), 9–34.

Leinesch, Michael, 'The Illusion of the Illuminati: The Counterconspiratorial

Origins of Post-Revolutionary Conservatism', in W. M. Verhoeven (ed.), Revolutionary Histories: Transatlantic Cultural Nationalism, 1775–1815 (New York: Palgrave Macmillan, 2002), 152–65.

Leskovec, Jure, Daniel Huttenlocher and Jon Kleinberg, 'Signed Networks in Social Media', CHI 2010 (10–15 April 2010).

Liu, Ka-Yuet, Marissa King and Peter S. Bearman, 'Social Influence and the Autism Epidemic', American Journal of Sociology, 115, 5 (2012), 1387–1434.

Livers, Keith, 'The Tower or the Labyrinth: Conspiracy, Occult, and Empire-Nostalgia in the Work of Viktor Pelevin and Aleksandr Prokhanov', Russian Review, 69, 3 (July 2010), 477–503.

Loreto, Vittorio, Vito D. P. Servedio, Steven H. Strogatz and Francesca Tria, 'Dynamics and Expanding Spaces: Modeling the Emergence of Novelties', in Mirko Degli Esposti, Eduardo G. Altmann and François Pachet (eds.), Creativity and Universality in Language (Berlin: Springer International Publishing, 2016), 59–83.

McArthur, Benjamin, '"They're Out to Get Us": Another Look at Our Paranoid Tradition', History Teacher, 29, 1 (November 1995), 37–50.

McNeill, J. R. and William McNeill, The Human Web: A Bird's-Eye View of Human History (New York and London: W. W. Norton, 2003).

McPherson, Miller, Lynn Smith-Lovin, and James M. Cook, 'Birds of a Feather: Homophily in Social Networks', Annual Review of Sociology, 27 (2001), 415–44.

Markner, Reinhard, Monika Neugebauer-Wölk and Hermann Schüttler (eds.), Die Korrespondenz des Illuminatenordens, vol. I: 1776–1781 (Tübingen: Max Niemeyer Verlag, 2005).

Massey, Douglas S., 'A Brief History of Human Society: The Origin and Role of Emotion in Social Life', American Sociological Review, 67 (February 2002), 1–29.

Melanson, Terry, Perfectibilists: The 18th Century Bavarian Order of the Illuminati (Walterville, OR: Trine Day, 2011).

Meumann, Markus and Olaf Simons, 'Illuminati', in Encyclopedia of the Bible and Its Reception, vol. 12: Ho Tsun Shen–Insult (Berlin and Boston, MA: De Gruyter, 2016), columns 880–83.

Milgram, Stanley, 'Small-World Problem', Psychology Today, 1, 1 (May 1967), 61–7.

Moody, James, 'Race, School Integration, and Friendship Segregation in America', American Journal of Sociology, 107, 3 (November 2001), 679–716.

Moreno, J. L., Who Shall Survive? Foundations of Sociometry, Group

Psychotherapy and Sociodrama (Beacon, NY: Beacon House Inc., 1953).

Moretti, Franco, 'Network Theory, Plot Analysis', Literary Lab, Pamphlet 2, 1 May 2011.

Nahon, Karine and Jeff Hemsley, Going Viral (Cambridge: Polity, 2013).

Oliver, Eric J. and Thomas J. Wood, 'Conspiracy Theories and the Paranoid Style(s) of Mass Opinion', American Journal of Political Science, 58, 4 (October 2014), 952–66.

Padgett, John F. and Paul D. McLean, 'Organizational Invention and Elite Transformation: The Birth of Partnership Systems in Renaissance Florence', American Journal of Sociology, 111, 5 (March 2006), 1463–1568.

Padgett, John F. and Walter W. Powell, The Emergence of Organizations and Markets (Princeton: Princeton University Press, 2012).

Payson, Seth, Proofs of the Real Existence, and Dangerous Tendency, of Illuminism: Containing an Abstract of the Most Interesting Parts of what Dr. Robison and the Abbe Barruel Have Published on this Subject, with Collateral Proofs and General Observations (Charlestown: Samuel Etheridge, 1802).

Pinker, Susan, The Village Effect: Why Face-to-Face Contact Matters (London: Atlantic Books, 2015).

Ramo, Joshua Cooper, The Seventh Sense: Power, Fortune, and Survival in the Age of Networks (New York: Little, Brown, 2016).

Roberts, J. M., The Mythology of the Secret Societies (London: Secker & Warburg, 1971).

Rogers, Everett M., Diffusion of Innovations, 5th edn (New York and London: Free Press, 2003).

Rosen, Sherwin, 'The Economics of Superstars', American Economic Review, 71, 5 (December 1981), 845–58.

Sampson, Tony D., Virality: Contagion Theory in the Age of Networks (Minneapolis and London: University of Minnesota Press, 2012).

Schmidt, Eric and Jared Cohen, The New Digital Age: Transforming Nations, Businesses, and Our Lives (New York: Knopf Doubleday, 2013) Schüttler, Hermann, Die Mitglieder des Illuminatenordens, 1776–1787/ 93 (Munich: ars una, 1991).

_____ , 'Zwei freimaurerische Geheimgesellschaften des 18. Jahrhunderts im Vergleich: Strikte Observanz und Illuminatenorden', in Erich Donnert (ed.), Europa in der Frühen Neuzeit: Festschrift für Günter Mühlpfordt, vol. IV: Deutsche Aufklärung (Weimar, Cologne and Vienna:

Böhlau, 1997), 521–44.

Simons, Olaf and Markus Meumann, '"Mein Amt ist geheime gewissens Correspondenz und unsere Brüder zu führen". Bode als "Unbekannter Oberer" des Illuminatenordens', in Cord-Friedrich Berghahn, Gerd Biegel and Till Kinzel (eds.), Johann Joachim Christoph Bode – Studien zu Leben und Werk [Germanisch-Romanische Monatsschrift, Beihefte] (Heidelberg: Winter, 2017).

Slaughter, Anne-Marie, The Chessboard and the Web: Strategies of Connection in a Networked World (Henry L. Stimson Lectures) (New Haven: Yale University Press, 2017).

Smith-Doerr, Laurel and Walter W. Powell, 'Networks and Economic Life', in Neil Smelser and Richard Swedberg (eds.), The Handbook of Economic Sociology (Princeton: Princeton University Press, 2010), 379–402.

Solé, Ricard V. and Sergi Valverde, 'Information Theory of Complex Networks: On Evolution and Architectural Constraints', Lect. Notes Phys., 650 (2004), 189–207.

Stauffer, Vernon L., New England and the Bavarian Illuminati: Studies in History, Economics and Political Law, vol. 82, no. 1, 191 (New York: Columbia University Press, 1918).

Strogatz, Steven H., 'Exploring Complex Networks', Nature, 410, 8 March 2001, 268–76.

Swami, Viren, Rebecca Coles, Stefan Stieger, Jakob Pietschnig, Adrian Furnham, Sherry Rehim and Martin Voracek, 'Conspiracist Ideation in Britain and Austria: Evidence of a Monological Belief System and Associations Between Individual Psychological Differences and Real-World and Fictitious Conspiracy Theories', British Journal of Psychology, 102 (2011), 443–63.

Syme, Ronald, The Roman Revolution (Oxford: Oxford University Press, 1960 [1939]).

Taleb, Nassim Nicholas, Antifragile: Things That Gain from Disorder (New York: Random House, 2012).

Turchin, Peter, Thomas E. Currie, Edward A. L. Turner and Sergey Gavrilets, 'War, Space, and the Evolution of Old World Complex Societies', Proceedings of the National Academy of Sciences, 23 September 2013, 1–6.

Tutic´, Andreas and Harald Wiese, 'Reconstructing Granovetter's Network Theory', Social networks, 43 (2015), 136–48.

Van Dülmen, Richard, The Society of the Enlightenment (Cambridge: Polity Press, 1992).

Vera, Eugenia Roldán and Thomas Schupp, 'Network Analysis in Comparative

Social Sciences', Comparative Education, 42, 3, Special Issue (32): Comparative Methodologies in the Social Sciences: Cross-Disciplinary Inspirations (August 2006), 405–29.

Wäges, Josef and Reinhard Markner (eds.), The Secret School of Wisdom: The Authentic Rituals and Doctrines of the Illuminati, transl. Jeva Singh-Anand (Addlestone: Lewis Masonic, 2015).

Waterman, Bryan, 'The Bavarian Illuminati, the Early American Novel, and Histories of the Public Sphere', William and Mary Quarterly, 3rd Ser., 62, 1 (January 2005), 9–30.

Watts, Duncan J., 'Networks, Dynamics, and the Small-World Phenomenon', American Journal of Sociology, 105, 2 (1999), 493–527.

_____ , Six Degrees: The Science of a Connected Age (London: Vintage, 2004).

Watts, Duncan J. and Steven H. Strogatz, 'Collective Dynamics of "Small-World" Networks', Nature, 393 (4 June 1998), 400–442.

West, Geoffrey, 'Can There be a Quantitative Theory for the History of Life and Society?' Cliodynamics, 2, 1 (2011), 208–14.

_____ , Scale: The Universal Laws of Growth, Innovation, Sustainability, and the Pace of Life in Organisms, Cities, Economies, and Companies (New York: Penguin Random House, 2017).

2부 황제들과 탐험가들

Adamson, John, The Noble Revolt: The Overthrow of Charles I (London: Weidenfeld & Nicolson, 2007).

Ahnert, Ruth and Sebastian E. Ahnert, 'Metadata, Surveillance, and the Tudor State', unpublished paper (2017).

_____ , 'Protestant Letter Networks in the Reign of Mary I: A Quantitative Approach', ELH, 82, 1 (Spring 2015), 1–33.

Allen, Robert and Leander Heldring, 'The Collapse of the World's Oldest Civilization: The Political Economy of Hydraulic States and the Financial Crisis of the Abbasid Caliphate', working paper (2016).

Barnett, George A. (ed.), Encyclopedia of Social Networks, 2 vols. (Los Angeles and London: SAGE Publications, Inc., 2011).

Bryc, Katarzyna, et al., 'Genome-Wide Patterns of Population Structure and

Admixture among Hispanic/Latino Populations', Proceedings of the National Academy of Sciences, 107, Supplement 2: In the Light of Evolution, IV: The Human Condition (11 May 2010), 8954–61.

Burbank, Jane and Frederick Cooper, Empires in World History: Power and the Politics of Difference (Princeton and Oxford: Princeton University Press, 2011).

Chang, T'ien-Tse, Sino-Portuguese Trade from 1514–1644: A Synthesis of Portuguese and Chinese Sources (New York: AMS Press, 1978).

Christian, David, 'Silk Roads or Steppe Roads? The Silk Roads in World History', Journal of World History, 11, 1 (2000), 1–26.

Cline, Diane Harris, 'Six Degrees of Alexander: Social Network Analysis as a Tool for Ancient History', Ancient History Bulletin, 26 (2012), 59–69.

Coase, Ronald, 'The Problem of Social Cost', Journal of Law and Economics, 3 (October 1960), 1–44.

Cotrugli, Benedetto, The Book of the Art of Trade, eds. Carlo Carraro and Giovanni Favero, trans. John Francis Phillimore (London: Palgrave Macmillan, 2016).

Dittmar, Jeremiah E., 'Information Technology and Economic Change: The Impact of The Printing Press', Quarterly Journal of Economics, 126, 3 (2011), 1133–72.

_____ and Skipper Seabold, 'Media, Markets, and Radical Ideas: Evidence from the Protestant Reformation', working paper (22 February 2016).

Ferguson, Niall, Civilization: The West and the Rest (London: Allen Lane, 2011).

Frankopan, Peter, The Silk Roads: A New History of the World (New York: Knopf Doubleday, 2016).

Garcia-Zamor, Jean-Clause, 'Administrative Practices of the Aztecs, Incas, and Mayas: Lessons for Modern Development Administration', International Journal of Public Administration, 21, 1 (1998), 145–71.

Geiss, James, 'The Chang-te Reign, 1506–1521', in D. C. Twitchett and F. W. Mote (eds.), The Cambridge History of China, vol. VIII, The Ming Dynasty, 1368–1644, Part 2 (Cambridge: Cambridge University Press, 1998), 403–39.

Gellner, Ernest, Nations and Nationalism (Oxford: Blackwell, 1983).

Gleick, James, The Information: A History, a Theory, a Flood (New York: Pantheon, 2011).

Harland, Philip A., 'Connections with Elites in the World of the Early Christians', in Anthony J. Blasi, Paul A. Turcotte and Jean Duhaime (eds.), Handbook of Early Christianity: Social Science Approaches (Walnut Creek, CA: Altamira Press, 2002), 385–408.

Heady, Ferrel, Public Administration: A Comparative Perspective (New York: Marcel Dekker, Inc., 2001).

Ishiguro, Kazuo, The Buried Giant (New York: Knopf, 2015).

McNeill, William H., 'What If Pizarro Had Not Found Potatoes in Peru?', in Robert Cowley (ed.), What If? 2: Eminent Historians Imagine What Might Have Been (New York: G. P. Putnam's Sons, 2001), 413–29.

Malkin, Irad, A Small Greek World: Networks in the Ancient Mediterranean (New York and Oxford: Oxford University Press, 2011).

Mann, Charles W., 1493: Uncovering the New World Columbus Created (New York: Vintage, 2011).

Morrissey, Robert Michael, 'Archives of Connection: "Whole Network" Analysis and Social History', Historical Methods: A Journal of Quantitative and Interdisciplinary History, 48, 2 (2015), 67–79.

Namier, Lewis, The Structure of Politics at the Accession of George III, 2nd edn (London: Macmillan, 1957 [1929]).

Naughton, John, From Gutenberg to Zuckerberg: What You Really Need to Know about the Internet (London: Quercus, 2012).

Padgett, John F., 'Marriage and Elite Structure in Renaissance Florence, 1282–1500', Redes, Revista Hispana para el Análisis de Redes Sociales, 21, 1 (2011), 71–97.

_____ and Christopher K. Ansell, 'Robust Action and the Rise of the Medici, 1400–1434', American Journal of Sociology, 98, 6 (May 1993), 1259–1319.

Pettegree, Andrew, Brand Luther: 1517, Printing, and the Making of the Reformation (New York: Penguin Books, 2015).

Rodrigues, Jorge and Tessaleno Devezas, Pioneers of Globalization: Why the Portuguese Surprised the World (Lisbon: Centro Atlântico, 2007).

Scheidel, Walter, 'From the "Great Convergence" to the "First Great Divergence": Roman and Qin-Han State Formation and Its Aftermath', Princeton/Stanford Working Papers in Classics (November 2007).

Sen, Tansen, 'The Formation of Chinese Maritime Networks to Southern Asia, 1200–1450', Journal of the Economic and Social History of the Orient, 49, 4 (2006), 421–53.

Smail, Daniel Lord, On Deep History and the Brain (Berkeley: University of California Press, 2008).

Smith, Monica L., 'Networks, Territories, and the Cartography of Ancient States', Annals of the Association of American Geographers, 95, 4 (2005), 832–49.

Stark, Rodney, 'Epidemics, Networks, and the Rise of Christianity', Semeia, 56 (1992), 159–75.

Tainter, Joseph A., 'Problem Solving: Complexity, History, Sustainability', Population and Environment, 22, 1 (September 2000), 3–40.

Tocqueville, Alexis de, Democracy in America, transl. Harvey C. Mansfield and Delba Winthrop (Chicago: University of Chicago Press, 2000).

Turchin, Peter, Thomas E. Currie, Edward A. L. Turner and Sergey Gavrilets, 'War, Space, and the Evolution of Old World Complex Societies', Proceedings of the National Academy of Sciences, 23 September 2013, 1–6.

Wade, G., 'Melaka in Ming Dynasty Texts', Journal of the Malaysian Branch of the Royal Asiatic Society, 70, 1, 272 (1997), 31–69.

Wills, John E., Jr (ed.), China and Maritime Europe, 1500–1800: Trade, Settlement, Diplomacy, and Missions (Cambridge: Cambridge University Press, 2011), pp. 24–51.

Yupanqui, Titu Cusi, An Inca Account of the Conquest of Peru, transl. Ralph Bauer (Boulder: University Press of Colorado, 2005).

Zuñiga, Jean-Paul, 'Visible Signs of Belonging', in Pedro Cardim, Tamar Herzog, JoséJavier Ruiz Ibáñez and Gaetano Sabatini (eds.), Polycentric Monarchies: How Did Early Modern Spain and Portugal Achieve and Maintain a Global Hegemony? (Eastbourne: Sussex University Press, 2013), 125–46.

3부 편지들과 비밀 지부들

Arcenas, Claire and Caroline Winterer, 'The Correspondence Network of Benjamin Franklin: The London Decades, 1757–1775' unpublished paper.

Bailyn, Bernard, The Ideological Origins of the American Revolution (Cambridge: Harvard University Press, 1967).

Borneman, Walter R., American Spring: Lexington, Concord, and the Road to Revolution (New York: Little, Brown, 2014).

Bullock, Steven C., Revolutionary Brotherhood: Freemasonry and the Transformation of the American Social Order, 1730–1840 (Chapel Hill, NC: University of North Carolina Press, 2011).

Cantoni, Davide, Jeremiah Dittmar and Noam Yuchtman, 'Reformation and Reallocation: Religious and Secular Economic Activity in Early Modern Germany', working paper (November 2016).

Caracausi, Andrea and Christof Jeggle (eds.), Commercial Networks and European Cities, 1400–1800 (London and New York: Routledge, 2015).

Carneiro, A. et al., 'Enlightenment Science in Portugal: The Estrangeirados and Their Communication Networks', Social Studies of Science, 30, 4 (2000), 591–619.

Clark, J. C. D., The Language of Liberty, 1660–1832: Political Discourse and Social Dynamics in the Anglo-American World (Cambridge: Cambridge University Press, 1994).

Comsa, Maria Teodora, Melanie Conroy, Dan Edelstein, Chloe Summers Edmondson and Claude Willan, 'The French Enlightenment Network', Journal of Modern History, 88 (September 2016), 495–534.

Danskin, Julie, 'The "Hotbed of Genius": Edinburgh's Literati and the Community of the Scottish Enlightenment', eSharp, Special Issue 7: Real and Imagined Communities (2013), 1–16.

Dittmar, Jeremiah E., 'Ideas, Technology, and Economic Change: The Impact of the Printing Press', draft paper (13 March 2009).

_____ , 'The Welfare Impact of a New Good: The Printed Book', working paper (27 February 2012).

Edelstein, Dan, Paula Findlen, Giovanna Ceserani, Caroline Winterer and Nicole Coleman, 'Historical Research in a Digital Age: Reflections from the Mapping the Republic of Letters Project', American Historical Review (April 2017), 400–424.

Eire, Carlos M. N. Reformations: The Early Modern World, 1450–1650 (New Haven, CT, and London: Yale University Press, 2016).

Erikson, Emily, Between Monopoly and Free Trade: The English East India Company, 1600–1757 (Princeton and Oxford: Princeton University Press, 2014).

Erikson, Emily and Peter Shawn Bearman, 'Malfeasance and the Foundations for Global Trade: The Structure of English Trade in the East Indies, 1601–1833', American Journal of Sociology, 112 (2006), 195–230.

Fischer, David Hackett, Paul Revere's Ride (Oxford: Oxford University Press, 1995).

Gestrich, Andreas and Margrit Schulte Beerbühl, Cosmopolitan Networks in Commerce and Society, 1660–1914 (London: German Historical Institute, 2011).

Gladwell, Malcolm, The Tipping Point: How Little Things Can Make a Big Difference (New York: Hachette Book Group: 2006).

Goodman, Dena, 'Enlightenment Salons: The Convergence of Female and Philosophic Ambitions', Eighteenth-Century Studies, 22, 3 (1989), Special Issue: The French Revolution in Culture, 329–50.

———, The Republic of Letters (Ithaca, NY: Cornell University Press, 1996).

Hackett, David G., That Religion in Which All Men Agree: Freemasonry in American Culture (Berkeley and Los Angeles: University of California Press, 2014).

Hamilton, Alexander, The Complete Works of Alexander Hamilton, ed. Henry Cabot Lodge (Amazon Digital Services for Kindle, 2011).

Han, Shin-Kap, 'The Other Ride of Paul Revere: The Brokerage Role in the Making of the American Revolution', Mobilization: An International Quarterly 14, 2 (2009), 143–62.

Hancock, David, 'The Trouble with Networks: Managing the Scots' Early-Modern Madeira Trade', Business History Review, 79, 3 (2005), 467–91.

Hatch, Robert A., 'Between Erudition and Science: The Archive and Correspondence Network of Ismaël Boulliau', in Michael Hunter (ed.), Archives of the Scientific Revolution: The Formation and Exchange of Ideas in Seventeenth-Century Europe (Woodbridge: Boydell Press, 1998), 49–71.

Hodapp, Christopher, Solomon's Builders: Freemasons, Founding Fathers and the Secrets of Washington D.C. (Berkeley: Ulysses Press, 2009).

Home, John, Douglas: A Tragedy in Five Acts (New York and London: S. French & Son, 1870).

Johnstone, Jeffrey M., 'Sir William Johnstone Pulteney and the Scottish Origins of Western New York', Crooked Lake Review (Summer 2004): http://www.crookedlakereview.com/articles/101_135/132summer2004/132johnstone.html.

Lamikiz, Xabier, Trade and Trust in the Eighteenth-Century Atlantic World: Spanish Merchants and Their Overseas Networks (London and Woodbridge: The Royal Historical Society and Boydell Press, 2010).

Lilti, Antoine, The World of the Salons (Oxford: Oxford University Press, 2015).

Lux, David S. and Harold J. Cook, 'Closed Circles or Open Networks? Communication at a Distance during the Scientific Revolution', History of Science, 36 (1998), 179–211.

Middlekauff, Robert, The Glorious Cause: The American Revolution, 1763–1789 (Oxford: Oxford University Press, 2007).

Morse, Sidney, Freemasonry in the American Revolution (Washington, DC: Masonic Service Association, 1924).

Owen, John M., IV, The Clash of Ideas in World Politics: Transnational Networks, States, and Regime Change, 1510–2010 (Princeton and Oxford: Princeton University Press, 2010).

Patterson, Richard S. and Richardson Dougall, The Eagle and the Shield

(Washington, DC: US Government Printing Office, 1976).

Rothschild, Emma, The Inner Life of Empires: An Eighteenth-Century History (Princeton: Princeton University Press, 2011).

Rusnock, Andrea, 'Correspondence Networks and the Royal Society, 1700–1750', British Journal for the History of Science, 32, 2 (June 1999), 155–69.

Schich, Maximilian, Chaoming Song, Yong-Yeol Ahn, Alexander Mirsky, Mauro Martino, Albert-LászlóBarabási and Dirk Helbing, 'A Network Framework of Cultural History', Science 345, 558 (2014), 558–62.

Starr, Paul, The Creation of the Media: Political Origins of Modern Communications (New York: Basic Books, 2004).

Taylor, P. J., M. Hoyler and D. M. Evans, 'A Geohistorical Study of "the Rise of Modern Science": Mapping Scientific Practice through Urban Networks, 1500–1900', Minerva, 46, 4 (2008), 391–410.

Winterer, Caroline, 'Where is America in the Republic of Letters?', Modern Intellectual History, 9, 3 (2012), 597–623.

Wood, Gordon S., The American Revolution: A History (Modern Library Chronicles Series Book 9) (New York: Random House, 2002)

York, Neil L., 'Freemasons and the American Revolution', The Historian, 55, 2 (Winter 1993), 315–30.

4부 위계제의 복구

Andress, David (ed.), The Oxford Handbook of the French Revolution (Oxford: Oxford University Press: 2015).

Anon., The Hebrew Talisman (London: W. Whaley, 1840).

Anon., The Annual Register, Or, A View of the History, Politics, and Literature for the Year 1828 (London: Baldwin & Cradock, 1829).

Aspinall, A. (ed.), The Letters of King George IV, 1812–30, 3 vols. (Cambridge: Cambridge University Press, 1938).

Balla, Ignác, The Romance of the Rothschilds (London: E. Nash, 1913).

Benson, Arthur Christopher and Viscount Esher, The Letters of Queen Victoria: A Selection from Her Majesty's Correspondence between the Years 1837 and 1861, vol. I: 1837–1843 (London: John Murray, 1908).

Bernstein, Herman (ed.), The Willy–Nicky Correspondence, Being the Secret and Intimate Telegrams Exchanged between the Kaiser and the Tsar (New York:

Alfred A. Knopf, 1918).

Bew, John, Castlereagh: A Life (Oxford: Oxford University Press, 2012).

Buxton, Charles (ed.), Memoirs of Sir Thomas Fowell Buxton, 5th edn (London: John Murray, 1866).

Capefigue, Jean Baptiste HonoréRaymond, Histoire des grandes opérations financières: banques, bourses, emprunts, compagnies industrielles etc., vol. III: Emprunts, bourses, crédit public. Grands capitalistes de l'Europe, 1814–1852 (Paris: Librairie d'Amyot, 1858).

Cathcart, Brian, The News from Waterloo (London: Faber & Faber, 2016).

Chateaubriand, François René, vicomte de, Correspondance générale de Chateaubriand, vol. III (Paris: H. et E. Champion, 1913).

Clark, Ian, Hegemony in International Society (Oxford: Oxford University Press, 2011).

Clausewitz, Carl von, On War, ed. Beatrice Hauser, transl. Michael Howard and Peter Paret, (Oxford: Oxford University Press, 2007).

Colley, Linda, Britons: Forging the Nation (New Haven, CT, and London: Yale University Press, 1992).

Corti, Egon Caesar Conte, Alexander of Battenberg (London: Cassell & Co., 1954).

_____, The Rise of the House of Rothschild (New York: Cosmopolitan Book Corporation, 1928).

Cowles, Virginia, The Rothschilds: A Family of Fortune (New York: Alfred A. Knopf, 1973).

Dairnvaell, Georges ['Satan' (pseud.)], Histoire édifiante et curieuse de Rothschild Ier, roi des Juifs (Paris: n.p., 1846).

Davis, David Brion, Inhuman Bondage: The Rise and Fall of Slavery in the New World (New York: Oxford University Press, 2006).

Davis, Richard W., The English Rothschilds (London: Collins, 1983).

Dimock, Liz, 'Queen Victoria, Africa and Slavery: Some Personal Associations', paper presented to the AFSAAP Conference (2009).

Drescher, Seymour, 'Public Opinion and Parliament in the Abolition of the British Slave Trade', Parliamentary History, 26, 1 (2007), 42–65.

Dugdale, E. T. S. (ed.), German Diplomatic Documents, 1871–1914, 4 vols. (London: Harper, 1928).

Ferguson, Niall, The World's Banker: The History of the House of Rothschild (London: Weidenfeld & Nicolson, 1998).

Fournier-Verneuil, M., Paris: Tableau moral et philosophique (Paris : n.p., 1826).

Gille, Bertrand, Histoire de la maison Rothschild, vol. I: Des origines à1848

(Geneva: Librairie Droz, 1965).

Glanz, Rudolf, 'The Rothschild Legend in America', Jewish Social Studies, 19 (1957), 3–28.

Gould, Roger V., ' Patron–Client Ties, States Centralization, and the Whiskey Rebellion', American Journal of Sociology, 102, 2 (September 1996), 400–429.

Hinsley, F. H., Power and the Pursuit of Peace: Theory and Practice in the History of the Relations between States (Cambridge: Cambridge University Press, 1963).

Holsti, Kalevi, 'Governance Without Government: Polyarchy in Nineteenth-Century European International Politics', in Kalevi, Kalevi Holsti: Major Texts on War, the State, Peace, and International Order (New York: Springer, 2016), 149–71.

Iliowzi, Henry, 'In the Pale': Stories and Legends of the Russian Jews (Philadelphia: Jewish Publication Society of America, 1897).

Kissinger, Henry, Diplomacy (New York: Simon & Schuster, 2011).

_____, World Order (London and New York: Penguin Press, 2014).

_____ , A World Restored (New York and London: Houghton Miflin/ Weidenfeld and Nicolson, 1957).

Kynaston, David, The City of London: A World of Its Own (London: Chatto & Windus, 1994).

Lamoreaux, Naomi R., Daniel M. G. Raff and Peter Temin, 'Beyond Markets and Hierarchies: Toward a New Synthesis of American Business History', NBER Working Paper no. 9029 (July 2002), 1–63.

Lefebvre, Georges, The Great Fear of 1789: Rural Panic in Revolutionary France (Princeton: Princeton University Press, 2014).

Levy, Jack S., War in the Modern Great Power System (Lexington, KY: University Press of Kentucky, 1983).

Liedtke, Rainer, N. M. Rothschild & Sons: Kommunikationswege im europäischen Bankenwesen im 19. Jahrhundert (Cologne, Weimar and Vienna: Böhlau, 2006).

Lipp, C. and L. Krempel, 'Petitions and the Social Context of Political Mobilization in the Revolution of 1848/49: A Microhistorical Actor-Centred Network Analysis', International Review of Social History, 46, Supplement 9, (December 2001), 151–69.

Loewe, Louis (ed.), Diaries of Sir Moses and Lady Montefiore, 2 vols. (Oxford, 1983).

Maylunas, Andrei and Sergei Mironenko, A Lifelong Passion: Nicholas and Alexandra, Their Own Story (London: Weidenfeld & Nicolson, 1996).

Moon, Francis C., Social Networks in the History of Innovation and Invention (Dordrecht: Springer, 2014).

Pearson, Robin and David Richardson, 'Business Networking in the Industrial Revolution', Economic History Review, 54, 4 (November 2001), 657–79.

Prawer, S.S., Heine's Jewish Comedy: A Study of His Portraits of Jews and Judaism (Oxford: Clarendon Press, 1983).

Pückler-Muskau, Hermann Fürst von, Briefe eines Verstorbenen: Vollständige Ausgabe, ed. Heinz Ohff (Berlin: Kupfergraben Verlagsgesellschaft, 1986).

Quennell, Peter (ed.), The Private Letters of Princess Lieven to Prince Metternich, 1820–1826 (London: John Murray, 1937).

Ranke, Leopold von, 'The Great Powers', in R. Wines (ed.), The Secret of World History: Selected Writings on the Art and Science of History (New York: Fordham University Press, 1981 [1833]), 122–55.

Reeves, John, The Rothschilds: The Financial Rulers of Nations (London: Sampson Low, Marston, Searle and Rivington, 1887).

Roberts, Andrew, Napoleon: A Life (London: Viking, 2014).

Rothschild, Lord [Victor], The Shadow of a Great Man (London: privately published, 1982).

Rubens, Alfred, Anglo-Jewish Portraits (London: Jewish Museum, 1935).

Ryden, David Beck, 'Does Decline Make Sense? The West Indian Economy and the Abolition of the British Slave Trade', Journal of Interdisciplinary History, 31, 3 (2001), 347–74.

Schroeder, Paul, The Transformation of European Politics, 1763–1848 (Oxford: Oxford University Press, 1994).

Schwemer, Richard, Geschichte der Freien Stadt Frankfurt a. M. (1814–1866), vol. II (Frankfurt am Main: J. Baer & Co., 1912).

Serre, comte Pierre François Hercule de, Correspondance du comte de Serre 1796–1824, annotée et publiée par son fils, vol. IV (Paris: Auguste Vaton, 1876).

Shy, John, 'Jomini', in Peter Paret (ed.), Makers of Modern Strategy (Princeton: Princeton University Press, 1986), 143–85.

Slantchev, B., 'Territory and Commitment: The Concert of Europe as Self-Enforcing Equilibrium', Security Studies, 14, 4 (2005), 565–606.

Stendhal, The Red and the Black: A Chronicle of the Nineteenth Century, transl. C. K. Scott Moncrieff (New York: Modern Library, 1926 [1830]).

Tackett, Timothy, 'La grande peur et le complot aristocratique sous la Révolution francaise', Annales historiques de la Révolution française, 335 (January–March 2004), 1–17.

Williams, Eric, Capitalism and Slavery (Chapel Hill, NC: University of North Carolina Press, 1944).

5부 원탁의 기사들

Allen, Peter, The Cambridge Apostles: The Early Years (Cambridge and New York: Cambridge University Press, 1978).

Andrew, Christopher, The Defence of the Realm: The Authorized History of MI5 (London: Allen Lane, 2009).

_____ and Oleg Gordievsky, KGB: The Inside Story of Its Foreign Operations from Lenin to Gorbachev (London: Hodder & Stoughton, 1990).

Ansell, Christopher K., 'Symbolic Networks: The Realignment of the French Working Class, 1887–1894', American Journal of Sociology, 103, 2 (September 1997), 359–90.

Antal, Tibor, Paul Krapivsky and Sidney Redner, 'Social Balance on Networks: The Dynamics of Friendship and Enmity', Physica D, 224, 130(2006), 130–36.

Berlin, Isaiah, 'Meetings with Russian Writers in 1945 and 1956', in Berlin, Personal Impressions (New York: Random House, 2012).

Brudner, Lilyan A. and Douglas R. White, 'Class, Property and Structural Endogmany: Visualizing Networked Histories', Theory and Society, 26, 26 (1997).

Bryce, James, 'Kearneyism in California', in The American Commonwealth, vol. II, 2nd edn (London: Macmillan and Co., 1891).

Campbell, Cameron, and James Lee, 'Kin Networks, Marriage, and Social Mobility in Late Imperial China', Social Science History, 32 (2008), 174–214.

Cannadine, David, Ornamentalism: How the British Saw Their Empire (London: Allen Lane, 2001).

Carnegie, Andrew, 'Wealth', North American Review, 391 (June 1889).

Chi, Sang-Hyun, Colin Flint, Paul Diehl, John Vasquez, Jürgen Scheffran, Steven M. Radil, and Toby J. Rider, 'The Spatial Diffusion of War: The Case of World War I', 「대한지리학회지」, 49, 1 (2014), 57–76.

Clark, Christopher, The Sleepwalkers: How Europe Went to War in 1914 (New York: Harper, 2013).

Collins, Damian, Charmed Life: The Phenomenal World of Philip Sassoon (London: William Collins, 2016).

Cooke, George Wingrove, China: Being 'The Times' Special Correspondence from China in the Years 1857–58 (London: Routledge & Co., 1858).

Darwin, John, The Empire Project: The Rise and Fall of the British World System, 1830–1970 (Cambridge: Cambridge University Press, 2009).

Deacon, Richard, The Cambridge Apostles: A History of Cambridge University's Elite Intellectual Secret Society (London: R. Royce, 1985).

Dean, Warren, Brazil and the Struggle for Rubber: A Study in Environmental History (Cambridge: Cambridge University Press, 1987).

Dolton, Peter, 'Identifying Social Network Effects', unpublished paper, Department of Economics, University of Sussex (2017).

Duara, Prasenjit, Culture, Power and the State: Rural North China, 1900-1942 (Stanford: Stanford University Press, 1998).

Ferguson, Niall, Empire: How Britain Made the Modern World (London: Allen Lane, 2003).

Flandreau, Marc and Clemens Jobst, 'The Ties That Divide: A Network Analysis of the International Monetary System, 1890–1910', Journal of Economic History, 65, 4 (December 2005), 977–1007.

Fontane, Theodor, Der Stechlin (Stuttgart: Deutscher Bücherbund, 1978 [1899]).

Forster, E. M., Howard's End (New York: A. A. Knopf, 1921).

_____, What I Believe (London: Hogarth Press, 1939).

Garton Ash, Timothy, Free Speech: Ten Principles for a Connected World (New Haven, CT: Yale University Press, 2016).

Gartzke, Erik and Yonatan Lupu, 'Trading on Preconceptions: Why World War I was Not a Failure of Economic Interdependence', International Security, 36, 4 (2012), 115–50.

Gibson, Otis, The Chinese in America (Cincinnati: Hitchcock and Walden, 1877).

Gooch, Lady Emily Burder (ed.), Diaries of Sir Daniel Gooch, Baronet (London: K. Paul, Trench Trübner & Co., 1892).

Hale, Keith (ed.), Friends and Apostles: The Correspondence of Rupert Brooke and James Strachey, 1905–1914 (New Haven, CT, and London: Yale University Press, 1998).

Harvey, William Hope, Coin's Financial School (Chicago: Coin Publishing Company, 1894).

Heidler, Richard, Markus Gamper, Andreas Herz and Florian Esser, 'Relationship Patterns in the 19th century: The Friendship Network in a German Boys' School Class from 1880 to 1881 Revisited', Social Networks, 37 (2014), 1–13.

Ingram, Paul and Adam Lifschitz, 'Kinship in the Shadow of the Corporation: The Interbuilder Network in Clyde River Shipbuilding, 1711–1990', American Sociological Review, 71 (2003), 334–52.

Jackson, Joe, The Thief at the End of the World: Rubber, Power, and the Seeds of Empire (New York and London: Viking/Duckworth Overlook, 2008).

Jones, Charles, 'The Ottoman Front and British Propaganda: John Buchan's Greenmantle ', in Maximilian Lakitsch, Susanne Reitmair and Katja Seidel (eds.), Bellicose Entanglements 1914: The Great War as Global War (Zurich: Lit-Verlag, 2015), 157–74.

Keller, Franziska Barbara, 'How to Spot a Successful Revolution in Advance: Results from Simulations on Protest Spread along Social Networks in Heterogeneous Societies', unpublished paper (n.d.).

_____ , '"Yes, Emperor" – Controlling the Bureaucracy in an Authoritarian Regime: On the Appointment of Qing Dynasty Provincial Governors, 1644–1912', unpublished paper (March 2013).

Kissinger, Henry, World Order (London and New York: Viking, 2014).

Klaus, Ian, Forging Capitalism: Rogues, Swindlers, Frauds, and the Rise of Modern Finance (Yale Series in Economic and Financial History) (New Haven: Yale University Press, 2014).

Kuhn, Philip A., Soulstealers: The Chinese Sorcery Scare of 1758 (Cambridge, MA: Harvard University Press, 1995).

Lebow, Richard Ned, 'Contingency, Catalysts and Non-Linear Change: The Origins of World War I', in Gary Goertz and Jack S. Levy (eds.), Explaining War and Peace: Case Studies and Necessary Condition Counterfactuals (Abingdon: Routledge, 2007), 85–112.

Lee, Erika, At America's Gates: Chinese Immigration during the Exclusion Era, 1882–1943 (Chapel Hill, NC: University of North Carolina Press, 2003).

Lester, Alan, 'Imperial Circuits and Networks: Geographies of the British Empire', History Compass, 4, 1 (2006), 124–41.

Levy, Paul, Moore: G. E. Moore and the Cambridge Apostles (London: Weidenfeld & Nicolson, 1979).

Lipp, Carola, 'Kinship Networks, Local Government, and Elections in a Town in Southwest Germany, 1800–1850', Journal of Family History, 30, 4 (October 2005), 347–65.

Louw, P. Eric, The Rise, Fall, and Legacy of Apartheid (Westport, CT, and London: Praeger, 2004).

Lownie, Andrew, Stalin's Englishman: The Lives of Guy Burgess (London: Hodder

참고문헌

& Stoughton, 2015).

Lubenow, W. C., The Cambridge Apostles, 1820–1914: Liberalism, Imagination, and Friendship in British Intellectual and Professional Life. (Cambridge: Cambridge University Press, 1998).

McGuinness, Brian, Wittgenstein: A Life, vol. I: Young Ludwig, 1889–1921 (London: Duckworth, 1988).

McIntyre, Ben, A Spy among Friends: Kim Philby's Great Betrayal (New York: Crown, 2014).

McKeown, Adam, 'Chinese Emigration in Global Context, 1850–1940', Journal of Global History, 5, 1 (March 2010), 95–124.

Magubane, Bernard M., The Making of a Racist State: British Imperialism and the Union of South Africa, 1875–1910 (Trenton, NJ, and Asmara, Eritrea: Africa World Press, Inc., 1996).

Maoz, Zeev, Networks of Nations: The Evolution, Structure, and Impact of International Networks, 1816–2001 (Cambridge and New York: Cambridge University Press, 2011).

Marks, Shula and Stanley Trapido, 'Lord Milner and the South African State', History Workshop, 8 (Autumn 1979), 50–80.

May, Alex, 'Milner's Kindergarten (act. 1902–1910)', Oxford Dictionary of National Biography (Oxford: Oxford University Press, 2005).

Moretti, Enrico, 'Social Networks and Migrations: Italy 1876–1913', International Migration Review, 33, 3 (1999), 640–58.

Nimocks, Walter, Milner's Young Men: The 'Kindergarten' in Edwardian Imperial Affairs (Durham, NC: Duke University Press, 1968).

Offer, Avner, The First World War: An Agrarian Interpretation (Oxford: Oxford University Press, 1990).

Oxford and Asquith, Earl of, Memories and Reflections, 1852–1927, 2 vols. (London and Boston, MA: Cassell/Little, Brown, 1928).

Plakans, Andrejs and Charles Wetherell, 'The Kinship Domain in an East European Peasant Community: Pinkenhof, 1833–1850', American Historical Review, 93, 2 (April 1988), 359–86.

Platt, Stephen, Autumn in the Heavenly Kingdom: China, the West, and the Epic Story of the Taiping Civil War (New York: Alfred A. Knopf, 2012).

Potter, Simon J., 'Webs, Networks, and Systems: Globalization and the Mass Media in the Nineteenth-and Twentieth-Century British Empire', Journal of British Studies, 46, 3 (July 2007), 621–46.

Quigley, Carroll, The Anglo-American Establishment: From Rhodes to Cliveden

(New York: Books in Focus, 1981).

Roldan Vera, E. and T. Schupp, 'Bridges over the Atlantic: A Network Analysis of the Introduction of the Monitorial System of Education in Early-Independent Spanish America', in J. Schriewer and M. Caruso (eds.), Nationalerziehung und Universalmethode–frühe Formen schulorganizatorischer Globalisierung (Leipzig: Leipziger Universitätsverlag, 2005), 58–93.

Schroeder, Paul W., 'Economic Integration and the European International System in the Era of World War I', American Historical Review, 98, 4 (October 1993), 1130–37.

_____ , 'Necessary Conditions and World War I as an Unavoidable War', in Gary Goertz and Jack S. Levy (eds.), Explaining War and Peace: Case Studies and Necessary Condition Counterfactuals (Abingdon, Oxon: Routledge, 2007), 147–93.

_____ , 'Stealing Horses to Great Applause: Austria–Hungary's Decision in 1914 in Systemic Perspective', in Holger Afflerbach and David Stevenson (eds.), An Improbable War? The Outbreak of World War I and European Political Culture before 1914 (New York: Berghahn Books, 2007).

Shirky, Clay, Here Comes Everybody: The Power of Organizing without Organizations (London: Penguin Books, 2009).

Skidelsky, Robert, John Maynard Keynes, vol. I: Hopes Betrayed, 1883– 1920 (London: Macmillan, 1983).

Spar, Debora L., Ruling the Waves: Cycles of Discovery, Chaos, and Wealth from the Compass to the Internet (Orlando, FL: Harcourt, 2003).

Standage, Tom, The Victorian Internet: The Remarkable Story of the Telegraph and the Nineteenth Century's Online Pioneers (London: Phoenix, 1999).

Taylor, Charles, Five Years in China, with Some Account of the Great Rebellion (New York: Derby & Jackson, 1860).

Ter Haar, B. J. The White Lotus Teachings in Chinese Religious History (Leiden: E. J. Brill, 1992).

Thompson, William R., 'A Streetcar Named Sarajevo: Catalysts, Multiple Causation Chains, and Rivalry Structures', International Studies Quarterly, 47, 3 (September 2003), 453–74.

Trachtenberg, Marc, 'New Light on 1914?' Contribution to the H-Diplo/ ISSF Forum on 1914 (forthcoming).

Tufekci, Zeynep, Twitter and Tear Gas: The Power and Fragility of Networked Protest (New Haven, CT, and London: Yale University Press, 2017).

Tworek, Heidi Jacqueline Sybil, 'Magic Connections: German News   Agencies and Global News Networks, 1905–1945', unpublished Ph.D. dissertation, Harvard University (2012).

United States Congress, Report of the Joint Special Committee to Investigate Chinese Immigration (Washington, DC: Government Printing Office, 1877).

Vasquez, John A. and Ashlea Rundlett, 'Alliances as a Necessary Condition of Multiparty Wars', Journal of Conflict Resolution, (2015), 1–24.

6부 전염병과 피리 부는 사나이들

Ahmad, Ali, 'The Great War and Afghanistan's Neutrality', in Maximilian Lakitsch, Susanne Reitmair and Katja Seidel (eds.), Bellicose Entanglements: The Great War as a Global War (Zurich: Lit Verlag, 2015), 197–214.

Akhmatova, Anna, The Word That Causes Death's Defeat: Poems of Memory, transl. Nancy K. Anderson (New Haven, CT, and London: Yale University Press, 2004).

Aksakal, Mustafa, '"Holy War Made in Germany?" Ottoman Origins of the 1914 Jihad', War in History, 18, 2 (2011), 184–199.

_____, 'The Ottoman Proclamation of Jihad', in Erik-Jan Zürcher (ed.), Jihad and Islam in World War I: Studies on the Ottoman Jihad on the Centenary of Snouck Hurgronje's 'Holy War Made in Germany' (Leiden: Leiden University Press, 2016), 53–69.

Al-Rawi, Ahmad, 'Buchan the Orientalist: Greenmantle and Western Views of the East', Journal of Colonialism and Colonial History, 10, 2 (Fall 2009), Project MUSE, doi: 10. 1353/cch.0.0068

_____, 'John Buchan's British-Designed Jihad in Greenmantle ', in Erik-Jan Zürcher (ed.), Jihad and Islam in World War I: Studies on the Ottoman Jihad on the Centenary of Snouck Hurgronje's 'Holy War Made in Germany' (Leiden: Leiden University Press, 2016) 329–346.

Applebaum, Anne, Gulag: A History (New York: Doubleday, 2003).

Barkai, Avraham, From Boycott to Annihilation: The Economic Struggle of German Jews, 1933–1943, transl. William Templer (Hanover, NH, and London: University Press of New England, 1989).

Baynes, N. H. (ed.), The Speeches of Adolf Hitler, vol. I (London: Oxford University Press, 1942).

Berghahn, Volker R., Germany and the Approach of War in 1914 (London: Palgrave

Macmillan, 1973).

Berlin, Isaiah, Letters, vol. I: 1928–1946, ed. Henry Hardy (Cambridge: Cambridge University Press, 2004).

_____ , Enlightening: Letters, vol. II: 1946–1960, ed. Henry Hardy (New York: Random House, 2012).

Bloch, Michael, Ribbentrop (London: Bantam, 1992).

Buchan, John, Greenmantle (London: Hodder & Stoughton, 1916).

Burgdörfer, Friedrich, 'Die Juden in Deutschland und in der Welt: Ein statistischer Beitrag zur biologischen, beruflichen und sozialen Struktur des Judentums in Deutschland', Forschungen zur Judenfrage, 3 (1938), 152–198.

Burleigh, Michael, The Third Reich: A New History (London: Pan Books, 2001).

_____ and Wolfgang Wippermann, The Racial State: Germany 1933–1945 (Cambridge: Cambridge University Press, 1991).

Cannadine, David, 'John Buchan: A Life at the Margins', The American Scholar, 67, 3 (summer 1998), 85–93.

Cleveland, William L. and Martin Bunton, A History of the Modern Middle East (Philadelphia: Westview Books, 2016).

Cohn, Norman, Warrant for Genocide: The Myth of the Jewish World Conspiracy and the Protocols of the Elders of Zion (New York: Harper and Row, 1965).

Cooper, Duff, ed. John Julius Norwich, The Duff Cooper Diaries, 1915–1951(London: Weidenfeld & Nicolson, 2005).

Dalos, György, The Guest from the Future: Anna Akhmatova and Isaiah Berlin (New York: Farrar, Straus and Giroux, 1999).

Della Pergola, Sergio, Jewish Mixed Marriages in Milan 1901–1968, with an Appendix: Frequency of Mixed Marriage among Diaspora Jews (Jerusalem: Hebrew University, 1972).

Duggan, Christopher, Fascism and the Mafia (New Haven, CT: Yale University Press, 1989).

Düring, Marten, 'The Dynamics of Helping Behaviour for Jewish Fugitives during the Second World War: The Importance of Brokerage: The Segal Family's Case', Online Encyclopaedia of Mass Violence, 29 March 2016, http://www.sciencespo.fr/ mass-violence-war-massacre-resistance/en/document/ dynamics-helping-behaviour-jewish-fugitives-during-second-world-war-importance-brokerage-se.

Evangelista, Matthew, Unarmed Forces: The Transnational Movement to End the Cold War (Ithaca, NY, and London: Cornell University Press, 1999).

Fallada, Hans, Alone in Berlin, transl. Michael Hoffman (London: Penguin Books,

2010).

Falter, Jürgen W., Hitlers Wähler (Munich: C. H. Beck, 1991).

Ferguson, Niall, Kissinger, vol. I: 1923–1968– The Idealist (London and New York: Allen Lane/Penguin Press, 2015).

_____, The War of the World: History's Age of Hatred (London: Allen Lane, 2006).

Figes, Orlando, A People's Tragedy: The Russian Revolution, 1891–1924 (London: Weidenfeld & Nicolson, 1996).

Fogarty, Richard S., 'Islam in the French Army during the Great War: Between Accommodation and Suspicion', in Eric Storm and Ali Al Tuma(eds.), Colonial Soldiers in Europe, 1914–1945: 'Aliens in Uniform' in Wartime Societies (New York: Routledge, 2016), 23–40.

Friedländer, Saul, Nazi Germany and the Jews: The Years of Persecution, 1933–39 (London: Phoenix Giant, 1997).

Gambetta, Diego, The Sicilian Mafia: The Business of Protection (Cambridge, MA: Harvard University Press, 1993).

Garfinkle, Adam, Jewcentricity: Why the Jews are Praised, Blamed, and Used to Explain Just About Everything (Hoboken, NJ: John Wiley & Sons, Inc., 2009).

Geiss, Immanuel, July 1914: The Outbreak of the First World War – Selected Documents (London: Batsford, 1967).

Gussone, Martin, 'Die Moschee im Wünsdorfer "Halbmondlager" zwischen Gihad-Propaganda und Orientalismus', in Markus Ritter and Lorenz Korn (eds.), Beiträge zur Islamischen Kunst und Archäologie (Wiesbaden: Reichert, 2010), 204–32.

Habermas, Rebekka, 'Debates on Islam in Imperial Germany', in David Motadel (ed.), Islam and the European Empires (Oxford: Oxford University Press, 2016), 231–53.

Hanauer, Walter, 'Die jüdisch-christliche Mischehe', Allgemeines Statistisches Archiv, 17 (1928), 513–37.

Hausheer, Roger, 'It Didn't Happen One Night in Leningrad', Times Higher Education, 26 May 2000: https://www.timeshighereducation.com/books/it-didnt-happen-one-night-in-leningrad-in-1945/156215.article.

Heimann-Jelinek, Felicitas, 'The "Aryanisation" of Rothschild Assets in Vienna and the Problem of Restitution', in Georg Heuberger (ed.), The Rothschilds: Essays on the History of a European Family (Sigmaringen: D. S. Brewer, 1994), 351–64.

Herf, Jeffrey, The Jewish Enemy: Nazi Propaganda during the Second World War and the Holocaust (Cambridge, MA: Harvard University Press, 2006).

Hopkirk, Peter, Like Hidden Fire: The Plot to Bring Down the British Empire (New York: Kodansha International, 1994).

Ignatieff, Michael, Isaiah Berlin: A Life (London: Vintage, 2000).

Jackson, Maurice, Eleanora Petersen, James Bull, Sverre Monsen and Patricia Redmond, 'The Failure of an Incipient Social Movement', Pacific Sociological Review, 3, 1 (1960), 35–40.

Jones, Steve, In the Blood: God, Genes and Destiny (London: HarperCollins, 1996).

Kahler, Miles, 'Collective Action and Clandestine Networks: The Case of Al Qaeda', in Kahler (ed.), Networked Politics: Agency, Power, and Governance (Ithaca, NY, and London: Cornell University Press, 2009), 103–24.

_____ , 'Networked Politics: Agency, Power, and Governance', in Kahler (ed.), Networked Politics, 1–22.

Keddie, Nikki R., ' Pan-Islam as Proto-Nationalism', Journal of Modern History, 41, 1 (March 1969), 17–28.

Kelly, John and Julie Yeterian, 'Mutual-Help Groups for Alcohol and Other Substance Use Disorders', in Barbara S. McCrady and Elizabeth E. Epstein (eds.), Addictions: A Comprehensive Guidebook (Oxford: Oxford University Press, 2013), 500–525.

Kenney, Michael, 'Turning to the "Dark Side": Coordination, Exchange and Learning in Criminal Networks', in Kahler (ed.), Networked Politics, 79–102.

Kharas, Homi, 'The Unprecedented Expansion of the Global Middle Class: An Update', Brookings Working Papers in Global Economy and Development, 100 (February 2017).

Kopper, Christopher, 'The Rothschild Family during the Third Reich', in Georg Heuberger (ed.), The Rothschilds: Essays on the History of a European Family (Sigmaringen: D. S. Brewer, 1994), 321–32.

Kotkin, Stephen, Stalin, vol. I: Paradoxes of Power, 1878–1928 (London and New York: Allen Lane/Penguin Press, 2014).

_____ , Stalin, vol. II: Waiting for Hitler (London and New York: Allen Lane/Penguin Press, 2017).

Kurtz, Ernest, Not-God: A History of Alcoholics Anonymous (Center City, MN: Hazelden, 1991).

Landau, Jacob M., Pan-Islam: History and Politics (Abingdon: Routledge, 2016).

Laqueur, Walter (ed.), Fascism: A Reader's Guide: Analyses, Interpretations, Bibliography (Aldershot: Scolar Press, 1991).

Larsen, Stein Ugelvik, Bernt Hagtvet and Jan Peter Myklebust, Who were the

참고문헌

Fascists? Social Roots of European Fascism (Bergen: Universitetsforlaget, 1980).

Leggett, George, The Cheka: Lenin's Political Police (Oxford: Oxford University Press, 1981).

Lewis, Norman, The Honoured Society: The Sicilian Mafia Observed (London: Eland, 2003 [1973]).

_____, Naples '44: A World War II Diary of Occupied Italy (London: William Collins, 1978).

Lownie, Andrew, John Buchan: Presbyterian Cavalier (London: Constable, 1995).

Lüdke, Tilman, '(Not) Using Political Islam: The German Empire and Its Failed Propaganda Campaign in the Near and Middle East, 1914–1918 and Beyond', in Erik-Jan Zürcher (ed.), Jihad and Islam in World War I: Studies on the Ottoman Jihad on the Centenary of Snouck Hurgronje's 'Holy War Made in Germany' (Leiden: Leiden University Press, 2016), 71–94.

MacDougall, Robert, 'Long Lines: AT&T's Long-Distance Network as an Organizational and Political Strategy', Business History Review, 80 (2006), 297–327.

Macintyre, Ben, A Spy among Friends: Kim Philby and the Great Betrayal (London: Bloomsbury, 2014).

McKale, Donald M., 'British Anxiety about Jihad in the Middle East', Orient XXI, 24 June 2016: http://orientxxi.info/ l-orient-dans-la-guerre-1914-1918/british-anxiety-about-jihad-in-the-middle-east, 0940.

_____, 'Germany and the Arab Question in the First World War', Middle Eastern Studies, 29, 2 (April 1993), 236–53.

— — —, War by Revolution: Germany and Great Britain in the Middle East in the Era of World War I (Kent, OH, and London: Kent State University Press, 1998).

McMeekin, Sean, The Berlin–Baghdad Express: The Ottoman Empire and Germany's Bid for World Power 1898–1918 (London: Penguin Books, 2011).

_____, The Russian Revolution: A New History (New York: Basic Books, 2017).

McMurray, Jonathan S., Distant Ties: Germany, the Ottoman Empire, and the Construction of the Baghdad Railway (Westport, CT, and London: Praeger, 2001).

McSmith, Andy, Fear and the Muse Kept Watch: The Russian Masters–from Akhmatova and Pasternak to Shostakovich and Eisenstein–underStalin (New York and London: New Press, 2015).

Makela, Klaus et al. (eds.), Alcoholics Anonymous as a Mutual-Help Movement: A Study in Eight Societies (Madison, WI: University of Wisconsin Press, 1996).

Meiring, Kerstin, Die christlich-jüdische Mischehe in Deutschland 1840–1933

(Hamburg: Dölling and Galitz, 1998).

Miller Lane, Barbara and Leila J. Rupp (eds.), Nazi Ideology before 1933: A Documentation (Austin: University of Texas Press, 1978).

Morgenthau, Henry, Secrets of the Bosphorus (London: Hutchinson & Co, 1918).

Mosse, Werner E., 'Die Juden in Wirtschaft und Gesellschaft', in Mosse (ed.), Juden in Wilhelminischen Deutschland 1890–1914 (Tübingen: Mohr, 1976), 57–113.

—————————— , Jews in the German Economy: The German-Jewish Economic Elite, 1820–1935 (Oxford: Oxford University Press, 1987).

Motadel, David, Islam and Nazi Germany's War (Cambridge, MA: Harvard University Press, 2014).

Nicholas, Lynn H., The Rape of Europa: The Fate of Europe's Treasures in the Third Reich and the Second World War (London: Macmillan, 1994).

Ohler, Norman, Blitzed: Drugs in Nazi Germany, transl. Shaun Whiteside (London: Allen Lane, 2017).

O'Loughlin, John, Colin Flint and Luc Anselin, 'The Geography of the Nazi Vote: Context, Confession, and Class in the Reichstag Election of 1930', Annals of the Association of American Geographers, 84 (1994), 351–80.

Raab, Jörg, 'More Than Just a Metaphor: The Network Concept and Its Potential in Holocaust Research', in Gerald D. Feldman and Wolfgang Seibel (eds.), Networks of Nazi Persecution: Bureaucracy, Business and the Organization of the Holocaust (New York and Oxford: Berghahn Books, 2006), 321–40.

Rogan, Eugene, The Arabs: A History (London: Allen Lane, 2009).

—————————— , The Fall of the Ottomans: The Great War in the Middle East, 1914–1920 (New York: Basic Books, 2015).

—————————— , 'Rival Jihads: Islam and the Great War in the Middle East, 1914–1918', Journal of the British Academy, 4 (2014), 1–20.

Rubinstein, W. D., The Left, the Right, and the Jews (London and Canberra: Croom Helm, 1982).

Ruble, Blair A., Leningrad: Shaping a Soviet City (Berkeley and Los Angeles: University of California Press, 1990).

Ruppin, Arthur, Soziologie der Juden, vol. I: Die soziale Struktur der Juden (Berlin: Jüdischer Verlag, 1930).

Rutledge, Ian, Enemy on the Euphrates: The Battle for Iraq, 1914–1921 (London: Saqi Books, 2015).

Satyanath, Shanker, Nico Voigtländer and Hans-Joachim Voth, 'Bowling For Fascism: Social Capital and the Rise of the Nazi Party', Journal of Political

Economy (forthcoming).

Schwanitz, Wolfgang G., 'The Bellicose Birth of Euro-Islam in Berlin', in Ala Al-Hamarneh and Jörn Thielmann (eds.), Islam and Muslims in Germany (Leiden: Brill, 2008), 183–212.

Scotten, W. E., 'The Problem of the Mafia in Sicily', in UniversitàDi Catania FacoltàDi Scienze Politiche, Annali 80 del Dipartimento di Scienze Storiche (Catania: Galatea Editrice, 1981), 622–9.

Service, Robert, A History of Twentieth-Century Russia (London: Penguin Books, 1997).

Sperry, Earl E. and Willis M. West, German Plots and Intrigues in the United States during the Period of Our Neutrality (Washington, DC: Committee on Public Information, 1918).

Staar, Richard Felix, Foreign Policies of the Soviet Union (Stanford: Hoover Institution Press, 1991).

Starr, Paul, The Creation of the Media: Political Origins of Modern Communications (New York: Basic Books, 2004).

Tamberino, Frank, 'A Criminal Renaissance: The Postwar Revival of the Sicilian Mafia, 1943–1945', senior thesis, Harvard University (2017).

Trumpener, Ulrich, Germany and the Ottoman Empire, 1914–1918 (Princeton: Princeton University Press, 2015).

Turchin, Peter, Ages of Discord: A Structural-Demographic Analysis of American History (Chaplin, CT: Beresta Books, 2016).

Valentin, Hugo, Antisemitism Historically and Critically Examined (London: Gollancz, 1936).

Voigtländer, Nico and Hans-Joachim Voth, 'Persecution Perpetuated: The Medieval Origins of Anti-Semitic Violence in Nazi Germany', Quarterly Journal of Economics (2012), 1339–92.

Volkogonov, Dmitri, Lenin: Life and Legacy (London: HarperCollins, 1994).

White, William L. and Ernest Kurtz, 'Twelve Defining Moments in the History of Alcoholics Anonymous', in Marc Galanter and Lee Ann Kaskutas (eds.), Recent Developments in Alcoholism: Research on Alcoholics Anonymous and Spirituality in Addiction Recovery, vol. XVIII (New York: Springer, 2008), 37–57.

Windolf, Paul, 'The German-Jewish Economic Elite, 1900–1930', Journal of Business History, 56, 2 (2011), 135–62.

Zürcher, Erik-Jan, 'Introduction: The Ottoman Jihad, the German Jihad, and the Sacralization of War', in Zürcher (ed.), Jihad and Islam in World War I: Studies on the Ottoman Jihad on the Centenary of Snouck Hurgronje's 'Holy War Made in Germany' (Leiden: Leiden University Press, 2016), 13–29.

7부 정글을 차지하라

Abdelal, Rawi, 'The Politics of Monetary Leadership and Followership: Stability in the European Monetary System since the Currency Crisis of 1992', Political Studies, 46, 2 (June 1998), 246–7.

Agnew, Spiro, Go Quietly . . . Or Else (New York: Morrow, 1980) Bar-Yam, Yaneer, 'Complexity Rising: From Human Beings to Human Civilization – A Complexity Profile', in Encyclopaedia of Life Support Systems (Oxford: United Nations, 2002), 1–33.

_____, Dynamics of Complex Systems (Reading, MA: Addison-Wesley, 1997).

Barnard, Rita and Monica Popescu, 'Nelson Mandela', in Steven Casey and Jonathan Wright (eds.), Mental Maps in the Era of Détente and the End of the Cold War, 1968–91(Basingstoke and New York: Palgrave Macmillan, 2015), 236–49.

Bearman, Peter S. and Kevin D. Everett, 'The Structure of Social Protest, 1961–1983', Social Networks 15 (1993), 171–200.

Beckett, Ian F. W. and John Pimlott, Counter-Insurgency: Lessons from History (Barnsley: Pen & Sword Military, 2011).

Bordo, Michael and Andrew Levin, 'Central Bank Digital Currency and the Future of Monetary Policy', working paper (May 2017).

Brinton, Christopher C., and Mung Chiang, The Power of Networks: Six Principles That Connect Our Lives (Princeton and Oxford: Princeton University Press, 2017).

Brzezinski, Zbigniew, Between Two Ages: America's Role in the Technetronic Era (New York: Penguin Books, 1970).

Bush, George H. W., All the Best, George Bush: My Life in Letters and Other Writings (New York: Scribner, 2014).

_____ and Brent Scowcroft, A World Transformed (New York: Alfred A. Knopf, 1998).

Caldaray, Dario and Matteo Iacoviello, 'Measuring Geopolitical Risk', working paper, September 7, 2016.

Caldarelli, Guido and Michele Catanzaro, Networks: A Very Short Introduction (Oxford: Oxford University Press, 2012).

Castells, Manuel, The Rise of the Network Society: The Information Age: Economy, Society, and Culture, vol. I (Oxford: Oxford University Press, 2000).

Chanda, Nayan, Bound Together: How Traders, Preachers, Adventurers, and Warriors Shaped Globalisation (New Haven, CT, and London: Yale University Press, 2007).

Conway, Melvin, 'How Do Committees Invent?' Datamation (April 1968): http://www.melconway.com/research/committees.html.

Cooper, Richard, The Economics of Interdependence: Economic Policy in the Atlantic Community (New York: Council on Foreign Relations, 1968).

Cross, J. P., 'A Face Like a Chicken's Backside': An Unconventional Soldier in South East Asia, 1948–1971 (Stroud: History Press, 2015).

Dorussen, Han and Hugh Ward, 'Trade Networks and the Kantian Peace', Journal of Peace Research, 47, 1 (2010), 29–42.

Drobny, Steven, Inside the House of Money: Top Hedge Fund Traders on Profiting in the Global Markets (Hoboken, NJ: John Wiley & Sons, Inc., 2006).

Eichengreen, Barry and Charles Wyplosz, 'The Unstable EMS', Brookings Papers on Economic Activity, 24, 1 (1993), 51–144.

Engdahl, William, 'The Secret Financial Network Behind "Wizard" George Soros', Executive Intelligence Review, 23, 44 (1 November 1996), 54–60.

Evangelista, Matthew, Unarmed Forces: The Transnational Movement to End the Cold War (Ithaca, NY, and London: Cornell University Press, 1999).

Ferguson, Niall, High Financier: The Lives and Time of Siegmund Warburg (London: Penguin Allen Lane, 2010).

————— , 'Siegmund Warburg, the City of London and the Financial Roots of European Integration', Business History, 51, 3 (May 2009), 364–82.

————— and Jonathan Schlefer, 'Who Broke the Bank of England?' Harvard Business School Case N9-709-026 (8 January 2009).

Forester, C. S., The General (London: Michael Joseph, 1936).

Goldsmith, Jack and Tim Wu, Who Controls the Internet? Illusions of a Borderless World (Oxford and New York: Oxford University Press, 2008).

Granville, Brigitte, Jaume Martorell Cruz and Martha Prevezer, 'Elites, Thickets and Institutions: French Resistance versus German Adaptation to Economic Change, 1945–2015', CGR Working Paper 63 (n.d.).

Grdesic, Marko, 'Television and Protest in East Germany's Revolution, 1989–1990: A Mixed-Methods Analysis', Communist and post-Communist Studies, 47

(2014), 93–103.

Gudmundsson, Bruce I., Stormtroop Tactics: Innovation in the German Army, 1914–18 (Westport, CT: Praeger, 1995).

Gumede, William Mervin, Thabo Mbeki and the Soul of the ANC (Cape Town: Zebra Press, 2007).

Hafner-Burton, Emilie M. and Alexander H. Montgomery, 'Globalization and the Social Power Politics of International Economic Networks', in Miles Kahler (ed.), Networked Politics: Agency, Power, and Governance (Ithaca, NY, and London: Cornell University Press, 2009), 23–42.

Haim, Dotan A., 'Alliance Networks and Trade: The Effect of Indirect Political Alliances on Bilateral Trade Flows', working paper, University of California, San Diego (2015).

Hall, Wendy, 'The Ever Evolving Web: The Power of Networks', International Journal of Communications, 5 (2011), 651–64.

Hileman, Garrick and Michel Rauchs, 'Global Cryptocurrency Benchmarking Study' (Cambridge: Centre for Alternative Finance, 2017).

Jackson, Matthew O. and Stephen Nei, 'Networks of Military Alliances, Wars, and International Trade', Proceedings of the National Academy of Sciences, 112, 50 (15 December 2015), 15277–84.

Johnson, Christopher, 'The UK and the Exchange Rate Mechanism', in Christopher Johnson and Stefan Collignon (eds.), The Monetary Economics of Europe: Causes of the EMS Crisis (London: Pinter, 1994), 85–102.

Johnson, Dominic and Ferenc Jordan, 'The Web of War: A Network Analysis of the Spread of Civil Wars in Africa', Annual Meeting of the Political Science Association, 28, 02.09 (2007), 1–19.

Jones, Matthew, Conflict and Confrontation in South East Asia, 1961–65 (Cambridge: Cambridge University Press, 2002).

Kaufman, Michael T., Soros: The Life and Times of a Messianic Billionaire (New York: Alfred A. Knopf, 2002).

Kay, John, Other People's Money: Masters of the Universe or Servants of the People (London: Profile Books, 2016).

Keller, Franziska, '(Why) Do Revolutions Spread?' unpublished paper (2012).

Keohane, Robert and Joseph Nye, Power and Interdependence: World Politics in Transition (Boston, MA: Little, Brown, 1977).

Kerr, Ian M., A History of the Eurobond Market (London: Prentice-Hall, 1984).

Kilcullen, David, Counterinsurgency (London: C. Hurst & Co., 2010).

King, Gary, Jennifer Pan and Margaret E. Roberts, 'A Randomized Experimental

Study of Censorship in China', working paper, 6 October 2013.

Klein, Naomi, Shock Doctrine: The Rise of Disaster Capitalism (London: Penguin Books, 2014).

Lamont, Norman, In Office (London: Little, Brown, 1999).

Lamoreaux, Naomi R., Daniel M. G. Raff and Peter Temin, 'Beyond Markets and Hierarchies: Toward a New Synthesis of American Business History', NBER Working Paper no. 9029 (July 2002), 1–63.

Landsberg, Christopher, The Quiet Diplomacy of Liberation: International Politics and South Africa's Transition (Johannesburg: Jacana Media, 2004).

Levina, Olga and Robert Hillmann, 'Wars of the World: Evaluating the Global Conflict Structure during the Years 1816–2001 Using Social Network Analysis', Social and Behavioral Sciences, 100 (2013), 68–79.

Lupu, Yonatan and Vincent A. Traag, 'Trading Communities, the Networked Structure of International Relations, and the Kantian Peace', Journal of Conflict Resolution, 57, 6 (2013), 1011–42.

Major, John, The Autobiography (London: HarperCollins, 1999).

Mallaby, Sebastian, More Money Than God: Hedge Funds and the Making of a New Elite (London: Bloomsbury, 2010).

Maoz, Zeev, 'Network Polarization, Network Interdependence, and International Conflict, 1816–2002', Journal of Peace Research, 43, 4 (2006), 391–411.

Marston, Daniel, 'Lost and Found in the Jungle: The Indian and British Army Jungle Warfare Doctrines for Burma, 1943–5, and the Malayan Emergency, 1948–60', in Hew Strachan (ed.), Big Wars and Small Wars: The British Army and the Lessons of War in the 20th Century (Abingdon and New York: Taylor & Francis e-Library, 2006), Kindle Edition, KL 2045–2786.

Milward, Alan S., The European Rescue of the Nation-State, 2nd edn (London: Routledge, 2000).

Mumford, Andrew, The Counter-Insurgency Myth: The British Experience of Irregular Warfare (London and New York: Routledge, 2012).

Naughton, John, From Gutenberg to Zuckerberg: What You Really Need to Know about the Internet (London: Quercus, 2012).

Navidi, Sandra, Superhubs: How the Financial Elite and their Networks Rule Our World (Boston, MA, and London: Nicholas Brealey, 2016).

Newman, Mark, Networks: An Introduction (Oxford: Oxford University Press, 2010).

O'Hara, Glen, From Dreams to Disillusionment: Economic and Social Planning in 1960s Britain (Basingstoke: Palgrave Macmillan, 2007).

Osa, Maryjane, Solidarity and Contention: Networks of Polish Opposition

(Minneapolis and London: University of Minnesota Press, 2003).

Pocock, Tom, Fighting General: The Public and Private Campaigns of General Sir Walter Walker (London: Thistle Publishing, 2013).

Powell, Walter W., 'Neither Market Nor Hierarchy: Network Forms of Organization', Research in Organizational Behavior, 12 (1990), 295–336.

Raymond, Eric S., The Cathedral and the Bazaar: Musings on Linux and Open Source by an Accidental Revolutionary (Sebastopol, CA: O'Reilly Media, 2001).

Rhodes, R. A. W., 'The New Governance: Governing without Government', Political Studies, 44 (1996), 652–67.

Rosentall, Paul, '"Confrontation": Countering Indonesian Insurgency, 1963–66', in Gregory Fremont-Barnes (ed.), A History of Counterinsurgency, vol. II: From Cyprus to Afghanistan, 1955 to the 21st Century (Santa Barbara and Denver: Praeger, 2015), 95–125.

Roxburgh, H. M. C. (ed.), Strained to Breaking Point: A History of Britain's Relationship with Europe, 1945–2016 (Middlesex: CBY Publishing, 2016).

Sampson, Anthony, Mandela: The Authorized Biography (New York: Vintage Books, 2000).

Samuels, M., Command or Control? Command, Training and Tactics in the British and German Armies, 1888–1918 (London: Routledge, 1995).

Sargent, Daniel J., A Superpower Transformed: The Remaking of American Foreign Relations in the 1970s (Oxford: Oxford University Press, 2015).

Schechter, Danny, Madiba A to Z: The Many Faces of Nelson Mandela (New York: Seven Stories Press, 2013).

Schenk, Catherine R., 'Sterling, International Monetary Reform and Britain's Applications to Join the European Economic Community in the 1960s', Contemporary European History, 11, 3 (2002), 345–69.

Schroeder, Paul W., 'Economic Integration and the European International System in the Era of World War I', American Historical Review, 98, 4 (Oct. 1993), 1130–37.

Scott, James C., Seeing Like a State: How Certain Schemes to Improve the Human Condition Have Failed (New Haven, CT, and London: Yale University Press, 1998).

Simpson, Emile, War from the Ground Up: Twenty-First-Century Combat as Politics (London: Hurst, 2012).

Slater, Robert, Soros: The World's Most Influential Investor (New York: McGraw-Hill, 2009).

Soros, George, 'Fallibility, Reflexivity, and the Human Uncertainty Principle', Journal of Economic Methodology, 20, 4 (2013), 309–29.

참고문헌

—— ——, George Soros on Globalization (New York: Public Affairs, 2002).

—— ——, 'The Theory of Reflexivity', address to the MIT Department of Economics, 26 April 1994 (New York: Soros Fund Management, 1994).

—— ——, with Bryon Wien and Krisztina Koenon, Soros on Soros: Staying Ahead of the Curve (New York: John Wiley & Sons, Inc., 1995).

—— —— and Gregor Peter Schmitz, The Tragedy of the European Union: Disintegration or Revival? (New York: PublicAffairs, 2014).

Staar, Richard Felix, Foreign Policies of the Soviet Union (Stanford: Hoover Institution Press, 1991).

Stark, David and Balazs Vedres, 'The Social Times of Network Spaces: Sequence Analysis of Network Formation and Foreign Investment in Hungary, 1987–2001', American Journal of Sociology 111, 5 (2006), 1367–1411.

Stephens, Philip, Politics and the Pound: The Conservatives' Struggle with Sterling (London: Macmillan, 1996).

Stevenson, David, 'The First World War and European Integration', International History Review, 34, 4 (2012), 841–63.

Strachan, Hew, 'British Counter-Insurgency from Malaya to Iraq', Royal United Services Institute Journal, 152, 6 (2007), 8–11.

Stubbs, Richard, 'From Search and Destroy to Hearts and Minds: The Evolution of British Strategy in Malaya 1948–60', in Daniel Marston and Carter Malkasian (eds.), Counterinsurgency in Modern Warfare (Oxford and Long Island City, NY: Osprey Publishing, 2008), 101–19.

Taylor, Ian, Stuck in Middle GEAR: South Africa's post-Apartheid Foreign Relations (Westport, CT, and London: Praeger, 2001).

Thompson, Grahame F., Between Hierarchies and Markets: The Logic and Limits of Network Forms of Organization (Oxford: Oxford University Press, 2003).

—— ——, Jennifer Frances, Rosalind Levacic, and Jeremy Mitchell (eds.), Markets, Hierarchies and Networks: The Coordination of Social Life (London and Thousand Oaks, CA: SAGE Publications/The Open University, 1991).

Tuck, Christopher, 'Borneo 1963–66: Counter-insurgency Operations and War Termination', Small Wars and Insurgencies, 15, 3 (2004), 89–111.

Walker, General Sir Walter, 'How Borneo was Won', The Round Table, 59, 233 (1969), 9–20.

8부 바벨의 도서관

Acemoglu, Daron, Simon Johnson, Amir Kermani, James Kwak and Todd Mitton, 'The Value of Connections in Turbulent Times: Evidence from the United States', NBER Working Paper no. 19701 (December 2013).

Allen, Jonathan and Amie Parnes, Shattered: Inside Hillary Clinton's Doomed Campaign (New York: Crown/Archetype, 2017).

Ali, Ayaan Hirsi, The Challenge of Dawa: Political Islam as an Ideology and How to Counter It (Stanford: Hoover Institution Press, 2017).

Allcott, Hunt, and Matthew Gentzkow, 'Social Media and Fake News in the 2016 Election', NBER Working Paper no. 23089 (January 2017).

Army, Department of the, Insurgencies and Countering Insurgencies, FM 3-24/ MCWP 3-33.5, 13 May 2014.

_____ , The U.S. Army/Marine Corps Counterinsurgency Field Manual: U.S. Army Field Manual No. 3-24: Marine Corps Warfighting Publication No. 3-33.5 (Chicago: University of Chicago Press, 2007).

Autor, David H., David Dorn and Gordon H. Hanson, 'Untangling Trade and Technology: Evidence from Local Labour Markets', Economic Journal, 125 (May), 621–46.

Barbera, Salvador and Matthew O. Jackson, 'A Model of Protests, Revolution, and Information', working paper (February 2016).

Bell, Daniel, The China Model: Political Meritocracy and the Limits of Democracy (Princeton: Princeton University Press, 2015).

Berger, J. M. and Heather Perez, 'The Islamic State's Diminishing Returns on Twitter: How Suspensions are Limiting the Social Networks of English-Speaking ISIS Supporters', Program on Extremism Occasional Paper, George Washington University (February 2016).

Berger, J. M. and Jonathon Morgan, 'The ISIS Twitter Census: Defining and Describing the Population of ISIS Supporters on Twitter', The Brookings Project on U.S. Relations with the Islamic World Analysis Paper no. 20 (March 2015).

Berman, Eli, Radical, Religious, and Violent: The New Economics of Terrorism (Cambridge MA, and London: MIT Press, 2009).

Bodine-Baron, Elizabeth, Todd C. Helmus, Madeline Magnuson and Zev Winkelman, Examining ISIS Support and Opposition Networks on Twitter (Santa Monica: Rand Corporation, 2016).

Bond, Robert M., Christopher J. Fariss, Jason J. Jones, Adam D. I. Kramer,

Cameron Marlow, Jaime E. Settle and James H. Fowler, 'A 61-Million-Person. Experiment in Social Influence and Political Mobilization', Nature, 489 (September 2012), 295–8.

Borges, Jorge Luis, 'The Library of Babel', in Collected Fictions, transl. Andrew Hurley (New York: Viking Penguin, 1998), 112–18.

Boxell, Levi, Matthew Gentzkow, Jesse M. Shapiro, 'Is the Internet Causing Political Polarization? Evidence from Demographics', NBER Working Paper no. 23258 (March 2017).

Bricker, Jesse, Alice Henriques, Jacob Krimmel, John Sabelhaus, 'Measuring Income and Wealth at the Top Using Administrative and Survey Data', Brookings Papers on Economic Activity Conference Draft, 10–11 March 2016.

Brinton, Christopher C., and Mung Chiang, The Power of Networks: Six Principles That Connect Our Lives (Princeton and Oxford: Princeton University Press, 2017).

Byrne, Liam, Black Flag Down: Counter-Extremism, Defeating ISIS and Winning the Battle of Ideas (London: Biteback Publishing, 2016).

Campante, Filipe and David Yanagizawa-Drott, ' Long-Range Growth: Economic Development in the Global Network of Air Links', NBER Working Paper no. 22653 (September 2016), 1–34.

Case, Anne and Angus Deaton, 'Mortality and Morbidity in the 21st Century', Brookings Papers on Economic Activity Conference Drafts, 23–24 March 2017.

_____ , 'Rising Morbidity and Mortality in Midlife among White Non- Hispanic Americans in the 21st Century', Proceedings of the National Academy of Sciences, 17 September 2015.

Chetty, Raj, Nathaniel Hendren, Patrick Kline, Emmanuel Saez and Nicholas Turner, 'Is the United States Still a Land of Opportunity? Recent Trends in Intergenerational Mobility', NBER Working Paper no. 19844 (January 2014).

Corlett, Adam, 'Examining an Elephant: Globalisation and the Lower Middle Class of the Rich World', Resolution Foundation Report (September 2016).

Crawford, Neta C., 'U.S. Costs of Wars through 2014: $4.4 Trillion and Counting. Summary of Costs for the U.S. Wars in Iraq, Afghanistan and Pakistan', working paper 25 June 2014.

Davis, Gerald F., Mina Yoo and Wayne E. Baker, 'The Small World of the American Corporate Elite, 1982–2001', Strategic Organization 1, 3 (2003), 301–26.

Deloitte LLP, There's No Place Like Phone: Consumer Usage Patterns in the Era of Peak Smartphone, Global Mobile Consumer Survey 2016: UK Cut (London: Deloitte LLP, 2016).

DeMuth, Christopher, 'Can the Administrative State be Tamed?' Journal of Legal Analysis, 8, 1 (Spring 2016), 121–90.

Dobbs, Richard, Anu Madgavkar, James Manyika, Jonathan Woetzel, Jacques Bughin, Eric Labaye, Liesbeth Huisman and Pranav Kashyap, Poorer Than Their Parents? Flat or Falling Incomes in Advanced Economies (McKinsey Global Institute, July 2016).

Eilstrup-Sangiovanni, M. and Calvert Jones, 'Assessing the Dangers of Illicit Networks: Why al-Qaida May be Less Threatening Than Many Think', International Security, 33, 2 (2008), 7–44.

Elliott, Matthew, Benjamin Golub and Matthew O. Jackson, 'Financial Networks and Contagion', American Economic Review, 104, 10 (2014), 3115–53.

Enders, Walter and Xuejuan Su, 'Rational Terrorists and Optimal Network Structure', Journal of Conflict Resolution, 51, 1 (February 2007), 33–57.

Ferguson, Niall, The Ascent of Money: A Financial History of the World (London: Penguin Books, 2008).

_____ , The Great Degeneration: How Institutions Decay and Economies Die (London: Penguin Books, 2013).

_____ , Kissinger, vol. I: 1923–1968–The Idealist (London and New York: Allen Lane/Penguin Press, 2015).

Financial Crisis Inquiry Commission, The Financial Crisis Inquiry Report, Authorized Edition: Final Report of the National Commission on the Causes of the Financial and Economic Crisis in the United States (New York: PublicAffairs, 2011).

Fisher, Ali, 'Swarmcast: How Jihadist Networks Maintain a Persistent Online Presence', Perspectives on Terrorism, 9, 3 (June 2015), http://www.terrorismanalysts.com/pt/index.php/pot/article/view426.

Frampton, Martyn, David Goodhart and Khalid Mahmood, Unsettled Belonging: A Survey of Britain's Muslim Communities (London: Policy Exchange, 2016).

Funke, Manuel, Moritz Schularick and Christoph Trebesch, 'Going to Extremes: Politics after Financial Crises, 1870–2014', European Economic Review, 88 (2016) 227–60.

Gagnon, Julien and Sanjeev Goyal, 'Networks, Markets, and Inequality', American Economic Review, 107, 1 (2017), 1–30.

García Martínez, Antonio, Chaos Monkeys: Inside the Silicon Valley Money Machine (London: Ebury Press, 2016).

Glennon, Michael J., 'National Security and Double Government', Harvard National Security Journal, 5, 1 (2014), 1–114.

Goodhart, David, The Road to Somewhere: The Populist Revolt and the Future of Politics (Oxford: Oxford University Press, 2017).

Habeck, Mary, with James Jay Carafano, Thomas Donnelly, Bruce Hoffman, Seth Jones, Frederick W. Kagan, Kimberly Kagan, Thomas Mahnken and Katherine Zimmerman, A Global Strategy for Combating Al-Qaeda and the Islamic State (Washington, DC: American Enterprise Institute, 2015).

Haldane, Andrew G., 'A Little More Conversation, a Little Less Action', speech given at the Federal Reserve Bank of San Francisco Macroeconomics and Monetary Policy Conference, 31 March 2017.

Hellebrandt, Tomas and Paolo Mauro, 'The Future of Worldwide Income Distribution', Peterson Institute for International Economics Working Paper (April 2015), 15–17.

Hill, Alison L. et al., 'Emotions as Infectious Diseases in a Large Social Network: the SISa Model', Proceedings of the Royal Society B: Biological Sciences (2010), 1–9.

Howard, Philip K., Life Without Lawyers: Liberating Americans from Too Much Law (New York: W. W. Norton, 2009).

_____ , The Rule of Nobody: Saving America from Dead Laws and Broken Government (New York: W. W. Norton, 2015).

Inglehart, Ronald F. and Pippa Norris, 'Trump, Brexit, and the Rise of Populism: Economic Have-Nots and Cultural Backlash', Harvard Kennedy School Working Paper RWP16-026 (August 2016).

Keller, Franziska Barbara, 'Moving Beyond Factions: Using Social Network Analysis to Uncover Patronage Networks among Chinese Elites', working paper, n.d.

_____ , 'Networks of Power: Using Social Network Analysis to Understand Who Will Rule and Who is Really in Charge in the Chinese Communist Party', working paper (November 2015).

Khosrokhavar, Farhad, L'Islam dans les prisons (Paris: Balland, 2004).

Kirkpatrick, David, The Facebook Effect: And How It is Changing Our Lives (London: Virgin, 2010).

Krebs, Valdis, 'Mapping Networks of Terrorist Cells', Connections, 24, 3 (2002), 43–52.

Laurence, Jonathan, and Justin Vaisse, Integrating Islam: Political and Religious Challenges in Contemporary France (Washington, DC: Brookings Institution

Press, 2006).

McChrystal, Stanley, My Share of the Task (New York: Penguin Books, 2013).

MacGill, V., 'Acephalous Groups and the Dynamics from a Complex Systems Perspective', Proceedings of the 56th Annual Meeting of the ISSS– 2012 (San Jose, CA, 2013), 1–20.

McLaughlin, Patrick A. and Robert Greene, ' Dodd–Frank's Regulatory Surge: Quantifying Its Regulatory Restrictions and Improving Its Economic Analyses', Mercatus on Policy (February 2014).

McLaughlin, Patrick A. and Oliver Sherouse, The Impact of Federal Regulation on the 50 States (Arlington, VA: Mercatus Center, George Washington University, 2016).

Milanovic, Branko and Christoph Lakner, 'Global Income Distribution: From the Fall of the Berlin Wall to the Great Recession', World Bank Policy Research Working Paper (December 2013).

Minor, T., 'Attacking the Nodes of Terrorist Networks', Global Security Studies, 3, 2 (2012), 1–12.

Morozov, Evgeny V., The Net Delusion: How Not to Liberate the World (London: Allen Lane, 2011).

Morselli, Carlo, Cynthia Giguère and Katia Petit, 'The Efficiency/Security Trade-Off in Criminal Networks', Social Networks, 29, 1 (January 2007), 143–53.

Murray, Charles, Coming Apart: The State of White America, 1960– 2010 (New York: Crown Forum, 2012).

Nagl, John A., Learning to Eat Soup with a Knife: Counterinsurgency Lessons from Malaya and Vietnam (Chicago: University of Chicago Press, 2002).

Neely, Christopher J., 'The Federal Reserve Responds to Crises: September 11th was Not the First', Federal Reserve Bank of St. Louis Review, 86, 2(March/April 2004), 27–42.

Oliver, Kathryn, 'Covert Networks, Structures, Process, and Types', Mitchell Centre Working Paper, 25 June 2014.

Oxfam, 'An Economy for the 1%: How Privilege and Power in the Economy Drive Extreme Inequality and How This Can be Stopped', 210 Oxfam Briefing Paper, 18 January 2016.

Paik, Anthony and Kenneth Sanchargin, 'Social Isolation in America: An Artifact', American Sociological Review, 78, 3 (2013), 339–60.

Pentland, Alex, Social Physics: How Good Ideas Spread – The Lessons from a New Science (Melbourne and London: Scribe, 2014).

Pew Research Center Forum on Religion & Public Life, The Future Global Muslim

참고문헌

Population: Projections for 2010–2030 (Washington, DC: Pew Research Center, 2011).

_____ , The World's Muslims: Religion, Politics and Society (Washington, DC: Pew Research Center, 2013).

Piketty, Thomas and Emmanuel Saez, 'Income Inequality in the United States, 1913–1998', Quarterly Journal of Economics, 118, 1 (February 2003), 1–39.

Raymond, Eric S., The Cathedral and the Bazaar: Musings on Linux and Open Source by an Accidental Revolutionary (Beijing and Cambridge: O'Reilly Media, 1999).

Sageman, Marc, Understanding Terror Networks (Philadelphia: University of Pennsylvania Press, 2004).

Sala-i-Martin, Xavier and Maxim Pinkovskiy, 'Parametric Estimations of the World Distribution of Income (1970– 2006)', NBER Working Paper no. 15433 (2010).

Schmidt, Eric and Jared Cohen, 'The Digital Disruption: Connectivity and the Diffusion of Power', Foreign Affairs, 1 November 2010, 75–85.

Scott, Hal, Connectedness and Contagion: Protecting the Financial System from Panics (Cambridge, MA: MIT Press, 2016).

Shirky, Clay, 'The Political Power of Social Media: Technology, the Public Sphere, and Political Change', Foreign Affairs, 90 (2011) 1–12.

Simcox, Robin, Al-Qaeda's Global Footprint: An Assessment of al-Qaeda's Strength Today (London: Henry Jackson Society, 2013).

Simpson, Emile, War from the Ground Up: Twenty-First-Century Combat as Politics (Oxford: Oxford University Press, 2012).

Sookhdeo, Patrick, Dawa: The Islamic Strategy for Reshaping the Modern World (McLean, VA: Isaac Publishing, 2014).

Spar, Debora L., Ruling the Waves: Cycles of Discovery, Chaos, and Wealth from the Compass to the Internet (Orlando, FL: Harcourt, 2003).

Staniland, Paul, Networks of Rebellion: Explaining Insurgent Cohesion and Collapse (Ithaca, NY, and London: Cornell University Press, 2014).

Stuart, Hannah, Islamist Terrorism: Analysis of Offences and Attacks in the UK (1998– 2015) (London: Henry Jackson Society, 2017).

_____ , Islamist Terrorism: Key Findings and Analysis (London: Henry Jackson Society, 2017).

Sutton, Rupert, 'Myths and Misunderstandings: Understanding Opposition to the Prevent Strategy', Henry Jackson Society Centre for the Response to Radicalisation and Terrorism, Policy Paper no. 7 (2016).

Tomlin, Ian, Cloud Coffee House: The Birth of Cloud Social Networking and Death of the Old World Corporation (Cirencester: Management Books, 2009).

Ugander, Johan, Lars Backstrom, Cameron Marlow and Jon Kleinberg, 'Structural Diversity in Social Contagion', Proceedings of the National Academy of Sciences, 109, 16 (17 April 2012), 5962–6.

United States Government Accountability Office, 'Financial Crisis Losses and Potential Impacts of the Dodd-Frank Act', GAO-13-180 (January 2013).

Watts, Duncan, Six Degrees: The Science of a Connected Age (London: Vintage, 2004).

White, Adam J., Oren Cass and Kevin R. Kosar (eds.), Unleashing Opportunity, vol. II: Policy Reforms for an Accountable Administrative State (Washington, DC: National Affairs, 2017).

Wood, Graeme, The Way of the Strangers: Encounters with the Islamic State (London: Allen Lane, 2017).

World Bank Group, Digital Dividends (Washington, DC: International Bank for Reconstruction and Development/World Bank, 2016).

Wu, Tim, The Master Switch: The Rise and Fall of Information Empires (New York and London: Alfred A. Knopf/Atlantic, 2010).

Youyou, Wu, H. Andrew Schwartz, David Stillwell and Michal Kosinski, 'Birds of a Feather Do Flock Together: Behavior-Based Personality-Assessment Method Reveals Personality Similarity among Couples and Friends', Psychological Science (2017), 1–9.

Zimmerman, Katherine, The Al-Qaeda Network: A New Framework for Defining the Enemy (Washington, DC: American Enterprise Institute, 2013).

9부 결론: 사이버리아 앞에 선 우리

Acemoglu, Daron and Pascual Restrepo, 'Robots and Jobs: Evidence from US Labor Markets', NBER Working Paper no. 23285 (March 2017).

Allison, Graham, Destined for War: America, China, and Thucydides's Trap (Boston, MA, and New York: Houghton Mifflin Harcourt, 2017).

Arbesman, Samuel, Overcomplicated: Technology at the Limits of Comprehension (New York: Current, 2016).

Bostrom, Nicholas, Superintelligence: Paths, Dangers, Strategies (Oxford: Oxford University Press, 2014).

Brynjolfsson, Erik and Andrew McAfee, The Second Machine Age: Work, Progress, and Prosperity in a Time of Brilliant Technologies (New York: W. W. Norton, 2014).

Caplan, B. (2006), 'The Totalitarian Threat', in N. Bostrom and M. M. Cirkovic (eds.), Global Catastrophic Risks (Oxford: Oxford University Press, 2008), 504–18.

Cirillo, Pasquale and Nassim Nicholas Taleb, 'On the Statistical Properties and Tail Risk of Violent Conflicts', Tail Risk Working Papers, 19 October 2015.

Clarke, Richard A. and R. P. Eddy, Warnings: Finding Cassandras to Stop Catastrophes (New York: HarperCollins, 2017).

Dertouzos, Michael, What Will Be: How the New World of Information Will Change Our Lives (New York: HarperEdge, 1997).

Goldin, Ian and Chris Kutarna, Age of Discovery: Navigating the Risks and Rewards of Our New Renaissance (New York: St. Martin's Press, 2016).

Gordon, Robert J., The Rise and Fall of American Growth: The U.S. Standard of Living since the Civil War (Princeton: Princeton University Press, 2016).

Hayles, N. Katherine, 'Unfinished Work: From Cyborg to Cognisphere', Theory Culture Society 23, 159 (2006), 159–66.

Heylighen, Francis and Johan Bollen, 'The World-Wide Web as a Super-Brain: From Metaphor to Model', in R. Trappl (ed.), Cybernetics and Systems '96 (Vienna: Austrian Society for Cybernetics, 1996), 917–22.

Keller, Franziska Barbara, 'Moving Beyond Factions: Using Social Network Analysis to Uncover Patronage Networks among Chinese Elites,' working paper, n.d.

————————, 'Networks of Power: Using Social Network Analysis to Understand Who Will Rule and Who is Really in Charge in the Chinese Communist Party', working paper (November 2015).

Kirby, William C., Joycelyn W. Eby, Shuang L. Frost and Adam K. Frost, 'Uber in China: Driving in the Grey Zone', Harvard Business School, Case 9-316-135, 2 May 2016.

Kissinger, Henry, World Order (London and New York: Allen Lane/Penguin Press, 2014).

Li, Cheng, Chinese Politics in the Xi Jinping Era: Reassessing Collective Leadership (Washington, DC: Brookings Institution, 2016).

Lin, Li-Wen and Curtis J. Milhaupt, 'Bonded to the State: A Network Perspective on China's Corporate Debt Market', working paper (2016).

McKinsey Global Institute, Playing to Win: The New Global Competition for

Corporate Profits (San Francisco: McKinsey & Co., 2015).

Maier, Charles S., Leviathan 2.0: Inventing Modern Statehood (Cambridge, MA: Belknap Press, 2014).

Nye, Joseph, 'Deterrence and Dissuasion in Cyberspace', International Security, 41, 3 (Winter 2016/17), 44–71.

Pinker, Steven, The Better Angels of Our Nature: Why Violence Has Declined (New York: Viking, 2011).

Schiedel, Walter, The Great Leveler: Violence and the History of Inequality from the Stone Age to the Twenty-First Century (Princeton: Princeton University Press, 2017).

Schwab, Klaus, The Fourth Industrial Revolution (Cologne and Geneva: World Economic Forum, 2016).

Scott, James C., Two Cheers for Anarchism: Six Easy Pieces on Autonomy, Dignity, and Meaningful Work and Play (Princeton and Oxford: Princeton University Press).

Slaughter, Anne-Marie, The Chessboard and the Web: Strategies of Connection in a Networked World: The 2016 Henry L. Stimson Lectures (New Haven, CT: Yale University Press, 2017).

Snyder, Timothy, On Tyranny: Twenty Lessons from the Twentieth Century (New York: Tim Duggan Books, 2017).

Spier, F., Big History and the Future of Humanity (Malden, MA, and Oxford: Wiley-Blackwell, 2011).

Steinhoff, Judith B., 'Urban Images and Civic Identity in Medieval Sienese Painting', in Timothy B. Smith and Judith B. Steinhoff (eds.), Art as Politics in Late Medieval and Renaissance Siena (Farnham, Surrey, and Burlington, VT: Ashgate, 2012), 15–38.

Thiel, Peter with Blake Masters, Zero to One: Notes on Startups, or How to Build the Future (New York: Crown Business, 2014).

Turchin, Peter, Ages of Discord: A Structural-Demographic Analysis of American History (Chaplin, CT: Beresta Books, 2016).

Wright, Robert, Nonzero: The Logic of Human Destiny (New York: Vintage, 2001).

그림 출처

1. http://illuminutti.com/2012/04/16/finally-mapped-conspiracy-to-rule-the-world/.
7. Moretti, 'Network Theory, Plot Analysis'.)
8. Sole and Valverde, 'Information Theory of Complex Networks', 192.
10. Padgett and Powell, Emergence of Organizations and Markets, fig. 2a.
11. Mann, 1493.
12. Ahnert and Ahnert, 'Protestant Letter Networks in the Reign of Mary I', 27.
13. Source: Erikson, Between Monopoly and Free Trade, 114.
14. https://web.stanford.edu/group/toolingup/rplviz/rplviz.swf.
16. Han, 'Other Ride of Paul Revere'.
18. Moon, Social Networks in the History of Innovation, KL 492–4.
19. Taylor, Hoyler and Evans, 'Geohistorical Study'.
20. Harvey, Coin's Financial School.
26. Ruble, Leningrad, 130.
35. Osa, Solidarity and Contention, 165.
37. Sageman, Understanding Terror Networks.
38. US Army, Insurgencies and Countering Insurgencies, figure 4-m.
39. Bank of England.
40. Pew Research Center.
41. American Enterprise Institute.
44. http://wandrenpd.com/Graphs/66jihadi/Graph.html.
46. National Journal.
47. Buzzfeed.
48. Dittmar, 'Information Technology and Economic Change'.
49. http://www.bonkersworld.net/organizational-charts/.
50. Keller, 'Moving Beyond Factions', figure 6.

찾아보기

ㅊ

ㅋ

기타

Philos 016

광장과 타워

1판 1쇄 인쇄 2019년 2월 7일
1판 4쇄 발행 2023년 2월 3일

지은이 니얼 퍼거슨 **옮긴이** 홍기빈
펴낸이 김영곤 **펴낸곳** ㈜북이십일 아르테
편집 김지영 최윤지
기획위원 장미희
출판마케팅영업본부 본부장 민안기
마케팅 배상현 한경화 김신우 강효원
영업 최명열 김다운
해외기획 최연순 이윤경
제작 이영민 권경민

출판등록 2000년 5월 6일 제406-2003-061호
주소 (우 10881) 경기도 파주시 회동길 201(문발동)
대표전화 031-955-2100 **팩스** 031-955-2151 **이메일** book21@book21.co.kr

(주)북이십일 경계를 허무는 콘텐츠 리더

북이십일 채널에서 도서 정보와 다양한 영상 자료, 이벤트를 만나세요!
인스타그램 instagram.com/21_arte   페이스북 facebook.com/21arte
         instagram.com/jiinpill21   facebook.com/jiinpill21
포스트   post.naver.com/staubin   홈페이지 www.book21.com
         post.naver.com/21c_editors

ⓒ 니얼 퍼거슨, 2019

ISBN 978-89-509-7830-3 03900

질서를 만드는 자와 그 질서를 거스르는 자,
그들이 만든 '계층적으로 구조화된 힘', 네트워크

대부분의 역사는 계급에 따른 것이다. 다시 말해 교황과 대통령, 총리 같은 사람들에 관한 것이었다.

그런데 만약 '계급' 자체가 역사의 기록들을 만들어낸 것이라면?

만약 우리가 전능한 일루미나티처럼, 똑같이 강력하지만 덜 눈에 띄는 네트워크를 놓치고 있는 것이라면 어떤가. 그들 모두를 '음모 이론'이라는 이름 속에 한데 묶어 둔 것이라면?

21세기는 네트워크의 시대로 환대받았다. 하지만 이 책『광장과 타워』에서 니얼 퍼거슨은 소셜 네트워크가 전혀 새로운 것이 아니라고 주장한다. 종교 개혁을 이끈 인쇄공들과 설교자들부터 미국 혁명을 이끈 프리메이슨에 이르기까지, 교황들과 왕들의 오래된 질서에 파문을 일으키는 '네트워커networkers'들은 언제나 있어왔다. 소설 속 이야기가 아니라, 실제 우리가 사는 지금은 개인용 컴퓨터가 인쇄기 역할을 하는 제2의 네트워크 시대다.

상호 연결된 '네티즌'의 유토피아를 고대하는 사람들은 실망할 수도 있다. 네트워커들은 결집되거나, 감염되거나 심지어 단절되기도 쉽다. 그리고 16세기와 17세기의 오랜 갈등들은 이미 페이스북과 IS, 트럼프월드가 존재하는 오늘날에도 뚜렷한 평행선을 그리며 나타나고 있다.